INFORMATIQUE

CYBERSÉCURITÉ

Sécurisation des systèmes informatiques

CHARLES J. BROOKS
CHRISTOPHER GROW
PHILIP CRAIG
DONALD SHORT

Traduit de l'anglais américain par
Philippe Van Goethem et Anne-Sophie Vilret

deboeck SUPÉRIEUR

Ouvrage original : *Cybersecurity Essentials* by Charles J. Brooks, Christopher Grow, Philip Craig and Donald Short.

Rue du bosquet 7, B - 1348 Louvain-la-Neuve

Dépôt légal :
Bibliothèque Nationale, Paris : septembre 2021
Bibliothèque royale de Belgique, Bruxelles : 2021/13647/131

ISBN 978-2-8073-3185-3

Sommaire

Partie 4
Sécurité du périmètre

Introduction

Bienvenue dans *Cybersécurité.* Ce livre est conçu pour fournir une solide base théorique et pratique au personnel de la cybersécurité. Les principales informations fournies dans cette édition sont les suivantes :

- Systèmes et dispositifs de sécurité des infrastructures critiques
- Sécurité de l'informatique locale, dispositifs et périphériques de contrôle
- Sécurité des composants et des systèmes réseaux locaux
- Cybersécurité pour les utilisateurs et les réseaux connectés à l'Internet

Chaque chapitre commence par une liste d'objectifs d'apprentissage qui établit une base et un aperçu systématique du chapitre.

De nombreux diagrammes et captures d'écran sont inclus dans chaque chapitre afin de fournir un renforcement visuel constant des concepts abordés.

Les principales réflexions, mises en garde et avertissements du chapitre sont présentés dans des encadrés spéciaux pour attirer l'attention. Les termes clés sont présentés en italique dans tout le texte. Ces termes sont également définis dans un glossaire complet à la fin du livre qui permet un accès rapide et facile aux termes clés qui apparaissent dans chaque chapitre.

Chaque partie se termine par un examen approfondi des points clés de son contenu.

Le cadre de cybersécurité du National Institute of Standards and Technology[1] (NIST) est l'une des forces motrices du développement continu des initiatives en cybersécurité aux États-Unis. Il a été élaboré pour aider les organisations gouvernementales et commerciales à concevoir et à développer des systèmes et des techniques permettant de sécuriser leurs infrastructures critiques.

Défis en matière de sécurité

Une autre caractéristique pédagogique remarquable de ce livre est la présentation des défis de sécurité du NIST basés sur des scénarios, placés au début de chaque partie. Au commencement de chacune d'entre elles, il y a un ou plusieurs défis de sécurité basés sur des scénarios présentant des descriptions d'un cadre de sécurité particulier en rapport avec les informations qui seront développées dans

[1] Institut National des Normes et de la Technologie (https://nist.gov).

le chapitre. Il vous sera demandé de lire le scénario, de revêtir votre costume de professionnel de la sécurité et de réfléchir à la manière dont vous pourriez exploiter les principaux actifs du scénario, puis de chercher le moyen par lequel vous pourriez mettre en place des systèmes et des stratégies pour protéger ces actifs.

Ces défis sont conçus pour vous fournir un contexte réel et ouvert qui définit le niveau d'attente pour le matériel à étudier. Dans l'idéal, vous examinerez comment la théorie et les documents pratiques que vous rencontrerez au cours du chapitre s'appliquent à ces scénarios.

À la fin de chaque partie, il vous sera demandé de revenir sur ces défis de sécurité et de créer de nouvelles observations basées sur vos connaissances accrues. Vous serez également invité à comparer vos observations à celles des spécialistes professionnels de la sécurité qui ont fourni leurs constatations pour ces scénarios.

Qui devrait lire ce livre ?

Ce livre est destiné aux :

- Étudiants se préparant à une carrière dans les technologies de l'information, les réseaux ou la cybersécurité ;
- Professionnels des réseaux qui souhaitent améliorer leurs compétences en matière de sécurité des réseaux ;
- Membres du personnel de direction qui doivent comprendre les menaces de cybersécurité auxquelles ils sont confrontés et les options de base pour y faire face.

Si vous êtes intéressé par les certifications relatives aux examens CompTIA Security+ ou Microsoft MTA - 98-367 Security Fundamentals Certification, ce livre peut être une ressource importante pour vous aider à vous préparer. (Voir https://certification.comptia.org/certifications/security et www.microsoft.com/en-us/learning/exam-98-367.aspx pour plus d'informations et de ressources sur ces certifications.)

Ce que vous allez apprendre

Vous apprendrez à appliquer une approche systématique pour sécuriser les réseaux et les infrastructures informatiques. Cette approche commence par le traitement des problèmes de sécurité physique, de la périphérie de l'environnement physique à la région intérieure où se trouvent les biens les plus précieux. La première moitié de tout objectif de sécurité consiste à limiter l'accès physique aux biens. Si vous ne pouvez pas y accéder, vous ne pouvez pas les voler, les endommager ou les détruire. Vous apprendrez à considérer la sécurité physique en termes de trois périmètres et à mettre en œuvre les outils appropriés à chacun d'eux.

Après avoir sécurisé l'environnement physique, vous explorerez les outils et les techniques utilisés pour sécuriser les terminaux informatiques locaux. En suivant la stratégie à trois périmètres développée pour la sécurité physique, vous aborderez la sécurité de ces dispositifs depuis leur périphérie jusqu'à leur bien le plus précieux : vos données.

Une fois que les terminaux locaux ont été sécurisés, vous vous attacherez à sécuriser les serveurs, les dispositifs de connectivité et les supports de transmission qui constituent le reste de votre réseau local. Vous apprendrez à sécuriser ces dispositifs pour protéger vos actifs informatiques au sein de l'environnement connecté que vous contrôlez.

Enfin, vous explorerez les outils et techniques utilisés pour protéger vos données lorsqu'elles sortent de la protection du réseau que vous contrôlez et qu'elles transitent dans un territoire non protégé : l'Internet. Il s'agira notamment de mettre en place des éléments protégeant votre réseau contre les personnes malveillantes qui se cachent sur Internet, ainsi que des solutions pour protéger vos données lorsqu'elles circulent sur leur territoire.

Ce qui est couvert dans ce livre

Ce livre est un système de formation de base conçu pour fournir une solide compréhension théorique des défis, outils et techniques de la cybersécurité, mais ainsi développer les bases d'un ensemble de compétences professionnelles en matière de cybersécurité. Il est réalisé selon un processus progressif en quatre parties, comme suit.

Partie I – Sécurité des infrastructures – Cette partie présente les concepts et techniques associés aux dispositifs, systèmes et techniques de sécurité des infrastructures physiques utilisés pour lutter contre le vol, prévenir les dommages physiques, maintenir l'intégrité et les services des systèmes et limiter la divulgation non autorisée d'informations.

Le chapitre 1 présente deux scénarios de sécurité des infrastructures pour que le lecteur puisse examiner et rechercher certaines fonctions et catégories du cadre de cybersécurité du NIST, puis les appliquer aux scénarios donnés.

Le chapitre 2 traite des systèmes communs de contrôle d'accès pour la protection des biens d'une infrastructure physique. Cette section contient des informations sur les différents types de barrières physiques et sur les systèmes de surveillance et de contrôle qui leurs sont associés. La section sur les systèmes d'authentification est une extension logique à celle sur le contrôle d'accès physique. Les dispositifs et systèmes couverts dans cette partie du chapitre sont utilisés pour contrôler et refuser l'accès aux principaux actifs physiques.

Ensuite, on passe à l'examen des composantes et du fonctionnement d'un système typique de surveillance et de notification de la sécurité physique. Dans cette section, les contrôleurs de sécurité, les capteurs et les systèmes d'alertes sont couverts ainsi que les stratégies de mise en œuvre logique.

Le contenu du chapitre 3 s'inscrit tout naturellement dans l'ajout de systèmes de surveillance visuelle aux systèmes de contrôle de la sécurité. Les informations contenues dans cette section comprennent : les caméras de surveillance, les enregistreurs vidéo, les modulateurs et les commutateurs.

Le chapitre 4 complète la documentation sur la sécurité des infrastructures par une section consacrée aux systèmes de détection et de signalement des intrusions.

Le chapitre 5 fournit un résumé ainsi qu'un examen relatifs aux scénarios et chapitres de la partie I. Ce chapitre comprend une liste complète des points de synthèse pertinents et un questionnaire de révision. Il renvoie également le lecteur aux scénarios qui ont ouvert la partie sur la sécurité des infrastructures afin que celui-ci puisse mettre à jour sa réponse aux défis posés et la comparer ensuite à celle proposée par un professionnel de la cybersécurité.

Partie II – Sécurité des hôtes locaux – L'ordinateur personnel est l'un des outils les plus utiles dans les entreprises, l'industrie, le gouvernement ou encore dans la médecine. Ce chapitre traite principalement des ordinateurs personnels et se concentre sur les efforts de sécurité au niveau de ceux-ci.

Le chapitre 6 présente deux scénarios de sécurité sur l'hôte local pour que le lecteur puisse examiner et rechercher certaines fonctions et catégories du cadre de cybersécurité du NIST, puis les appliquer aux scénarios donnés.

Le chapitre 7 ouvre la deuxième partie par des sections portant sur la sécurisation physique des dispositifs informatiques personnels. Les informations traitées ici comprennent les dispositifs d'authentification biométriques tels que les scanners d'empreintes digitales, mais aussi les cartes à puce et les cartes RFID. La matière passe ensuite aux risques et aux solutions en matière d'accès physique aux ports. Les options d'accès au PC couvertes ici comprennent les ports USB et Firewire.

Le chapitre 8 donne un aperçu des structures des systèmes d'exploitation, des caractéristiques de sécurité et des outils utilisés par les différents fournisseurs de systèmes d'exploitation. En outre, ce chapitre couvre les méthodes d'authentification logique (basées sur des logiciels) pour le contrôle d'accès au niveau de l'utilisateur. Les mots de passe et les fonctions de verrouillage des ordinateurs sont au nombre des sujets abordés. Enfin, le chapitre donne un aperçu des utilitaires d'audit et de journalisation des systèmes d'exploitation et se termine par une discussion sur les outils de chiffrement basés sur les systèmes d'exploitation.

Le chapitre 9 complète la partie sur la sécurité de l'hôte local en examinant la sécurité associée aux options d'accès à distance. Ce chapitre traite notamment des pare-feu logiciels locaux, des systèmes de détection d'intrusion et des options de sécurité des navigateurs Internet. Le chapitre se termine par une discussion détaillée sur les options de protection contre les logiciels malveillants, tels que les programmes antivirus et antispyware, ainsi que sur les efforts de mise à jour et de correction des logiciels.

Le chapitre 10 présente un résumé ainsi qu'un examen sur les scénarios et chapitres de la partie II. Ce chapitre comprend une liste complète des points de synthèse pertinents et un questionnaire de révision. Il renvoie également le lecteur aux scénarios qui ont ouvert la partie sur la sécurité de l'hôte local afin que celui-ci puisse mettre à jour sa réponse aux défis posés et la comparer ensuite à celle proposée par un professionnel de la cybersécurité.

Partie III – La sécurité des réseaux locaux dans le monde réel – Si les réseaux offrent aux utilisateurs d'ordinateurs une puissance étendue pour communiquer et contrôler des appareils à distance, ils fournissent également une très grande fenêtre d'accès sur les informations stockées sur différents appareils connectés, ainsi qu'une possibilité de contrôle des appareils commandés à distance via le réseau.

Le chapitre 11 présente deux scénarios de sécurité des réseaux locaux pour que le lecteur puisse examiner et rechercher certaines fonctions et catégories du cadre de cybersécurité du NIST, puis les appliquer aux scénarios donnés.

Comme les réseaux modernes impliquent une grande quantité d'informations, le chapitre 12 est conçu pour fournir une introduction de base sur les réseaux. Ce chapitre examine également les topologies de réseau typiques (schémas de connexion). Il est suivi d'une discussion approfondie sur le modèle OSI qui décrit les différentes couches au travers desquelles tous les réseaux modernes sont conçus.

Le chapitre 13 fournit des informations sur les stratégies de contrôle des réseaux. Celles-ci comprennent les protocoles (règles) de réseau tels que le TCP/IP et les schémas d'adressage IP. Il se termine par une discussion sur la norme Ethernet.

Les serveurs sont l'épine dorsale des réseaux locaux. Le chapitre 14 est consacré aux serveurs réseau ainsi qu'aux outils et pratiques de sécurité qui leur sont associés. Les points abordés dans ce chapitre comprennent les rôles des administrateurs, les contrôles d'accès physiques et logiques appliqués aux serveurs, et les mesures de renforcement des systèmes d'exploitation des serveurs.

De façon complémentaire aux chapitres précédents, il sera question de contrôle d'accès logique pour les environnements réseau. Les sujets abordés ici comprennent les contrôles d'accès des utilisateurs et des groupes créés via le système d'exploitation réseau du serveur. Le chapitre suivant traite des techniques et des outils impliqués dans le maintien de la sécurité des serveurs. Il s'agit notamment de considérations sur la journalisation et les audits au niveau du réseau, de la conduite des opérations de sauvegarde et de la sécurisation des supports de sauvegarde du réseau. Le chapitre se termine par une couverture des systèmes IDS[2] distribués, des analyses de vulnérabilité et de la surveillance des serveurs à distance.

---

[2] IDS = Intrusion Detection System ou en français, Système de détection d'intrusion.

Le chapitre 15 aborde ensuite les autres principaux composants matériels du réseau local : les différents types de dispositifs de connectivité utilisés pour relier les réseaux entre eux. Les sujets abordés dans ce chapitre comprennent : les commutateurs administrables, les routeurs d'entreprise, les passerelles, les ponts et les points d'accès sans fil. La deuxième moitié du chapitre est consacrée aux vulnérabilités et aux types d'attaques associés à chaque type de dispositif. Le chapitre se termine par une discussion sur les techniques utilisées pour durcir les réseaux locaux.

Le chapitre 16 conclut la discussion sur la sécurité des réseaux locaux en se concentrant sur les différents types de supports de transmission qui relient ensemble les serveurs du chapitre 14 et les appareils du chapitre 15. La première moitié du chapitre traite des forces et des faiblesses des différents types de supports, tandis que la deuxième moitié aborde les vulnérabilités associées à chaque type de support.

Le chapitre 17 présente un résumé ainsi qu'un examen des scénarios et chapitres de la partie III. Ce chapitre comprend une liste complète des points de synthèse pertinents et un questionnaire de révision. Il renvoie également le lecteur aux scénarios qui ont ouvert la partie sur la sécurité des réseaux locaux afin que celui-ci puisse mettre à jour sa réponse aux défis posés et les comparer ensuite à la réponse proposée par un professionnel de la cybersécurité.

Partie IV – La sécurité du périmètre dans le monde réel – Cette partie du livre s'appuie sur les informations des chapitres relatifs aux réseaux locaux de la partie III pour traiter des problèmes de sécurité posés par les réseaux étendus (WAN) tels qu'Internet.

Le chapitre 18 présente deux scénarios de sécurité périmétrique pour que le lecteur puisse examiner et rechercher certaines fonctions et catégories du cadre de cybersécurité du NIST, puis les appliquer aux scénarios donnés.

Le premier chapitre de cette partie du livre est destiné à faire comprendre l'environnement de sécurité à la périphérie du réseau local et au-delà. Il établit les bases de la sécurité sur Internet. Les sujets abordés dans ce chapitre sont les suivants : TCP/IP, unicasts/broadcasts/multicasts, ports TCP/UDP communs et routage. Le chapitre se termine par un parcours des services Internet, des standards et des RFC, ainsi que de l'organisation de la sécurité et des normes associées à la sécurité de l'Internet.

Le chapitre 20 a pour objet de dissimuler le réseau local (privé) à l'Internet public externe. Il commence par une introduction aux concepts de réseaux privés et passe ensuite aux techniques utilisées pour les cacher de l'extérieur. Les sujets abordés ici sont les suivants : principes de translation[3] d'adresses et de ports

[3] Le terme *traduction* est aussi fréquemment utilisé.

réseau, redirection des ports, et techniques de segmentation/isolation. Le chapitre se termine par une exploration des techniques de virtualisation (VLAN) permettant de cacher les segments de réseau les uns des autres.

Le chapitre 21 concerne la protection du périmètre. Les informations présentées se concentrent sur la protection de l'organisation contre les menaces extérieures. Le dispositif le plus utilisé au niveau du périmètre du réseau est le pare-feu. Ce chapitre commence par une discussion approfondie sur les différents types de pare-feu et leurs fonctions. Il aborde ensuite les autres types de dispositifs et de structures utilisés au périmètre du réseau pour fournir des services de protection. Ces dispositifs et structures comprennent les appliances[4], les serveurs mandataires[5], les zones démilitarisées[6], les pots de miel[7] et les extranets.

Le chapitre 22 est consacré à la sécurisation des données en mouvement lorsqu'elles circulent sur l'Internet. Les éléments clés de ce chapitre couvrent les protocoles d'authentification, la cryptographie des données et les techniques de chiffrement. Le chapitre se poursuit avec la couverture des réseaux privés virtuels (VPN[8]) et des pare-feu.

Le chapitre 23 vous présente les outils et les utilitaires couramment utilisés pour surveiller, diagnostiquer et contrôler les environnements réseau. Les outils couverts ici comprennent les utilitaires de ligne de commande communs utilisés pour tester la connectivité, les analyseurs de paquets/protocoles utilisés pour inspecter le trafic réseau, les outils de cartographie du réseau et les outils et utilitaires de test de pénétration.

Le chapitre 24 traite de l'identification et de la défense contre les cybervulnérabilités communes. Les sujets abordés dans ce chapitre sont les suivants : les vulnérabilités « Zero Day », les exploits logiciels, les exploits d'ingénierie sociale, les menaces réseau et les autres types d'exploitation courants.

Le chapitre 25 fournit un résumé ainsi qu'un examen des scénarios et chapitres de la partie IV. Ce chapitre comprend une liste complète des points de synthèse pertinents et un questionnaire de révision. Il renvoie également le lecteur aux scénarios qui ont ouvert la partie sur la sécurité du périmètre afin que celui-ci puisse mettre à jour sa réponse aux défis posés et les comparer ensuite à la réponse proposée par un professionnel de la cybersécurité.

Enfin, l'annexe A est un glossaire, l'annexe B est une liste d'acronymes et l'annexe C comprend le cadre préliminaire de cybersécurité du NIST.

---

[4] Équipement informatique dédié à une fonctionnalité.
[5] Proxy
[6] DMZ
[7] Honeypot
[8] Virtual Private Network

Partie 1

Sécurité de l'infrastructure

Chapitre 1

La sécurité des infrastructures dans le monde réel

Les défis suivants fourniront des points de référence contextuels pour les concepts que vous apprendrez dans la première partie. Comme vous n'avez pas encore lu les chapitres de celle-ci, ces défis sont conçus pour vous présenter les scénarios de sécurité des infrastructures auxquels vous serez confronté dans le monde réel. Dans ce chapitre, vous apprendrez donc à :

- Comprendre la pertinence de la sécurité des infrastructures ;
- Décrire les fonctions, les catégories, les sous-catégories et la structure de référence du cadre de cybersécurité du NIST ;
- Appliquer les références du cadre NIST à des scénarios spécifiques de cybersécurité.

Défis en matière de sécurité

Le cadre de cybersécurité du NIST a été élaboré par le U.S. National Institute of Standards and Technology (NIST) pour fournir un ensemble de directives indépendantes que les organisations peuvent utiliser pour mettre en œuvre ou améliorer leurs programmes de cybersécurité. Comme ce cadre est un outil indépendant des produits, il fournit des lignes directrices que toute structure peut adapter pour répondre à ses propres besoins en matière de cybersécurité.

Le cadre est divisé en cinq fonctions (Identifier, Protéger, Détecter, Répondre et Récupérer[1]) qui fournissent une description de haut niveau du processus de développement de la cybersécurité. Chaque fonction est ensuite divisée en catégories applicables qui sous-tendent la fonction indiquée. Chaque catégorie est ensuite divisée en sous-catégories et en méthodologie de mise en œuvre. Enfin, les sous-catégories sont étayées par des listes de documents de référence qui contiennent les éléments essentiels de la mise en place du programme de cybersécurité.

Grâce à ce chapitre vous commencerez à réfléchir à la thématique de la première partie. Il contient deux scénarios de cybersécurité spécifiques auxquels vous serez invité à appliquer le cadre du NIST afin de produire une solution de

1 Identify, Protect, Detect, Respond, and Recover.

cybersécurité répondant aux objectifs souhaités. Dans chaque cas, des sous-catégories spécifiques de recherche vous seront proposées, ainsi que des conseils pour vous aider à produire vos solutions.

Lors de ce premier passage à travers les scénarios, nous attendons de vous une production et un enregistrement des *observations générales* sur la sécurisation de l'infrastructure décrite, car vous n'avez pas encore été initié au matériel de support. Comme mentionné précédemment, cette activité est conçue pour lancer vos processus de réflexion sur la cybersécurité.

Au Chapitre 5, vous reviendrez sur ces scénarios et utiliserez ce que vous avez appris aux Chapitres 2, 3 et 4 pour réviser vos évaluations initiales. Vous comparerez également vos observations à celles des spécialistes professionnels de la sécurité qui ont également fourni des solutions pour ces scénarios.

Scénario de sécurité 1 sur les infrastructures

Vous êtes chargé de planifier et de mettre en œuvre un système de sécurité pour une nouvelle sous-station électrique qui sera construite à côté d'un nouveau lotissement. La sous-station est équipée d'un appareillage électrique haute tension pour la communauté environnante. Elle n'est pas occupée à plein temps mais dispose d'un bâtiment de contrôle qui abrite des instruments et des équipements de communication, comme le montre la Figure 1.1.

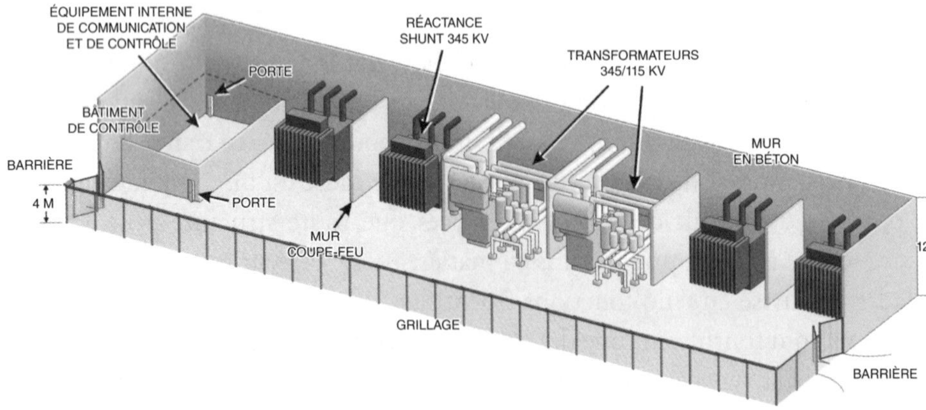

Figure 1.1 La sous-station électrique

L'appareillage haute tension accepte l'énergie électrique provenant de différentes sources, qu'il conditionne et achemine ensuite aux utilisateurs de la communauté selon les besoins. L'énergie arrive via un ensemble de lignes d'alimentation haute tension différentes et quitte l'installation par différents ensembles de lignes de distribution.

Les dispositifs de surveillance et les systèmes de contrôle de la sous-station communiquent avec différentes parties du système de transmission et de distribution du service public pour acheminer l'énergie électrique là où elle est nécessaire au moment voulu. Ces canaux de communication comprennent les signaux radio sans fil, les signaux transmis par les lignes électriques et les supports de communication classiques utilisés dans les réseaux.

Évaluation des risques 1

À partir des informations fournies dans ce premier scénario, examinez les fonctions du National Institute of Standards and Technology (NIST) détaillées dans cette section et notez ensuite vos observations en fonction de chaque catégorie.

Voir l'annexe C pour le cadre de cybersécurité du NIST

Une copie[2] du cadre de cybersécurité du NIST est disponible à l'annexe C. Ce cadre a été élaboré par le National Institute of Standards and Technology des États-Unis afin de fournir des lignes directrices en matière de cybersécurité pour améliorer celle des infrastructures critiques en vertu du décret 13636. L'objectif ultime de cette initiative est de fournir des directives pour les infrastructures critiques dans les entreprises, l'industrie et les services publics du pays afin de réduire les risques de cybersécurité.

Identifier

Créer un inventaire des actifs physiques (appareils et systèmes) au sein de la sous-station (NIST ID.AM-1).

Comprendre les références du NIST

Les références NIST comprennent la fonction, la catégorie et la sous-catégorie. Dans l'exemple de ID.AM-1 mentionné plus haut, la *fonction* est Identifier (ID), la *catégorie* est Gestion des actifs[3] (AM) et la *sous-catégorie* est 1 (« les dispositifs et systèmes physiques au sein de l'organisation sont inventoriés »). Pour mettre en œuvre cette partie du cadre pour le scénario présenté, vous pouvez vous référer à une copie en ligne des documents de *référence* désignés et énumérés en vis-à-vis de cette sous-catégorie[4]. Il en va de même pour les sous-catégories suivantes.

---

[2] La copie présentée est une version simplifiée du cadre.

[3] En anglais : Asset Management, AM.

[4] Ces documents de référence en ligne ne sont pas listés dans cet ouvrage mais sont disponibles au travers des documents accessibles via https://www.nist.gov/cyberframework/framework.

Protéger

Description générale des manières de protéger les biens physiques identifiés au point précédent (NIST PR.AC-2).

Détecter

Comment savoir si quelqu'un ou quelque chose tente d'accéder, de mettre hors service, de dégrader ou de détruire un ou plusieurs des dispositifs et/ou systèmes de la sous-station ? Comment pourriez-vous détecter les anomalies et les événements susceptibles d'avoir un impact sur le fonctionnement de la sous-station (NIST DE.CM-2, 8) ?

Répondre

Comment devrez-vous réagir aux anomalies et aux événements que vous avez identifiés grâce aux dispositifs, systèmes et mesures que vous mettriez en œuvre au point précédent (NIST RS.AN-1, 2, 3) ?

Récupérer

Quelles mesures pourraient être mises en place pour récupérer le système à la suite d'actions visant à accéder, désactiver, dégrader ou détruire les biens que vous avez précédemment identifiés (NIST RC.RP-1) ?

Scénario de sécurité 2 sur les infrastructures

Votre entreprise construit un nouveau bâtiment, comme le montre la Figure 1.2, pour accueillir les 5 000 employés de son siège social. Ce bâtiment comprendra plusieurs étages. Certains cadres utiliseront des bureaux traditionnels avec portes et fenêtres, mais la majorité des employés travailleront dans des box ouverts (bureaux à cloisons).

Chaque bureau et chaque box sera équipé d'un téléphone et d'une connexion réseau. En outre, de nombreux employés voyagent dans le cadre de leur travail et ont besoin d'ordinateurs portables. D'autres employés travaillent avec des ordinateurs personnels de bureau.

L'installation abritera un ensemble de serveurs informatiques et dispositifs réseau qui assureront le flux de travail et les communications entre tous les gestionnaires et les employés. Cette architecture permet de manipuler, de stocker et de transmettre électroniquement toutes les informations et données importantes de l'entreprise. Il s'agit notamment des descriptions de produits, des informations comptables, des dossiers juridiques, des dossiers concernant les clients, les employés et la propriété intellectuelle de l'entreprise.

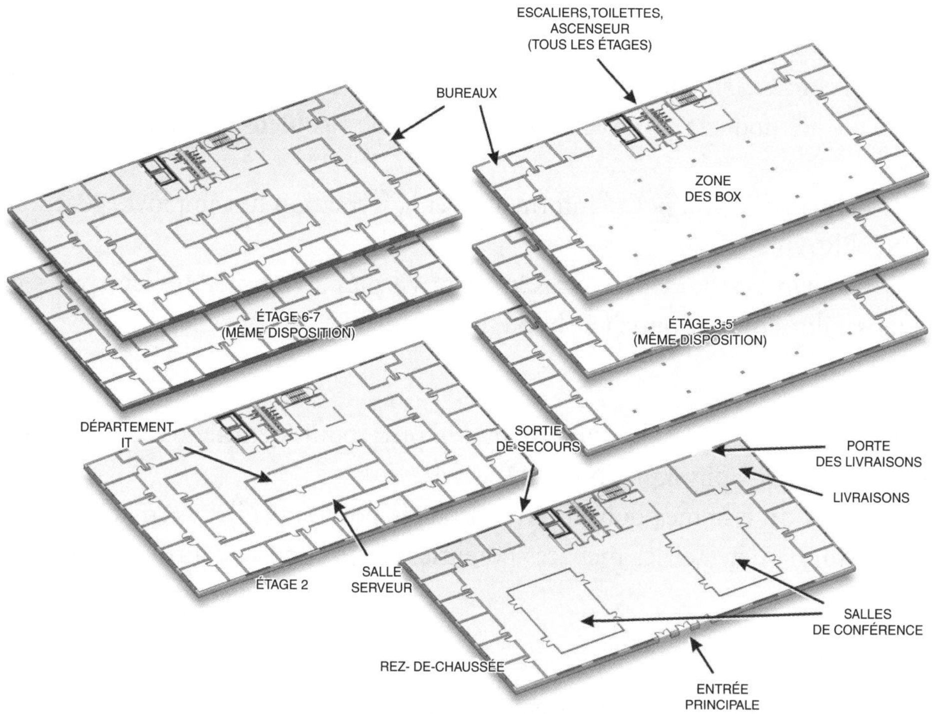

Figure 1.2 Plans des installations du siège

■ Évaluation des risques 2

À partir des informations fournies dans le deuxième scénario, examinez les fonctions NIST détaillées dans cette section et rédigez ensuite vos observations en fonction de chaque catégorie.

Identifier

Créer un inventaire des actifs physiques (dispositifs et systèmes) au sein de l'organisation (NIST ID.AM-1).

Créer un inventaire des actifs informatiques (plateformes et applications logicielles) au sein de l'organisation (NIST ID.AM-2).

Classer les actifs de l'organisation par ordre de priorité en fonction de leur criticité ou de leur valeur pour les fonctions commerciales de l'organisation (NIST ID.BE-3).

Identifier tout actif qui produit des dépendances ou fournit des fonctions critiques pour l'un des services essentiels de l'organisation (NIST ID.BE-4).

Créer une évaluation des risques liés aux vulnérabilités des actifs identifiés (NIST ID.RA-1, 3).

Protéger

Créer une politique de gestion de l'accès aux dispositifs et ressources autorisés en se basant sur les éléments suivants (NIST PR.AC-1).

Créer une méthode de contrôle de l'accès physique aux biens sécurisés (NIST PR. AC-2).

Créer un plan d'action pour l'information et la formation des employés généraux (NIST PR.AT-1).

Créer un plan pour aider les utilisateurs privilégiés à comprendre leurs rôles et responsabilités professionnelles (NIST PR.AT-2).

Détecter

Quels types de systèmes doivent être mis en place pour identifier les cas de violation de la sécurité physique (NIST DE.CM-2) ?

Quels types de systèmes doivent être instaurés pour surveiller l'activité du personnel afin de détecter les menaces potentielles sur la cybersécurité (NIST DE. CM-3) ?

Répondre

Quel type de plan d'intervention pourrait être nécessaire en cas de violation de la sécurité physique générale de l'installation (NIST RS.AN-1, 2, 3) ?

Compte tenu des informations conservées sur les serveurs de l'entreprise, quel type de plan d'intervention pourrait être nécessaire en cas de violation de la sécurité physique dans la salle des serveurs (NIST RS.CO-4, 5) ?

Récupérer

Quel type de plan de récupération pourrait être nécessaire pour les violations générales de la sécurité physique qui se produisent dans l'un des bureaux à cloison de l'installation (NIST RC.RP-1) ?

Quels éléments un plan de récupération pourrait-il inclure en cas de violation de la sécurité du serveur dans l'installation (NIST RC.CO-1, 2) ?

Résumé

Notez vos observations pour les évaluations des risques présentées dans ce chapitre. Au Chapitre 5, vous comparerez ces réflexions et observations de départ avec celles que vous formulerez après avoir lu les Chapitres 2, 3 et 4. Vous pourrez également comparer vos réponses à celles des spécialistes professionnels de la sécurité.

Chapitre 2

Comprendre les systèmes de contrôle d'accès et de surveillance

Si vous vous êtes passé de lire l'Introduction, vous vous demandez peut-être pourquoi toute la première partie est consacrée à la sécurité des infrastructures. Cependant, comme souligné dans l'« Introduction », sans sécurité physique, il n'y a pas de sécurité. L'exploitation et la gestion de la sécurité des infrastructures reposent sur trois types de sous-systèmes de base : les systèmes de contrôle et de surveillance des accès (couverts dans ce chapitre), les systèmes de vidéosurveillance (abordés dans le Chapitre 3) et les systèmes de détection et de signalement des intrusions (examinés dans le Chapitre 4). Dans ce chapitre, vous apprendrez à :

- Comprendre l'application des concepts de sécurité physique suivants : contrôle d'accès, barrières physiques et biométrie ;
- Faire la différence entre authentification et autorisation ;
- Identifier les systèmes/dispositifs de contrôle d'accès physique couramment utilisés, notamment les claviers, les lecteurs de cartes, les lecteurs biométriques, les lecteurs de proximité, les serrures électroniques à pêne dormant (digicodes) et les serrures magnétiques.

Une introduction rapide à la sécurité des infrastructures

L'objectif général de la sécurité est d'obtenir une certaine sérénité (une situation dépourvue de soucis) pour un individu, un groupe ou une organisation. Cette quiétude est idéalement atteinte en sécurisant les droits exclusifs sur les biens (objets et informations), leur accès et leur utilisation. Ces fonctions ont une valeur ajoutée et apaisent les propriétaires des actifs.

> **Pas le temps de se relâcher dans le monde de la cybersécurité**
>
> Dans le domaine de la cybersécurité, on n'est jamais vraiment tranquille. De nouveaux types de cyber-attaques sont constamment mis au point,

contraignant les spécialistes et les administrateurs de la cybersécurité à être en permanence sur leurs gardes face à des situations potentiellement dommageables.

Une définition plus moderne de la sécurité est la science, la technique et l'art d'établir un système d'exclusion et d'inclusion des individus, des systèmes, des médias, des contenus et des objets. Elle permet également d'accroître la sécurité et l'utilisation des biens physiques tels que les machines ou les équipements de traitement.

La sécurité physique est la science, la technique et l'art d'établir un système d'exclusion et d'inclusion pour les biens matériels. En pratique, cela implique des politiques, des pratiques et des mesures visant à lutter contre le vol, à prévenir les dommages physiques, à maintenir l'intégrité du système et des services, mais aussi à limiter la divulgation non autorisée d'informations.

De même, le terme de *cybersécurité* implique la sécurisation de l'accès physique aux biens, aux systèmes et aux ports d'équipement tout en protégeant les actifs immatériels, notamment l'accès électronique, optique et informationnel aux données et aux contrôles du système.

Dans tout système moderne, la sécurité dépend des synergies entre les domaines de la sécurité physique et de la cybersécurité. Ces deux entités sont nécessaires pour soutenir un programme et un dispositif de sécurité global solide.

Lorsque des initiatives de sécurité sont appliquées sur les structures physiques et organisationnelles de base, nécessaires au fonctionnement d'une entreprise, d'une organisation ou d'une société, on parle de *sécurité des infrastructures.*

Bien que nous puissions envisager la sécurité des infrastructures en termes physiques simples, comme une porte verrouillable, un garde de sécurité patrouillant ou toute autre méthode utilisée pour protéger nos biens, il existe plusieurs autres éléments qui entrent en jeu dans la construction d'un système efficace de sécurité des infrastructures. De tels systèmes impliquent généralement une combinaison de plusieurs procédures de sécurité critiques qui ont été bien planifiées et testées pour répondre aux besoins de sécurité opérationnelle et organisationnelle, et même les dépasser.

Comme le montre la Figure 2.1, il existe trois niveaux généraux pour concevoir et mettre en œuvre un plan de sécurisation physique relatif à un bien de type infrastructure (une propriété, un bâtiment, un espace physique, un système ou un dispositif) :

Le périmètre extérieur Sécuriser cet espace implique le contrôle des déplacements de personnes (la marche, la conduite, le survol) à travers la ligne légale ou physique délimitant ce périmètre. Les limites de la propriété ou les murs extérieurs d'un bâtiment ou d'un complexe sont des exemples typiques de ce périmètre.

Le périmètre intérieur Ce périmètre comprend généralement des barrières physiques telles que des murs, des portes et des fenêtres – soit extérieures, soit intérieures, selon le contexte du périmètre extérieur.

L'intérieur Il s'agit du niveau de sécurité le plus interne. Il comprend l'intérieur du bâtiment, du bureau, du box, etc. qui est entouré par les périmètres intérieur et extérieur.

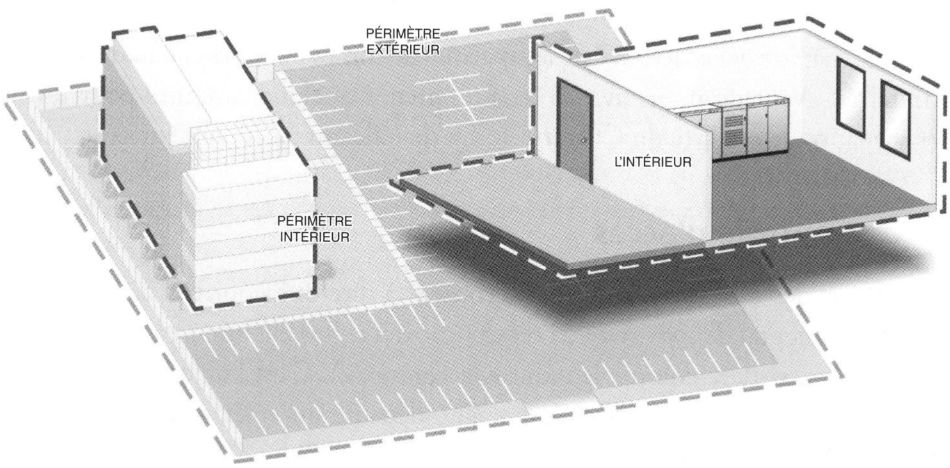

Figure 2.1 Les trois périmètres

Un plan de sécurité global prévoit le contrôle des trois niveaux.

La sécurité à chaque niveau consiste généralement en une formulation de dispositifs spécifiquement sélectionnés pour interagir et fournir un système de sécurité physique efficace.

> **Sécurisation des périmètres logiques**
>
> La cybersécurité concerne également la sécurisation des périmètres logiques. Ils seront abordés dans les chapitres suivants qui traitent des systèmes informatiques et de contrôle, des réseaux et de l'Internet. Les mêmes concepts de sécurité développés ici seront appliqués à ces sujets au fur et à mesure qu'ils seront rencontrés.

Dans chaque niveau, deux concepts sont à l'œuvre :

Méthodes de contrôle d'accès naturel Le contrôle d'accès naturel consiste à utiliser des éléments de conception naturels, tels que des structures et des aménagements paysagers, pour guider les personnes lorsqu'elles entrent et sortent des espaces.

Renforcement territorial Le renforcement territorial utilise des structures, des systèmes et des dispositifs pour empêcher l'entrée non autorisée et créer une différence claire entre ce qui est public et privé.

L'exploitation et la gestion de la sécurité des infrastructures reposent sur trois types de sous-systèmes de base :

- Systèmes de contrôle d'accès et de surveillance
- Systèmes de vidéosurveillance
- Systèmes de détection d'intrusion et de signalement

Dans ce chapitre, vous découvrirez les systèmes de contrôle d'accès et de surveillance. Toutefois, avant de poursuivre la lecture, prenez quelques minutes pour revoir les scénarios de sécurité du Chapitre 1 afin de réfléchir à ces idées introductives.

Contrôle d'accès

La plupart des experts en sécurité s'accordent à dire que l'objectif premier, et le plus fondamental de tout système de sécurité des infrastructures, est de dissuader les intrus potentiels, comme le montre la Figure 2.2. C'est l'objectif du contrôle d'accès. Vous ne pouvez pas endommager, détruire ou voler ce à quoi vous ne pouvez pas physiquement accéder.

Figure 2.2 Contrôle d'accès

La base de la conception de systèmes de contrôle d'accès efficaces comprend trois termes : entrée, sortie et régression. Par définition, l'*entrée* est le droit d'un individu à entrer dans une propriété, tandis que la *sortie* est le droit légal de quitter une propriété. De même, le *retour* est le terme utilisé pour décrire le droit légal de revenir dans une propriété.

En matière de sécurité physique, l'entrée peut être définie comme le chemin physique d'une personne pour entrer correctement dans une propriété, tandis que la sortie est le chemin physique pour quitter correctement une propriété.

En termes de sécurité, un *droit* est un privilège légal ou une permission accordée à une personne ou à un groupe par une source d'autorité reconnue. Cette source peut être un gouvernement, un agent gouvernemental légalement reconnu ou un propriétaire légalement reconnu d'un bien. Par extension, une personne qui a le droit d'accéder à un bien est dite *autorisée* (par l'autorité reconnue), tandis que toute personne qui n'a pas obtenu ce droit est qualifiée de *non autorisée.* Lorsque des personnes non autorisées tentent d'accéder à un bien dont elles n'ont pas droit d'accès, elles deviennent des *intrus.*

Par conséquent, le contrôle d'accès implique de pouvoir contrôler l'entrée, la sortie et le retour vers un bien sur la base d'une autorisation, comme le montre la Figure 2.3. En particulier, limiter l'accès du personnel non autorisé aux biens importants est la mesure de sécurité la plus fondamentale que vous puissiez prendre.

Figure 2.3 Autorisation

D'après la liste de la section précédente, vous pouvez voir que le contrôle d'accès commence dans le périmètre extérieur. Selon l'exemple spécifique étudié, cela peut être la limite de la propriété physique de l'organisation ou la porte d'entrée de ses installations.

Rappelons que l'objectif du périmètre extérieur est de contrôler qui peut traverser le périmètre à pied ou en voiture. Le contrôle à ce stade peut être aussi simple que de planter des haies à la limite de la propriété ou d'inclure des signes visuels appropriés pour avertir les personnes non autorisées de rester dehors, ou aussi complexe qu'une clôture en fil de fer barbelé avec des portails et des gardes armés.

Les efforts de contrôle d'accès s'étendent généralement à la zone située entre les périmètres extérieur et intérieur. Ces efforts peuvent inclure des techniques naturelles de contrôle d'accès telles que le placement stratégique des parkings pour les employés et les visiteurs, ainsi que l'utilisation d'aménagements paysagers spécifiques pour diriger les personnes vers des entrées et des sorties définies, et empêcher ainsi l'accès à d'autres points d'entrée/sortie possibles. Cela s'étend également au marquage clair des voies d'entrée et de sortie des installations et des propriétés.

Prévention de la Criminalité par l'Aménagement du Milieu (PCAM)[1]

La PCAM est un ensemble de principes de conception des bâtiments et des biens immobiliers basés sur l'anticipation des processus de pensée des intrus potentiels afin de les décourager de poursuivre leurs activités.

Le contrôle du périmètre intérieur d'une infrastructure physique implique l'utilisation de structures physiques telles que des murs, des fenêtres et des portes qui peuvent agir comme des barrières empêchant un intrus de passer de l'extérieur à l'intérieur. Encore une fois, selon le scénario de sécurité spécifique discuté, ces barrières peuvent faire partie de la structure extérieure du bâtiment qui entoure tout l'environnement intérieur, ou elles peuvent être des structures intérieures qui contrôlent le mouvement à l'intérieur et à l'extérieur des zones de travail individuelles.

La sécurité intérieure est le niveau de sécurité le plus interne de l'infrastructure, et elle implique la surveillance de la zone à l'intérieur du périmètre intérieur. Cette surveillance peut consister en des systèmes de sécurité humains et électroniques permettant d'observer, de suivre et de détecter les intrus ainsi que d'enregistrer les preuves de différentes activités. Le mélange de personnes habilitées et de dispositifs électroniques constitue un outil de sécurité efficace au niveau de la sécurité intérieure.

Politiques de sécurité

Un élément clé qui réunit les trois niveaux de sécurité est une politique de sécurité bien conçue qui précise comment cette dernière est mise en œuvre à chaque niveau. Les entreprises et les organisations élaborent des politiques de sécurité complètes qui définissent qui est autorisé à accéder à différents biens et ce qu'il est permis de faire avec ceux-ci lorsqu'on y accède.

Par exemple, permettre aux employés et aux visiteurs d'accéder librement à tous les services de l'organisation présente divers risques en matière de sécurité.

1 Dans le monde anglophone : CPTED, *Crime Prevention Through Environmental Design.*

Vous voudrez maintenir le contrôle d'accès pour créer un environnement qui réduit la tentation naturelle de l'Homme. Si chacun peut se déplacer librement à l'intérieur de l'organisation, il est beaucoup plus difficile de mettre en place des mesures de protection pour empêcher les accès ou les vols de biens physiques ou informatiques. Vous devez également maintenir un contrôle d'accès pour éviter les accidents.

Par exemple, vous ne voulez pas qu'un représentant commercial renverse accidentellement son café sur un des serveurs de production de votre service technique.

Il convient plutôt de mettre en place une politique cohérente de contrôle de l'accès à chaque niveau, qui permette aux personnes autorisées d'accéder à certains biens à des niveaux appropriés, tout en empêchant l'accès aux biens par des personnes non autorisées. Ensuite, appliquez ces politiques en utilisant les types et les nombres corrects de dispositifs de contrôle d'accès (capteurs, barrières, journaux, badges d'identification ou agents de sécurité) selon ce qui est jugé approprié.

Un mot sur les agents de sécurité

Bien que les dispositifs de contrôle d'accès puissent être moins chers que les gardes humains, ces derniers sont en mesure de prendre des décisions judicieuses basées sur les actions d'un intrus potentiel. Ils offrent un symbole de sécurité, peuvent introduire, aux yeux des hommes, une procédure légale et peuvent intervenir en temps utile lors d'un incident.

Il est fréquent que des badges ou des cartes à puce soient utilisés pour contrôler l'accès. Les employés peuvent également être identifiés via un transpondeur d'identification par radiofréquence (RFID[2]) lorsqu'ils se déplacent dans la zone de portée proche d'un capteur RFID. Les transpondeurs stockent les codes d'accès et utilisent des récepteurs et des émetteurs radio.

Ces techniques, systèmes et dispositifs de contrôle d'accès sont examinés en détail dans le reste de ce chapitre.

Contrôles de sécurité physique

L'application des mesures de contrôle d'accès peut, dans un premier temps, consister à placer des serrures sur les portes d'accès aux bureaux, à séparer les services ou encore à mettre en réseau les sections présentant des barrières physiques similaires. De nombreuses entreprises disposent d'une porte d'entrée ou d'une entrée avec un réceptionniste qui contrôle l'accès. Pendant les heures d'ouverture, le réceptionniste fait office de barrière physique et s'informe de la nature des visites des clients, comme l'illustre la Figure 2.4.

[2] RFID : *Radio Frequency IDentification*

Figure 2.4 Obstacles physiques

Dans certains établissements, le visiteur peut être tenu d'être accompagné d'une escorte pour limiter physiquement ses déplacements dans l'entreprise. Pour un contrôle d'accès supplémentaire, on pourrait employer un vigile pour surveiller cet accès à des endroits intérieurs spécifiques et restreints, tels qu'un laboratoire, ou à un ascenseur desservant une zone restreinte, comme un sous-sol.

La nuit, la barrière physique peut être simplement une porte verrouillée. Cependant, la porte peut également être équipée d'un capteur et d'une alarme. Cette dernière peut être un annonciateur local, comme une sirène, ou être directement reliée à un système de surveillance externe ou au service de police.

Serrures et clés

La principale barrière physique dans la plupart des périmètres de sécurité est la porte verrouillable. Celle-ci permet bien la barrière physique, mais, en soi, ne fait qu'empêcher les honnêtes gens d'entrer. La serrure, en revanche, assure la fonction d'authentification de la barrière grâce à sa clé. Détenir la clé signifie que la personne possède ou connaît les informations nécessaires pour accéder à la porte.

De nombreux types de serrures sont utilisés avec les barrières de sécurité. De même, de nombreux types de clés différents sont utilisés pour désengager le mécanisme de verrouillage. Selon le type de serrure utilisé, la clé peut être physique ou logique.

Dans la plupart des organisations, seul un personnel précis qui travaille dans un bureau particulier peut posséder une clé pour accéder à son environnement de travail. Le maintien d'un contrôle strict des clés et l'utilisation de clés numérotées et clairement codées pour la non-reproduction contribuent à maintenir la porte verrouillée comme une barrière physique efficace.

> **Appliquer une politique de contrôle des clés stricte**
> Une politique stricte de contrôle des clés est nécessaire pour réussir à protéger les équipements et les idées derrière des portes verrouillées.

Verrous à pêne dormant à clé standard

Les verrous de type pêne dormant à clé standard ont un mécanisme de verrouillage similaire à celui de leur homologue à électro-aimant, mais ils s'enclenchent ou se déclenchent avec une clé. Ils offrent un niveau de sécurité supplémentaire pour les portes qui peuvent être actionnées manuellement. Un pêne dormant à clé est disponible avec un cylindre simple ou double, comme illustré dans la brochure, Figure 2.5.

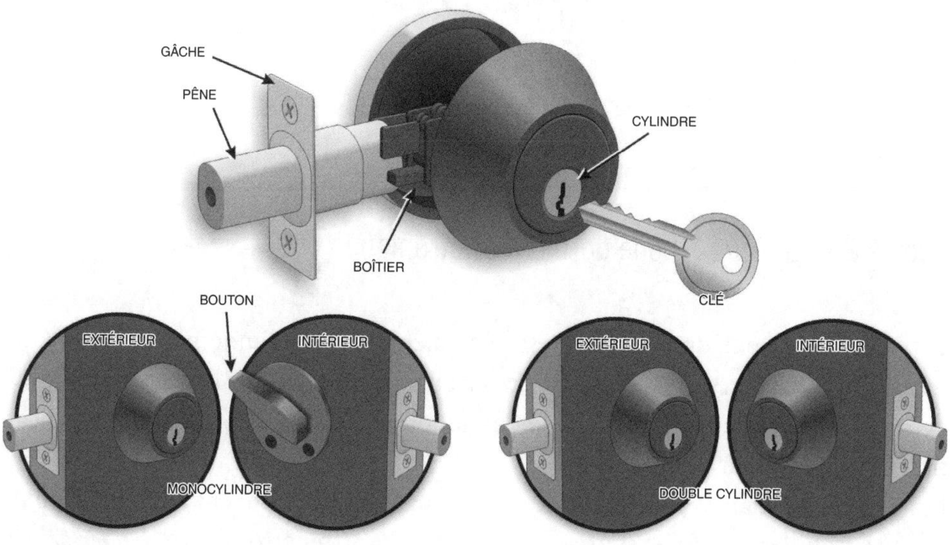

Figure 2.5 Serrure pêne dormant à clé

Verrous à pêne dormant actionnés par solénoïde

Les verrous à pêne dormant à commande électronique offrent un niveau de sécurité accru pour le périmètre. Adaptables à tout système de sécurité, ils sont très performants comme verrous auxiliaires sur les portes où le contrôle d'accès est souhaité.

Le principal élément d'actionnement des verrous à pêne dormant à commande électromagnétique, comme illustré à la Figure 2.6, est un solénoïde activé électriquement. Lorsqu'un courant électrique est appliqué à la bobine du solénoïde, un champ électromagnétique se développe autour de celui-ci. Le champ électromagnétique applique une pression magnétique sur le noyau au centre de la bobine, ce qui la fait bouger. Ce mouvement engage (active) le mécanisme de verrouillage physique ou le désengage (désactive).

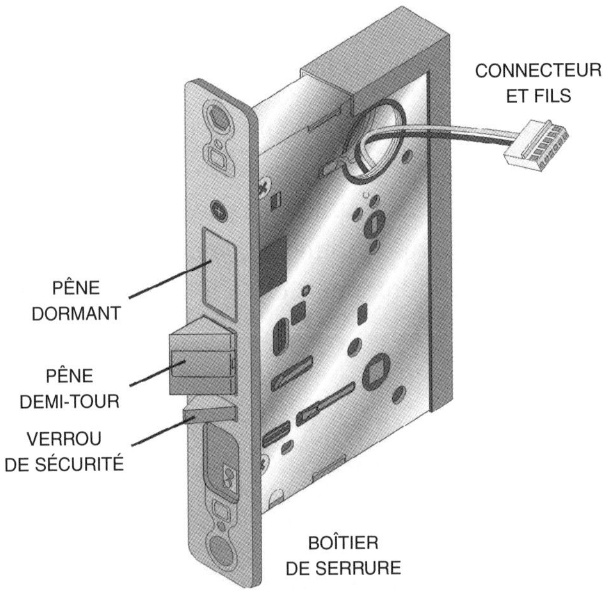

Figure 2.6 Serrure à pêne dormant électronique

Le fonctionnement du solénoïde est généralement commandé par un interrupteur situé à distance ou par un système électronique de contrôle d'accès. Dans ce dernier cas, le système est généralement actionné par des dispositifs d'identification intelligents par carte d'accès.

Les pênes dormants à commande électromagnétique peuvent être verrouillés ou déverrouillés lorsqu'ils sont sous tension et sont répertoriés par *Underwriters Laboratories* (UL)[3] comme des dispositifs de protection contre le vol. Dans les applications de sécurité, la serrure est généralement configurée de manière à se mettre automatiquement en position verrouillée lorsque la porte est fermée. Cela permet d'éviter le talonnage, lorsqu'une personne non autorisée essaye de s'introduire par la porte, juste derrière une personne autorisée.

---

[3] Organisation américaine indépendante de tests et certifications. Plus d'informations via https://france.ul.com/

Cependant, certaines portes qui utilisent des serrures automatiques doivent être configurées pour fonctionner de manière sûre (se déverrouiller lorsque l'alimentation est coupée). Ce type de configuration doit être utilisé pour permettre aux employés de sortir par la porte en cas d'urgence.

Une porte à pêne dormant configurée pour fonctionner de manière sécurisée (elle se verrouille lorsque le courant est coupé) ne conviendrait pas comme issue de secours car elle ne pourrait pas être utilisée pour sortir du périmètre en cas d'urgence. Avec une serrure à sécurité intégrée, la porte serait verrouillée par défaut et ne s'ouvrirait pas en raison du manque d'électricité pour le faire fonctionner.

Les pênes dormants électroniques peuvent être utilisés pour les portes battantes, coulissantes, motorisées et à élévation verticale, ainsi que pour les portails de clôture.

Serrures à code

Les systèmes de contrôle et de gestion des accès utilisent souvent des serrures à code nécessitant des séquences d'accès personnels connus de l'utilisateur. Ces serrures fonctionnent en déverrouillant les verrous magnétiques des portes lorsque le code programmé correct est entré par l'utilisateur sur le clavier de la serrure. Ils offrent un niveau de sécurité supplémentaire pour les zones d'entrée du périmètre. La Figure 2.7 présente un exemple d'une telle serrure.

Figure 2.7 Serrure à code

Bien que les claviers à codes pour portes électroniques puissent offrir une barrière physique plus sécurisée, leurs codes doivent être changés périodiquement pour que ceux-ci soient efficaces dans le temps.

Portes de contrôle d'accès

Comme une porte, un portail est un type de barrière physique qui peut être pivoté, tiré ou abaissé pour contrôler les entrées et les sorties à travers un mur ou une clôture. Les portails de contrôle d'accès peuvent être classés en deux catégories principales :

- Portes coulissantes
- Portes battantes

Les deux types peuvent être ouverts ou fermés à l'aide d'un opérateur motorisé. La taille de l'opérateur de porte est déterminée par la largeur du chemin et le poids de la porte sélectionnée.

Portails coulissants

Les portails coulissants, tels que celui illustré à la Figure 2.8, sont utilisés lorsque des niveaux élevés de sûreté et de sécurité opérationnelles sont nécessaires.

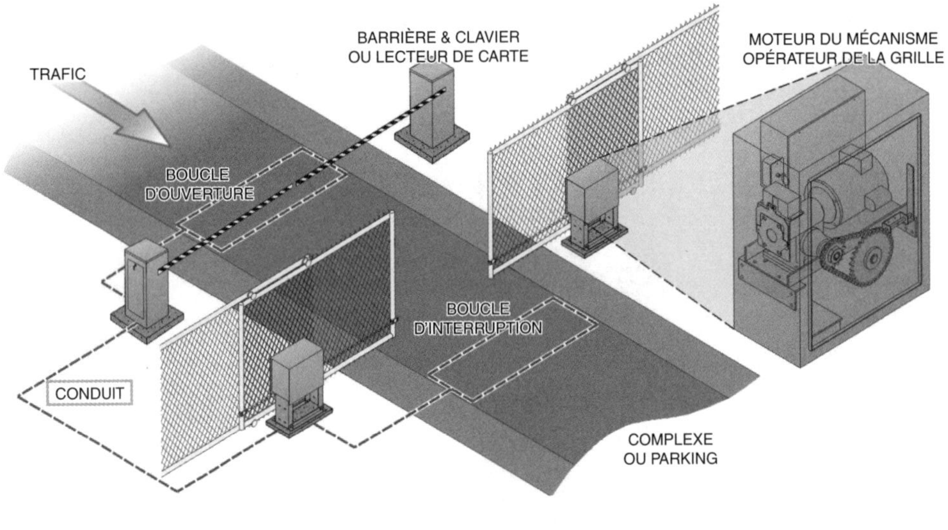

Figure 2.8 Portail coulissant

Portails pivotants

Les portails pivotants, comme celui illustré à la Figure 2.9, sont équipés de charnières entièrement réglables qui permettent à la porte de pivoter sur 180 degrés. Un bras articulé, qui va de l'opérateur à la porte, tire ou pousse la porte pour l'ouvrir et la fermer. Les fabricants utilisent parfois une configuration piston/cylindre pour actionner le bras.

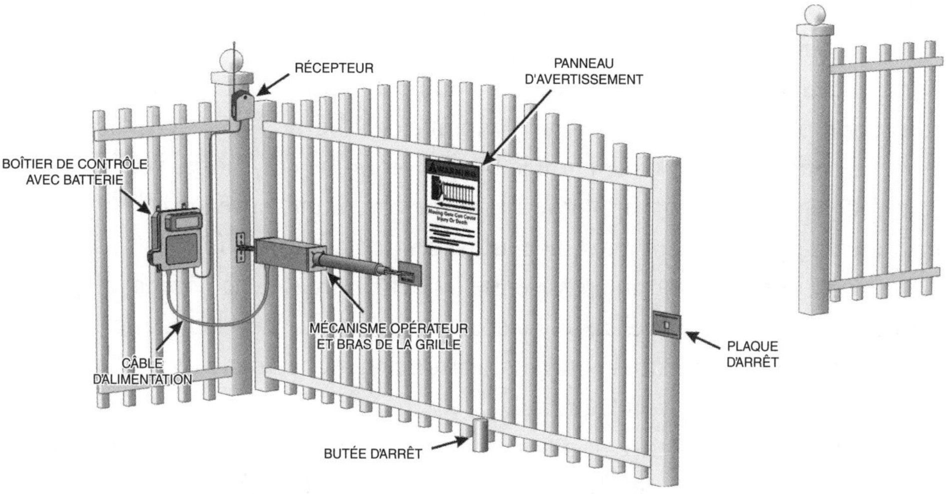

Figure 2.9 Portail pivotant

Relais de contrôle

Les relais sont des dispositifs électromécaniques qui utilisent des signaux de commande plus sûrs à basse tension et à faible courant pour commander des dispositifs à tension et courant plus élevés. Dans le cadre du contrôle d'accès, les relais sont généralement utilisés pour contrôler le fonctionnement des portails et des serrures électriques, des ouvre-portes de garage et d'autres dispositifs à distance.

La Figure 2.10 présente le schéma d'un simple relais SPST[4]. Comme l'illustre le schéma, le relais se compose d'une bobine avec deux connexions externes, une connexion commune et deux connexions de sortie.

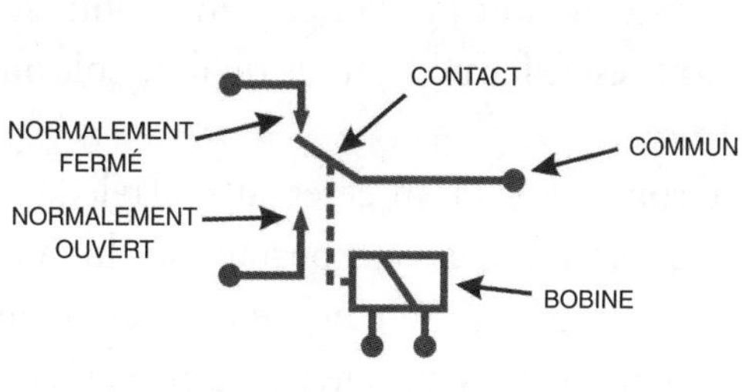

Figure 2.10 Schéma du relais SPST

Les connexions de sortie sont définies par leur relation avec la connexion commune (Commun) lorsqu'aucune énergie n'est appliquée à la bobine. Une

[4] SPST : Single-Pole, Single-Throw ou en en Français : unipolaire unidirectionnel.

sortie est appelée contact normalement ouvert (NO) et l'autre est appelée contact normalement fermé (NF).
Lorsqu'aucun signal n'est appliqué à la bobine, le relais est au repos et il y a une connexion physique entre la borne commune et la borne NF. Inversement, il n'y a pas de connexion physique entre la borne commune et la borne NO. Dans cet état, tout signal (courant) appliqué à la borne commune passera par la borne NF, mais aucun signal (ou courant) ne peut passer par la borne NO.
Lorsqu'un courant électrique passe entre les deux bornes de la bobine, celle-ci est mise sous tension et tout change. Le champ magnétique développé par la bobine provoque le déplacement du noyau électromagnétique (dans cette illustration, le noyau se déplacerait vers la droite).
La liaison mécanique entre le noyau et l'interrupteur du relais (représentée par une ligne pointillée) se déplace également. Cela ouvre le chemin entre la borne commune et NF, et ferme le chemin entre la borne commune et NO. Par conséquent, le courant peut circuler entre le Commun et la borne NO, mais aucun courant ne peut circuler entre le Commun et NF.

Opérations de relais

La décision d'utiliser la sortie NO ou NF est généralement basée sur l'application que le relais va contrôler. Dans de nombreux cas, les circuits de commande sont conçus de manière à fournir des performances soit à sûreté intégrée, soit à sécurité intégrée. Un circuit à sûreté intégrée est conçu de manière à ce qu'en cas de panne de courant ou d'un composant, le système contrôlé reste dans son état de sûreté (soit en marche, soit à l'arrêt).
Le circuit de sécurité est celui qui tombe en panne dans les conditions les plus sécurisées. Par exemple, si l'alimentation électrique fait défaut à un portail de sécurité automatisé, le système doit tomber en panne pour sécuriser le fonctionnement du portail (il doit rester fermé à moins qu'il ne soit ouvert manuellement depuis un endroit sécurisé).
Les relais d'activation sont souvent intégrés aux claviers, aux porte-clés, aux serrures de porte ou aux actionneurs de portail. Le kit de relais illustré à la Figure 2.11 est conçu pour être utilisé comme contrôleur de portail et fournit une vue du relais et des composants associés. Le porte-clés qui l'accompagne est généralement utilisé pour faire fonctionner le contrôleur.

Figure 2.11 Relais de contrôleur de porte et composants associés

Systèmes d'authentification

L'authentification est le processus qui consiste à déterminer si une personne est bien celle qu'elle prétend être. Rappelons qu'un contrôle d'accès efficace implique de pouvoir contrôler l'entrée, la sortie et le retour vers un bien sur la base d'une autorisation. En particulier, limiter l'accès du personnel non autorisé aux biens importants est la mesure de sécurité la plus fondamentale que vous puissiez prendre. L'autorisation est donc basée sur l'authentification.

De multiples facteurs interviennent dans l'authentification :

- *La connaissance :* quelque chose que vous connaissez ou que seule la personne désignée devrait connaître ;
- *La possession :* quelque chose que vous possédez ou que seule la personne désignée devrait posséder ;
- *L'inhérence* : votre nature ou celle de la personne désignée ;
- *La localisation :* le lieu sur lequel vous êtes ou celui sur lequel devrait se trouver uniquement la personne désignée.

De nombreux systèmes d'authentification physique sont basés sur des facteurs d'authentification uniques qui dépendent de la possession, comme celle d'un dispositif à clé qui ouvre une serrure. La clé peut être physique ou virtuelle selon les besoins pour ouvrir les mécanismes de verrouillage, eux-mêmes physiques ou virtuels.

Des méthodes d'authentification plus intelligentes et plus efficaces impliquent une authentification à deux facteurs (un processus qui requiert deux des facteurs pour accorder l'autorisation) basée sur la *connaissance* (quelque chose que vous savez) et la *possession* (quelque chose que vous avez).

Les méthodes avancées d'autorisation et d'authentification comprennent des systèmes d'autorisation et d'authentification multifactoriels. Pour ces derniers, les informations doivent être présentées à un dispositif d'authentification qui, à son tour, les transmet au système d'authentification du contrôleur de sécurité. Un certain nombre de dispositifs d'authentification différents sont couramment utilisés dans les systèmes de contrôle d'accès. Les principaux types de dispositifs sont couverts dans les sections suivantes du chapitre.

Lecteurs de bandes magnétiques

Une *carte à bande magnétique* est un dispositif physique semblable à une carte de crédit qui contient des informations d'authentification codées sur une bande magnétique, comme l'illustre la Figure 2.12. Le titulaire de la carte utilise les informations contenues sur celle-ci pour accéder à des espaces ou à des biens physiques en faisant passer la bande de la carte dans un lecteur de carte magnétique.

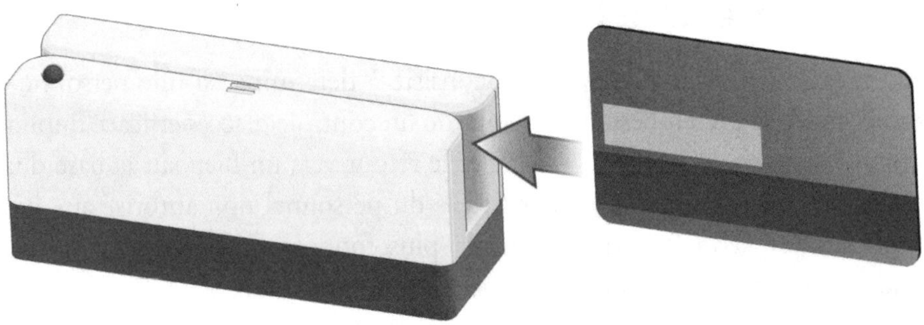

Figure 2.12 Système de carte à bande magnétique

Le lecteur de carte lit les informations encodées magnétiquement lorsqu'elles passent par le capteur magnétique du lecteur et les traduit en données numériques qu'il transmet à un système hôte. La programmation du système hôte détermine si les informations contenues dans la carte sont pertinentes pour fournir une autorisation et un accès au titulaire de la carte.

Cartes à puce

Les cartes à puce sont également des dispositifs semblables à des cartes de crédit qui ressemblent souvent à des cartes à bande magnétique, comme le montre la Figure 2.13. Cependant, elles offrent une meilleure sécurité des données grâce à la présence de circuits intelligents qui peuvent être utilisés pour cacher les données de l'utilisateur jusqu'à ce qu'un processus d'authentification ait été effectué. Elles contiennent généralement des informations sur leurs propriétaires, telles que leurs mots de passe, leurs numéros d'identification personnels (PIN[5]), leurs clés de réseau, leurs certificats numériques et d'autres informations personnellement identifiables (PII[6]) qui peuvent être utilisées dans le processus d'authentification.

Un mot sur les PII

Les PII sont considérées comme toute information permettant d'identifier un individu. Parmi les exemples de PII, citons : le prénom et le nom, l'adresse du domicile, le numéro de sécurité sociale, la date de naissance, les empreintes digitales et d'autres informations susceptibles de distinguer une personne d'une autre.

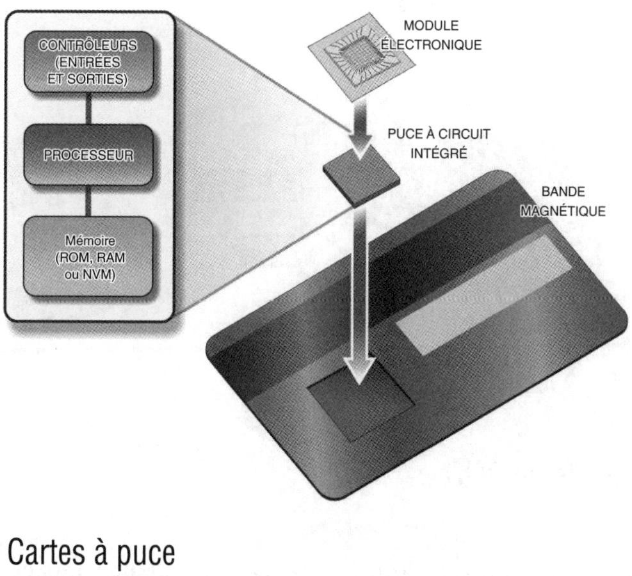

Figure 2.13 Cartes à puce

Physiquement, les cartes à puce sont des dispositifs intelligents, semblables à des cartes de crédit, des badges d'identification et des dispositifs enfichables qui communiquent avec un lecteur de cartes à puce.

En interne, tous les modèles de cartes à puce contiennent un microprocesseur et un dispositif de mémoire qui sont intégrés dans la structure de la carte. La partie mémoire de la carte à puce contient des informations d'identification spécifiques à l'utilisateur, ainsi que toute la programmation dont la carte a besoin pour communiquer avec le système de sécurité hôte.

[5] PIN : *Personal Identification Numbers*
[6] PII : *Personally Identifiable Information*

Certaines organisations qui utilisent des cartes à puce délivrent à leurs employés des cartes uniques qu'ils peuvent utiliser pour entrer dans leurs bâtiments, se connecter à leurs ordinateurs et accéder aux applications appropriées.
Les cartes à puce sont conçues pour résister aux manipulations. La falsification d'une carte à puce la rend généralement inutilisable. En outre, il faut faire preuve d'une certaine prudence avec les cartes à puce, car le simple fait de les plier peut les rendre inutilisables.

Badges RFID

Les badges d'identification par radiofréquence (RFID) sont des outils de contrôle d'accès mains libres qui améliorent les technologies des codes-barres, des bandes magnétiques et des lecteurs de proximité. Le système RFID utilise des signaux radio pour identifier des articles uniques à l'aide d'un dispositif de lecture et d'étiquettes RFID, comme l'illustre la Figure 2.14.

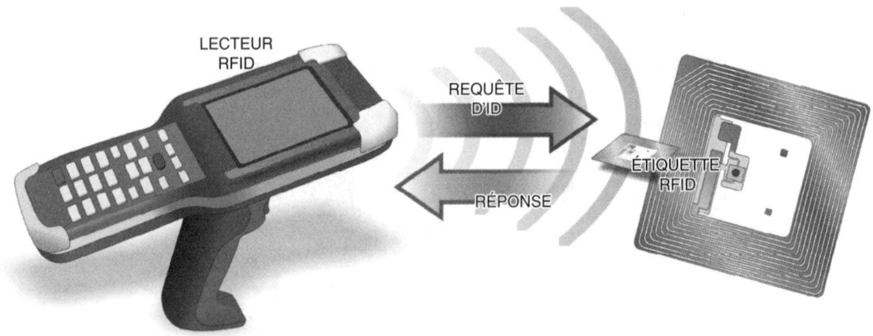

Figure 2.14 Système RFID

Le lecteur envoie et reçoit des données par radiofréquence vers et depuis les étiquettes RFID. Chaque étiquette stocke les données qui lui sont envoyées sur un dispositif à circuit intégré (CI). Bien que les informations spécifiques stockées sur l'étiquette RFID soient déterminées par le programmeur du système RFID, elles consistent généralement en un numéro de série qui permet de l'identifier, et possèdent ainsi des informations sur l'article.
Lorsque le système veut connaître un élément associé à l'étiquette, par exemple à quoi (ou qui) elle est associée, ou bien sa localisation, il envoie simplement une demande qui fait en sorte que l'étiquette RFID adressée diffuse ses informations à partir de son antenne intégrée. Le lecteur reçoit les données de l'étiquette et les transmet à son ordinateur hôte pour le traitement. L'aspect le plus intéressant de cette technologie est la capacité des étiquettes RFID à accomplir leur tâche sans la présence d'une source d'énergie externe.

Scanners biométriques

La biométrie est le terme utilisé pour décrire les mécanismes de contrôle d'accès qui utilisent les caractéristiques physiques humaines pour vérifier les identités individuelles. L'authentification biométrique consiste à utiliser des caractéristiques physiologiques personnelles uniques pour vérifier que les personnes sont bien celles qu'elles prétendent être.

Chaque humain possède des caractéristiques physiques uniques qui le différencient des autres. Même les jumeaux identiques ont des voix, des empreintes digitales, des yeux et d'autres caractéristiques distinctes. Les qualités les plus souvent impliquées dans l'authentification biométrique sont les modèles vocaux, les empreintes digitales, les empreintes palmaires, les signatures, les traits du visage et les scanners de la rétine ou de l'iris, comme le montre la Figure 2.15.

Dans chaque cas, un dispositif de balayage biométrique est nécessaire pour convertir la quantité physiologique en une représentation numérique. Les résultats sont stockés dans une base de données où ils peuvent être utilisés dans un processus d'authentification. L'application sous-jacente utilisera les qualités véritablement uniques des données comme base de comparaison avec les futures demandes d'accès. Si les données d'une future demande d'authentification correspondent aux points clés de la version stockée, l'accès sera accordé.

Cependant, tous les dispositifs de balayage biométrique ne sont pas aussi précis pour authentifier les utilisateurs. Dans le Tableau 2.1, les données du gouvernement américain montrent comment les différents dispositifs de balayage biométrique se classent en fonction de leur capacité à authentifier les personnes avec précision.

Tableau 2.1 Comparaisons de dispositifs biométriques

	Taux de faux positifs	Taux de faux négatifs
Empreinte palmaire	1,43 %	4 %
Structure faciale	0,1 %	0,8 – 1,6 %
Modèles de voix	2 – 5 %	5 – 10 %
Œil (rétine ou iris)	0,1 %	1,1 – 1,4 %
Signature	0,49 %	7,05 %
Empreintes digitales	2,2 %	2,2 %

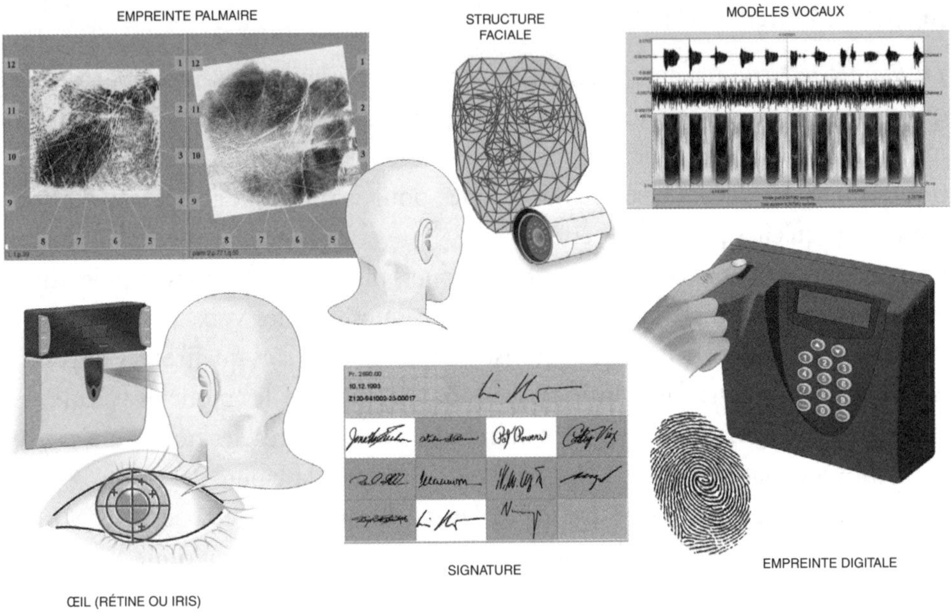

Figure 2.15 Méthodes d'authentification biométrique typiques

En général, les caractéristiques de l'iris de l'œil humain et des scanners rétiniens tendent à en faire la source d'authentification la plus fiable. Parmi les autres variables biométriques de la liste, les relevés d'empreintes digitales ont tendance à être plus précis que les scanners vocaux. Cependant, les empreintes digitales peuvent être stockées sur une surface propre et utilisées ultérieurement. D'autre part, les maladies et le niveau de stress des utilisateurs peuvent affecter les empreintes vocales.

Comme le montre le Tableau 2.1, il existe deux types d'échec de l'authentification :

Type 1 – Faux rejet ou faux négatif Il s'agit d'un rapport qui produit un rejet incorrect de la personne, l'empêchant ainsi d'accéder à une installation ou à une zone de sécurité à laquelle elle aurait dû pouvoir accéder.

Type 2 – Fausse acceptation ou faux positif Il s'agit d'un rapport qui authentifie incorrectement la personne, ce qui pourrait conduire à donner accès à des équipements ou des données auxquels cette personne ne devrait pas pouvoir accéder. Des deux types d'échec d'authentification, c'est le plus important car il pourrait donner accès à des personnes malveillantes.

En raison du risque de faux rapports et d'inexactitudes, il peut être nécessaire d'utiliser une deuxième méthode de contrôle d'accès en association avec des dispositifs biométriques. Dans les zones nécessitant une sécurité accrue, un passe, des empreintes digitales supplémentaires ou un autre type de vérification pourraient être utilisés pour s'assurer que la personne n'a pas été authentifiée par erreur.

Télésurveillance

La surveillance à distance (ou télésurveillance) désigne le fait de surveiller des appareils ou de mesurer leurs conditions de fonctionnement depuis un lieu distant ou depuis une salle de contrôle. Dans le domaine de la sécurité, cela implique d'avoir un accès externe au système de sécurité par le biais d'un système de communication.

Les systèmes de télésurveillance sont utilisés pour avertir la sécurité qu'un accès non autorisé est tenté. Dans ces systèmes, le contrôleur surveille les états d'ouverture et de fermeture des capteurs de l'infrastructure. Lorsqu'un capteur tel qu'un interrupteur magnétique ou un détecteur de mouvement est activé, le système l'identifie automatiquement comme une intrusion et en informe le personnel de sécurité concerné.

La notification peut se faire de façon visuelle sur un panneau de contrôle de sécurité, d'un appel téléphonique, d'un avis de messagerie instantanée ou d'un message texte sur un téléphone intelligent. La notification peut également impliquer l'activation de lumières stroboscopiques et de sirènes à haute intensité pour attirer l'attention sur la tentative d'intrusion. La Figure 2.16 présente différentes options possibles pour accéder à distance à un système de sécurité typique.

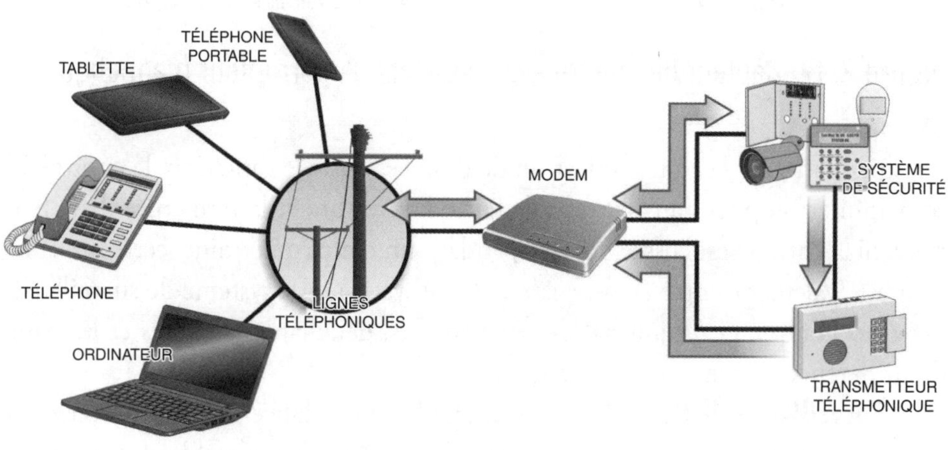

Figure 2.16 Options de communication pour accès à distance

Surveillance des états ouverts et fermés

Divers capteurs peuvent être utilisés pour détecter l'état ouvert, fermé, verrouillé ou déverrouillé d'une porte ou d'un portail automatisé. Ils peuvent également être configurés pour déclencher un état d'ouverture, de fermeture, de verrouillage ou de déverrouillage d'une porte ou d'un portail spécifique.

Un mot sur les capteurs

Comme les états ouverts et fermés ne sont pas les mêmes que les états verrouillés et déverrouillés, un seul capteur ne peut pas faire la différence entre ces deux ensembles d'états. Un deuxième type de capteur ou un type différent doit être installé et surveillé pour effectuer cette différenciation.

Un simple capteur magnétique et un jeu de contacts correspondant pour une barrière mobile (porte, portail ou fenêtre) sont illustrés à la Figure 2.17. L'émetteur du capteur envoie un signal à un panneau de contrôle ou à un appareil qui compose un numéro d'urgence lorsque les contacts de l'interrupteur magnétique sont défaits à l'ouverture de la porte.

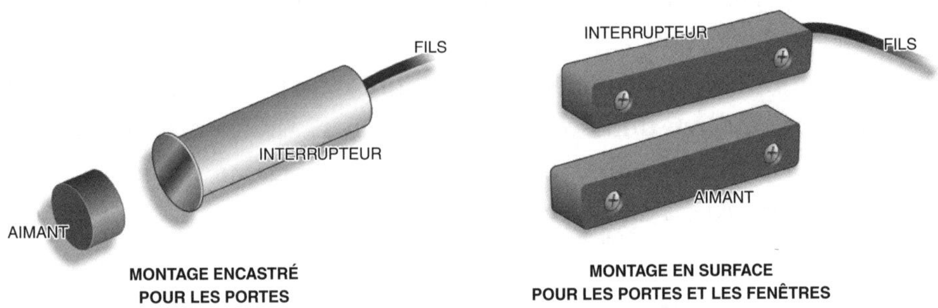

Figure 2.17 Capteur de fenêtre avec contacts d'interrupteur magnétique

La signalisation et la communication de données entre le capteur et le contrôleur sont ininterrompues dans l'intervalle entre l'ouverture et la fermeture de la barrière. Si la barrière est laissée ouverte pendant un temps déterminé, cette information est également notée et enregistrée par le système. Le système de surveillance des états comprend un journal des événements, détaillant les heures et les dates des différents événements. Par exemple :

Surveillance de l'état de verrouillage La surveillance de l'état de verrouillage est une fonction qui permet à la personne responsable de confirmer qu'une porte est verrouillée. En plus de surveiller l'état de fermeture d'une porte ou d'un portail, le système de surveillance des états peut également fournir des détails sur la durée et les périodes pendant lesquelles la porte ou le portail est resté verrouillé.

Surveillance des états de déverrouillage Le système de surveillance peut enregistrer et signaler chaque fois qu'une porte ou un portail spécifique est déverrouillé (accordant l'accès) et quel type d'accès a été accordé. La surveillance du déverrouillage peut également identifier qui a obtenu l'accès.

Paramètres de l'heure de la journée La plupart des systèmes de contrôle d'accès automatisés basent leurs décisions concernant les demandes d'entrée valides ou non valides, également appelées *transactions,* sur des paramètres d'heure de la journée préconfigurés. Ceci est normal, car toute demande d'entrée qui ne correspond pas au profil ou au calendrier prédéfini d'un utilisateur identifié est sujette à suspicion.

Une telle situation peut se produire pour une livraison quotidienne arrivant plus tard que prévu. L'utilisateur, dans ce cas un agent de livraison reconnu, a été identifié, mais cherche à entrer à un moment non autorisé. Un contrôleur humain autorisé devra intervenir pour accepter la livraison.

Systèmes automatisés de contrôle d'accès

Les capacités de contrôle d'accès automatisé ajoutent une autre dimension aux fonctions standard de surveillance et de rapport de sécurité. Bien que le contrôle d'accès automatisé ne fasse pas partie intégrante du système typique de détection et de surveillance des intrusions, il améliore la sécurité et la facilité du contrôle d'accès du périmètre. Les systèmes de contrôle d'accès automatisé se déclinent en deux versions : les systèmes de contrôle d'accès à distance et les systèmes d'accès télécommandés.

Le contrôle d'accès à distance est une fonctionnalité caractéristique d'une conception dans laquelle l'entrée dans les zones protégées est gérée en authentifiant l'identité des personnes qui entrent dans une zone sécurisée (zone de sécurité ou système informatique) à l'aide d'un système d'authentification situé dans un endroit différent du point d'accès.

Pour ce faire, plusieurs méthodes sont possibles, notamment les lecteurs de mots de passe, les cartes à clé magnétique et les codes de verrouillage à chiffrement secret.

Bien que les différences soient mineures, les considérations de conception des systèmes d'accès télécommandés sont différentes de celles des systèmes précédents. Le système d'accès télécommandé est une proposition de conception qui fonctionne avec les systèmes de télésurveillance pour observer, contrôler et superviser les portes, les portails et les véhicules (allées et venues) à distance. La Figure 2.18 montre les composants typiques d'un système de contrôle d'accès télécommandé.

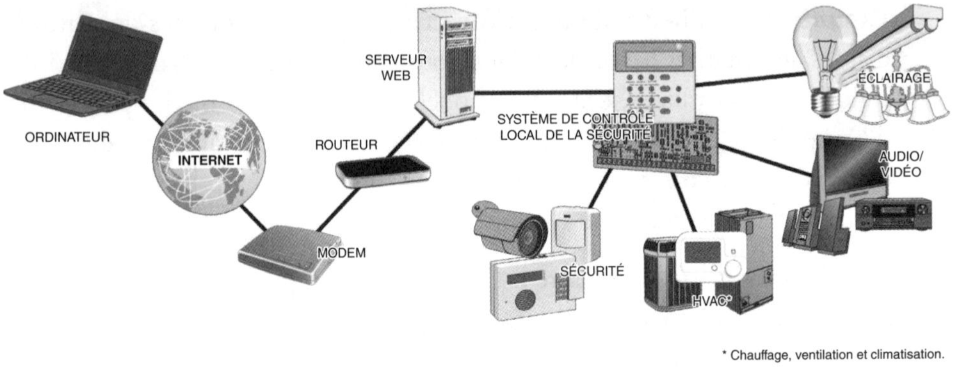

Figure 2.18 Opérations de contrôle à distance

La fonction de contrôle à distance permet au spécialiste de la sécurité d'établir des communications avec un site distant, de saisir un code d'accès, d'obtenir les états actuels et de définir les paramètres du système. Un système de télévision en circuit fermé (CCTV[7]) peut être ajouté au système de sécurité pour fournir des fonctions de reconnaissance visuelle aux options de la télécommande. Certains systèmes de surveillance et de contrôle à distance, comme celui illustré à la Figure 2.19, peuvent également être utilisés et peuvent obtenir des messages d'état concernant tout capteur ayant détecté une valeur en dehors de celles programmées, comme la chaleur, le froid, une fuite d'eau, des bruits forts, l'historique des alarmes ou d'autres caractéristiques personnalisées.

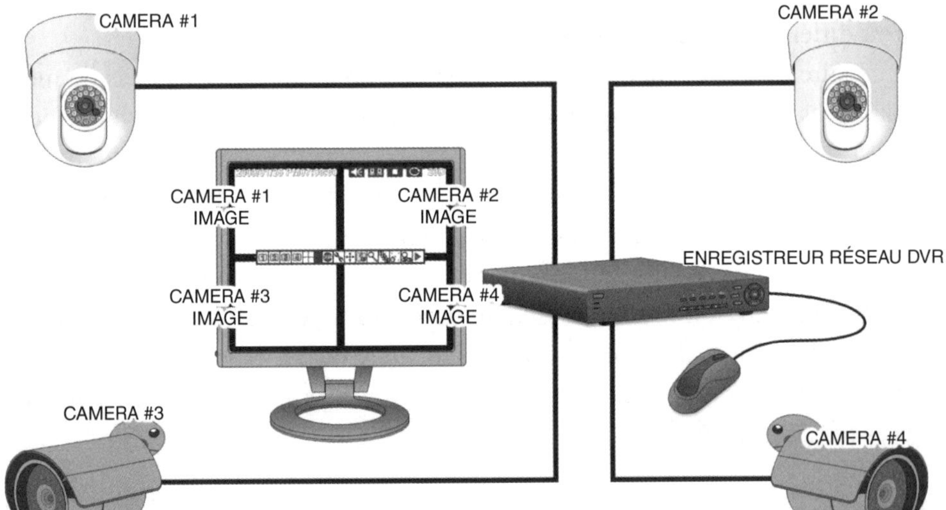

Figure 2.19 Systèmes de télésurveillance

7 CCTV : *Closed-Circuit Television*

Les dispositifs de communication sans fil sont souvent utilisés pour connecter les composants d'un système de contrôle d'accès automatisé. Ce type de connectivité est une solution économique qui élimine la nécessité d'un nouveau câblage entre les dispositifs de contrôle, les interphones, les portes et les portails de sécurité à commande électrique.

Exercices pratiques

Dans cet exercice, vous apprendrez comment sécuriser le périmètre extérieur. Les objectifs sont les suivants :

- Pour une installation donnée, définir ses périmètres extérieur et intérieur, ainsi que ses zones internes, et déterminer les principales vulnérabilités associées à chaque couche.
- Pour l'installation spécifiée et ses vulnérabilités, effectuez des recherches pour déterminer quels sont les composants (dispositifs et systèmes) disponibles pour sécuriser ces points et quelles sont les options de coût pour les composants que vous trouvez.
- Concevoir un système de surveillance et de contrôle d'accès pour le périmètre extérieur de l'installation qui permettra au client de mettre en œuvre le système de sécurité nécessaire pour observer et contrôler l'accès à son installation.

Les ressources nécessaires à cet exercice sont les suivantes :

- Accès à l'Internet
- Crayon/stylo et papier

Discussion

La Figure 2.20 illustre les installations de l'entrepôt ACME. Cette installation est utilisée pour stocker les produits ACME qui sont prêts à être expédiés. Ses quais de chargement accueillent des camions semi-remorque, ainsi que d'autres véhicules de livraison plus petits, par trois portes à enroulement. Les camions entrent et sortent de la cour de chargement de l'entrepôt située à l'arrière du bâtiment par une ouverture de 10 mètres de large dans la clôture qui entoure la cour. La clôture est fixée au bâtiment à chaque coin de son mur arrière, comme le montre la Figure 2.20. L'ouverture dans la clôture destinée aux camions donne accès à la rue derrière l'entrepôt.

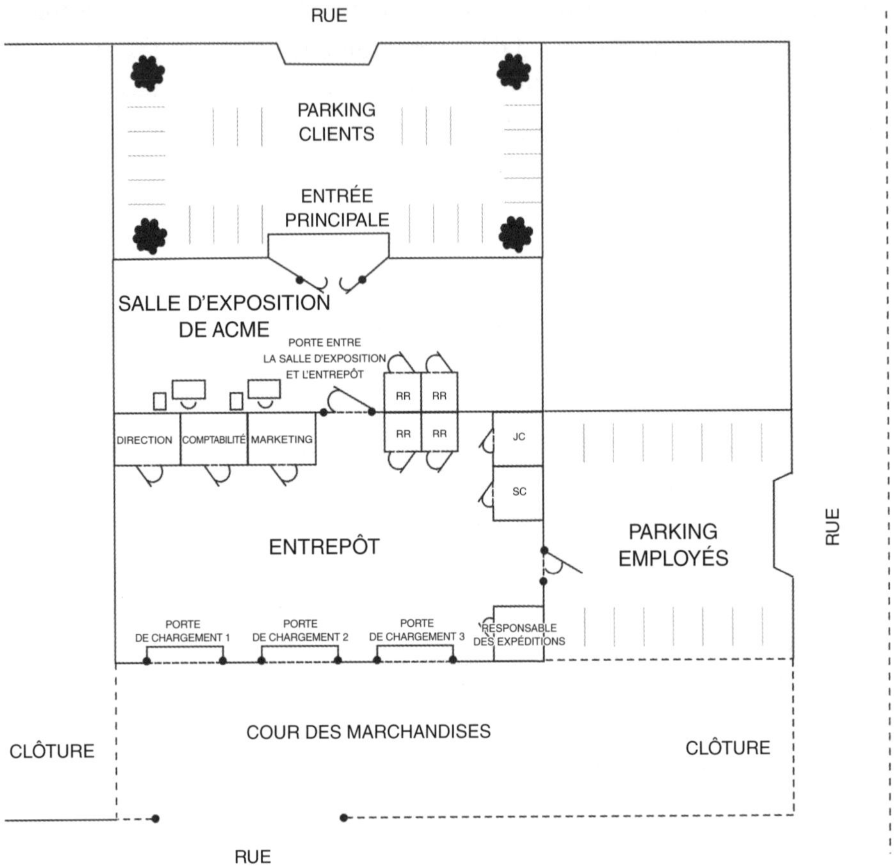

Figure 2.20 L'établissement

Les clients entrent dans le bâtiment par l'avant où se trouve un parking ouvert et une entrée client attrayante dotée de portes à double vitrage. Ce parking ouvert sur la rue n'est pas clôturé. La salle d'exposition des clients et les bureaux du personnel de vente occupent l'avant du bâtiment, tandis que l'entrepôt et les bureaux de gestion se trouvent à l'arrière du bâtiment. Les employés peuvent passer de l'entrepôt à la salle d'exposition par une porte piétonne intérieure entre les deux parties du bâtiment.

Le personnel d'ACME se gare dans un parking pour employés situé sur le côté du bâtiment. Ils entrent dans l'établissement par une porte piétonne pour employés qui fait face à leur aire de stationnement. Le parking des employés est ouvert et n'est pas clôturé. Chaque employé d'ACME (entrepôt, salle d'exposition et gestion) recevra un dispositif d'identification d'entreprise. Le système de surveillance et de contrôle des accès doit pouvoir déterminer quels employés ont l'autorisation d'entrer dans la partie de l'entrepôt de l'installation.

L'entrepôt abrite également les bureaux de la direction et des placards à fournitures. Chaque bureau a une fenêtre unique qui donne sur la salle d'exposition et une porte qui s'ouvre sur la zone de l'entrepôt. Les placards à fournitures sont équipés d'une porte pleine et ne comportent pas de fenêtres.

L'installation est en voie d'achèvement, la société ACME vous a demandé de rechercher et de recommander des systèmes de sécurité et de surveillance qui leur permettront la surveillance et le contrôle du flux de personnes entrant et sortant de leur entrepôt.

Procédure

Dans le cadre de cette procédure, vous utiliserez toutes les ressources disponibles pour rechercher des dispositifs et des systèmes de sécurité physique utiles à la sécurisation du périmètre extérieur de l'installation ACME, et ce en vue d'élaborer une proposition globale de sécurité physique.

1. Examinez la Figure 2.21 et créer/étiqueter une topologie de sécurité multicouche à trois périmètres pour l'installation ACME.
2. Après avoir établi les trois périmètres de la topologie de sécurité, revenez à la Figure pour identifier et marquer les points d'accès physiques associés au périmètre extérieur de l'installation.
3. Utilisez l'Internet ou d'autres outils de recherche disponibles pour trouver les dispositifs et systèmes de surveillance et de contrôle d'accès qui peuvent être utilisés pour sécuriser les points d'accès que vous avez identifiés à l'étape 2. Utilisez les Tableaux 2.2 à 2.10 pour organiser les détails spécifiés concernant les produits de surveillance et de contrôle d'accès que vous y trouvez. Pour chaque article, essayez de trouver au moins deux fournisseurs.

Tableau 2.2 : Portes de contrôle d'accès

	Description du produit	Vendeur	Nombre requis	Coût par unité	Prix total
A	Slide Gate Op.	DoorKing	1	889,00 $	889,00 $
B	Slide Gate Op.	Viking	1	1 048,00 $	1 048,00 $
C	Slide Gate Op.	LiftMaster	1	1 499,00 $	1 499,00 $

4. Indiquez la ou les barrières de contrôle d'accès que vous pensez devoir recommander à l'ACME pour sécuriser l'entrée du parc de chargement des camions.

Réponse : Viking répond aux spécifications souhaitées en matière de longueur et de poids prévu pour ouvrir une porte coulissante de 10 mètres au meilleur prix. L'accès des vendeurs peut se faire par carte RFID ou par code d'accès programmable.

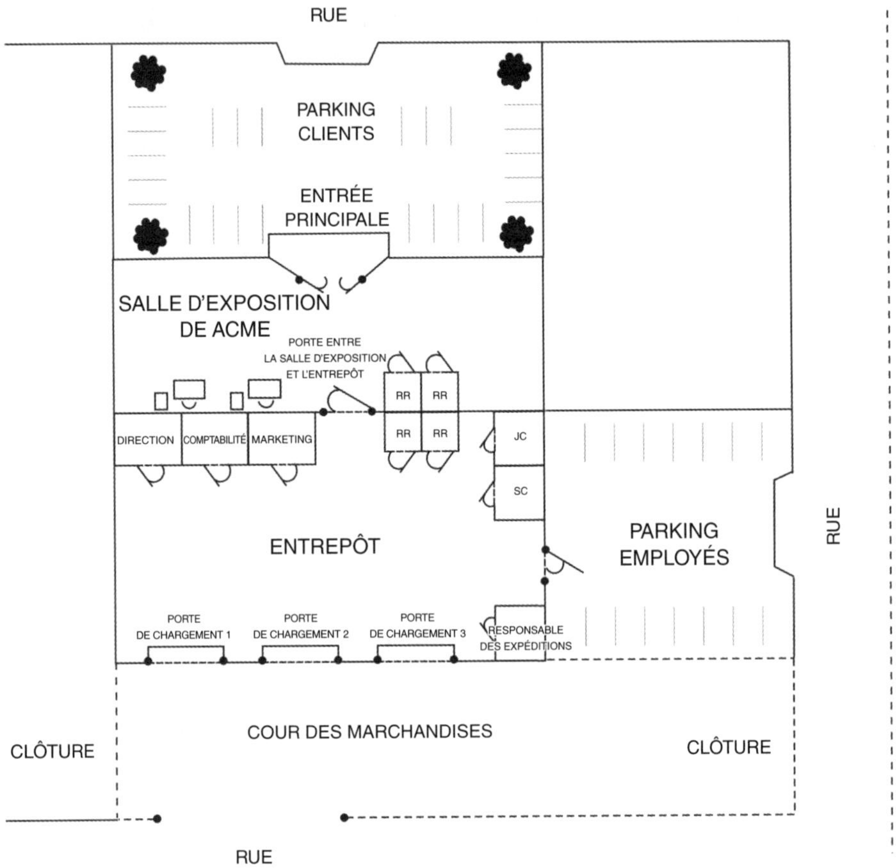

Figure 2.21 Périmètres de sécurité

Tableau 2.3 : Portes de contrôle d'accès

	Description du produit	Vendeur	Nombre requis	Coût par unité	Prix total
A	Electronic Keyless Door Lock	Gino Development	1	89,99 $	89,99 $
B	Mag Door Lock Kit	Entry Vision	1	274,99 $	274,99 $
C	Cobra Controls Lock Kit	Maglocks.com	1	1 699,99 $	1 699,99 $

5. Faites la liste des portes de contrôle d'accès que vous pensez devoir recommander à ACME pour le contrôle de leur périmètre extérieur.

Pour la porte piétonne de l'entrepôt : ....

Réponse : L'unité de Entry Vision peut utiliser des cartes-clés programmables pour permettre à tous les employés d'entrer dans le bâtiment au début de leur journée de travail. Les serrures manuelles à pêne dormant peuvent sécuriser la porte la nuit.

Pour les portes d'entrée du showroom : ....

Réponse : Pêne dormant manuel avec actionnement depuis l'intérieur de la salle d'exposition uniquement.

Tableau 2.4 : Actionneurs de portes/portails

	Description du produit	Vendeur	Nombre requis	Coût par unité	Prix total
A	Chain Drive	Genie	3	185,88 $	557,64 $
B	Jackshaft	LiftMaster	3	273,39 $	820,17 $
C	Screw Drive	Genie	3	229,00 $	687,00 $

6. Faites la liste des actionneurs de portes d'accès/portails qui, selon vous, devraient être recommandés à ACME.

....

Réponse : Le modèle LiftMaster peut être configuré pour répondre aux besoins de l'entreprise. Il peut être relié au système de sécurité pour se mettre en marche dès qu'une alarme a été déclenchée ou contournée, et peut être commandé à distance par la direction ou le PDG s'il est relié au réseau pour les livraisons en dehors des heures de bureau ou le week-end.

Tableau 2.5 : Contrôleurs de sécurité

	Description du produit	Vendeur	Nombre requis	Coût par unité	Prix total
A	HAI OmniPro II	Leviton	1	1 094,90 $	1 094,90 $
B	Honeywell Intrusion	Ademco	1	345,53 $	345,53 $
C	Mercury Security EP4502	Mercury Security	1	1 495,90 $	1 495,90 $

7. Indiquez votre choix de contrôleur de sécurité qui, selon vous, devrait être recommandé à ACME pour surveiller et contrôler les points d'accès dans leur périmètre extérieur.

....

Réponse : HAI OmniPro II de Leviton. Il offre le meilleur rapport qualité-prix pour les fonctionnalités. L'OmniPro II est le système phare de Leviton en matière de sécurité et de contrôle de l'automatisation. Doté du plus grand nombre de fonctionnalités, il peut contrôler un maximum de dispositifs et est conçu pour assurer la sécurité et l'automatisation des grandes résidences et des petites installations commerciales telles que les restaurants, les bureaux et les franchises. Cela permet de regrouper toutes les considérations de sécurité dans un seul contrôleur avec des configurations de zones multiples pour des exigences de périmètre variables. Il peut couvrir jusqu'à 176 zones, ce qui vous permet de les séparer ou de les intégrer selon vos besoins.

Tableau 2.6 : Claviers de sécurité

	Description du produit	Vendeur	Nombre requis	Coût par unité	Prix total
A	Omni 33A00-4	Leviton	1	192,00 $	192,00 $
B	Honeywell Lynx 7000	Alarm Liquidators	1	204,95 $	204,95 $
C	Interlogix CaddX Keypad	Home Security Store	1	94,65 $	94,65 $

8. Indiquez votre sélection pour le clavier de sécurité qui, selon vous, devrait être recommandé à ACME pour activer et désactiver les fonctions du contrôleur du système de sécurité.

....

Réponse : L'Omni 33A00-4 est le meilleur choix car il peut être étendu à un contrôle accru des portes de quai de chargement et d'une porte coulissante dans la gare de fret, et il est garanti compatible avec le contrôleur sélectionné.

Tableau 2.7 : Contacts de porte/capteurs

	Description du produit	Vendeur	Nombre requis	Coût par unité	Prix total
A	Door Sensor Wired	SensaPhone	8	9,00 $	72,00 $
B	Gate & Com. Door Sensor	Gogogate	8	35,00 $	280,00 $
C	DDC MC-4	Grainger Industrial	8	53,95 $	431,60 $

9. Faites la liste des types de capteurs de porte que vous pensez devoir recommander à ACME pour les points d'accès de leur périmètre extérieur.

....

Réponse : Les capteurs Gogogate, avec un système intégré de capteurs intérieurs et extérieurs utilisant des capteurs à contact magnétique, doivent être utilisés pour huit unités. Il y a un espace suffisamment large pour les applications commerciales et résidentielles, elles devraient donc fonctionner aussi bien avec les portes des aires de livraisons et piétonnes qu'avec la porte des marchandises, dans le contrôle d'accès à ces dernières.

Tableau 2.8 : Capteurs pour les allées

	Description du produit	Vendeur	Nombre requis	Coût par unité	Prix total
A	Driveway Sensor	Mighty Mule	1	180,78 $	180,78 $
B	Direct Burial Sensor	CarSense	1	208,46 $	208,46 $
C	WPA 3000 Magnetic Probe	Absolute Automation	1	249,00 $	249,00 $

10. Indiquez votre sélection (le cas échéant) pour les capteurs d'allée qui, selon vous, devraient être recommandés à ACME pour la barrière des camions.

Réponse : L'unité CarSense peut être utilisée pour automatiser l'ouverture du portail pour les camions de livraison qui partent, elle peut aussi être reliée au système de sécurité pour déclencher une alarme si elle est activée par un véhicule démarrant après les heures de bureau.

Tableau 2.9 : Dispositifs/systèmes d'authentification

	Description du produit	Vendeur	Nombre requis	Coût par unité	Prix total
A	Mag Door Lock Kit	Entry Vision	1	274,99 $	274,99 $
B	Electronic Keyless Door Lock	Gino Development	1	89,99 $	89,99 $
C	Cobra Controls Lock Kit	Maglocks.com	1	1 699,99 $	1 699,99 $

11. Indiquez votre sélection pour tout dispositif/système d'authentification que vous pensez devoir recommander à ACME pour contrôler l'accès du personnel à travers son périmètre extérieur.

Réponse : Les cartes RFID doivent être utilisées pour entrer par la porte piétonne de l'entrepôt depuis l'extérieur. Le produit Mag Door Lock Kit intègre déjà cette fonctionnalité dans sa conception.
Précisez également où vous utiliserez les dispositifs/systèmes d'authentification.

Réponse : Ils doivent être utilisés pour entrer par la porte piétonne de l'entrepôt depuis le parking des employés situé à l'extérieur.

Tableau 2.10 : Serrures de portes

	Description du produit	Vendeur	Nombre requis	Coût par unité	Prix total
A	Mag Door Lock Kit	Entry Vision	1	274,99 $	274,99 $
B	Electronic Keyless Door Lock	Gino Development	1	89,99 $	89,99 $
C	Schlage B581	Doorware.com	2	52,00 $	104,00 $

12. Indiquez la sélection de serrures que vous pensez pouvoir recommander à ACME pour les portes à contrôle d'accès. Précisez également où vous utiliseriez celles-ci.

....

Réponse : La solution Mag Door Lock Kit doit être appliquée à la porte piétonne extérieure de l'entrepôt pour l'authentification et le contrôle de l'entrée. La serrure électronique sans clé doit être appliquée sur la porte piétonne entre l'entrepôt et la salle d'exposition. Elle peut être actionnée sans aucune étape d'authentification depuis l'intérieur de l'entrepôt, mais une clé ou un code d'accès est nécessaire pour actionner la porte depuis l'intérieur de la salle d'exposition. La serrure Schlage B581 doit être utilisée à l'extérieur de la salle d'exposition et de la porte piétonne de l'entrepôt pour sécuriser le périmètre pendant les heures de fermeture.

13. Sur la Figure 2.22, notez les types de dispositifs et les lieux de déploiement que vous recommanderiez à la direction d'ACME pour sécuriser le périmètre extérieur de leur nouvel entrepôt. Expliquez les raisons de vos recommandations sur les lignes suivantes.

....

....

....

....

Réponse : Appliquez le produit Mag Door Lock Kit à la porte piétonne extérieure de l'entrepôt pour l'authentification et le contrôle de l'entrée. Appliquez le Schlage B581 à la salle d'exposition extérieure et à la porte piétonne extérieure de l'entrepôt pour sécuriser le périmètre pendant les heures de fermeture. L'unité CarSense peut être utilisée pour automatiser l'ouverture du portail pour les camions de livraison qui partent, elle peut être reliée au système de sécurité pour déclencher une alarme si elle est activée par un véhicule démarrant après les heures de bureau. Utilisez sept capteurs Gogogate comme système de détection intégré à l'intérieur et à

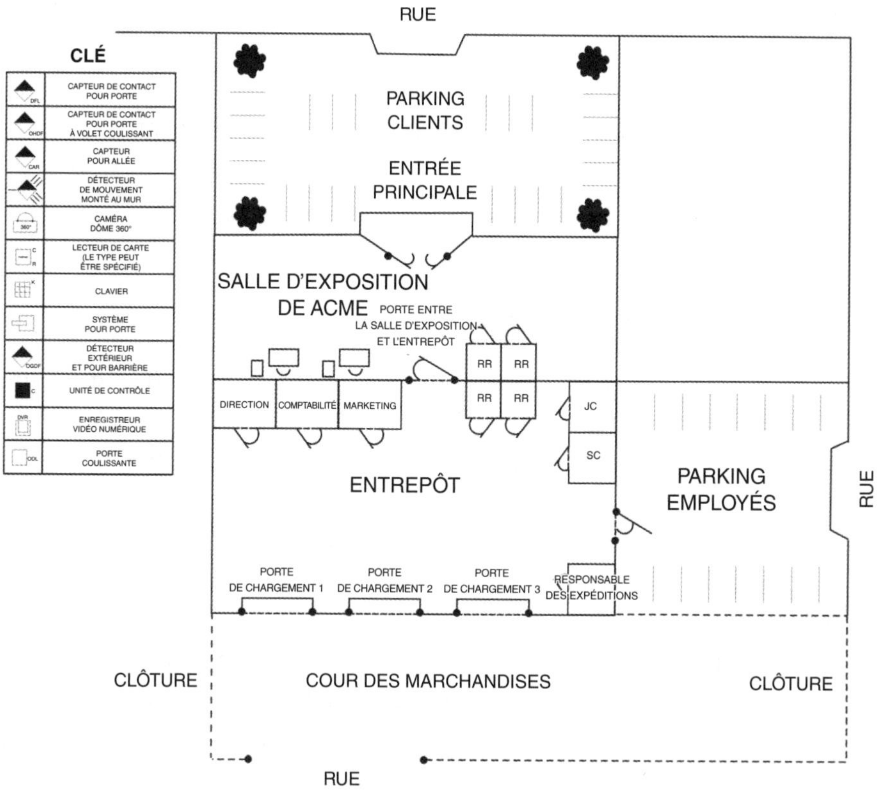

Figure 2.22 Emplacement des appareils

l'extérieur en utilisant des capteurs à contact magnétique. Il y a un espace suffisamment large pour les applications commerciales et résidentielles, elles devraient donc fonctionner aussi bien avec les portes des aires de livraisons et piétonnes qu'avec la porte des marchandises, dans le contrôle d'accès à ces dernières. Le HAI OmniPro II de Leviton a le meilleur rapport qualité-prix pour ses caractéristiques. L'OmniPro II est le système phare de Leviton en matière de sécurité et de contrôle d'automatisation. Doté du plus grand nombre de fonctionnalités, il peut contrôler un maximum de dispositifs et est conçu pour assurer la sécurité et l'automatisation des grandes résidences et des petites installations commerciales telles que les restaurants, les bureaux et les franchises. Cela permet de regrouper toutes les considérations de sécurité dans un seul contrôleur avec des configurations de zones multiples pour des exigences de périmètre variables. Il peut couvrir jusqu'à 176 zones, ce qui vous permet de les séparer ou de les intégrer selon vos besoins. Le modèle Liftmaster peut être configuré pour répondre aux besoins de l'entreprise. Il peut être lié à un système de sécurité pour se déclencher s'il est activé après qu'une alarme est définie ou désactivée. Il peut être commandé à distance par la direction pour les livraisons en dehors des heures de bureau ou le week-end s'il est connecté au réseau. Viking répond aux spécifications souhaitées en termes de vitesse et d'exigences de poids pour l'ouverture d'un portail coulissant de 10 mètres et ce, pour le meilleur prix. L'accès aux vendeurs peut se faire au moyen d'une carte RFID ou d'un code d'accès programmable.

Questions de révision

1. Quels sont les points d'accès associés au périmètre extérieur de l'installation ?
   Réponse : L'ouverture d'accès à la rue dans la clôture pour les allées et venues des camions, la porte d'entrée des employés de l'entrepôt et la porte d'entrée principale de la salle d'exposition.
2. La porte d'accès entre la salle d'exposition et l'entrepôt est considérée comme faisant partie de quel périmètre de sécurité ?
   Réponse : Le périmètre intérieur.
3. Quels sont les points d'accès associés au périmètre intérieur ?
   Réponse : La porte d'accès entre l'entrepôt et la salle d'exposition, les portes du quai de chargement et la porte piétonne menant à l'entrepôt depuis le parking des employés.
4. Dans cet exercice, quelle structure représente la zone de sécurité intérieure ?
   Réponse : L'entrepôt.
5. Dans ce scénario, la salle d'exposition doit être considérée comme faisant partie de quelle couche de sécurité ?
   Réponse : Le périmètre extérieur.

Chapitre 3

Comprendre les systèmes de vidéosurveillance

L*es systèmes de vidéosurveillance – le deuxième type* des trois sous-systèmes de base présentés au Chapitre 2 – sont des éléments importants de la plupart des systèmes de sécurité commerciaux. De nombreuses organisations intègrent des caméras visibles dans leurs systèmes de sécurité des infrastructures afin d'empêcher les activités illégales et d'enregistrer les événements qui se produisent au niveau des principaux périmètres et zones internes. Dans ce chapitre, vous apprendrez à :

- Identifier les forces et les faiblesses des différents types de systèmes et dispositifs de sécurité et de surveillance
- Sélectionner les types de caméras appropriés en fonction des scénarios spécifiques

Systèmes de surveillance vidéo

Les systèmes de vidéosurveillance sont basés sur des systèmes de télévision en circuit fermé (CCTV). Le nom est dérivé du type de système qui transmet les signaux sur un « circuit fermé » ou circuit de transmission privé plutôt que sur un système de diffusion télévisuelle standard. La Figure 3.1 présente les principales composantes d'un système de vidéosurveillance de base. Les composants communs comprennent :

- Une ou plusieurs caméras vidéo
- Un enregistreur vidéo *time-lapse*[1]
- Un commutateur[2] (facultatif)
- Un moniteur vidéo

[1] Technique permettant de capter des images à intervalle de temps régulier afin d'en faire un film, via une projection accélérée.

[2] Switch en anglais, terme utilisé couramment dans la littérature technique ou dans les documents à usage commercial.

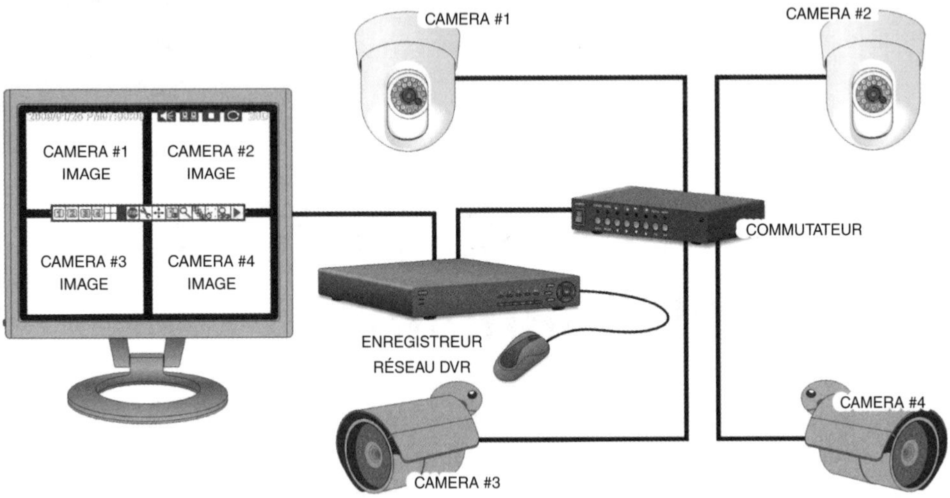

Figure 3.1 Un système de surveillance vidéo de base

Dans ce système de base, les caméras surveillent chacune leur champ de vision et transmettent l'information à l'équipement de traitement vidéo. Dans la plupart des cas, cet équipement consiste en un enregistreur vidéo numérique spécifique. Dans certains cas, le flux d'informations vidéo provenant des caméras est contrôlé par des détecteurs infrarouges passifs (PIR[3]). S'il n'y a pas de signature PIR (créée par la chaleur du corps) dans le champ de vision de ce détecteur, l'information vidéo n'est pas transmise. Cependant, pendant les périodes de détection de mouvement, l'information vidéo circule de la caméra vers le magnétoscope. Dans de tels cas, les caméras peuvent être programmées pour accélérer le nombre d'images enregistrées par seconde afin de fournir des détails plus précis.

Certains systèmes sont basés sur le câble coaxial pour la connectivité des composants, tandis que d'autres sont basés sur IP et reposent sur des communications Wi-Fi ou sur le câblage du réseau traditionnel.

L'équipement de traitement vidéo numérique peut fournir une sortie vidéo directement à un écran du même type, ou la sortie vidéo peut être canalisée vers un commutateur vidéo. Dans certains cas, le composant de traitement vidéo peut offrir son propre commutateur intégré.

Ces éléments sont traités plus en détail dans les sections suivantes.

Caméras

Les systèmes de surveillance utilisent des caméras vidéo qui convertissent une image capturée en formats de transmission vidéo standard (vidéo composite, vidéo en composantes, S-Vidéo ou signaux HDMI) pour l'afficher sur un dispositif de

[3] PIR : passive infrared

sortie vidéo, tel qu'un moniteur, un écran de télévision ou un appareil informatique personnel.

Les meilleures caméras de surveillance utilisent la technologie CCD (Charged Coupled Device[4]). Elles ont une haute résolution, un faible besoin en lumière, une moindre dépendance à la température et une grande fiabilité. Une caméra CCD typique utilisée dans les systèmes de vidéosurveillance est illustrée à la Figure 3.2.

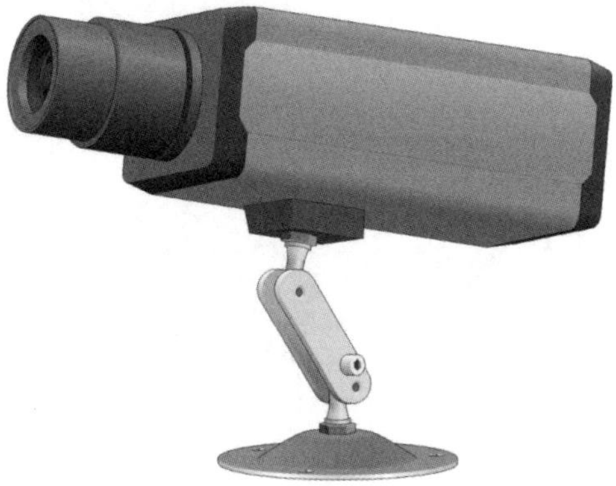

Figure 3.2 Caméra de surveillance vidéo

Il existe des caméras de surveillance qui utilisent des technologies d'interface numérique ou analogique. Les caméras numériques convertissent les images qu'elles détectent directement en signaux numériques. Ceux-ci peuvent être facilement transmis et manipulés par des appareils informatiques numériques. Les caméras analogiques sont basées sur les anciennes normes de signal et de résolution de la télévision analogique. Les caméras de ce type nécessitent un câble coaxial séparé pour se connecter à un moniteur ou à un appareil d'enregistrement. Les caméras numériques offrent généralement des performances supérieures à celles des caméras analogiques. En revanche, les caméras analogiques sont plus sensibles à la dégradation de la qualité des informations transmises.

Caméras IP

Les caméras IP sont en fait des appareils numériques IP (Internet Protocol) qui possèdent des adresses IP pouvant être directement connectées à un réseau ou à Internet, plutôt que directement à un contrôleur ou à un ordinateur hôte. L'utilisation d'une caméra IP, comme celle illustrée à la Figure 3.3, offre un avantage : vous pouvez la consulter à partir de n'importe quel endroit du monde (équipé d'un accès Internet).

[4] En français : dispositif à transfert de charges (DTC).

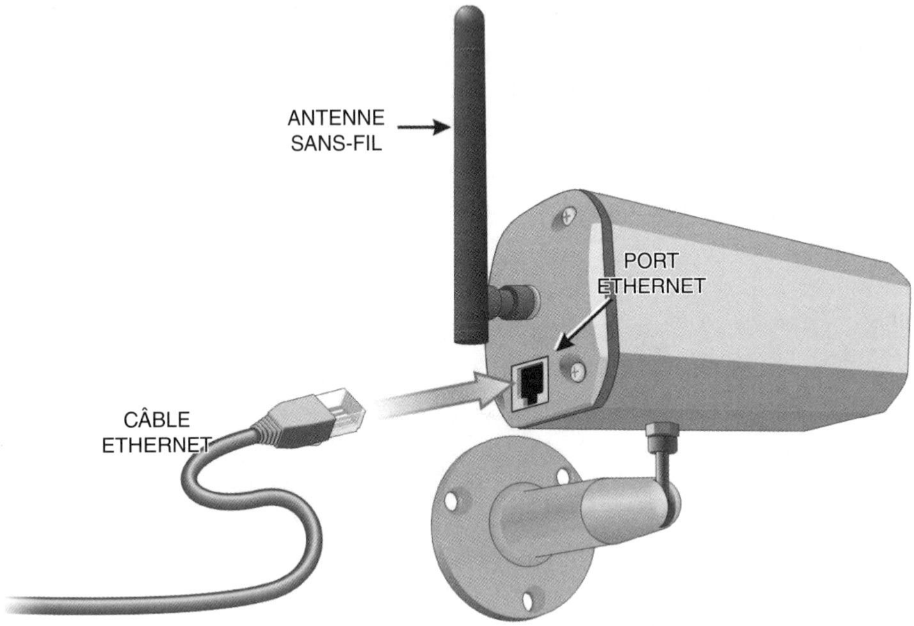

Figure 3.3 Caméra IP

Ce qui distingue les systèmes IP des autres technologies vidéo, ce sont les capacités de notification par courrier électronique de la détection de mouvement, de traitement des connexions simultanées des utilisateurs et de réalisation d'opérations de téléchargement FTP. L'alimentation par Power over Ethernet (PoE) est un avantage supplémentaire de ces caméras, celle-ci étant fournie par le câble réseau plutôt que par une alimentation électrique dédiée à chaque caméra.

Caméras Pan-Tilt-Zoom

Une caméra réseau IP avec des capacités Pan-Tilt-Zoom (PTZ), comme celle illustrée à la Figure 3.4, est un appareil autonome qui permet aux utilisateurs de visionner des vidéos en direct et en mouvement de n'importe quel endroit. Ce type de caméra est conçu pour être utilisé soit sur un réseau informatique privé, soit sur Internet en utilisant uniquement un navigateur web standard comme unité d'affichage.

Non seulement le contrôle manuel Pan-Tilt-Zoom est fourni, mais la possibilité de diriger à distance des dizaines de positions pour chaque caméra PTZ est également envisageable.

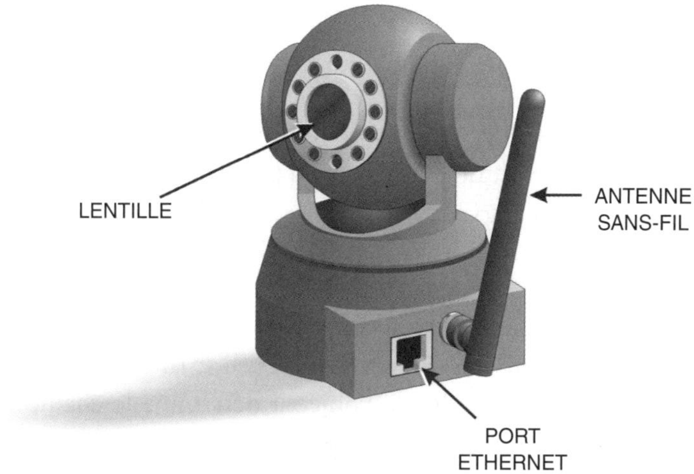

Figure 3.4 Caméra à zoom panoramique et inclinable

Spécifications des caméras

Les deux spécifications importantes qui influencent le coût des caméras sont l'indice de sensibilité à la lumière et la résolution. La méthode de spécification de la résolution de la caméra dépend du type de caméra (analogique ou numérique). La résolution d'une caméra analogique est le nombre de lignes horizontales qu'elle est capable de générer de haut en bas de l'écran. Avec les appareils photo numériques, la résolution est exprimée en termes de format matriciel X-par-Y (horizontal-vertical) de points (éléments d'image ou pixels) qu'elle produit. La Figure 3.5 illustre la signification des différentes spécifications de résolution des caméras.

Figure 3.5 Résolution des appareils photo analogiques et numériques

La quantité de lumière nécessaire pour obtenir une image raisonnable de la caméra vidéo est appelée le *lux*. Le *lux* est la mesure de la quantité de lumière qui tombe sur un objet. Un lux est approximativement la quantité de lumière

tombant sur un mètre carré à partir d'une bougie, placée à un mètre de distance. La valeur nominale typique d'une caméra se situe entre 0,5 et 1,0 lux.
Plus la valeur en lux indiquée par la caméra est faible, plus la caméra est capable de différencier les objets à des niveaux de luminosité plus bas. Inversement, plus le nombre de lignes de résolution est élevé, ou plus le nombre de pixels est important pour une caméra de surveillance donnée, au mieux elle affichera les détails précis de la vue.

Types de lentilles

Parmi Lles caméras de surveillance disponibles, il existe une grande variété de spécifications d'objectifs. La taille de l'objectif détermine le champ de vision et les possibilités de zoom de la caméra. En général, plus l'objectif est grand, plus le champ de vision sera étroit et précis.
Par exemple, un objectif fixe d'une longueur focale de 3,6 mm est conçu pour offrir un champ de vision d'environ 72 degrés, alors qu'un objectif d'une longueur focale de 6 mm devrait offrir un champ de vision de 44 degrés. En règle générale, plus la longueur focale de l'objectif est courte, plus le champ de vision est large.
D'autre part, un objectif avec une distance focale plus courte produira également une vue qui fournira moins de détails sur l'image. À une distance de 5 mètres, un objectif fixe de 3,6 mm ne peut fournir qu'une description générale des objets dans un parking, alors que le même appareil avec un objectif de 12 mm fournirait des détails plus précis des objets dans le champ de vision (comme les visages et les numéros de plaque d'immatriculation), mais pourrait ne couvrir qu'une fraction de l'infrastructure.
Vous devez également déterminer le but des caméras de surveillance. Doivent-elles avoir un effet dissuasif visible ? Doivent-elles être utilisées pour recueillir des preuves juridiques ? Il est toujours important de choisir des caméras de surveillance avec des objectifs spécifiques qui capturent la zone de vision souhaitée. Les types d'objectifs courants des caméras de sécurité sont les suivants :

Lentille à foyer progressif (ou varifocal) Il s'agit d'un assemblage optique contenant plusieurs éléments mobiles qui permettent de modifier la distance focale effective (EFL[5]). Contrairement à un zoom, une remise au point de la lentille à foyer progressif doit être effectuée à chaque changement. Si une caméra de surveillance a un objectif fixe, elle ne peut voir qu'une seule position fixe. Si elle a un objectif *varifocal*, elle peut faire la mise au point sur plusieurs millimètres selon la préférence de l'utilisateur.

Objectif à longueur focale fixe Objectif qui ne peut pas être remis au point selon la distance du sujet.

[5] EFL : Effective Focal Length

Objectif à grand angle qui permet de voir dans des zones confinées une image plus large que les types d'objectifs standard.
Téléobjectif Le meilleur type d'objectif pour voir les détails à longue distance.
Lentille Fisheye[6] Un type de lentille qui vous permet de voir une pièce entière, mais avec une certaine distorsion de l'image.
Objectif à sténopé Objectif utilisé pour les applications pour lesquelles l'appareil photo/l'objectif doit être caché. L'avant de l'objectif présente une petite ouverture pour permettre à l'objectif de voir une pièce entière à travers un petit trou dans un mur.

Le noir et blanc contre la couleur

On pense souvent à tort que les caméras de surveillance en couleur offrent de meilleures images que les caméras en noir et blanc (N&B). En réalité, bien que les caméras couleur soient plus agréables à regarder, les deux types de caméras peuvent tout à fait fournir des images de qualité. La vraie question est de savoir quel type de caméra est le mieux adapté à une situation particulière.
La différence pratique la plus importante entre les caméras couleur et les caméras noir et blanc est que seules les caméras couleur peuvent offrir une description complète et précise des vêtements et du véhicule. Les forces de l'ordre s'appuient fortement sur les couleurs des vêtements et du véhicule suspect lorsqu'elles répondent à des appels de service. Le fait de pouvoir rechercher des couleurs spécifiques augmente considérablement la probabilité d'attraper un suspect.

Eclairage IR

Les caméras à éclairage infrarouge de la zone de l'image permettent de voir dans des conditions de faible luminosité. Cela permet également de rester discret en utilisant un éclairage qui se situe en dehors du spectre de la lumière visible.
Une caméra de sécurité infrarouge est équipée d'un éclairage LED infrarouge (lumière provenant d'une région du spectre électromagnétique que les humains ne peuvent pas voir) installé en pourtour de l'objectif de la caméra. Cet éclairage permet à la caméra de capturer une bonne image dans un environnement sans lumière. Avec une petite quantité de lumière (un réglage de faible luminosité), la caméra infrarouge peut capturer une image qui ressemble à celle du jour. La Figure 3.6 présente une caméra infrarouge typique.

---

[6] De l'anglais *Fish Eye*, que l'on pourrait traduire en français par *œil de poisson*.

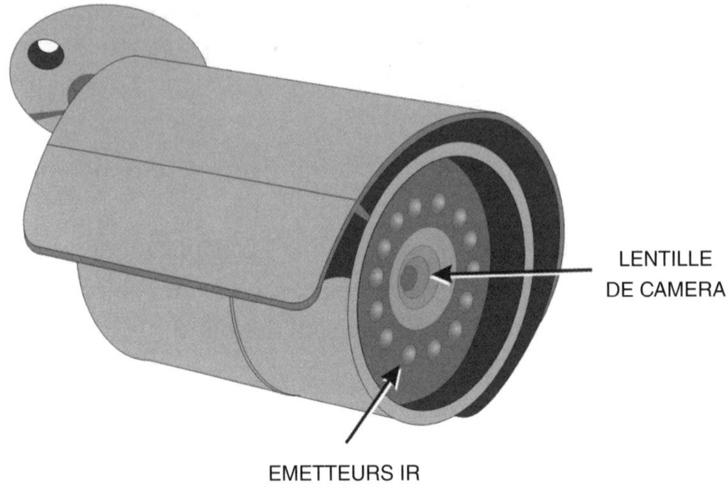

Figure 3.6 Caméra IR

Applications des caméras

Des caméras de surveillance peuvent être installées à l'extérieur de l'installation pour permettre de reconnaître une personne souhaitant entrer dans la zone du périmètre de sécurité, comme une porte d'entrée ou une grille d'allée. Les caméras doivent être installées là où il n'y a pas d'angles morts ou là où il n'est pas aisé d'utiliser d'autres types de capteurs. Les caméras peuvent être installées sur n'importe quelle superficie de l'infrastructure où une couverture est nécessaire, à condition que la zone soit suffisamment éclairée à tout moment après la tombée de la nuit.

L'utilisation de caméras de surveillance vidéo a certaines implications juridiques. En particulier, il faut tenir compte de certaines préoccupations en matière de protection de la vie privée lors du déploiement de caméras de surveillance. Elles ne doivent pas être utilisées lorsqu'il existe un souhait justifié de respect de la vie privée des personnes, par exemple dans des toilettes. Cela ne s'applique évidemment pas à une personne qui pénètre par effraction dans une installation.

Les autres applications des caméras sont abordées dans les sections suivantes.

Intérieur/Extérieur

Les caméras d'intérieur sont généralement moins chères que les caméras d'extérieur car ces dernières doivent être placées dans des boîtiers étanches. Le câblage des caméras extérieures doit également être adapté aux températures extrêmes et aux conditions météorologiques saisonnières.

Jour/Nuit

Il existe des caméras qui peuvent passer de l'imagerie en couleur le jour à l'imagerie en noir et blanc pour le fonctionnement de nuit lorsque l'éclairage est trop faible pour la couleur. C'est le meilleur compromis entre une bonne résolution couleur pour la surveillance de jour et le noir et blanc pendant la nuit lorsque les niveaux de lumière ne sont pas suffisants pour l'imagerie couleur.

Fixe ou mobile

Les caméras qui sont montées dans une configuration fixe montrent toujours les mêmes zones. Elles sont utiles pour surveiller des zones importantes telles que les zones à haut risque comme les parkings et les entrées de porte. Les caméras mobiles peuvent se déplacer. Elles sont montées sur un ensemble à cardan qui permet à la zone de vision d'être modifiée. Elles peuvent zoomer, s'incliner et faire des panoramiques.

Enregistrement et déclencheurs externes/internes

Les enregistreurs vidéo numériques (DVR[7]) sont le type de système d'enregistrement privilégié par rapport aux anciens magnétoscopes pour les caméras de surveillance. Les caméras peuvent être configurées pour enregistrer uniquement si un évènement se produit.

Les déclencheurs peuvent être de type interne auquel cas l'enregistrement est lancé lorsque la scène change. Les déclencheurs externes peuvent être programmés pour démarrer l'enregistrement lorsqu'une condition d'alarme existe ou lorsqu'un détecteur de mouvement déclenche l'enregistreur pour commencer la sauvegarde.

Séquençage ou multiplexage

Le séquençage permet d'utiliser plusieurs caméras avec un seul moniteur. Un commutateur peut être programmé pour passer en revue toutes les caméras d'un système de surveillance ou pour s'arrêter sur chaque caméra pendant une durée déterminée, généralement comprise entre 1 et 60 secondes.

Les multiplexeurs acheminent les images du système de surveillance vers un dispositif d'affichage spécifique et sont capables d'enregistrer toutes les images des caméras en même temps en les superposant sur le moniteur.

Stratégies de déploiement des caméras

L'objectif de l'investissement dans des caméras de sécurité est de pouvoir visualiser l'activité dans des zones critiques ou des endroits où se trouvent des biens très importants. En plus de déterminer les spécifications que les caméras de sécurité

7 DVR : Digital Video Recorder.

doivent posséder pour un rôle donné, il est tout aussi important de définir une stratégie de déploiement des caméras afin de maximiser l'investissement dans la surveillance.

Pour ce faire, des caméras doivent être positionnées de manière à capturer les événements importants dans toutes les zones de sécurité sensibles. En particulier, elles doivent être installées dans les couloirs et les endroits où leur champ de vision couvre des biens importants (équipement physique et/ou personnel).

Les passages comprennent les points d'étranglement dans l'installation physique où les personnes ou autres trafics doivent passer tels qu'un portail, une porte, un couloir ou une rue/route d'accès. Des caméras sont généralement placées dans les couloirs pour documenter les entrées, les sorties et les mouvements dans une installation, comme l'illustre la Figure 3.7.

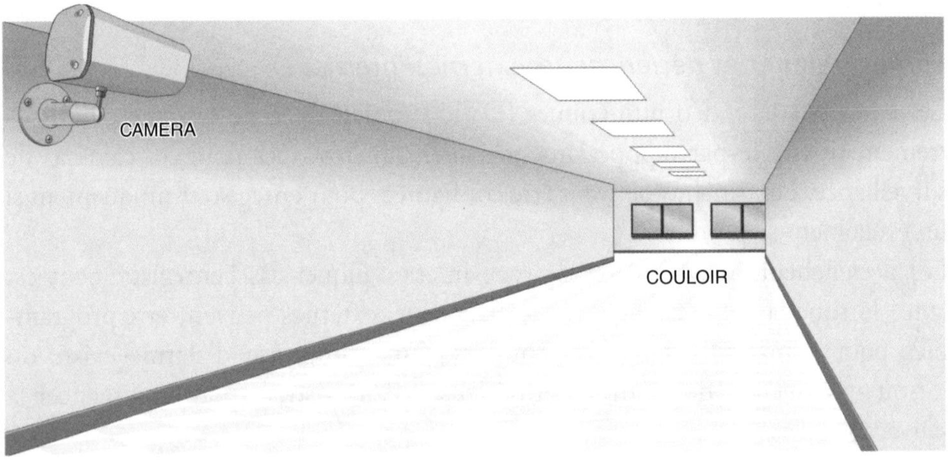

Figure 3.7 Surveillance des passages

Des caméras de sécurité sont régulièrement installées dans des positions qui couvrent les biens et les activités importantes au sein de l'établissement. Cela permet à la direction de surveiller les activités périphériques et relatives à ces biens importants.

Les bâtiments bancaires sont de bons exemples de ces deux stratégies de placement. Des caméras sont placées pour enregistrer les activités autour du parking et à l'extérieur de la banque, ainsi que dans les couloirs qui mènent à la chambre forte et aux bureaux, comme l'illustre la Figure 3.8. En outre, la plupart des banques ont des caméras disposées de manière à pouvoir se concentrer sur chaque guichet pour surveiller la manipulation de l'argent et les transactions.

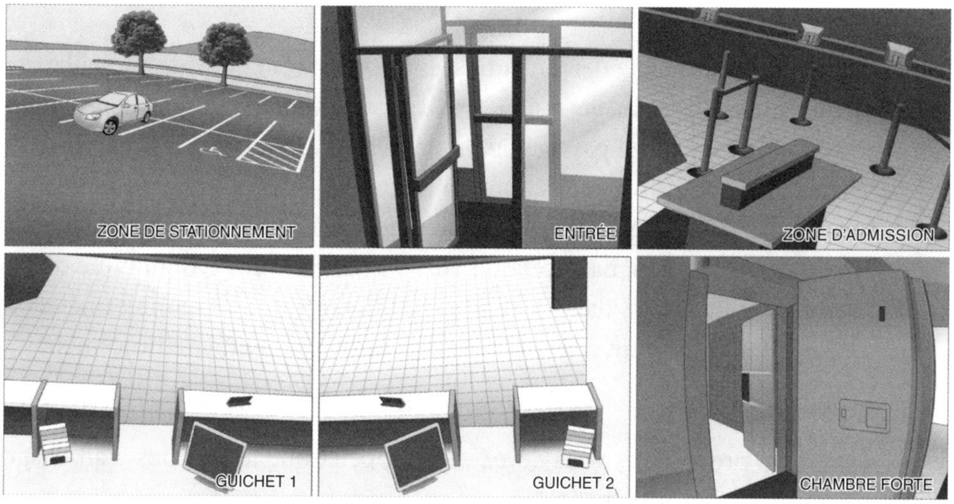

Figure 3.8 Contrôle des actifs

Pour déterminer l'emplacement réel de la caméra, il faut d'abord décider si la caméra doit fournir une vue d'ensemble ou détaillée. Une vue d'ensemble couvre généralement un large champ de vision, par exemple au-dessus d'un parking ou d'un entrepôt. À l'inverse, une vue détaillée est nécessaire pour cibler des champs de vision relativement étroits comportant des zones d'intérêt spécifiques, comme les guichets de banque mentionnés plus haut.

Le nombre de caméras impliquées dans l'installation dépend du nombre de passages et de biens qui ont été identifiés pour la visualisation/surveillance. Dans certains cas, cela dépend de la taille de l'organisation ; dans d'autres, cela dépend de la valeur et de la localisation des biens concernés.

Par exemple, une petite entreprise peut n'avoir besoin d'installer qu'une seule caméra pour assurer la surveillance de ses principaux biens. Pour les opérations de taille moyenne, il est beaucoup plus courant que les installations impliquent des dizaines de caméras. Dans les grandes organisations, des centaines de caméras peuvent être déployées pour répondre à leurs besoins de sécurité et de surveillance. L'objectif est de couvrir efficacement les zones et les biens identifiés par les procédures d'analyse des risques.

Une fois les points d'installation déterminés, l'étape suivante de la stratégie de déploiement consiste à déterminer les spécifications des caméras à utiliser à chaque point d'installation. En général, il convient de répondre aux quatre questions suivantes :

- Un champ de vision fixe ou mobile est-il nécessaire ?
- Quel type d'affichage d'image est requis ?
- Quel est le niveau de définition de l'affichage requis ?
- Quel type de traitement et de transmission du signal est le mieux adapté à l'installation ?

Champ fixe ou mobile

Les caméras fixes sont généralement utilisées pour les fonctions de surveillance. Elles fournissent un champ de vision fixe, elles doivent donc être configurées pour couvrir efficacement le passage ou l'objet désiré. Elles doivent donc avoir la longueur focale et l'angle souhaités pour couvrir ces éléments.
Une caméra PTZ télécommandée est généralement utilisée lorsqu'une vue détaillée est nécessaire. Toutefois, dans certains cas, il peut être plus économique d'installer plusieurs caméras fixes dans des endroits différents que de monter une seule caméra PTZ qui nécessite un opérateur pour la faire fonctionner efficacement.

Affichage des images

De la discussion précédente, vous devez vous rappeler que les options d'affichage d'images courantes comprennent :

Couleur Les caméras couleur sont aujourd'hui les caméras polyvalentes par défaut dans les applications de vidéosurveillance. Elles présentent, par rapport aux autres technologies de caméra, un retard dans les situations de faible luminosité. Dans ce cas, les caméras infrarouges ou thermiques sont généralement conseillées.

Infrarouge Les caméras infrarouges fournissent des images claires en noir et blanc dans des conditions de très faible luminosité. Cependant, elles ont tendance à être nettement plus chères que les caméras couleur.

Thermique Les caméras thermiques ont tendance à être très chères et n'affichent que des silhouettes. Cependant, elles ne nécessitent pas non plus de lumière pour fonctionner.

Niveaux de définition de l'affichage

Un affichage vidéo standard est-il acceptable pour l'image rendue ou faut-il un affichage avec une définition plus élevée? L'une des plus grandes plaintes associées aux systèmes de définition standard est leur incapacité à fournir un signal permettant aux forces de l'ordre et aux tribunaux d'identifier positivement les suspects après un crime.

Traitement et transmission des signaux

Comme nous l'avons déjà décrit dans le chapitre, les choix proposés ici comprennent des caméras analogiques, numériques et IP. Les caméras IP continuent à être mieux acceptées que les autres types de caméras en raison de leur capacité à saisir et à transmettre des données par voie électronique.
Les caméras IP offrent également des options de connectivité plus puissantes que les caméras analogiques et numériques traditionnelles. Elles peuvent fonctionner directement avec un ordinateur hôte sans matériel supplémentaire. Elles sont également plus compatibles avec les options de réseau sans fil que les autres technologies de caméra.

Enregistreurs vidéo

Les enregistrements de vidéosurveillance sont traditionnellement réalisés à l'aide de magnétoscopes, mais ces systèmes ont tendance à nécessiter une main-d'œuvre importante. L'usure des cassettes est un problème constant, tout comme la nécessité d'effectuer une maintenance périodique du système.

L'introduction des enregistreurs vidéo numériques (DVR) a considérablement réduit la dépendance à l'égard de la qualité des supports de stockage et de l'intervention des opérateurs. La migration de l'enregistrement vidéo vers les supports numériques a permis le stockage des images sur disque et a apporté des avantages supplémentaires tels que :

- Facilité d'utilisation
- Capacités de recherche avancées
- Fonctions d'enregistrement/lecture simultanées
- Pas de dégradation de l'image
- Amélioration des techniques de compression des données stockées
- Intégration avec d'autres systèmes numériques
- Capacités de gestion des systèmes à distance

Certains systèmes de traitement vidéo sont dotés de fonctions de serveur web intégrées qui permettent d'accéder à distance à des images en direct ou récemment enregistrées.

Ces interfaces web sont capables de permettre la visualisation à partir d'un ou plusieurs endroits distants.

La Figure 3.9 présente un exemple d'unité de traitement vidéo avec des capacités d'accès au web intégrées. Des unités de ce type sont capables de mener des activités de surveillance de sites distants depuis Internet.

Figure 3.9 Un enregistreur vidéo

Les enregistrements sauvegardés peuvent être recherchés par date et heure ou selon les options de mode d'activité/alarme utilisant la technologie de détection de mouvement vidéo (VMD[8]) en temps réel. L'alerte active peut également être fournie par des transmissions de courrier électronique depuis le lieu d'observation.

[8] VMD : Video Motion Detection.

La quantité de vidéo à sauvegarder et la durée de stockage sont vraiment à prendre en compte lors de l'enregistrement d'une vidéo à des fins de sécurité. Ces deux points d'attention permettent à l'organisation de déterminer ses besoins en matière de capacité de stockage.

Par sa nature, la vidéo de sécurité nécessite un espace de sauvegarde important. Il y a donc toujours un compromis entre les coûts de stockage et le risque auquel l'organisation est confrontée. Une seule caméra de vidéosurveillance peut consommer plusieurs gigaoctets de capacité de stockage en une seule journée. Dans cette optique, la durée de conservation nécessaire à l'organisation devient un point de décision important. Selon la nature de l'organisation et les types de risques auxquels elle est confrontée, les exigences de stockage peuvent nécessiter l'archivage de plusieurs semaines ou mois de vidéo pour chaque caméra installée.

Comme mentionné précédemment, la plupart des organisations n'utilisent pas une seule caméra pour leurs besoins de surveillance – elles peuvent en utiliser des dizaines ou des centaines. Le stockage de données vidéo provenant d'un si grand nombre de caméras peut facilement nécessiter des centaines de téraoctets de stockage de données.

Trois types de stockage vidéo courants peuvent être utilisés pour répondre à ces besoins :

Stockage interne Les informations vidéo peuvent être stockées sur le ou les lecteurs de disque interne du DVR. Cette solution n'est pratique que pour les petites organisations qui utilisent peu de caméras et ne stockent les informations vidéo que pour une courte durée.

Stockage périphérique ou stockage à connexion directe (DAS) Cette technique utilise des dispositifs de stockage sur disque supplémentaire qui sont directement connectés au DVR via des connexions USB ou eSATA, comme le montre la Figure 3.10. Le stockage direct n'implique pas l'utilisation d'une adresse IP pour décharger la vidéo sur le dispositif externe.

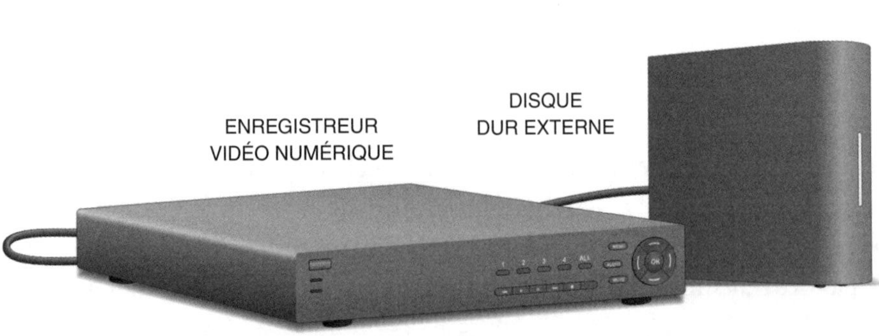

Figure 3.10 Stockage video DAS

Stockage en réseau Cette méthode de stockage utilise des techniques de mise en réseau pour stocker de la vidéo IP sur des ordinateurs ou des serveurs vidéo distants. Les techniques les plus courantes pour ce faire comprennent les technologies NAS (Network Attached Storage) et SAN (Storage Area Network), comme le montre la Figure 3.11.

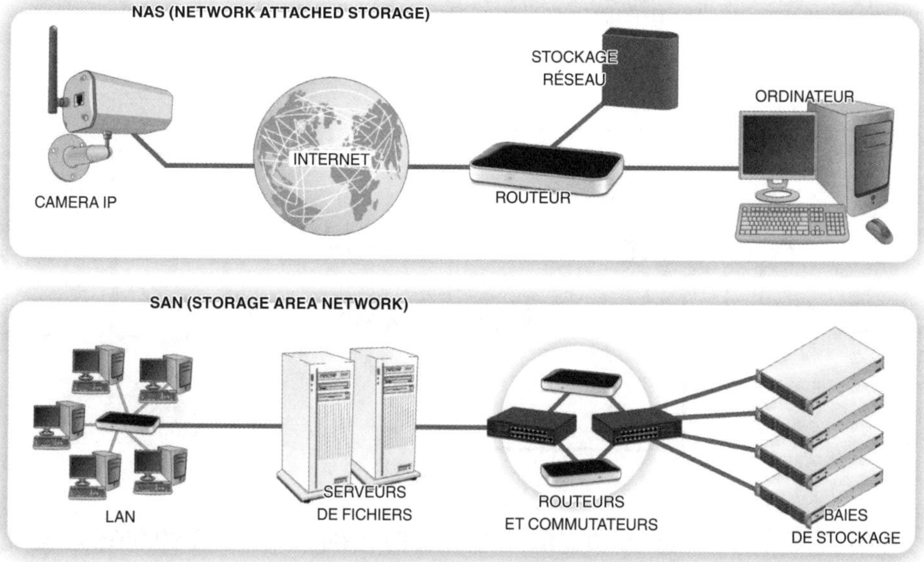

Figure 3.11 Systèmes de stockage NAS et SAN

Commutateurs

Les commutateurs sont des dispositifs utilisés avec les systèmes de surveillance à caméras multiples. Ils permettent d'utiliser plusieurs caméras avec un seul moniteur. Un commutateur peut être programmé pour passer en revue toutes les caméras d'un système de surveillance ou pour s'arrêter sur chaque caméra pendant une durée déterminée, généralement comprise entre 1 et 60 secondes. Les capteurs extérieurs peuvent détecter les mouvements et faire en sorte que les caméras commencent à mettre en mémoire sur un enregistreur vidéo.

> **Un mot sur les commutateurs**
>
> Quatre images peuvent être affichées par un commutateur « quad ». Les systèmes plus avancés permettent souvent d'enregistrer, de visualiser et de lire simultanément des vidéos en utilisant des capacités de 4, 9, 16 ou 25 caméras.

Un *quad* est un commutateur qui permet au visionneur d'enregistrer et de surveiller simultanément quatre caméras à la fois. Pour ce faire, il divise l'écran du moniteur en quatre parties. La configuration normale pour connecter un commutateur quadruple avec un capteur et un enregistreur vidéo est illustrée à la Figure 3.12, qui présente les connexions entre un commutateur quadruple, un moniteur et quatre caméras de surveillance. Le moniteur permet de visualiser les quatre images en même temps. Le capteur détecte le mouvement qui déclenche l'enregistreur vidéo pour capturer l'événement.

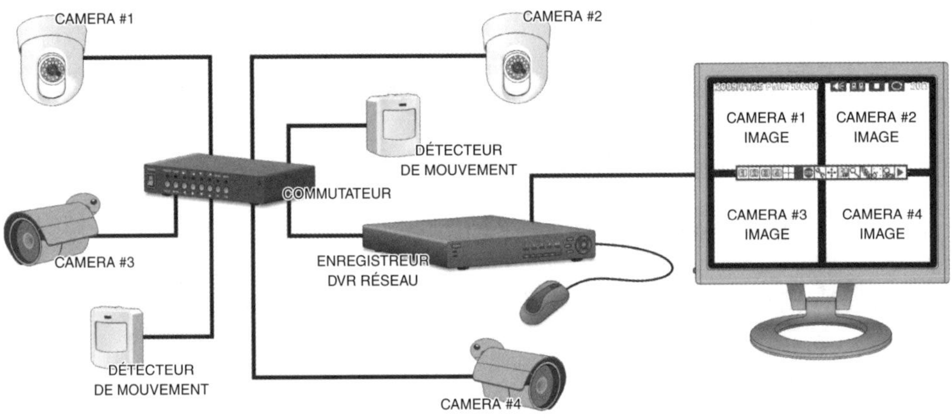

Figure 3.12 Commutateur quatre caméras avec capteur et enregistreur vidéo

En général, les images du direct peuvent être observées depuis une seule caméra à la fois ou de plusieurs simultanément. Le personnel de sécurité peut utiliser l'interface pour parcourir et lire les enregistrements d'une caméra spécifique, en utilisant les capacités VMD intégrées entièrement réglables.

Moniteurs de sécurité

Les moniteurs sont des systèmes d'affichage vidéo similaires aux écrans d'ordinateur ou aux téléviseurs. Ils affichent des informations vidéo obtenues à partir des caméras et traitées par des appareils de traitement vidéo, tels que le DVR. Ils peuvent également être connectés à des commutateurs programmables qui reçoivent les entrées de plusieurs caméras de manière à afficher plusieurs images sur un seul écran.

La qualité de l'image produite sur l'écran est fonction de deux facteurs : le *taux de rafraîchissement* (la vitesse à laquelle l'image s'actualise sur l'écran) et le nombre de pixels (éléments d'image) sur l'écran. Plus il y a de pixels sur une taille d'écran donnée, plus la qualité de l'image est élevée.

Comme pour les appareils photo, cette quantité est appelée *résolution* de l'affichage et est souvent exprimée dans un format X par Y. Dans ce format, la qualité de l'image est toujours déterminée par la taille de la zone de visualisation (par exemple, une résolution de 800 × 600 sur un écran de 14 pouces de large produira une bien meilleure qualité que le même nombre de pixels répartis sur un écran de 27 pouces).

Les moniteurs CCTV sont disponibles en noir et blanc ou en couleur, selon la résolution et le choix de la caméra. Les moniteurs en noir et blanc ont une résolution comprise entre 700 et 1 000 lignes. Les moniteurs couleur sont disponibles avec 350 à 400 lignes. Ils sont conçus pour un fonctionnement prolongé sur 24 heures.

Exercices pratiques

Dans cet exercice, vous apprendrez comment sécuriser le périmètre intérieur. Les objectifs sont les suivants :

> **Mais d'abord**
> Avant de pouvoir effectuer cet exercice, vous devez compléter celui du Chapitre 2.

- Pour l'installation ACME, définir son périmètre intérieur et déterminer les vulnérabilités associées à ce périmètre.
- Pour le périmètre spécifié et ses vulnérabilités, effectuer des recherches pour déterminer quels sont les composants ou les systèmes disponibles pour sécuriser le périmètre intérieur et quelles sont les options de coût pour les composants que vous trouvez.
- Concevoir un système de surveillance vidéo et de notification qu'ACME peut mettre en œuvre pour sécuriser cette partie de son installation de la manière la plus rentable.
- Concevoir un système de surveillance et de contrôle d'accès au périmètre intérieur de l'installation.

Les ressources nécessaires à cet exercice sont les suivantes :

- Accès à l'Internet
- Crayon/stylo et papier
- Réalisation de l'exercice du Chapitre 2

Discussion

Une fois le périmètre extérieur établi et conçu, l'étape suivante, dans l'élaboration d'une topologie de sécurité physique multicouche, consiste à définir le périmètre intérieur. Souvent, cela implique de surveiller les espaces situés entre les périmètres extérieur et intérieur à l'aide d'équipements de vidéosurveillance. Lorsqu'il est correctement conçu et mis en œuvre, le système de surveillance offre des capacités de détection et de notification qui couvriront des passages spécifiques et des biens clés, ainsi que toute zone nécessitant une large zone de vision. L'autre composante majeure de la sécurisation du périmètre intérieur consiste à surveiller et contrôler ses points d'accès qui mènent à l'intérieur. Ce processus est similaire à celui que vous avez effectué lors de la procédure précédente pour le périmètre extérieur.

Procédure

1. Examinez la Figure 3.13 et identifiez/étiquetez le périmètre intérieur de l'entrepôt. Conseil : Ne pas inclure la salle d'exposition dans le périmètre intérieur.

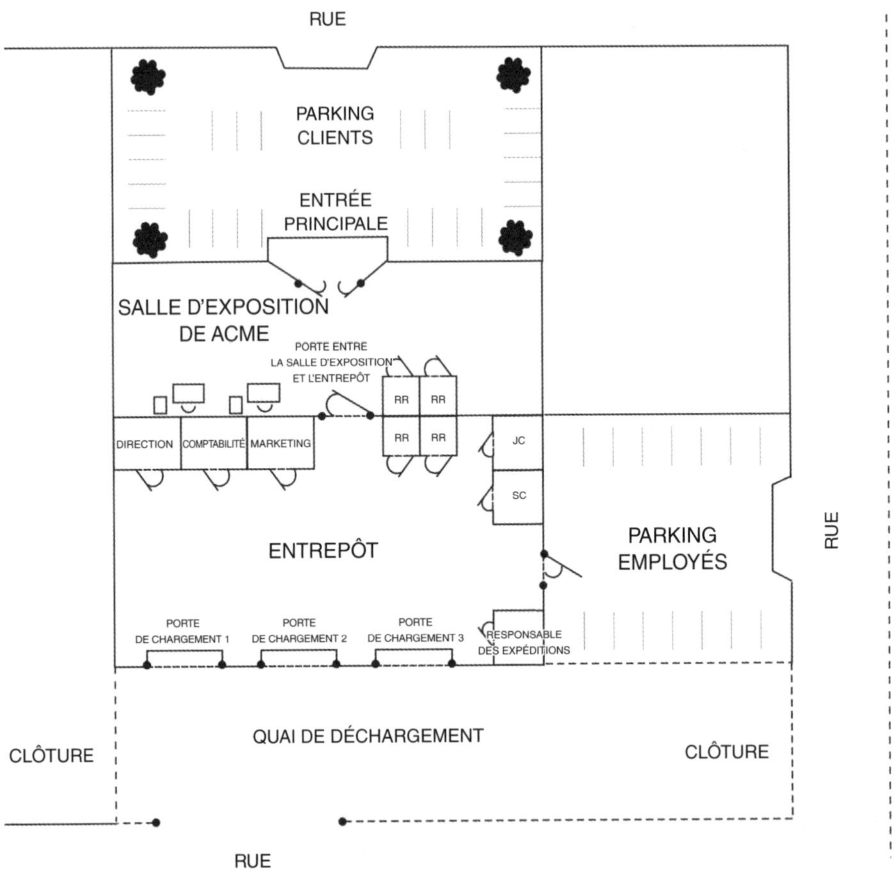

Figure 3.13 Le périmètre intérieur

2. Après avoir examiné la disposition, identifiez au moins deux zones de sécurité entre les périmètres extérieur et intérieur qui seraient des candidats appropriés pour la vidéosurveillance. Mettez ces zones en évidence sur le dessin et notez les raisons pour lesquelles vous avez choisi ces zones sur les lignes suivantes :

....

....

....

....

Réponse : Il y a au moins trois zones : les portes du quai de chargement dans l'entrepôt, la porte piétonne dans l'entrepôt depuis l'extérieur, la porte piétonne entre la salle d'exposition et l'entrepôt, et les fenêtres éventuelles. Ce sont des moyens d'entrée ordinaires et des sources d'intrusion probables.

3. Identifiez et marquez sur la Figure les points d'accès physiques associés au périmètre intérieur de l'installation.
4. Sur le diagramme, identifiez et marquez les endroits où des caméras de surveillance pourraient être installées pour une efficacité maximale dans la surveillance de ces zones entre les périmètres.

Surveillance vidéo

1. Utilisez Internet pour rechercher des dispositifs et des systèmes de vidéosurveillance et de vigilance pouvant être utilisés pour sécuriser efficacement les *zones* et les *points d'accès que* vous avez identifiés dans la section précédente. Utilisez les Tableaux 3.1 à 3.3 pour organiser les détails spécifiques des produits de vidéosurveillance qui y figurent. Pour chaque produit, essayez de trouver au moins deux fournisseurs.

Tableau 3.1 Caméras vidéo

	Description du produit	Vendeur	Nombre requis	Coût par unité	Prix total
A	360-Degree Panoramic Camera 20MP	Arecont Vision	3	1 468,00 $	4 004,00 $
B	Home Network Surveillance Dome 360 Degree	Digital Watchdog	3	425,00 $	1 275,00 $
C					

Faites preuve de prudence lorsque vous choisissez des caméras. Veillez à bien différencier les types de caméras et les spécifications qui conviennent le mieux aux différents endroits que vous avez notés.

2. Faites la liste des caméras de vidéosurveillance que vous pensez devoir recommander à ACME pour contrôler l'accès à leur périmètre intérieur.

....

Réponse : Arecont Vision pour les caméras des quais de chargement des camions.

....

Réponse : Arecont Vision pour les caméras de la salle d'exposition, couvre également la porte piétonne de l'entrepôt/salle d'exposition.

....

Réponse : Arecont Vision pour l'espace intérieur de l'entrepôt couvrant à la fois la porte piétonne de l'entrepôt/extérieur et les portes des quais de chargement.

3. Précisez où vous déploierez les caméras.

Réponse : Centré à l'intérieur de l'entrepôt pour couvrir la porte entrepôt/extérieur, la porte entrepôt/salle d'exposition et les trois portes des quais de chargement.

....

Réponse : Au plafond, en position centrale à l'intérieur de la salle d'exposition pour couvrir la porte piétonne entrepôt/salle d'exposition et pour les zones de la salle d'exposition, y compris l'avant, l'entrée publique et le sol de la salle d'exposition.

....

Réponse : Coin extérieur du bâtiment dans la cour des camions pour couvrir l'extérieur des portes de la zone de chargement et de la cour des camions.

4. Précisez les exigences en matière d'alimentation et de connectivité pour les différents types de caméras que vous sélectionnez.

....

Réponse : En utilisant des caméras intérieures/extérieures à 360 degrés toutes dotées de la fonction PoE (Power over Ethernet), un commutateur alimenté sera nécessaire sur le réseau accueillant le DVR et les caméras.

....

Réponse : (Réponse facultative si l'étudiant utilise des caméras différentes dans la conception).

Tableau 3.2 Enregistreurs vidéo numériques

	Description du produit	Vendeur	Nombre requis	Coût par unité	Prix total
A	4 CH DVR	TW Vision	1	51,99 $	51,99 $
B	4 CH DVR	Lorex	1	89,99 $	89,99 $
C	4 CH DVR	Samsung	1	475,00 $	475,00 $

Un mot sur la compatibilité

Assurez-vous que l'enregistreur vidéo que vous sélectionnez est compatible avec les types de caméras que vous avez déjà spécifiés.

5. Indiquez le DVR que vous recommanderiez à ACME pour enregistrer et stocker les données de vidéosurveillance relatives à leur périmètre intérieur.

Réponse : L'unité Samsung. Elle est compatible avec les caméras IP et ses capacités d'accès à distance répondent aux spécifications souhaitées. Celle-ci a une capacité de disque dur assez importante pour le stockage de données, et elle a la possibilité d'utiliser un périphérique USB pour graver des vidéos à des fins de preuve.

Tableau 3.3 Logiciel de surveillance vidéo supplémentaire

	Description du produit	Vendeur	Nombre requis	Coût par unité	Prix total
A	Android APP	Samsung	Dépend du nombre d'utilisateurs autorisés	0,00 $	0,00 $
B	Apple APP	Samsung	Dépend du nombre d'utilisateurs autorisés	0,00 $	0,00 $
C	Windows/Mac Browser	Natif du système d'exploitation du poste de travail	Dépend du nombre d'utilisateurs autorisés	0,00 $	0,00 $

Soyez au courant des spécifications de l'ACME

Assurez-vous que le logiciel de surveillance vidéo associé aux types de caméra et d'enregistreur vidéo que vous avez déjà spécifié répond aux exigences de la spécification ACME. En particulier, assurez-vous qu'il permettra à tous les responsables ACME d'accéder aux vues actuelles des caméras ainsi que d'examiner les activités passées capturées par le système.

6. Indiquez vos recommandations pour tout logiciel de surveillance vidéo que vous pensez devoir recommander à ACME en plus du logiciel natif proposé par le fabricant du DVR.

....

....

....

Réponse : Pour un accès à distance via un site web ou une application pour smartphone, aucun logiciel supplémentaire ne devrait être nécessaire.

7. Dans le cadre de vos recherches sur la vidéosurveillance, étudiez les capacités de notification locale et à distance associées à chaque système de surveillance que vous répertoriez. Utilisez les lignes suivantes pour décrire les capacités du système que vous recommanderiez à ACME.

....

....

....

Réponse : Accès à distance via un site web ou une application pour smartphone. Enregistrement et lecture. Séquençage automatique par caméra. Possibilité de gérer et de définir des autorisations pour plusieurs utilisateurs/groupes. Paramètres de confidentialité de la caméra. Contrôle PTZ. Détection de sabotage.

Contrôles d'accès au périmètre intérieur

En plus du système de surveillance, vous devez également déterminer quels types de contrôles d'accès (le cas échéant) sont nécessaires entre la zone située à l'intérieur du périmètre extérieur et la zone intérieure de l'installation (l'entrepôt). Le principal point d'accès dans l'entrepôt ACME est la porte de la salle d'exposition/entrepôt.

Le mouvement du personnel entre la salle d'exposition et l'entrepôt doit être surveillé et contrôlé. Seul le personnel de gestion de l'entrepôt doit pouvoir se déplacer librement entre les deux zones. Le personnel de vente et de service à la clientèle ne devrait pas être autorisé dans la zone de l'entrepôt.

1. Utilisez Internet pour rechercher les dispositifs et systèmes de contrôle d'accès qui peuvent être utilisés pour sécuriser les points d'accès que vous avez associés au périmètre intérieur. Utilisez les Tableaux 3.4 à 3.6 pour organiser les détails spécifiés concernant les produits de détection d'intrusion qui y sont énumérés. Pour chaque produit, essayez de trouver au moins deux fournisseurs.

Tableau 3.4 Dispositifs et systèmes d'authentification et de contrôle d'accès

	Description du produit	Vendeur	Nombre requis	Coût par unité	Prix total
A	Electronic Keyless Door Lock	Gino Development	1	89,99 $	89,99 $
B	Mag Door Lock Kit	Entry Vision	1	274,99 $	274,99 $
C	Cobra Controls Lock Kit	Maglocks.com	1	1 699,99 $	1 699,99 $

2. Quels dispositifs/systèmes d'authentification recommanderiez-vous à ACME pour contrôler l'accès à leur périmètre intérieur?

....

....

Réponse : Une carte d'accès RFID pour entrer par la porte piétonne de l'entrepôt depuis l'extérieur. Cette fonction est intégrée dans la solution Mag Door Lock Kit. Le produit Electronic Keyless Door Lock à placer sur la porte piétonne entre l'entrepôt et la salle d'exposition peut être actionné sans aucune étape d'authentification depuis l'intérieur de l'entrepôt, mais nécessite une clé ou un code d'accès pour actionner la porte depuis l'intérieur de la salle d'exposition.

3. Précisez où vous utiliserez les dispositifs/systèmes d'authentification.

....

....

Réponse : Les dispositifs d'authentification devraient se trouver aux deux portes piétonnes du périmètre intérieur; ils devraient exiger différents niveaux d'authentification pour les différents niveaux d'employés des services.

Tableau 3.5 Contacts/capteurs de porte

	Description du produit	Vendeur	Nombre requis	Coût par unité	Prix total
A	Door Sensor Wired	SensaPhone	7	9,00 $	54,00 $
B	Gate & Com. Door Sensor	Gogogate	7	35,00 $	210,00 $
C	DDC MC-4	Grainger Industrial	7	53,95 $	377,65 $

4. Faites la liste de vos choix pour le capteur de porte que vous recommanderiez à ACME pour leurs points d'accès au périmètre intérieur.

....

Réponse : Les capteurs Gogogate à contact magnétique pour les portes piétonnes et les portes à enroulement du quai.

....

Réponse : (Un ensemble de capteurs secondaires optionnels si l'on utilise des capteurs différents pour les portes à enroulement et les portes piétonnes).

Tableau 3.6 Serrures de porte

	Description du produit	Vendeur	Nombre requis	Coût par unité	Prix total
A	Jackshaft	LiftMaster	3	273,39 $	820,17 $
B	Electronic Keyless Door Lock	Gino Development	1	89,99 $	89,99 $
C	Mag Door Lock Kit	Entry Vision	1	274,99 $	274,99 $

5. Dressez la liste des serrures de porte que vous recommanderiez à ACME pour leurs points d'accès au périmètre intérieur.

....

Réponse : La serrure Electronic Keyless Door Lock doit être montée sur la porte piétonne entre l'entrepôt et la salle d'exposition. Elle peut être actionnée sans aucune étape d'authentification depuis l'intérieur de l'entrepôt, mais une clé ou un code d'accès est nécessaire pour actionner la porte depuis l'intérieur de la salle d'exposition.

....

Réponse : Jackshaft de LiftMaster pour les trois portes à enroulement. Ces dispositifs maintiendront les portes en toute sécurité dans une conception à sécurité intégrée, à moins qu'ils ne soient débrayés manuellement depuis l'intérieur de l'entrepôt.

....

Réponse : Une carte d'accès RFID pour entrer par la porte piétonne de l'entrepôt depuis l'extérieur. Cette fonction est déjà intégrée dans la solution Mag Door Lock Kit.

Questions de révision

1. Quelles sont les deux zones de l'installation ACME qui sont de bons candidats pour la vidéosurveillance ?
   Répondez : La cour de chargement et la salle d'exposition. La cour de chargement donne un accès direct à l'entrepôt par les trois portes à enroulement, tandis que la salle d'exposition donne un accès intérieur direct à la porte piétonne de la salle d'exposition/entrepôt.
2. Quels sont les points d'accès associés au périmètre intérieur de l'installation ?
   Réponse : Les trois portes du quai de chargement et la porte de la salle d'exposition/entrepôt.
3. Quel type de caméra est le mieux adapté pour surveiller la zone située à l'intérieur de la clôture de la cour de chargement des camions et de la barrière à l'entrée de l'allée ?
   Réponse : Toute caméra d'extérieur avec un zoom/une mise au point/une fréquence d'image adéquats et compatibles avec le système de surveillance souhaité par le client.
4. Quel type de caméra est le mieux adapté pour surveiller la salle d'exposition et la porte piétonne qui mène à l'entrepôt ?
   Réponse : Toute caméra d'intérieur avec un zoom, une mise au point et une fréquence d'image adéquats, compatibles avec le système de surveillance souhaité par le client.
5. ACME veut inclure un dispositif matériel qui permettra à tous les membres de son personnel d'encadrement d'afficher simultanément la sortie des caméras vidéo sur les PC situés dans leur bureau. Quel type de matériel devriez-vous installer pour fournir ce niveau de fonctionnalité ?
   Réponse : Un DVR qui offre un accès au réseau et une interface web pour l'accès à distance.

Chapitre 4

Comprendre les systèmes de détection et de notification des intrusions

Si la prévention des accès non autorisés constitue la première ligne de défense en matière de sécurité physique, des couches de mesures de sécurité supplémentaires sont essentielles pour éviter que les intrusions ne dégénèrent en événements graves. Un deuxième niveau de défense étroitement lié est la détection des intrusions, qui permet de détecter et d'éliminer les intrus potentiels avant qu'ils ne causent des problèmes. Ce niveau de sécurité implique des dispositifs de détection qu'on peut contrôler ou qui peuvent générer une alarme. Dans ce chapitre, vous apprendrez à :

- Décrire les composantes d'un système typique de détection et de signalement des intrusions physiques
- Expliquer l'objectif de la création de zones de sécurité physique et les techniques habituelles pour les définir
- Identifier les types de capteurs couramment utilisés dans un système de détection d'intrusion physique.

Systèmes de détection et de signalement des intrusions

Les éléments d'un système de sécurité commercial de base, tels qu'ils sont décrits dans la Figure 4.1, se combinent pour fournir un système fonctionnel de détection et de signalement des intrusions. Ce système comprend un panneau de contrôle intelligent relié par des fils (ou des signaux radio) à des capteurs situés à différents endroits de l'installation.

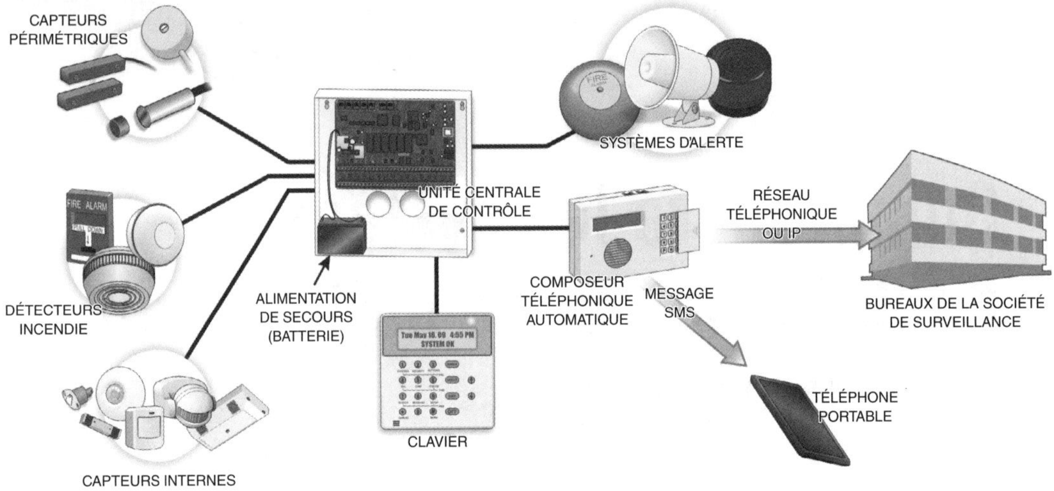

Figure 4.1 Système de base de détection et de notification des intrusions

Le panneau de contrôle comprend les composants électroniques et le processeur central, qui surveille et contrôle l'ensemble du système. Le processeur reçoit les informations provenant des différents capteurs qui lui sont rattachés. Dans un système de sécurité de base, ces entrées peuvent être divisées en trois types distincts : périmètre, intérieur et incendie.

Les entrées du panneau de contrôle relatives au périmètres comprennent généralement des capteurs présents à chaque ouverture du périmètre, c'est-à-dire les portes, les fenêtres, y compris les entrées du garage et des vides sanitaires. Une protection supplémentaire du périmètre peut inclure l'utilisation de capteurs de son, de vibration et de détection de mouvement pour empêcher l'entrée par des fenêtres brisées. Certaines zones intérieures peuvent également être protégées par divers types de capteurs, tels que des détecteurs de mouvement et des capteurs sur les portes intérieures. La plupart des systèmes de sécurité comprennent également des entrées capables de gérer des détecteurs de fumée et d'incendie adéquats.

Lorsque le contrôleur reçoit un signal d'entrée actif d'un de ses capteurs, il évalue les conditions présentées en fonction de sa programmation (et du type d'intervention d'urgence nécessaire), et si nécessaire, envoie les signaux de sortie appropriés aux systèmes d'alerte (sirènes ou cloches). Il peut également communiquer avec des contacts de sécurité désignés (superviseurs de sécurité, services de surveillance, de police ou de pompiers) selon sa programmation.

Les systèmes de sécurité commerciaux peuvent utiliser plusieurs méthodes de notification pour avertir le personnel de sécurité désigné lorsqu'une condition d'alarme est déclenchée. Certains systèmes d'alarme utilisent un composeur téléphonique pour avertir à distance les contacts de l'existence d'une situation d'alarme. Ces systèmes sont conçus pour réagir lorsque personne n'est présent en passant l'appel sur une ligne téléphonique standard ou un téléphone portable. Des codes numériques spéciaux sont utilisés pour informer les contacts de sécurité du type de situation qui a provoqué l'alarme.

Il est également possible d'avoir un système de messagerie textuelle préparé, tel que les SMS, relayé par un téléphone portable aux contacts de sécurité désignés. Une autre option est la notification par IP, qui est utilisée pour avertir la station de surveillance via un réseau IP, comme Internet, d'un état d'alarme.

La plupart des systèmes de sécurité utilisent généralement un type de clavier pour assurer l'interface de contrôle permettant aux superviseurs d'armer et de désarmer le système à l'aide d'un code d'accès programmé. Le clavier peut être conçu pour émettre un certain nombre de signaux de sortie visuels et sonores contribuant à la surveillance de l'état du système.

Enfin, la plupart des systèmes de sécurité comprennent un certain type d'alimentation de secours (une batterie de secours ou une alimentation électrique interrompue) pour fournir une alimentation au système de sécurité en cas de panne d'électricité commerciale.

Le choix des composants d'un système de contrôle et de gestion des accès est vaste. Les sections suivantes de ce chapitre expliquent les différents sous-systèmes que l'on trouve généralement dans la partie *détection et signalement des intrusions* du système de sécurité d'un infrastructure typique.

Contrôleurs de sécurité

Le centre de tout système de sécurité intelligent est le *contrôleur*. Le contrôleur de sécurité, illustré à la Figure 4.2, est généralement installé dans un boîtier qui contient la carte de contrôleur de sécurité, tous les composants électroniques, les points de terminaison des fils, les batteries de secours et le câblage de terminaison téléphonique.

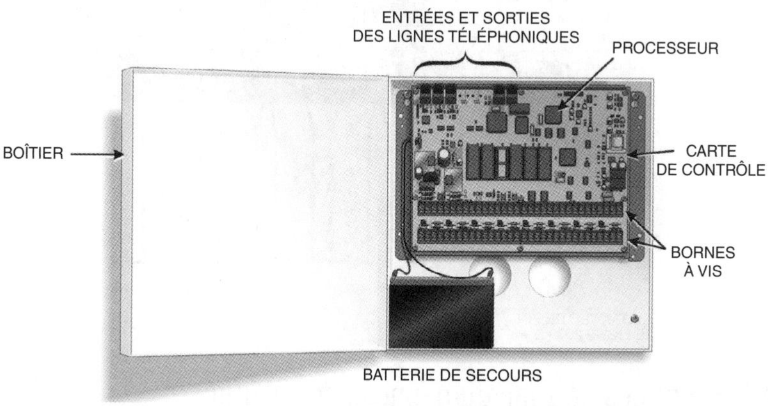

Figure 4.2 Boîtier de contrôle avec panneau et batterie

Un modèle donné de contrôleur de sécurité sera conçu pour gérer un nombre spécifique de zones programmables. Une *zone* peut être un point de protection unique, tel qu'un détecteur de mouvement, ou plusieurs points combinés en une seule zone. Par exemple, deux détecteurs de mouvement de couloir peuvent être connectés pour former une zone, ou un détecteur de mouvement d'escalier peut être combiné avec les détecteurs de couloir pour former une seule zone.

Le contrôleur de sécurité est le centre de commande et le point de distribution de la partie du système de sécurité chargée de la détection et du signalement des intrusions, à laquelle tous les dispositifs d'entrée et de sortie sont connectés. Chaque capteur est alimenté et géré par le contrôleur de sécurité.

Le contrôleur doit avoir une capacité et une fonctionnalité suffisantes pour se connecter à tous les dispositifs de sécurité qui feront partie du système de sécurité et les gérer, en plus de fournir une capacité d'accès à distance pour la surveillance et le contrôle à distance.

Le boîtier du contrôleur doit être monté hors du champs de vision et près d'une prise de courant alternatif de 120 volts[1], où un transformateur enfichable peut fournir une alimentation basse tension à l'ensemble du système.

Zones de sécurité

Comme mentionné précédemment, les contrôleurs de sécurité possèdent un nombre fixe de circuits de détection qui peuvent être utilisés pour créer des zones de sécurité physique. Par exemple, un contrôleur de sécurité commercial typique peut posséder de huit à 250 zones ou plus. Généralement, l'une de ces entrées est dédiée au système de détection des incendies. La Figure 4.3 montre un schéma de connexion typique d'un contrôleur de sécurité à huit zones.

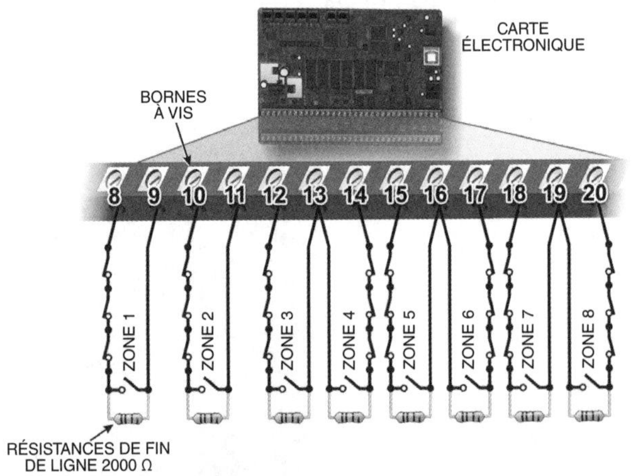

Figure 4.3 Entrées de zone du panneau de sécurité

1 Tension disponible sur un réseau électrique américain.

Supposons que l'établissement dans lequel vous installez le système de sécurité dispose de quatorze fenêtres, de deux portes d'entrée pour le personnel et d'une porte de réception à enroulement pour l'entrepôt. De plus, il possède deux grands couloirs à surveiller et un système intégré de détection des incendies.

Comment devez-vous installer et configurer physiquement le contrôleur pour qu'il assure une protection complète de l'installation? La réponse est de regrouper logiquement les capteurs connexes pour créer une zone de sécurité. Pour ce faire, il faut connecter tous les interrupteurs des capteurs concernés (tous les capteurs apparaissent comme des interrupteurs sur le contrôleur de sécurité) en série, comme illustré à la Figure 4.4.

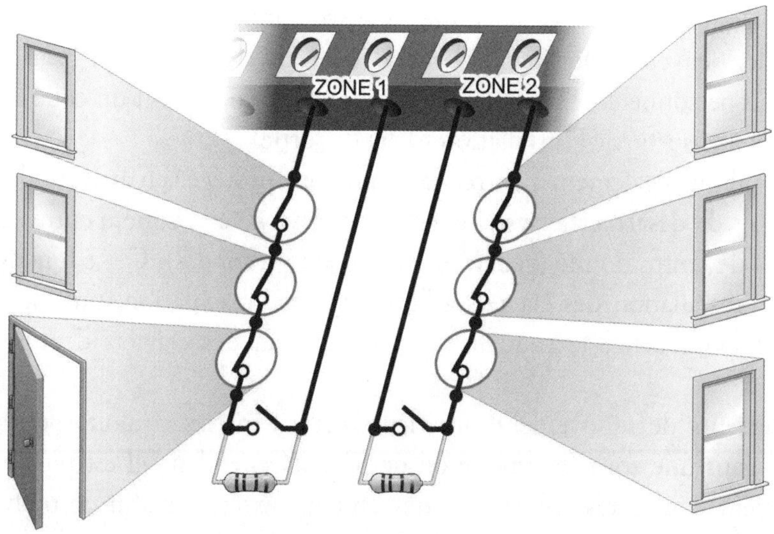

Figure 4.4 Création d'une zone physique

Le contrôleur surveille la quantité de courant électrique qui circule entre les deux points de connexion de la zone (appelée *boucle de courant*). La boucle nécessite qu'une résistance soit placée à l'intérieur de celle-ci pour réguler le flux de courant au niveau correct pour le contrôleur utilisé (différents modèles de contrôleurs nécessitent généralement différents niveaux de résistance).

Si l'un des capteurs est activé, son interrupteur se met en position ouverte et la circulation du courant dans la boucle s'arrête. Le contrôleur détecte l'absence de flux de courant et traite l'entrée selon sa programmation de configuration.

Le fait qu'un certain niveau de courant doit circuler peut complexifier toute manipulation de la boucle. Si le système utilise des interrupteurs normalement ouverts qui se ferment lorsqu'ils sont activés, celui-ci pourra être contourné en coupant simplement un fil dans la boucle; aucun signal ne sera alors jamais présenté au contrôleur.

Pour l'exemple d'installation présenté plus haut, il pourrait être logique de câbler tous les capteurs de la fenêtre du côté ouest en une seule entrée pouvant être signalée comme fenêtre du côté ouest. De même, les deux portes d'entrée du personnel peuvent être configurées ensemble, car elles nécessiteront des paramètres spéciaux relatifs aux heures d'entrée et de sortie. Ces paramètres seront utilisés pour la mise en route et le désarmement du système lors de la sortie ou de l'entrée dans la structure. Inversement, l'autre porte peut être connectée à une zone de porte existante ou à l'une des zones de fenêtre puisqu'elle n'a pas besoin d'être programmée.

Le zonage permet également au système de déclencher instantanément une alarme pour la détection d'une intrusion dans une zone spécifique, alors que d'autres alertes de capteurs dans une zone spécifique (comme la porte d'entrée principale) peuvent nécessiter un court délai avant de déclencher l'alarme. Cela permet au personnel de sécurité d'armer le système en entrant un code secret sur un clavier à la sortie de l'installation (délai de sortie).

Ceci les habilite également à entrer dans une zone protégée en arrivant dans l'installation et de désarmer le système grâce au clavier de la zone d'entrée dans un intervalle de temps donné (généralement 30 à 45 secondes). Cette fonction rend possible l'installation des claviers à l'intérieur de l'installation, près de la porte de sortie, pour éviter le vandalisme et l'altération des claviers depuis la zone extérieure.

Les détecteurs de mouvements intérieurs surveillant les couloirs peuvent être intégrés dans une zone de fenêtre ou de porte. Cependant, il est plus probable qu'ils soient configurés séparément des capteurs extérieurs afin de pouvoir être désactivés la nuit lorsque des personnes peuvent avoir besoin de se déplacer pendant cette période mais veulent que le périmètre soit protégé des intrus extérieurs. La Figure 4.5 décrit une solution de zonage possible pour cet exemple.

L'utilisation du zonage permet également au personnel de sécurité de n'armer que certaines parties du système, telles que les portes et les fenêtres du périmètre, tout en contournant les détecteurs de mouvement intérieurs dans une zone spécifique. Le réglage du mode de contournement s'effectue normalement en entrant un code numérique prédéterminé au clavier. Lorsque le personnel quitte l'installation, toutes les zones, y compris les détecteurs intérieurs, peuvent être armées selon les besoins.

Un système de sécurité par zones peut également être utilisé par un service de surveillance externe pour savoir quel capteur d'une zone désignée déclenche une alarme. Si un capteur est signalé comme étant uniquement le capteur 3, zone 5, cela peut signifier que l'événement s'est produit à peu près n'importe où. Si le capteur est signalé comme étant le capteur 3, périmètre de la zone 5, cela signifie que la zone pénétrée par effraction se trouve à l'extérieur des locaux.

Les zones permettent également de faciliter le dépannage. Par exemple, si un capteur situé dans le périmètre de la zone 3 signale un problème, il n'est pas nécessaire de réparer les capteurs qui se trouvent à l'intérieur du système.

Capteurs

Les capteurs sont une catégorie de dispositifs d'entrée qui convertissent l'activité physique en un signal pouvant être présenté au contrôleur de sécurité. Ils sont disponibles dans une variété de configurations, notamment des interrupteurs magnétiques pour les portes et les fenêtres, des détecteurs acoustiques, des détecteurs de vibrations, de mouvement et de bris de verre. Les capteurs protègent le périmètre, certaines zones extérieures et les espaces ouverts à l'intérieur de l'établissement.

Comme mentionné précédemment, les dispositifs de périmètre protègent principalement les portes et les fenêtres. Les capteurs de périmètre les plus courants sont les interrupteurs magnétiques de porte et pour les fenêtres, ce sont les détecteurs de vibrations et les acoustiques qui décèlent les bruits de bris de glace.

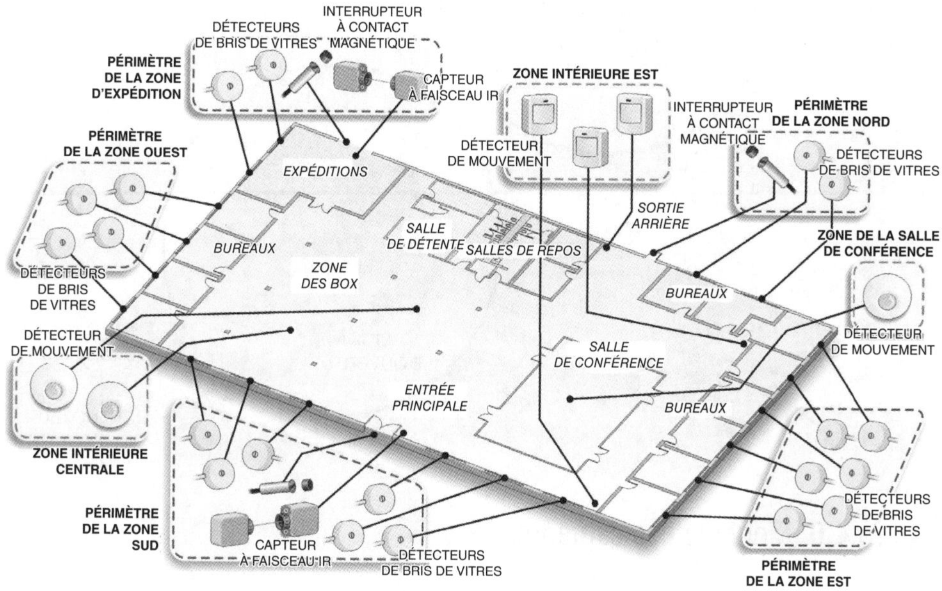

Figure 4.5 Concepts de zonage

Des capteurs de protection des espaces ouverts, appelés *détecteurs de mouvement,* couvrent les pièces intérieures et les couloirs. Les détecteurs de mouvement extérieurs activent les lumières de sécurité lorsqu'un mouvement est perçu. Les détecteurs de mouvement intérieurs peuvent repérer un intrus qui a réussi à neutraliser un dispositif de périmètre. Les détecteurs à l'extérieur et les lumières de sécurité activées par le mouvement sont également utilisés. Les paragraphes suivants décrivent les capteurs inclus dans les systèmes de sécurité et de surveillance de base.

Interrupteurs à contact magnétique

Les interrupteurs à contact magnétique se composent essentiellement d'un interrupteur magnétique en deux parties. Une pièce du capteur est un aimant, tandis que l'autre est un mécanisme de commutation, appelé *interrupteur à lames souples*[2], qui est sensible à un champ magnétique. La partie interrupteur est montée sur la structure fixe (cadre) de la barrière, comme le montre la Figure 4.6. Les fils de l'interrupteur sont acheminés vers le panneau de contrôle du système de sécurité.

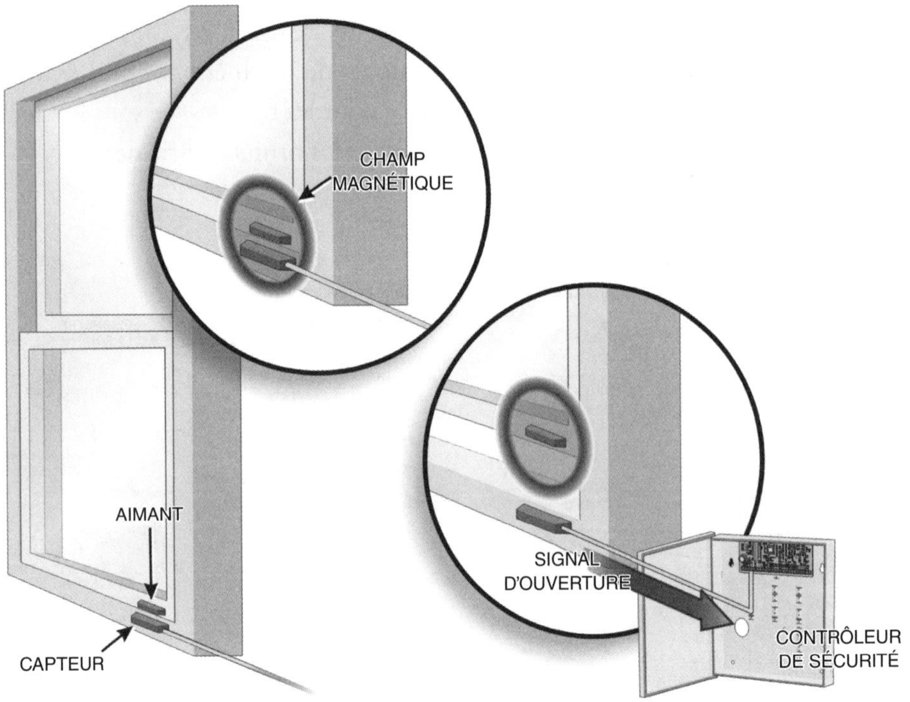

Figure 4.6 Montage des capteurs

On monte la partie magnétique du capteur sur la barrière mobile de sorte qu'elle se trouve à proximité de l'interrupteur lorsque la barrière est fermée. Cela permet également de maintenir l'interrupteur fermé. L'ouverture de la barrière éloigne l'aimant de l'interrupteur et ouvre l'interrupteur, ce qui est détecté par le panneau de commande central, et active une alarme.

2 Aussi nommés interrupteurs REED.

Ce simple capteur à interrupteur magnétique peut être utilisé pour protéger les portes et les fenêtres ou toute autre barrière mobile. Il alerte les responsables de la sécurité lorsqu'une personne tente de se frayer un passage par des moyens illégaux ou non autorisés. Son aimant et son mécanisme à lames souples détectent toute intrusion et signalent une alarme.

Ce type de capteur peut être utilisé pour indiquer l'état ouvert/fermé d'une barrière mobile, mais il ne peut pas déterminer si le mécanisme de verrouillage de la barrière est verrouillé ou déverrouillé. Comme mentionné précédemment, certains types de serrures de porte à commande électrique sont équipés de capteurs permettant de déterminer si le mécanisme de verrouillage est activé ou pas.

Bien qu'il existe jusqu'à 70 variétés de capteurs de barrière, un capteur seul ne peut pas offrir un véritable contrôle autre que la détection et l'avertissement. Son signal peut cependant être utilisé par d'autres composants du système de contrôle d'accès pour fournir des réponses automatisées.

Capteurs de bris de verre

Comme mentionné précédemment, un système de sécurité périmétrique peut inclure un système de détection de bris de verre. Car, les interrupteurs magnétiques, eux, ne protègent pas contre l'intrusion d'un individu par une fenêtre brisée. Deux types de systèmes de détection de bris de glace sont donc disponibles. Le type à vibration est monté sur la vitre ou sur un mur proche. Des discriminateurs acoustiques ou sonores détectent le bruit du verre brisé.

L'appareil peut être réglé pour réagir uniquement à la fréquence spécifique du bris de verre, généralement de 4 à 6 kHz, ou à n'importe quel bruit fort. Certains fabricants de capteurs ont combiné des détecteurs de vibrations et de sons en un seul appareil qui ne s'activera pas si les deux ne sont pas détectés. Ces unités peuvent être utilisées lorsque les conditions normales font qu'un seul détecteur technologique génère de fausses alarmes.

Les détecteurs de vibrations sont montés sur la vitre, et les capteurs acoustiques de la vitre sont normalement montés sur un mur adjacent, comme l'illustre la Figure 4.7.

Détecteurs de mouvement

Les détecteurs de mouvement fonctionnent en détectant les changements de l'énergie infrarouge dans une zone. Comme ces appareils n'émettent aucune énergie, on les appelle des détecteurs *infrarouge passifs (IRP[3])*.

Les détecteurs IRP utilisent un mécanisme de lentille dans le boîtier du capteur pour déceler toute modification de l'énergie infrarouge dans les secteurs horizontaux couverts par le capteur. Ce type de détecteur est insensible aux objets

[3] Ou PIR, pour Passive InfraRed detector.

stationnaires, mais réagit aux changements rapides qui se produisent latéralement dans le champ de vision. Les détecteurs IRP sont les détecteurs de mouvement les plus courants et les plus économiques.

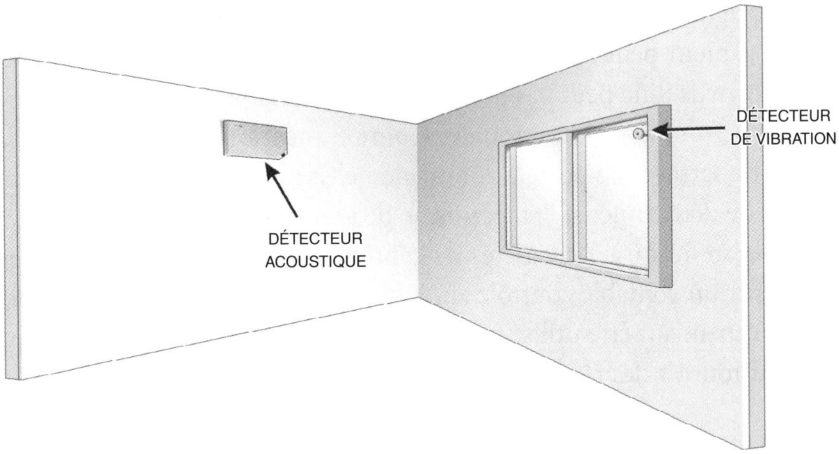

Figure 4.7 Capteurs de bris de verre

Les détecteurs de mouvement doivent être installés dans les zones ouvertes qui ne peuvent être protégées par des capteurs de fenêtre ou de porte. La Figure 4.8 présente un exemple de détecteur de mouvement PIR pour usage intérieur.

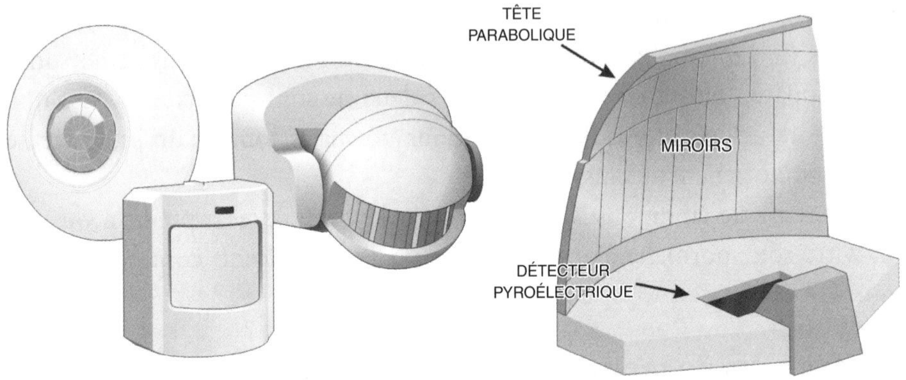

Figure 4.8 Détecteur de mouvement PIR

Emplacement des détecteurs de mouvement

Les détecteurs de mouvement sont normalement installés dans le coin d'une pièce. Cela permet au détecteur de couvrir un champ de 90 degrés, comme l'illustre la Figure 4.9. Ces détecteurs sont sensibles aux mouvements dans le champ de vision du capteur.

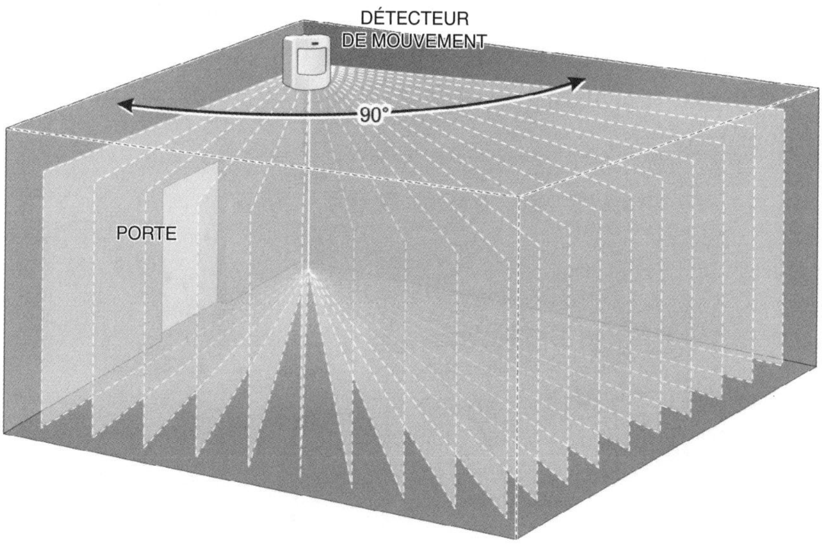

Figure 4.9 Champ de vision PIR

L'éclairage extérieur est souvent utilisé pour illuminer les zones sombres ou pour protéger à l'aide de capteurs de détection de mouvement qui activent l'éclairage de sécurité pour dissuader un intrus. L'éclairage extérieur est utilisé uniquement comme élément de dissuasion et de sûreté, il n'est donc normalement pas relié au contrôleur de sécurité.

Les zones sombres entourant l'installation avec des arbres ou des arbustes doivent être éclairées par des systèmes d'éclairage de sécurité. Lorsque ceux-ci sont utilisés pendant les heures d'obscurité, ils empêchent les intrus de pénétrer dans la zone entourant une installation et de tenter d'entrer sous le couvert de l'obscurité. Les lumières activées par des détecteurs de mouvement sont également prisées pour l'éclairage extérieur.

Détecteurs de véhicules

Plusieurs méthodes sont utilisées pour détecter la présence d'une automobile entrant dans une zone proche d'une installation. Le type de capteur le plus courant utilisé à cette fin est un détecteur de mouvement placé au-dessus de l'entrée du garage. Les capteurs de pression peuvent également être utilisés pour détecter un véhicule dans une allée ou un garage.

Dispositifs à faisceau photoélectrique Un capteur photoélectrique est un périphérique optique qui détecte un faisceau de lumière visible ou invisible et réagit à une modification de l'intensité lumineuse reçue. Les dispositifs à faisceau photoélectrique utilisent cette caractéristique en faisant passer un faisceau de lumière étroit à travers une zone d'intérêt telle qu'une porte de parking, comme le montre la Figure 4.10. Lorsque le faisceau lumineux est interrompu, le dispositif photoélectrique est utilisé pour déclencher une alarme ou, dans le cas d'un système de sécurité de porte de garage, pour arrêter ou inverser le moteur de levage de la porte automatique.

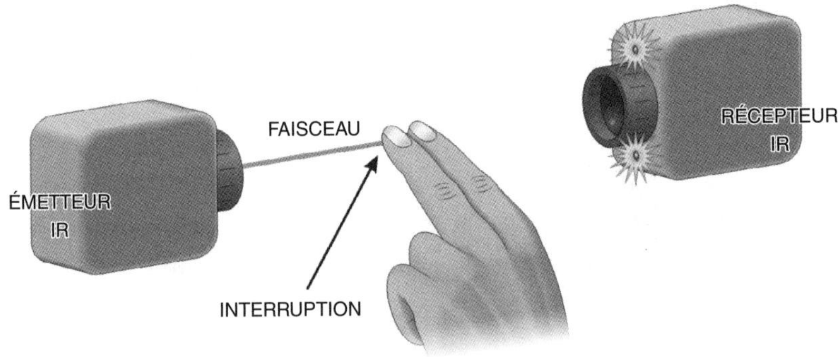

Figure 4.10 Dispositif à faisceau photoélectrique

Dispositif à faisceau de micro-ondes Ce dispositif émet des micro-ondes à partir d'un émetteur et les détecte au niveau d'un récepteur, soit par réflexion, soit par réduction de l'intensité du faisceau. L'émetteur et le récepteur sont généralement combinés dans un seul boîtier pour les applications intérieures et dans des boîtiers séparés pour les applications extérieures. En générant de l'énergie dans la région des micro-ondes du spectre électromagnétique, le détecteur fonctionne comme un dispositif actif qui réagit à :

- Un décalage de fréquence lié à l'effet Doppler. Ces dispositifs sont basés sur le phénomène de l'effet Doppler, qui observe les changements de fréquence des ondes énergétiques (dans ce cas, des micro-ondes) en mouvement par rapport à un auditeur ou un récepteur. Ces détecteurs émettent des micro-ondes d'une fréquence spécifique dans un environnement donné, puis analysent les fréquences de toutes les ondes qui lui sont réfléchies. Les changements par rapport à la réception normale de la fréquence font que le détecteur signale une condition d'alarme.
- Un déphasage de fréquence. Ces dispositifs reposent également sur les changements des ondes d'énergie réfléchies causés par le mouvement. Comme les capteurs Doppler, ceux-ci émettent des fréquences micro-ondes spécifiques dans une zone et mesurent le déphasage des ondes réfléchies, qui est directement proportionnel à la vitesse de l'objet en mouvement.
- Un mouvement provoquant une réduction de l'énergie reçue. Ces dispositifs réagissent aux changements de niveau d'énergie entre un émetteur et un

récepteur causés par le blocage d'une partie ou de la totalité de l'onde d'énergie émise par un obstacle se déplaçant sur son chemin.

Capteurs de pression Il s'agit d'un type de capteur qui peut être placé sous les tapis dans les couloirs ou sur les marches d'escalier. Ils réagissent et donnent l'alarme en fonction de la pression exercée par les pas qui déclenchent l'alarme. Ces capteurs utilisent généralement des contacts d'interrupteur normalement ouverts. Lorsqu'une pression est appliquée sur le tapis à pression, l'interrupteur se ferme, ce qui avertit le panneau de contrôle que l'interrupteur à pression a été activé.

■ Claviers

La plupart des systèmes de détection et de signalement des intrusions utilisent un dispositif à clavier pour programmer, contrôler et faire fonctionner divers dispositifs de contrôle et de gestion des accès.

Les claviers sont des dispositifs de saisie qui sont généralement équipés d'un ensemble de boutons poussoirs numériques qui sont similaires à un clavier à touches de téléphone, comme l'illustre la Figure 4.11. Le personnel de sécurité utilise généralement les claviers pour lancer des commandes pour des options de contrôle telles que l'armement et le désarmement du système ou le contournement d'une zone.

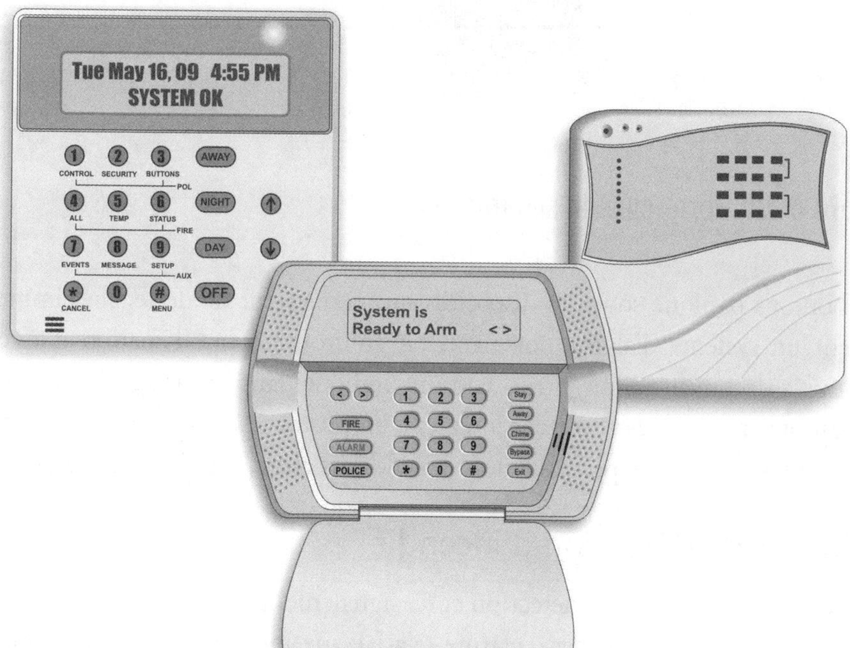

Figure 4.11 Clavier du contrôleur

Les claviers peuvent être placés dans n'importe quelle zone d'une installation qui convient au personnel de sécurité pour actionner les portes et les portails extérieurs. Toutefois, de nombreux nouveaux systèmes de sécurité comprennent généralement un logiciel qui fonctionne sur une tablette informatique ou une application pour téléphone intelligent pour exécuter ces fonctions depuis n'importe quel endroit.

Porte-clés et boutons de panique

Il s'agit d'un porte-clés sans fil du même type que ceux utilisés pour verrouiller, déverrouiller et armer un véhicule. Pratiques et faciles à utiliser, ils permettent au personnel de sécurité d'armer et de désarmer un système de sécurité en appuyant sur un bouton lorsqu'il se trouve à l'extérieur de l'établissement. Le porte-clés est souvent doté d'une fonction *bouton panique* qui permet à l'utilisateur de contacter les secours en cas d'urgence. Un exemple de porte-clés est présenté à la Figure 4.12.

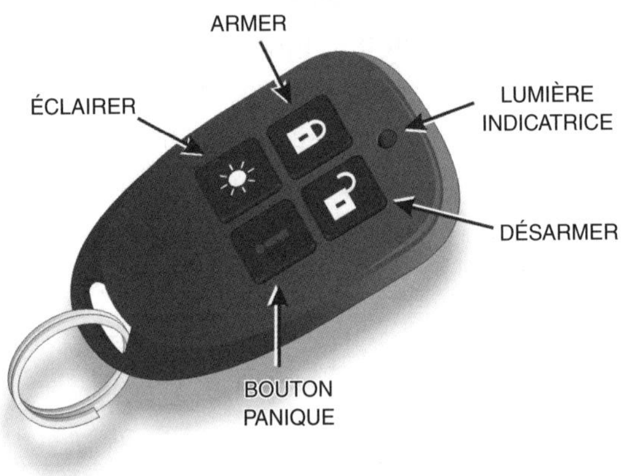

Figure 4.12 Porte-clés de sécurité

Les boutons panique sont des dispositifs qui permettent de déclencher immédiatement un système d'alarme lorsqu'on est confronté à une situation d'urgence, comme la découverte d'un intrus. Comme indiqué dans le paragraphe précédent, les boutons panique sont souvent intégrés à un porte-clés, mais peuvent également être montés de manière permanente à des endroits clé à l'intérieur de l'installation.

Capteurs de détection d'incendie

De nombreux systèmes de détection et de signalement d'intrusions comprennent une fonction de détection et d'alarme relative aux incendies. Toutefois, pour les systèmes de sécurité plus importants ou plus complexes, des systèmes de détection et de signalement d'incendie autonomes peuvent être utilisés.

Il existe deux types de capteurs de détection d'incendie : les capteurs de chaleur et les détecteurs de fumée. Ils fonctionnent en détectant l'augmentation de la chaleur ou la présence de particules de fumée dans l'installation.

Les détecteurs de chaleur fonctionnent selon une technologie différente de celle des détecteurs de fumée. Les caractéristiques de base de la conception de chaque type sont résumées dans les paragraphes suivants. Les capteurs de chaleur détectent une augmentation rapide de la température. Ils déclenchent également une alarme lorsqu'une température fixée est atteinte. En revanche, les détecteurs de fumée, comme celui illustré à la Figure 4.13, ne réagissent pas à la chaleur, mais utilisent l'une des deux conceptions courantes de capteurs pour détecter la fumée.

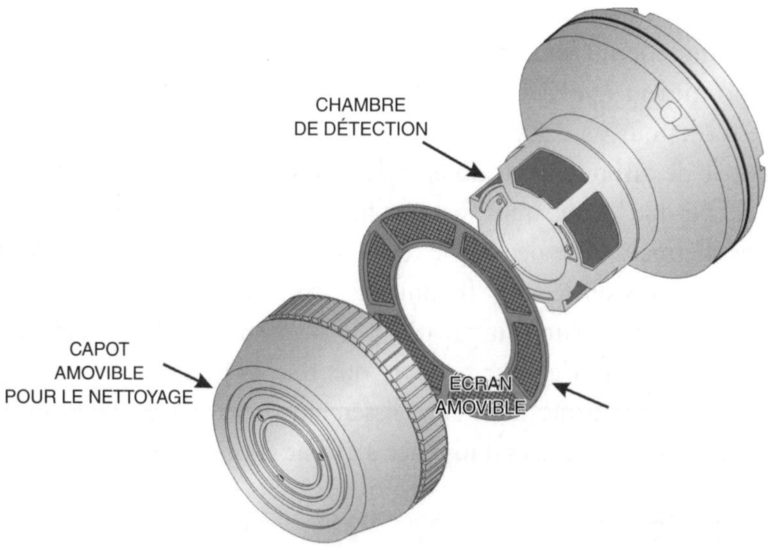

Figure 4.13 Un détecteur de fumée typique

Les détecteurs à ionisation forment un chemin électrique à l'intérieur d'une petite chambre avec une très petite quantité de matière radioactive. Lorsque la fumée pénètre dans la chambre, les particules se fixent aux ions et modifient le courant électrique.

Les détecteurs photoélectriques fonctionnent en utilisant une cellule photoélectrique et une source de lumière. Normalement, la lumière n'atteint pas la cellule photoélectrique ; mais en présence de fumée, la lumière est dispersée et le détecteur déclenche un signal d'alarme.

La principale différence entre les deux types de détecteurs est que les types photoélectriques sont plus sensibles aux grosses particules et les types à ionisation sont plus sensibles aux petites particules.

Détecteurs de dioxyde de carbone et de monoxyde de carbone

Le dioxyde de carbone (CO_2), un sous-produit naturel de la respiration normale, est différent et beaucoup moins dangereux que le monoxyde de carbone (CO), un gaz toxique. L'air extérieur contient généralement environ 400 ppm (parties par million) de dioxyde de carbone, alors que les niveaux de monoxyde de carbone devraient normalement être inférieurs à 0,2 ppm.

Bien que le CO soit un composé incolore et inodore produit par une combustion incomplète, il est mortel à des niveaux élevés. Lorsque des niveaux dangereux de CO sont décelés, le détecteur déclenche une alarme, donnant aux personnes présentes dans la zone la possibilité de quitter la résidence en toute sécurité – ou d'appliquer une ventilation immédiate.

Le monoxyde de carbone est généré par la combustion incomplète de gaz naturel, de kérosène, de mazout, de charbon ou d'essence, et non par des appareils qui ne consomment que de l'électricité. Si le four, le chauffe-eau, le radiateur, la cuisinière ou le four ne brûle pas de gaz ou de combustible, il ne produira pas de monoxyde de carbone. Pour obtenir des données précises sur le monoxyde de carbone, il faut que les appareils suspects fonctionnent avant toute mesure.

Lorsqu'une alarme CO se déclenche, le personnel doit appeler les services d'urgence, les pompiers ou le 911. Ils doivent immédiatement trouver une source d'air frais, soit à l'extérieur, soit par une porte ou une fenêtre ouverte. Une vérification doit être effectuée pour s'assurer que tout le personnel est bien présent. Personne ne doit retourner dans l'établissement ou s'éloigner de la source d'air frais jusqu'à ce que les services d'urgence arrivent et donnent le feu vert.

Dispositifs de sortie

Les systèmes de détection d'intrusion physique comprennent généralement trois types de dispositifs de sortie de base : notification visuelle, annonce sonore et messagerie à distance. Les avertisseurs visuels et sonores fournissent un appel local et général d'avertissement lors d'une situation d'alerte prédéfinie, tandis que l'élément de messagerie à distance est utilisé pour avertir des personnes ou des organisations spécifiques de l'existence d'une situation d'alarme. Les sections suivantes décrivent les différents signaux de sortie et dispositifs utilisés dans un système de sécurité de base.

Sirènes

Le tableau de commande fournit la tension nécessaire au pilotage de la sirène électronique externe ou de la lumière stroboscopique. Le contrôleur active ces dispositifs lorsqu'une condition d'alarme existe. Divers types d'avertisseurs sonores (sirènes, klaxons, buzzers, klaxons et cloches) sont utilisés pour attirer l'attention lorsqu'une situation d'alarme se présente.

Ces différents appareils produisent des niveaux de volume différents pour une utilisation en divers endroits. Les alarmes sonores sont utilisées non seulement pour attirer l'attention d'autres personnes à l'extérieur de l'installation ou loin de la zone d'intrusion, mais aussi pour créer un niveau sonore suffisamment élevé pour décourager un intrus. Les systèmes de sécurité commerciaux utilisent généralement des sirènes électroniques à semi-conducteurs comme celle illustrée à la Figure 4.14. Ces sirènes fournissent un niveau de sortie sonore plus élevé ainsi qu'une variété de tonalités et de volumes.

Les dispositifs intérieurs installés dans les zones cachées de l'établissement sont conçus pour fonctionner à des niveaux sonores maximaux afin d'effrayer un intrus et lui permettre de sortir rapidement. En effet, le son masque toute sirène de police extérieure qui s'approche. Les sirènes intérieures sont disponibles auprès de plusieurs fournisseurs qui fonctionnent à des niveaux sonores compris entre 110 et 120 dB, ce qui est proche du seuil de douleur.

Figure 4.14 Sirène électronique

Lumières stroboscopiques

De nombreuses installations de systèmes de sécurité comprennent au moins une lumière stroboscopique pour fournir un indicateur visuel. Ces lumières sont généralement montées à l'extérieur de l'installation pour attirer l'attention des personnes se trouvant à proximité de l'intrusion et pour décourager les intrus potentiels. Les lumières stroboscopiques de sécurité fonctionnent à partir de différents niveaux de tension continue fournis par le panneau de contrôle de sécurité.

Les lampes stroboscopiques de sécurité, comme celle illustrée à la Figure 4.15, produisent des niveaux de luminosité spécifiés soit en *foot-candle*[4], soit par en *candela*. Un *foot-candle* est une mesure de la *luminance* (ou de l'intensité

[4] Unité de mesure de l'intensité lumineuse utilisée aux USA.

lumineuse) utilisée par l'industrie de l'éclairage. De même, une *candela* est égale aux *foot-candles* multipliés par la distance au carré :

$$C = fc \times d^2$$

Figure 4.15 Lumière stroboscopique

Les lampes stroboscopiques de sécurité sont disponibles dans un certain nombre de couleurs différentes, notamment rouge, bleu, ambre et transparent.

Systèmes de notification à distance

Alors que les lumières stroboscopiques et les sirènes attirent l'attention sur les conditions d'alarme dans un environnement localisé, il est souvent nécessaire d'avertir des personnes (comme un spécialiste de la sécurité) ou des organisations spécifiques (comme des sociétés de sécurité tierces, des services d'incendie ou des services de police) pour répondre à différents types de conditions d'alarme.

Les systèmes de notification à distance les plus courants impliquent l'utilisation d'une ligne téléphonique par le panneau de contrôle du système de sécurité pour appeler automatiquement une installation de surveillance à distance ou le personnel clé lorsqu'une condition d'alarme existe. Lorsque le contrôleur de sécurité reçoit un signal d'entrée actif d'une de ses zones, il active le composeur téléphonique et fait en sorte qu'un message de données numériques soit transmis à un destinataire prédéterminé. Le destinataire du message peut également utiliser l'accès à distance pour vérifier l'état du système de sécurité lorsqu'il est éloigné de l'installation.

Certains systèmes de détection et de signalement des intrusions utilisent un composeur téléphonique distinct, comme celui illustré à la Figure 4.16, ou un composeur intégré. Cependant, un nombre croissant de systèmes utilisent des systèmes de communication cellulaire intégrés. Ces systèmes offrent une fiabilité supplémentaire en ce sens qu'ils peuvent fonctionner même si les lignes téléphoniques physiques sont endommagées.

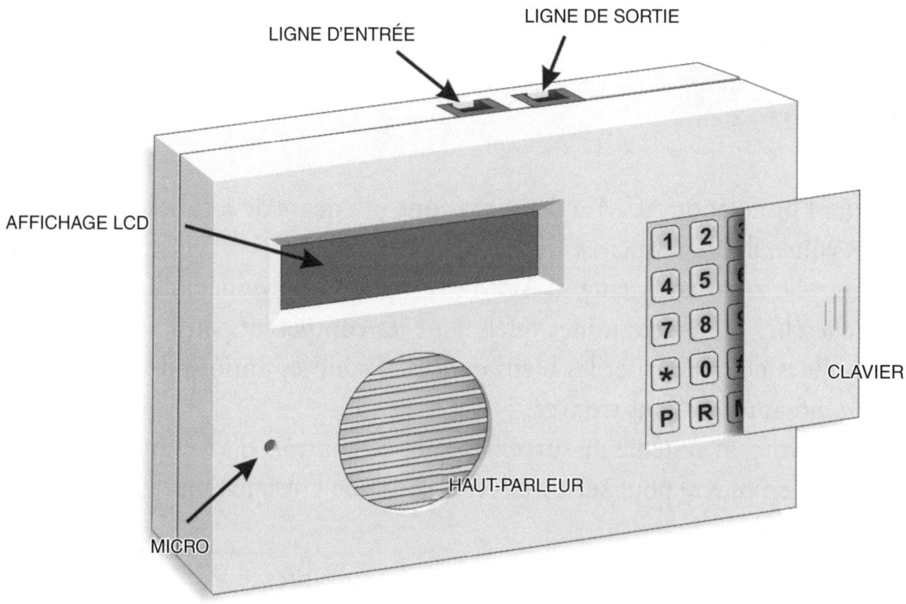

Figure 4.16 Console de numérotation automatique voix/téléphone

Services de surveillance des alarmes par des tiers

Selon la nature de l'organisation, le système de détection et de signalement des intrusions peut être entièrement supporté par les employés de l'organisation. Toutefois, dans de nombreuses organisations, les systèmes de sécurité sont pris en charge par des sociétés professionnelles de surveillance des alarmes.

Ces sociétés fournissent des services de surveillance 24 heures sur 24, 7 jours sur 7, moyennant un abonnement mensuel. Lorsqu'elles reçoivent une notification d'alarme, elles effectuent une action de réponse sur la base de leur accord contractuel avec l'entreprise abonnée (cliente).

L'enchaînement de la réponse correspond généralement à la nature de l'avis d'alarme qu'ils reçoivent et au moment où ils le reçoivent. Ils peuvent d'abord essayer de contacter le personnel désigné ou de contacter les services répressifs ou les pompiers lorsqu'un évènement d'alarme reste sans réponse. Ils peuvent également envoyer du personnel de sécurité armé[5] ou non armé de l'entreprise de surveillance pour enquêter sur l'alarme.

[5] En fonction de la législation du pays concerné.

Exercices pratiques

Dans cet exercice, vous apprendrez comment sécuriser l'intérieur. Les objectifs sont les suivants :

> **Avant de commencer**
> Avant de pouvoir faire cet exercice, vous devez effectuer les exercices des Chapitres 2 et 3.

- Pour l'installation ACME, définir sa zone intérieure de sécurité et déterminer les vulnérabilités associées.
- Pour la zone intérieure d'ACME et pour ses vulnérabilités, faire des recherches pour déterminer quels sont les composants ou les systèmes disponibles pour sécuriser les biens et quelles sont les options de coût pour les composants que vous trouvez.
- Concevoir un système de surveillance et de contrôle d'accès qu'ACME peut mettre en œuvre pour sécuriser cette partie de l'installation de la manière la plus rentable.

Les ressources nécessaires à cet exercice sont les suivantes :

- Accès à Internet
- Crayon/stylo et papier
- Réalisation des exercices des Chapitres 2 et 3

Discussion

Pour en revenir au projet d'entrepôt ACME présenté dans les procédures de laboratoire précédentes, la dernière étape de préparation avant de créer vos recommandations à remettre au personnel de gestion d'ACME est de rechercher et de concevoir le plan de détection d'intrusion pour la zone de sécurité intérieure de l'installation.

Dans les procédures précédentes, vous avez étudié les possibilités de surveillance et de contrôle des accès pour les périmètres extérieurs et intérieurs, ainsi que la surveillance des espaces situés entre ces périmètres à l'aide de composants de vidéosurveillance.

Dans le cadre de cette procédure, vous serez chargé de rechercher les éléments et les stratégies qui peuvent être utilisés pour surveiller et contrôler l'activité dans la zone de sécurité intérieure. Vous devrez également faire des recommandations pour la mise en œuvre de la solution la plus rentable qui assurera les niveaux de sécurité nécessaires.

La Figure 4.17 représente la zone de l'entrepôt ACME. Cette partie de l'installation est utilisée pour stocker les produits ACME en vue de leur expédition aux acheteurs et aux distributeurs. Comme l'indique la Figure, cette zone contient également les bureaux locaux de la société, notamment :

- Le bureau du PDG
- Le bureau du directeur des transports maritimes
- Le bureau de la comptabilité
- Le bureau de marketing
- Un placard à fournitures pour les besoins des bureaux
- Un placard de conciergerie pour les produits de nettoyage

Le reste de l'entrepôt est un espace ouvert rempli de rangées d'étagères qui contiennent les produits ACME.

Il y a deux questions de sécurité tout à fait évidentes qui sont à prendre en compte pour la zone intérieure de l'entrepôt :

- Quels sont les besoins en matière de sécurité intérieure lorsque l'entrepôt est en service ?
- Quels sont les besoins en matière de sécurité intérieure lorsque l'entrepôt est fermé le soir et le week-end ?

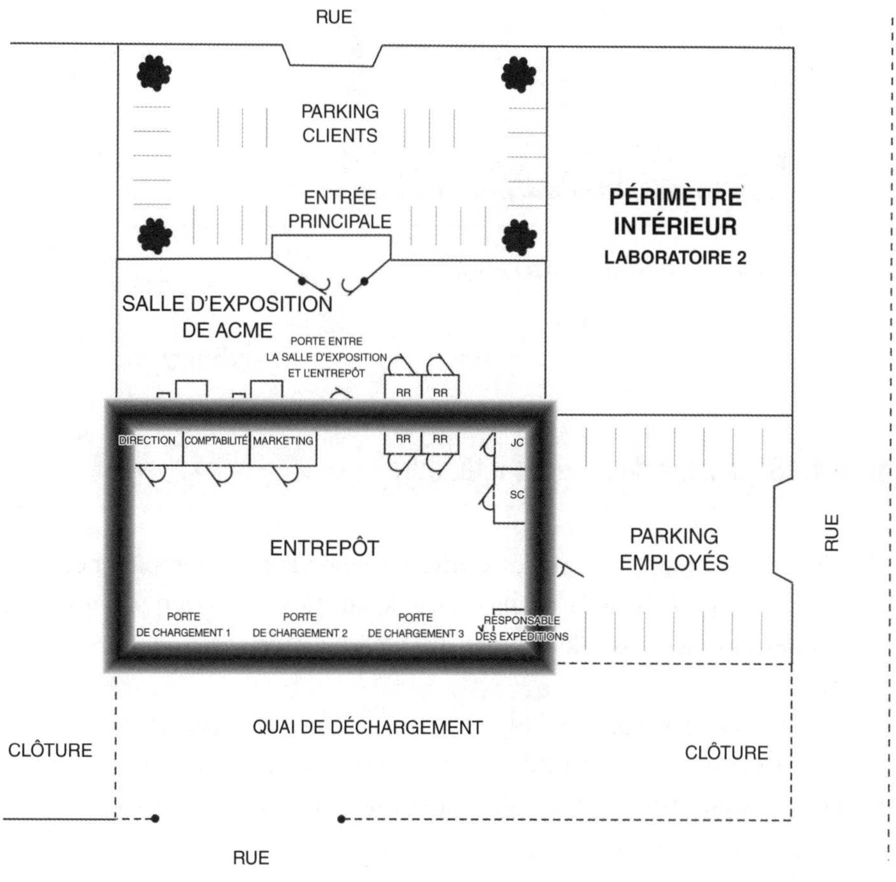

Figure 4.17 La zone d'entrepôt et les bureaux

Procédure

1. Examinez la Figure 4.18 et identifiez/étiquetez les actifs de l'entrepôt qui doivent être surveillés.

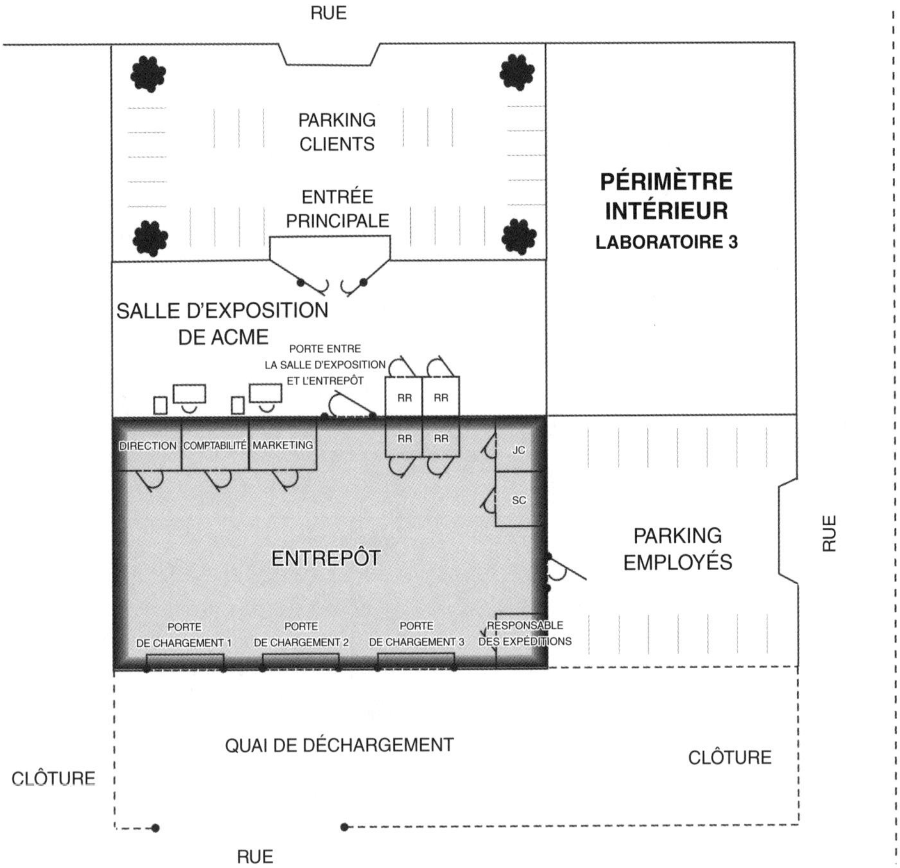

Figure 4.18 La zone de sécurité intérieure

2. Utilisez Internet ou d'autres outils de recherche disponibles pour trouver des dispositifs de surveillance et de contrôle d'accès qui peuvent être utilisés pour sécuriser les points d'accès que vous avez identifiés à l'étape précédente.
3. Utilisez les Tableaux 4.1 à 4.3 pour organiser les détails spécifiés concernant les produits de surveillance et de contrôle de l'accès que vous trouvez. Pour chaque article, essayez de trouver au moins deux fournisseurs.

Tableau 4.1 Serrures de porte

	Description du produit	Vendeur	Nombre requis	Coût par unité	Prix total
A	Mag Door Lock Kit	Entry Vision	1	274,99 $	274,99 $
B	Electronic Keyless Door Lock	Gino Development	4	89,99 $	359,96 $
C	Schlage B581	Doorware.com	1	52,00 $	52,00 $

Tableau 4.2 Contacts/capteurs de porte

	Description du produit	Vendeur	Nombre requis	Coût par unité	Prix total
A	Montage en surface	Seco-Larm	4	1,90 $	7,60 $
B	Surface sans fil	Insteon	4	25,00 $	100,00 $
C	Support encastré	Interlogix	4	6,86 $	27,44 $

Tableau 4.3 Détecteurs de mouvement

	Description du produit	Vendeur	Nombre requis	Coût par unité	Prix total
A	Capteur de mouvement PIR	Alarme Vedard	2	8,50 $	17,00 $
B	Capteur de mouvement et audio PIR 360	Lithonia	2	117,00 $	234,00 $
C	Capteur de mouvement PIR 360	Optex 2	2	54,00 $	108,00 $

4. Faites une liste de vos recommandations concernant les serrures de porte de contrôle d'accès que vous pensez devoir être utilisées par ACME.

Réponse : Les produits Mag Door Lock Kit, Electronic Keyless Door Lock, Schlage B581.

5. Où utiliserez-vous les serrures de porte que vous recommandez ?

Réponse : Le produit Mag Door Lock Kit doit être appliqué à la porte extérieure de l'entrepôt accessible aux piétons pour l'authentification et le contrôle de l'entrée. Des serrures Electronic Keyless Door Lock doivent être installées pour le bureau du PDG, le bureau du directeur des expéditions, le bureau de la comptabilité et le bureau du marketing. Les serrures peuvent être actionnées sans étapes d'authentification depuis l'intérieur des bureaux, mais nécessitent des clés ou des codes pour actionner les portes depuis l'intérieur de l'entrepôt. La solution Schlage B581 doit être utilisée pour les portes donnant sur le salle d'exposition et sur l'extérieur de l'entrepôt afin de sécuriser le périmètre pendant les heures de fermeture.

6. Indiquez votre sélection pour les types de capteurs de porte que vous recommanderiez à ACME pour leurs biens intérieurs.

   Réponse : Le support encastré Interlogix devrait être utilisé pour fournir un suivi supplémentaire des mouvements des personnes dans les bureaux sensibles tels que celui du PDG, à la fois pendant les heures d'ouverture et après les heures de travail.

7. Indiquez votre recommandation pour les détecteurs de mouvement qu'ACME devrait utiliser pour sa zone de sécurité intérieure.

   Répondez : Les capteurs de mouvement et audio Lithonia 360 PIR permettront une couverture complète du sol de l'entrepôt après les heures de travail et déclencheront le système de sécurité si un autre capteur ne tombe en panne avant une intrusion réelle dans la zone de sécurité.

Questions de révision

1. Quels types de dispositifs de contrôle d'accès pourraient être de bonnes recommandations pour sécuriser la porte du bureau du PDG ?
   Réponse : Un dispositif d'identification biométrique, une serrure à code ou une serrure à clé. Les informations disponibles dans la plupart des bureaux exécutifs nécessitent généralement un certain niveau de protection. Le niveau de sécurité dépend de la tolérance au risque de l'organisation et doit être basé sur une évaluation des risques. Cela vaut généralement pour les autres bureaux de direction (par exemple, les bureaux de comptabilité et de vente/marketing).
2. Quels types de dispositifs de contrôle d'accès pourraient être de bonnes recommandations pour sécuriser les portes des armoires de fournitures et de conciergerie ?
   Réponse : Soit une simple serrure à clé, soit pas de serrure du tout. Ces placards ne contiennent pas de biens de valeur et sont souvent partagés par différents niveaux d'employés nécessitant un accès, de sorte qu'ils peuvent ne nécessiter aucune sécurité au-delà d'une porte.
3. En quoi les détecteurs de mouvement à infrarouge seraient-ils un choix approprié pour l'installation ACME ?
   Réponse : Dans l'espace ouvert de l'entrepôt. Il n'y a pas de points d'accès à surveiller, de sorte que les détecteurs de mouvement peuvent assurer une bonne surveillance des zones intérieures sur une grande surface. Bien entendu, ces dispositifs ne seraient efficaces que pendant les périodes du soir et du week-end où l'entrepôt est fermé et sans surveillance.

Chapitre 5

Sécurité des infrastructures : Questions de révision et exercices pratiques

Passez en revue les points récapitulatifs suivants avant de passer aux sections « Questions de révision » et « Questions d'examen » à la fin de ce chapitre pour vous assurer que vous êtes à l'aise avec chaque concept. Après avoir terminé la révision, répondez aux questions de révision afin de vérifier votre connaissance des éléments couverts dans la première partie.

Points d'attention résumés

- La sécurité est la science, la technique et l'art d'établir un système d'exclusion et d'inclusion des individus, des systèmes, des médias, des contenus et des objets.
- La *sécurité physique* est la science, la technique et l'art d'établir un système d'exclusion et d'inclusion pour les biens matériels. En pratique, cela implique des politiques, des pratiques et des mesures visant à lutter contre le vol, à prévenir les dommages physiques, à maintenir l'intégrité du système et des services et à limiter la divulgation non autorisée d'informations.
- La *cybersécurité* consiste à sécuriser l'accès physique aux biens, aux systèmes et aux ports d'équipement tout en sécurisant les actifs immatériels, notamment l'accès électronique, optique et informationnel aux données et aux contrôles du système.
- La *sécurité des infrastructures* fait référence aux initiatives de sécurité physique qui sont appliquées pour assurer la sécurité des structures physiques et organisationnelles de base nécessaires au fonctionnement d'une entreprise, d'une organisation ou d'une société.
- Sécuriser le périmètre extérieur implique de contrôler qui peut se déplacer (marcher, conduire, voler) à travers la ligne physique ou logique qui marque ce périmètre. Les limites de propriété ou les murs extérieurs d'un bâtiment ou d'un complexe sont des exemples de périmètres extérieurs physiques typiques.

- Le périmètre intérieur comprend généralement des barrières physiques telles que des murs, des portes et des fenêtres, soit extérieures, soit intérieures selon le contexte du périmètre extérieur.
- L'*intérieur* est le niveau de sécurité le plus interne et comprend l'intérieur du bâtiment, du bureau, du box, etc. qui est entouré par les périmètres intérieur et extérieur.
- Le contrôle d'accès naturel consiste à utiliser des éléments de conception naturelle, tels que des structures et des aménagements paysagers, pour guider les personnes lorsqu'elles entrent et sortent des espaces.
- Le renforcement territorial utilise des structures, des systèmes et des dispositifs pour empêcher l'entrée non autorisée et créer une différence claire entre ce qui est public et privé.
- L'exploitation et la gestion de la sécurité des infrastructures reposent sur trois types de sous-systèmes de base : les systèmes de contrôle d'accès et de surveillance, les systèmes de détection et de signalement des intrusions et les systèmes de vidéosurveillance.
- Le contrôle d'accès est le premier élément majeur d'un système de sécurité physique. L'objectif premier et le plus fondamental de tout système de sécurité des infrastructures est de dissuader les intrus potentiels. C'est le but du contrôle d'accès.
- Les intrus ne peuvent pas endommager, détruire ou voler ce qu'ils ne peuvent pas atteindre.
- Un *droit* est un privilège légal ou une permission accordée à une personne ou à un groupe par une source d'autorité reconnue. Cette source peut être un gouvernement, un agent gouvernemental légitimement reconnu ou un propriétaire légalement reconnu d'un bien.
- On dit qu'une personne qui a le droit d'accéder à un bien est *autorisée* (par l'autorité reconnue).
- Toute personne qui n'a pas obtenu ce droit est étiquetée comme *non autorisée*. Lorsque des personnes non autorisées tentent d'accéder à un bien dont elles n'ont pas le droit d'accès, elles deviennent des *intrus*.
- Un élément clé qui réunit les trois niveaux de sécurité est une politique de sécurité bien conçue qui indique comment la sécurité est mise en œuvre à chaque niveau.
- Une politique de contrôle d'accès cohérente à chaque niveau de sécurité fournit aux personnes autorisées des niveaux d'accès appropriés à certains biens, tout en empêchant l'accès aux biens par des personnes non autorisées.
- L'*authentification* est le processus qui consiste à déterminer si une personne est bien celle qu'elle prétend être.

- Un contrôle d'accès efficace implique de pouvoir contrôler l'entrée, la sortie et le retour vers un bien sur la base d'une autorisation. En particulier, limiter l'accès du personnel non autorisé aux biens importants est l'objectif de sécurité le plus fondamental.
- De multiples facteurs interviennent dans l'authentification :
  - Connaissance – Quelque chose que seule la personne désignée devrait savoir (quelque chose que vous savez)
  - Possession – Quelque chose que seule la personne désignée devrait avoir (quelque chose que vous avez)
  - Inhérence – Quelque chose que seule la personne désignée devrait être (ce que vous êtes)
  - Lieu – Quelque part où vous êtes
- De nombreux systèmes d'authentification physique sont basés sur des facteurs d'authentification uniques qui dépendent d'un objet possédé.
- Les méthodes d'authentification intelligentes impliquent une *authentification à deux facteurs* (un processus qui requiert deux des facteurs pour accorder l'autorisation) basées sur la connaissance et la possession.
- Les *faux rejets* ou *faux négatifs* sont des rapports qui produisent un rejet incorrect de la personne, l'empêchant ainsi d'accéder à une installation ou à une zone de sécurité à laquelle elle devrait avoir accès.
- Les *fausses acceptations* ou *faux positifs* sont des rapports qui authentifient incorrectement la personne, ce qui pourrait donner accès à des équipements ou des données auxquels cette personne ne devrait pas pouvoir accéder. Parmi les deux types d'échec d'authentification, c'est le plus grave dans la mesure où il pourrait donner accès à des personnes malveillantes.
- La *surveillance à distance* (ou télésurveillance) désigne le fait de surveiller des appareils ou de mesurer leurs conditions de fonctionnement depuis un lieu distant ou depuis une salle de contrôle. Dans le domaine de la sécurité, cela implique d'avoir un accès externe au système de sécurité par le biais d'un système de communication.
- Les systèmes de télésurveillance sont utilisés pour avertir le personnel de surveillance d'une tentative d'accès non-autorisé.
- Parce que les conditions ouvertes et fermées ne sont pas les mêmes que les conditions verrouillées et déverrouillées, un seul capteur ne peut faire la différence entre ces deux ensembles de conditions. Un deuxième capteur ou un type différent de capteur doit être installé et surveillé pour effectuer cette différenciation.
- Le contrôle d'accès à distance est une fonctionnalité caractéristique d'une conception dans laquelle l'entrée dans les zones protégées est gérée via l'authentification de l'identité des personnes entrant dans une zone sécurisée

(zone de sécurité ou système informatique), et ce grâce à un système d'authentification situé dans un endroit différent du point d'accès.

- Le système d'accès télécommandé est une proposition de conception qui fonctionne avec les systèmes de télésurveillance pour observer, contrôler et superviser les portes, les portails et les moyens de transport à distance.
- Un système fonctionnel de détection et de signalement des intrusions comprend généralement un panneau de contrôle intelligent relié par des fils ou des signaux radio à des capteurs situés à divers endroits dans une installation ou d'une organisation.
- Chaque modèle de contrôleur de sécurité est conçu pour gérer un nombre spécifique de zones programmables. Une zone peut être un point de protection unique, tel qu'un détecteur de mouvement, ou plusieurs points peuvent être combinés en une seule zone.
- Les *capteurs* sont une catégorie de dispositifs d'entrée qui convertissent l'activité physique en un signal qui peut être présenté au contrôleur de sécurité. Ils sont disponibles dans une variété de configurations, notamment des interrupteurs magnétiques pour les portes et les fenêtres, des détecteurs acoustiques, des détecteurs de vibrations, des détecteurs de mouvement et des détecteurs de bris de verre. Les capteurs protègent le périmètre, certaines zones extérieures et les espaces ouverts à l'intérieur de l'établissement.
- Les systèmes de détection d'intrusion physique comprennent généralement trois types de dispositifs de sortie de base : notification visuelle, annonce sonore et messagerie à distance.
- Deux types de détecteurs d'incendie sont disponibles : les détecteurs de chaleur et les détecteurs de fumée. Ils fonctionnent en décelant l'augmentation de chaleur ou la fumée dans la maison.
- Les enregistreurs vidéo numériques (DVR) sont la technologie privilégiée pour l'enregistrement de vidéos de surveillance.
- Les détecteurs de mouvement fonctionnent en repérant les changements de l'énergie infrarouge dans une zone.
- L'utilisation de plusieurs zones de sécurité physique a plusieurs objectifs. Elle permet à l'utilisateur d'armer seulement certaines parties du système, comme les portes et les fenêtres du périmètre, tout en contournant les détecteurs de mouvement intérieurs dans une zone spécifique.
- L'image provenant d'une caméra IP peut être visualisée de n'importe quel endroit dans le monde où l'accès à Internet est disponible.
- Les deux spécifications importantes qui influencent le coût des caméras sont la sensibilité à la lumière (lux) et la résolution.
- Les caméras de surveillance ne doivent pas être utilisées lorsqu'il existe une attente raisonnable de respect de la vie privée des personnes.

- En plus de déterminer les spécifications que doivent posséder les caméras de sécurité pour un rôle donné, il est tout aussi important de définir une stratégie de déploiement des caméras afin de maximiser l'investissement dans la surveillance.

Défis en matière de sécurité

Au Chapitre 1, il vous a été demandé de noter vos observations sur les défis présentés relatifs à l'évaluation des risques. À ce stade, vous ne connaissiez peut-être pas ou peu les outils et les techniques de sécurité nécessaires pour sécuriser les environnements présentés dans ces scénarios.

Maintenant que vous avez lu les quatre premiers chapitres, complétez les informations demandées dans la section suivante et comparez ces informations aux premières évaluations que vous avez générées dans le Chapitre 1 pour mesurer tout ce que vous avez appris.

Scénario de sécurité 1 sur les infrastructures

Identifier : ....

Protéger : ....

Détecter : ....

Répondre : ....

Récupérer : ....

Scénario de sécurité 2 sur les infrastructures

Identifier : ....

Protéger : ....

Détecter : ....

Répondre : ....

Récupérer : ....

Feedback professionnel

Dans cette section, vous comparerez vos observations à celles d'un spécialiste actif de la sécurité – en l'occurrence, Philip Craig, le fondateur de BlackByte Cyber Security – pour améliorer votre compréhension de la cybersécurité.

À propos de Philip Craig

Philip Craig est le fondateur de *BlackByte Cyber Security LLC*, une société de conseil qui soutient les programmes de recherche et les initiatives de sécurité nationale du *Pacific Northwest National Laboratory (PNNL)*, ainsi que la *National Rural Electric Cooperative Association* et la *National Rural Telecommunications Cooperative*.

Pendant de nombreuses années, Phil a été chercheur principal en cybersécurité au PNNL, où il a fourni un soutien en ingénierie et en gestion de programmes dans les domaines de la cybersécurité, des technologies SCADA (Système de contrôle et d'acquisition de données), de l'informatique et des infrastructures de communication.

Il s'agissait notamment de mettre au point des systèmes complexes et des politiques dans diverses infrastructures critiques, notamment dans les secteurs de l'énergie nucléaire, de l'électricité et de l'eau. Il a développé et déployé des solutions défensives de cybersécurité tant stratégiques que tactiques pour les secteurs de l'énergie électrique et nucléaire.

Le point de vue d'un professionnel en exercice

Les professionnels actifs de la sécurité ont un avantage considérable lorsqu'il s'agit de déterminer très rapidement les solutions les plus efficaces pour de nombreux déploiements. Après avoir pratiqué le métier à plusieurs reprises sur le terrain, vous pourrez vous aussi créer certains modèles qui resteront efficaces à l'avenir. Voici une approche qui a fait ses preuves et qui s'ouvre sur trois questions très fondamentales qui vous permettront d'entrer dans la phase d'évaluation initiale. Demandez toujours à votre client :

1. Qu'essayons-nous de protéger ?
2. De qui essayons-nous de nous protéger ?
3. Pourquoi devons-nous assurer une protection ?

La première réponse est toujours un objet (par exemple un matériau, un composant, un produit, etc.) que vous pouvez physiquement voir, goûter, toucher et sentir. Il peut s'agir d'un dispositif ou d'un instrument sensible en cours de développement ou d'une valeur monétaire élevée. Cela peut aussi être un matériau sensible sur le plan environnemental qui peut être dangereux pour le grand public si les méthodes de protection ne sont pas utilisées correctement.

La deuxième réponse est centrée sur une personne (potentiellement un adversaire). La dernière réponse pourrait provenir d'un besoin commercial soutenant la force économique de la société ou de l'obligation de suivre une réglementation particulière. Il va sans dire que vous pouvez appliquer au maximum les techniques nouvellement apprises pour trouver la solution, mais sans l'apport des informations que vous discernez en posant ces questions, vous perdez une grande partie de votre temps et, plus important encore, l'argent de votre client.

Passons en revue votre scénario. Considérez la construction suivante :

- Un bâtiment (contenant plusieurs étages et espaces)
- Un environnement de bureau (contenant des espaces pour les bureaux et des boxes)
- Un box (contenant des ressources informatiques)

Comme vous l'avez appris plus tôt, il y a de nombreuses considérations de sécurité physique et de cybersécurité. Elles existent dans les contextes *externe*, *interne* et *intérieur* avec de nombreux attributs qui influencent l'accès à chacun d'eux. Nous devrons tenir compte de ces influences et commencer par fournir des séparations physiques et logiques qui sont souvent appelées des périmètres ou démarcations. La Figure 5.1 représente un modèle fiable qui fournit une approche cohérente pour gérer ces considérations. En matière de sécurité, nous sommes toujours principalement préoccupés par les menaces, c'est pourquoi ce modèle basé sur les menaces s'appliquera toujours.

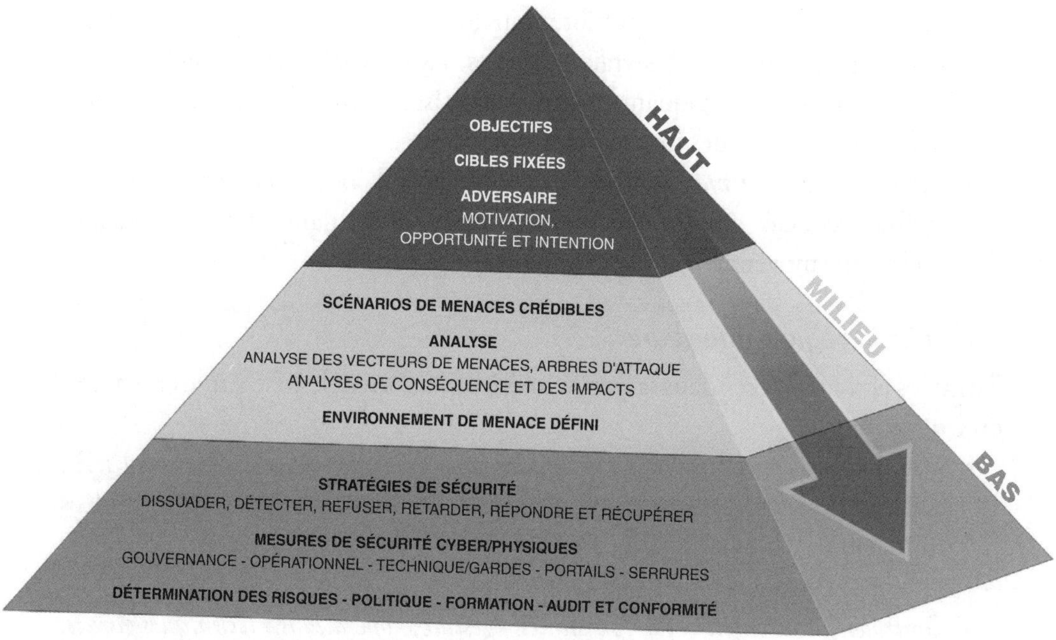

Figure 5.1 Modèle *Thread-Informed Pyramid*

Sécuriser la région de tête

Les points à traiter dans la partie supérieure du modèle fondé sur les menaces sont notamment les suivants :

- *Objectifs :* L'objectif général de l'adversaire est de perturber, détruire ou voler une cible

- *Cibles :* Les actifs qui représentent la meilleure opportunité de perturber, compromettre, endommager ou encore interrompre les fonctions et/ou les opérations d'un système.
- *Adversaire :* Un agent qui est déterminé à réaliser un objectif particulier motivé par un MOI (motif, opportunité et intention). Chaque attribut de l'adversaire régira l'ensemble de son processus décisionnel pour déterminer ce qui est nécessaire pour atteindre un objectif et mener à bien une mission.

Sécuriser la zone centrale

Parmi les activités citées dans la zone centrale du modèle fondé sur les menaces, on peut citer :

- *Scénarios de menace crédibles :* Un ensemble d'activités, scénarisées ou organisées dans un ordre particulier, qui seraient les plus efficaces pour atteindre un objectif d'attaque. Par conséquent, vous devez concentrer vos efforts sur l'identification de tous ces scénarios.
- *Analyse :* Activités (analyse des vecteurs de menace, arbres d'attaque, conséquences et analyse de susceptibilité) qui doivent être réalisées pour évaluer les meilleurs moyens, les plus vraisemblables, les plus efficaces ou les plus probables pour qu'un attaquant potentiel réussisse à atteindre un objectif, ainsi qu'une description des impacts de cette réussite.
- *Environnement de menace défini :* Il représente l'aboutissement de tous les attributs associés aux sujets situés au-dessus de lui dans les régions « supérieure » et « moyenne » de la pyramide.

Sécuriser la région inférieure

Parmi les activités citées dans la partie inférieure du modèle basé sur les menaces, on trouve :

- *Stratégies de sécurité (détecter, dissuader, nier, retarder, réagir, récupérer) :* En fonction de l'environnement de menace défini, ces stratégies sont formulées pour assurer des fonctions de sécurité visant à dissuader, détecter, nier, retarder, répondre, et se remettre d'une attaque.
- *Contrôles de sécurité cyber/physiques (gestion, opérations, techniques/gardes, portes, serrures) :* Mécanismes utilisés pour garantir l'efficacité des stratégies de sécurité.
- *Détermination des risques – Politique – Formation – Audit et conformité :* Les mesures et la documentation associée visant à déterminer l'efficacité d'un programme de sécurité global.

Trop souvent, les organisations sont trop promptes à appliquer une politique de sécurité globale et à élaborer ensuite un programme pour s'assurer que cette politique est respectée. Du point de vue d'un professionnel de la sécurité, c'est une approche complètement rétrograde par rapport à celle qui devrait être adoptée. Cependant, lors de votre premier emploi, ou pour tout nouvel emploi, vous allez probablement entrer dans un programme de sécurité déjà opérationnel. Il est important que vous continuiez à adopter cette approche, sinon vous aurez du mal à comprendre les raisons pour lesquelles des décisions ont déjà été prises.

On vous a donc donné un moyen de comprendre les *quoi*, *qui* et *pourquoi*, ainsi qu'un modèle permettant un bon processus pour évaluer l'environnement de sécurité. Quelle est la suite des événements ? Comment pouvez-vous vous atteler à la tâche ?

S'attaquer à la tâche à accomplir

Tout d'abord, vous devez établir votre point de vue. Nous l'appellerons le point « vous êtes ici » sur une carte de votre environnement. Deux perspectives différentes sont utilisées : un extérieur-intérieur et un intérieur-extérieur. Imaginez un château. À l'époque où les châteaux étaient très répandus, il s'agissait en fait de gigantesques structures fortifiées créées pour empêcher les gens d'entrer. Cette perspective est une perspective « extérieur-intérieur ». Les architectes se sont efforcés de construire des méthodes qui, dans une perspective extérieure, protégeaient leurs châteaux contre l'intrusion. Bien que de nombreuses méthodes de sécurité physique utilisent encore cette perspective (et devraient le faire), une approche plus globale consiste à utiliser la perspective « intérieur-extérieur ». Cette approche permettra de prendre en compte les zones les plus intérieures et de construire une posture de sécurité en utilisant des méthodes graduées au fur et à mesure que l'on atteint les zones les plus extérieures. C'est ce qu'on appelle une *approche graduelle*. Elle permet aux professionnels de la sécurité de prescrire les contrôles de sécurité nécessaires, sans excès et d'éviter d'accumuler des coûts excessifs ou de dépenser des ressources ou des efforts inutiles.

Qu'est-ce que je protège ?

Documentez l'objet, le matériel et la propriété. Il peut s'agir d'une boîte de diamants ou de propriété intellectuelle comme la recette d'un poulet frit *KFC* du Colonel Sanders.

De qui est-ce que je protège mon patrimoine ?

Vous jouez à l'adversaire ! En utilisant une perspective « intérieur/extérieur », commencez par la zone la plus intérieure (les boxes) et cherchez les indices qui pourraient remettre en question vos contrôles de sécurité.

Assurez-vous que vous connaissez et comprenez les détails physiques : des boxes, aux bureaux, jusqu'au bâtiment lui-même. Recherchez les entrées et les sorties, tant physiques qu'informatiques. Pensez toujours comme un adversaire (le sommet de notre triangle).

Pourquoi est-ce que je fournis une protection ?

S'agit-il de la valeur de l'actif? S'agit-il d'un processus de production qui pourrait entraîner des millions de dollars de pertes de revenus s'il était affecté? S'agit-il d'un matériel qui pourrait mettre en danger la sécurité de vos employés ou du public? Existe-t-il des exigences réglementaires ou d'autres exigences légales ou contractuelles contraignantes?

Exécuter votre plan

Priorisez et sélectionnez les contrôles de sécurité appropriés (nécessaires) qui permettront de détecter, de dissuader, de nier, de retarder, de réagir et de rétablir votre posture de sécurité. Des processus et des procédures d'installation correctement documentés doivent être mis en place pour vous aider à garantir que vos contrôles de sécurité sont correctement installés.

Mettez en œuvre votre plan tel qu'il a été conçu. Assurez-vous que toutes les méthodes physiques et cybers sont installées selon les besoins.

Vérifiez votre application selon les procédures. Lorsque vous êtes opérationnel, il doit y avoir une méthode pour vérifier en permanence l'efficacité de vos contrôles de sécurité. Cela va généralement de simples exercices internes d'hameçonnage de courrier électronique, de claquement de portes et de fenêtres, à l'exécution réelle d'un exercice combiné de défi cyber/physique conçu pour tester votre capacité de réaction et d'atténuation.

Améliorez votre posture en effectuant des évaluations et des exercices périodiques qui peuvent mettre en évidence les faiblesses et les possibilités de fournir des capacités correctives ou accrues. Sans ce cycle, vous ne pourrez jamais défendre vos budgets opérationnels ni obtenir le soutien de la direction.

Il existe des centaines, voire des milliers de façons de fournir des environnements sûrs et fiables, selon le *quoi*, le *qui* et le *pourquoi* de toute entreprise ou organisation. Les méthodes qui ont du succès sont celles que vous pouvez défendre avec des arguments appropriés et bien étayés. Votre futur employeur ne vous gardera pas seulement parce que vous êtes bon, il vous gardera parce que vous êtes minutieux.

Questions de révision

Les questions suivantes permettent d'évaluer votre connaissance du matériel présenté dans la première partie.

1. ______________________ est la science, la technique et l'art d'établir un système d'exclusion et d'inclusion pour les biens corporels.

   Réponse : Sécurité physique. En pratique, cela implique des *politiques, des pratiques* et des *mesures* visant à lutter contre le vol, à prévenir les dommages physiques, à maintenir l'intégrité du système et des services et à limiter la divulgation non autorisée d'informations.

2. ______________________ est un rapport qui authentifie incorrectement la personne, ce qui pourrait donner accès à des équipements ou à des données que cette personne ne devrait pas avoir.

   Réponse : Fausse acceptation ou faux positif

3. Définir le niveau de lux applicable aux caméras de surveillance et décrire la plage de lux typique de ces appareils.

   Réponse : La quantité de lumière nécessaire pour obtenir une image raisonnable de la caméra vidéo est appelée «*taux de lux*». Le lux est une mesure de la quantité de lumière qui tombe sur un objet. Un lux est approximativement la quantité de lumière tombant sur un mètre carré à partir d'une bougie, mesurée à un mètre de distance. La valeur nominale typique d'une caméra se situe entre 0,5 et 1,0 lux.

4. L'utilisation d'éléments de conception naturels tels que les structures et les aménagements paysagers pour guider les personnes lorsqu'elles entrent et sortent des espaces est appelée______________________.

   Réponse : Contrôle d'accès naturel

5. Quel type de dispositif de sécurité est utilisé pour la programmation, le contrôle et le fonctionnement des dispositifs de contrôle et de gestion des accès?

   Réponse : La plupart des systèmes de détection et de signalement des intrusions utilisent un dispositif à *clavier* pour programmer, contrôler et faire fonctionner divers dispositifs de contrôle et de gestion des accès.

6. Quel type de caméra offre la meilleure résolution dans des conditions de faible luminosité?

   Réponse : Une caméra IR. Une caméra de sécurité infrarouge est équipée d'un éclairage LED infrarouge (lumière provenant d'une région du spectre électromagnétique différente de celle que nous sommes normalement habitués à voir) installé autour de l'extérieur de l'objectif de la caméra. Cet éclairage permet à la caméra de capturer une bonne image en l'absence de toute lumière. Avec un peu de lumière (appelée faible luminosité), la caméra infrarouge peut capturer une image qui ressemble à celle du jour.

7. Quel type de capteur d'image est utilisé dans les caméras conçues pour produire des images de la plus haute qualité?

   Réponse : CCD. Les meilleures caméras de surveillance utilisent la technologie *CCD (Charged Coupled Device)*. Elles ont une haute résolution, un faible besoin en lumière, une moindre dépendance à la température et une grande fiabilité.

8. Décrivez les principales utilisations des claviers dans les systèmes de sécurité.

   Réponse : La plupart des systèmes de détection et de signalement des intrusions utilisent un dispositif à *clavier* pour programmer, contrôler et faire fonctionner divers dispositifs de contrôle et de gestion des accès.

9. Décrivez les technologies utilisées pour signaler les conditions d'alarme au personnel clé ou aux organismes de télésurveillance.

   Réponse : Les systèmes de notification à distance les plus courants impliquent l'utilisation d'une ligne téléphonique par le panneau de contrôle du système de détection et de rapport d'intrusion pour appeler automatiquement une installation de surveillance à distance ou le personnel ressource en cas d'alarme. Certains systèmes utilisent un *composeur téléphonique* séparé ou un composeur intégré. Cependant, un nombre croissant de systèmes possèdent des systèmes de *communication cellulaire* intégrés. Ces systèmes offrent une fiabilité supplémentaire car ils peuvent fonctionner même si les lignes téléphoniques physiques sont endommagées.

10. ____________________ utilise des structures, des systèmes et des dispositifs pour empêcher l'entrée non autorisée et créer une différence claire entre ce qui est public et privé.

    Réponse : Renforcement territorial

11. Avec ____________________, le système de surveillance des évènements peut enregistrer et signaler chaque fois qu'une porte ou un portail spécifique est déverrouillé (accordant l'accès) et quel type d'accès a été accordé. La surveillance du déverrouillage permet également d'identifier qui a obtenu l'accès.

    Réponse : Surveillance de l'état de déverrouillage

12. Indiquez les endroits où les capteurs d'entrée de la zone périmétrique sont généralement placés dans un système de détection et de signalement des intrusions.

    Réponse : Les entrées du panneau de contrôle pour le périmètre comprennent généralement des capteurs à chaque ouverture du périmètre, y compris les portes, les fenêtres, y compris celles du garage et des vides sanitaires. Une protection supplémentaire du périmètre peut inclure l'utilisation de capteurs de son, de vibration et de détection de mouvement pour empêcher l'entrée par des fenêtres brisées.

13. Quelle technique physique est utilisée pour créer une zone de sécurité physique sur un contrôleur de sécurité ?

    Réponse : Regroupez logiquement les capteurs apparentés pour créer une zone de sécurité. Pour ce faire, il faut connecter tous les interrupteurs de capteurs (tous les capteurs apparaissent comme des interrupteurs sur le contrôleur de sécurité) ensemble, en série, et faire le lien avec un ensemble spécifique de contacts sur le panneau du contrôleur.

14. Énumérez les quatre facteurs qui sont couramment utilisés dans les systèmes d'authentification.
    Réponse : Il existe de multiples facteurs qui peuvent être utilisés pour établir l'authentification : La connaissance – quelque chose que vous savez, la possession – quelque chose que vous avez, l'inhérence – ce que vous êtes, et la localisation – où vous vous trouvez.
15. Citez les deux principales préoccupations liées au stockage des informations de vidéosurveillance, en particulier dans les grandes entreprises.
    Réponse : Quelle quantité de vidéo doit être stockée ? Pendant combien de temps doit-elle être stockée ? Les réponses à ces questions permettent à l'organisation de déterminer ses besoins en matière de capacité de stockage.

Questions d'examen

1. Que sécurise-t-on en contrôlant qui peut se déplacer (marcher, conduire, voler) au-delà de la ligne physique ou logique qui marque le périmètre lié aux limites de propriété ou aux murs extérieurs d'un bâtiment ou d'un complexe ?
   A. L'espace intérieur
   B. Le périmètre intérieur
   C. Le périmètre extérieur
   D. La zone primaire
   Réponse : C
2. Lequel des éléments suivants *n'est pas* un sous-système impliqué dans la gestion de la sécurité des infrastructures ?
   A. Systèmes de contrôle d'accès et de surveillance
   B. Systèmes de détection d'intrusion et de notification
   C. Systèmes de vidéosurveillance
   D. Politiques de cybersécurité des entreprises
   Réponse : D
3. Parmi les options suivantes, lesquelles représentent des obstacles physiques ? (Sélectionnez toutes celles qui s'appliquent).
   A. Une porte verrouillée
   B. Une réceptionniste
   C. Un lecteur de badges RFID
   D. Une caméra de surveillance
   Réponse : A et B

4. Quel type de caméra de surveillance peut être visionné pratiquement partout dans le monde ?
   A. Un appareil photo numérique
   B. Une caméra IP numérique
   C. Une caméra analogique
   D. Une caméra hybride
   Réponse : B
5. Parmi les types de rapports suivants, quelles options entraîneraient un rejet incorrect de la personne, l'empêchant ainsi d'accéder à une installation ou à une zone de sécurité à laquelle elle devrait avoir accès ? (Sélectionnez toutes celles qui s'appliquent).
   A. Faux rejet
   B. Fausse acceptation
   C. Faux négatif
   D. Faux positif
   Réponse : A et C
6. Quel capteur détecte un faisceau de lumière (visible ou invisible) et réagit à une modification de l'intensité lumineuse reçue ?
   A. Capteur à micro-ondes
   B. Capteur de pression
   C. Capteur de mouvement
   D. Capteur photoélectrique
   Réponse : D
7. Quel objectif vous permet de voir une pièce entière mais avec une certaine distorsion de l'image ?
   A. Lentille Fisheye
   B. Téléobjectif
   C. Objectif à longueur focale fixe
   D. Lentille à foyer progressif
   Réponse : A
8. Lequel des énoncés suivants décrit le mieux la signification de la classification en *lux dans le cas des* caméras de surveillance ?
   A. Classement en fonction de la taille de l'objectif de l'appareil photo
   B. Quantité de lumière requise pour une image acceptable
   C. Résolution de l'objectif de la caméra
   D. Spécifie la résolution des couleurs d'une caméra
   Réponse : B
9. Laquelle de ces caméras permet de maintenir un certain degré de secret en utilisant un éclairage qui se situe en dehors du spectre de la lumière visible ?
   A. Caméra CCD
   B. Caméra de sécurité infrarouge

C. Appareil photo noir et blanc
D. Appareil photo couleur
Réponse : B

10. Laquelle de ces caméras présente les meilleures spécifications pour surveiller un distributeur automatique de billets fonctionnant 24 heures sur 24 et 7 jours sur 7, qui doit fonctionner à la fois dans des conditions d'éclairage diurne et dans des conditions de faible luminosité nocturne, tout en offrant une vue détaillée et à haute résolution pour surveiller les différentes fonctions bancaires pour lesquelles le distributeur est utilisé ?
A. Caméra 1 – résolution 800 × 600 pixels, taux de luminosité 1,0 lux
B. Caméra 1 – résolution 2240 × 1680 pixels, taux de luminosité 0,5 lux
C. Caméra 1 – résolution 1 024 × 768 pixels, taux de luminosité 0,75 lux
D. Caméra 1 – résolution 1536 × 1180 pixels, taux de luminosité 0,9 lux
Réponse : D

Partie 2
Sécurité des hôtes locaux

Chapitre 6

La sécurité des hôtes locaux dans le monde réel

Les défis suivants fournissent des points de référence contextualisés liés aux concepts que vous rencontrerez dans la seconde partie. Comme vous n'avez pas encore lu les chapitres de la partie II, les défis abordés dans ce chapitre sont conçus pour vous présenter les scénarios concernant les hôtes locaux auxquels vous serez confrontés dans le monde réel.

Dans ce chapitre, vous apprendrez à :

- Appliquer les catégories et sous-catégories adéquates de la fonction « Identifier » du cadre de cybersécurité NIST à un scénario spécifique afin de documenter les actifs du réseau et leurs éventuelles vulnérabilités.
- Utiliser les catégories et sous-catégories adéquates de la fonction « Protéger » pour générer des politiques et des actions spécifiques pouvant être utilisées pour sécuriser les actifs du réseau dans le scénario déterminé.
- Appliquer les catégories et sous-catégories adéquates de la fonction « Détecter » pour identifier les technologies, politiques, pratiques et stratégies pouvant être utilisées pour surveiller le réseau dans le scénario afin de déterminer si des événements de sécurité se produisent.
- Appliquer les catégories et sous-catégories adéquates de la fonction « Répondre » pour créer un plan de réponse aux incidents afin de couvrir les événements de sécurité spécifiques associés au scénario présenté.
- Appliquer les catégories et sous-catégories adéquates de la fonction « Récupérer » du cadre de cybersécurité NIST au scénario afin de mettre en œuvre la récupération après des cyber-évènements spécifiques.

Défis en matière de sécurité

Ce chapitre vous permettra de lancer votre réflexion sur ce que vous allez découvrir dans la deuxième partie. Vous ne vous contenterez pas d'emmagasiner les informations acquises dans ces chapitres ; vous voudrez aussi, à partir d'ici, mieux comprendre la pertinence de celles-ci dans le vrai monde.

Au Chapitre 10, vous reviendrez sur ces scénarios et appliquerez ce que vous avez appris aux Chapitres 7, 8 et 9. Vous comparerez également vos observations à celles des spécialistes, professionnels de la sécurité qui ont fourni leurs constatations et solutions pour ces scénarios.

Scénario de sécurité 1 sur les dispositifs informatiques

Vous avez été chargé d'élaborer une politique de sécurité locale et les spécifications de configuration pour les ordinateurs de bureau utilisés par les employés de votre entreprise. Ces PC sont montés dans des ouvertures spéciales sous le bureau dans chaque box.

Les ordinateurs sont physiquement identiques, et ils fonctionnent tous avec le même système d'exploitation. Toutefois, ils peuvent être équipés de différents types de logiciels métiers, comme le montre la Figure 6.1. Ces ordinateurs sont équipés de ce qui suit :

- Claviers et souris détachables
- Six ports de connexion USB intégrés
- Moniteurs d'affichage vidéo séparés
- Ports de connexion au réseau local
- Systèmes d'exploitation Microsoft Windows 7 Professional
- Logiciel Microsoft Office 2013
- Deux lecteurs de DVD intégrés

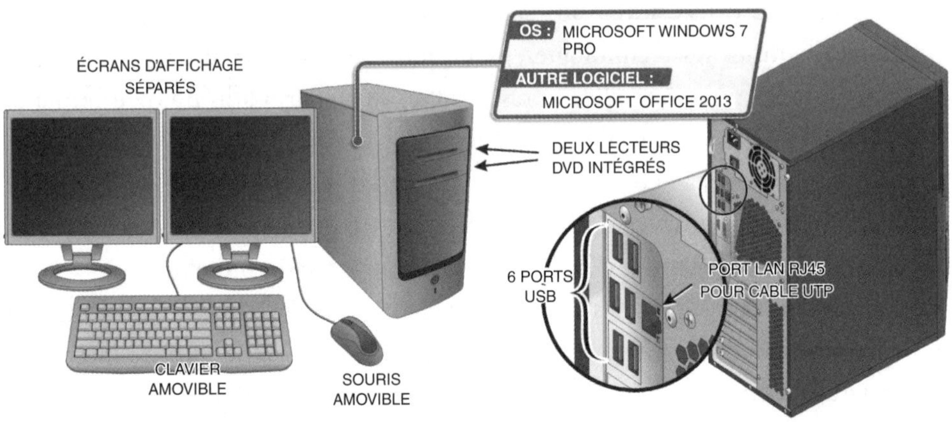

Figure 6.1 Ordinateur d'entreprise

■ Évaluation des risques 1

À partir des informations fournies dans ce premier scénario, examinez les fonctions du National Institute of Standards and Technology (NIST) détaillées dans cette section et rédigez ensuite vos observations en rapport avec chaque catégorie.

Identifier

Créer un inventaire des biens physiques et logiciels associés aux ordinateurs décrits ici. Identifier les voies d'accès potentielles qui pourraient permettre à du personnel non autorisé d'accéder aux ressources physiques et logicielles associées à ces ordinateurs (NIST ID.AM-1, 2; ID.RA-1).

Protéger

Décrire comment gérer les identités et les permissions des utilisateurs autorisés au niveau local (NIST PR.AC-1, 2, 4; PR.PT-1, 3).

Détecter

En utilisant les ordinateurs et l'environnement identifiés au début de cette section, comment pourriez-vous déterminer si quelqu'un essaye d'accéder aux ordinateurs décrits ou aux logiciels et à la propriété intellectuelle qui y sont stockés (NIST DE.CM-1,4; DE.AE-1,2,3,4)?

Quels types de systèmes doivent être mis en place pour identifier les cas de violation de la sécurité physique (NIST DE.CM-2, 3)?

Répondre

Décrire comment répondre à une suspicion de violation de la sécurité d'une ou plusieurs unités de type hôte local (NIST RS.RP-1; RS.CO-2, 3, 4, 5; RS.AN-1, 2, 3; RS.MI-1, 2, 3; RS.IM-2).

Récupérer

Énumérer les politiques et les mesures à mettre en place pour se remettre des actions qui pourraient être prises pour accéder, endommager ou détruire les biens décrits dans ce scénario (NIST RC.RP-1).

Quels éléments un plan de récupération pourrait-il inclure en cas de violation de la sécurité de l'hôte local (NIST RC.CO-1, 2, 3)?

Scénario de sécurité 2 sur les dispositifs informatiques

Comme vous avez fait un travail remarquable en créant les politiques de sécurité et les configurations des ordinateurs de bureau de l'entreprise, on vous a demandé le même type de production pour les ordinateurs portables utilisés par les commerciaux de l'organisation.

Ces ordinateurs contiennent généralement des informations sur les produits dont les vendeurs ont besoin pour faire leur travail lorsqu'ils rencontrent les clients. Ainsi, des informations confidentielles sur l'entreprise et les clients (telles que des listes de prix exclusives pour différents clients, des informations sur les contacts avec les clients et l'historique des achats, des communications confidentielles entre le vendeur et les clients, ainsi qu'avec le personnel de supervision de l'entreprise, et des informations sur les produits en cours de développement mais non encore annoncés) sont stockées sur ces appareils.

Il est évident que ces ordinateurs sont des PC portables qui fonctionnent au bureau et à différents endroits sur la route. Comme le montre la Figure 6.2, ces ordinateurs sont équipés de ce qui suit :

- Claviers et écrans intégrés
- Deux ports de connexion USB intégrés
- Ports de connexion au réseau local UTP
- Systèmes d'exploitation Microsoft Windows 7 Professional
- Logiciel Microsoft Office 2013
- Double fentes pour lecteur de carte SD
- Capacités réseau sans fil intégrées
- Ports de connexion pour l'affichage VGA externe
- Lecteurs de DVD intégrés

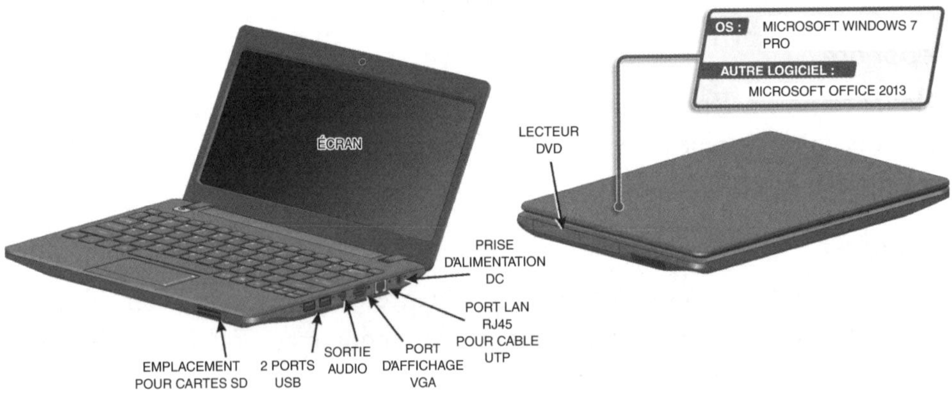

Figure 6.2 Ordinateur portable

Évaluation des risques 2

À partir des informations fournies dans le deuxième scénario, examinez les fonctions NIST détaillées dans cette section et rédigez ensuite vos observations en fonction de chaque catégorie.

Identifier

Créer un inventaire des dispositifs et systèmes physiques associés aux ordinateurs des utilisateurs décrits ici (NIST ID.AM-1).

Créer un inventaire des logiciels utilisés sur les ordinateurs portables de l'entreprise (NIST ID.AM-2).

Cartographier les communications et les flux de données de l'organisation avec ces ordinateurs portables (NIST ID.AM-3).
Décrire les risques associés à l'environnement et aux dispositifs informatiques du scénario. Créer une évaluation des risques pour les actifs liés aux vulnérabilités identifiées (NIST ID.RA-1, 2, 3, 4, 5).

Protéger

Pour l'ensemble des équipements décrits, déterminer quels dispositifs doivent être mis en place pour atténuer les risques identifiés précédemment (NIST PR.AC, AT, DS, IP et PT).
Décrire comment gérer les identités et les permissions des utilisateurs autorisés de ces ordinateurs (NIST PR.AC-1).
Créer un plan pour déterminer comment l'accès à distance sera fourni et protégé lorsque les appareils mobiles sont utilisés en dehors des installations de l'entreprise (NIST PR.AC-3).
Décrire comment les données sur les ordinateurs mobiles seront sécurisées et comment elles seront protégées lorsqu'elles seront communiquées vers et depuis les appareils (NIST PR.DS-1, 2).

Détecter

Établir un plan de sécurité pour surveiller ces systèmes d'information afin d'identifier les événements de cybersécurité et de vérifier l'efficacité des mesures de protection (NIST DE.CM-1-8 ; DE.AE-1-5).
Quels types de systèmes doivent être mis en place pour surveiller les communications à distance à partir de ces dispositifs afin de détecter d'éventuels événements de cybersécurité (NIST DE.CM-1) ?
Quels types de systèmes doivent être mis en place pour surveiller l'activité du personnel afin de détecter les menaces potentielles à la cybersécurité (NIST DE.CM-3) ?

Répondre

Créer un plan pour s'assurer que les processus et les procédures de réponse sont en place pour fournir des réponses rapides aux événements de cybersécurité détectés (NIST RS.RP-1 ; RS.AN-1).
Compte tenu des informations conservées sur ces dispositifs hôtes mobiles, quel type de plan d'intervention pourrait être nécessaire en cas de violation de la sécurité sur l'un des systèmes (NIST RS.CO-4, 5) ?

Récupérer

Quelles mesures doivent être mises en place pour se remettre des actions visant à accéder, endommager ou détruire les biens que vous avez identifiés (NIST RC.RP-1) ?

Résumé

Notez vos observations pour les évaluations des risques présentées dans ce chapitre. Au Chapitre 10, vous comparerez ces réflexions et observations originales avec celles que vous formulerez après avoir lu les Chapitres 7, 8 et 9. Vous pourrez également comparer vos réponses à celles des spécialistes professionnels de la sécurité.

Chapitre 7

Dispositifs de sécurité

En vous basant sur les scénarios du Chapitre 6, vous pouvez voir que la protection des biens IT (Information Technology[1]) autonomes présente de nombreux défis. La sécurité de l'hôte local (dispositif informatique et de contrôle intelligent) est mise en œuvre à plusieurs niveaux, notamment par le refus physique d'utilisation, l'accès limité aux ressources du système et une protection active contre les personnes et les logiciels qui ont l'intention de corrompre ou de voler des données. Dans ce chapitre, vous apprendrez à :

- Identifier trois périmètres de sécurité associés à un terminal informatique
- Assurer la sécurité physique des terminaux informatiques
- Évaluer les options de sécurité au niveau BIOS/CMOS

Les trois niveaux de sécurité

Si vous considérez les dispositifs autonomes IT ou ICS[2] en fonction des trois niveaux de sécurité décrits au Chapitre 2, vous pouvez considérer le *périmètre extérieur* comme l'espace entourant le dispositif physique et son boîtier. Le *périmètre intérieur* doit être considéré comme le système d'exploitation et les applications du dispositif. Enfin, l'*intérieur* de l'appareil est constitué par les actifs de type données immatérielles et les informations relatives, créées, obtenues et stockées électroniquement dans l'appareil. La Figure 7.1 illustre graphiquement ces couches.

Le premier niveau de sécurisation de vos dispositifs intelligents consiste à en contrôler l'accès. Une fois de plus, un intrus ne peut pas endommager, détruire ou voler ce qu'il ne peut pas atteindre. Cela s'applique également aux dispositifs informatiques et de contrôle intelligents. La première étape consiste donc à contrôler l'accès physique aux dispositifs autant que possible.

Les dispositifs ICS autonomes ou semi-autonomes, tels que les automates programmables (PLC[3]) ou les microcontrôleurs autonomes, peuvent normalement être placés dans des enceintes sécurisées et verrouillables dont l'accès est limité aux seules personnes possédant la clé. Ces dispositifs ont tendance à être répandus dans les environnements de contrôle industriel et de services publics.

---

[1] Technologie de l'Information

[2] ICS : *Industrial Control System* ou en français, un *système de contrôle industriel* (ou supervision).

[3] PLC : *Programmable Logic Controller*

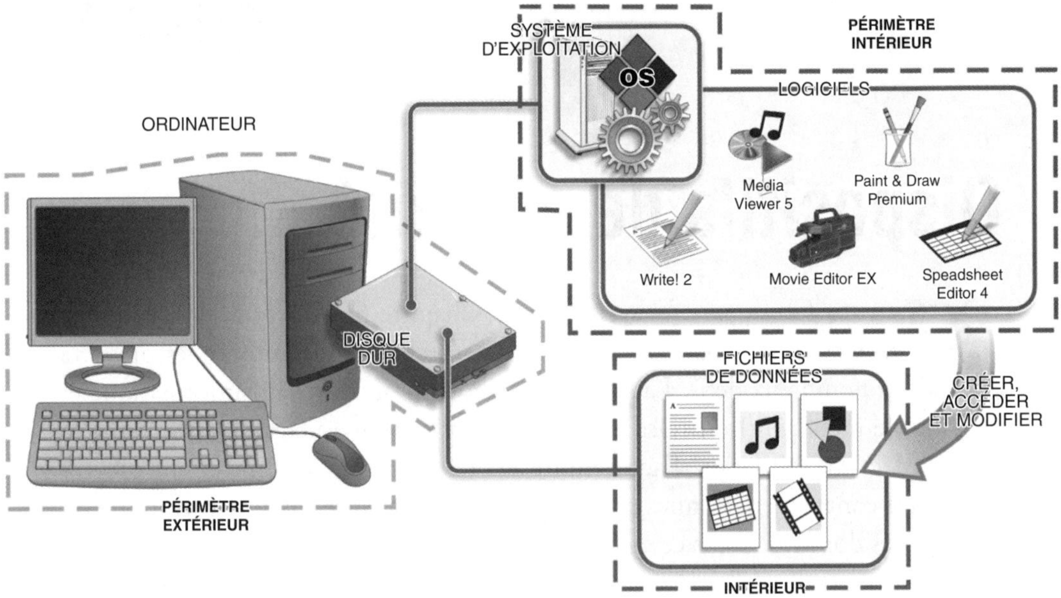

Figure 7.1 Les trois couches

Dans ce chapitre, le principal actif que nous traiterons est l'ordinateur personnel (PC[4]). Dans la plupart des cas, il n'est pas pratique de verrouiller les ordinateurs de bureau et les PC portables qui peuvent être utilisés par différentes personnes. Dans de nombreux cas, un ordinateur donné peut être utilisé régulièrement par différentes personnes – par exemple, un employé de l'équipe de jour et un autre de l'équipe de nuit. Dans ces applications, des mesures de sécurité administratives doivent être mises en place pour garantir une authentification et un contrôle d'accès adéquats.

Sécurisation des dispositifs hôtes

La protection des dispositifs locaux informatiques et de contrôle commence par une porte verrouillée ou une enceinte lorsque cela est possible. Cependant, dans les domaines commerciaux et industriels, beaucoup de ces biens sont utilisés dans des environnements relativement ouverts. Dans ceux-ci, des câbles de sécurité verrouillés, comme celui illustré à la Figure 7.2, peuvent être utilisés pour fixer physiquement les équipements informatiques aux bureaux ou à d'autres structures non portables afin de les rendre plus difficiles à retirer.

4 PC : *Personal Computer*

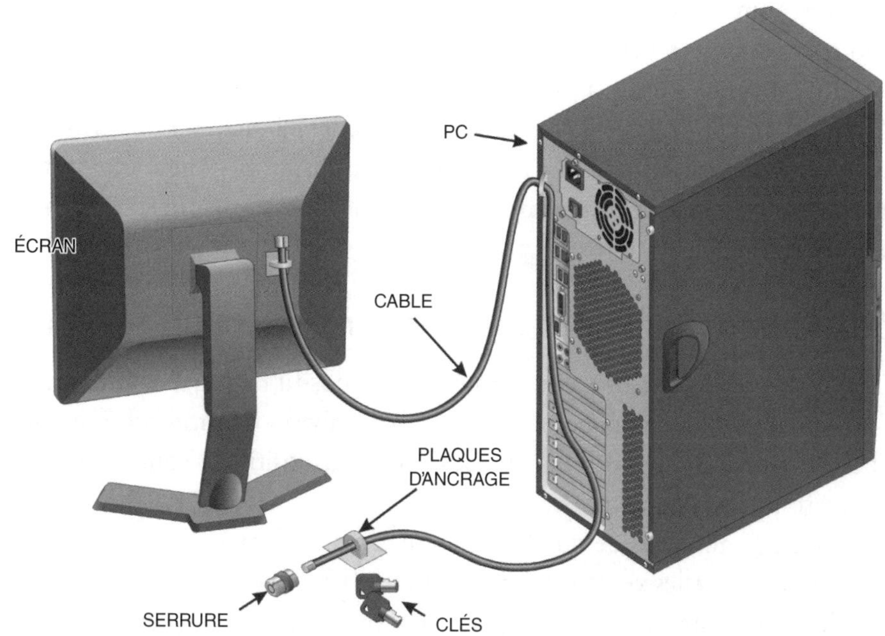

Figure 7.2 Câble de sécurité pour PC

Les stations d'accueil comme celle illustrée à la Figure 7.3 sont des accessoires conçus pour être utilisés avec des appareils informatiques portables. La fonction principale de la station d'accueil est de permettre aux utilisateurs de voyager avec leurs appareils portables, tout en utilisant des périphériques et des dispositifs de connectivité de taille normale lorsqu'ils sont dans un environnement de bureau. La deuxième fonction de nombreuses stations d'accueil est de fournir une fixation verrouillable au bureau pour empêcher les utilisateurs non autorisés de prendre l'unité portable lorsqu'elle n'est pas utilisée et de la transporter simplement.

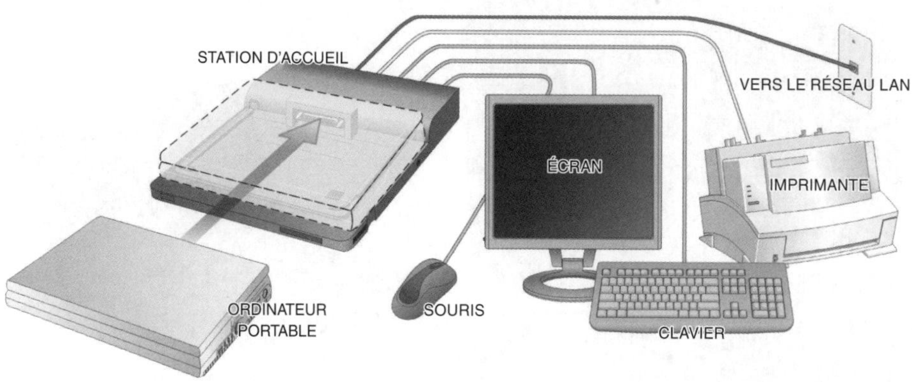

Figure 7.3 Une station d'accueil

Dans de nombreux environnements de bureau, des tables de travail et des armoires spécialisées peuvent être utilisées pour sécuriser l'appareil en place et pour limiter certains accès à celui-ci. Il s'agit généralement de boulonner le dispositif à l'armoire de l'espace de travail ou de le cacher à l'intérieur de l'armoire avec des ouvertures limitées pour l'accès physique au dispositif – peut-être juste assez grandes pour allumer le dispositif et faire fonctionner les mécanismes d'entraînement du disque.

Sécurisation des limites du périmètre extérieur

Après avoir pris des mesures pour protéger le dispositif physique contre tout accès et/ou retrait non autorisé, pour votre prochain niveau de protection, considérez le boîtier physique de l'ordinateur local ou le dispositif de contrôle intelligent comme son périmètre extérieur.

N'oubliez pas non plus ce que les personnes malveillantes attendent réellement de ces appareils : elles veulent les programmes et les données se trouvant à l'intérieur de la machine. Alors, où ces personnes peuvent-elles accéder à ces éléments afin de les endommager, de les détruire ou de les voler? Dans les appareils informatiques et les dispositifs de contrôle intelligents, il y a trois endroits généraux où ils peuvent accéder à ces actifs :

- Tant qu'il sont en mémoire
- Pendant qu'ils sont stockés sur des appareils tels que les disques durs et les lecteurs flash
- Lorsqu'ils sont transférés d'un endroit à un autre

Dans le cas des ordinateurs personnels, illustrés à la Figure 7.4, comment pénétrer dans leurs boîtiers pour atteindre les objets de valeur immatériels qui s'y trouvent?

Figure 7.4 PC typiques

Le point d'accès le plus évident à travers le périmètre extérieur d'un PC serait ses dispositifs de saisie de base : son clavier et sa souris ou son écran tactile. Si une personne peut simplement s'asseoir devant le système et utiliser librement ses dispositifs de saisie (clavier, souris, pavé tactile ou écran tactile), elle dispose d'un moyen d'accéder aux informations qui s'y trouvent. Il lui suffit d'appuyer sur le bouton On/Off et d'attendre que le périphérique démarre.

> **Les écrans et leurs capacités d'entrée**
> À moins qu'un écran ne dispose d'une capacité d'entrée, telle qu'un port USB, il n'est pas considéré comme un dispositif d'accès pouvant être exploité. Il en va de même pour les imprimantes non filaires ou autres dispositifs à sortie seulement.

Sous-systèmes de sécurité du BIOS

Il existe un outil de sécurité de base intégré dans le matériel de la plupart des ordinateurs personnels qui offre une protection élémentaire avant que le démarrage du système d'exploitation ne soit terminé. Le BIOS (Basic Input/Output System[5]) offre des options de sécurité matérielle de base qui peuvent être définies par l'intermédiaire de son utilitaire de configuration BIOS, également appelé utilitaire de configuration CMOS[6]. La Figure 7.5 présente un écran typique de configuration de la sécurité.

Normalement, ces options comprennent la définition du mot de passe utilisateur pour contrôler l'accès au système et du mots de passe de supervision pour contrôler l'accès à l'utilitaire de configuration CMOS.

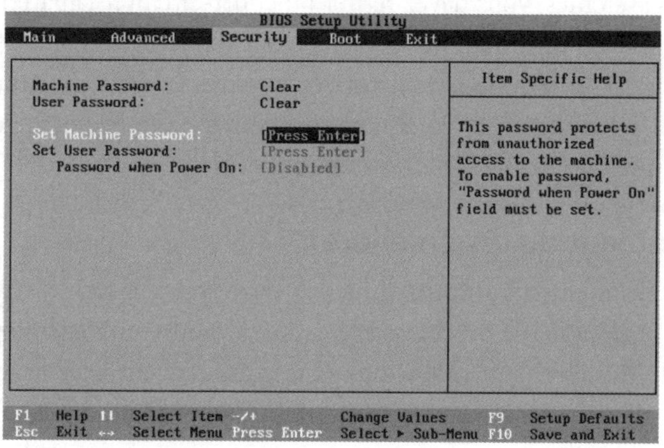

Figure 7.5 Configuration de sécurité CMOS

[5] Que l'on traduit parfois en français par *système élémentaire d'entrée/sortie.*
[6] CMOS : *Complementary Metal Oxide Semiconductor.*

L'option « Set User Password » permet aux administrateurs d'établir des mots de passe que les utilisateurs doivent saisir au cours du processus de démarrage pour terminer ce dernier et accéder au système d'exploitation. Sans ce mot de passe, le système n'atteindra jamais un niveau opérationnel qui permettrait à un intrus d'accéder au périmètre interne et aux informations internes.

Toutefois, ce mot de passe ne donne pas accès à l'utilitaire de configuration CMOS où sont configurées les options des mots de passe utilisateur et de supervision. Une option de mot de passe de supervision doit être utilisée pour établir celui qui peut être employé pour accéder à l'utilitaire de configuration CMOS.

L'écran de configuration de la sécurité peut également inclure des options permettant de définir un contrôle des virus et des rappels de sauvegarde qui s'affichent périodiquement au démarrage du système. En plus d'activer ces paramètres, les administrateurs peuvent aussi spécifier l'intervalle de temps entre les notifications.

L'un des principaux ensembles d'options de sécurité de l'utilitaire de configuration CMOS est constitué de celles qui peuvent être utilisées pour contrôler l'accès au périmètre intérieur du système et aux actifs intérieurs. Pour la plupart, ces options couvrent des éléments tels que la limitation de l'accès autorisé par les ports physiques et les systèmes de supports amovibles du dispositif, ainsi que l'accès au secteur de démarrage du système.

Comme le mot de passe CMOS contrôle l'accès à toutes les parties du système, avant même le processus de démarrage, il y a un désagrément possible si l'utilisateur oublie un mot de passe. Dans ce cas, il est impossible d'accéder au système sans réinitialiser complètement le contenu de la mémoire CMOS RAM. Sur certaines cartes mères, cela peut être réalisé en court-circuitant une paire de cavaliers spéciaux sur la carte.

Avec d'autres systèmes, vous devez retirer ou court-circuiter la batterie de secours pour réinitialiser les informations CMOS. Vous devrez également couper le courant de la prise pour réduire la tension des registres CMOS. Lorsque le contenu de la CMOS est réinitialisé, vous devez restaurer manuellement tous les paramètres personnalisables CMOS utilisés par le système.

Durcissement du système local

Dans les environnements informatiques et en réseau, le terme « durcissement » est utilisé pour désigner le processus consistant à rendre un système plus sécurisé. Les efforts de durcissement des ordinateurs commencent avec le matériel, mais s'étendent également au système d'exploitation de l'hôte local, à son système de fichiers et à ses applications.

Au niveau matériel, le principal domaine d'action est le durcissement du BIOS du système et de tout firmware[7] introduit dans le système. Le *firmware* étant par

[7] Firmware, traduit en français par *micrologiciel* ou *microprogramme*

définition un produit logiciel inclus dans un dispositif matériel, il est préinstallé dans le système ou sur l'un de ses dispositifs.

Pour rendre le microprogramme plus sécurisé qu'il ne l'est déjà, il faut le mettre à jour. En fonction de la structure physique de celui-ci, ces mises à jour peuvent être physiques ou logiques. Les fabricants de matériel informatique fournissent des mises à jour de microprogrammes pour améliorer leurs produits existants et installés, y compris la mise à niveau de leurs outils de sécurité. Leur intention est d'améliorer la fiabilité, la sécurité ou l'attrait de leur produit.

Dans la plupart des cas, les mises à jour sont conçues pour apporter des solutions aux incompatibilités matérielles ou pour fournir les pilotes de la couche *liaison de données* nécessaires au fonctionnement du microprogramme avec un système d'exploitation particulier. Cependant, certaines améliorations peuvent simplement étendre les capacités du produit sans nécessairement le rendre plus sécurisé.

Options supplémentaires d'accès au périmètre intérieur

En plus des dispositifs de saisie de base utilisés avec les ordinateurs personnels, il existe plusieurs autres voies intégrées dans la plupart des systèmes informatiques qui permettent d'accéder au périmètre intérieur. Même les ordinateurs autonomes non connectés au réseau peuvent être susceptibles d'être exploités de l'extérieur via des supports amovibles et des ports d'accès physiques (points de connexion).

Accès physique au port

Les ports matériels permettent au système d'interagir avec des dispositifs amovibles optionnels, comme le montre la Figure 7.6. Ils constituent également une menace potentielle pour la sécurité, car des personnes mal intentionnées peuvent accéder directement au système de communication et de traitement interne de l'ordinateur par l'intermédiaire de ces ports.

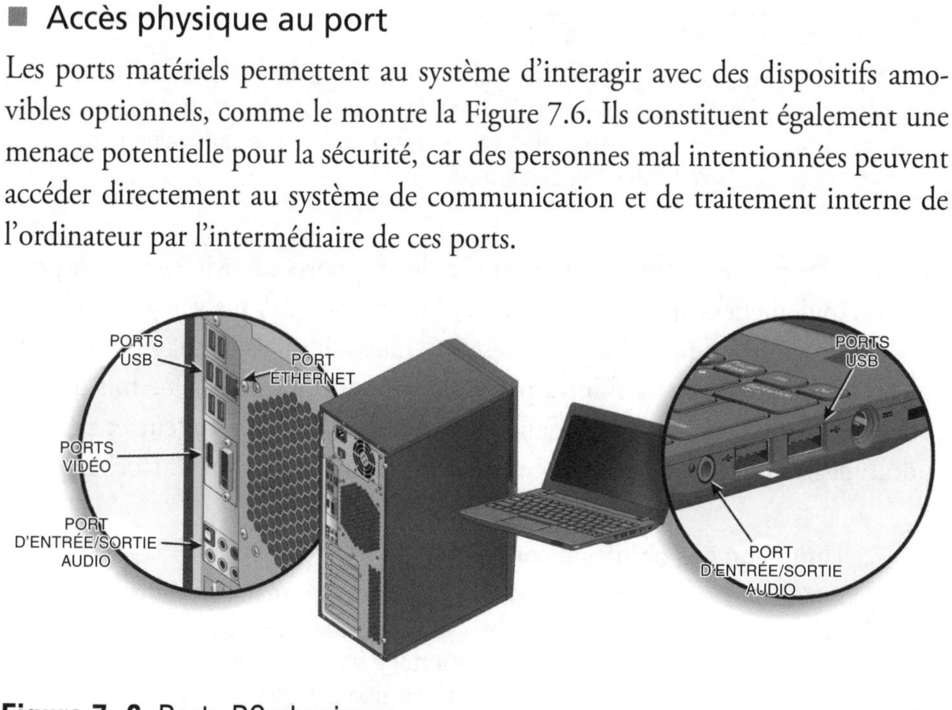

Figure 7. 6 Ports PC physiques

Les ports matériels donnent accès aux bus de communication internes de l'ordinateur qui relient tous ses composants internes, y compris son bus de données, sa mémoire et ses dispositifs de stockage internes (les trois zones énumérées pour accéder aux programmes et aux données). La Figure 7.7 illustre la structure du bus interne d'un PC typique. Le seul composant se trouvant entre une personne ayant un accès physique au port et la structure intérieure du système est l'interface de contrôleur de bus qui fait partie du chipset interne de l'ordinateur. Le fonctionnement de ce circuit est contrôlé par le BIOS et le système d'exploitation du système.

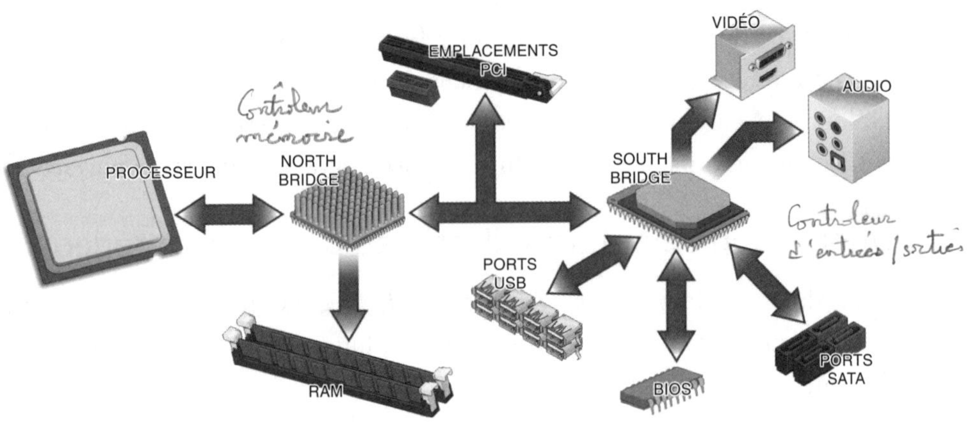

Figure 7. 7 Les voies d'accès aux composantes vitales

> **Une clarification du mot *port***
>
> Sachez que le terme « port » est également utilisé pour désigner les ports logiciels TCP/UTP logiques utilisés dans les communications de réseaux informatiques. Vous rencontrerez cette version du terme prochainement lorsque vous serez initié aux pares-feux.

Les données peuvent être téléchargées sur des supports amovibles via ces ports et être rapidement emportées. De même, les programmes malveillants, tels que les virus et les vers qui vous seront présentés plus loin dans ce chapitre, peuvent être téléchargés dans la machine à partir du support amovible. Une fois que ces programmes ont été introduits dans le système hôte, ils l'infectent et peuvent endommager ou détruire les données et les programmes qui y sont stockés.

> **Sécurisation des points de connexion**
>
> Un PC peut posséder plusieurs points de connexion matériels différents. Toutes ces connexions ne constituent pas une menace pour la sécurité. Seuls les ports de connexion qui permettent d'accéder directement à la structure interne qu'est le bus du système doivent être pris en compte.

Par exemple, un port vidéo VGA standard est seulement une connexion de sortie qui ne donne pas accès au fonctionnement interne du système.

Les ports de connexion matériels les plus utilisés dans les PC récents sont les ports USB. Toutefois, vous pouvez encore rencontrer des ports plus anciens comme les ports de communication série IEEE 1394, RS-232 et RS-485, ainsi que des ports d'imprimante parallèles et des ports eSATA si le système les prend en charge.

Sécuriser les connexions réseau et sans fil

Il est également possible et courant que des intrus pénètrent dans le périmètre extérieur du PC et accèdent à ses bus internes, sa mémoire et ses dispositifs de stockage par le biais de connexions réseau et sans fil. Ces voies d'accès et les moyens de les sécuriser sont examinés en détail au Chapitre 12.

Ports USB (Universal Serial Bus)

Le port matériel le plus répandu dans les ordinateurs personnels modernes est le port USB (Universal Serial Bus), illustré à la Figure 7.8. Cette interface série à haut débit a été développée pour fournir une méthode rapide et flexible permettant de connecter jusqu'à 127 périphériques à l'ordinateur.

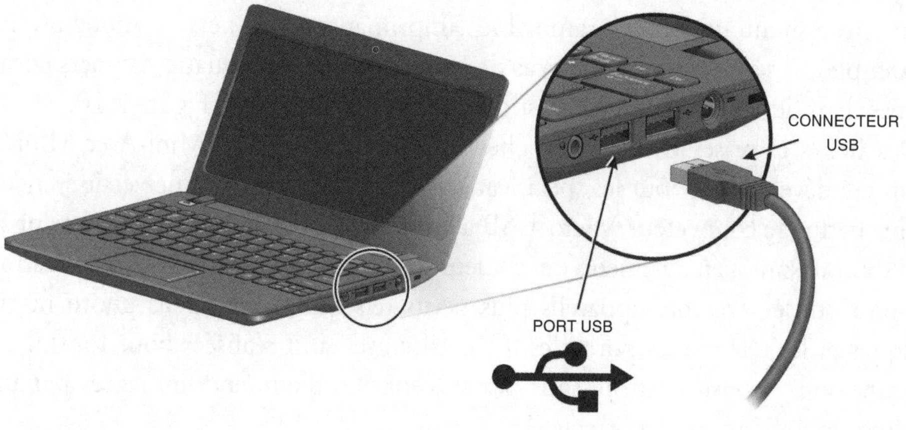

Figure 7.8 Port USB

Les périphériques USB peuvent être connectés en chaîne ou en réseau à l'aide de concentrateurs de connexion qui permettent de se brancher au bus via des ports supplémentaires. Un schéma possible de connexion USB de bureau est présenté à la Figure 7.9.

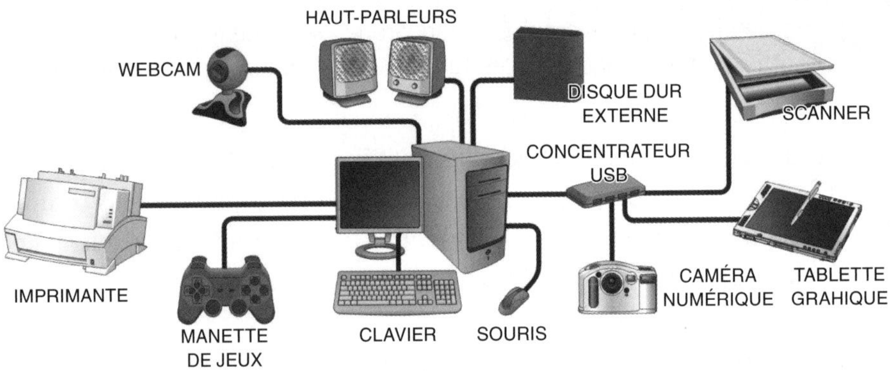

Figure 7.9 Connexions USB de bureau

Des dispositifs USB peuvent être ajoutés ou retirés du système lorsque celui-ci est sous tension et pleinement opérationnel. Cette opération est appelée «*hot-swapping*[8]» ou «*hot-plugging*[9]» de l'appareil. Les fonctionnalités Plug and Play[10] du système détectent la présence (ou l'absence) de l'appareil et le configurent pour son fonctionnement.

La spécification USB définit deux types de prises : la série A et la série B. Les connecteurs de série A sont utilisés avec les appareils pour lesquels la connexion du câble USB est permanente. Les claviers, les souris et les hubs sont des exemples de ces dispositifs.

Inversement, les fiches et prises de la série B sont conçues pour les appareils qui nécessitent un câblage amovible (imprimantes, scanners et modems, par exemple). Il s'agit dans les deux cas de fiches et de prises à quatre contacts encastrées dans des connecteurs en plastique, comme le montre la Figure 7.10.

Des fiches et prises USB à 5 broches plus petites (appelées Mini-A et Mini-B) ont été développées pour les spécifications USB 2.0 et 3.0, et une version encore plus petite de connecteur Micro-USB a été conçue pour la version 3.0. Les prises USB 3.0 sont généralement de couleur bleue. Ces connecteurs sont destinés à être utilisés avec des appareils plus petits tels que les appareils photo numériques et les téléphones portables. Ces structures sont réalisées pour fournir des connexions robustes qui ne sont pas susceptibles d'être endommagées par une utilisation répétée ou incorrecte.

Les connecteurs des deux séries sont conçus de manière à ne pas pouvoir être branchés à l'envers. Ils sont également construits de telle façon que les connexions des séries A et B ne puissent pas être interchangées.

---

8 Hot-swapping, en français : *échange à chaud*

9 Hot-plugging, en français : *branchement à chaud*

10 Plug and Play est une caractéristique d'un périphérique fonctionnel dès son branchement au dispositif.

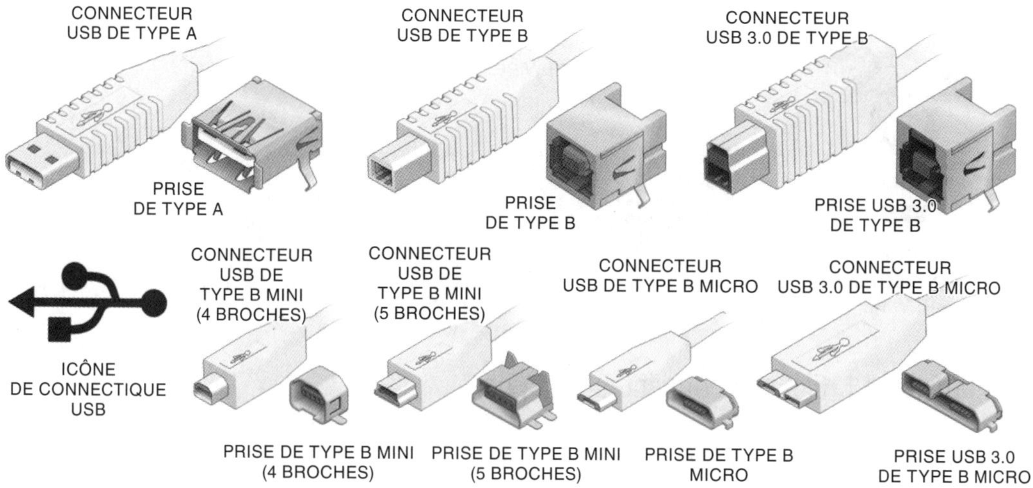

Figure 7.10 Connecteurs USB

Les dispositifs USB peuvent être assez petits et sont faciles à dissimuler et à transporter. Ils constituent donc un excellent moyen d'introduire des logiciels malveillants dans des ordinateurs hôtes locaux et des dispositifs de contrôle intelligents qui peuvent être très bien protégés contre l'accès au réseau. Pour cette raison, il est très important de contrôler l'accès aux ports USB de l'ordinateur et les raisons pour lesquelles les utilisateurs utilisent ces ports.

Dans le cas des ports USB intégrés à la carte mère de l'ordinateur, le fonctionnement des connexions de port est contrôlé par les paramètres de l'utilitaire de configuration CMOS de la carte mère. Pour les raisons de sécurité citées précédemment, il peut être nécessaire d'accéder à l'utilitaire de configuration CMOS pour désactiver sa fonction USB.

Ports de bus FireWire IEEE-1394

La spécification du bus FireWire (ou IEEE-1394) est similaire à celle de l'USB en ce sens que les périphériques peuvent être connectés en chaîne à l'ordinateur à l'aide d'un seul connecteur et d'un seul adaptateur hôte. Les PC utilisent le plus souvent une carte d'extension PCI pour fournir l'interface FireWire.

Alors que les équipements audiovisuels utilisent généralement des connecteurs 1394 à 4 broches, les ordinateurs utilisent normalement un connecteur à 6 broches, avec un convertisseur 4 broches à 6 broches. La Figure 7.11 illustre le connecteur et la fiche FireWire les plus couramment utilisés avec les PC.

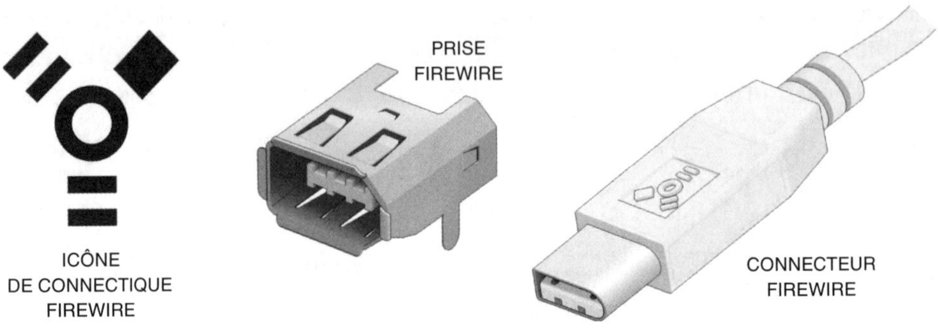

Figure 7.11 Fiche et connecteur FireWire

■ Ports eSATA

Les ports externes SATA (Serial AT Attachment), ou eSATA, sont des interfaces physiques qui relient les appareils compatibles eSATA au bus SATA interne du système. Ce bus est le bus standard pour la connexion des unités de type disque aux systèmes PC.

La Figure 7.12 illustre la mise en œuvre d'un port d'interface eSATA typique. Un câble eSATA blindé connecte une unité de disque externe au port matériel eSATA monté sur une prise d'extension pour boîtier. En interne, un câble SATA standard relie le port à un connecteur SATA sur la carte mère.

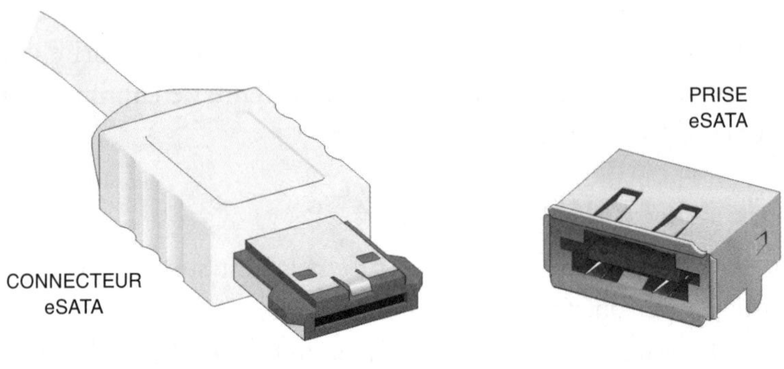

Figure 7.12 Connexions de l'interface eSATA

Comme ces ports donnent un accès direct aux bus qui relient les lecteurs de disque au système, ils posent un problème de sécurité.

■ Anciens ports (legacy)

Il existe quelques anciens ports matériels que vous ne rencontrerez sans doute plus trop souvent. Le Tableau 7.1 résume les types de ports physiques utilisés avec les PC. Ils sont le plus souvent situés à l'arrière du PC mais, pour des raisons de commodité, certains modèles peuvent comporter des ports sur le panneau avant. L'apparence physique de ces ports est décrite dans la Figure 7.13.

Tableau 7.1 Ports d'entrée/sortie typiques et anciens

Port	Connecteur
Clavier	PS/2 mini-DIN à 6 broches
Souris	PS/2 mini-DIN à 6 broches
COM1	DB-9M
COM2	DB-9M
LPT	DB-25F
VGA	DE-15F (3 rangées)
Jeu	DE-15F (2 rangées)
Modem	RJ-11
LAN	BNC/RJ-45
Son	RCA 1/8» minijacks ou 3/32» sub minijacks
SCSI	Centronics 50-broches
USB	Prise USB à 4 broches

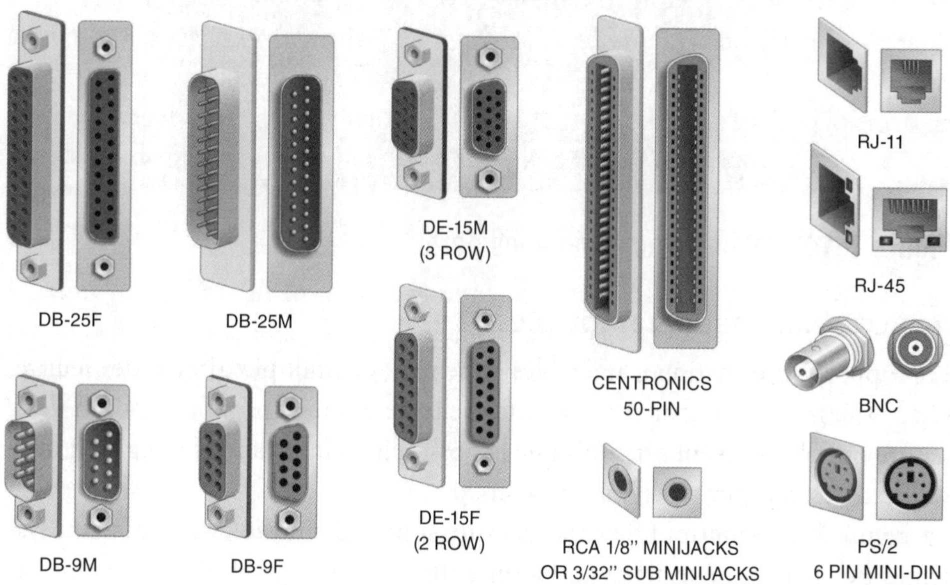

Figure 7.13 Connecteurs de port d'E/S typiques

Si vous rencontrez ces ports, ceux qui posent un risque de sécurité sont les ports COM série RS-232/422/485, l'interface SCSI (Small Computer System Interface) et les ports d'imprimante parallèles LPT. Ces ports sont tous capables de gérer des communications bidirectionnelles avec les composants internes du système.

Fonctions d'activation des ports du BIOS

Il est courant que le BIOS d'un système offre des options de contrôle des périphériques qui permettent de contrôler les ports de connexion matériels externes de l'ordinateur. En désactivant ces ports, les utilisateurs et les administrateurs peuvent contribuer à garantir que des personnes non autorisées ne puissent pas utiliser les ports pour accéder au système sans autorisation, transférer des informations hors de celui-ci ou télécharger des programmes malveillants.

En plus de contrôler l'accès aux ports USB et IEEE-1394, le BIOS peut également offrir le contrôle des ports série, des ports parallèles, des lecteurs de médias flash, des interfaces CardBus et celles pour cartes à puce et des ports eSATA, si le système en dispose, comme le montre la Figure 7.14.

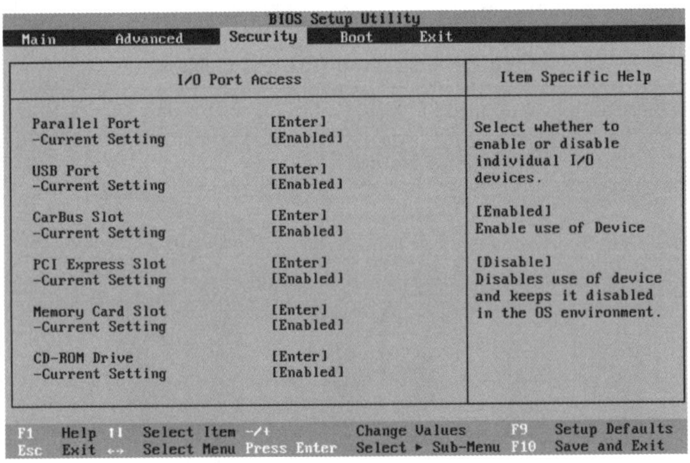

Figure 7.14 Options d'activation des ports

Accès aux médias amovibles

Les supports informatiques amovibles présentent de multiples risques de sécurité. Ces risques comprennent la perte potentielle de données par vol en raison de la nature portable du support, ainsi que la possibilité d'introduire des logiciels malveillants destructeurs dans le système hôte.

La Figure 7.15 montre différents types de supports amovibles associés aux systèmes PC. Il s'agit généralement des supports suivants :

- Supports de stockage magnétique tels que les disques durs externes et les bandes de sauvegarde

- Supports de stockage optique tels que les lecteurs et disques CD et DVD
- Dispositifs de stockage électronique tels que les clés USB ou les clés USB miniatures, les mémoires MMC et les cartes SD

Ces trois types de supports donnent accès au système interne de l'ordinateur par l'intermédiaire de ses lecteurs et de ses ports de connexion matériels.

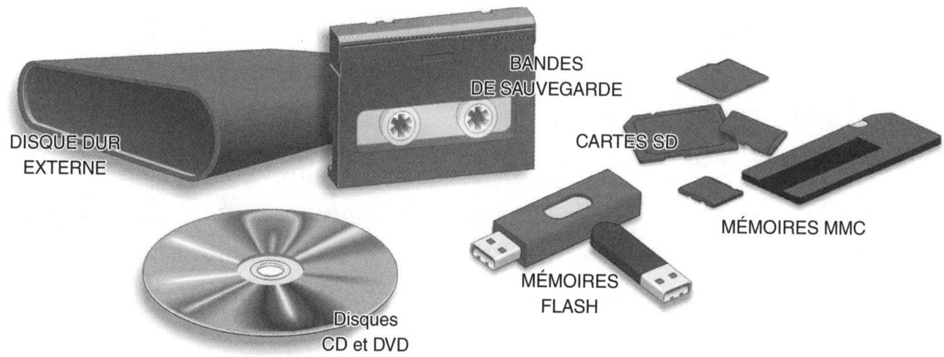

Figure 7.15 Médias amovibles

Dispositif d'amorçage du BIOS/contrôles de séquence

La plupart des BIOS fournissent des fonctions d'activation, de désactivation et de séquencement des périphériques de démarrage qui doivent être utilisées pour contrôler les circonstances dans lesquelles l'ordinateur peut être démarré pour fonctionner. Généralement, le BIOS offre aux utilisateurs et aux administrateurs la possibilité d'activer ou de désactiver les types de dispositifs suivants :

- Lecteur(s) de disque(s) optique(s)
- Disque(s) dur(s)
- Dispositifs USB
- Cartes SD
- Appareils eSATA

À moins qu'il ne soit nécessaire de démarrer régulièrement le système à partir d'autres périphériques, toutes les options de démarrage, à l'exception de celle du disque dur principal, doivent être désactivées pour offrir la meilleure option de sécurité.

Fonctionnalité Autorun de Microsoft

De même, certaines versions des systèmes d'exploitation de Microsoft comprennent une fonction appelée Autorun qui lance automatiquement les programmes exécutables trouvés sur les périphériques de support amovible dès qu'elle détecte la présence du support dans le lecteur. Cette fonction constitue une menace très

sérieuse pour la sécurité car les programmes malveillants situés sur le support s'exécutent automatiquement et infectent le périphérique hôte.
Cette fonctionnalité est responsable de jusqu'à 50 % de toutes les infections par des logiciels malveillants dans les anciens systèmes Windows. La menace peut être supprimée simplement en désactivant la fonction d'exécution automatique de Windows en téléchargeant une application permettant de désactiver cette fonction. L'autre solution consiste à modifier le registre de Windows pour désactiver l'exécution automatique.

Exercices pratiques

Dans ce laboratoire, vous examinerez les paramètres disponibles dans le BIOS. Tout d'abord, vous trouverez et examinerez le contrôle du port USB. Ensuite, vous examinerez les paramètres du BIOS pour l'accès administrateur et utilisateur. Enfin, vous examinerez les différentes options du menu de démarrage, y compris l'ordre de démarrage et le démarrage sécurisé.

Objectifs

- Entrez dans le BIOS.
- Naviguez dans le BIOS.
- Trouvez les paramètres permettant d'améliorer la sécurité du système.

Procédure

1. Éteignez le poste de travail.
   Faites attention à l'écran du poste de travail lorsque vous l'allumez à l'étape suivante. Lorsque vous voyez le nom du fabricant de la carte mère ou de l'ordinateur, il devrait s'accompagner d'un message d'option au bas de l'écran. Il vous indiquera comment entrer dans le BIOS. Les boutons les plus fréquemment utilisés sont F2, F10 et Supprimer. Le bouton que vous devez utiliser dépend du fabricant de la carte mère ; il est donc important de prêter attention aux instructions affichées à l'écran.
   Inscrivez le bouton que vous devez utiliser sur la ligne suivante :

   ____

2. Allumez le poste de travail. Tentez d'entrer dans le BIOS en appuyant sur le bouton approprié. Si vous n'y parvenez pas, éteignez le PC et essayez à nouveau.

REMARQUE Vous pouvez être invité à répéter plusieurs fois la frappe requise.

Les interfaces de menu du BIOS diffèrent grandement entre les fabricants de systèmes et les vendeurs de cartes mères. La Figure 7.16 n'est qu'un exemple.

Figure 7.16 Exemple d'écran des paramètres initiaux du BIOS

Le laboratoire peut se terminer dès maintenant si les paramètres de votre BIOS ont déjà été protégés par un mot de passe configuré par un administrateur système. Dans ce cas, le laboratoire est terminé et vous avez trois possibilités pour continuer :

a. Passez à la fin du chapitre et répondez aux questions du mieux que vous pouvez.

b. Essayez d'obtenir le mot de passe administrateur pour déverrouiller et effacer ce paramètre.

c. Si vous en êtes capable, vous pouvez disposer d'un cavalier pour réinitialiser le CMOS aux valeurs par défaut de l'usine et effacer le mot de passe. (L'option C ne doit être exécutée que par un technicien compétent).

3. Si votre laboratoire ne s'est pas terminé, utilisez les touches fléchées pour naviguer dans les menus.

Appuyez sur la touche « Entrée » pour sélectionner une option en surbrillance. Vous pouvez également utiliser la touche de tabulation si vous ne parvenez pas à mettre en évidence une option souhaitée. Naviguez vers le mode avancé ou équivalent. Voir la Figure 7.17 et la Figure 7.18.

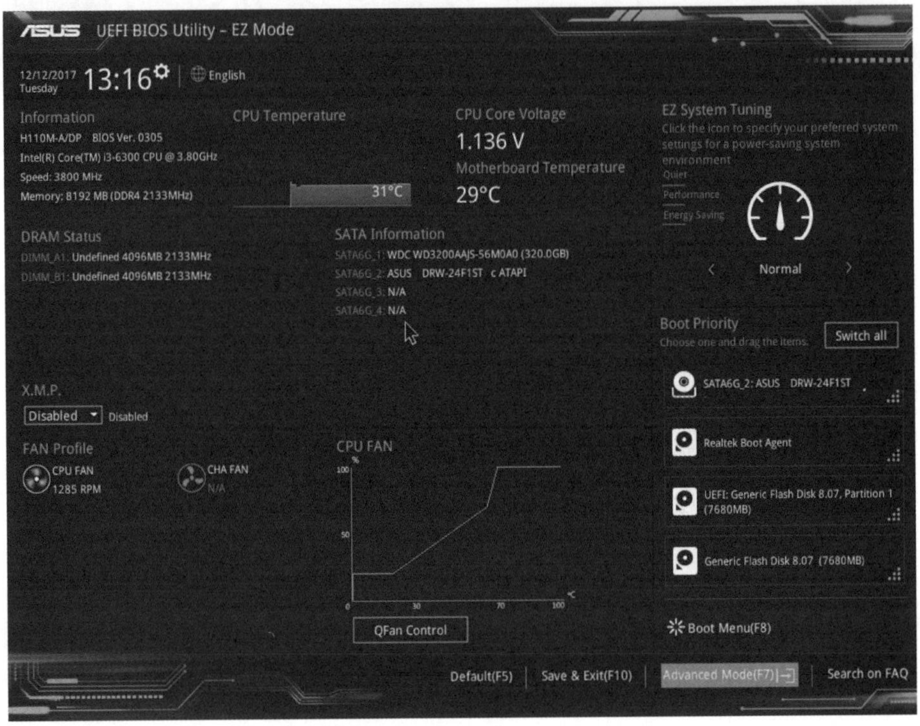

Figure 7.17 Mode avancé mis en évidence

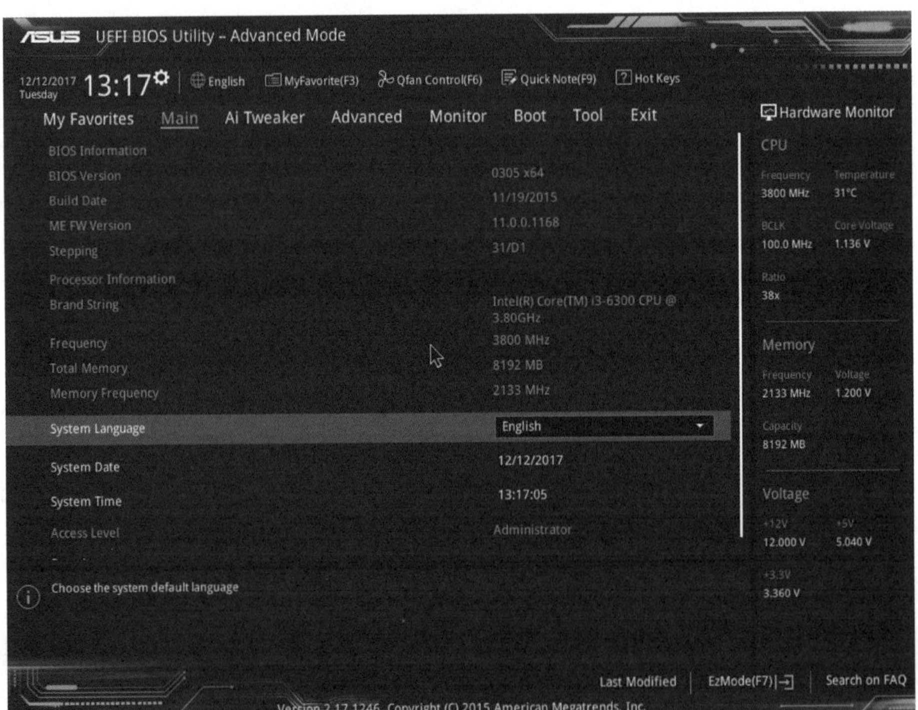

Figure 7.18 Menu initial du mode avancé

4. La Figure 7.19 montre la configuration USB en surbrillance. Cherchez un menu ou une option de réglage identique.

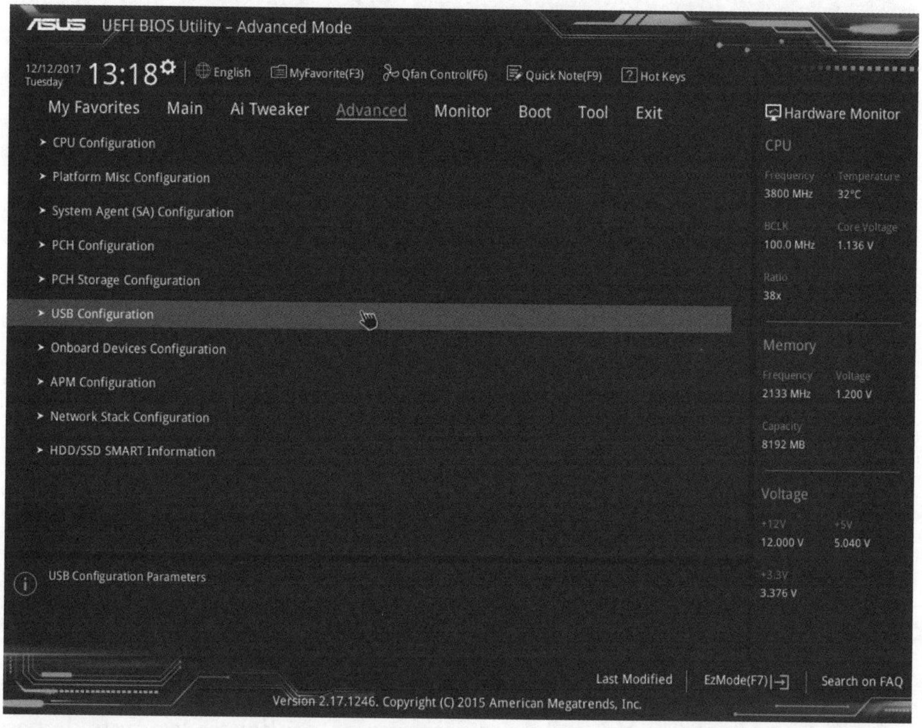

Figure 7.19 Configuration USB

5. À partir de là, il devrait y avoir quelques options. Cherchez l'option qui se rapproche le plus de «Gestion individuelle des ports USB»[11] (voir Figure 7.20). Cette option pourrait avoir un nom différent pour les paramètres de votre BIOS. La Figure 7.21 montre où activer et désactiver les ports USB.

[11] USB Single Port Control

Figure 7.20 Gestion individuelle des ports USB

6. Trouvez un paramètre qui vous permette de configurer les mots de passe administrateur (Administrator Password) ou utilisateur (User Password) pour le BIOS. Ne modifiez pas ces paramètres. Laissez les mots de passe vides. Dans ce cas (voir Figure 7.22), le paramètre est simplement intitulé « Sécurité[12] » sous « Paramètres principaux[13] ». La Figure 7.23 montre les paramètres du mot de passe administrateur et du mot de passe utilisateur du BIOS.

[12] Security
[13] Main Settings

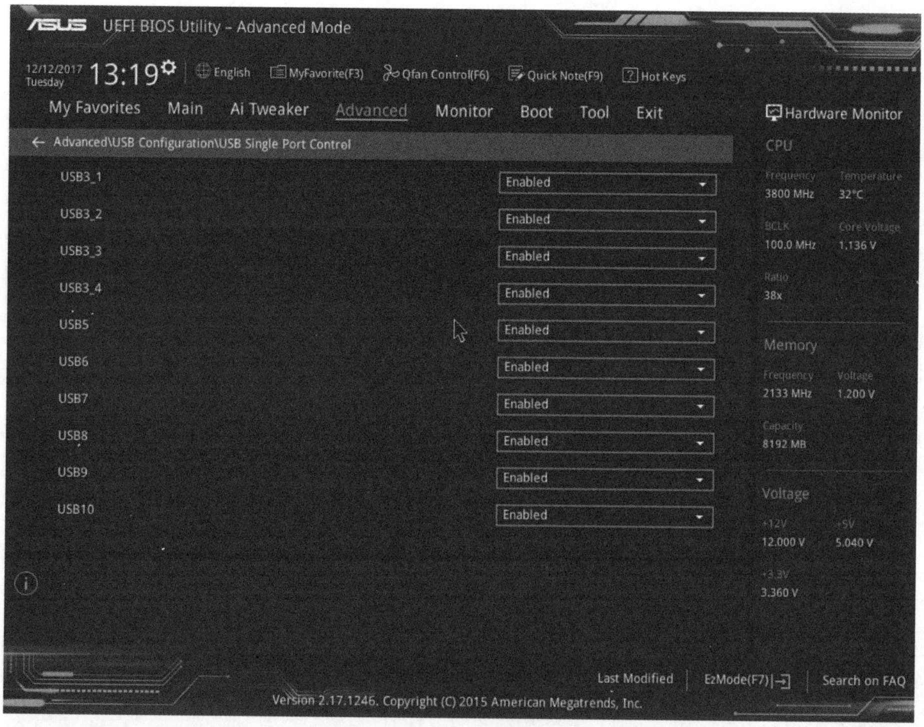

Figure 7.21 Activation ou désactivation des ports USB

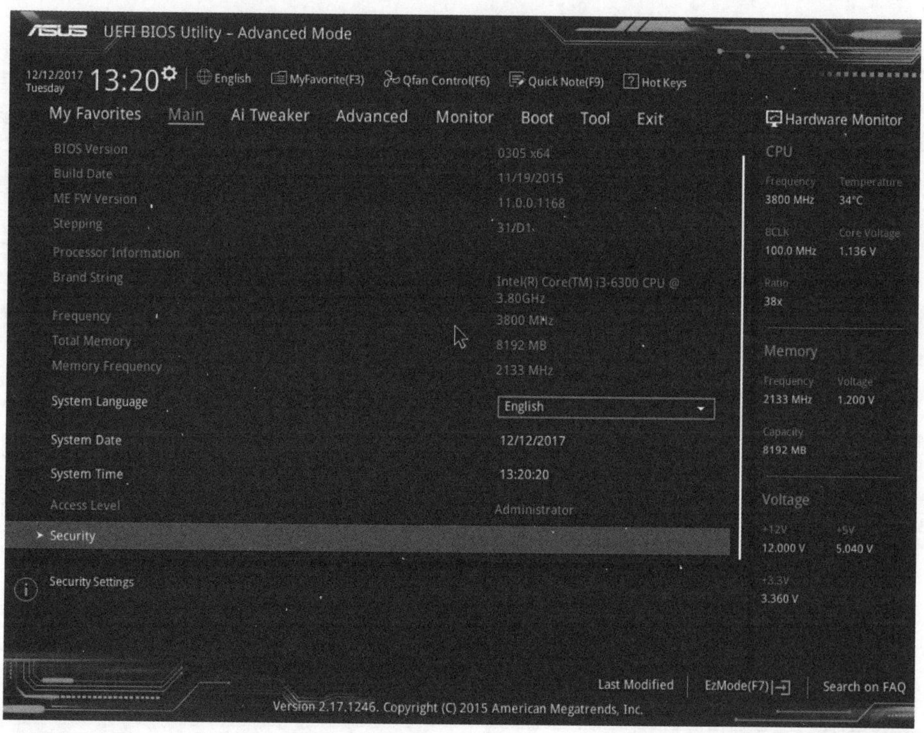

Figure 7.22 Paramètres de sécurité

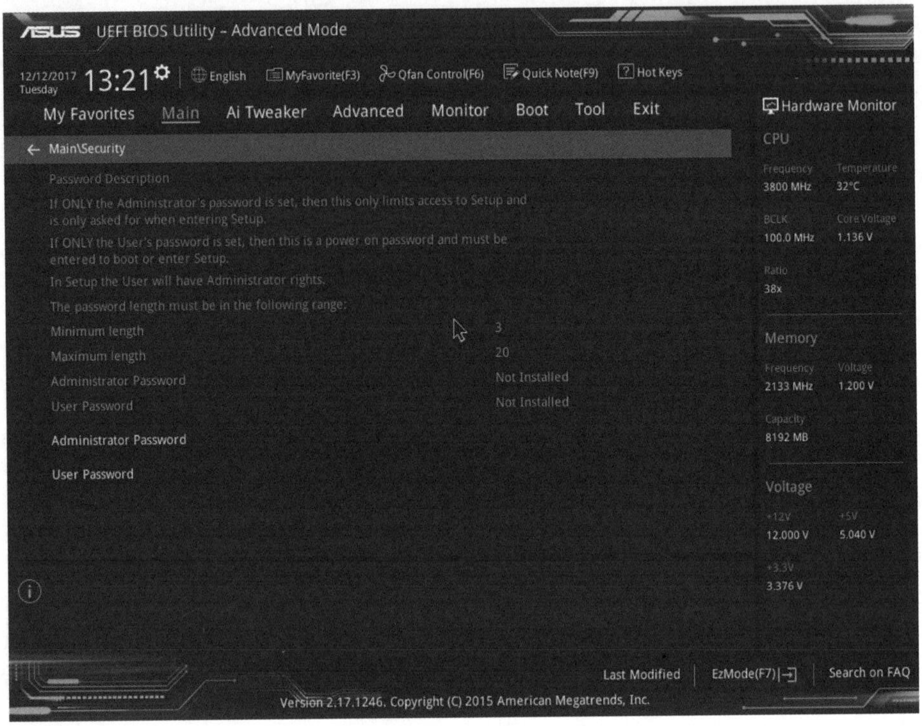

Figure 7.23 Paramètres des mots de passe administrateur et utilisateur du BIOS

7. Naviguez jusqu'au menu relatif au démarrage (Menu Démarrage[14] – voir Figure 7.24). Il vous permet de configurer divers paramètres liés au démarrage du système.
8. Trouvez le paramètre qui contrôle l'ordre de démarrage (Ordre de démarrage[15] – voir Figure 7.25). Pour ces paramètres du BIOS, les paramètres liés à l'ordre de démarrage se trouvaient à peu près au milieu du menu relatif au démarrage. Chaque numéro correspond à l'ordre dans lequel la carte mère va tenter de démarrer.

[14] Boot menu
[15] Boot Option Priorities

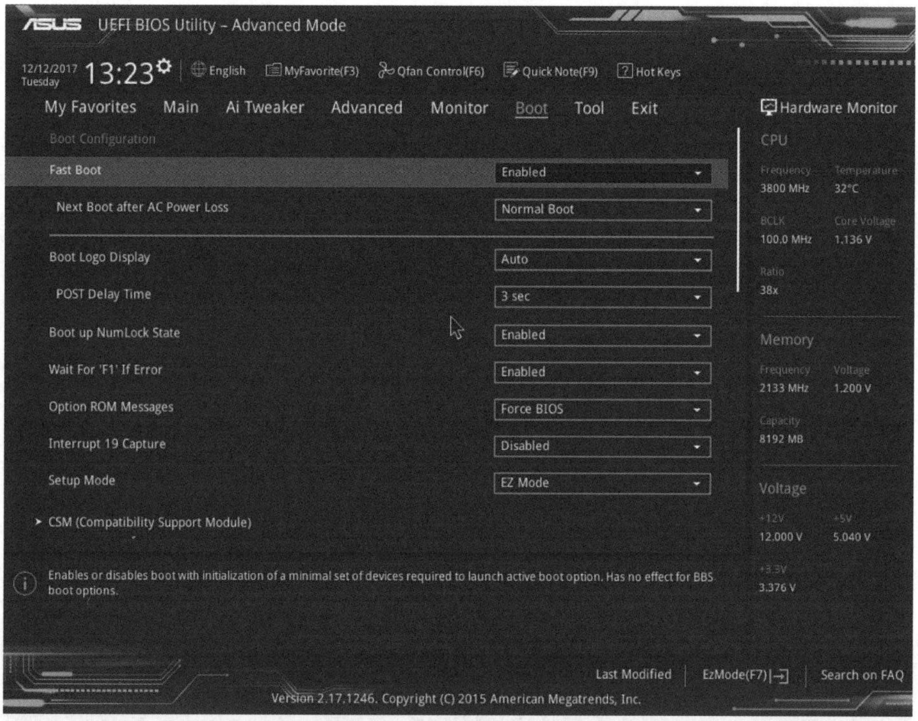

Figure 7.24 Menu relatif au démarrage

Figure 7.25 Option de démarrage n° 1 Tentative de démarrage en premier

9. Trouvez l'option « Démarrage sécurisé »[16] (voir figure 7.26). *Secure boot* est un terme relativement universel, vous pouvez donc rechercher ces mots, et vous trouverez très probablement la même option.
10. Choisissez l'option qui vous permet d'interagir avec vos clés (Gestion des clés[17]).

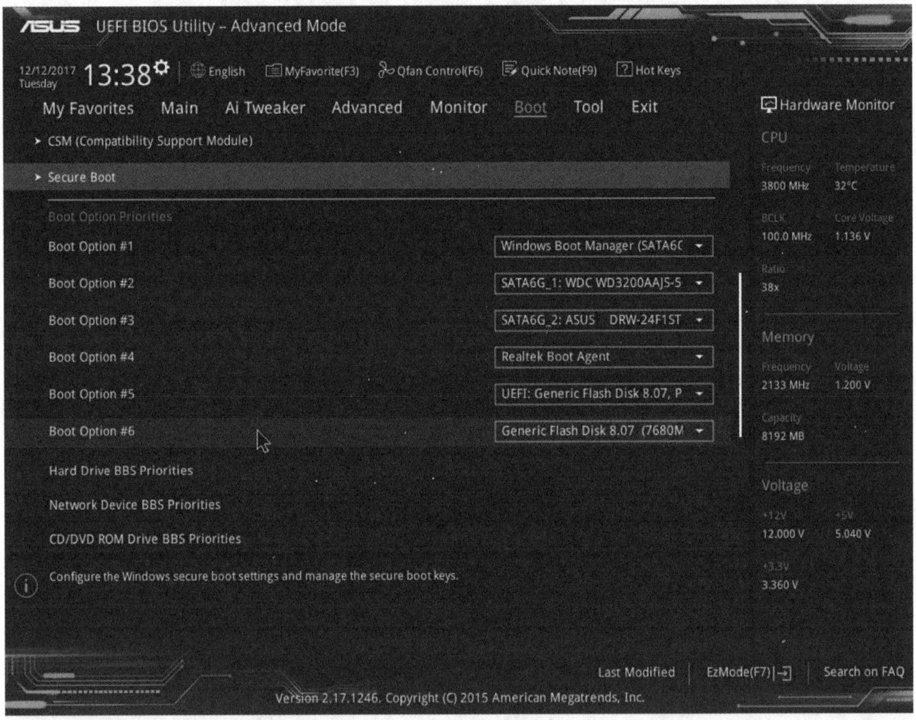

Figure 7.26 Démarrage sécurisé

11. Si possible, lisez toute la documentation disponible sur les clés de démarrage sécurisées. Voir la Figure 7.27 et la Figure 7.28.

[16] Secure Boot
[17] Key Management

Figure 7.27 Gestion des clés

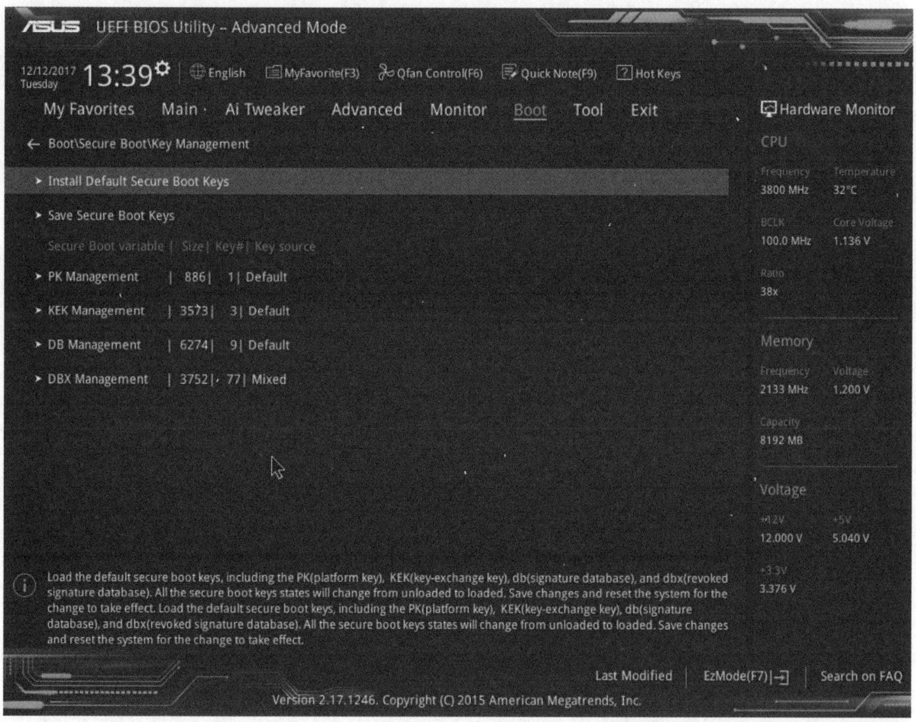

Figure 7.28 Paramètres de gestion clés

Questions de révision

Si votre laboratoire s'est terminé plus tôt, répondez à ces questions.

1. Avez-vous essayé de parcourir le BIOS avant ce laboratoire ?
2. Quelle en était la raison ?
3. Pourquoi définiriez-vous un mot de passe administratif sur votre BIOS ?

Si vous avez terminé le laboratoire, répondez à ces questions.

1. Quelles sont les options disponibles pour accéder aux différentes zones de votre BIOS dans les paramètres avancés de votre BIOS ou équivalent ?
2. Où avez-vous trouvé les paramètres du port USB ?
3. Où avez-vous trouvé les paramètres relatifs au mot de passe administrateur et utilisateur du BIOS ?
4. Quelle est la séquence de démarrage de vos périphériques ?
5. Qu'avez-vous lu sur les clés dans le BIOS ?

REMARQUE Toutes les réponses seront spécifiques à votre BIOS particulier. Il existe de nombreuses versions et révisions de BIOS que vous pouvez utiliser, il vous suffit donc de revenir à votre BIOS personnel et d'énumérer vos réponses.

Chapitre 8

Protection du périmètre intérieur

En général, une fois que vous avez passé les défenses du périmètre extérieur, vous pouvez considérer le périmètre intérieur comme faisant partie de la structure à trois niveaux illustrée dans la Figure 8.1. Envisagez ce périmètre comme étant constitué du système d'exploitation et de ses applications qui forment la passerelle vers les données stockées dans la zone intérieure (dossiers et fichiers). Dans ce chapitre, vous apprendrez à

- Décrire les options de connexion locale et de configuration de l'utilisateur pour les dispositifs hôtes.
- Comparer et contraster les caractéristiques de sécurité des systèmes d'exploitation courants.
- Identifier les options communes de journalisation et d'audit pour les systèmes basés sur Windows et Linux
- Expliquer les options de chiffrement des données dans différents systèmes d'exploitation

Le périmètre intérieur

Les informations précieuses que nous essayons de protéger sont généralement les données numériques stockées dans le matériel informatique sous la forme de différents types de fichiers. Ceux-ci sont créés et interprétés par des applications. Sans l'application permettant d'interpréter les données, il est très difficile de déterminer ce que celles-ci signifient réellement. Voir la Figure 8.1.

Le fonctionnement d'un programme et l'accès aux fichiers sont contrôlés par le système d'exploitation (OS[1]). Le système d'exploitation coordonne le fonctionnement du système matériel et des périphériques avec les applications. Ces dernières sont conçues pour fonctionner sur des systèmes d'exploitation spécifiques, elles dépendent donc de ceux-ci. Elles ne fonctionneront pas sur un autre système d'exploitation sans l'utilisation d'une sorte de traduction.

[1] Operating System

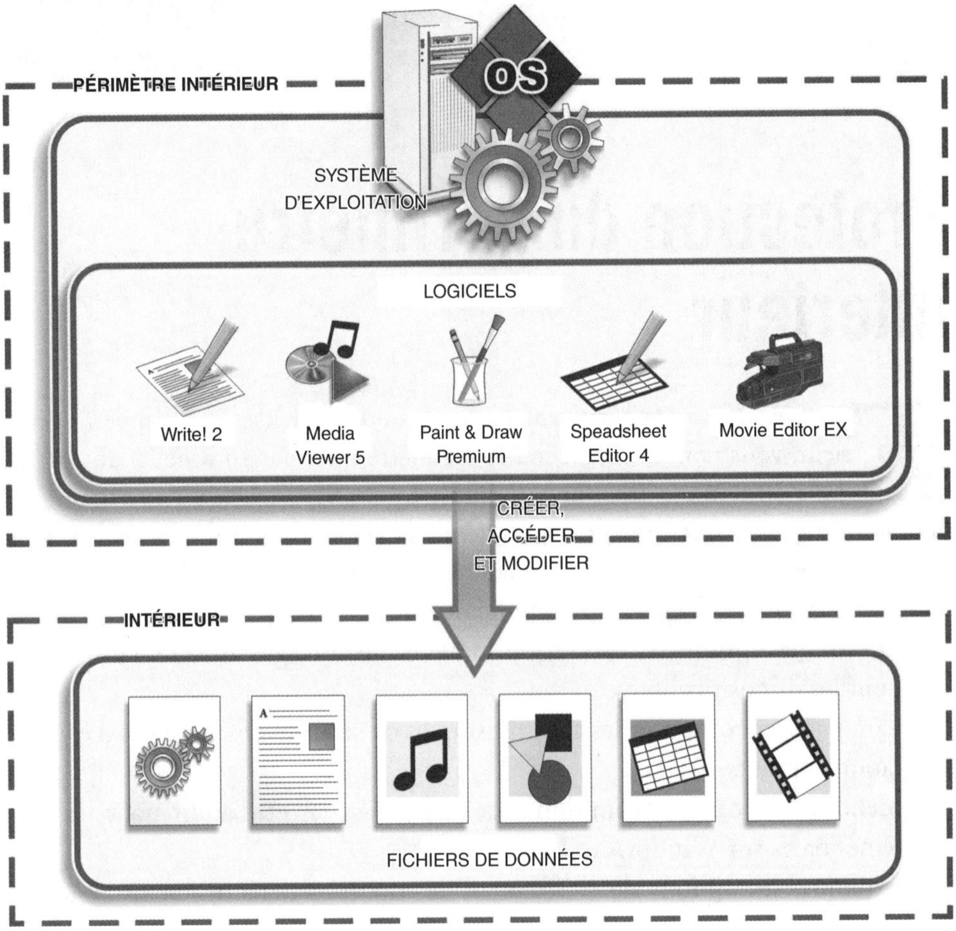

Figure 8.1 Le périmètre intérieur

Le système d'exploitation est également chargé de garder une trace de l'endroit où les données sont stockées dans le système et de la manière dont elles peuvent être localisées. Sans le système de gestion des fichiers (FMS[2]) du système d'exploitation, il n'y a aucun moyen de savoir comment trouver les données pour les voler, les endommager ou les détruire. Chaque grand fournisseur de systèmes d'exploitation utilise un FMS différent.

Par conséquent, pour accéder aux données sur un ordinateur, vous devez accéder au système en cours d'exécution, qui est contrôlé par son système d'exploitation. Ensuite, vous devez être en mesure de localiser le fichier, ce qui nécessite de pouvoir naviguer dans le système de fichiers du système d'exploitation. Enfin, vous devez pouvoir ouvrir le fichier, ce qui nécessite la bonne application ou un logiciel conçu pour examiner les données au niveau du code numérique.

[2] File Management System

Les systèmes d'exploitation et les applications communes ne représentent pas une réelle valeur qui pourrait intéresser des voleurs. Ces types de logiciels sont généralement disponibles, relativement peu coûteux, difficiles à transférer et à utiliser entre les systèmes. Ces programmes ne sont en fait que des outils permettant de créer et de manipuler des informations. Cependant, ils sont intéressants pour les pirates informatiques potentiels, car ils peuvent y accéder et les réutiliser pour des opérations malveillantes et illégales.

D'autre part, les fichiers de données stockés sur l'ordinateur peuvent être très attrayants pour les voleurs. Comme vous le savez sans doute, il existe un grand nombre d'informations numériques sur la plupart des gens et elles sont toutes stockées quelque part sur des ordinateurs. Si quelqu'un peut les localiser et y accéder, il peut trouver un moyen d'en extraire les informations.

Une fois qu'ils ont accès au fichier (ou à une copie de celui-ci), ils peuvent soit l'ouvrir sur leur système en utilisant la même application que celle utilisée à l'origine pour créer le fichier, soit ils peuvent extraire les informations du code numérique. Cette dernière solution est généralement plus complexe et difficile à mettre en œuvre et nécessite généralement une personne ayant des compétences et des outils de piratage informatique pour opérer à ce niveau.

Cependant, tous les opérateurs malveillants ne veulent pas voler des informations. Certaines personnes, organisations et gouvernements veulent simplement endommager ou détruire des données pour une raison ou une autre. Ce type d'activité peut être motivé par de nombreuses raisons, comme décrit dans l'introduction de ce livre.

Alors comment empêcher les personnes indésirables d'accéder à ces programmes ? Examinons d'abord les systèmes d'exploitation typiques de différents fournisseurs et voyons quelles options de sécurité ils offrent. Comme vous le verrez dans les sections suivantes, les systèmes d'exploitation ont tendance à intégrer de nombreux outils et options de sécurité.

Systèmes d'exploitation

Les systèmes d'exploitation sont des programmes conçus pour contrôler et coordonner le fonctionnement du système informatique. Dans leur ensemble, ils comptent parmi les programmes les plus complexes jamais conçus.

Dans tous les environnements basés sur des microprocesseurs, le système d'exploitation accepte les commandes d'un programme ou d'une source d'entrée (comme un utilisateur d'ordinateur) et les exécute pour effectuer une opération souhaitée. De même, le système d'exploitation agit comme un intermédiaire entre des applications logicielles presque aussi complexes et le matériel informatique sur lequel elles fonctionnent.

Quelques précisions sur les systèmes d'exploitation

À moins que l'écran ne dispose d'une capacité d'entrée, il n'est pas considéré comme un dispositif d'accès pouvant être exploité. Il en va de même pour les imprimantes ou autres dispositifs à sortie seule.

Les systèmes d'exploitation les plus utilisés dans le monde n'ont rien à voir avec les ordinateurs personnels. On trouve ces systèmes d'exploitation dans les automobiles et les produits électroniques grand public. Ils reçoivent des données depuis des dispositifs de détection tels que des capteurs de débit d'air (au lieu de claviers et de souris), traitent un programme de contrôle selon un ensemble d'instructions et de données d'entrée, et fournissent des données de sortie à des dispositifs électromécaniques tels que des pompes d'injection de carburant (et non des écrans vidéo et des imprimantes). Ils n'ont plus rien de commun avec les lecteurs de disque.

Un système d'exploitation sur disque (DOS[3]) est un ensemble de programmes utilisés pour contrôler le fonctionnement global de l'ordinateur dans un système sur disque. Ces programmes fonctionnent en arrière-plan pour permettre à l'utilisateur de l'ordinateur d'entrer des caractères au clavier, de définir une structure de fichier pour le stockage des enregistrements ou d'envoyer des données sur un moniteur ou une imprimante. Le système d'exploitation sur disque est chargé de trouver et d'organiser vos données et applications sur le disque.

Comme l'illustre la Figure 8.2, le système d'exploitation du disque peut être organisé selon quatre sections distinctes :

- *Les fichiers d'amorçage* prennent le contrôle du système matériel grâce au ROM BIOS pendant le démarrage. Ils introduisent les fichiers du noyau du système d'exploitation dans la mémoire RAM pour être utilisés dans le contrôle du fonctionnement du système.
- *Les fichiers du noyau* sont les fichiers logiques fondamentaux du système d'exploitation chargés d'interpréter les commandes obtenues à partir des programmes logiciels pour l'unité centrale de traitement. Ces fichiers sont créés pour fonctionner avec des architectures matérielles spécifiques (microprocesseurs et jeux de puces).
- *Les fichiers de gestion des fichiers* permettent au système de gérer l'information en son sein. Ces fichiers sont responsables du stockage, du suivi et de la récupération des données dans la mémoire RAM où le microprocesseur peut accéder.
- *Les fichiers utilitaires* sont des programmes qui permettent à l'utilisateur de gérer les ressources du système, de le dépanner et de le configurer.

[3] Disk Operating System

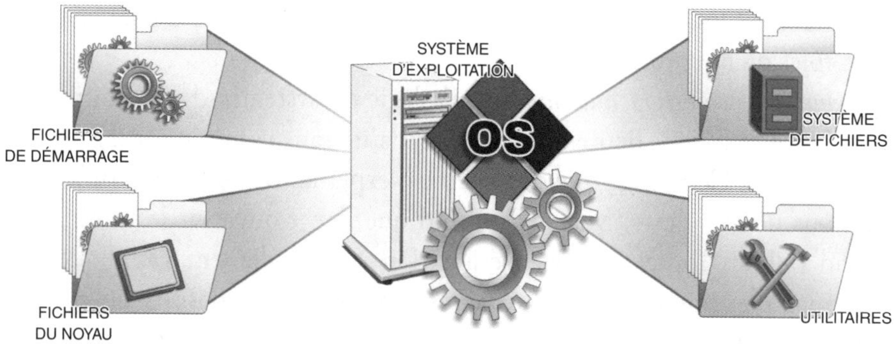

Figure 8.2 Structure basique des fichiers de l'OS

Le système d'exploitation agit comme un pont entre les applications et le matériel informatique, comme décrit dans la Figure 8.3.
Ces applications permettent à l'utilisateur de créer des fichiers de données relatifs à certaines applications telles que le traitement de texte, la diffusion multimédia, la communication de données à distance, le traitement d'affaires et les langages de programmation utilisateur.

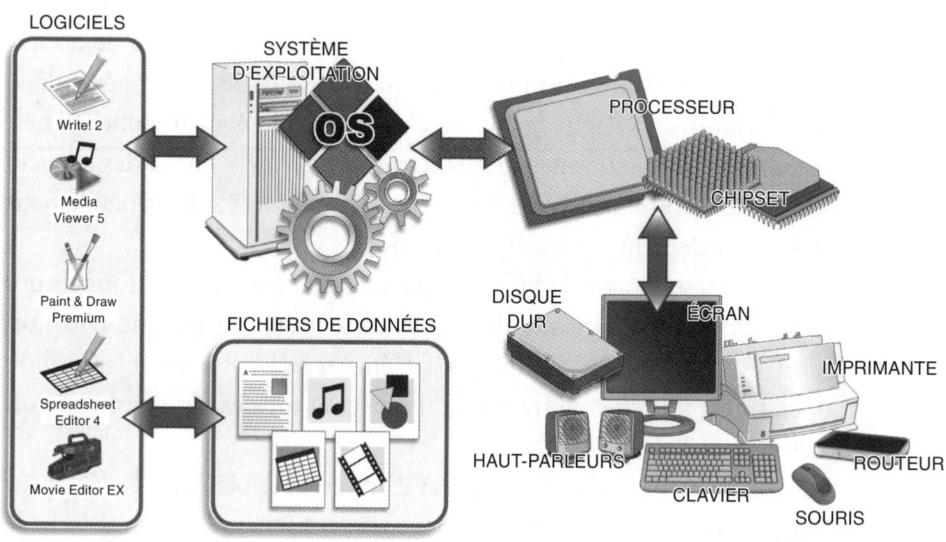

Figure 8.3 La position du système d'exploitation dans le système informatique

Comme le système d'exploitation est une partie importante de la passerelle électronique vers les applications et les données de l'ordinateur, vous devez connaître les différents types disponibles ainsi que les outils et techniques utilisables pour les protéger. Pour cette analyse, divisons les systèmes d'exploitation utilisés avec les ordinateurs et les dispositifs de contrôle intelligents en trois classes générales selon les rôles qu'ils remplissent :

- *Systèmes d'exploitation autonomes* – Il s'agit de systèmes d'exploitation qui peuvent être utilisés de manière indépendante sans communication ou gestion externe. Cette catégorie de système d'exploitation comprend différentes versions de Windows, Mac et Android que l'on trouve sur les ordinateurs grand public. Toutefois, cette désignation peut également s'appliquer aux systèmes d'exploitation utilisés dans de nombreux dispositifs de contrôle intelligents employés dans les applications industrielles et manufacturières.

Bien que ces versions du système d'exploitation puissent être utilisées de manière autonome, la plupart des versions modernes possèdent certaines capacités de mise en réseau qui leur permettent de communiquer avec d'autres appareils intelligents ou avec internet.

- *Systèmes d'exploitation clients* – Les systèmes d'exploitation clients sont conçus pour fonctionner dans un environnement réseau. Ils sont notamment conçus pour tirer parti des services fournis par un ordinateur maître appelé *serveur*. Bien que les ordinateurs serveurs soient chargés de superviser et de contrôler les ordinateurs clients par le biais de leurs différents services de réseau, les utilisateurs ne travaillent généralement pas sur ces ordinateurs. Les ordinateurs et les dispositifs clients servent plutôt de postes de travail ou de nœuds autonomes. Les clients réseau sont divisés en trois sous-catégories générales :
  - *Clients lourds* – Il s'agit de PC et d'appareils pleinement fonctionnels qui pourraient fonctionner localement mais qui dépendent des services fournis par le ou les serveurs du réseau. Les données sont généralement stockées localement sur un client lourd.
  - *Clients légers* – Il s'agit de PC et d'appareils pleinement fonctionnels qui ne possèdent pas de disque dur pour le stockage. Le système d'exploitation est simplement utilisé pour démarrer le système et transférer l'opération à un serveur. Toutes les données et tous les programmes sont stockés et exécutés sur le serveur.
  - *Clients terminaux* – Il s'agit de PC et d'appareils dépendant d'un serveur dont le système d'exploitation n'existe pas sur le client. Au lieu de cela, le client démarre réellement sur un serveur distant et tous les programmes et données sont localisés et exécutés sur le serveur.
- *Systèmes d'exploitation pour serveurs* – Ces systèmes d'exploitation sont conçus pour fonctionner sur des ordinateurs serveurs spécialisés qui agissent comme le centre d'un environnement réseau client/serveur. Les versions des systèmes d'exploitation pour serveurs sont généralement garantes de :
  - La Sécurité des données et des ressources pour le réseau et ses dispositifs
  - L'Administration centralisée du réseau

– Les Avantages en termes de coûts pour l'entreprise
– Les systèmes d'exploitation pour serveurs assurent la sécurité du réseau et de ses clients en contrôlant l'accès aux :
  – Ressources (lecteurs de disque, imprimantes, répertoires et fichiers)
  – Services (courrier électronique, connectivité Internet, services de messagerie, bases de données, etc.)
  – Outils administratifs (comptes d'utilisateurs, utilitaires locaux et de réseau, outils de gestion informatique)

Systèmes d'exploitation des réseaux

Les systèmes d'exploitation réseau (NOS[4]) sont conçus pour étendre le contrôle des systèmes d'exploitation de disque afin d'assurer les communications et les échanges de données entre les ordinateurs connectés par un support de communication. Les systèmes d'exploitation réseau les plus connus sont les versions de Windows Server, les distributions Linux Server et Unix.

Les systèmes d'exploitation serveurs sont parmi les principaux outils responsables de la sécurité dans un environnement réseau. Ces systèmes d'exploitation et leurs outils de sécurité sont étudiés en détail au Chapitre 14. Les autres sections de ce chapitre traitent des outils de sécurité qui sont disponibles et peuvent être mis en œuvre au niveau de l'ordinateur local autonome ou de l'ordinateur client.

Parmi les systèmes d'exploitation autonomes ou sur disque client, on peut citer les versions de Microsoft Windows, MAC OS X d'Apple, diverses distributions du système d'exploitation Linux et le système d'exploitation Android de Google.

Les systèmes d'exploitation ainsi que les programmes et données qu'ils contrôlent sont généralement attaqués de deux manières :

- En manipulant le fonctionnement du noyau du système d'exploitation
- En attaquant son système de gestion de fichiers

Les sections suivantes traitent de ces deux domaines d'attaque communs.

Sécurité du noyau du système d'exploitation

La Figure 8.4 illustre la position du noyau de l'OS entre le matériel et les applications du système. En raison de cette position, il devrait être évident que si vous pouvez accéder au code logiciel présent dans le noyau et le désactiver, vous neutraliserez le fonctionnement de l'ensemble du système informatique. Cependant, si vous pouvez accéder au noyau et manipuler le code, vous avez pris le contrôle du fonctionnement de l'ordinateur.

[4] Network Operating System

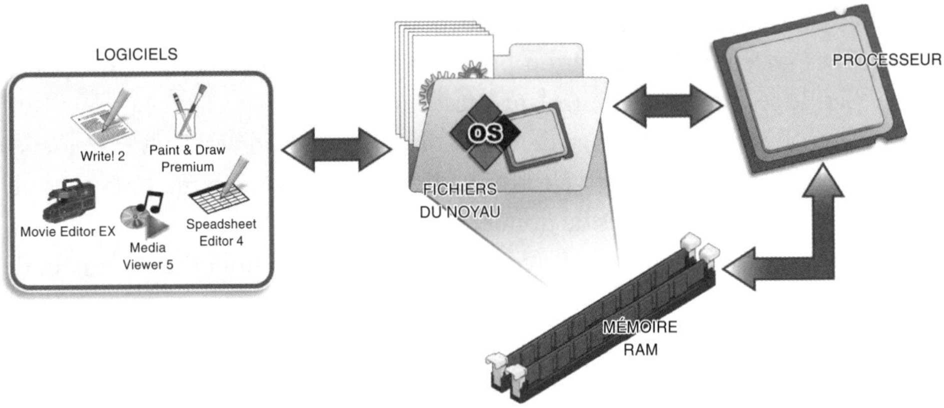

Figure 8.4 La position du noyau

Les attaquants qui possèdent une connaissance suffisante de la stratégie de traitement de la mémoire d'un système d'exploitation donné peuvent exploiter le noyau du système d'exploitation de différentes manières :

- Ils peuvent changer la valeur d'une variable dans la programmation du noyau pour modifier son comportement.
- Ils peuvent modifier l'adresse de retour d'une fonction standard du système d'exploitation de sorte que lorsque le système d'exploitation tente de revenir à son pipeline d'instructions de base, il est redirigé dans le code fourni par l'attaquant.
- Ils peuvent changer un pointeur dans le programme qui dirige l'exécution du code d'instruction vers un gestionnaire d'exception fourni par l'attaquant.
- Ils peuvent insérer un code malveillant dans le code d'une application qui a été chargé dans la mémoire RAM pour être exécuté. Le code inséré est conçu pour écraser les composants du noyau qui interagissent avec l'application.

Toutes ces attaques reposent sur l'accès à des zones spécifiques de la mémoire de l'ordinateur dans lesquelles le noyau du système d'exploitation fonctionne.

La plupart des systèmes d'exploitation utilisent une fonction intégrée dans le matériel du microprocesseur pour protéger certaines zones de la mémoire qui contiennent des blocs spécifiques de code d'instruction. Cette fonction est appelée « No eXecution (NX) bit » ou « Xecute Disable (XD) bit ». La technologie *NX bit* est utilisée pour protéger certaines zones de la mémoire fonctionnant seulement comme stockage.

Toute section de la mémoire marquée de l'attribut NX signifie qu'elle sert uniquement à stocker des données. Par conséquent, les instructions du processeur ne peuvent pas y être stockées. C'est une technique populaire pour empêcher les logiciels malveillants de s'emparer des ordinateurs en insérant leur code dans la zone de stockage de données d'un autre programme et en exécutant ensuite ce code depuis cette section, comme ils le feraient dans le cas d'une attaque par débordement de mémoire tampon.

Certains systèmes d'exploitation intègrent des fonctions de protection de l'espace exécutable, appelées modes DEP (Data Execution Prevention), pour contrer ce type d'attaques. Le système d'exploitation y arrive en créant des zones de mémoire uniques et isolées pour chaque application s'exécutant sur la machine. Chaque zone de mémoire isolée devient un environnement virtuel géré par le module de gestion de la mémoire virtuelle du microprocesseur.

Dans les systèmes d'exploitation Unix, de type Unix et Linux, cette fonction est fournie sous la forme d'une implémentation avancée de ses opérations « chroot » standard (son système de création et de gestion de multiples copies virtualisées du système d'exploitation).

Sécurité des systèmes de fichiers

Le *système de gestion des fichiers* est extrêmement important pour protéger l'existence et l'intégrité des données stockées sur un disque dur ou sur un périphérique de stockage amovible. Si ce système est détruit ou corrompu, les données deviennent inaccessibles et sont perdues. En outre, si des utilisateurs non autorisés ont accès au système de fichiers et aux données qui y sont stockées, ils ont la possibilité de les endommager, de les détruire ou de les voler.

Un des principaux outils de protection du système de fichiers et de ses données est l'utilisation de listes de contrôle d'accès (ACL[5]) pour assurer le contrôle d'accès aux ressources. Le système de gestion des fichiers utilise les ACL pour accorder ou refuser à des utilisateurs spécifiques l'accès à ses différents fichiers, ainsi que pour contrôler les types d'activités que la personne peut effectuer une fois l'accès accordé. Par exemple, vous pouvez avoir la possibilité d'exécuter un fichier, de le lire, de l'écrire ou d'effectuer d'autres actions sur lui sous le contrôle du système de gestion des fichiers.

Les ACL du système d'exploitation sont également utilisées pour contrôler l'accès à d'autres objets tels que les ports TCP/UDP ainsi que les périphériques d'entrée/sortie. Leurs tables ACL gèrent des enregistrements qui identifient les droits d'accès de chaque utilisateur à un objet système particulier.

Selon le système d'exploitation, le contrôle d'accès aux ressources peut être mis en œuvre sous la forme d'un contrôle d'accès obligatoire (MAC[6]) ou d'un contrôle d'accès basé sur les rôles (RBAC[7]). Les systèmes Unix et Linux offrent généralement des approches MAC, tandis que les plates-formes Windows de Microsoft offrent un contrôle RBAC.

---

[5] Access Control List
[6] Mandatory Access Control
[7] Role-Based Access Control

POSIX (Portable Operating System Interface)

POSIX est un ensemble de normes d'interopérabilité développées pour normaliser les variations des systèmes d'exploitation Unix et assimilés Unix. Les systèmes compatibles POSIX (systèmes Unix, Linux et Apple OS X) prennent en charge un certain type d'ACL pour gérer les autorisations d'accès aux fichiers Unix traditionnelles.

Dans les versions MAC, le système d'exploitation prend des mesures en fonction des paramètres de configuration de la politique de l'administrateur pour déterminer qui peut faire quoi et dans quelle mesure il peut le faire. Dans la version RBAC, le système restreint ou autorise l'accès aux objets en fonction du rôle de l'utilisateur au sein de l'organisation. La structure RBAC est généralement la méthode de contrôle d'accès utilisée dans les grandes entreprises.

Dans les environnements Microsoft Windows, ces capacités sont attribuées aux dossiers et aux fichiers sous forme de permissions. Celles-ci peuvent également être définies comme des privilèges permettant d'effectuer une action. Dans les systèmes basés sur Unix et Linux, les utilisateurs se voient attribuer des *droits d'accès* aux fichiers.

Un autre outil de protection des données consiste à les chiffrer pour qu'elles deviennent inutilisables sans une clé de déchiffrement. Le processus de chiffrement/déchiffrement peut être effectué sur les données lorsqu'elles sont stockées et récupérées à partir d'un dispositif (PR.DS-1, données au repos) ou lorsqu'elles sont déplacées d'un endroit à un autre (PR.DS-2, données en mouvement).

Les lignes directrices principales en matière de cybersécurité

Le cadre NIST pour l'amélioration de la cybersécurité des infrastructures critiques spécifie les stratégies de protection pour des « données au repos » (PR.DS-1) et des « données en transit » (PR.DS-2).

La plupart des principaux systèmes d'exploitation sur disque disponibles proposent certaines capacités de chiffrement des données par le biais de leurs systèmes de gestion de fichiers. Selon la conception du système d'exploitation, le chiffrement peut être appliqué au niveau du périphérique, du disque (ou du volume) ou du fichier et du dossier. Des applications de chiffrement tierces sont également disponibles pour un grand nombre de ces systèmes d'exploitation.

Les services de chiffrement des données disponibles avec différents systèmes d'exploitation sont examinés dans les sections suivantes. Les techniques de chiffrement des données sont abordées en détail plus loin dans ce chapitre.

La section suivante compare et résume les principales caractéristiques structurelles et de sécurité des systèmes d'exploitation les plus utilisés. Cette comparaison porte sur les versions du système d'exploitation, l'architecture du noyau, les systèmes de gestion de fichiers et les capacités natives de chiffrement des données.

Attaques des systèmes de fichiers

Les attaques typiques portées sur des systèmes de fichiers OS comprennent :

- Les attaques « race condition » (accès concurrent)
- L'utilisation de flux de données pour masquer les fichiers
- Les traversées de répertoires

Utiliser les attaques « race condition »

Une *race condition* existe lorsqu'un attaquant exploite la chronologie d'événements consécutifs dans un environnement multiutilisateur/multitâche pour insérer un code malveillant dans le système entre les événements.

Par exemple, une condition TOCTOU (time-of-check, time-of-use) existe lorsqu'un système d'exploitation crée un fichier temporaire. Entre le moment où le système d'exploitation vérifie si un fichier de ce nom existe et celui où il écrit réellement le fichier, l'attaquant exécute un programme pour enregistrer un paquet de code malveillant en utilisant le nom de fichier du fichier temporaire.

Le code malveillant pourrait contenir des autorisations d'accès plus élevées afin que l'attaquant puisse lire ou manipuler le fichier, ou encore il pourrait contenir un lien vers un fichier script qui donne accès au fichier de mots de passe contenant celui de l'administrateur.

Utilisation de flux de données alternatifs pour masquer les fichiers

Les pirates informatiques aguerris utilisent cette fonctionnalité de compatibilité des systèmes d'exploitation NTFS pour cacher les root kits ou d'autres outils de piratage afin d'établir une base anonyme dans le but de lancer des attaques sur le système.

La fonction ADS a été initialement intégrée au NTFS pour prendre en charge le système de fichiers HFS (Hierarchical File System) d'Apple, qui « fork » parfois les données dans différents fichiers. Toutefois, cette technique a été adoptée pour le stockage des métadonnées des fichiers et pour assurer un stockage temporaire.

Comme mentionné précédemment, les pirates utilisent la fonction ADS pour cacher leurs outils au système, car il est pratiquement impossible de le détecter avec les interfaces utilisateur natives. Une fois que les fichiers ADS cachés ont été intégrés dans un fichier standard du système d'exploitation, ils peuvent être exécutés sans être détectés, comme une opération illégitime. Le seul signe d'une opération ADS est un horodatage illégitime sur le fichier dans lequel les outils cachés ont été injectés.

Effectuer des recherches dans l'annuaire

Ces attaques exploitent des applications mal sécurisées pour accéder à des fichiers qui ne devraient pas être accessibles afin de « traverser » vers un dossier ou un répertoire de niveau supérieur, comme le montre la Figure 8.5. Ces attaques sont également appelées « *backtracking* », « *directory climbing attacks* » ou « *canonicalization attacks* ».

Les pirates utilisent cette forme d'exploitation HTTP pour accéder à l'arborescence des répertoires d'un serveur web. Une fois que le pirate a obtenu l'accès, il peut naviguer dans l'arborescence pour visualiser les fichiers restreints ou exécuter des commandes sur le serveur. Ces attaques sont lancées à l'aide de navigateurs web courants contre des serveurs web mal configurés.

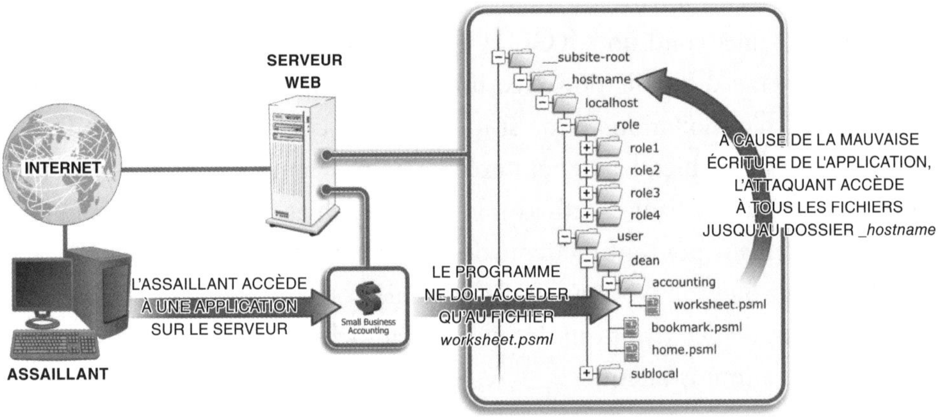

Figure 8.5 Traversée de répertoire

Ces attaques peuvent être réduites au minimum grâce à une configuration minutieuse du serveur web, au filtrage des entrées du navigateur web et à l'utilisation d'un logiciel d'analyse des vulnérabilités.

La section suivante compare et résume les principales caractéristiques structurelles et de sécurité des systèmes d'exploitation les plus utilisés. Cette comparaison porte sur les versions du système d'exploitation, l'architecture du noyau, les systèmes de gestion des fichiers et les capacités natives de chiffrement des données.

Microsoft Windows

La gamme de systèmes d'exploitation Windows de Microsoft constitue les systèmes d'exploitation sur disque les plus utilisés avec les ordinateurs personnels. Windows est un système d'exploitation basé sur une interface utilisateur graphique (GUI[8]) qui permet aux utilisateurs de naviguer dans le système à l'aide d'une série de fenêtres contextuelles et de menus.

- Windows versions client – Windows XP, Windows Vista, Windows 7, Windows 8 et Windows 10
- Windows versions serveur – Windows Business and Small Business Server (SBS) versions 2003, 2008, 2012 et 2016

Tous les systèmes d'exploitation Windows sont conçus pour fonctionner avec les types de processeurs x86 32 bits et x86 64 bits d'Intel, AMD et VIA. Les systèmes d'exploitation Windows après Windows XP SP2 et Windows Server 2003 prennent en charge les opérations XD-bit sur certains processeurs x86 32 bits, ainsi que sur les processeurs x86 64 bits qui offrent une prise en charge de NX-bit.

Les systèmes d'exploitation Windows prennent en charge les formats de systèmes de fichiers de base suivants :

- FAT/FAT16/FAT32 – Les FMS[9] de la série basée sur des tables d'allocation de fichiers sont des versions clustérisées d'un ancien système de gestion de fichiers qui a été développé pour gérer le stockage de données sur disquettes. En raison de leur utilisation répandue dans Microsoft DOS et les premières versions de Windows, ils ont évolué et sont encore utilisés.
- Le nombre présent dans le titre derrière le mot FAT représente le nombre de bits constituant une entrée de la table qui piste l'emplacement des clusters de données sur le disque. La norme FAT originale utilisait une entrée de table de 12 bits et pouvait indiquer les emplacements de 4096 (2^{12}) entrées de table. Le système de fichiers FAT est encore couramment utilisé sur les dispositifs de stockage USB, les cartes SD et autres dispositifs de mémoire flash, ainsi que sur de nombreux autres dispositifs portables et intégrés. Les versions des systèmes de fichiers FAT offrent relativement peu d'outils de sécurité pour les données stockées dans leurs structures.
- NTFS – The New Technology File System est le système de gestion de fichiers propriétaire et par défaut de Microsoft pour ses systèmes d'exploitation. NTFS a apporté des fonctionnalités de sécurité améliorées, notamment les listes de contrôle d'accès (ACL) et le système de fichiers à chiffrement (EFS).
- ISO 9660 (CDFS) – Le Compact Disc File System est le système de gestion de fichiers standard pour le stockage sur disque optique.
- UDF – Universal Disk Format est le successeur du système de gestion de fichiers CDFS. Il est notamment largement utilisé dans les DVD et les dispositifs de stockage optique avancés.

8 Graphical User Interface
9 File Management System, ou en français, système de gestion des fichiers.

Les systèmes d'exploitation Windows comprennent un chiffrement au niveau des fichiers et des dossiers grâce à sa fonctionnalité de système de fichiers chiffrés (EFS). Le chiffrement complet au niveau du disque est fourni sur certaines versions haut de gamme du système d'exploitation Windows grâce à un utilitaire natif appelé BitLocker. Ces utilitaires sont examinés en détail plus loin dans ce chapitre.

Les systèmes d'exploitation Microsoft Windows offrent une fonction intégrée de pare-feu qui permet à l'administrateur local (ou au propriétaire) d'établir et de configurer un pare-feu local pour contrôler le flux d'informations entrant et sortant de l'ordinateur hôte local à partir d'une connexion réseau externe par un processus appelé *filtrage de paquets.*

Pare-feu locaux et en réseau

Le fonctionnement des pare-feu locaux est traité au Chapitre 9. Les pare-feu en réseau, qui sont conçus pour contrôler le flux de données entrant et sortant d'un réseau, seront abordés au Chapitre 12.

Unix

La gamme de systèmes d'exploitation Unix fournit des environnements de systèmes d'exploitation modulaires, multitâches et multi-utilisateurs, développés à l'origine pour fonctionner sur des ordinateurs centraux et des mini-ordinateurs. Les versions propriétaires du système d'exploitation Unix comprennent plusieurs variantes BSD (Berkley Software Distribution), ainsi que les systèmes d'exploitation OSX et iOS d'Apple. Plusieurs systèmes d'exploitation notables de type Unix ont été dérivés du système d'exploitation Unix de base, y compris de multiples distributions Linux.

Les différentes versions du système d'exploitation Unix ont été conçues pour fonctionner avec un certain nombre de microprocesseurs différents. De même, les différentes versions de systèmes d'exploitation Unix prennent en charge un certain nombre de formats de systèmes de fichiers différents :

- UFS – Le système de fichiers UNIX a été la première structure conçue pour le système d'exploitation original UNIX et continue à être utilisé avec UNIX et ses dérivés. La structure de ce standard de système de fichiers présente une arborescence unifiée commençant avec un répertoire principal appelé racine (/).
- NFS – Le Network File System a été développé par Sun Microsystems pour permettre aux ordinateurs clients d'accéder à des fichiers sur un réseau. Comme NFS a été développé comme un standard de protocole ouvert, toute entreprise peut l'incorporer (et c'est d'ailleurs fait) dans sa propre suite de protocoles supportés. Il est principalement utilisé dans les versions UNIX OS, mais il est également pris en charge par Microsoft Windows et les MAC OS d'Apple.

Certains systèmes d'exploitation Unix intègrent des capacités de système de fichiers chiffrés. L'outil de chiffrement d'origine inclus en standard dans le système d'exploitation Unix est *crypt*. Cependant, cet outil est considéré comme un outil de chiffrement de très faible puissance et relativement facile à pirater. Pour cette raison, son usage n'est pas répandu. DES (Data Encryption Standard) est un outil plus puissant utilisé avec de nombreuses distributions Unix. Pretty Good Privacy (PGP) est un autre outil de chiffrement Unix largement utilisé. Cet outil effectue le chiffrement/déchiffrement à la fois avec des clés privées et publiques et offre une méthode très puissante pour sécuriser les données.

Les distributions Unix basées sur le noyau Free BSD offrent des services de chiffrement par le biais des utilitaires PEFS, GELI et GBDE. PEFS (Private Encrypted File System) est un système de chiffrement basé sur les fichiers. GELI et GBDE (GEOM Based Disk Encryption) sont des utilitaires de chiffrement au niveau du disque. Un autre outil notable pour d'autres systèmes d'exploitation Unix ou similaires est EncFS.

Les distributions FreeBSD et OpenBSD offrent également de multiples utilitaires de pare-feu intégrés pour contrôler le flux de données dans l'ordinateur local. Ces options comprennent ipfirewall (ipfw), IPFilter et Packet Filter (PF). Comme pour le pare-feu intégré de Windows mentionné plus haut, ces applications permettent à l'ordinateur local de contrôler le flux de données entrantes et sortantes grâce à un processus appelé *filtrage de paquets*. Les pare-feu locaux et le filtrage de paquets sont développés en détail plus loin dans ce chapitre.

Un mot sur les outils de chiffrement

De nombreux pays ont créé des lois interdisant l'utilisation de chiffrement fort. Par conséquent, différents systèmes d'exploitation peuvent être disponibles avec et sans différents outils de chiffrement selon l'endroit où ils sont vendus.

Distributions Linux

De nombreux utilisateurs d'ordinateurs personnels utilisent des versions d'un système d'exploitation à source ouverte librement distribué (open-source) appelé Linux. Linux est un système d'exploitation en ligne de commande très puissant qui peut être utilisé sur une grande variété de plates-formes matérielles, y compris les systèmes Windows PC et Apple Mac.

Une communauté de développeurs travaille avec le comité de surveillance de Linux pour mettre à jour et améliorer continuellement la structure de base de Linux afin de la maintenir compétitive et à jour. En outre, plusieurs entreprises ont développé des ajouts propriétaires à la structure de base de Linux pour produire leurs propres distributions (expression du monde Linux utilisée pour désigner les versions) du système d'exploitation :

- Principales distributions de clients Linux – Ubuntu, Red Hat, SUSE, Slackware, Mandrake, Fedora, FreeBSD, Debian, et autres
- Distributions de serveurs Linux – Red Hat Linux Server, Ubuntu Server, SUSE Server, et autres

Différentes distributions de systèmes d'exploitation Linux ont été conçues pour fonctionner avec les types de microprocesseurs x86 et x86 64 bits d'Intel, AMD et VIA, ainsi qu'avec les processeurs Motorola/IBMPowerPC et les processeurs SPARC de Sun Microsystem. Le noyau Linux supporte la solution NX-bit sur certains processeurs x86, ainsi que sur les microprocesseurs x86-64, PowerPC et autres processeurs 64 bits qui offrent un support NX-bit.

Distributions et capacités de Linux

Le nom Linux est en fait utilisé pour décrire un certain nombre de distributions différentes avec des capacités différentes.

Les distributions de systèmes d'exploitation Linux prennent généralement en charge plusieurs types de systèmes de fichiers différents :

- ext/ext2/ext3/ext4 – Les systèmes de fichiers étendus de la série ext sont les principaux systèmes de gestion de fichiers conçus pour le noyau Linux. Ext2/3 est largement utilisé dans les cartes SD et autres dispositifs de stockage basés sur la mémoire flash.
- ReiserFS – Le noyau Linux prend en charge le système de fichiers Reiser, qui est le système par défaut de certaines distributions Linux. Il s'agit d'un système de fichiers à journalisation (qui garde une trace des changements dans un fichier journal circulaire, appelé journal, avant de les inscrire dans le système de fichiers). ReiserFS inclut les autorisations UNIX, les ACL et les fonctions de sécurité des attributs, mais ne comprend aucun service de chiffrement des données.
- Linux OS – Les distributions Linux OS fournissent aussi couramment un support pour les formats de systèmes de fichiers ISO9660, FAT et UDF décrits pour les systèmes de fichiers Windows.

Les principaux systèmes d'exploitation Linux fournissent des services de chiffrement intégrés au niveau du système de fichiers par le biais d'un paquet appelé eCryptfs. Ce niveau de chiffrement permet d'appliquer le service de chiffrement à un fichier ou à un répertoire individuel sans avoir à gérer un disque important. Les distributions Linux offrent des fonctions intégrées de pare-feu local grâce à un utilitaire du noyau appelé Netfilter. En plus de fournir un filtrage de paquets pour la mise en œuvre du pare-feu local, cet utilitaire offre une protection supplémentaire grâce à des processus appelés traduction d'adresse réseau (NAT) et traduction d'adresse de port (PAT) pour diriger les paquets à travers un réseau, en plus de masquer l'adresse IP privée des hôtes extérieurs au réseau.

Versions d'Apple OS

Apple Inc. produit des ordinateurs personnels qui ne sont pas intrinsèquement compatibles avec les PC. Ils ont une conception matérielle nettement différente et n'exécutent pas directement les logiciels développés pour l'environnement Win/PC.

Tous les nouveaux ordinateurs Apple Mac fonctionnent sur une version propriétaire de Unix appelée Apple OS X. Bien que la structure d'OS X soit basée sur Unix, les parties d'interaction avec l'utilisateur du système utilisent l'interface graphique de bureau de la marque Apple. Cela donne au Mac un moteur très puissant et stable avec des interfaces très conviviales avec lesquelles il est possible de travailler :

- Versions Apple client : macOS, OS X, et Mac OS X
- Versions Apple Serveur : macOS Server, Mac OS X Server et OS X Server

MacOS a été conçu pour fonctionner avec des microprocesseurs x86 et x86 64 bits d'Intel, Cyrix, VIA et AMD, ainsi qu'avec des processeurs PowerPC d'IBM et de Motorola. Ces microprocesseurs supportent tous les fonctions NX-bit pour protéger certaines zones de la mémoire contre la manipulation de virus.

MacOS supporte les formats de systèmes de fichiers ISO9660, FAT, NFS, UFS et UDF décrits précédemment. En outre, la prise en charge des normes FMS suivantes est assurée dans différentes versions de MacOS :

- HFS/HFS+ – Ces systèmes de fichiers sont propriétaires d'Apple et développés comme système de fichiers principal pour leur gamme d'ordinateurs Mac utilisant macOS. Ils sont également utilisés dans la gamme d'appareils musicaux iPod d'Apple. La prise en charge de la version mise à jour HFS+ a été incluse dans des systèmes d'exploitation autres que ceux d'Apple, notamment le noyau Linux et Windows (y compris la prise en charge de la console de jeu Xbox360 de Microsoft).
- SMBFS/CIFS – La technologie Server Message Block File System, également connu sous le nom de Common Internet File System, a été développée pour fournir un accès partagé aux fichiers et aux appareils, ainsi qu'aux communications réseau. Ce FMS est principalement utilisé avec les ordinateurs fonctionnant sous Windows avant l'avènement d'Active Directory. Toutefois, la prise en charge des nouvelles versions de SMB s'est poursuivie avec toutes les versions actuelles du système d'exploitation de Microsoft, en plus de s'étendre à plusieurs systèmes d'exploitation autres que Microsoft.

Les systèmes d'exploitation MacOS d'Apple incluent le chiffrement des données au niveau du disque par un service appelé FileVault; les utilisateurs de MacOS FileVault2 peuvent également utiliser l'utilitaire de disque intégré pour chiffrer leur disque et stocker des sous-ensembles de leur répertoire personnel.

■ iOS

iOS est un système d'exploitation mobile propriétaire d'Apple conçu pour prendre en charge la gamme d'iPhones et d'iPads d'Apple. Bien qu'iOS partage de nombreuses structures avec macOS, il n'est pas compatible avec les applications macOS.

iOS est conçu pour fonctionner avec les types de processeurs RISC (reduced instruction set computing) de la société Acorn RISC Machines (ARM) Ltd. Ces appareils consomment beaucoup moins d'énergie et produisent beaucoup moins de chaleur que leurs concurrents de type x86 à architecture CISC (complex instruction set computing). Les processeurs RISC sont donc tout à fait adaptés aux petits appareils à batteries tels que les téléphones, les tablettes et autres «pads». Depuis la version ARMv6, cette architecture prend en charge une fonction de protection des pages mémoire «Execute Never» (XN).

Le système iOS comprend un dispositif intégré de chiffrement des fichiers au niveau de l'appareil pour protéger les données en cas de perte ou de vol de l'appareil en fonctionnement. Il offre également une protection contre les utilisateurs non autorisés qui utilisent ou modifient les données. En plus de sa fonction de chiffrement matériel, iOS offre un outil par classe appelé Data Protection. Avec cet outil de protection, des clés de chiffrement basées sur des fichiers sont créées chaque fois que des données sont écrites dans la structure de la mémoire flash de l'appareil.

■ Android OS

Le système d'exploitation Android a été développé pour être utilisé avec des tablettes et des téléphones intelligents dont le contrôle et le fonctionnement sont assurés. par des mouvements sur l'écran tactile. C'est actuellement le système d'exploitation mobile le plus populaire en raison du nombre de smartphones et de tablettes dans lesquels il est utilisé, comme le montre le graphique de la Figure 8.6.

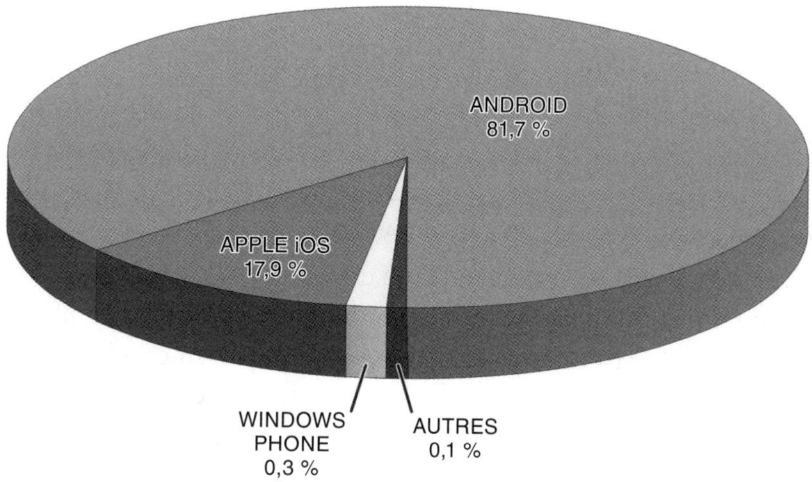

Figure 8.6 Graphique de répartition des système d'exploitation pour smartphones en 2014

Android est basé sur le noyau du système d'exploitation Linux, mais comprend généralement un ensemble d'interfaces utilisateur, d'utilitaires et d'applications propriétaires. En raison de sa disponibilité en open source, Android a été adopté par une communauté de développeurs et a fait son chemin dans un certain nombre d'appareils dans des applications grand public, militaires, commerciales et éducatives.

Le système d'exploitation Android est conçu pour fonctionner sur des processeurs ARMv7/8 32 et 64 bits. Cela inclut les processeurs ARM i.MX5/i.MX6 propriétaires de Freescale Semiconductors (une ancienne division de Motorola). Ces microprocesseurs prennent en charge la fonction de protection des pages XN. Il existe également une version du noyau du système d'exploitation Android conçue pour prendre en charge les architectures x86. Bien entendu, ces processeurs prennent en charge la fonction XD-bit ou NX-bit.

La configuration du noyau des différents appareils Android prend en charge différents systèmes de fichiers spécifiques à cet appareil. Cependant, il existe certains systèmes de fichiers en mémoire flash qui sont communs aux systèmes Android :

- exFAT – Le système de fichiers Microsoft extended File Allocation Table pour les appareils à mémoire flash.
- F2FS – Flash-Friendly File System (version 2) de Samsung est un système de fichiers Linux open source pour les appareils de stockage flash.
- JFFS2 – Le système par défaut d'Android Journal Flash File System (version 2). Cette version a remplacé YAFFS2 (Yet Another Flash File System) comme système de fichiers flash par défaut d'Android utilisé dans les versions antérieures du noyau.

- Ext2/Ext3/Ext4 Versions du système de fichiers étendu Linux qui remplace F2FS et JFFS2 comme système de fichiers pour les mémoires flash internes des appareils Android.

En plus de ces systèmes de fichiers pour mémoire flash, les appareils Android prennent généralement en charge les systèmes de fichiers FAT (File Allocation Table) de Microsoft (FAT12, FAT16 et FAT32), ainsi que leur extension VFAT.
Le système d'exploitation Android offre un chiffrement de disque basé sur un utilitaire appelé dm-crypt pour stocker les données sur la mémoire flash de l'appareil. Cet utilitaire fait partie intégrante du noyau Linux d'Android.

Choix de sécurité des systèmes d'exploitation

En raison de sa popularité, Microsoft Windows représente la plus grande cible pour les auteurs de logiciels malicieux et malveillants et de *logiciels gris* (logiciels indésirables ennuyeux). Par conséquent, Windows subit un pourcentage inégalé de toutes les attaques associées aux virus et aux logiciels espions.
Ce fait a conduit certains clients de Windows à adopter d'autres plates-formes de systèmes d'exploitation comme Linux ou macOS, qui sont beaucoup moins la cible des logiciels malveillants. Le Tableau 8.1 résume certaines caractéristiques de sécurité courantes associées à divers systèmes d'exploitation.

Tableau 8.1 Comparaison de la sécurité des systèmes d'exploitation

Nom	Contrôle de l'accès aux ressources	Mécanismes d'isolation des sous-systèmes	Pare-feu intégré	Système de fichiers à chiffrement	No Execute (NX)
Linux	POSIX, ACL, MAC	chroot, capability-based security, seccomp, SELinux, AppArmor	Netfilter, variable selon la distribution	Oui	Matériel/ Emulation
macOS	POSIX, ACL	chroot, BSD fichiers marqués en utilisant les chflags	PF	Oui	Matériel/ Emulation
Windows Serveur	ACL, privilèges, RBAC	Win32 WindowStation, desktop, job objects	Pare-feu Windows	Oui	Matériel/ Emulation
Windows	ACL, privilèges, RBAC	Win32 WindowStation, desktop, job objects	Pare-feu Windows	Oui	Matériel/ Emulation

Outils communs de sécurité des systèmes d'exploitation

Après le démarrage du système, des mesures peuvent être prises pour empêcher le personnel non autorisé d'accéder au système d'exploitation et à ses applications. Ces mesures comprennent :

- La mise en œuvre des exigences locales de connexion
  - Création de comptes d'utilisateurs et de groupes
  - Mise en place d'une politique de mots de passe
  - Mise en place de politiques de verrouillage
- La mise en œuvre d'options d'authentification supplémentaires
  - Utilisation de dispositifs d'authentification biométriques
  - Utilisation de dispositifs d'authentification physiques
- L'utilisation des outils administratifs locaux
  - Audit du système et enregistrement des événements
  - Mise en œuvre des outils de chiffrement des données
  - Surveillance de la sécurité des applications
- La protection de l'accès à distance
  - Définition des paramètres du pare-feu
  - Configuration des options de sécurité du navigateur
  - Choix et mise en œuvre d'une protection contre les logiciels malveillants
  - Application des mises à jour et des correctifs de sécurité

La Figure 8.7 montre les options de la politique de sécurité locale et des paramètres de sécurité disponibles dans le panneau de configuration de Microsoft Windows. La première série d'options comprend des choix de politique de verrouillage de mot de passe et de compte pour contrôler localement l'accès au système. Vous pouvez également mettre en œuvre des politiques d'administration locale pour l'audit du système, les droits des utilisateurs et les politiques de sécurité.

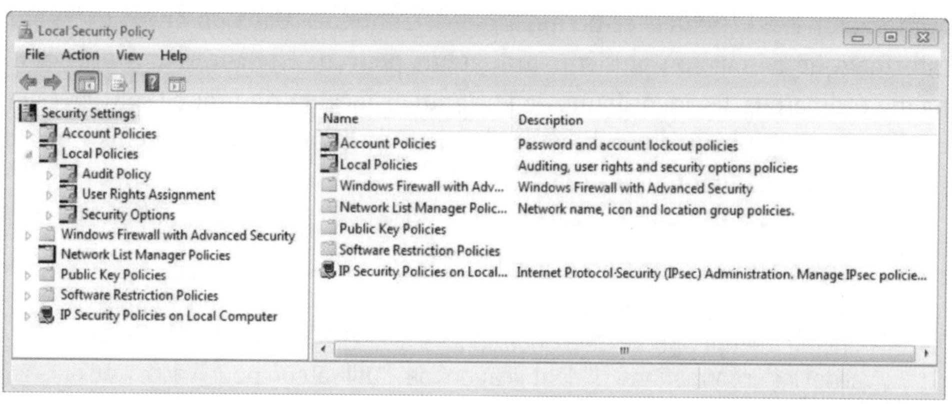

Figure 8.7 Politique de sécurité locale / Paramètres de sécurité

Le pare-feu Windows et les outils de sécurité avancés permettent à l'administrateur local (ou au propriétaire) d'établir et de configurer un pare-feu local comme décrit précédemment.

Les autres outils présentés dans la Figure 8.7 sont des outils de sécurité qui permettent d'instaurer des politiques locales pour contrôler les interactions de l'ordinateur local avec un réseau externe. Dans les sections suivantes, vous apprendrez comment les mettre en œuvre pour obtenir les meilleures pratiques de sécurité de l'hôte local.

Un mot sur les outils de sécurité

Un rapide coup d'œil sur les outils de la Figure 8.7 devrait faire apparaître que les politiques sont conçues pour contrôler l'interaction de l'ordinateur local avec un réseau externe. Bien que les outils soient locaux, ils sont également utilisés dans des environnements en réseau. Dans certains cas, les politiques administratives locales et de réseau couvrent les mêmes éléments de sécurité. Dans ces cas, la politique de réseau l'emporte sur la politique locale si elles sont configurées en conflit l'une avec l'autre.

Mise en œuvre des exigences de connexion locales

Le principal outil d'authentification de l'utilisateur utilisé avec les appareils informatiques personnels est le nom d'utilisateur et le mot de passe de connexion. En général, il y a trois types de connexions liées à l'utilisateur avec lesquels il faut composer :

- Une connexion à la machine locale
- Une connexion à une application logicielle spécifique
- Une connexion au réseau

Au niveau de l'ordinateur local, la connexion locale est généralement requise. Ce niveau de connexion valide l'utilisateur pour l'utilisation des ressources de l'ordinateur local (fichiers et périphériques). Toutefois, dans un environnement informatique partagé où plusieurs utilisateurs peuvent être autorisés à utiliser le même ordinateur, les identifiants de l'utilisateur local et du groupe sont créés et configurés par le biais d'une base de données de comptes d'utilisateurs qui est stockée sur l'ordinateur local.

Un mot sur les connexions locales

Dans un environnement de réseau, la connexion au réseau remplace généralement l'option de connexion locale. Ce niveau de connexion valide les informations d'identification de l'utilisateur pour l'accès aux ressources distantes.

Ces identifiants sont utilisés pour obtenir un accès initial à l'ordinateur, contrôler l'accès à ses ressources locales et contrôler l'accès aux ressources du réseau. Dans un environnement Windows, ces comptes sont créés et gérés par l'intermédiaire de l'utilitaire Utilisateurs et groupes locaux[10] sous Gestion de l'ordinateur[11], comme le montre la Figure 8.8.

La première fois qu'un système autonome est lancé, un compte d'administrateur est automatiquement créé dans la base de données des comptes locaux du système d'exploitation. L'administrateur a des droits et des autorisations sur toutes les ressources matérielles et logicielles du système. L'administrateur, à son tour, crée d'autres utilisateurs et leur accorde ensuite des droits et des autorisations sur les ressources du système si nécessaire.

L'administrateur peut s'occuper des utilisateurs sur une base individuelle ou peut rassembler les utilisateurs en groupes qui peuvent être administrés de manière uniforme. Ce faisant, l'administrateur peut attribuer des autorisations ou des restrictions à un individu ou à un groupe entier. L'intérêt de l'utilisation de groupes réside dans le gain de temps réalisé en pouvant appliquer des droits communs à plusieurs utilisateurs au lieu de les appliquer un par un.

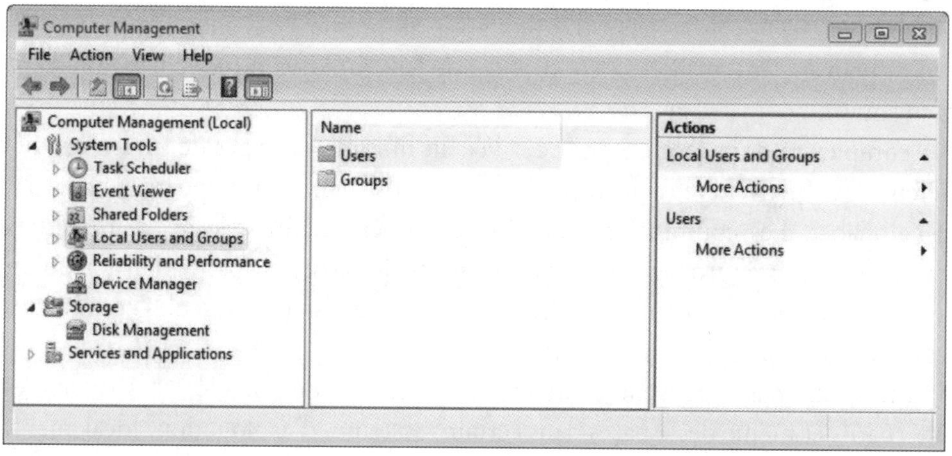

Figure 8.8 Comptes locaux d'utilisateurs et de groupes Microsoft

L'autre groupe par défaut créé au démarrage du système d'exploitation est un type de compte appelé groupe d'invités. Ce groupe par défaut a généralement un accès réduit au système, et tous ses membres partagent le même profil d'utilisateur. Le compte d'utilisateur invité est automatiquement membre de ce groupe.

Chaque utilisateur et groupe dans l'environnement local a un profil qui décrit les ressources et les configurations de bureau créées pour lui. Les paramètres du

10 Local Users and Goups

11 Computer Management

profil peuvent être utilisés pour limiter les actions que les utilisateurs peuvent effectuer, telles que l'installation, la suppression, la configuration, l'ajustement ou la copie des ressources.
Lorsque les utilisateurs se connectent au système, ce dernier vérifie leur profil et ajuste le système en fonction de leurs informations. Ces informations sont utilisées pour obtenir un accès initial à l'ordinateur et contrôler l'accès de chaque utilisateur à ses ressources locales. En outre, l'accès à certaines applications et à d'autres ressources peut être contrôlé par des mots de passe supplémentaires au niveau de l'application.

Mots de passe

Pour qu'un mot de passe soit efficace, il doit posséder une certaine force. Sa longueur, sa complexité et son caractère aléatoire doivent être de nature à contrecarrer les efforts des techniques de craquage de mots de passe mentionnées précédemment.
La longueur d'un mot de passe a une incidence directe sur la facilité avec laquelle il peut être déchiffré. Plus le mot de passe est long, plus il sera difficile à déchiffrer. Il est généralement recommandé que les mots de passe comportent au moins huit caractères. Si le système d'exploitation le permet, des mots de passe plus longs peuvent être utilisés, à condition que les employés ou les clients puissent s'en souvenir.
La complexité d'un mot de passe est liée au nombre de types de caractères différents qui peuvent être incorporés, y compris ceux qui n'appartiennent pas à l'alphabet. Les combinaisons de chiffres, de caractères spéciaux et de lettres majuscules et minuscules renforcent les mots de passe, en particulier lorsqu'un système d'exploitation considère les lettres majuscules et minuscules comme des caractères complètement différents.
Les mots de passe peuvent contenir des caractères de contrôle, des caractères alternatifs et même des espaces dans certains systèmes d'exploitation. Idéalement, tous les jeux de caractères suivants devraient être utilisés lorsque les utilisateurs doivent créer des mots de passe forts.

- Lettres majuscules telles que A, B, C
- Lettres minuscules telles que a, b, c
- Chiffres tels que 1, 2, 3
- Caractères spéciaux tels que $, ?, &
- Caractères alternatifs tels que @, %

Le caractère aléatoire d'un mot de passe implique la difficulté à en deviner la signification. Un bon mot de passe doit être facile à mémoriser, mais il doit néanmoins être difficile à deviner. Depuis plusieurs années, les deux premiers mots de passe sont « 123456 » et « mot de passe ». Les attaquants connaissent également les termes et les techniques couramment utilisés pour créer des mots de passe, comme l'ajout et le remplacement.

Ajouter est le fait d'ajouter un ensemble de caractères à la fin d'un autre ensemble de caractères (exemple123). *Remplacer est l'acte* d'utiliser un ensemble de caractères pour remplacer un autre ensemble de caractères prévisibles (ex@mp1e). La signification d'un mot de passe ne doit pas être quelque chose qui pourrait être facilement deviné ou déduit par un simple raisonnement. Une approche qui semble bien fonctionner consiste à penser en termes de phrases plutôt que de simples mots.

Des phrases mnémoniques sont souvent incorporées, ce qui permet de créer des mots de passe difficiles à deviner, mais qui n'ont pas besoin d'être écrits pour être mémorisés. Les phrases mnémoniques peuvent être orthographiées phonétiquement, en utilisant par exemple « UraTygr! » au lieu de « You are a tiger! » On peut aussi utiliser les premières lettres de chaque mot d'une phrase mémorisée, comme « Ihnybtf », qui est l'abréviation de « I have note yet begun to fight[12] ».

Une autre méthode efficace consiste à choisir une phrase significative qui peut être facilement mémorisée. Ensuite, les initiales de certains mots de la phrase peuvent être converties en caractères alternatifs. Par exemple, le chiffre « 4 » peut être substitué partout où la lettre « f » est utilisée.

Sécurité supplémentaire des mots de passe

La nécessité de renforcer la sécurité des mots de passe est de plus en plus reconnue, car les escrocs continuent de les voler avec une facilité croissante. Les mots de passe sont finalement subtilisés aussi facilement que s'ils étaient simplement demandés. Le personnel ne doit tout simplement jamais parler de mots de passe avec qui que ce soit, même si ces conversations semblent inoffensives ou légitimes.

Bien que les pratiques standard de protection par mot de passe puissent être suffisantes pour tenir à distance certains intrus potentiels, certaines situations nécessitent une approche plus sophistiquée. Dans ces cas, une protection supplémentaire peut être assurée par l'utilisation de techniques de chiffrement et de mots de passe à usage unique (OTP[13]).

Le chiffrement des mots de passe est le processus qui consiste à prendre un mot de passe standard et à lui appliquer un algorithme de manière à le rendre insignifiant pour les logiciels de capture, les craqueurs ou autres espions. L'authentification à l'aide d'un deuxième facteur comme les mots de passe à usage unique qui ne sont valables que pour une seule transaction, ajoute une autre couche de sécurité précieuse.

12 « Je n'ai pas encore commencé à me battre ».

13 One-time password

Les meilleures pratiques en matière de mots de passe sont les suivantes :

- Utiliser une convention d'appellation cohérente dans toute l'organisation afin que les utilisateurs puissent comprendre les leurs et ne pas avoir recours à l'enregistrement et qu'ils puissent alors être trouvés par d'autres.
- Fournissez toujours un mot de passe à un compte et faites en sorte que l'utilisateur le change lors de sa première connexion.
- Protégez les mots de passe (ne les écrivez pas dans des espaces ouverts).
- N'utilisez pas de mots de passe par défaut.
- Apprenez aux les utilisateurs à créer des mots de passe forts.
- Faire appliquer les politiques relatives aux mots de passe à tous les niveaux d'une organisation.

> **Sauvegarde des mots de passe**
> La véritable sécurité des mots de passe implique que les utilisateurs protègent leurs mots de passe des autres.

Politiques de blocage des comptes

Les systèmes d'exploitation fournissent des paramètres de politique de verrouillage des comptes qui permettent aux administrateurs d'empêcher les attaquants d'essayer d'accéder au système de manière répétée. Cela limite les attaquants dans l'utilisation d'attaques par force brute qui permettent de deviner le mot de passe d'un compte afin de pouvoir s'introduire dans le système.

Les attaques par force brute impliquent l'utilisation répétée de tentatives de connexion pour essayer de deviner le mot de passe. Comme le montre la Figure 8.9, les paramètres de la politique de verrouillage sont généralement les suivants :

- Durée de verrouillage du compte[14] – Combien de temps (en minutes) le compte sera verrouillé avant de se déverrouiller automatiquement. En fixant cette valeur à 0, le compte ne sera pas déverrouillé tant que l'administrateur ne l'aura pas réinitialisé manuellement.
- Seuil de verrouillage des comptes/échecs maximums[15] – Combien de fois peut-on tenter d'accéder à un compte avant qu'il ne soit verrouillé ? La valeur par défaut de ce paramètre est 0, ce qui désactive la fonction de verrouillage du compte.
- Réinitialisation du compteur de blocage de compte après/durée de blocage[16] – Le temps qui peut s'écouler avant que la valeur de blocage du compte soit ramenée à 0.

---

[14] Account Lockout Duration
[15] Account Lockout Threshold/Max Failures
[16] Reset Account Lockout Counter After/Lockout Duration

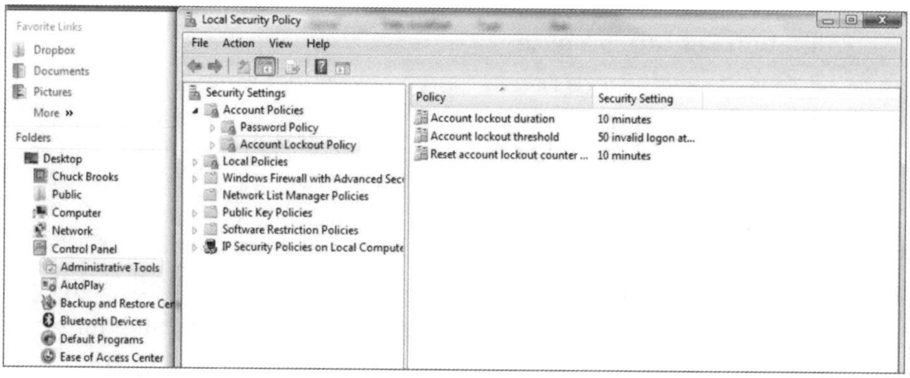

Figure 8.9 Options de verrouillage Windows

Verrouillage de l'ordinateur

Les utilisateurs ne doivent jamais laisser leur ordinateur sans surveillance après s'être connectés. Ce faisant, ils ouvrent la porte à d'autres personnes qui peuvent accéder à leur ordinateur, à leurs données et à leur réseau et les manipuler. Tous les utilisateurs devraient être formés à se déconnecter ou à verrouiller leur ordinateur lorsqu'ils s'en éloignent, même si ce n'est que pour quelques minutes.

Le verrouillage de l'ordinateur le protège des intrus et préserve l'état actuel du système. Lorsque l'ordinateur est déverrouillé, les applications et les données qui étaient actives dans le système sont toujours ouvertes, ce qui permet à l'utilisateur de reprendre plus facilement là où il s'est arrêté.

Les utilisateurs doivent également veiller à se déconnecter à la fin de la journée. Cela permet de fermer toutes les applications et de s'assurer que les fichiers de données sont sauvegardés.

Mise en œuvre d'options d'authentification supplémentaires

Rappelons qu'au Chapitre 2 l'authentification a été définie comme le processus consistant à déterminer si une personne est bien celle qu'elle prétend être. Au niveau de l'informatique locale ou des dispositifs de contrôle, l'authentification peut être mise en œuvre en termes de systèmes d'authentification physique ou biométrique pour remplacer ou compléter les méthodes d'authentification par mot de passe.

Dispositifs d'authentification physique

Il existe des dispositifs matériels qui peuvent être utilisés pour rendre les systèmes informatiques personnels inutilisables par des personnes autres que les utilisateurs autorisés. Ces dispositifs comprennent des éléments tels que les cartes à puce et les dispositifs biométriques similaires à ceux décrits dans le chapitre précédent. Toutefois, contrairement aux dispositifs conçus pour protéger l'accès à l'infrastructure physique, ces dispositifs sont conçus spécifiquement pour être utilisés avec des systèmes informatiques personnels.

Utilisation des cartes à puce

Certaines organisations délivrent à leurs employés des cartes à puce qu'ils peuvent utiliser pour entrer dans leurs bâtiments, se connecter à leurs PC et accéder aux applications appropriées avec un seul dispositif de sécurité.

Le système de carte combine les codes secrets des utilisateurs (c'est-à-dire quelque chose que seuls les utilisateurs connaissent) avec des jetons générés par le système d'authentification de l'autorité de certification du réseau pour générer un « code de passe » unique. Ce code valide l'utilisateur et son accès à différentes ressources.

Scanners biométriques pour les appareils informatiques personnels

Comme nous l'avons vu au Chapitre 2, les scanners biométriques sont de plus en plus sophistiqués, notamment les dispositifs de reconnaissance facial, les bases de données interrogeables et les applications connexes.

En plus de servir de dispositifs d'authentification pour l'accès aux installations, de nombreux dispositifs de détection biométrique ont évolué pour être utilisés avec des ordinateurs personnels. Cependant, le dispositif d'authentification biométrique le plus utilisé avec les ordinateurs personnels est le scanner d'empreintes digitales. La Figure 8.10 présente différents types conçus pour être utilisés avec des ordinateurs personnels.

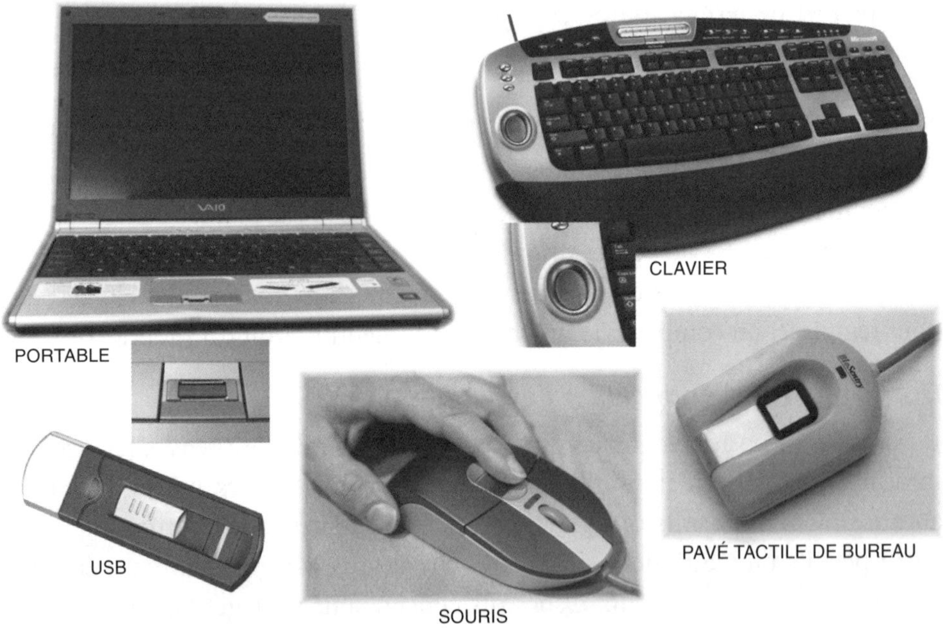

Figure 8.10 Scanners d'empreintes digitales

Certains fabricants de scanners d'empreintes digitales proposent des versions miniatures de touchpad qui s'installent sur le bureau et se connectent au système par un câble et un connecteur USB. D'autres sont intégrés dans des porte-clés qui se branchent directement sur le port USB. Certains fabricants intègrent même ces dispositifs sur le dessus de la souris.

Certains modèles stockent en fait les images scannées et les informations d'accès au compte sur l'appareil. Cela permet au fichier d'identification de suivre l'utilisateur s'il travaille avec différents ordinateurs à différents endroits.

Après l'installation et la configuration du logiciel du scanner d'empreintes digitales, le gestionnaire de mots de passe vous demandera de scanner votre empreinte digitale plutôt que de taper un mot de passe lors de vos prochaines tentatives de connexion.

Utilisation des outils administratifs locaux

Tous les différents systèmes d'exploitation évoqués précédemment offrent des outils de gestion permettant de contrôler qui, quand et comment l'ordinateur local est utilisé. Collectivement, ces outils sont appelés « outils d'administration » (dans les versions du système d'exploitation Microsoft Windows, l'applet du panneau de configuration où ces outils sont configurés et lancés est intitulé Outils d'administration[17]).

Ces outils comprennent généralement des programmes conçus pour contrôler l'utilisation de la mémoire de l'ordinateur, administrer et optimiser l'emploi du disque dur, configurer les services du système d'exploitation fonctionnant sur l'ordinateur, contrôler le transfert matériel/système d'exploitation pendant le démarrage et résoudre les problèmes du système d'exploitation. Toutefois, dans chaque cas, il existe un sous-ensemble de ces outils de gestion dédié aux fonctions liées à la sécurité. Dans les sections suivantes, nous examinerons les outils de gestion des systèmes d'exploitation communs liés à la sécurité et leurs mises en œuvre.

Enregistrement et audit des événements

L'audit est une fonction de sécurité du système d'exploitation qui permet de surveiller et de suivre les activités de l'utilisateur et du système d'exploitation effectuées sur un ordinateur. Ces informations peuvent ensuite être utilisées pour détecter les intrus et autres activités indésirables.

Ces entrées constituent un outil fondamental dans les efforts de détection des intrusions non autorisées. Il existe deux types d'enregistrements d'audit courants à prendre en considération :

- Enregistrements d'audit natifs – Enregistrements d'événements générés par la plupart des systèmes d'exploitation multiutilisateurs modernes. Comme ces

[17] Administrative Tools

enregistrements sont déjà générés par le système d'exploitation, ils sont toujours disponibles, mais ils peuvent ne pas contenir les événements souhaités ou être sous une forme facilement utilisable.

- Enregistrements d'audit spécifiques à la détection – Enregistrements générés pour fournir des informations spécifiques sur des actions ou des événements souhaités. Ces derniers peuvent être basés sur les activités du système d'exploitation, les événements d'application ou les événements de sécurité.

Les systèmes d'audit disponibles avec la plupart des systèmes d'exploitation se composent de deux éléments principaux :

- Politique d'audit (ou règles d'audit), qui définit les types d'événements qui seront surveillés et ajoutés aux journaux de sécurité du système
- Entrées d'audit (ou enregistrements d'audit), qui consistent en des entrées individuelles ajoutées au journal de sécurité lorsqu'un événement audité se produit.

Outils d'audit Windows

Dans un environnement Microsoft Windows, les entrées d'audit sont conservées dans le fichier journal de sécurité. La Figure 8.11 montre un journal de sécurité typique affiché dans le système d'exploitation Windows Utilitaire Event Viewer. Pour que l'audit soit un outil de sécurité efficace, le journal de sécurité doit être examiné et archivé régulièrement.

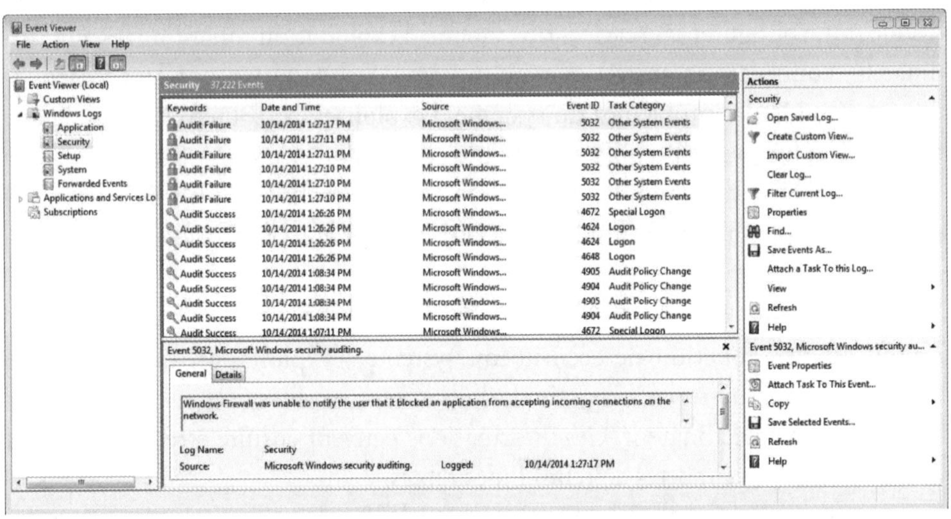

Figure 8.11 Visualisation des journaux d'audit de sécurité

Dans Windows, l'audit est configuré par l'option Stratégie de sécurité locale[18] située sous le menu Administrative Tools, comme le montre la Figure 8.12.

[18] Local Security Policy

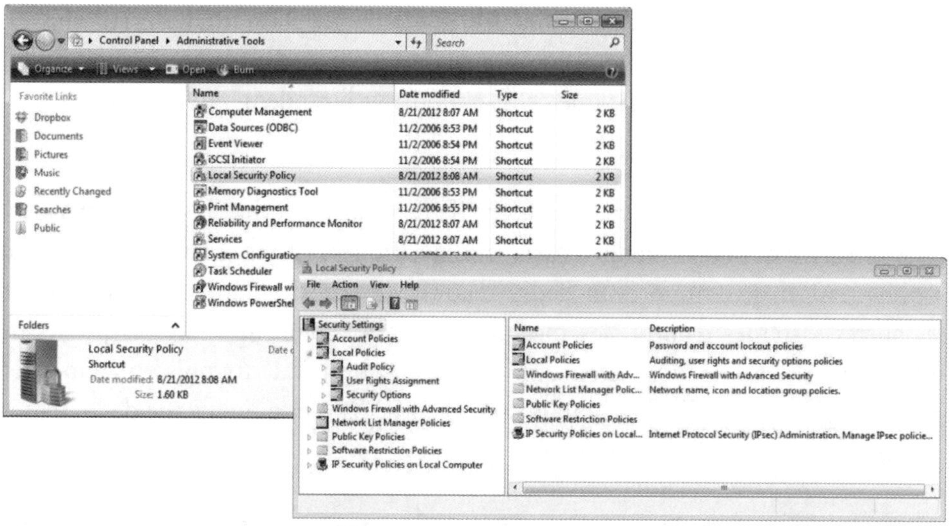

Figure 8.12 Configuration de l'audit dans Windows

La sélection d'une politique à configurer dans le volet de droite produira la fenêtre de paramétrage de la sécurité locale, illustrée à la Figure 8.13. Cochez la ou les options qui doivent faire l'objet d'un suivi et d'un audit. Vous pouvez cocher Réussite, Échec, ou les deux.

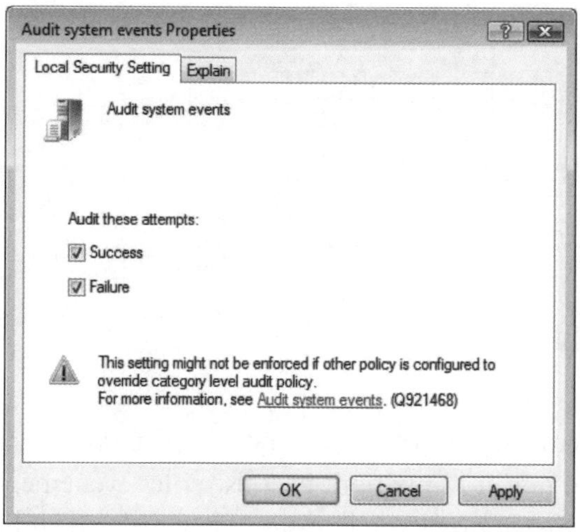

Figure 8.13 Mise en place d'une politique de sécurité locale

Dans Windows, l'audit doit être configuré à la fois comme un paramètre de la politique générale du système et sur chaque objet (fichier, dossier et imprimante) qui nécessite un audit. En gardant cela à l'esprit, lorsque vous configurez une politique d'audit, vous devez considérer l'effet que cette politique aura sur le système et ses performances. Si vous deviez mettre en place un audit sur chaque fichier, dossier et imprimante d'un système, le processus d'audit imposerait un tel surcroît de travail au système que celui-ci pourrait littéralement s'arrêter.

Audit Linux

Les systèmes Linux disposent également de capacités d'audit de sécurité permettant de suivre des événements de sécurité spécifiques. La Figure 8.14 fournit une représentation générique d'un cadre d'audit de sécurité Linux. Comme pour les autres systèmes d'audit, les modules Linux font correspondre les processus informatiques aux ID utilisateur afin que les administrateurs puissent remonter jusqu'à l'utilisateur spécifique qui possède le processus et qui effectue des activités potentiellement malveillantes dans le système.

Figure 8.14 Audit Linux

Au cœur du système se trouve le «daemon[19]» d'audit qui fonctionne avec le module d'audit du noyau Linux pour enregistrer les événements pertinents et les écrire dans un fichier journal sur le disque. Les règles d'audit sont configurées dans un fichier qui est exécuté au démarrage du système. L'utilitaire du contrôleur d'audit utilise les paramètres de ces règles pour déterminer quels événements du système sont suivis et comment ils sont écrits dans le fichier journal d'audit.

Lorsqu'une application rencontre une situation qui déclenche un événement d'audit préconfiguré, un message est présenté à l'interface d'audit du noyau et

[19] Terme utilisé pour désigner les processus sous Linux

transmis au contrôleur d'audit. Sous la direction de ce dernier, le daemon d'audit écrit l'événement dans le journal des événements d'audit.

Les systèmes d'audit Linux comprennent également un outil de génération de rapports que l'administrateur peut utiliser pour générer des rapports de sécurité personnalisés. Il peut également inclure un utilitaire de recherche permettant un examen rapide et spécifique des entrées du journal pour des événements spécifiques.

Comme pour les configurations Windows Group Policy[20], vous devez tenir compte du niveau d'audit que vous souhaitez que le système d'audit Linux effectue sur l'ordinateur et de ses conséquences opérationnelles.

Mise en œuvre du chiffrement des données

Le terme de *cryptographie* est utilisé pour définir l'art de protéger les communications des utilisateurs intrus. L'une des plus anciennes méthodes pour cacher des données à la vue de tous consiste à développer un code (algorithme) pour modifier le message afin que les personnes non autorisées ne puissent pas le lire. Ce procédé est appelé « chiffrement ». Celui-ci consiste à prendre les données et à les traiter avec une clé codée (ou clé de chiffrement) qui définit comment la version originale (en clair) des données a été manipulée. Ce concept est illustré à la Figure 8.15.

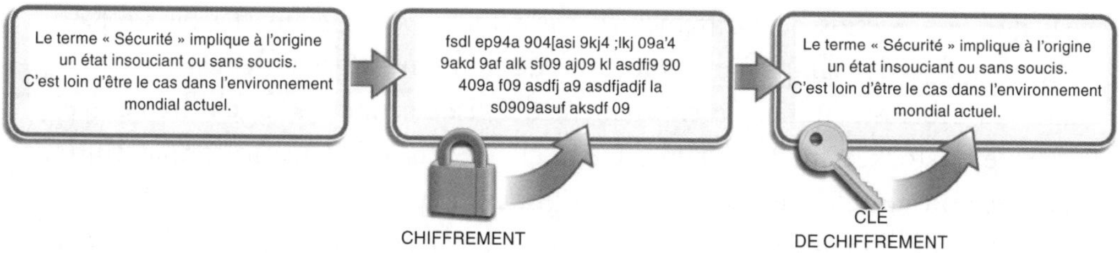

Figure 8.15 Chiffrement des données

Toute personne à qui l'on donne la clé de déchiffrement peut l'utiliser pour décoder le message par un processus de déchiffrement. Le *chiffrement symétrique* utilise la même clé pour chiffrer et déchiffrer les données. Le *chiffrement asymétrique,* décrit dans le paragraphe suivant, utilise deux clés différentes pour chiffrer et déchiffrer les informations.

Un système de clé asymétrique particulièrement efficace est le chiffrement à clé publique (PKE[21]). Cette technique utilise deux clés pour assurer la sécurité des données chiffrées : une clé publique et une clé privée. La clé *publique* (connue de tous) est utilisée pour chiffrer les données, et la *clé privée* ou *secrète* (connue

20 Gestion de stratégie de groupe dans une version française de Windows
21 Public Key Encryption

uniquement du destinataire spécifié) est utilisée pour les déchiffrer. Les clés publique et privée sont liées de telle manière que la clé privée ne peut pas être découverte simplement en possédant la clé publique.

Le chiffrement des données dans un appareil ou un réseau numérique peut se faire à plusieurs niveaux :

- En tant que chiffrement au niveau du système de fichiers (fichiers et dossiers)
- En tant que chiffrement au niveau du disque
- En tant que chiffrement au niveau du transport

Le chiffrement au niveau du disque implique l'utilisation d'une technologie pour chiffrer la structure entière du disque. Cette technique présente l'avantage de protéger tout ce qui se trouve sur le disque contre les accès non autorisés, y compris les fichiers et la structure du système d'exploitation.

Le chiffrement des disques dans un système informatique personnel peut être effectué au niveau du logiciel ou du matériel. Au niveau du logiciel, la technologie de chiffrement des disques est disponible dans la plupart des grandes versions de systèmes d'exploitation de disques ainsi que par l'intermédiaire de fournisseurs tiers.

Le logiciel de chiffrement du disque fonctionne à un niveau situé entre les pilotes de périphériques du système d'exploitation et les applications de niveau supérieur. Dans la plupart des cas, les programmes informatiques et les utilisateurs désignés ne savent pas que le processus de chiffrement/déchiffrement est en cours. La Figure 8.16, illustre une version simplifiée du processus de chiffrement/déchiffrement.

Lors du processus initial de chiffrement du disque, une clé de chiffrement est générée et stockée sur le système. Cette clé est stockée dans un format chiffré qui nécessite un mot de passe ou une « phrase de passe » pour le déchiffrement. Lorsqu'un utilisateur fournit le mot de passe ou la « phrase de passe », le système applique la clé de déchiffrement aux données, les déverrouillant pour que les applications de l'ordinateur puissent les utiliser. Lorsque de nouvelles données sont générées, elles sont chiffrées avant d'être stockées sur le lecteur de disque.

Chiffrement des disques au niveau matériel

De nombreuses cartes mères d'ordinateurs comprennent une micropuce intégrée appelée « Trusted Platform Module » (TPM) qui est utilisée pour stocker des informations cryptographiques, telles que les clés de chiffrement. Les informations stockées grâce à TPM sont plus sûres contre les attaques logicielles externes et le vol physique.

Cette technologie protège le système d'exploitation et les données de l'utilisateur afin de garantir qu'un ordinateur ne sera pas piraté, même s'il est laissé sans surveillance, perdu ou volé. Les gestionnaires de chiffrement de ces systèmes d'exploitation empêchent l'accès à un disque dur en chiffrant l'ensemble du disque.

Si la carte mère de l'ordinateur est équipée d'une puce TPM compatible, les systèmes d'exploitation des disques utilisent le TPM pour verrouiller la clé de chiffrement qui protège les données stockées sur le disque dur. La clé n'est accessible que lorsque TPM a vérifié l'état de l'ordinateur au démarrage.

Au cours du processus de démarrage de l'ordinateur, TPM compare un code de hachage dérivé des valeurs importantes de la configuration du système d'exploitation avec un instantané du système pris auparavant. Si les codes correspondent, le système d'exploitation libère la clé de déchiffrement qui déverrouille le lecteur de disque chiffré. Ce faisant, ce processus vérifie l'intégrité du processus de démarrage du système d'exploitation, comme le montre la Figure 8.17. La clé ne sera pas libérée si TPM détecte que l'installation du système d'exploitation a été altérée.

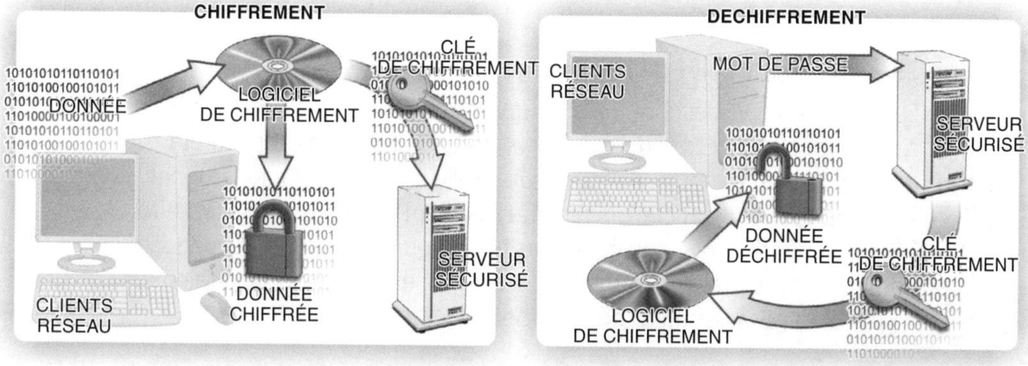

Figure 8.16 Le processus de chiffrement/déchiffrement

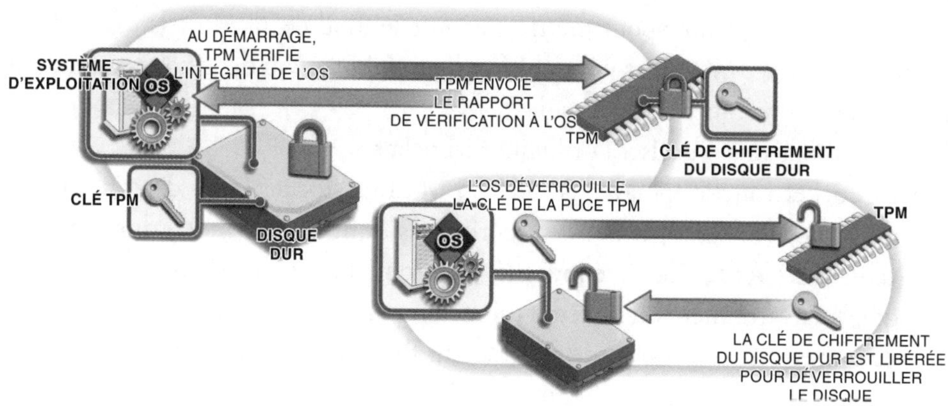

Figure 8.17 Utilisation de TPM

Théoriquement, les données seraient en sécurité si l'ordinateur était volé car le système d'exploitation ne permettrait pas d'accéder au disque dur. Un problème est lié à cette approche : si la carte mère tombe en panne et est remplacée, une copie de sauvegarde de cette clé de démarrage sera nécessaire pour accéder aux données du disque dur.

Déplacement des puces TPM

Une puce TPM ne peut pas être transférée d'une carte mère à l'autre.

Ce lecteur doit être présent pour déverrouiller les données stockées sur un volume. Dans ce cas, il est recommandé de faire des sauvegardes de la clé de démarrage. L'option la plus sûre consiste à exiger l'utilisation d'un code PIN ou d'un mot de passe à chaque fois que l'ordinateur est démarré en même temps que le processus automatisé TPM.

Sauvegarder les clés de démarrage

Sachez que si TPM échoue ou si toutes les copies de la clé de démarrage sont perdues ou corrompues, la récupération des données s'avérera très difficile. Les utilisateurs d'ordinateurs individuels doivent déterminer si leurs besoins en matière de sécurité justifient de faire ce « petit effort supplémentaire » pour protéger leurs ordinateurs personnels. Cependant, dans un environnement professionnel, cette exigence est généralement dictée par l'administrateur du système.

Outils TPM du système d'exploitation

Dans certains systèmes d'exploitation Microsoft Windows, un utilitaire appelé BitLocker est disponible pour mettre en route le module TPM de la carte mère. Il fonctionne avec Windows pour chiffrer l'ensemble du ou des disques durs (cela inclut tous les volumes du système).

Il y a quatre façons d'utiliser l'utilitaire BitLocker :

- BitLocker fonctionne avec la puce TPM pour stocker la clé de chiffrement de BitLocker. Cela permet de sécuriser les données du disque dur même si celui-ci est retiré. Comme indiqué, un problème associé à cette méthode est que si la carte mère du système tombe en panne et est remplacée, une copie de sauvegarde de cette clé de chiffrement BitLocker sera nécessaire pour accéder aux données du disque dur.
- Si l'ordinateur n'est pas équipé d'une puce TPM, la clé de démarrage sur une clé USB doit être insérée dans le système avant le démarrage.
- Les clés de démarrage peuvent également être utilisées sur les ordinateurs qui possèdent des puces TPM. Un problème associé à cette méthode est la tendance des utilisateurs à laisser la clé USB installée dans l'ordinateur.

- L'option la plus sûre consiste à exiger qu'un code PIN soit utilisé en même temps que le processus automatisé de TPM à chaque fois que l'ordinateur est démarré.

Les systèmes d'exploitation Linux possèdent également des outils permettant d'utiliser les capacités de chiffrement TPM des cartes mères compatibles. Dans ces systèmes, il est nécessaire de confirmer que le noyau Linux concerné supporte la version TPM de la carte mère. Les trois modules du noyau impliqués dans la configuration TPM sont tpm_bios, tpm et tpm_tis. Les modules génériques tpm_bios et tpm sont chargés en premier, puis le module tpm_tis est chargé avec des paramètres spécifiques.

Plusieurs outils logiciels Linux sont disponibles pour gérer TPM sur les machines basées sur Linux. Trousers est un daemon à code source ouvert qui contrôle toutes les communications avec TPM par le biais d'un seul module. De même, le module TrustedGrub est capable de détecter et de prendre en charge la fonctionnalité TPM dans les systèmes Linux. Il s'agit d'une extension téléchargeable du bootloader Grub qui a été modifié à cet effet.

Lorsque vous initialisez TPM, le module demande un mot de passe pour le propriétaire et un mot de passe « clé racine de stockage » (SRK[22]) qu'il peut utiliser pour générer la clé cryptographique. Le mot de passe pour le propriétaire est nécessaire pour effectuer des tâches administratives sur le système, tandis que le SRK est nécessaire pour charger une clé dans TPM. Ces clés doivent être conservées et ne peuvent jamais être perdues, car sans elles, il serait presque impossible d'accéder au système.

Chiffrement au niveau des fichiers et des dossiers

Comme le titre l'indique, le chiffrement au niveau des fichiers et des dossiers est appliqué aux fichiers et aux dossiers individuels. Les outils de chiffrement à ce niveau permettent aux utilisateurs de chiffrer les fichiers stockés sur leurs disques en utilisant des clés que seul l'utilisateur désigné (ou un agent de récupération autorisé) peut décoder. Cela permet d'éviter le vol de données par ceux qui ne disposent pas du mot de passe ou d'un outil de décodage. Il renforce considérablement la sécurité des fichiers sur les ordinateurs portables en permettant aux utilisateurs de désigner des fichiers et des dossiers de sorte qu'ils ne puissent être accessibles qu'avec la clé de chiffrement appropriée.

Ce type de chiffrement est généralement mis en œuvre sous la forme d'un paramètre d'attribut qui peut être établi pour des fichiers ou des dossiers spécifiques et qui est lié aux utilisateurs autorisés du système. Ces utilisateurs peuvent ouvrir ces fichiers et dossiers comme ils le feraient pour n'importe quel fichier ou dossier

[22] Storage Root Key

ordinaire. Cependant, si quelqu'un obtient un accès non autorisé à l'ordinateur, il ne pourra pas ouvrir les fichiers ou dossiers chiffrés.

Outils de chiffrement de fichiers de Microsoft

Windows assure une sécurité efficace du disque dur local grâce à sa fonction de système de fichiers chiffrés (EFS), comme le montre la Figure 8.18.

La fonction EFS permet à l'utilisateur de chiffrer les fichiers stockés sur le disque en utilisant des clés que seul l'utilisateur désigné (ou un agent de récupération autorisé) peut décoder. Cela permet d'éviter le vol de données par ceux qui n'ont pas le mot de passe ou un outil de décodage.

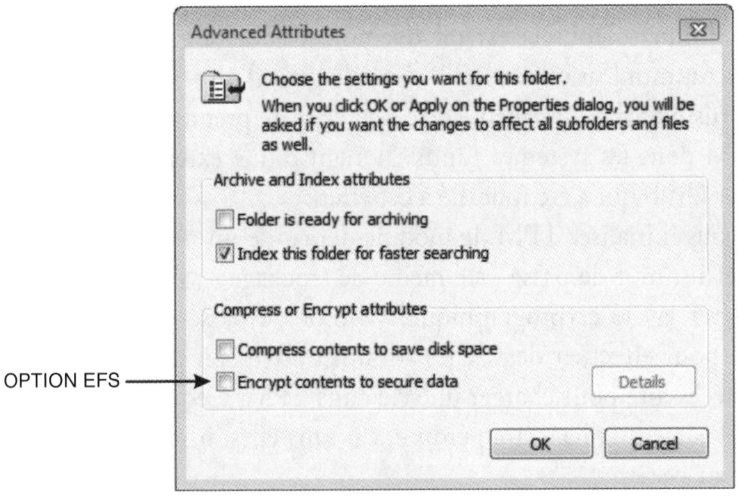

Figure 8.18 Options de chiffrement des lecteurs Windows

Les utilisateurs de Windows peuvent mettre en œuvre l'option EFS pour chiffrer leurs fichiers et dossiers sur des lecteurs NTFS. Pour ce faire, il leur suffit de cocher la case Chiffrer le contenu pour sécuriser les données[23] dans les fenêtres « Attributs avancés »[24] du fichier ou du dossier. Les utilisateurs peuvent ouvrir ces fichiers et dossiers comme ils le feraient pour n'importe quel autre fichier ou dossier. Toutefois, si quelqu'un accède à l'ordinateur sans autorisation, il ne pourra pas ouvrir les fichiers ou dossiers chiffrés. L'EFS est simple à utiliser car il s'agit en fait d'un attribut qui peut être établi pour des fichiers ou des dossiers.

La fonction EFS renforce encore la sécurité des fichiers sur les ordinateurs portables en permettant aux utilisateurs de désigner des fichiers et des dossiers de sorte qu'ils ne soient accessibles qu'avec la clé de chiffrement appropriée.

---

23 Encrypt Contents To Secure Data

24 Advanced Attributes

Un mot sur l'EFS

Le système EFS empêche l'accès aux fichiers par des utilisateurs non autorisés, y compris ceux qui essaient de contourner le système d'exploitation et d'y accéder en utilisant des utilitaires tiers. Il utilise un chiffrement à la fois symétrique et asymétrique pour sécuriser les informations.

Exercices pratiques

Objectifs

- Décrire les autorisations disponibles pour les NTFS.
- Définir et tester les autorisations de fichiers et de dossiers.
- Vérifier les autorisations mises en place sur les comptes d'utilisateurs.
- Définir et tester le chiffrement au niveau des fichiers/dossiers.

Ressources

- Système d'ordinateur de bureau/tour compatible avec les PC
- Windows 10 Professional installé
- Configuration des comptes TestUser sur votre PC/poste de travail
  - Utilisateur : **TestUser1** avec mot de passe : **testuser1**
  - Utilisateur : **TestUser2** avec mot de passe : **testuser2**
- Les deux comptes doivent être définis comme des utilisateurs standard.
- *AxCrypt* installé (https://www.axcrypt.net/download/)

Discussion

NTFS (New Technology File System) est le système de gestion de fichiers propriétaire et par défaut de Microsoft pour ses systèmes d'exploitation. NTFS a induit avec lui des fonctions de sécurité améliorées, notamment les listes de contrôle d'accès (ACL) et le système de fichiers chiffrés (EFS).

Les autorisations NTFS peuvent être configurées comme des options d'autorisation ou de refus dans la liste de contrôle d'accès associée. Il s'agit d'un exemple de liste de contrôle d'accès discrétionnaire, dans laquelle l'utilisateur qui est considéré comme le propriétaire d'un fichier ou d'un dossier choisit les permissions de ladite information. La Figure 8.19 illustre une liste de contrôle d'accès discrétionnaire.

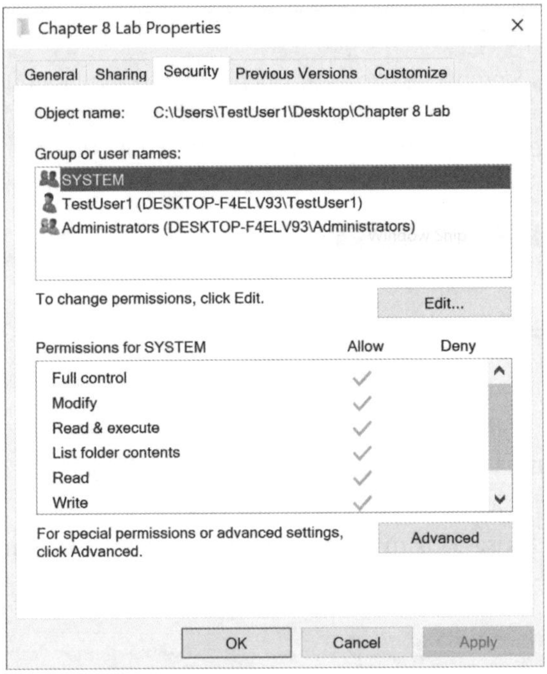

Figure 8.19 Liste de contrôle d'accès

Dans ce laboratoire, vous gérerez et testerez les autorisations, et vous explorerez le chiffrement au niveau des fichiers avec *AxCrypt*. N'oubliez pas que ces procédures constituent une introduction aux autorisations. Ce laboratoire explorera la gestion des permissions sur un ordinateur hôte local. Ce laboratoire ne proposera pas de permissions de partage, de permissions de serveur, d'héritage ou de gestion des permissions de fichiers sous Linux. Vous gérerez les permissions de fichiers et de dossiers pour un ensemble d'utilisateurs sélectionnés. Enfin, vous testerez différents paramètres de permission afin de mieux comprendre l'importance et la puissance des ACL.

Procédures

■ Mise en place et création de fichiers et de dossiers

Pour pouvoir tester les permissions NTFS que vous mettrez en place, vous devez d'abord devenir propriétaire des fichiers et des dossiers. Le propriétaire d'un fichier a le pouvoir discrétionnaire d'autoriser ou de refuser l'accès à d'autres utilisateurs.

1. Allumez l'ordinateur et, si nécessaire, choisissez Windows 10 Professionnel pour vous connecter.
2. Sélectionnez **TestUser1** pour vous connecter, avec un mot de passe **testuser1**.

3. Une fois connecté, cliquez avec le bouton droit de la souris sur l'icône Windows et sélectionnez l'explorateur de fichiers.
4. Dans la partie gauche de la fenêtre de l'explorateur de fichiers, localisez et cliquez sur le lecteur C :.
5. Cliquez avec le bouton droit de la souris dans n'importe quel espace blanc situé dans le panneau central, puis faites passer le curseur sur « Nouveau » pour développer les options. Cliquez sur l'option « Dossier ». Vous serez invité à nommer le dossier. Saisissez **Test des autorisations** comme nom et appuyez sur « Entrée ».
6. Double-cliquez sur le dossier **Test des autorisations** pour accéder à son contenu. Ici, vous créerez un autre dossier, qui vous sera propre.
7. Cliquez avec le bouton droit de la souris sur l'espace blanc et sélectionnez « Nouveau ➢Dossier ». Nommez ce dossier **Perm_Test_(ajoutez vos initiales ici)**. Exemple : John Doe nommerait son dossier **Perm_Test_JD**. La Figure 8.20 montre le nouveau dossier préparé dans le dossier **Test des autorisations**.
8. Ce dossier doit être vide. Cliquez avec le bouton droit de la souris dans n'importe quel espace blanc et déplacez le curseur pour passer sur « Nouveau ». Ici, vous sélectionnerez « Document texte ». Nommez le fichier **test1** et appuyez sur « Entrée ».
9. Répétez l'étape 8 trois fois pour créer les fichiers **test2**, **test3** et **test4**.
10. Ces fichiers ne contiennent aucune information, alors ouvrez chaque document .txt en double-cliquant et en tapant dans chaque fichier : **Ceci est un test. Il s'agit seulement d'un test**. Enregistrez et fermez chaque fichier texte.

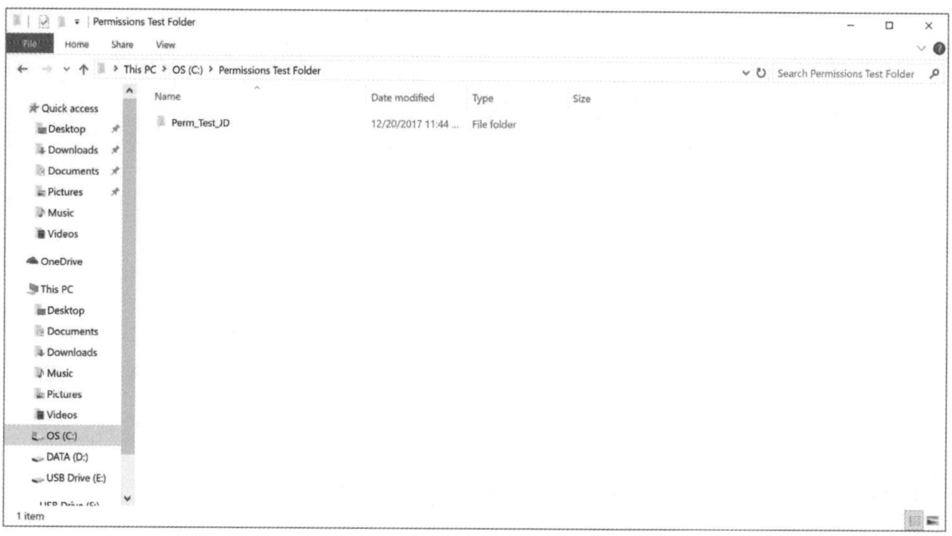

Figure 8.20 Création du dossier Perm_Test

Créer des autorisations de fichiers

Dans cette section, vous explorerez les options disponibles pour restreindre l'accès de certains utilisateurs aux fichiers et dossiers que vous venez de créer. Vous pouvez empêcher des utilisateurs ou des groupes spécifiques d'exécuter, de lire, d'écrire et de modifier des fichiers que vous avez jugés importants. Cela se fait par le biais de l'ACL, qui fait partie de chaque fichier individuel.

1. Vérifiez que vous vous trouvez dans le dossier **Perm_Test** que vous avez créé lors des étapes précédentes. Cliquez avec le bouton droit de la souris sur **test1** et cliquez sur « Propriétés ». Cela lancera la fenêtre des propriétés de **test1**, comme indiqué à la Figure 8.21.

Il se peut que la fenêtre « Propriétés » ne contienne pas tous les onglets énumérés dans l'exemple. À ce stade, le seul onglet nécessaire avec lequel vous travaillerez est l'onglet « Sécurité »[25].

2. Cliquez sur l'onglet « Sécurité ». Notez les types de permissions disponibles et enregistrez-les dans le Tableau 8.2. Cette fenêtre est la liste de contrôle d'accès associée au fichier.

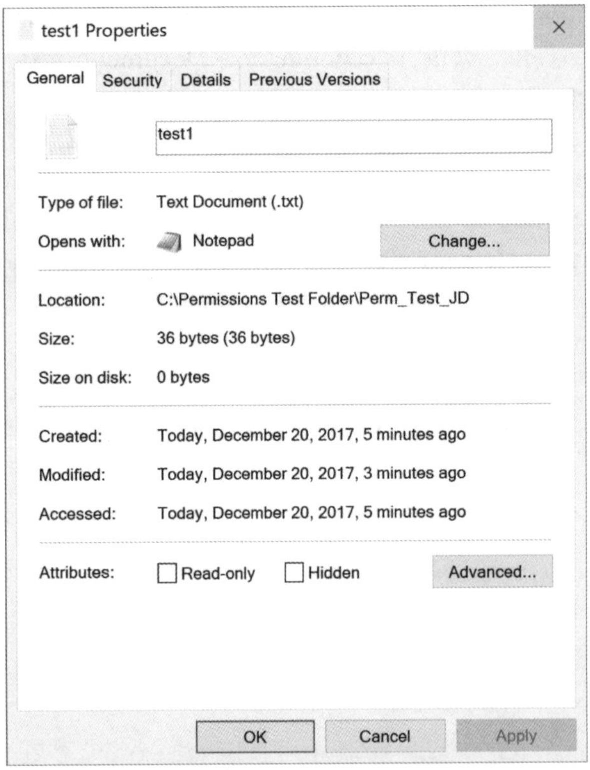

Figure 8.21 Fenêtre de propriétés du fichier test1

[25] Security

Actuellement, les seules permissions accordées ou refusées sur cet objet sont celles associées au groupe dont l'utilisateur est devenu membre à sa création. Pour limiter l'accès de certains utilisateurs à ce fichier, vous devez les ajouter à l'ACL et sélectionner le niveau de permission que vous souhaitez leur accorder.

Tableau 8.2 Autorisations disponibles dans l'ACL de test1

3. Cliquez sur « Modifier » pour ouvrir la fenêtre des autorisations de **test1**.
4. Cliquez sur « Ajouter » pour accéder à la fenêtre « Sélectionner des utilisateurs ou des groupes ».
5. Sous « Entrez les noms des objets à sélectionner (exemples) »[26], entrez **TestUser2**. Cliquez sur « Vérifier les noms » pour confirmer le compte de l'utilisateur. Cliquez sur « OK » pour continuer.

Il s'agit de la même fenêtre dans laquelle vous pouvez ajouter des groupes pour accorder ou refuser l'accès à toute personne associée à un groupe connu. Les groupes sont mieux utilisés dans un environnement en réseau ; par conséquent, vous ne fixerez pas ou ne testerez pas les autorisations de groupe dans ce laboratoire.

Notez que l'utilisateur **TestUser2** est maintenant inclus dans l'ACL. Vous pouvez ici affiner les autorisations pour cet utilisateur sur le fichier que vous avez créé. Les permissions par défaut données sont d'autoriser la « lecture » et la « lecture et l'exécution ».

6. Sous le titre de la colonne « Refuser », cliquez sur la case à cocher « Ecriture ». La Figure 8.22 montre les autorisations allouées à **TestUser2**.
7. Cliquez sur le bouton « Appliquer ». Lisez l'invite de sécurité de Windows, puis cliquez sur « Oui ». Vous êtes redirigé vers la fenêtre des propriétés du **test1**. Cliquez sur « OK » pour quitter cette fenêtre.

26 Enter The Object Names To Select (Example)

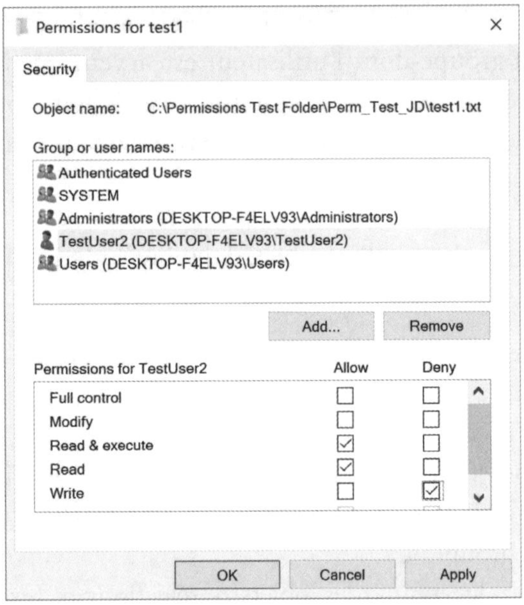

Figure 8.22 Autorisations de test1 données à TestUser2

En ce qui concerne les autorisations, un certain nombre de règles s'appliquent :

- Dans la plupart des cas, les autorisations refusées ont la priorité sur les autorisations accordées. Lorsqu'un refus d'autorisation est appliqué à un objet, dans ce cas un document .txt, on parle de refus explicite.
- Les autorisations explicites sont celles qui s'appliquent directement à un objet, et elles ont la priorité sur les autorisations qui ont été héritées. Cette question sera abordée dans des laboratoires ultérieurs.
- Les autorisations sont cumulatives entre les utilisateurs et les groupes. Les autorisations seront combinées pour obtenir ce que l'on appelle les autorisations effectives pour cet objet.

8. Cliquez avec le bouton droit de la souris sur **test2** et cliquez sur « Propriétés ».
9. Cliquez sur l'onglet « Sécurité » et cliquez sur « Modifier ».
10. Comme précédemment, ajoutez **TestUser2** à l'ACL de **test2**.
11. Pour le **test2**, sous l'intitulé de la colonne « Autoriser », cliquez sur les cases à cocher « Lecture » et « Lecture et exécution » pour supprimer toutes les autorisations énumérées. Aucune case ne doit être cochée.
12. Cliquez deux fois sur « OK ». Vous devriez être renvoyé dans le dossier contenant vos fichiers de test.
13. Accéder à l'ACL pour **test3**. Revoyez les étapes précédentes si vous avez besoin d'aide pour vous rendre à cet endroit.
14. Sous l'en-tête de la colonne « Refuser », cliquez sur la case « Contrôle total ». Notez que toutes les autres autorisations spéciales ont été automatiquement

cochées, tandis que sous l'en-tête de la colonne « Autoriser », les autorisations « Lecture » et « Lecture et exécution » ont été supprimées.

15. Cliquez sur « OK » et lisez l'invite de sécurité de Windows. Cliquez sur « Oui », puis cliquez à nouveau sur « OK ». Vous devriez être renvoyé au dossier qui contient vos fichiers de test.

Application du chiffrement au niveau du fichier

Dans cette procédure, vous utiliserez un logiciel gratuit appelé *AxCrypt*. C'est un programme open-source de chiffrement de fichiers qui peut être intégré à l'explorateur Windows. Cette fonctionnalité le rend facile à utiliser et pratique. Il protège également les fichiers chiffrés par un mot de passe, ce qui donne un niveau de sécurité supplémentaire.

1. Installez *AxCrypt*. Lorsqu'une adresse de courriel vous est demandée, précisez-en une bien réelle. Vous recevrez un code de vérification permettant de finaliser l'installation.
2. Un mot de passe, lié à votre compte *AxCrypt*, doit être encodé. Le logiciel vous assiste lors de la création d'un mot de passe fort. C'est ce dernier qui vous servira à chiffrer et déchiffrer vos fichiers.
3. Cliquez avec le bouton droit de la souris sur le fichier **test4**. Localisez et survolez l'indication « *AxCrypt* » avec le curseur de la souris. Il y a quelques options, mais pour l'instant vous allez juste cliquer sur « Crypter », noté en gras.
4. Si vous êtes déjà connecté à *AxCrypt*, le chiffrement est effectué instantanément. Dans le cas contraire, vous devrez entrer votre mot de passe.
5. C'est le même mécanisme qui sera utilisé pour tous les accès ultérieurs au fichier et pour un éventuel déchiffrement de celui-ci.

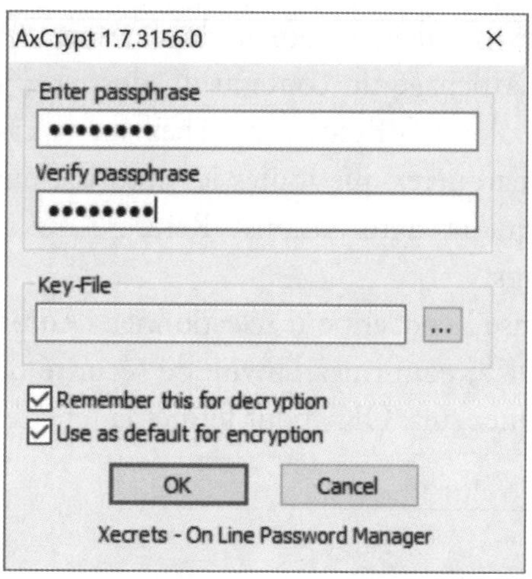

Figure 8.23 Utilisation d'*AxCrypt* pour le chiffrement du fichier test4

6. Cliquez sur OK. Vous remarquerez que l'icône de **test4** a changé, ainsi que le nom et l'extension du fichier. Cependant, si vous double-cliquez dessus, le fichier s'ouvrira normalement dans le *Bloc-notes*, avec les mêmes données à l'intérieur.

Définition des autorisations de dossiers

Les autorisations de dossiers offrent basiquement les mêmes choix d'autorisations que les autorisations de fichiers. Cela peut être trompeur, car la signification de chaque autorisation ou refus est légèrement différente. Par exemple, l'option « Autoriser – Lecture » sur un fichier permet d'ouvrir et de visualiser son contenu. En revanche, l'option « Autoriser – Lecture » d'un dossier ne permet à l'utilisateur spécifié que de lister le contenu du dossier. Cette dernière option peut être utilisée lorsqu'un utilisateur doit pouvoir accéder à un dossier, mais pas à tous les fichiers qu'il contient.

1. Cliquez sur le bouton « Précédent », ou entrez **Test des autorisations** dans la barre d'adresse, pour voir le dossier que vous y avez créé et qui s'appelle **Perm_Test_(vos initiales ici)**.
2. Cliquez avec le bouton droit de la souris sur le dossier et cliquez sur « Propriétés ».

Notez les possibilités d'autorisation. Elles sont les mêmes que les autorisations de fichiers, avec une option supplémentaire : « Affichage du contenu du dossier ».

3. Cliquez sur « Modifier ».
4. Cliquez sur « Ajouter » et ajoutez **TestUser2** à la liste de contrôle d'accès du dossier. Ce processus est le même que celui que vous avez effectué auparavant pour les fichiers individuels. Retournez à la section *Créer des autorisations de fichiers* si vous souhaitez revoir la manière dont cela est fait.
5. Les autorisations par défaut pour le dossier sont « Autoriser – Lecture et exécution »[27], « Affichage du contenu du dossier »[28] et « Lecture »[29]. Sous l'en-tête de la colonne « Refuser », cochez sur la case « Lecture et exécution ». Vous remarquerez que toutes les autorisations « Autoriser » ont été supprimées et que les autorisations « Refuser » qui suivent remplacent les trois autorisations.
6. Cliquez sur la case à cocher pour sélectionner « Autoriser – Ecriture »[30].
7. Cliquez sur « OK », confirmez l'invite de sécurité de Windows et cliquez sur « Oui ». Cliquez sur « OK » pour fermer la fenêtre de propriétés.

---

27 Allow – Read & Execute
28 List Folder Contents
29 Read
30 Write

Test des autorisations de dossier

Il est maintenant temps de tester toutes les options que vous avez mises en place. Vous devrez fermer toutes les fenêtres ouvertes et vous connecter à **TestUser2**. Choisissez de changer d'utilisateur, plutôt que de vous déconnecter.

1. Fermez toutes les fenêtres ouvertes et sélectionnez « Changer d'utilisateur ». (La déconnexion complète remplirait la même fonction ; cependant, cela prendrait beaucoup plus de temps).
2. Après avoir sélectionné l'option « Changer d'utilisateur », tapez le nom d'utilisateur **TestUser2**. Saisissez le mot de passe **testuser2**.
3. Naviguez jusqu'à l'emplacement du dossier que vous avez créé au début de ce laboratoire : **Test des autorisations**. Votre dossier de test personnel s'y trouvera.
4. Double-cliquez sur votre dossier. Avez-vous pu accéder au contenu ? Saisissez vos données dans le Tableau 8.3.

Tableau 8.3 Niveaux d'accès TestUser2

Fichier/Dossier	Autorisations pour TestUser2	Accès ?
Accès au dossier Perm_Test_		
test1		
test2		
test3		
test4		

5. Cliquez avec le bouton droit de la souris sur le dossier et cliquez sur « Propriétés » pour essayer d'accéder à l'ACL. Cliquez sur l'onglet « Sécurité ». Quels sont les résultats ?

Les autorisations « Refuser – Lecture et exécution », « Affichage du contenu du dossier » et « Lecture » annulent toute autorisation de groupe qui aurait pu l'autoriser auparavant. Il s'agit d'un moyen facile de maintenir certains utilisateurs à l'écart d'informations importantes auxquelles ils ne devraient pas accéder.

6. Laissez la fenêtre de **Test des autorisations** ouverte et changez d'utilisateur. Vous devez à nouveau accéder à **TestUser1**.
7. Après avoir saisi le nom d'utilisateur et le mot de passe, vous devriez être de retour sur le bureau. Une fois de plus, naviguez jusqu'au dossier **Test des autorisations**.
8. Cliquez avec le bouton droit de la souris sur le dossier **Perm_Test_(vos initiales ici)** et cliquez sur « Propriétés ». Afin de donner accès à **TestUser2**, vous devrez supprimer les options de refus.
9. Cliquez sur l'onglet « Sécurité ». Cliquez sur **TestUser2** sous « Noms de groupes ou d'utilisateurs ».

Lorsque vous cliquez sur le nom d'utilisateur, vous remarquerez que les cases à cocher pour les autorisations sont noires. Si vous cliquez sur un autre utilisateur ou groupe, vous remarquerez que les cases d'autorisation sont grises. Cela signifie que vous ne pouvez pas les modifier. Seules les cases noires peuvent être modifiées. Dans ce laboratoire, vous avez affaire à une DACL (Discretionary Access Control List). Cela signifie que lorsqu'un utilisateur crée un fichier, il est considéré comme le propriétaire et a le droit d'accorder ou de refuser des autorisations selon son choix. Toutefois, les utilisateurs disposant de privilèges administratifs ont le droit de modifier le propriétaire et les autorisations d'un fichier ou d'un dossier.

10. Cliquez sur «Modifier». La fenêtre Permissions se charge. Cliquez sur **TestUser2** dans le panneau supérieur. Modifiez les permissions en cliquant sur «Autoriser – Lecture et exécution». Cela supprimera toutes les autorisations de refus précédemment en place et rétablira les trois autorisations telles qu'elles étaient à l'origine.
11. Cliquez sur le bouton «OK» pour enregistrer les autorisations.
12. Fermez toutes les fenêtres et changez d'utilisateur. Connectez-vous à **TestUser2** en fournissant le nom d'utilisateur et le mot de passe.
13. Le bureau se chargera avec la fenêtre du dossier **Test des autorisations** encore ouverte. Essayez de lire le contenu en double-cliquant sur le dossier **Perm_Test_(vos initiales ici)**. Avez-vous pu y accéder cette fois-ci?

Test des autorisations de fichier

1. Dans ce dossier, vous devriez voir les quatre documents texte que vous avez créés en tant que **TestUser1**. Double-cliquez sur **test1** pour tenter de l'ouvrir. Avez-vous été autorisé à le faire?

Si vous vous souvenez bien, **test1** a reçu une autorisation de type «refuser – écriture».

2. Ajustez le texte dans le fichier en supprimant tout et en tapant **Ceci n'est plus un test**. Cliquez sur «Fichier» et ensuite sur «Enregistrer». Il vous est demandé de confirmer le nom; cliquez sur «Enregistrer». Il vous est demandé de confirmer l'enregistrement sous pour remplacer le fichier; cliquez sur «Oui».
3. Une invite apparaît. Est-ce le résultat attendu? Indiquez vos conclusions dans le Tableau 8.3. Cliquez sur «OK» pour accepter l'invite «Accès refusé».
4. Cliquez sur le «X» dans le coin supérieur droit de la fenêtre du fichier pour fermer la fenêtre. Il vous est demandé si vous souhaitez enregistrer les modifications, mais vous savez déjà que vous n'avez pas les autorisations nécessaires pour le faire. Cliquez sur «Ne pas enregistrer». Vous êtes maintenant de retour au contenu du dossier.

5. Double-cliquez sur **test2** pour tenter de l'ouvrir. Avez-vous été autorisé ?
6. Ajustez le texte du fichier en supprimant tout et en tapant **Ceci n'est plus un test**. Cliquez sur « Fichier », puis sur « Enregistrer ». Avez-vous vu une invite précisant une raison quelconque ? Enregistrez vos résultats dans le Tableau 8.3.

Vous avez précédemment supprimé toutes les autorisations pour **TestUser2** sur **test2**. Aucune autorisation n'a été accordée ou refusée ; cependant, vous pouvez toujours lire, modifier et écrire dans ce fichier. Pourquoi ?

TestUser2 fait également partie du groupe *Utilisateurs*, qui bénéficie par défaut des autorisations de « lecture et d'exécution », de « lecture » et d'« écriture ». Comme mentionné précédemment, les permissions sont cumulatives, et le résultat sont les « Permissions Effectives ». Ce n'est que dans le cas d'un refus qu'une autorisation sera annulée.

7. Fermez le fichier test2 en cliquant sur le « X » dans le coin supérieur droit.
8. Double-cliquez sur le **test3** pour tenter de l'ouvrir. Avez-vous été autorisé ? Notez les résultats dans le Tableau 8.3.

« Refuser – Contrôle total » a été paramétré pour ce dossier particulier. Par conséquent, **TestUser2** n'est pas autorisé à y accéder de quelque manière que ce soit.

Tester le chiffrement des fichiers

Vous avez sans doute remarqué que **test4** a un bouclier vert à côté de lui. Le nom de fichier et l'extension sont toujours dans leur nouveau format. Tout indique que ce fichier est chiffré. Vous allez maintenant essayer d'accéder à l'information.

1. Double-cliquez sur **test4** pour tenter de l'ouvrir. Avez-vous été autorisé ?

En tant qu'utilisateur différent, vous devez fournir un mot de passe pour déchiffrer le fichier afin d'y accéder. En supposant que le mot de passe n'est pas connu d'un autre utilisateur, il s'agit d'une bonne mesure préventive.

2. Cliquez sur « Annuler ».
3. Vous allez maintenant essayer de visualiser le texte chiffré. Faites un clic droit sur **test4**. Passez le curseur sur « Ouvrir avec ».
4. Cliquez sur « Choisir le programme par défaut ». La fenêtre vous propose d'ouvrir le fichier avec *AxCrypt* ; cependant, vous ne pouvez pas y accéder de cette manière. Sous « Autres programmes », trouvez et sélectionnez *Bloc-notes*.
5. Avant de cliquer sur « OK », vérifiez que l'option « Toujours utiliser le programme sélectionné pour ouvrir ce type de fichier » est décochée. Cliquez maintenant sur « OK ».
6. Le document de test s'ouvre. Pouvez-vous le lire ? Il devrait ressembler à la Figure 8.24.

7. Ajustez le texte en supprimant et en ajoutant des caractères aléatoires. Cliquez sur « Fichier », puis sur « Enregistrer ». Avez-vous pu enregistrer ? Notez vos résultats dans le Tableau 8.3.
8. Si vous n'avez pas encore reçu d'erreur, essayez d'accéder à **test4** en double-cliquant sur le fichier. Une erreur s'est produite.

Bien que le chiffrement protège les informations de **TestUser2**, les autorisations sont restées inchangées. Cela a permis à **TestUser2** d'ouvrir le fichier, de modifier son contenu et enfin de le sauvegarder. Le résultat est un fichier corrompu, qui ne peut plus être lu. Ainsi, même si le chiffrement peut masquer le contenu, les autorisations doivent encore être définies afin de protéger réellement les données.

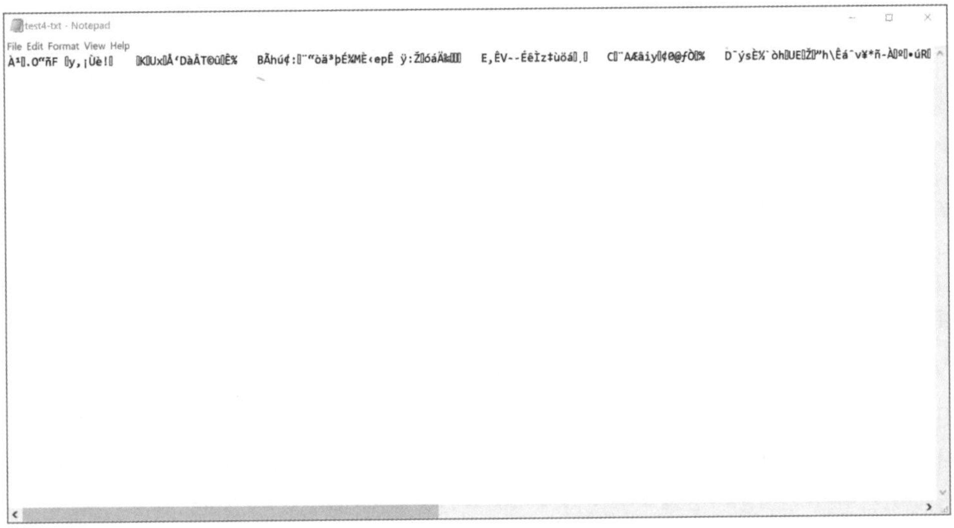

Figure 8.24 Données chiffrées dans un document .txt

9. Fermez toutes les fenêtres et déconnectez-vous en tant qu'utilisateur **TestUser2**.
10. Connectez-vous à **TestUser1**.
11. Naviguez jusqu'au dossier **Test des Autorisations** et accédez à votre dossier **Perm_Test_(vos initiales ici)** . Tentez d'ouvrir le fichier *AxCrypt* **test4**. Avez-vous pu l'ouvrir ?

Malheureusement, cette information est perdue.

12. Fermez toutes les fenêtres et éteignez l'ordinateur.

Tableaux

Tableau 8.2 Autorisations disponibles dans l'ACL de test1

Contrôle total	Modification	Lecture et exécution
Lecture	Écriture	Autorisations spéciales

Tableau 8.3 Niveaux d'accès de TestUser2

Fichier/Dossier	Autorisations pour TestUser2	Accès ?
Accès au dossier Perm_Test_	Autoriser – Écriture Refuser – Lecture et exécution, Affichage du contenu du dossiers, Lecture	Pas d'accès au contenu du dossier ou de l'ACL
test1	Autoriser – Lecture & Exécution, Lecture Refuser-Ecriture	Peut accéder au dossier mais ne peut pas le modifier/sauvegarder
test2	Aucune autorisation explicite n'est donnée	Peut accéder, modifier et enregistrer un fichier
test3	Refuser – Contrôle total	Accès refusé
test4	Autoriser – Lecture et exécution, Lecture, Ecriture.	Peut accéder, modifier et enregistrer un fichier

Questions sur les laboratoires

1. Quelle autorisation les dossiers ont-ils que les fichiers n'ont pas ?
   Réponse : Les autorisations de dossiers comprennent « Affichage du contenu du dossier ». Les permissions de fichiers ont uniquement les fonctions « Lecture et Lecture & Exécution ».
2. Que sont les autorisations effectives ?
   Réponse : Les autorisations effectives sont les autorisations cumulées accordées par toutes les sources. Les sources individuelles et collectives sont combinées pour donner une autorisation globale au sein d'une ACL.
3. Le chiffrement seul permet-il de sécuriser vos données ?
   Répondez : Non. Comme l'a montré le laboratoire, l'information peut être protégée, mais elle n'est pas intouchable. Sans les autorisations appropriées, une personne malveillante pourrait choisir de corrompre vos informations. Pire encore, une autre personne pourrait ne pas savoir exactement ce qu'elle fait et affecter accidentellement les données de manière irréversible.
4. Si un utilisateur tente d'accéder à un fichier dont la permission « Autoriser – Lecture et exécution » et la permission « Refuser – Lecture

et exécution » lui ont été attribuées par différentes sources, pourra-t-il accéder au fichier ?

Réponse : Non. Dans la plupart des cas, une autorisation de refus a priorité sur l'autorisation d'autorisation. L'autorisation accordée est annulée et l'utilisateur n'y aura pas accès.

5. Si vous supprimez toutes les autorisations « Autoriser » et « Refuser », d'un utilisateur spécifique, celui-ci pourra-t-il accéder au fichier ou au dossier ?

   Répondez : Selon le ou les groupes auxquels ils sont associés, oui. Les utilisateurs sont généralement ajoutés aux groupes d'utilisateurs et, en tant que tels, ils reçoivent l'autorisation par défaut – « lecture et exécution », « lecture » et « écriture » sur la plupart des fichiers.

6. En tant qu'utilisateur de base, pouvez-vous modifier les autorisations sur n'importe quel fichier ou objet ?

   Réponse : Non. Un utilisateur sans propriétés administratives ne peut pas modifier les autorisations de fichiers ou de dossiers. Un utilisateur est autorisé à modifier uniquement les autorisations des fichiers dont il est considéré comme le propriétaire.

Chapitre 9

Protéger l'accès à distance

Comme vous l'avez appris plus tôt dans la deuxième partie, il n'est pas nécessaire que les ordinateurs soient connectés à d'autres ordinateurs pour être en danger. Bien que de nombreux ordinateurs ne fassent pas partie d'un réseau d'entreprise, presque tous les ordinateurs personnels modernes sont au moins occasionnellement connectés au plus grand réseau de données du monde : l'Internet. En tant que tels, ces dispositifs informatiques et de contrôle autonomes sont exposés à la corruption et à leur exploitation depuis des sources éloignées. Dans ce chapitre, vous apprendrez à

- Analyser et différencier les produits antivirus/anti-malware.
- Sécuriser le navigateur web d'un appareil informatique autonome.
- Configurer et tester une installation de pare-feu local.
- Expliquer l'importance de la sécurité des applications.
- Auditer les services et les événements liés aux systèmes d'exploitation locaux.
- Établir une stratégie de sécurité locale sur un dispositif hôte autonome.
- Décrire l'importance des mises à jour locales et des activités de maintenance liées aux correctifs.

Protection des dispositifs informatiques locaux

Il existe neuf étapes de base pour protéger les appareils informatiques locaux contre les menaces liées à Internet :

1. Utiliser une connexion sécurisée.
2. Établir et configurer un pare-feu pour contrôler le flux d'informations entre l'appareil informatique et l'Internet.
3. Installer et utiliser un anti-malware sur l'ordinateur local.
4. Supprimer les logiciels inutiles de l'ordinateur.
5. Désactiver tous les services non essentiels fonctionnant sur l'ordinateur.
6. Désactiver les fonctions par défaut inutiles du système d'exploitation.
7. Sécuriser le navigateur web.
8. Appliquer les mises à jour et les correctifs du système d'exploitation et des logiciels d'application.
9. Exiger des mots de passe forts.

Utilisation d'une connexion sécurisée

L'une des premières étapes de la sécurisation d'une connexion Internet consiste à mettre en place des options de sécurité sur le routeur local. Si une connexion particulière ne comporte pas de routeur, vous pouvez envisager d'en installer un, car les routeurs bien configurés offrent l'une des meilleures lignes de défense initiales. Les routeurs et autres dispositifs de connectivité réseau sont détaillés dans la partie III.

Voici quelques éléments de base à prendre en compte lors de la configuration des caractéristiques de sécurité d'un routeur :

- Changer le nom d'utilisateur et le mot de passe par défaut. (Les valeurs par défaut sont publiées dans les instructions de configuration de l'utilisateur et, par conséquent, sont connues de tous).
- Pour les connexions réseau sans fil, modifier le paramètre par défaut du SSID.
- Configurer le réseau sans fil avec le plus haut niveau de chiffrement disponible – de préférence WPA2-AES pour une confidentialité maximale des données.
- Identifier les connexions sans fil fiables en effectuant un filtrage d'adresses MAC.

Mise en place et utilisation d'un pare-feu

Vous devez toujours utiliser et configurer un pare-feu pour contrôler le flux d'informations entre l'appareil informatique et l'Internet. Pour les ordinateurs autonomes ou locaux, ce problème peut être résolu par le pare-feu logiciel local disponible avec le système d'exploitation et/ou par le routeur. Les configurations des pare-feu locaux sont examinées plus loin dans ce chapitre.

Installation et utilisation de logiciels anti-malware

Un logiciel anti-malware peut être installé en utilisant un produit complet de prévention des malwares ou en combinant différents types de programmes spécifiques, tels que des produits antivirus et antispyware de différents fournisseurs. Les différents types de logiciels malveillants et les méthodes de prévention sont examinés plus précisément à la fin de ce chapitre.

Suppression des logiciels inutiles

Le fait de conserver des logiciels inutilisés sur un ordinateur offre des possibilités supplémentaires d'attaque et d'exploitation. Si vous ne savez pas ce que fait un logiciel suspect, faites des recherches et débarrassez-vous de lui s'il n'est pas important pour le fonctionnement de ce système.

Désactivation des services non essentiels

Certains virus sont conçus pour exploiter des services non essentiels afin de migrer d'un appareil à l'autre. En particulier, désactivez tous les services de partage de fichiers ou d'appareils en cours d'exécution, sauf s'ils sont nécessaires au bon fonctionnement du système (ce qui n'est presque jamais le cas lorsqu'ils ne sont pas utilisés par le grand public).

Les services de partage de photos et de musique doivent toujours être désactivés. Il en va de même pour les fichiers et les imprimantes, sauf s'ils sont nécessaires pour transmettre des informations d'un appareil à un autre pour effectuer des tâches professionnelles. (Cela concernerait un ordinateur en réseau, qui est examiné en détail dans la partie IV).

Désactivation des fonctions par défaut inutiles du système d'exploitation

Comme mentionné précédemment, Autorun est une fonctionnalité hautement exploitable de la gamme de systèmes d'exploitation de Microsoft. Lorsque cette fonction est activée, le système d'exploitation détecte la présence du support amovible et exécute son contenu. Si la carte SD ou le CD/DVD contient un virus, celui-ci sera automatiquement exécuté et infectera l'ordinateur hôte.

Sécuriser le navigateur web

La classe des logiciels utilisés pour la navigation sur le web a attiré un nombre croissant d'attaques. Les configurations initiales des navigateurs peuvent ne pas offrir beaucoup de sécurité. Il est donc généralement nécessaire de configurer les options de sécurité d'un nouveau navigateur pour protéger le système contre les attaques utilisant cet accès. Les étapes de sécurisation des différents navigateurs web sont abordées plus loin dans ce chapitre.

Appliquer les mises à jour et les correctifs

Les personnes et les groupes qui produisent des logiciels malveillants sont toujours occupés à concevoir leur prochain exploit. C'est pourquoi les systèmes d'exploitation et les applications doivent être constamment actualisées pour contrecarrer ces efforts. Cela nécessite une méthodologie planifiée pour obtenir et appliquer les dernières mises à jour et les derniers correctifs de sécurité pour chaque logiciel du système.

Exiger des mots de passe forts

Le principal outil d'authentification de l'utilisateur utilisé avec les appareils informatiques personnels est le *nom d'utilisateur et le mot de passe de connexion.*

En général, il y a trois types de connexions liées à l'utilisateur avec lesquels il faut composer :

- Connexion à la machine locale
- Connexion à une application spécifique
- Connexions au réseau

Pour qu'un mot de passe soit efficace, il doit posséder un certain degré de *complexité*. Sa longueur, sa complexité et son caractère aléatoire doivent être conçues pour contrecarrer les techniques de piratage de mots de passe mentionnées précédemment. Reportez-vous au Chapitre 8 pour une discussion approfondie sur les mots de passe.

Mise en œuvre des outils de protection locaux

Cinq outils communs sont utilisés au niveau local pour protéger les appareils informatiques contre l'exploitation depuis le monde de l'Internet :

- Pare-feu locaux
- Systèmes de détection d'intrusion basés sur l'hôte
- Options de sécurité des navigateurs
- Outils antivirus/anti-malware
- Mises à jour et correctifs logiciels

Chaque sujet est abordé en détail plus loin dans ce livre. Les informations présentées dans ce chapitre sont spécifiques à la sécurité des hôtes locaux. Cependant, chaque sujet prend de l'importance à mesure que les hôtes locaux sont reliés à des réseaux plus importants et à Internet.

Pare-feu logiciels locaux

Les ordinateurs connectés directement à l'Internet sont vulnérables aux attaques de l'extérieur. Une façon de protéger les ordinateurs autonomes contre les attaques extérieures est d'installer un pare-feu local. Un *pare-feu* est un dispositif ou un programme qui est placé entre un dispositif local et un réseau extérieur tel qu'Internet. Des pare-feu locaux basés sur des logiciels peuvent être installés sur un ordinateur individuel pour le protéger des activités malveillantes introduites par la connexion Internet. Dans certains cas, le système d'exploitation offre une option de pare-feu intégré qui peut être utilisée pour protéger l'ordinateur local.

Un mot sur les pare-feu

Les pare-feu logiciels locaux sont conçus pour assurer une protection contre les attaques extérieures en empêchant les connexions non désirées provenant de dispositifs Internet. Les services de pare-feu logiciel sont conçus pour protéger les ordinateurs individuels qui sont directement connectés à l'Internet par ligne commutée, réseau local ou connexions internet à haut débit.

Le pare-feu inspecte tout le trafic allant et venant de la connexion extérieure et peut être configuré pour contrôler le flux de trafic entre l'Internet et le dispositif local en fonction des propriétés souhaitées, comme l'illustre la Figure 9.1. Les pare-feu sont paramétrés de manière à ne transmettre des données qu'à destination et en provenance d'adresses IP et de ports TCP/UDP désignés.

Normalement, les filtres de pare-feu sont programmés autour de services reconnus par les protocoles de réseau TCP et UDP. Ces protocoles utilisent des numéros de port pour identifier des processus spécifiques tels que HTTP ou FTP et sont utilisés pour renvoyer les paquets entrants à une application qui les traitera. De nombreux numéros de port sont normalisés et sont appelés « ports connus ». De même, les applications qui leur sont associées sont appelées des « services bien connus ».

Le Tableau 9.1 énumère plusieurs numéros de port connus et les services qui leur sont associés. L'IANA (Internet Assigned Numbers Authority) a attribué des numéros de port standard allant de 0 à 1 023 à des services spécifiques. Ceux allant de 1 024 à 49 151 sont appelés *ports enregistrés* et sont utilisés dans les applications des fournisseurs. Les ports 49 152 à 65 535 sont des ports *dynamiques,* ou éphémères, et sont utilisés par des applications informatiques pour communiquer avec d'autres applications.

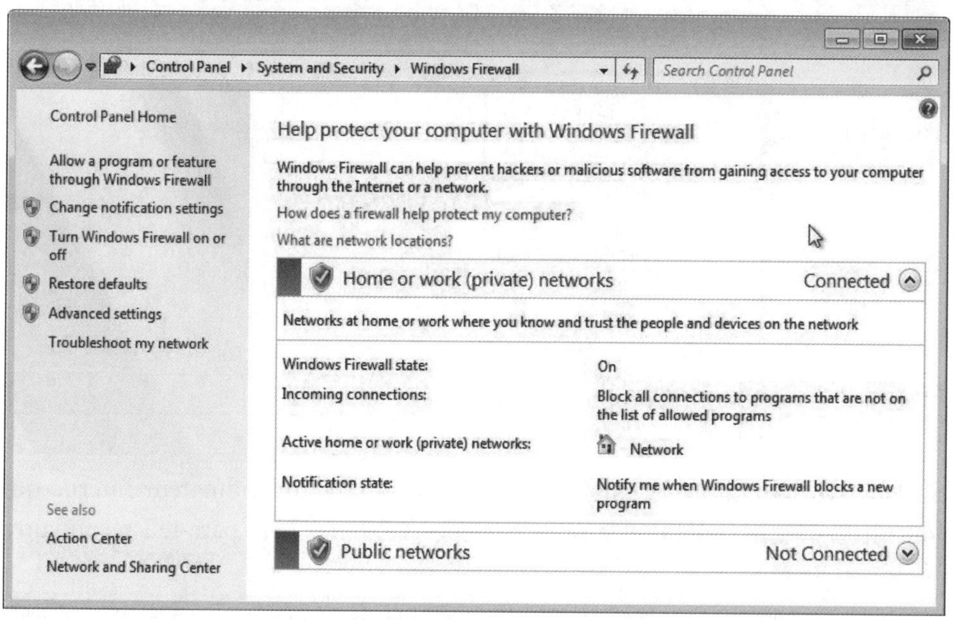

Figure 9.1 Fonctionnement du pare-feu

Tableau 9.1 Ports E/S typiques

Service	Numéro de port bien connu
FTP	20, 21
Telnet	23
Courrier SMTP	25
HTTP (WWW)	80
POP3 (Courrier)	110
Nouvelles	144
HTTPS	443
PPTP	1 723
IRC	6 667

Lorsque le pare-feu examine le paquet entrant, il peut lire les adresses IP source et destination du paquet et tout numéro de port TCP/UDP, comme le montre la Figure 9.2. Il utilisera l'adresse IP et les informations de port dans les en-têtes de paquets pour déterminer si un paquet entrant doit être acheminé dans le réseau interne.

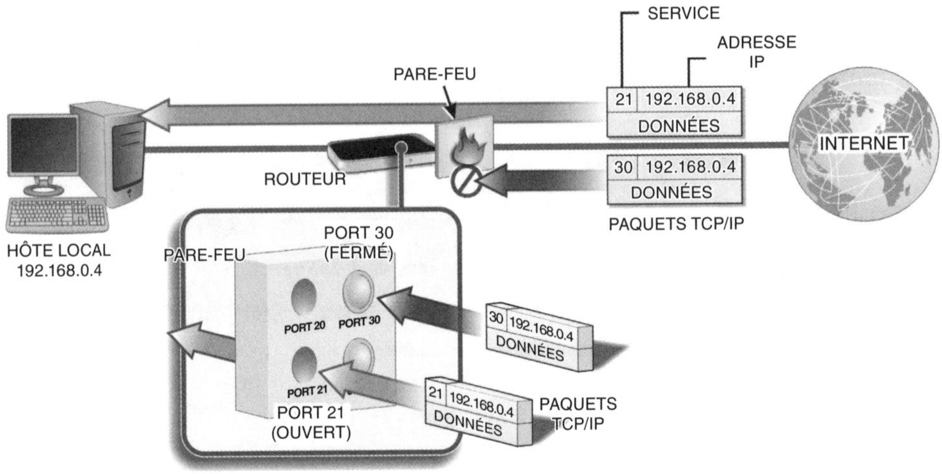

Figure 9.2 Fonctionnalité du pare-feu[1]

Si vous avez configuré le pare-feu avec l'adresse IP d'un ordinateur interne qui fournit des services FTP et a ouvert les ports 20 et 21, le pare-feu reconnaîtra

[1] N.d.t. : Les notions relatives à l'adressage IP (adresses privées et publiques) sont ici volontairement simplifiées pour se focaliser sur le rôle du firewall. Il reste cependant évident que l'IP 192.168.0.4 ne peut pas circuler sur l'Internet. La section consacrée à NAT reviendra sur ce point.

l'adresse IP et les numéros de port dans l'en-tête entrant comme valides et acheminera le paquet vers cet ordinateur. Cependant, toutes les autres demandes entrantes seront toujours bloquées.

Utilisation des outils locaux de détection d'intrusion

Comme pour les efforts de sécurité physique, la prévention des accès non autorisés est la première ligne de sécurité au niveau de l'informatique locale et des dispositifs de contrôle. Cependant, il est tout aussi important à ce niveau de pouvoir détecter l'apparition d'une intrusion et d'en informer les autorités compétentes.

Les systèmes informatiques de détection d'intrusion (IDS) peuvent être mis en œuvre de deux manières : en tant qu'IDS basé sur un réseau (NIDS) ou en tant qu'IDS basé sur un hôte (HIDS). Dans les deux cas, le système est conçu principalement pour surveiller le système (ordinateur local ou environnement réseau), enregistrer les événements clés ainsi que les violations des règles et les signaler selon les instructions.

Les systèmes de prévention des intrusions (IPS), également appelés systèmes de détection et de prévention des intrusions (IDPS), fournissent un niveau de protection supplémentaire visant à empêcher que la menace détectée ne se réalise.

Comme leurs définitions l'impliquent, les HIDS et les NIDS opèrent dans différents domaines de l'environnement informatique et réseau. Pour l'instant, nous allons suspendre la discussion sur les NIDS. Nous nous concentrerons plutôt sur les outils HIDS qui fonctionnent sur des hôtes ou des dispositifs individuels.

Tous les appareils IDS sont basés sur l'une des deux stratégies suivantes :

- Analyse des signatures – Le trafic entrant et sortant est comparé à une base de données de modèles de codes spécifiques stockés et identifiés comme des menaces malveillantes.
- Analyse des anomalies – Le trafic entrant et sortant est comparé à une base de référence établie comme trafic normal pour le système.

La ligne de base est « apprise » (générée) en appliquant des algorithmes mathématiques aux données que le système obtient du flux de trafic.

Les produits IDS/IDPS basés sur les signatures fonctionnent généralement en recherchant des modèles spécifiques dans le contenu, appelés *signatures.* Si un « modèle réputé nuisible » est détecté, les mesures appropriées peuvent être prises pour protéger l'hôte. Toutefois, en raison de la nature dynamique des langages de programmation, les scripts des pages web peuvent être utilisés pour échapper à ces systèmes de protection.

La base de données IDS basée sur les signatures est habituellement générée et distribuée par son fabricant en réponse aux signatures malveillantes observées. Par conséquent, le code malveillant existe déjà avant qu'une signature puisse être identifiée et ajoutée à la base de données pour être traité. Le délai entre la diffusion du code malveillant et l'émission de sa signature engendre son propre problème de sécurité.

Les systèmes IDS/IDPS basés sur les anomalies appliquent des techniques d'analyse statistique au flux de données pour déterminer s'il est « normal » ou « anormal » à un moment donné. Il existe deux méthodes courantes de mise en œuvre de la détection statistique des anomalies :

- Systèmes de détection d'anomalies basés sur des profils
- Systèmes de détection d'anomalies basés sur des seuils

Systèmes de détection d'anomalies basés sur le profil

Ces systèmes utilisent des algorithmes mathématiques pour surveiller le trafic normal de données et développer un « profil » de règles qui décrivent à quoi ressemble le trafic normal pour ce système. Le profil développé reflète les évaluations des comportements passés des utilisateurs et est configuré pour vous avertir lorsque les écarts par rapport à ces comportements atteignent un certain niveau (ou *seuil*).

- Détection d'anomalies basée sur des règles – Cette méthode de détection analyse les enregistrements d'audit pour produire des règles. Ces dernières sont donc générées sur base de modèles d'utilisation passées. Le système surveille ensuite le trafic à la recherche de schémas qui ne correspondent pas aux règles.
- Détection de la pénétration – Ces systèmes conçoivent des règles basées sur les occurrences de pénétration connues, les faiblesses du système ou les modèles de comportement. Pour cette raison, ils sont normalement spécifiques à un système hôte donné. Ils comprennent aussi généralement des règles produites par des experts en sécurité qui sont au courant des activités du domaine.

Systèmes de détection d'anomalies basés sur des seuils

Ces systèmes IDS sont conçus pour suivre le nombre d'occurrences d'événements spécifiques dans le temps et générer un avertissement d'intrusion si le nombre d'événements dépasse une valeur prédéterminée.

Les systèmes IDS les plus courants sont conçus pour être utilisés sur des systèmes hôtes locaux. Cependant, on s'efforce de plus en plus de produire des systèmes IDS en réseau afin de disposer d'un arsenal de détection et de prévention des intrusions plus efficace. Les systèmes d'intrusion distribués basés sur réseau sont décrits dans la partie IV.

Notifications IDS

Dans tous les types d'IDS, l'administrateur est averti lorsqu'une attaque potentielle est détectée.

Configuration des options de sécurité du navigateur

Les navigateurs web sont conçus pour être très flexibles afin d'offrir aux utilisateurs le plus grand nombre d'options d'utilisation possible. Ils sont également réalisés pour plaire aux utilisateurs qui, dans l'ensemble, ne sont pas des techniciens. Si l'on ajoute à cela l'abondance de personnes connectées à l'Internet qui utilisent leur accès au web à des fins moins qu'honorables, on obtient une énorme faille potentielle de sécurité dans votre système local.

Par exemple, la Figure 9.3 montre un échantillon des options Internet disponibles avec le navigateur web Windows Internet Explorer (IE). Comme vous pouvez le voir, certaines de ces options sont des préférences personnelles, telles que les couleurs, les polices et les barres d'outils. Cependant, il existe toute une série d'activités liées à la sécurité qui impliquent le navigateur et la recherche sur Internet.

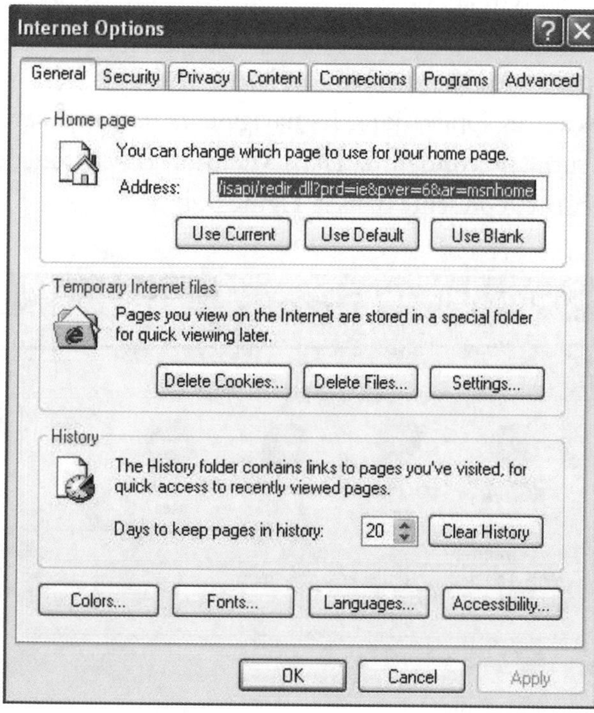

Figure 9.3 Options Internet

Comme l'illustre la Figure, les navigateurs web offrent couramment une variété d'options de sécurité sélectionnables par l'utilisateur pouvant être paramétrées pour compenser la vulnérabilité supplémentaire apportée au système par la navigation et la recherche sur Internet. Ces options comprennent :

- Une configuration des niveaux de sécurité
- Une configuration relative aux scripts

- Une configuration des serveurs mandataires
- Un contrôle des cookies

Bien que chaque navigateur soit conçu différemment, ils ont tous tendance à offrir des options de sécurité web similaires. L'utilisateur peut avoir à rechercher des outils spécifiques pour configurer son navigateur afin qu'il fonctionne de manière sécurisée, mais les mêmes techniques de configuration de base s'appliquent à tous les navigateurs.

Configuration des niveaux de sécurité

Comme le navigateur est le portail vers le monde extérieur, ses paramètres de sécurité sont très importants. En outre, d'autres outils Internet sur la machine peuvent dépendre de composants du navigateur pour remplir leurs fonctions. Ces applications peuvent apporter des compléments qui créent des vulnérabilités supplémentaires. Ces fonctionnalités doivent être évaluées et désactivées si elles ne contribuent pas au fonctionnement du système.

Comme pour les autres applications, les navigateurs sont livrés avec un ensemble de niveaux de sécurité préconfigurés. Dans Microsoft IE, ces fonctions se trouvent dans l'onglet Sécurité représenté dans la Figure 9.4.

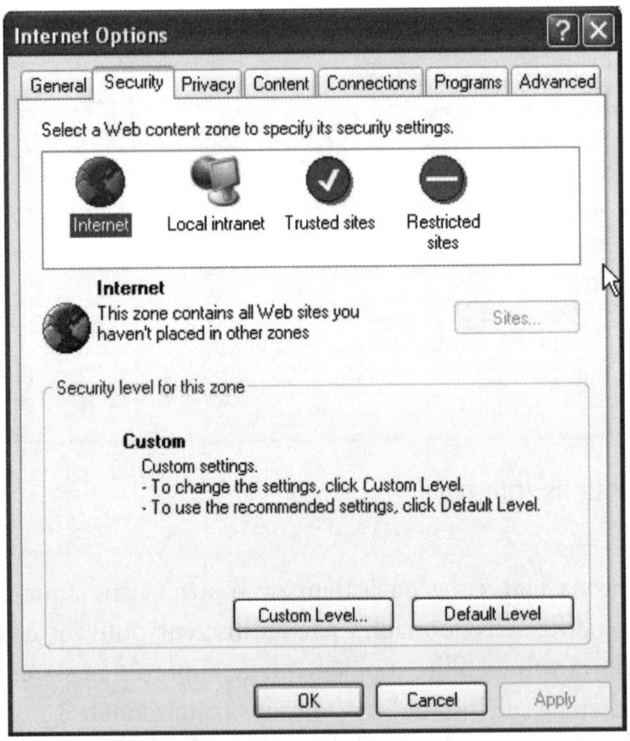

Figure 9.4 Onglet Sécurité IE

Dans cet exemple de navigateur, les sites peuvent être classés dans différentes *zones de* sécurité Internet qui permettent aux sites répertoriés dans chaque zone d'être régis par les restrictions de sécurité qui s'appliquent à ce groupe (Internet, Intranet local, sites de confiance et sites à accès restreint).

Cela permet d'accéder à différents sites web avec des restrictions de sécurité différentes. Ces sites de confiance peuvent être créés pour fonctionner avec moins de frais de sécurité, tandis que les sites à accès restreint peuvent se voir attribuer des paramètres de sécurité renforcés. L'option de zone Internet est la zone par défaut pour tous les sites qui ne sont pas affectés à l'une des autres options de zone.

La meilleure option pour configurer les niveaux de sécurité est de les fixer le plus haut possible sans pour autant restreindre le navigateur à tel point que les sites ne se chargent pas ou ne fonctionnent pas correctement.

Configuration du support des scripts

Les scripts sont des applications exécutables qui fournissent un contenu interactif sur des sites web. Ils sont également capables de récupérer des informations en réponse aux sélections des utilisateurs. Toutefois, l'utilisateur n'a pas nécessairement à faire quoi que ce soit pour exécuter un programme de script ; ils sont simplement intégrés au site web auquel il accède.

Les scripts rencontrés sur les sites web doivent être contrôlés, car ils constituent l'une des principales sources d'infection par les virus. Les attaquants reconfigurent les scripts pour qu'ils contiennent des virus téléchargeables à l'insu des clients. Ils facilitent également l'apparition automatique de fenêtres pop-up qui surgissent soudainement sur le navigateur du client. Ces fenêtres contiennent normalement des publicités indésirables qui ont tendance à ennuyer les utilisateurs.

La capacité de charger et d'exécuter des scripts dans un navigateur peut être contrôlée grâce à la fonction de sécurité de celui-ci. La liste des composants individuels de la page web que vous pouvez contrôler comprend différents types de scripts, tels que ActiveX et JavaScript.

ActiveX est un utilitaire Microsoft qui permet aux applications web de créer des fonctions interactives étendues et des fonctionnalités bâties sur base du framework ActiveX dans le navigateur. Lorsque le navigateur compatible ActiveX rencontre une page web appelant une fonction de contrôle ActiveX, il se télécharge automatiquement sans impliquer l'utilisateur. Bien entendu, cela crée une faille de sécurité potentielle dans les sites web piratés que les hackers pourront utiliser pour intégrer du code malveillant.

Un langage de script similaire, appelé JavaScript, est souvent utilisé dans les navigateurs web pour rendre les sites web plus interactifs. Il est particulièrement intéressant pour développer des contenus interactifs dans les jeux et autres pages web riches en audio/vidéo. Cependant, il est également largement utilisé pour transmettre des informations sur des activités à distance, telles que les habitudes de navigation et de lecture utiles au suivi et l'analyse publicitaires. Il le fait sans recharger la page où les informations ont été recueillies et sans en informer le lecteur. Cela crée à nouveau un vecteur potentiel pour des activités malveillantes (ou du moins indésirables).

Un mot sur VBScript

VBScript est un autre langage de script propre à Internet Explorer de Microsoft Windows. VBScript est similaire à JavaScript, mais il n'est pas aussi largement utilisé dans les sites web en raison de sa compatibilité limitée avec d'autres navigateurs.

Un autre sujet de préoccupation dans l'interaction entre les sites web et les navigateurs est l'utilisation de plug-ins qui ajoutent de nouvelles fonctionnalités aux applications logicielles existantes, telles que les moteurs de recherche et les fonctions antivirus. Ces contrôles de script sont similaires aux contrôles ActiveX mais ne peuvent pas être exécutés en dehors d'un navigateur web. Adobe Flash et QuickTime Player sont les exemples les plus connus de plug-ins pour les navigateurs web.

La plupart des navigateurs prennent en charge divers plug-ins par défaut et en dépendent pour une partie de leur fonctionnement. La nature automatique de ces composants s'accompagne d'une vulnérabilité croissante, à la fois en termes de défauts de conception et en tant que cibles potentielles de piratage. Historiquement, les contrôles ActiveX, les produits PDF Reader et Flash d'Adobe, ainsi que le produit QuickTime d'Apple ont représenté le plus grand nombre de vulnérabilités documentées parmi les produits de script.

Comme pour les autres objets de sécurité, le navigateur peut généralement être configuré pour activer, désactiver le code ou encore présenter une invite à l'utilisateur chaque fois qu'il rencontre ces éléments scriptés sur une page. En règle générale, tous les modules complémentaires (y compris Java, JavaScript, Flash et ActiveX) doivent être désactivés sur les sites web, sauf si vous savez que vous pouvez leur faire confiance.

Contrôle des cookies

Les cookies sont de petits fichiers que les serveurs web envoient aux navigateurs web lorsque leurs pages sont consultées. L'utilisation légitime de ces fichiers est de permettre au serveur de reconnaître automatiquement le navigateur du client à chaque fois qu'il se connecte au serveur. Le processus de base de transfert de pages HTTP est décrit à la Figure 9.5.

Figure 9.5 Opérations de transfert HTTP

Les transferts de pages web sont initiés du côté client par le navigateur web local. Le navigateur envoie une requête HTTP au serveur web désigné, qui renvoie à son tour la page demandée avec un message de réponse HTTP. L'une des informations contenues dans le message peut être une demande au navigateur de définir (accepter et stocker) des cookies, afin de permettre un processus de transfert de page plus efficace et automatisé.

Le cookie peut également contenir plusieurs informations de configuration connues sous le nom d'*attributs de cookie*. Un attribut clé lié à la sécurité est le réglage de la date d'expiration du cookie. Il existe essentiellement deux types de cookies : les cookies de session et les cookies persistants. Les cookies de *session* sont effacés lorsque le navigateur est fermé, et les *cookies persistants* restent sur l'ordinateur jusqu'à la date d'expiration spécifiée. Les cookies persistants présentent un risque plus élevé que les cookies de session, car ils restent plus longtemps sur l'ordinateur du client.

Les cookies ont été développés à l'origine pour que les utilisateurs restent connectés aux environnements d'achat en ligne pendant qu'ils se déplacent de page en page et qu'ils placent des articles dans des paniers d'achat en ligne. Toutefois, l'utilisation des cookies s'est étendue à bien d'autres choses que les paniers d'achat. Ils peuvent être conçus pour recueillir et suivre toute information qu'un site web est censé y placer – par exemple, ils peuvent suivre des informations sur les sites que l'utilisateur a visités ou les identifiants utilisés pour accéder au site. Les cookies conçus pour remplir ce type de fonctions sont appelés « cookies de suivi ».

C'est ce type d'information qui rend les cookies attrayants pour les pirates. Si un site web utilise des cookies pour l'authentification, un pirate peut alors être en mesure d'obtenir un accès non autorisé à ce site en obtenant le cookie. C'est ce qu'on appelle le *vol de cookies*.

Il suffit à l'attaquant d'utiliser un logiciel de capture de paquets pour surveiller le trafic sur le réseau et capturer le cookie afin d'accéder à ses informations d'identification (nom d'utilisateur, mots de passe, adresse réseau, etc.). Avec ces informations en main, l'attaquant a la possibilité de se faire passer pour l'utilisateur d'origine et tenter d'accéder à d'autres sites.

L'attaquant peut également utiliser une technique appelée *cross-site scripting*, ou XSS, pour faire en sorte que le cookie renvoyé soit redirigé vers un serveur tiers exploité par l'attaquant. L'attaquant peut alors utiliser le cookie volé pour usurper l'identité de l'utilisateur auprès du site d'origine. La redirection est généralement réalisée en cachant simplement le script sur le site et en utilisant des techniques d'ingénierie sociale pour tromper l'utilisateur et l'amener à cliquer sur le code. Dans ce cas, son cookie est transmis à l'emplacement tiers spécifié par l'attaquant. En outre, l'attaquant peut simplement modifier le contenu d'un cookie volé pour effectuer une attaque sur le serveur web d'origine. Par exemple, si le cookie est le produit d'un site de vente en ligne, il peut inclure des informations sur les prix des produits dans un panier d'achat. L'attaquant pourrait modifier ces informations et les renvoyer au serveur d'origine, ce qui l'amènerait à faire payer au client un prix inférieur pour l'article. Ce type d'attaque, comme le montre la Figure 9.6, est une forme d'attaque de type « man-in-the-middle » (MITM) appelée « empoisonnement des cookies ».

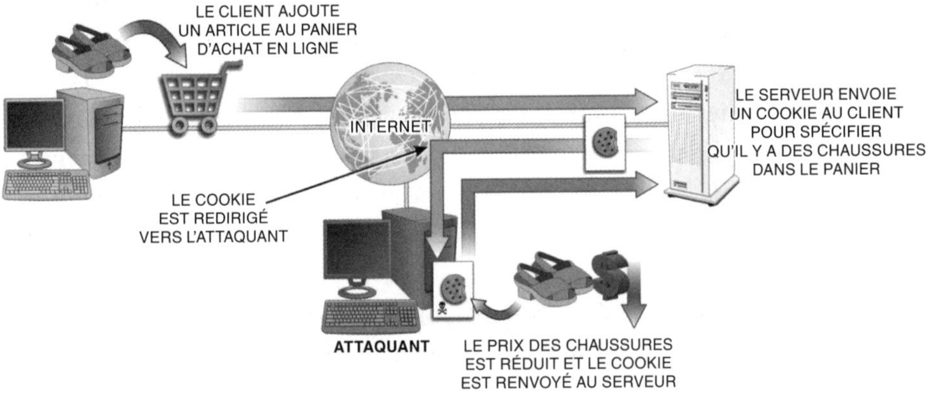

Figure 9.6. Empoisonnement de cookies

Pratiquement tous les navigateurs prennent en charge les cookies par défaut. Certains offrent à l'utilisateur la possibilité d'activer ou de désactiver complètement les cookies, tandis que d'autres fournissent un gestionnaire de cookies plus robuste qui permet à l'utilisateur de visualiser et de sélectionner les cookies individuels à supprimer du système.

Pour des raisons de sécurité, la meilleure recommandation pour le traitement des cookies est de désactiver l'option « Toujours définir des cookies ». En outre, utilisez le chiffrement de transmission pour empêcher les tiers de pouvoir lire les cookies s'ils sont interceptés en cours de route. Ceci est particulièrement important lors de l'utilisation de communications Wi-Fi. Si la liaison sans fil n'est pas chiffrée, les attaquants peuvent facilement intercepter puis lire les données, y compris les cookies envoyés.

L'utilisation de liens SSL (Secure Socket Layer) assure la sécurité du chiffrement des données transmises (y compris les cookies) et empêche l'accès non autorisé aux données lors de leur transmission par la liaison de communication. Les liens SSL sont toujours identifiés comme des sites HTTPS :// au lieu de simplement HTTP ://.

La défense contre les logiciels malveillants

L'augmentation de la connectivité par les réseaux et l'Internet a rendu les ordinateurs personnels vulnérables à toute une série de types de logiciels malveillants et de logiciels gris. Le terme « malware » est utilisé pour décrire les programmes conçus pour être malveillants par nature. Le terme « grayware » décrit des programmes dont le comportement n'est pas divulgué ou est indésirable.

De nouvelles menaces de logiciels malveillants apparaissent constamment, et le personnel chargé de la cybersécurité doit se tenir au courant. La liste suivante identifie certaines des menaces de logiciels malveillants les plus avancées. Certaines d'entre elles existent depuis de nombreuses années mais sont toujours très dangereuses et continuent d'être modifiées et difficiles à détecter.

- *Les virus* sont des programmes destructeurs conçus pour se répliquer et se propager par eux-mêmes. Les virus sont conçus pour se répliquer dans un environnement informatique local. Cela se produit le plus souvent lorsque les utilisateurs téléchargent des programmes depuis Internet ou ouvrent des pièces jointes aux courriels. De nombreux produits « gratuits » obtenus sur l'Internet ont quelque chose qui les accompagnent : un virus, un logiciel espion ou une autre forme de logiciel malveillant.
- *Les vers (*parfois appelés virus de réseau) circulent par le biais d'une connexion réseau. Contrairement à un virus, les vers n'ont pas besoin d'un programme hôte pour infecter votre ordinateur. Les vers recherchent des vulnérabilités à exploiter dans une application. Une fois que le ver a tiré parti de la vulnérabilité, il cherche à se répliquer sur un autre ordinateur du réseau. Bien qu'ils soient initialement destinés à ralentir les environnements réseau, les vers laissent souvent des charges utiles sur les systèmes pour provoquer d'autres activités malveillantes.
- *Les chevaux de Troie* semblent être un programme légitime qui peut être trouvé sur n'importe quel système. Ils sont conçus de façon rusée pour apparaître comme de véritables applications afin que les utilisateurs soient amenés à les utiliser. Bien qu'ils fonctionnent correctement, ils comportent un code malveillant qui se déclenche lorsque l'application est lancée.
- *Les rootkits* sont un type de logiciel conçu pour prendre le contrôle administratif d'un système informatique sans être détecté. Normalement, le but est de permettre à des opérations malveillantes de se produire sur un ordinateur

cible à l'insu de ses utilisateurs ou des administrateurs du système. Les rootkits peuvent se produire dans le matériel ou les logiciels en s'attaquant au BIOS, au chargeur de démarrage, au noyau du système d'exploitation et parfois aux applications ou aux bibliothèques.

Les rootkits sont conçus pour fonctionner au niveau de la racine du système d'exploitation et apparaissent comme une entité bénigne à ce niveau. Une fois que le rootkit a été installé dans un système, il prend des mesures pour se dissimuler et échapper à la détection. Ils modifient le comportement des composants de base du système d'exploitation en altérant les pilotes ou les modules du noyau. Ces programmes ont la capacité de voler les codes PIN, les mots de passe des comptes, des cartes de crédit et d'autres informations sensibles. Ils peuvent infecter presque tous les types de systèmes d'exploitation.

- *Le ransomware* est un logiciel conçu pour empêcher l'utilisateur d'accéder à ses données et le tenir en otage contre paiement. Le courrier électronique indésirable est le moyen de diffusion le plus courant pour diffuser le logiciel malveillant. Il est ensuite activé par l'utilisateur qui clique sur une pièce jointe ou un lien dans le message électronique. Il désactive ensuite les services essentiels du système ou même verrouille l'ordinateur de sorte que l'utilisateur ne puisse pas y accéder.

  Les pirates informatiques peuvent chiffrer les données personnelles sur l'ordinateur, empêchant ainsi l'utilisateur d'accéder à ses données. Le hacker demandera normalement à l'utilisateur de saisir un code qui ne peut être obtenu qu'après avoir réglé un paiement par des moyens cryptographiques tels que la cryptomonnaie Bitcoin. Il essaiera également de faire en sorte que l'utilisateur achète un outil de déchiffrement ou de suppression légal. L'auteur (hacker) est la ou les seules personnes qui connaissent la clé privée de déchiffrement requise.
- *Les logiciels espions* sont généralement introduits dans le système par des téléchargements sur Internet qui semblent être des programmes utiles. Contrairement aux virus et aux chevaux de Troie, les logiciels espions ne se reproduisent généralement pas d'eux-mêmes. Une fois qu'un logiciel espion est installé sur un système, il surveille le fonctionnement du système et recueille des informations telles que les noms d'utilisateur, les mots de passe, les numéros de carte de crédit et autres PII[2].
- *Les logiciels publicitaires* introduisent des affichages publicitaires non désirés et non sollicités dans les navigateurs web. Ils peuvent également être conçus pour recueillir des informations sur la sélection de l'utilisateur à partir du navigateur, ce qui permet de construire un schéma publicitaire plus

[2] PII : Personally Identifiable Information, désigne de façon générale des données servant à identifier un individu. Autrement dit, des données à caractère personnel.

personnalisé. Les logiciels publicitaires sont généralement introduits dans le système par des téléchargements tels que les logiciels gratuits (freeware).

- *Les bombes logiques* sont un type de logiciel malveillant généralement utilisé pour supprimer des données. Une bombe logique est un code informatique qui, tout comme d'autres logiciels malveillants, est attaché à un programme légitime. Le code reste inactif jusqu'à ce qu'un événement logique spécifique se produise. Il peut s'agir d'un certain nombre de jours qui s'écoulent, de l'ouverture d'un certain nombre de programmes ou de l'exécution d'un programme d'une manière spécifique. Les bombes logiques sont difficiles à détecter car elles sont souvent incluses dans de gros programmes comportant des milliers de lignes de code.
- *Les zombies* sont des ordinateurs infectés qui peuvent être placés sous le contrôle à distance d'un utilisateur malveillant. Les zombies peuvent être utilisés pour créer des attaques par déni de service (DoS) qui inondent les réseaux ciblés afin de ralentir et parfois d'arrêter complètement les serveurs. Les ordinateurs sont souvent infectés et deviennent des zombies par le biais de virus, de vers et de chevaux de Troie.
- *Les botnets* sont une grande collection de zombies, ou *bots*, contrôlés par un pirate. Ce type de réseau peut être constitué de millions d'ordinateurs sans méfiance. Les réseaux de zombies peuvent être utilisés pour envoyer du spam (généralement par le biais de listes de diffusion) provenant des ordinateurs d'utilisateurs peu méfiants. On estime que 50 à 80 % du spam dans le monde est créé par des ordinateurs zombies.

Il est courant d'installer un certain nombre de produits défensifs différents pour protéger les PC et leurs données contre les accès non autorisés et les interférences malveillantes. De nos jours, la plupart des produits comprennent des protections luttant sur plusieurs fronts. Parmi les produits les plus utilisés à ces fins, on peut citer

- Les programmes antivirus
- Les programmes antispyware
- Les bloqueurs de spam
- Les bloqueurs de pop-up

Utilisation des programmes antivirus

Chaque ordinateur devrait disposer de moyens de se protéger contre les virus informatiques. Le moyen le plus courant de se protéger contre les virus consiste à installer un programme d'analyse des virus (antivirus) qui vérifie les disques et les fichiers avant de les utiliser dans l'ordinateur. Plusieurs entreprises proposent des logiciels de protection antivirus tiers qui peuvent être configurés pour fonctionner de différentes manières.

Si l'ordinateur est une unité autonome, il peut être improductif de faire fonctionner le logiciel antivirus à chaque démarrage du système. Il serait beaucoup plus pratique de faire vérifier par le programme uniquement tout support amovible connecté au système, parce que c'est la seule entrée possible vers l'ordinateur en absence de réseau.

Tous les ordinateurs connectés à l'Internet doivent être protégés par une solution antivirus avant de s'y connecter. Dans ce cas, il est plus souhaitable de paramétrer le logiciel pour qu'il fonctionne à chaque démarrage. En outre, la plupart des logiciels antivirus comprennent des utilitaires permettant de vérifier les courriers électroniques et les fichiers téléchargés sur l'ordinateur via des connexions réseau ou Internet.

Comme indiqué précédemment, lorsqu'une application antivirus est installée sur le système, elle peut être configurée pour fournir différents niveaux de protection contre les virus. Vous devrez configurer quand et dans quelles circonstances vous souhaitez que le logiciel antivirus fonctionne.

Utilisation d'un logiciel anti-espion

Comme le montre la Figure 9.7, il existe essentiellement deux types de produits anti logiciels espions (antispyware) : ceux qui trouvent et suppriment les logiciels espions après leur installation et ceux qui les bloquent lorsqu'ils tentent de s'installer. Ces deux méthodes ont de meilleures chances de préserver les ordinateurs des logiciels espions lorsqu'elles sont associées à des informations relatives à la manière d'éviter ceux-ci.

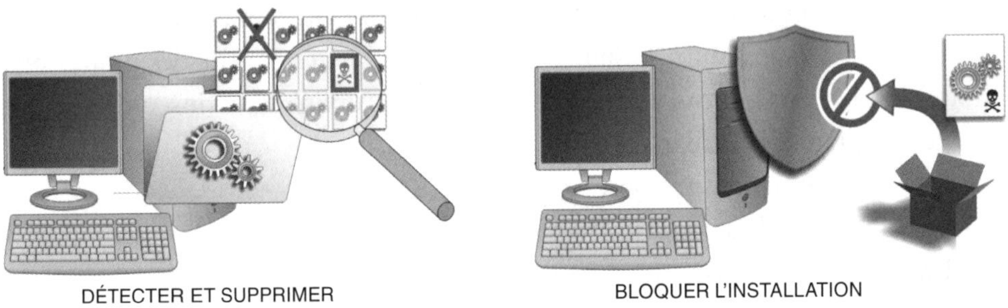

Figure 9.7 Types de produits anti-espion

La méthode de détection et de suppression est de loin le type de produit le plus simple à écrire. Il existe donc plusieurs produits disponibles dans le commerce qui utilisent cette méthode. Comme les logiciels antivirus, ce type de produit antispyware s'appuie sur des bases de données de définitions existantes pour reconnaître les menaces de logiciels espions. Ces bases de données doivent être mises à jour fréquemment pour reconnaître les nouvelles versions de logiciels espions qui ont été identifiées.

Le type de produit antispyware de prévention en temps réel ne repose pas sur des données historiques pour identifier les logiciels espions. Au lieu de cela, il surveille certains paramètres de configuration et avertit l'utilisateur en cas d'activité d'installation suspecte. L'utilisateur a alors la possibilité d'autoriser ou de bloquer l'installation. Certains produits anti-logiciels espions intègrent les deux méthodes de lutte contre les logiciels espions.

Outre l'installation d'applications antispyware, les utilisateurs peuvent lutter contre les logiciels espions de plusieurs autres manières :

- Installer un navigateur web autre qu'Internet Explorer (par exemple, Chrome ou Firefox).
- Télécharger la dernière version du navigateur qui offre de meilleures caractéristiques de sécurité.
- Travailler avec un fournisseur d'accès Internet qui utilise ses pare-feu et ses serveurs mandataires pour bloquer les sites connus pour distribuer des logiciels espions.
- Télécharger uniquement des logiciels provenant de sites réputés afin d'éviter les logiciels espions qui s'attachent à d'autres programmes.

Durcissement des systèmes d'exploitation

Comme indiqué précédemment, le deuxième niveau de renforcement des systèmes informatiques locaux contre les attaques consiste à sécuriser leurs systèmes d'exploitation. Cela implique la mise à jour des segments de code vulnérables du système d'exploitation au fur et à mesure qu'ils sont connus. Le durcissement du système d'exploitation se fait par l'application d'une nouvelle programmation sous forme de :

- Service packs
- Patches
- Mises à jour

Service Packs

Après qu'un système d'exploitation a été utilisé pendant un certain temps, les vendeurs peuvent combiner plusieurs améliorations de produits et distribuer un *service pack* numéroté pour le système d'exploitation spécifique mis à niveau. Les fichiers critiques doivent toujours être sauvegardés dans le cas où le service pack ou le système d'exploitation ne fonctionne pas après l'installation du service pack.

Patches

Les correctifs (patches) sont des améliorations générales apportées à un système d'exploitation donné et qui ont été publiées pour être distribuées. De nombreux correctifs et mises à jour sont des fonctionnalités complémentaires purement esthétiques et pratiques, tandis que d'autres sont des mises à niveau de sécurité critiques conçues pour répondre à un virus particulier, à une menace découverte ou à une faiblesse constatée dans le système d'exploitation.

Mises à jour

Une *mise à jour est* un service pack ou un patch qui améliore la fiabilité, la sécurité ou l'attractivité d'un système d'exploitation. La source la plus fiable de mises à jour de systèmes d'exploitation est leur fabricant. Ces organismes sont toujours à la recherche de moyens d'améliorer leurs produits. Certaines mises à jour peuvent rendre le système d'exploitation plus pratique, mais pas nécessairement plus sûr. Il convient donc de les tester avant de les mettre en œuvre. Pensez à sauvegarder les fichiers critiques au cas où le correctif ou le système d'exploitation ne fonctionnerait pas après l'installation.

Superviser la sécurité des logiciels d'application

Les logiciels fonctionnent comme des extensions du système d'exploitation. Selon le type de système d'exploitation utilisé, un programme peut contrôler directement certaines ressources du système, telles que les imprimantes et les interfaces réseau, tandis que le système d'exploitation apporte un soutien fondamental en arrière-plan. Dans les systèmes plus avancés, le système d'exploitation fournit des fonctions communes d'entrée, de sortie et de gestion des disques pour toutes les applications du système.

Certaines applications comprennent des outils de sécurité intégrés qui contrôlent l'accès à l'application au-delà des niveaux présentés par le système d'exploitation. Cependant, de nombreuses applications sont écrites sans vraiment se soucier des questions de sécurité. Ces programmes se concentrent sur la fonctionnalité et le partage, laissant les questions de sécurité au système d'exploitation et aux utilitaires de sécurité.

Exploitation des logiciels

Le terme « exploitation de logiciels » est utilisé pour décrire les cyber-attaques visant à tirer parti des vulnérabilités ou des faiblesses des produits logiciels – systèmes d'exploitation et applications. Ces vulnérabilités peuvent être le résultat de logiciels créés avec peu ou pas de réflexion sur les questions de sécurité, ou elles peuvent être le fruit de logiciels qui ont été insuffisamment testés avant d'être mis en service.

L'industrie des logiciels informatiques poursuit deux objectifs très contradictoires :

- Rendre le produit aussi ouvert et facile à utiliser que possible afin que des utilisateurs non techniques puissent travailler avec lui.
- Faire en sorte que la demande soit parée à toute épreuve afin que rien de mal ne puisse jamais arriver.

Il est demandé aux développeurs de logiciels de répondre à ces deux objectifs dans le même produit.

Dans certains cas, les développeurs peuvent essayer de créer un produit vraiment accessible sans se soucier de la manière dont il pourrait être exploité par des personnes malveillantes. Dans d'autres cas, ils peuvent ne pas être suffisamment expérimentés pour envisager la manière dont leur produit pourrait être exploité. Le nombre de développeurs dans le monde ne cessant de croître, de nombreuses personnes possèdent une base de connaissances significative sur la manière de tester, de manipuler et de modifier la programmation. Cela inclut les pirates informatiques.

Un mot sur les hackers Black Hat

Un pirate informatique (black hat hackers) est un individu qui possède de grandes compétences en programmation et qui les utilise pour pénétrer ou contourner les structures de sécurité des réseaux à des fins malveillantes ou criminelles. Les personnes appartenant à cette catégorie de hackers sont également connues sous le nom de « crackers » ou « dark-side hackers ».

Il existe également des pirates à chapeau blanc et à chapeau gris qui cherchent à exploiter les vulnérabilités et les faiblesses de la sécurité d'Internet, mais pas pour des raisons malveillantes (par exemple, pour effectuer des contrôles de sécurité du système).

La programmation des systèmes d'exploitation et des applications modernes est très complexe. Lorsque les développeurs produisent initialement un produit, ils peuvent commettre des erreurs de codage ou créer des parties d'un produit qui ne fonctionnent pas bien avec les éléments créés par d'autres développeurs de l'équipe. Les attaquants utilisent souvent les vulnérabilités des logiciels pour insérer et cacher du code malveillant utilisé pour perturber les services ou les opérations.

En particulier, l'attaquant peut modifier le code existant pour créer une condition dans la mémoire de l'ordinateur appelée *débordement de la mémoire tampon,* qui entraîne un comportement erratique, des erreurs d'accès à la mémoire et/ou des plantages du système. Le système est effectivement désactivé au point que l'utilisateur ne peut plus l'utiliser. Ce type d'attaque est un type d'attaque par déni de service (DoS).

Appliquer les mises à jour et les correctifs des logiciels

La section précédente montre qu'en raison de la nature du développement des produits et des pressions exercées sur les producteurs de logiciels pour qu'ils mettent de nouveaux produits sur le marché, les nouvelles versions de logiciels ne semblent jamais être complètes ou parfaites. Lorsque des problèmes de sécurité sont révélés avec des produits logiciels, leurs fabricants sont obligés d'émettre des correctifs de sécurité pour leur produit qui corrigent la faiblesse.

Les correctifs de sécurité sont des mises à jour émises dans le but précis de corriger une faiblesse observée afin d'empêcher l'exploitation de la vulnérabilité. Microsoft publie des correctifs de sécurité pour ses produits une fois par mois. D'autres développeurs de logiciels font appel à des équipes de sécurité spécialisées pour développer et publier des correctifs de sécurité dès que possible après la découverte d'une vulnérabilité.

Pour des raisons de sécurité et de stabilité, vous devez toujours appliquer des correctifs aux systèmes d'exploitation des appareils informatiques connectés à l'Internet. Toutefois, ce n'est pas le cas de tous les PC. Les systèmes PC stables qui ne sont pas connectés à l'Internet ne doivent pas être corrigés, sauf si cela permet de résoudre un problème existant.

Exercices pratiques

Objectifs

- Gérer la configuration du pare-feu local.
- Explorer le pare-feu Windows avec fonctions avancées de sécurité.
- Reconnaître la nécessité d'un filtrage des flux sortants.
- Créer une règle de filtrage des ports.
- Créer une règle de filtrage ICMP.

Ressources

- Système d'ordinateur de bureau/tour compatible avec les PC
- Windows 10 Pro installé
- Compte d'utilisateur avec accès administratif
- Accès à Internet à partir d'une connexion réseau

Discussion

Les ordinateurs connectés directement à l'Internet sont vulnérables aux attaques de l'extérieur. Une façon de protéger les ordinateurs autonomes contre les attaques extérieures est d'installer un pare-feu local.

Des pare-feu locaux basés sur des logiciels peuvent être installés sur un ordinateur individuel pour le protéger des activités malveillantes introduites par sa connexion Internet.

Dans certains cas, le système d'exploitation offre une option de pare-feu intégrée qui peut être utilisée pour protéger l'ordinateur local.

Dans ce laboratoire, vous explorerez les options associées au pare-feu Windows pour appliquer le pare-feu local (logiciel). Vous reconnaîtrez également la nécessité de filtrer les flux entrants et sortants et de tester diverses options de sécurité. Dans certains cas, vous souhaiterez peut-être télécharger un pare-feu logiciel, mais Microsoft inclut le pare-feu Windows avec leur système d'exploitation, ainsi que le pare-feu Windows avec fonctions avancées de sécurité.

Procédures

Accès aux paramètres de base du pare-feu Windows

Pour accéder aux paramètres de base du pare-feu Windows, suivez les étapes suivantes :

1. Allumez l'ordinateur et choisissez Windows 10 Pro si vous avez le choix.
2. Connectez-vous à votre compte administratif.
3. Cliquez sur la barre de recherche intégrée à votre barre de tâches, tapez **Panneau de configuration**, puis cliquez sur « Panneau de configuration » dans le menu présenté.
4. Si nécessaire, passez à l'affichage du panneau de contrôle avec la vue par : « Petites icônes », localisez et cliquez sur « Pare-feu Windows ». La Figure 9.8 montre les paramètres de base du Pare-feu Windows.

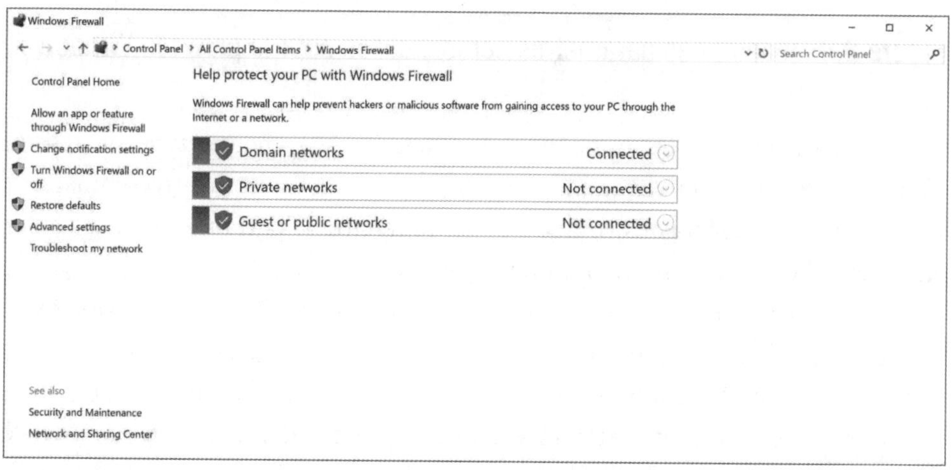

Figure 9.8 Paramètres de base du pare-feu Windows

Dans cette fenêtre, vous pouvez voir l'état actuel du pare-feu pour chaque type de réseau.

5. Développez chaque type de réseau en cliquant sur les flèches vers le bas situées en haut à droite de chaque réseau. Examinez les états actuels et les règles associées à chacun. Dressez la liste des trois types de réseaux dans le Tableau 9.2.
6. Dans le volet de gauche, cliquez sur « Activer » ou « Désactiver » le pare-feu, situé à côté d'un bouclier *Windows Defender* indiquant qu'un accès administratif est nécessaire.

Dans le volet gauche, « activer ou désactiver le pare-feu Windows » et « modifier les paramètres de notifications » mènent à la même fenêtre. La Figure 9.9 illustre cette fenêtre.

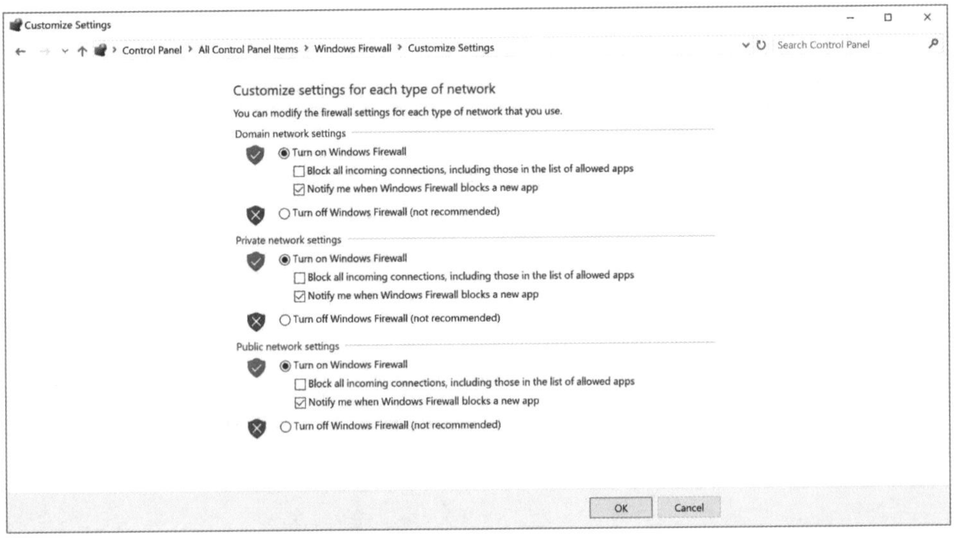

Figure 9.9 Fenêtre des paramètres personnalisés pour le pare-feu Windows

Cette fenêtre montre les options de base associées à chaque type de réseau. Vous activez ou désactivez le pare-feu. Si le pare-feu est activé (recommandé), vous pouvez décider si vous voulez bloquer tout le trafic entrant et si vous voulez être averti si et quand un programme est bloqué.

Le pare-feu inspecte tout le trafic allant et venant depuis/vers la connexion extérieure et peut être configuré pour contrôler le flux de trafic entre l'Internet et le dispositif local en fonction des propriétés souhaitées. Les pare-feu sont configurés de manière à ne transmettre des données qu'à destination et en provenance d'adresses IP et de ports TCP/UDP désignés.

Il y a très peu de raisons de désactiver le pare-feu de Windows (non recommandé).

7. Si un type de réseau est paramétré sur « Désactiver le pare-feu Windows », cliquez sur « Activer le pare-feu Windows ». Cliquez sur « OK » pour quitter les paramètres de personnalisation du Pare-feu Windows.

Examiner le pare-feu Windows avec fonctions avancées de sécurité

Pour examiner le « pare-feu Windows avec fonctions avancées de sécurité », suivez les étapes suivantes :

1. Dans le volet de gauche, cliquez sur « Paramètres avancés », à côté d'un bouclier *Windows Defender*, pour lancer la console « Pare-feu Windows avec fonctions avancées de sécurité ». (Voir la Figure 9.10.)

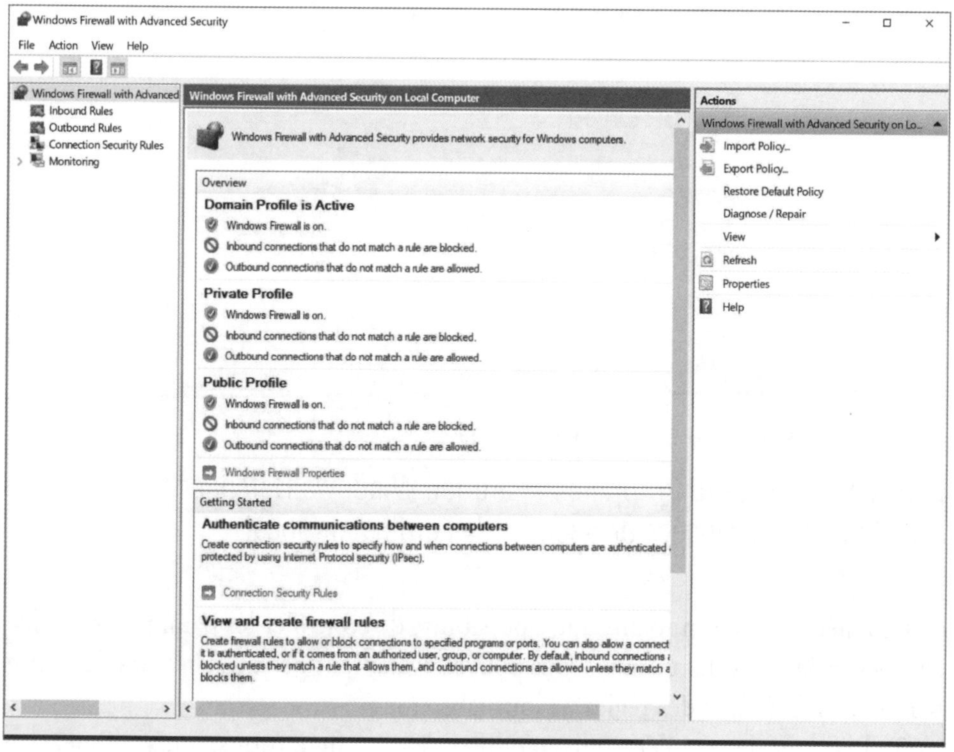

Figure 9.10 Console Pare-feu Windows avec fonctions avancées de sécurité

Cette vue de la console montre un aperçu de l'état actuel du pare-feu, ainsi qu'un tutoriel basique de démarrage qui comprend :

- Authentifier les communications entre ordinateurs
- Afficher et créer des règles de pare-feu
- Afficher la stratégie et l'activité de pare-feu et IPsec actuelles

2. En bas de la section «Actions», sélectionnez «Propriétés» pour lancer la fenêtre «Propriétés : Pare-feu Windows Defender avec fonctions avancées de sécurité de l'ordinateur local», comme indiqué à la Figure 9.11.

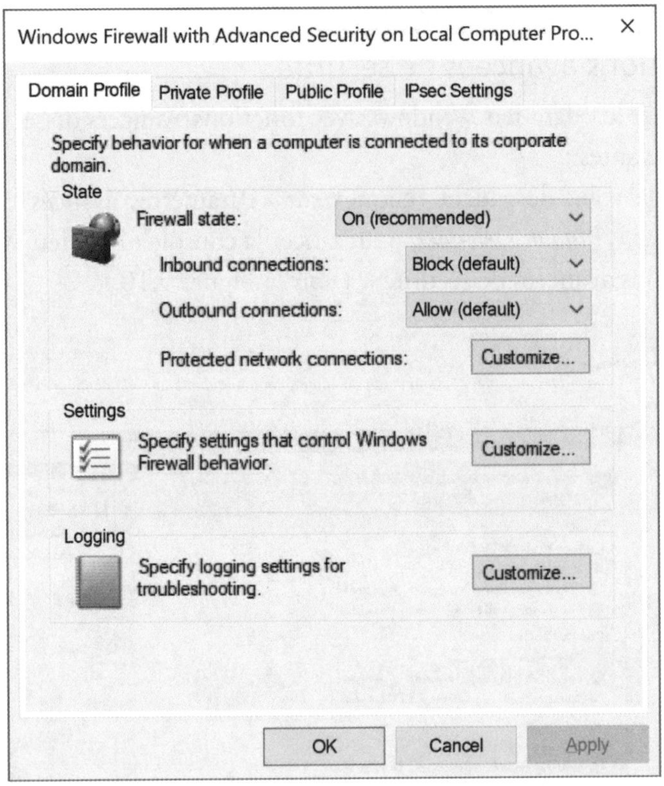

Figure 9.11 Fenêtre Propriétés : Pare-feu Windows Defender avec fonctions avancées de sécurité de l'ordinateur local

Cette fenêtre vous donne une autre possibilité de contrôler les paramètres de chacun des trois types de réseaux. Vous pouvez également personnaliser les différents paramètres et définir des règles de journalisation.

3. Explorez les onglets sans modifier les configurations, puis cliquez sur «Annuler» pour fermer cette fenêtre.
4. Dans le volet de gauche, sélectionnez «Règles de trafic sortant». Les volets central et droit seront similaires à la Figure 9.12.

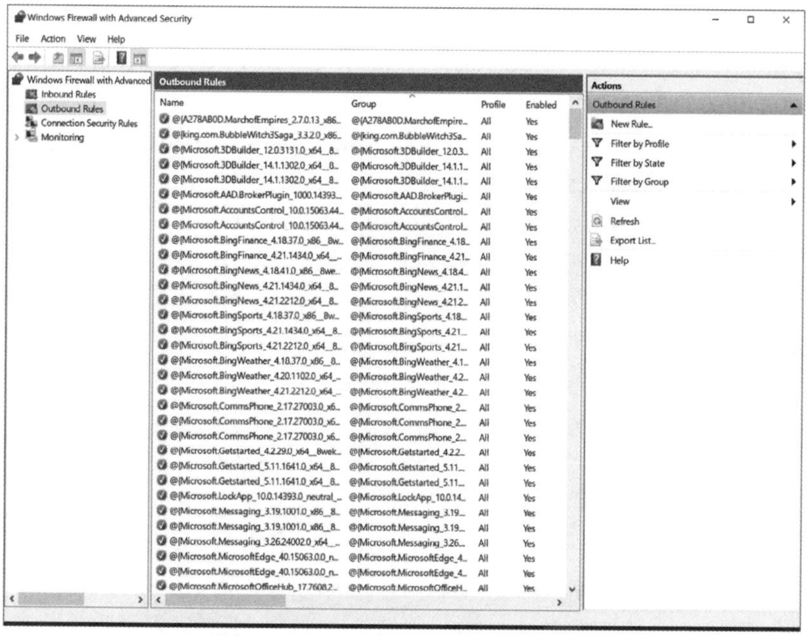

Figure 9.12 Règles de trafic sortant dans le pare-feu Windows avec foncions avancées de sécurité

■ Création d'une règle de sortie TCP

Pour créer une règle de sortie TCP, suivez les étapes suivantes :

1. Dans le volet de droite, cliquez sur « Nouvelle règle ». L'assistant de nouvelle règle sortante apparaîtra, comme le montre la Figure 9.13.

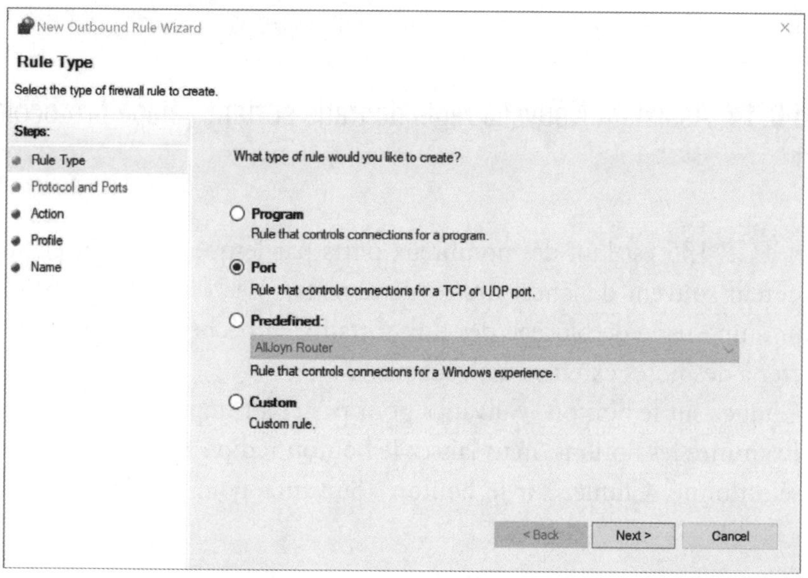

Figure 9.13 Assistant Nouvelle règle de trafic sortant

2. Sélectionnez le bouton radio « Port », puis cliquez sur le bouton « Suivant » pour poursuivre les étapes listées dans le panneau de gauche, comme indiqué dans la Figure 9.14.
3. Dans la fenêtre « Protocole et Ports » qui apparaît, assurez-vous que le bouton radio « TCP » est sélectionné ainsi que le bouton radio « Ports distants spécifiques ». Saisissez **135** dans le champ de texte.

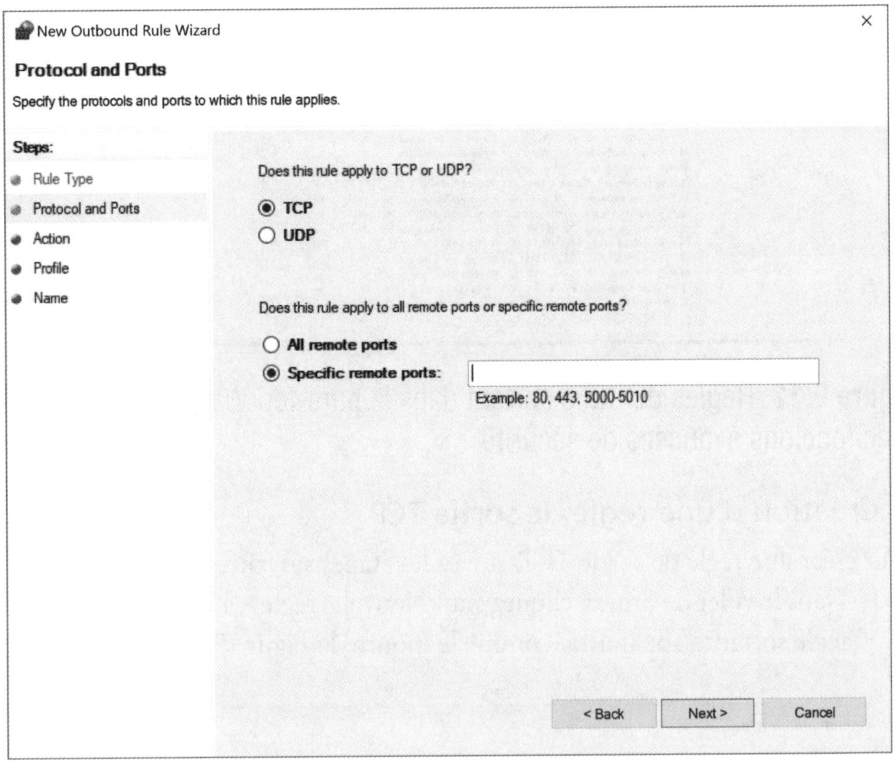

Figure 9.14 Assistant Nouvelle règle de trafic sortant : étape protocole et port

Le port TCP 135 est l'un des nombreux ports par lesquels les logiciels malveillants tentent souvent de lancer des requêtes réseau via NetBIOS/SMB/RPC. La création d'une règle de blocage des flux sortants empêchera votre système de se connecter à des hôtes externes malveillants.

4. Cliquez sur le bouton « Suivant » pour passer à l'étape « Action ».
5. Examinez les options, mais laissez le bouton radio « Bloquer la connexion » sélectionné. Cliquez sur le bouton « Suivant » pour continuer vers l'étape « Profil ».

6. Ici, vous déciderez du type de réseau auquel votre règle doit s'appliquer. Laissez les trois cases cochées pour appliquer la règle à tous les réseaux. Cliquez sur Suivant pour passer à l'étape suivante « Nom ».
7. Sur la page « Nom », entrez **Ma première règle TCP** dans la zone de texte « Nom ». Tapez **Ceci est ma première règle TCP sortante** dans la zone « Description (facultatif) : ». La Figure 9.15 montre l'étape : La page « Nom » avec les informations saisies.

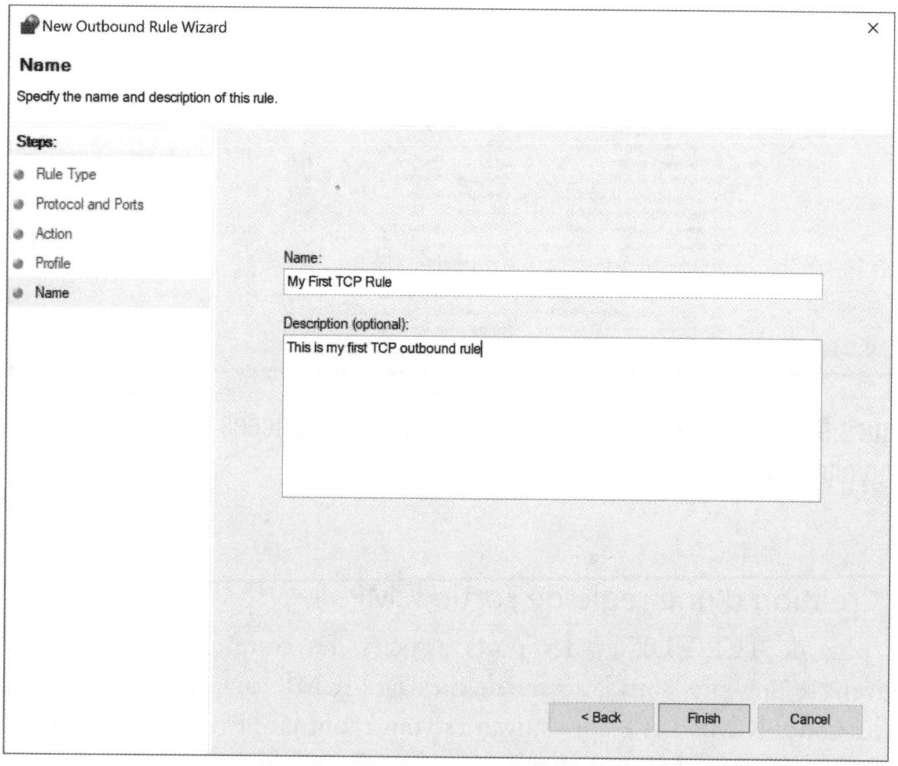

Figure 9.15 Assistant nouvelle règle de trafic sortant : page Nom

8. Cliquez sur « Terminer ». Vous devriez voir votre règle dans la liste des règles dans le volet central, comme indiqué dans la Figure 9.16.

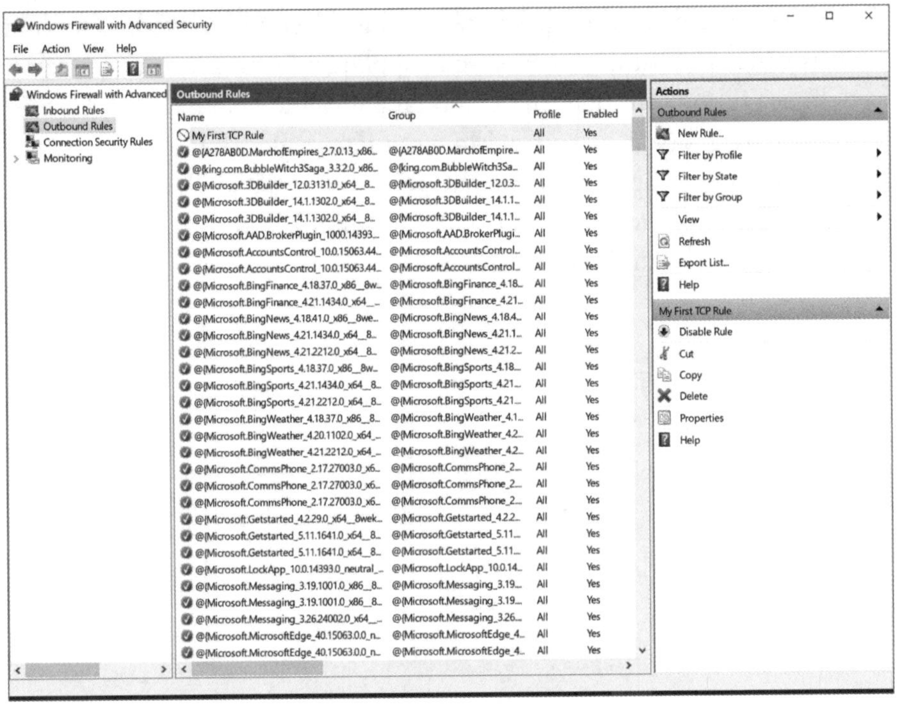

Figure 9.16 Pare-feu Windows avec fonctions avancées de sécurité : Nouvelle règle de trafic sortant

■ Création d'une règle de sortie ICMP

En plus de TCP/UDP et des ports associés, les communications sortantes peuvent se présenter sous la forme de messages ICMP caractérisés par des types et des codes ICMP. Les étapes suivantes vous montreront comment bloquer les communications ICMP sortantes.

1. Cliquez sur « Nouvelle règle » dans le volet de droite. L'assistant de nouvelle règle sortante apparaîtra.
2. Sélectionnez le bouton d'option « Personnalisée ». Remarquez que le nombre d'étapes situées dans le volet de gauche a augmenté. Cliquez sur « Suivant » pour continuer.
3. Laissez le bouton d'option « Tous les programmes » sélectionné, comme indiqué dans la Figure 9.17.

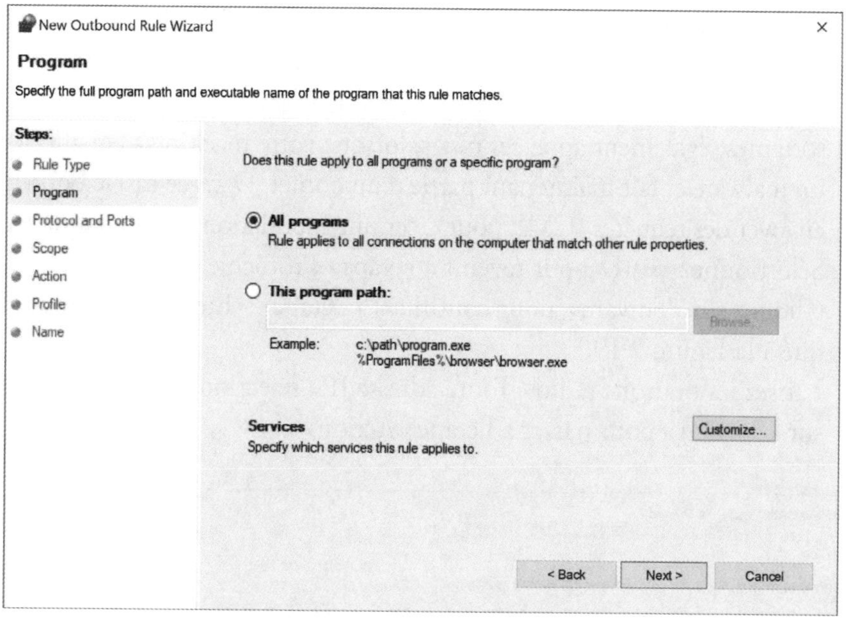

Figure 9.17 Assistant Nouvelle règle de trafic sortant : étape Programme

4. Cliquez sur « Suivant » pour continuer à l'étape « Protocole et Ports ».
5. Sélectionnez « ICMPv4 » dans le menu déroulant « Type de protocole ». Cliquez sur le bouton « Perso… » pour accéder aux paramètres de personnalisation de l'ICMP, comme indiqué à la Figure 9.18.

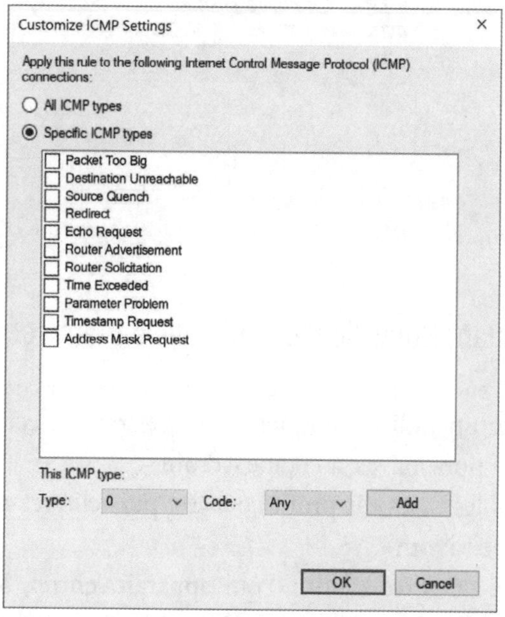

Figure 9.18 Personnaliser les paramètres ICMP

6. Dans la fenêtre « Personnaliser les paramètres ICMP », sélectionnez le bouton d'option « Certains types ICMP ». Cliquez sur la case à cocher à côté de « Requête d'écho ». Vous pouvez bloquer les demandes d'écho ICMP sortantes, également appelées pings, lorsque votre machine a été affectée par un malware et fait maintenant partie d'un botnet. Dans ce cas, le botnet peut envoyer des requêtes ICMP pour créer une inondation ping (attaque DoS).
7. Sélectionnez « OK » pour revenir à l'étape « Protocole et Ports ».
8. Cliquez sur « Suivant » pour continuer à l'étape : « Etendue », comme indiqué à la Figure 9.19.
9. Laissez les boutons radio « Toute adresse IP » sélectionnés et cliquez ensuite sur « Suivant » pour passer à l'étape « Action ».

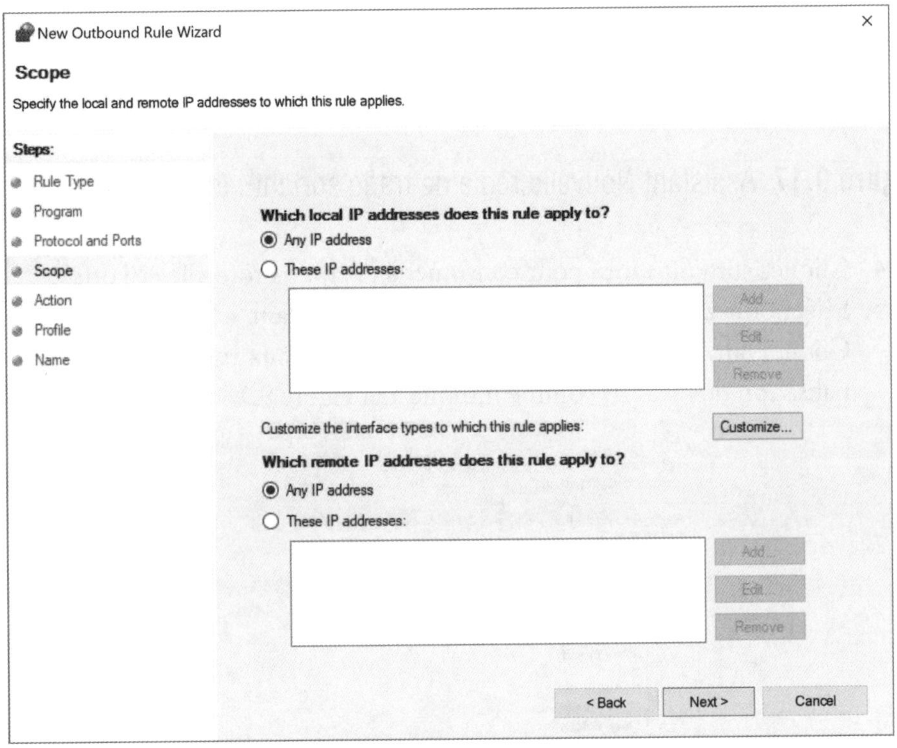

Figure 9.19 Assistant Nouvelle règle de trafic sortant : étape Etendue

10. Laissez le bouton radio « Bloquer la connexion » sélectionné, puis cliquez sur « Suivant » pour passer à l'étape « Profil ».
11. Laissez toutes les cases du profil cochées, puis cliquez sur « Suivant » pour passer à l'étape « Nom ».
12. Dans la zone de texte « Nom » qui apparaît, entrez **Ma première règle ICMP**. Entrez **Requêtes d'écho ICMP** dans la zone de texte « Description (facultatif) ». La Figure 9.20 montre l'étape complétée.

13. Cliquez sur « Terminer » pour terminer et quitter l'assistant de nouvelle règle de trafic sortant.

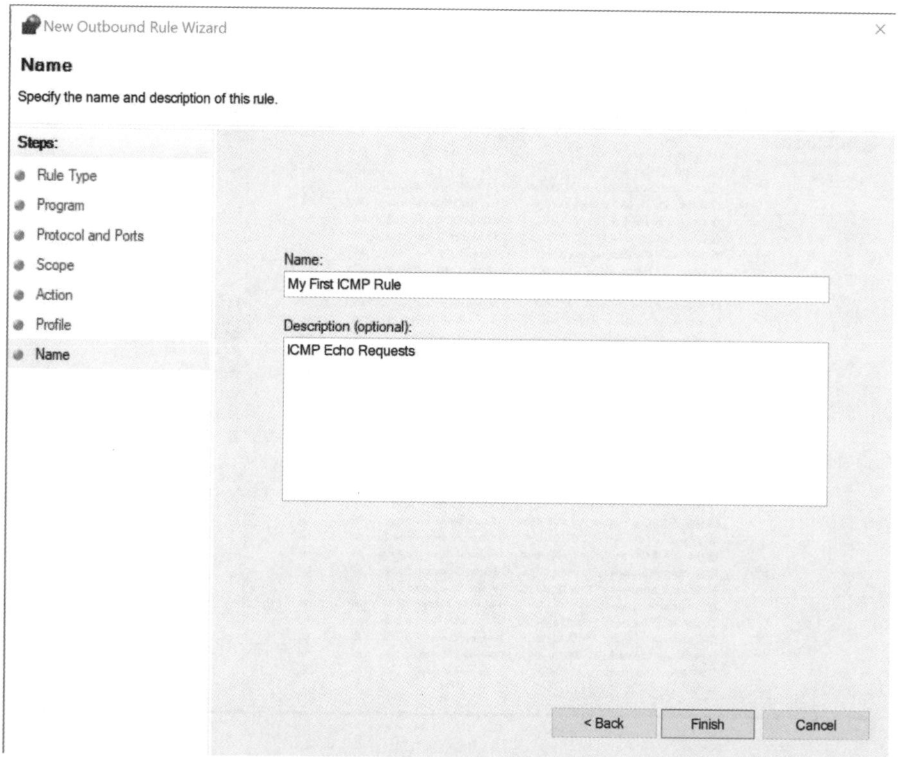

Figure 9.20 Assistant Nouvelle règle de trafic sortant : étape Nom

Vous devez voir votre règle dans la liste des règles dans le volet central, comme indiqué dans la Figure 9.21.

■ Test de la règle de sortie ICMP

Il est maintenant temps de tester la règle ICMP sur les demandes d'écho. Cette opération est réalisée dans le cadre d'une opération en ligne de commande impliquant l'utilitaire PING.

1. Laissez la console « Pare-feu Windows avec fonctions avancées de sécurité » ouverte.
2. Cliquez sur la barre de recherche intégrée dans la barre des tâches et saisissez **cmd**. C'est la méthode rapide pour accéder à la ligne de commande. Appuyez sur la touche « Entrée » pour lancer la ligne de commande.
3. Pour tester la règle ICMP, utilisez ping sur un serveur bien connu de Google. Tapez **ping 8.8.8.8** dans la ligne de commande, puis appuyez sur « Entrée ». Remarquez qu'il y a une *défaillance générale*. La règle de sortie

a effectivement bloqué les requêtes d'écho ICMP. La Figure 9.22 montre l'échec du ping (perte de 100 %).

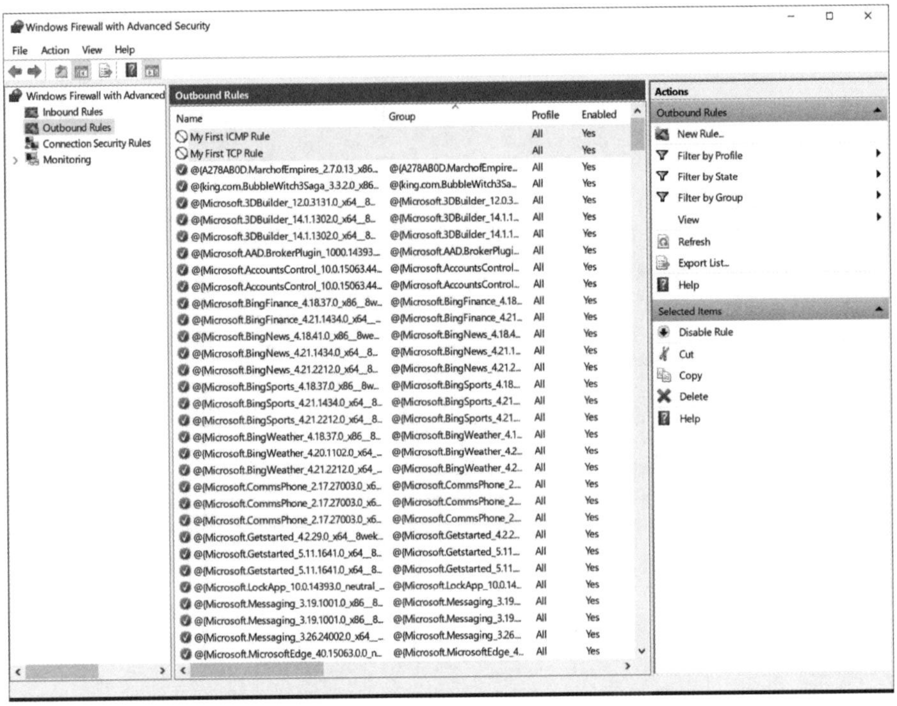

Figure 9.21 Nouvelle règle de trafic sortant dans le pare-feu Windows avec fonctions avancées de sécurité

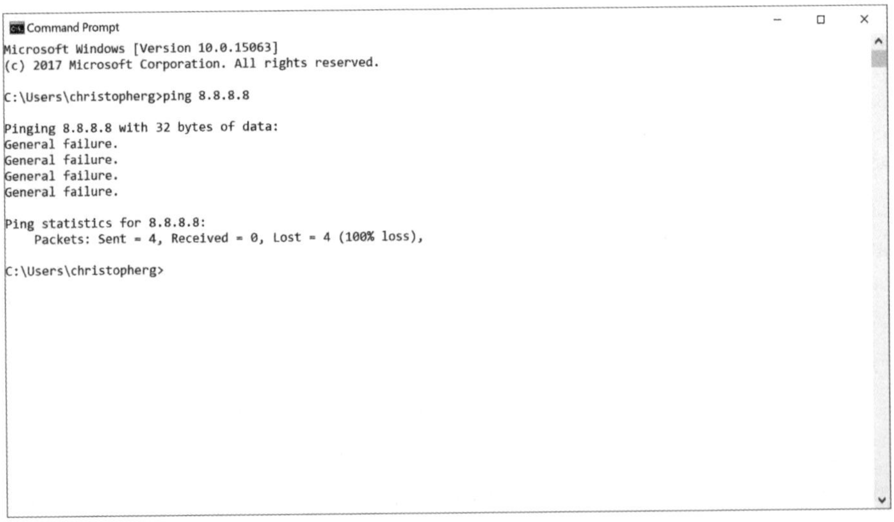

Figure 9.22 Échec de ping

4. Laissez le terminal de ligne de commande ouvert et sélectionnez la console « Pare-feu Windows avec fonctions avancées de sécurité ».
5. Trouvez **Ma première règle ICMP** et cliquez avec le bouton droit de la souris pour plus d'options. Sélectionnez l'option supérieure pour désactiver la règle.
6. Retournez au terminal de ligne de commande. En appuyant une fois sur la flèche vers le haut de votre clavier, la dernière ligne tapée sera insérée dans le terminal, qui est **ping 8.8.8.8**.
7. Appuyez sur la touche « Entrée » pour voir si la désactivation de la règle permet au ping d'atteindre le serveur Google. La Figure 9.23 montre que le ping a réussi (0 % de perte).

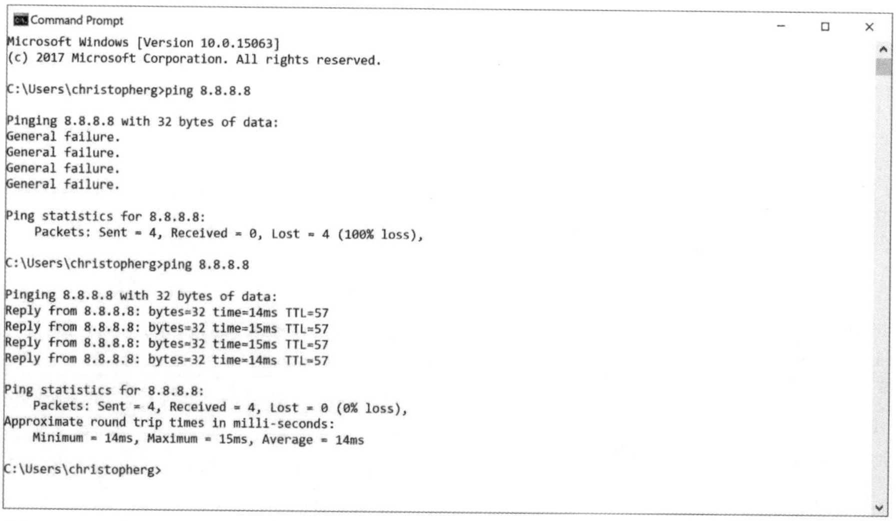

Figure 9.23 Succès de Ping

8. Fermez le terminal de ligne de commande en cliquant sur le « X » rouge en haut à droite de la fenêtre.
9. De retour à la console « Pare-feu Windows avec fonctions avancées de sécurité », supprimez les deux règles que vous avez créées en cliquant sur chacune d'elles avec le bouton droit de la souris et en sélectionnant « Supprimer ». Lorsque vous êtes invité à confirmer la fonction de suppression, sélectionnez « Oui ».
10. Fermez la console en cliquant sur le « X » rouge en haut à droite de la fenêtre.
11. Éteignez l'ordinateur.

Voir les Tableaux 9.3 et 9.4 à la fin des procédures d'exercice pour les listes de ports, les types et les codes ICMP à fermer afin d'exercer les meilleures pratiques.

Tableaux

Tableau 9.2 Types de réseaux

Réseaux en domaine	Réseaux domestiques et professionnels (privés)	Réseaux publics

Tableau 9.3 Ports recommandés à fermer

Nom du port	TCP ou UDP	Numéro(s) de port	Motif de la fermeture
MS RPC	Les deux	135	Les systèmes Windows utilisent ces ports pour envoyer des requêtes. Cela peut entraîner des fuites d'informations ou être interprété comme une attaque par un autre réseau.
NetBIOS/IP	Les deux	137-139	
SMB/IP	TCP	445	
Trivial File Transfer Protocol	UDP	69	Cette fermeture empêche un pirate informatique de déplacer sa boîte à outils sur votre système.
Syslog	UDP	514	Tous deux envoient des informations sur la topologie du réseau, ce qui doit être évité.
Simple Network Management Protocol	UDP	161-162	
SMTP (tous sauf votre serveur de messagerie)	TCP	25	Cela permet d'éviter que votre infrastructure réseau ne se transforme en relai de spam, ce qui pourrait placer votre réseau sur une ou plusieurs listes noires.
Internet Relay Chat	TCP	6660-6669	Ces derniers sont utilisés par les pirates pour envoyer et recevoir des communications des systèmes qu'ils infectent.

Tableau 9.4 Types et codes de ICMP recommandés pour la fermeture

Nom ICMP	Type	Code	Motif de la fermeture
Echo – Réponses	0	0	Utilisés pour les communications secrètes.
Hôtes inaccessibles	3	1	Utilisé par les pirates pour cartographier les réseaux et identifier quels hôtes sont en ligne et hors ligne.
Temps dépassé en transit	11	0	Cette fermeture empêche certains outils de cartographie du réseau de fonctionner.

Questions sur les laboratoires

1. Quels sont les trois principaux types de réseaux gérés par le pare-feu Windows ?

   Réponse : Les trois types de réseaux comprennent : Les réseaux en domaine, les réseaux domestiques ou professionnels (privés) et les réseaux publics.

2. Il est important de désactiver le pare-feu de Windows. Vrai ou faux ?

   Réponse : Faux. Il n'y a que quelques raisons légitimes de désactiver le pare-feu de Windows. Dans l'ensemble, il s'agit d'un outil de sécurité nécessaire dans l'environnement Windows.

3. Quels sont les quatre types de règles que vous pouvez créer avec l'assistant de création de nouvelles règles ?

   Réponse : Vous pouvez choisir parmi les quatre types de règles énumérés dans l'assistant de nouvelles règles de trafic sortant : Programme, Port, Prédéfinie et Personnalisée.

4. Quel est le moyen le plus simple de tester les requêtes d'écho ICMP ?

   Répondez : Un moyen facile de tester les demandes d'écho ICMP est d'utiliser la fonction ping à l'intérieur d'un terminal en ligne de commande, par exemple, ping 8.8.8.8 .

5. Vous avez la possibilité de bloquer tout le trafic entrant. Vrai ou faux ?

   Réponse : C'est vrai. Si le pare-feu est activé (recommandé), vous pouvez décider si vous voulez bloquer tout le trafic entrant et si vous voulez être averti si et quand un programme est bloqué.

Chapitre 10

Sécurité de l'hôte local : Questions de révision et exercices pratiques

Passez en revue les points récapitulatifs suivants avant de passer aux sections « Questions de révision » et « Questions d'examen » à la fin de ce chapitre pour vous assurer que vous êtes à l'aise avec chaque concept. Après avoir réalisé les révisions, répondez aux questions d'examen pour vérifier votre connaissance des éléments couverts dans la partie II.

Points de synthèse

- Le premier niveau de sécurisation de l'informatique et des dispositifs de contrôle consiste à en contrôler l'accès.
- Le point d'accès le plus évident à travers le périmètre extérieur d'un PC serait ses dispositifs de saisie de base : son clavier, sa souris et son écran tactile. Si une personne peut simplement s'asseoir devant le système et utiliser librement ses dispositifs de saisie (clavier, souris, pavé tactile ou écran tactile), elle dispose d'un moyen d'accéder aux informations qui s'y trouvent.
- L'option « User Password » permet aux administrateurs d'établir des mots de passe que les utilisateurs doivent saisir au cours du processus de démarrage pour terminer celui-ci et accéder au système d'exploitation. Sans ce mot de passe, le système n'atteint jamais un niveau opérationnel qu'un intrus pourrait utiliser pour accéder au périmètre interne et aux informations s'y trouvant.
- Une option de mot de passe de supervision doit être utilisée pour établir un contrôle d'accès à l'utilitaire de configuration CMOS.
- Dans les environnements informatiques et de réseau, le terme *durcissement* désigne le processus consistant à rendre un système plus sûr. Les efforts de durcissement des ordinateurs commencent par le matériel, mais s'étendent également au système d'exploitation de l'hôte local, à son système de fichier et à ses applications.

- Les ports matériels physiques permettent au système de base du PC d'interagir avec des dispositifs amovibles optionnels. Ils constituent également une menace potentielle pour la sécurité, car les personnes mal intentionnées peuvent accéder directement au système de communication et de traitement interne de l'ordinateur par l'intermédiaire de ces ports.
- Il est courant que le BIOS d'un système offre des options de contrôle des périphériques qui permettent de contrôler les ports de connexion matériels externes de l'ordinateur. En désactivant ces ports, les utilisateurs et les administrateurs peuvent contribuer à garantir que des utilisateurs non autorisés ne puissent pas utiliser les ports pour accéder au système sans autorisation, transférer des informations hors du système ou télécharger des programmes malveillants dans le système.
- Les supports informatiques amovibles présentent de multiples risques de sécurité. Ces risques comprennent la perte potentielle de données par vol en raison de la nature portable du support, ainsi que la possibilité d'introduire des logiciels malveillants destructeurs dans le système hôte.
- Le *périmètre intérieur* peut être considéré comme constitué du système d'exploitation et de ses applications.
- L'un des principaux outils de protection du système de fichiers et de ses données est l'utilisation de listes de contrôle d'accès (ACL). Le système de gestion des fichiers utilise les ACL pour accorder ou refuser aux utilisateurs l'accès à ses différents fichiers, ainsi que pour contrôler les types d'activités que la personne peut effectuer une fois l'accès accordé.
- Dans les environnements Microsoft Windows, ces capacités sont attribuées aux dossiers et aux fichiers sous forme d'*autorisations*. Dans les systèmes basés sur Unix et Linux, les utilisateurs se voient attribuer des *droits d'accès* aux fichiers.
- Le principal outil d'authentification de l'utilisateur utilisé avec les appareils informatiques personnels est le nom d'utilisateur et le mot de passe de connexion. En général, il y a trois types de connexions liées à l'utilisateur : une connexion à la machine locale, à une application spécifique et au réseau.
- Dans un environnement informatique partagé où plusieurs utilisateurs peuvent être autorisés à utiliser le même ordinateur, les informations d'identification de l'utilisateur local et du groupe sont créées et configurées par le biais d'une base de données de comptes d'utilisateurs stockée sur l'ordinateur local.
- Pour qu'un mot de passe soit efficace, il doit posséder un certain degré de complexité. Sa longueur, sa complexité et son caractère aléatoire doivent être tels qu'ils contrecarrent les efforts des techniques de craquage de mots de passe mentionnées précédemment.
- Le *chiffrement des mots de passe* est le processus qui consiste à prendre un mot de passe standard et à lui appliquer un algorithme de manière à le rendre

insignifiant pour les logiciels de capture de paquets, les craqueurs ou autres espions.

- Les systèmes d'exploitation fournissent des paramètres de stratégie pour le verrouillage des mots de passe qui permettent aux administrateurs d'adopter des politiques de mots de passe bloquant les attaquants qui tenteraient d'accéder au système de manière répétée. Cela empêche ces derniers d'utiliser des attaques de *force brute* dont le but est de deviner le mot de passe d'un compte afin de pouvoir s'introduire dans le système.
- L'*authentification* est définie comme le processus qui consiste à déterminer si une personne est bien celle qu'elle prétend être. Au niveau de l'informatique locale ou des dispositifs de contrôle, l'authentification peut être mise en œuvre en termes de systèmes d'authentification physique ou biométrique pour remplacer ou compléter les méthodes d'authentification par mot de passe.
- Il existe des dispositifs matériels qui peuvent être utilisés pour rendre les systèmes informatiques personnels inutilisables par des personnes autres que les utilisateurs autorisés. Ces dispositifs comprennent des éléments tels que les cartes à puce et les dispositifs biométriques.
- L'*audit* est une fonction de sécurité du système d'exploitation qui permet de surveiller et de suivre les activités de l'utilisateur et du système d'exploitation effectuées sur un ordinateur. Ces informations peuvent ensuite être utilisées pour détecter les intrus et autres activités indésirables.
- Les systèmes d'audit disponibles avec la plupart des systèmes d'exploitation se composent de deux éléments principaux : une *stratégie d'audit* (ou règles d'audit), qui définit les types d'événements qui seront surveillés et ajoutés aux journaux de sécurité du système, et des *entrées d'audit* (ou enregistrements d'audit), qui consistent en des entrées individuelles ajoutées au journal de sécurité lorsqu'un événement audité se produit.
- Au cœur du système d'audit Linux se trouve le *daemon* d'audit qui fonctionne avec le module d'audit du noyau Linux pour enregistrer les événements pertinents et les écrire dans un fichier journal sur le disque. Les règles d'audit sont configurées dans un fichier exécuté au démarrage du système. L'utilitaire du contrôleur d'audit utilise les paramètres de ces règles pour déterminer quels événements du système sont suivis et comment ils sont écrits dans le fichier journal des événements d'audit.
- Le terme de *cryptographie* est utilisé pour définir l'art de protéger les communications des observateurs indésirables.
- L'une des plus anciennes méthodes pour cacher des données à la vue de tous consiste à développer un code (algorithme) pour modifier le message afin que les personnes non autorisées ne puissent pas le lire. Ce procédé est appelé *chiffrement*.

- Le *chiffrement au niveau du disque* implique l'utilisation d'une technologie pour chiffrer la structure entière du disque. Cette technique présente l'avantage de protéger tout ce qui se trouve sur le disque contre les accès non autorisés, y compris les fichiers et la structure du système d'exploitation.
- De nombreux modèles de cartes mères d'ordinateurs comprennent une micropuce intégrée appelée *Trusted Platform Module* (TPM) qui est utilisée pour stocker des informations cryptographiques, comme la *clé de chiffrement* (également appelée clé de démarrage).
- Le chiffrement au niveau des fichiers et des dossiers est appliqué de façon individuelle. Les outils de chiffrement à ce niveau permettent aux utilisateurs de chiffrer les fichiers stockés sur leurs lecteurs en utilisant des clés que seul l'utilisateur désigné (ou un agent de récupération autorisé) peut déchiffrer. Cela permet d'éviter le vol de données par ceux qui ne disposent pas du mot de passe ou d'un outil de décodage.
- Des *pare-feu* locaux basés sur des logiciels peuvent être installés sur un ordinateur individuel pour le protéger des activités malveillantes introduites par la connexion Internet.
- Les pare-feu sont configurés de manière à ne transmettre des données qu'à partir et vers des adresses IP et des ports TCP/UDP désignés.
- Les systèmes de détection d'intrusion informatisés (IDS) peuvent être mis en œuvre de deux manières : en tant qu'IDS basé sur le réseau (NIDS) ou en tant qu'IDS basé sur l'hôte (HIDS). Dans les deux cas, le système est principalement conçu pour surveiller le système (ordinateur local ou environnement réseau), enregistrer les événements clés et les violations de la politique, et les signaler selon les instructions.
- Les systèmes de prévention des intrusions (IPS), également appelés systèmes de détection et de prévention des intrusions (IDPS), offrent un niveau de protection supplémentaire visant à empêcher que la menace détectée ne se réalise.
- Les produits IDS/IDPS basés sur les *signatures* fonctionnent généralement en recherchant des modèles spécifiques dans le contenu, appelés *signatures.*
- Les systèmes IDS/IDPS basés sur les anomalies appliquent des techniques d'analyse statistique au flux de données pour déterminer s'il est « normal » ou « anormal » à un moment donné.
- Les sites Internet peuvent être classés dans différentes « zones » de sécurité qui permettent aux sites répertoriés dans chacune d'entre elles d'être régis par les restrictions de sécurité qui s'appliquent à ce groupe (Internet, Intranet local, sites de confiance et sites à accès restreint).
- Les *scripts* sont des applications exécutables qui fournissent un contenu interactif sur des sites web. Ils sont également capables de récupérer des informations en réponse aux sélections des utilisateurs. Cependant, l'utilisateur

n'a pas nécessairement à faire quoi que ce soit pour exécuter un programme de script, ils sont simplement intégrés au site web auquel il accède.

- Les *cookies* sont de petits fichiers que les serveurs web envoient aux navigateurs web lorsque leurs pages sont consultées. L'utilisation légitime de ces fichiers est de permettre au serveur de reconnaître automatiquement le navigateur du client à chaque fois qu'il se connecte au serveur.
- Le terme *Malware* est utilisé pour décrire les programmes conçus pour être de nature malveillante.
- Le terme *Grayware* décrit des programmes qui ont un comportement sournois ou indésirable.
- Tous les ordinateurs connectés à Internet doivent être protégés par une solution antivirus avant même d'y être connectés.
- Il existe essentiellement deux types de produits anti logiciels espions : ceux qui trouvent et suppriment les logiciels espions après leur installation et ceux qui bloquent les logiciels espions lorsqu'ils tentent de s'installer.
- Le deuxième niveau de renforcement des systèmes informatiques locaux contre les attaques consiste à sécuriser leurs systèmes d'exploitation. Cela implique la mise à jour des segments de code vulnérables du système d'exploitation au fur et à mesure qu'ils sont connus. Le durcissement du système d'exploitation se fait par l'application de nouveaux programmes sous forme de service packs, de patchs et de mises à jour.
- Le terme *exploitation logicielle* est utilisé pour décrire les cyber-attaques visant à tirer profit des vulnérabilités ou des faiblesses des produits logiciels, des systèmes d'exploitation et des applications.

Scénarios de défis en matière de sécurité

Maintenant que vous avez terminé ce chapitre de révision, utilisez à nouveau votre portfolio pour noter vos nouvelles observations pour les scénarios de défis de sécurité présentés au début du chapitre. Ensuite, créez une brève comparaison entre votre évaluation initiale et les informations que vous avez acquises dans le cadre du chapitre et des procédures de laboratoire associées.

Scénario de sécurité 1 sur les dispositifs informatiques

Identifier : ....

Protéger : ....

Détecter : ....

Répondre : ....

Récupérer : ....

Scénario de sécurité 2 sur les dispositifs informatiques

Identifier : ....

Protéger : ....

Détecter : ....

Répondre : ....

Récupérer : ....

Feedback professionnel

Dans cette section, vous comparerez vos observations à celles d'un spécialiste de la sécurité en activité – en l'occurrence, Philip Craig, le fondateur de BlackByte Cyber Security – pour améliorer votre compréhension de la cybersécurité.

À propos de Philip Craig

Philip Craig est le fondateur de *BlackByte Cyber Security LLC*, une société de conseil qui soutient les programmes de recherche et les initiatives de sécurité nationale du *Pacific Northwest National Laboratory (PNNL)*, ainsi que la *National Rural Electric Cooperative Association* et la *National Rural Telecommunications Cooperative*.

Pendant de nombreuses années, Phil a été chercheur principal en cybersécurité au PNNL, où il a fourni un soutien en ingénierie et en gestion de programmes dans les domaines de la cybersécurité, des technologies SCADA (Système de contrôle et d'acquisition des données), de l'informatique et des infrastructures de communication.

Il s'agissait notamment de mettre au point des systèmes complexes et des politiques dans diverses infrastructures critiques, notamment dans les secteurs de l'énergie nucléaire, de l'électricité et de l'eau. Il a développé et déployé des solutions défensives de cybersécurité tant stratégiques que tactiques pour les secteurs de l'énergie électrique et nucléaire.

Le point de vue d'un professionnel actif

Les défis que représente la sécurisation des appareils en réseau (ou distribués) seront les activités les plus élémentaires dans votre quotidien avec la cybersécurité. La deuxième partie est axée sur l'hôte, ce qui explique les contrôles de sécurité qui seront mis en œuvre sur tout ordinateur hôte particulier dont vous êtes responsable. Nombre de ces contrôles de sécurité ont des fonctions de gestion centralisée, mais dans certains cas, ils ne font pas partie d'un environnement géré globalement. Il peut s'agir par exemple de commerciaux en déplacement qui utilisent leurs propres appareils, ou bien de votre entreprise qui met en œuvre des réductions de coûts en appliquant des programmes *bring-your-own-device* (BYOD). Dans ce cas, vous devez supposer que vous avez affaire à des appareils totalement non sécurisés.

Cette solution se concentrera sur les contraintes énumérées dans les scénarios, qui sont très similaires aux ordinateurs personnels utilisés dans n'importe quelle entreprise.

Scénario de sécurité 1 sur les dispositifs informatiques

Vous avez été chargé d'élaborer une politique de sécurité locale et des spécifications de configuration pour les ordinateurs de bureau utilisés par les employés internes de votre entreprise. Ces PC sont montés dans des ouvertures spéciales sous le bureau dans chaque box. Les ordinateurs sont physiquement identiques et ils fonctionnent tous avec le même système d'exploitation. Toutefois, ils peuvent être équipés de différents types de logiciels d'entreprise spécifiques à chaque fonction. Ces ordinateurs sont équipés de ce qui suit :

- Claviers et souris détachables
- Six ports de connexion USB intégrés
- Des moniteurs séparés
- Ports de connexion au réseau local UTP
- Systèmes d'exploitation Microsoft Windows 10 Pro
- Logiciel Microsoft Office 2016
- Deux lecteurs de DVD intégrés

Bien que ces recommandations ne soient pas précisées par le NIST, elles peuvent être utilisées pour fournir une base de sélection. En fonction du risque de perte, il convient de choisir la bonne implémentation du contrôle de sécurité : mise en œuvre faible = risque faible, mise en œuvre moyenne = risque moyen et, bien sûr, mise en œuvre élevée = risque élevé. À titre d'exemple, des dispositifs de verrouillage USB simples, illustrés dans la Figure 10.1, sont disponibles. Certes, ils peuvent certainement être vaincus mais peuvent aussi être combinés à la désactivation du port dans le *firmware*, vous pouvez alors faire face à une menace interne assez néfaste à ce stade – ça peut être un employé fâché. Quoi qu'il en soit, votre entreprise prendra probablement des mesures si vous découvrez un système compromis.

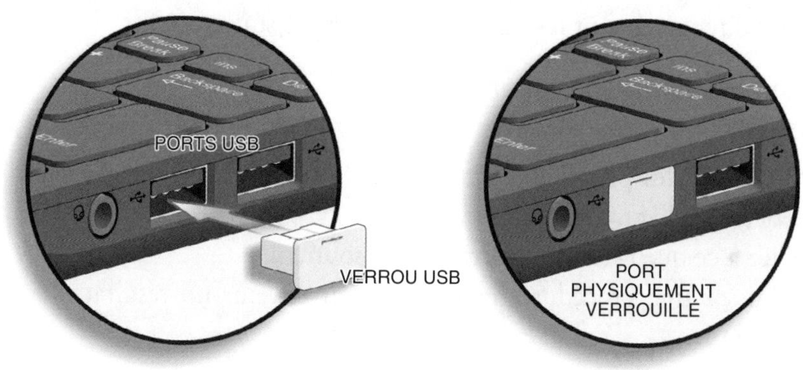

Figure 10.1 Verrouillage des ports USB

Tout d'abord, vous devez quantifier les problèmes que vous pourriez rencontrer en les schématisant simplement, comme le montre la Figure 10.2.

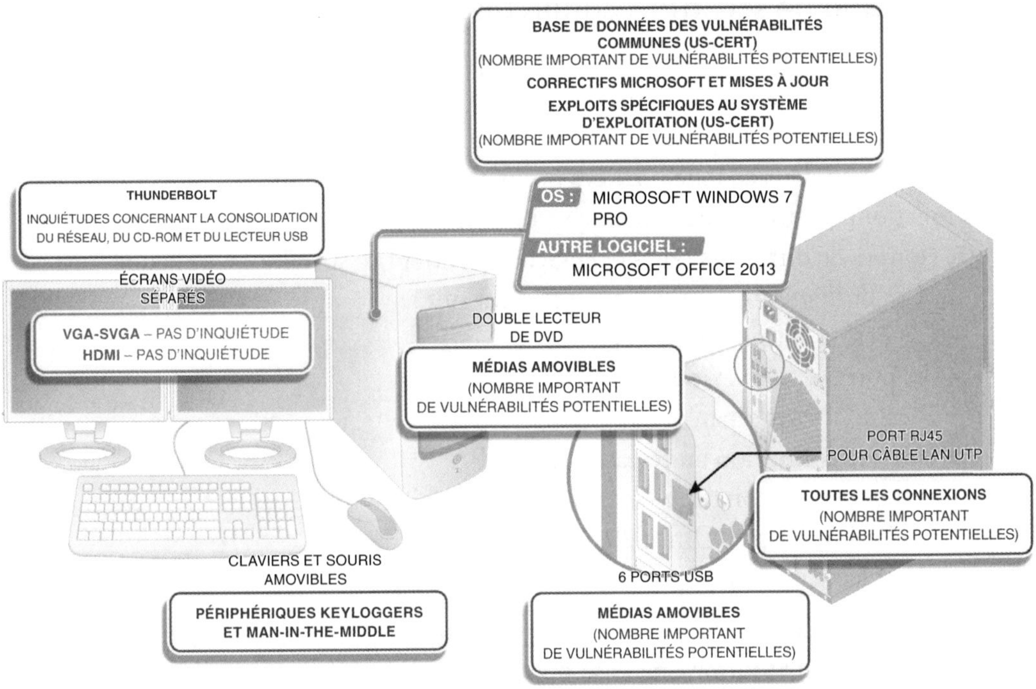

Figure 10.2 Vulnérabilités connues

Une approche programmatique importante est nécessaire pour traiter les problèmes identifiés dans la partie haute du graphique. Aucune approche ne permettra d'atténuer complètement la vulnérabilité, ni de s'attaquer à tous les vecteurs d'attaque existants (ou de type « jour zéro »). En tant que professionnel, vous devriez utiliser les documents de référence de la série 800 des publications spéciales du NIST pour définir la posture de sécurité nécessaire.
Ces lignes directrices sont résumées dans les étapes suivantes.

Créer une politique d'évaluation.

- Définissez l'environnement.
- Déterminez les priorités organisationnelles pour la protection des biens et des actifs de l'entreprise.
- Veillez à ce que la haute direction vous soutienne.
- Définissez une procédure rigoureuse pour obtenir un résultat d'évaluation informatif.

Élaborer un programme de gestion des risques.

- Déterminez les risques de perdre le contrôle d'un hôte.
- Identifiez les activités hostiles potentielles qui pourraient viser votre domaine (par exemple, visent-elles la propriété intellectuelle ?).
- Présentez un rapport sur les risques afin de vous assurer que l'organisation reconnaît les risques et apporte son soutien pour résoudre, réduire ou prévenir les pertes éventuelles.

Utiliser les contrôles de sécurité du NIST.

- Créez une matrice des inquiétudes individuelles et des vecteurs d'attaque associés.
- Fournissez une ou plusieurs méthodes d'atténuation pour chacun.
- Sélectionnez la famille NIST (*Management, Operational, Technical*) appropriée de contrôles de sécurité à mettre en œuvre (Référence NIST SP 800-53, tableaux, feuilles de calcul, outils).
- Veillez à ce que les raisons de leur sélection soient proportionnelles aux risques. La sélection des mises en œuvre de faible, moyenne et forte intensité doit être décrite dans les orientations et doit contribuer à garantir une solution rentable. Ne prescrivez pas trop de contrôles !

Déployer du matériel et des logiciels de sécurité.

- Sélectionnez, configurez et déployez des solutions disponibles dans le commerce, ou déterminez des moyens de sécurité open source efficaces. Dans de nombreux cas, la communauté des logiciels libres a fourni des outils très efficaces dont l'utilisation doit être évaluée.

Créer un programme d'audit efficace.

- Proposez des tests concrets qui mettent en question votre posture de sécurité. (Par exemple, utilisez des outils open source ou commerciaux de piratage de mots de passe pour tester votre domaine ou votre dépôt de mots de passe local). Les tests auront un impact et sensibiliseront vos utilisateurs s'ils utilisent des mots de passe simples qui ne sont pas conformes à la politique de sécurité de l'organisation.
- Effectuez des vérifications physiques (inspectez physiquement les claviers et les souris à la recherche de keyloggers). Par exemple, vous pouvez mettre en œuvre les procédures énumérées à la Figure 10.3.

L'évaluation physique peut être divisée en plusieurs domaines de préoccupation :

Claviers et souris détachables

- N'autorisez pas les claviers et les souris appartenant à des particuliers.

- Inspectez physiquement les souris pour détecter les dispositifs d'attaques *Man-in-the-middle*[1].

Ports de connexion USB intégrés

- Désactivez les ports USB et, si nécessaire, verrouillez-les physiquement.
- Encouragez ou exigez l'utilisation du stockage en réseau pour toutes les activités liées à l'entreprise.

Moniteurs séparés (Ports Thunderbolt)

- Découragez ou désactivez la connectivité aux ports externes.
- Fournissez une détection/des audits des appareils connectés à l'extérieur. Désactivez les ports.

Ports de connexion au réseau local UTP

- Fournissez des contrôles d'accès au réseau, tels que les mécanismes de protection de la couche 2 (ACL, autorisation de port, etc.).

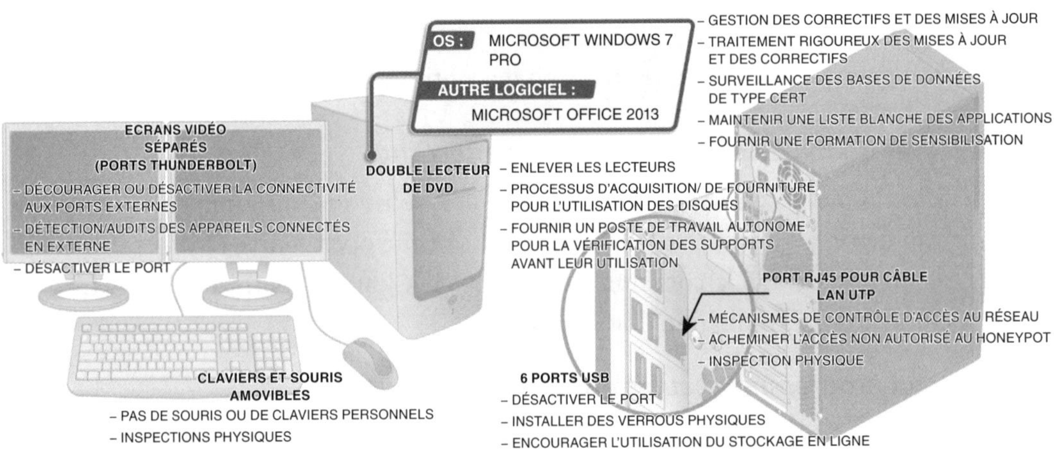

Figure 10.3 Mise en œuvre

- Acheminement de la connectivité non autorisée vers un honeypot[2] local pour la capture et l'analyse.
- Inspection physique des appareils susceptibles d'engendrer des attaques *Man-in-the-middle*.

---

1 Man-in-the-middle, parfois traduit en français : *Attaque de l'homme du milieu*.

2 Honeypot, ou en français un *pot de miel*, est un dispositif qui permet d'attirer à lui du trafic indésirable dans un but d'analyse.

Systèmes d'exploitation Microsoft Windows 7 Professional et logiciels Office 2013

- Politique de mise à jour et de gestion des correctifs.
- Un traitement strict est nécessaire.
- Surveillez l'US-CERT[3].
- Maintenez une liste des applications approuvées.
- Appliquez une politique d'utilisation qui interdit l'installation sans l'approbation de l'administration du système et du support informatique.
- Fournissez une formation de sensibilisation solide et étendez les principes de sécurité à votre organisation et à votre personnel.

Deux lecteurs de DVD intégrés

- Retirez les lecteurs de DVD ou autres contrôleurs de support informatique.
- Fournissez un processus ou une procédure d'achat qui exige une justification écrite et l'approbation de ces dispositifs.
- Fournissez un poste de travail autonome pour scanner les médias avant de les utiliser sur les ordinateurs hôtes.

Scénario de sécurité 2 sur les dispositifs informatiques

Étant donné que vous avez fait un travail remarquable en créant les politiques de sécurité et les configurations d'ordinateurs de bureau de l'entreprise, vous avez été chargé de produire le même type de production pour les ordinateurs portables utilisés par les commerciaux de l'organisation.

Il est évident que ces ordinateurs sont des PC portables qui fonctionnent au bureau et à différents endroits dans leurs déplacements. Ces ordinateurs sont équipés de ce qui suit :

- Claviers et écrans intégrés
- Deux ports de connexion USB intégrés
- Ports de connexion au réseau local UTP
- Systèmes d'exploitation Microsoft Windows 10 Pro
- Logiciel Microsoft Office 2016
- Double lecteurs de cartes SD
- Capacités intégrées pour le réseau sans fil
- Ports de connexion VGA externe pour l'affichage
- Lecteurs de DVD intégrés

Sans répéter complètement le scénario précédent, disons simplement qu'il existe de nombreuses méthodes différentes pour traiter le même problème. Il est plus

[3] Département lié aux services de la sécurité intérieure des Etats-Unis et dont une des missions est la diffusion d'alertes liées aux cybermenaces. Plus d'information via https://us-cert.cisa.gov/.

difficile de s'occuper d'un ordinateur mobile (portable, tablette, iPad, etc.) en tenant compte de ce que l'utilisateur doit en faire du point de vue commercial et de ce que vous pouvez contrôler avec une stratégie électronique et une politique écrite. Il est très probable que les dispositifs amovibles seront utilisés fréquemment. La connectivité à distance, la connectivité dans les hôtels/kiosques et le contrôle physique de l'appareil lui-même peuvent présenter des défis uniques. Dans de tels cas, de nombreuses entreprises utilisent simplement la virtualisation (ou un «bac à sable d'entreprise», comme on l'appelle parfois) pour isoler l'utilisateur et son interaction avec l'entreprise. Dans le cas de l'ordinateur portable, vous voudrez au moins vous assurer de ce qui suit :

Utilisez une forte protection antivirus.

- Vérifiez les applications, les fichiers chiffrés et les supports amovibles.

Utilisez des méthodes d'authentification forte pour garantir un accès approprié.

- Multifactoriel au minimum en utilisant des jetons matériels.

Déployez un processus d'audit minutieux car l'appareil est connecté à votre réseau local d'entreprise et à des réseaux distants.

- Il est recommandé d'utiliser un tunnel VPN pour accéder aux environnements proxy et DMZ même lorsque l'on se trouve dans le bureau local.
- Examinez les journaux pour révéler combien et quels types de connectivité, de médias ou d'utilisateurs ont accédé ou tenté d'accéder à l'appareil.

Créer une stratégie électronique pour l'administration du dispositif

- Il est parfois nécessaire d'appliquer le contrôle d'accès par rôle, utilisateur et application.

Une note sur les appareils électroniques

Assurez-vous que l'appareil est utilisé uniquement à des fins professionnelles. La plupart des gens transportent un certain nombre d'appareils électroniques, il n'est donc pas si malcommode de limiter l'utilisation de l'appareil de l'entreprise à un accès professionnel et non à la projection de films et à la navigation sur le web pendant le voyage.

Questions de révision

Les questions suivantes testent votre connaissance du matériel présenté dans la partie II.

1. En quoi la sécurisation d'un PC portable est-elle différente de celle d'un ordinateur de bureau monté sur armoire ?

   Réponse : Dans la plupart des cas, il n'est pas pratique de verrouiller les ordinateurs personnels (PC) de bureau et portables qui peuvent être employés par différents utilisateurs et qui, dans de nombreux cas, sont portables. Dans de nombreux cas, un poste informatique donné peut être utilisé couramment par différentes personnes, par exemple un employé de jour et un employé de nuit. Dans de telles applications, des mesures de sécurité administratives doivent être mises en place pour garantir une authentification et un contrôle d'accès adéquats. L'une des principales fonctions d'une station d'accueil est de fournir une attache verrouillable au bureau, ce qui empêche les utilisateurs non autorisés de prendre et de transporter simplement l'unité portable lorsqu'elle n'est pas utilisée.
2. Indiquez trois endroits où des individus malveillants accèdent généralement à des programmes et des données pour les endommager, les détruire ou les voler.

   Réponse : Dans les dispositifs informatiques et de contrôle intelligent, il existe trois endroits généraux où les individus ont généralement accès aux *programmes* et aux *données* : lorsqu'ils sont en mémoire, lorsqu'ils sont stockés sur des dispositifs (tels que les disques durs et les lecteurs flash) et lorsqu'ils sont transférés d'un endroit à un autre.
3. L'option ____________________ doit être utilisée pour établir un mot de passe qui peut être utilisé pour accéder à l'utilitaire de configuration CMOS.

   Réponse : Mot de passe de supervision
4. Quelle caractéristique du microprocesseur/système d'exploitation est conçue pour protéger certaines zones de la mémoire afin d'empêcher un logiciel malveillant de s'emparer du dispositif informatique en insérant son code dans la zone de données d'un autre programme ?

   Réponse : Le bit NX (No Execute) ou le bit XD (eXecute Disable).
5. Décrivez l'un des principaux outils utilisés par les systèmes d'exploitation pour protéger leurs systèmes de fichiers et les données stockées.

   Réponse : Listes de contrôle d'accès (ACL)
6. Quel outil est considéré comme le principal outil d'authentification des utilisateurs utilisé avec les ordinateurs et les équipements de réseau ?

   Réponse : Noms d'utilisateur et mots de passe

7. Où les identifiants des utilisateurs et des groupes locaux sont-ils créés et stockés dans l'ordinateur hôte local ?
   Réponse : La base de données des comptes utilisateurs stockée sur l'ordinateur local
8. Quel outil administratif permet aux administrateurs de créer des politiques de mots de passe qui empêchent les attaquants d'utiliser des attaques par force brute de façon à obtenir les mots de passe des comptes pour les utiliser afin de s'introduire dans le système ?
   Réponse : Paramètres de la stratégie de verrouillage du mot de passe
9. Dans les systèmes Linux, quel outil fonctionne avec le module d'audit du noyau Linux pour enregistrer les événements pertinents sur le disque ?
   Répondez : Le daemon d'audit
10. Décrivez les étapes associées aux processus de chiffrement des données.
    Réponse : Le chiffrement des données consiste à prendre des données et à les traiter avec une clé de codage (ou clé de chiffrement) qui définit comment la version originale des données a été manipulée. Toute personne à qui l'on donne la clé de chiffrement peut l'utiliser pour décoder le message par un processus de décodage utilisant un algorithme de déchiffrement (ou clé de déchiffrement).
11. Si vous configurez le pare-feu local et que vous constatez ensuite qu'aucun courrier électronique n'a été reçu par l'hôte local, quel port TCP logique doit être vérifié pour voir s'il est bloqué ?
    Réponse : Port 110 – POP3
12. Lorsque vous utilisez un navigateur web, comment savez-vous que les liens SSL sont utilisés pour fournir des services de chiffrement afin d'empêcher tout accès non autorisé aux données lors de leur transmission sur Internet ?
    Réponse : Les liens SSL sont toujours identifiés comme des sites HTTPS :// au lieu de simplement HTTP ://.
13. Indiquez trois mesures qui peuvent être prises au niveau de l'ordinateur hôte local pour lutter contre les logiciels espions.
    Réponse : En plus d'installer des applications antispyware, les utilisateurs peuvent lutter contre les logiciels espions de plusieurs autres manières, notamment

- Installer un navigateur web autre qu'Internet Explorer (par exemple, Chrome ou Firefox).
- Télécharger la dernière version du navigateur qui offre de meilleures caractéristiques de sécurité.
- Travailler avec un fournisseur d'accès Internet qui utilise des pare-feu et des serveurs mandataires pour bloquer les sites connus pour distribuer des logiciels espions.

- Télécharger des logiciels uniquement à partir de sites réputés afin d'éviter les logiciels espions qui s'attachent à d'autres programmes.

14. Où se trouvent les contrôles pour la gestion des scripts dans les systèmes hôtes locaux ?

    Réponse : La capacité de charger et d'exécuter des scripts dans un navigateur peut être contrôlée au travers de la fonctionnalité sécurité du navigateur.

15. Quel type d'attaque est mené lorsque des attaquants exploitent un code informatique mal écrit en insérant leur propre code malveillant pour corrompre la mémoire d'un ordinateur de telle sorte que son fonctionnement est tellement dégradé que la machine devient pratiquement inutilisable ?

    Réponse : Un attaquant peut modifier le code existant pour créer une condition dans la mémoire de l'ordinateur appelée *débordement de mémoire tampon,* ce qui entraîne un comportement erratique, des erreurs d'accès à la mémoire et/ou des plantages du système. Le système est effectivement désactivé au point que l'utilisateur ne peut plus l'utiliser. Ce type d'attaque est appelé *attaque par déni de service* ou *DoS.*

Questions d'examen

1. Parmi les options suivantes, sélectionnez la voie la plus évidente utilisée par les attaquants pour accéder au matériel informatique.

   A. Par le clavier

   B. Par un port USB

   C. Par un port de réseau ouvert

   D. Par le biais de pièces jointes aux courriels

   Réponse : A

2. Sans ce mot de passe, le système n'atteindra jamais un niveau opérationnel qu'un intrus pourrait utiliser pour accéder à son périmètre interne et aux informations intérieures.

   A. Administrateur

   B. Superviseur

   C. Utilisateur

   D. SuperUtilisateur

   Réponse : C

3. Lequel des domaines suivants, dans un système hôte local, est le premier axe pour durcir le système ?

   A. Matériel

   B. Systèmes de fichiers

   C. Système d'exploitation

   D. Applications

Réponse : B

4. Quel type de port d'accès physique est le plus susceptible d'être utilisé pour injecter des logiciels malveillants dans des ordinateurs et des dispositifs de contrôle intelligents qui pourraient être très bien protégés contre l'accès au réseau ?
   A. Ports FireWire IEEE-1394
   B. Connecteurs HDMI
   C. Ports USB
   D. Ports parallèles
   Réponse : C
5. Parmi les options suivantes, sélectionnez le type d'attaque qui n'est pas associé au système de fichiers du système d'exploitation.
   A. Attaques par débordement de la mémoire tampon
   B. Attaques liées aux conditions de concurrence (race condition)
   C. Flux de données alternatifs
   D. Traversées de l'annuaire
   Réponse : A
6. Quel type de connexion est généralement requis pour valider les utilisateurs et fournir l'accès aux ressources de l'hôte local ?
   A. Connexion administrative
   B. Connexion au réseau
   C. Connexion à l'application
   D. Connexion locale
   Répondez : D
7. Parmi les options suivantes, laquelle ne représente pas un niveau de chiffrement des données typique ?
   A. Au niveau du fichier/dossier
   B. Au niveau du microprocesseur
   C. Au niveau du disque
   D. Au niveau de la transmission réseau
   Réponse : B
8. Sélectionnez le type de pare-feu généralement utilisé avec un dispositif informatique hôte local.
   A. Un pare-feu matériel
   B. Une carte firewire 1394
   C. Un pare-feu logiciel
   D. Une carte pare-feu statique
   Réponse : C

9. Quels types de systèmes de détection d'intrusion sont conçus pour rechercher des modèles spécifiques dans le code logiciel ?
   A. Systèmes de détection basés sur la signature
   B. Systèmes de détection d'anomalies basés sur des profils
   C. Détection d'anomalies basée sur des règles
   D. Systèmes de détection des anomalies par seuil
   Réponse : A
10. Quel type d'utilitaire un attaquant utiliserait-il pour surveiller le trafic de données à la recherche de cookies à voler ?
   A. Un dispositif d'intrusion
   B. Un utilitaire de scripting
   C. Un utilitaire de capture des paquets
   D. Un utilitaire de type *man-in-the-middle* (MITM)
   Réponse : C

Partie 3

Sécurité des réseaux locaux

Chapitre 11

La sécurité des réseaux locaux dans le monde réel

Les défis suivants vous fournissent des points de référence contextuels pour les concepts que vous découvrirez dans la troisième partie. Comme vous n'avez pas encore lu les chapitres de la Partie III, les défis présentés ici sont conçus pour vous présenter les scénarios sur les hôtes locaux auxquels vous serez confrontés dans le monde réel. Dans ce chapitre, vous apprendrez à :

- Appliquer les catégories et sous-catégories adéquates du cadre de cybersécurité du NIST à un scénario spécifique afin de documenter les actifs du réseau et leurs éventuelles vulnérabilités.
- Utiliser les catégories et sous-catégories adéquates de la fonction *Protéger* pour générer des politiques et des actions spécifiques qui peuvent être employées pour sécuriser les actifs du réseau pour le scénario spécifié.
- Appliquer les catégories et sous-catégories adéquates de la fonction *Détecter* pour identifier les technologies, politiques, pratiques et stratégies qui peuvent être utilisées pour surveiller le réseau dans le scénario afin de déterminer si des événements de sécurité se produisent.
- Appliquer les catégories et sous-catégories adéquates de la fonction *Répondre* pour créer un plan de réponse aux incidents afin de couvrir les événements de sécurité spécifiques associés au scénario présenté.
- Appliquer au scénario les catégories et sous-catégories adéquates de la fonction *Récupérer* du cadre de cybersécurité du NIST pour mettre en œuvre des solutions de récupération à la suite de cyber-évènements spécifiques.

Défis en matière de sécurité

Ce chapitre vous permettra de commencer à réfléchir sur les thématiques que vous allez découvrir dans la Partie III. Vous ne vous contenterez pas d'emmagasiner les informations acquises dans ces chapitres ; vous voudrez aussi, à partir d'ici, mieux comprendre la pertinence de celles-ci dans le vrai monde.

Au Chapitre 19, vous reviendrez sur ces scénarios et appliquerez ce que vous avez appris aux Chapitres 12 à 18. Vous comparerez également vos observations à celles des spécialistes de la sécurité professionnelle qui ont fourni leurs constatations et solutions pour ces scénarios.

Scénario de sécurité 1 sur les réseaux locaux

Vous avez été chargé de faire des recommandations pour l'équipement d'un nouveau réseau de données pour une petite entreprise de développement de contenu éducatif (moins de 20 employés). La nouvelle société est devenue trop grande pour son ancien réseau et son équipement informatique et souhaite donc démarrer dans les nouvelles installations avec un réseau qui répond à ses besoins actuels. Comme leur activité repose sur la création de propriété intellectuelle dans un marché très concurrentiel, ils ont souhaité des recommandations en matière d'équipement et de configuration afin d'établir l'environnement de réseau physique le plus sûr qu'ils puissent se permettre.

En particulier, le client vous a demandé de lui fournir des recommandations complètes pour la mise en œuvre de ses politiques et normes de sécurité liées aux serveurs. La Figure 11.1 donne un aperçu de la structure du flux de travail électronique de l'entreprise.

Les principales fonctions de l'entreprise peuvent être organisées comme suit :

- Personnel exécutif – Le personnel exécutif mène les activités électroniques suivantes :
  – Activités bancaires électroniques via l'Internet
- Personnel administratif – Le personnel administratif est impliqué dans les fonctions électroniques suivantes :
  – Gestion d'un serveur de programmes de comptabilité, d'entreposage et d'inventaire
  – Gestion de la paie électronique des employés et des relevés d'heures

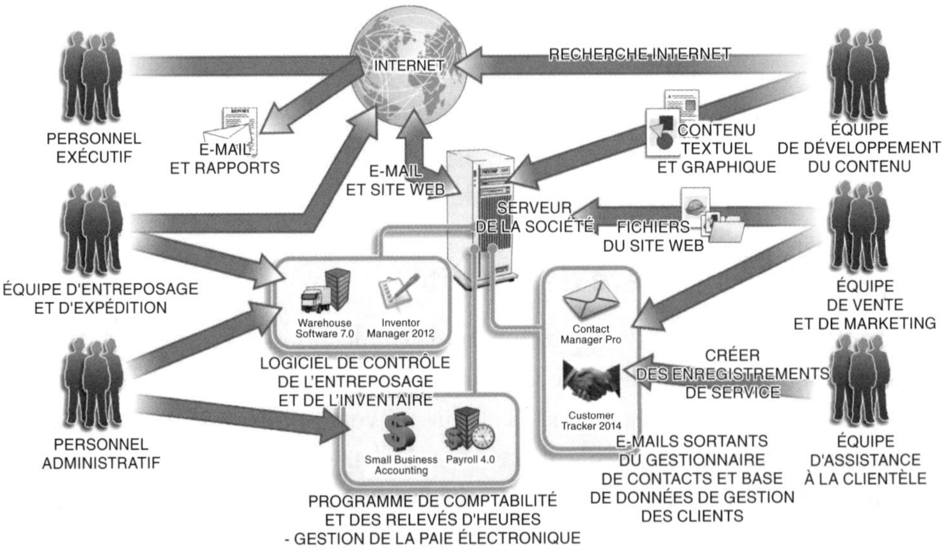

Figure 11.1 La structure de l'entreprise

- Équipe de vente et de marketing – Personnel de vente et de marketing qui travaille en interne et sur la route selon les besoins pour prospecter des clients, interagir avec des représentants commerciaux externes et effectuer des visites et des présentations aux clients. Ils sont impliqués dans les activités électroniques suivantes :
  - Gestion des e-mails entrants et des appels commerciaux des clients
  - Utilisation d'un gestionnaire de contacts de messagerie sortante
  - Suivi des interactions avec les clients à l'aide d'un programme de type base de données de gestion des clients basé sur un serveur
  - Interaction avec le bureau à domicile lors de déplacements pour récupérer des documents, des mises à jour produit, des courriels et d'autres communications
  - Interaction avec leur fournisseur d'accès Internet et leur équipe interne de développement de contenu pour gérer et mettre à jour le site web de la société
- Équipe de développement du contenu – Auteurs, rédacteurs et artistes. Certains de ces travailleurs se trouvent dans les locaux de l'entreprise, d'autres vivent et travaillent à distance et n'ont jamais accès physiquement aux installations, et certains combinent travail en interne et le télétravail, de sorte qu'ils sont au bureau un ou deux jours par semaine. Leurs activités électroniques sont les suivantes :
  - Création du contenu textuel et graphique sur des machines locales, mais avec la nécessité de partager ces informations aussi librement que possible entre les membres de l'équipe
  - Recherches sur le web et recherches pratiques sur des produits techniques dans un environnement de laboratoire
- Équipe d'assistance à la clientèle – Techniciens chargés de traiter les appels d'assistance technique des clients, de tester les rapports d'échec et de créer du contenu nouveau ou des mises à jour pour toute erreur ou omission dans l'IP[1]. Ils organisent et suivent également le remplacement et la mise à jour des produits qui doivent être livrés aux clients. Leurs activités comprennent :
  - Interagir avec le programme de gestion de la clientèle pour examiner les interactions passées avec les clients et créer des dossiers de service sur les appels liés aux problèmes et les actions de résolution
  - Communiquer avec l'équipe de développement du contenu pour partager les problèmes signalés sur le contenu par les clients et proposer des révisions grossières si nécessaire

[1] IP : Intellectual Property, en français : *propriété intellectuelle* (ici, de l'entreprise).

- Équipe d'entreposage et d'expédition – Travailleurs impliqués dans la réception, le stockage, le suivi des stocks et l'expédition des produits. Ces employés ont les activités électroniques suivantes associées à leur travail :
  - L'interaction avec la partie « entrepôt et inventaire » du logiciel de comptabilité de l'entreprise pour mettre à jour et suivre la réception et l'expédition des produits, ainsi que les niveaux de stocks actuels
  - Interagir avec Federal Express, United Parcel Service et les entreprises de livraison via Internet pour planifier et suivre les envois

Notez que de nombreux logiciels de l'organisation peuvent ne pas être les versions les plus récentes. Alors que le monde informatique voudrait nous faire croire que tout le monde utilise les dernières versions de chaque logiciel, ce n'est tout simplement pas vrai, même pour les grandes organisations. Il y a encore beaucoup de serveurs et d'ordinateurs fonctionnant sous Windows 2003 Small Business Server et Windows XP/Vista dans des organisations comme celle qui fait l'objet de ce scénario – même si le support de ces versions a été interrompu.

En gardant ce scénario à l'esprit, faites des suggestions sur la manière dont vous pourriez mettre en œuvre les fonctions de leur serveur et sur les mesures à mettre en place pour assurer la sécurité de leurs ressources d'entreprise. Les recommandations doivent inclure, mais sans s'y limiter, la sécurisation physique du serveur et de la salle serveur, l'établissement de politiques visant à protéger la propriété intellectuelle et les informations personnelles et la mise en place de procédures de maintenance des serveurs de l'entreprise.

Évaluation des risques 1

À partir des informations fournies dans ce scénario, considérez les fonctions NIST suivantes et réfléchissez aux catégories et sous-catégories énumérées pour chaque fonction. Une fois ces considérations en place, vous recevrez des informations spécifiques sur la manière de mettre en œuvre les fonctions demandées.

Identifier

Créer un inventaire des biens physiques associés aux systèmes serveurs (NIST ID.AM-1). Détailler les plateformes et applications logicielles nécessaires à exploitation du réseau de l'entreprise (NIST ID.AM-2). Identifier les éventuelles vulnérabilités des actifs associés aux serveurs pour le scénario présenté (NIST ID.RA-1). Déterminer les rôles et responsabilités en matière de sécurité de l'information associés aux serveurs de l'entreprise (ID.GV-2).

Protéger

Décrire de manière générale comment vous pourriez protéger les biens physiques identifiés au point précédent (NIST PR.AC-2). Comment les identités et les références seront-elles gérées pour les utilisateurs autorisés du serveur (NIST PR.AC-1) ? Décrire comment l'accès à distance aux serveurs sera géré (NIST PR.AC-3). Documenter comment les autorisations d'accès aux serveurs seront gérées (NIST PR.AC-4). Documenter la stratégie de protection de la confidentialité, de l'intégrité et de la disponibilité des données stockées sur les serveurs (NIST PR.DS-1, NIST PR.IP-4, NIST PR.PT-1).

Détecter

Comment savoir si quelqu'un ou quelque chose tente d'accéder, de désactiver ou de détruire les dispositifs et/ou systèmes associés à la salle des serveurs ? Comment pourriez-vous détecter les anomalies et les événements qui pourraient avoir un impact sur le fonctionnement des serveurs (NIST DE.CM-2, 8) ?

- Quels types de systèmes devez-vous mettre en place pour surveiller l'activité du personnel afin de détecter les menaces potentielles de cybersécurité associées aux serveurs (NIST DE.CM-1, 3) ?

Répondre

Quel type de plan d'intervention pourrait être nécessaire en cas de violation de la sécurité physique des serveurs ou de la salle de serveurs (NIST RS.AN-1, 2, 3) ?

- Compte tenu des informations conservées sur les serveurs de l'entreprise, quel type de plan d'intervention pourrait être utile en cas de violation de la sécurité physique dans la salle des serveurs (NIST RS.CO-4, 5) ?

Récupérer

Quel type de plan de récupération pourrait être nécessaire pour les violations générales de la sécurité physique qui se produisent dans l'un des box de l'installation (NIST RC.RP-1) ?

- Quels sont les éléments qu'un plan de récupération pourrait inclure en cas de violation de la sécurité sur un serveur dans l'entreprise (NIST RC.CO-1, 2) ?

Utilisez votre portfolio pour noter vos observations pour ce défi. Il vous sera demandé d'accéder à nouveau à ces informations à la fin du chapitre pour évaluer vos connaissances initiales concernant ce scénario et les comparer aux informations assimilées dans ce chapitre et des procédures de laboratoire associées. Vous pourrez également comparer vos observations avec celles d'un spécialiste de la sécurité en activité afin d'améliorer votre compréhension du sujet.

Scénario de sécurité 2 sur les réseaux locaux

Votre tâche de consultance sur les serveurs a été étendue pour y adjoindre des recommandations sur supports de communication et les dispositifs de connectivité réseau de l'organisation, ainsi que des techniques pour mettre en œuvre l'architecture réseau physique.

Avec les informations précédemment fournies, concevez un réseau pour relier de manière sécurisée les utilisateurs de l'entreprise, en prenant soin de considérer quels types d'informations et de services nécessitent différents niveaux de sécurité. La Figure 11.2 donne un aperçu de la structure du réseau de l'entreprise.

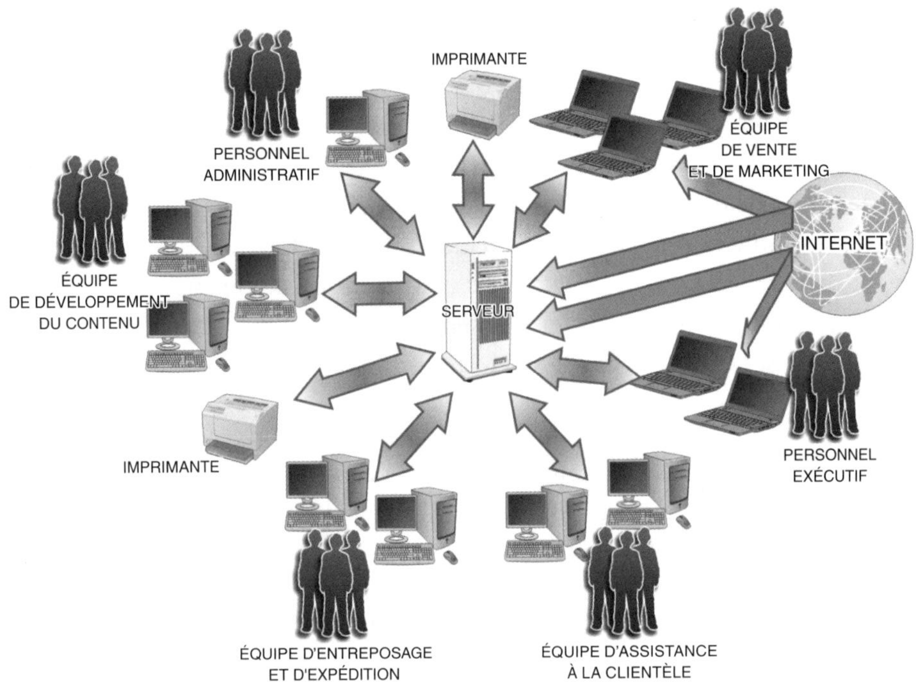

Figure 11.2 Le réseau d'entreprise

Évaluation des risques 2

À partir des informations fournies dans ce défi, examinez les fonctions NIST suivantes et réfléchissez aux catégories et sous-catégories énumérées pour chaque fonction. Une fois ces considérations en place, vous recevrez des informations spécifiques sur la manière de mettre en œuvre les fonctions demandées.

Identifier

Créer un inventaire des actifs physiques (dispositifs et systèmes) impliqués dans l'architecture réseau de l'entreprise (NIST ID.AM-1, PR.PT-3, 4). Créer une carte des communications et des flux de données de l'organisation (NIST ID.AM-3). Créer une carte des systèmes d'information externes de l'organisation (NIST ID.AM-4). Déterminer si les rôles et responsabilités en matière de sécurité de l'information associés aux réseaux de l'entreprise sont les mêmes que ceux recommandés pour les serveurs dans le scénario précédent (ID.GV-2). Identifier et documenter les vulnérabilités des actifs du réseau (NIST ID.RA-1).

Protéger

Décrivez de manière générale comment vous pourriez protéger les biens physiques identifiés au point précédent (NIST PR.AC-1, 2, 3, 4). Déterminez comment vous allez protéger les données qui circulent dans le réseau de l'entreprise (NIST PR.DS-2).

Détecter

Comment savoir si quelqu'un ou quelque chose tente d'accéder, de désactiver ou de détruire un ou plusieurs des dispositifs et/ou systèmes du réseau ? Comment pourriez-vous détecter les anomalies et les événements qui pourraient avoir un impact sur le fonctionnement du réseau (NIST DE.CM-1, 2, 8) ?

Répondre

Comment devrez-vous réagir aux anomalies et aux événements que vous avez identifiés grâce aux dispositifs, systèmes et mesures que vous mettez en œuvre au point précédent (NIST RS.AN-1, 2, 3) ?

Récupérer

Quelles mesures pourriez-vous mettre en place pour vous remettre des actions visant à accéder, endommager ou détruire les biens que vous avez identifiés ci-dessus (NIST RC.RP-1) ?

Encore une fois, utilisez votre portfolio pour noter vos observations pour ce défi. À la fin du chapitre, vous comparerez vos idées et observations initiales à celles faites après votre finalisation du document.

Résumé

Notez vos observations pour les évaluations des risques présentées dans ce chapitre. Au Chapitre 19, vous comparerez ces réflexions et observations originales avec celles que vous formulerez après avoir lu les Chapitres 12 à 18. Vous pourrez également comparer vos réponses à celles des spécialistes, professionnels de la sécurité.

Chapitre 12

Les bases de la mise en réseau

Lorsque seuls deux appareils intelligents sont connectés, de simples connexions directes peuvent être réalisées à l'aide de câbles, de signaux lumineux ou d'ondes radio. Les dispositifs interconnectés n'ont besoin que de parler le même langage numérique et d'utiliser une méthode commune de contrôle de communication pour gérer le flux d'informations entre eux. Toutefois, lorsque plus de deux dispositifs numériques intelligents sont reliés entre eux, un réseau se forme. Lorsqu'un troisième dispositif est ajouté au système, des méthodes de contrôle supplémentaires doivent être mises en place non seulement pour contrôler les conversations entre les appareils, mais aussi pour s'assurer que les bons intervenants du réseau reçoivent les informations et que les informations non destinées à d'autres parties restent privées. Dans ce chapitre, vous apprendrez à :

- Identifier les caractéristiques des types de réseaux communs
- Décrire la fonction principale des différentes couches du modèle de réseau OSI
- Examiner le lien entre couches du modèle OSI et génération de paquets pour la transmission de données réseau
- Expliquer comment les différentes couches du modèle OSI s'appliquent aux questions de cybersécurité
- Décrire les topologies réseau standard

Comprendre les bases de la mise en réseau

Dans le monde des technologies de l'information (IT[1]), il existe deux types de réseaux de base :

- Les réseaux qui existent dans une zone géographique relativement confinée sont appelés réseaux locaux (LAN).
- Les réseaux répartis sur des zones géographiques plus étendues sont appelés réseaux étendus (WAN).

Il existe plusieurs versions, moins connues, de ces types de réseaux de base, comme décrit dans cette section.

---

[1] IT : Information Technology

Dans tous les types de réseaux suivants, deux considérations fondamentales doivent être prises en compte pour mettre en œuvre les communications entre les dispositifs du réseau : sa méthode de connexion physique ou logique (topologie) et les règles régissant ses processus (ou protocoles) de communication. Vous devez être en mesure de relier les composants du réseau entre eux, et ils doivent tous utiliser les mêmes types de signaux et le même langage.

Réseaux de campus ou réseaux d'entreprise (CAN[2])

Les réseaux de campus ou les réseaux d'entreprise (CAN) sont des combinaisons de réseaux locaux interconnectés à l'intérieur d'une zone géographique limitée.

Réseaux métropolitains (MAN[3])

Les réseaux métropolitains (MAN) sont de vastes combinaisons de réseaux locaux interconnectés au sein d'une zone géographique de taille moyenne. Cette désignation s'applique aux réseaux qui fonctionnent entre des LAN et des WAN et qui relient très probablement différents LAN à un WAN.

Réseaux locaux sans fil (WLAN[4])

Les réseaux locaux sans fil (WLAN) sont des réseaux locaux de plus de deux appareils qui sont reliés par des méthodes de communication radio sans fil. Ces réseaux peuvent également réaliser l'interconnexion via un point d'accès sans fil, qui relie également le réseau local à un réseau étendu, tel que l'Internet.

Réseaux de stockage (SAN[5])

Les réseaux de stockage (SAN) sont des réseaux de dispositifs de stockage dédiés configurés dans le but de fournir un stockage de données consolidé. Ces dispositifs agissent de manière transparente, de sorte qu'ils semblent faire partie intégrante du ou des serveurs du réseau.

Le modèle de réseau OSI

Les réseaux sont des structures complexes et à multiples facettes qui nécessitent une interaction considérable entre les concepteurs d'ordinateurs, les développeurs d'équipements de réseau, les fabricants de systèmes d'exploitation et les fournisseurs d'applications de réseau.

[2] CAN : Campus Area Networks ou Corporate Area Networks
[3] MAN : Metropolitan Area Networks
[4] WLAN : Wireless Local Area Networks
[5] SAN : Storage Area Networks

Plusieurs initiatives ont été mises en avant pour fournir des modèles qui serviront de référence à ces groupes pour la conception de leurs produits. Sachez qu'il existe différents modèles de réseaux hiérarchiques, mais l'initiative la plus célèbre est le modèle OSI (Open Systems Interconnection) proposé par l'Organisation internationale de normalisation.

Le modèle OSI nous aide à conceptualiser la manière dont les données sont traitées entre deux systèmes fonctionnant en réseau. Pour ce faire, le modèle OSI divise le flux de données en *couches* abstraites. Bien qu'il ne faille pas se représenter les couches au pied de la lettre et que celles-ci ne constituent pas un obstacle réel à la conception des produits, elles aident les gens à respecter et à comprendre la façon dont les données sont gérées.

Les couches du modèle OSI sont présentées à la Figure 12.1. Sur cette dernière, chaque couche (à gauche) est associée à un groupe de protocoles qui y fonctionnent (à droite). Comme vous pouvez le voir, de nombreux protocoles sont à l'œuvre dans les architectures de réseau.

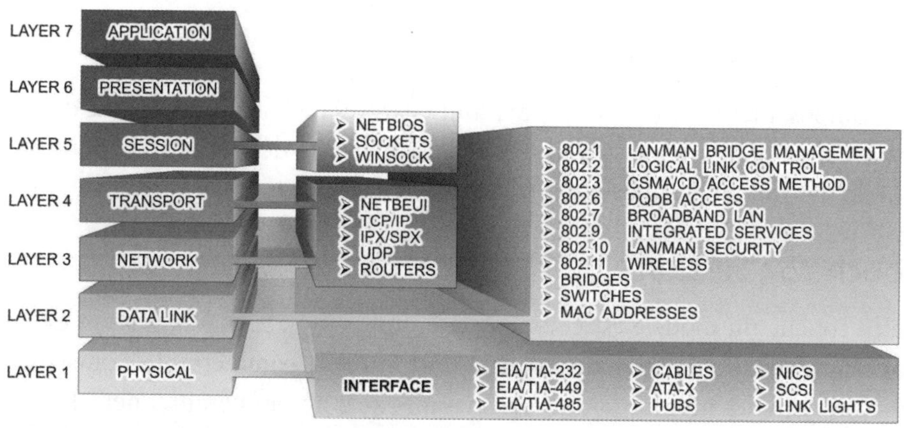

Figure 12.1 Le modèle réseau osi

Les principales fonctions des couches sont résumées dans les sections suivantes.

Couche 1 : Physique

Cette couche concerne les supports de transmission utilisés pour déplacer les données. Les fonctions associées à cette couche comprennent le déplacement des données sur le support de transmission, la fourniture de signaux électriques ou lumineux, la compatibilité mécanique entre le port de communication et le support, ainsi que l'activation et la désactivation de la connexion physique.

Couche 2 : Liaison de données

Cette couche implique de contrôler la façon dont les données sont conditionnées et déplacées entre les points de communication. Dans cette couche, les données sont formatées en trames adaptées à la transmission. Les composants à ce niveau ajoutent également des fonctions de détection et de correction d'erreurs aux trames, ainsi que des protocoles d'accès aux médias et des informations relatives à la transmission vers des nœuds spécifiques sur le même segment de réseau.

Couche 3 : Réseau

Les éléments de la couche réseau sont chargés de contrôler le routage des paquets de données entre les différents nœuds de communication, segments de réseau ou types de supports. Cela comprend le multiplexage et le démultiplexage des signaux lorsqu'ils passent d'un type de support à un autre, l'assemblage et le désassemblage des paquets de messages, ainsi que l'établissement, le maintien et la terminaison des connexions.

Couche 4 : Transport

Les composantes au niveau transport sont chargées de fournir un flux de données ordonné, de bout à bout, ce qui induit le séquençage des paquets de données et fournit des fonctions de base de récupération des erreurs et le contrôle de flux.

Couche 5 : Session

Cette couche du modèle est consacrée à la mise en place et à la gestion des sessions entre les applications ainsi qu'à la fourniture de paramètres tels que la sécurité. Les activités menées par les composants à ce niveau comprennent l'arrêt et le démarrage des transferts de données, le contrôle du flux de données entre les applications et la fourniture d'options de récupération en cas de défaillance du réseau. Cette couche traite de la gestion des options de sécurité de transmission telles que les protocoles d'authentification et de tunneling[6].

Couche 6 : Présentation

Les éléments de ce niveau sont chargés de contrôler la façon dont les données sont perçues par l'utilisateur à l'extrémité de la destination. Les fonctions fournies par les éléments de ce niveau comprennent le formatage et la présentation visuelle des données, le traitement des fonctions de compression et de chiffrement des données, et le contrôle du démarrage/arrêt des sessions.

---

6 Mise en œuvre de tunnel

Couche 7 : Application

Le niveau d'abstraction le plus élevé du modèle OSI concerne le traitement des données en réseau pour les applications des utilisateurs finaux. Les services tels que le courrier électronique et le navigateur web sont des exemples d'applications dans les couches applicatives. À ce niveau du modèle, les identifiants et mots de passe des utilisateurs sont authentifiés et les services aux utilisateurs sont fournis.

Paquets de transmission de données

Lorsque les données sont déplacées d'un nœud de communication à un autre, les éléments associés à chaque niveau du modèle OSI ajoutent un en-tête au message qui contient les informations nécessaires pour effectuer le transfert. Techniquement, à certaines couches OSI, un petit pied de page est également ajouté pour créer une enveloppe. Mais par souci d'analyse, nous allons nous concentrer sur les en-têtes. Il peut s'agir de texte numérisé, de chiffres, de voix, de vidéo ou de tout autre type d'information numérisée. Lorsque l'ordre est donné de déplacer les données au niveau du nœud d'envoi (par exemple, en appuyant sur Envoyer pour un message électronique), le processus de formation des paquets se déroule comme décrit dans la figure 12.2.

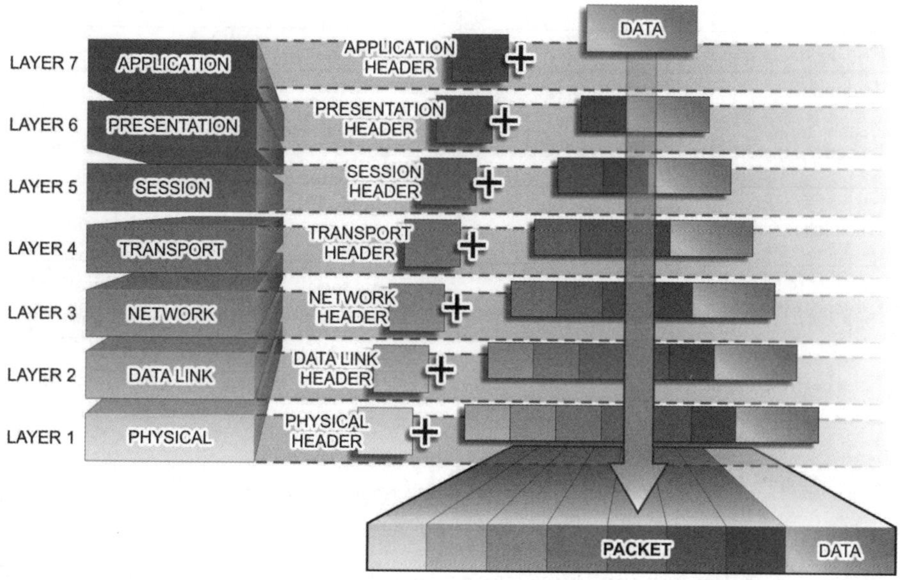

Figure 12.2 Construction de paquets de transmission

Lorsque le paquet de données quitte l'application, un *en-tête* supplémentaire (bloc d'informations) est ajouté au message lorsqu'il passe par les différentes couches OSI sur son chemin vers le support de transmission. À la réception, le message entier est amené au nœud de réception désigné, où l'en-tête de chaque couche est examiné. L'en-tête approprié est retiré et le message est traité par la couche correspondante.

Les étapes du processus de communication sont généralement effectuées sans aucune intervention de l'utilisateur qui envoie le message. Les différents en-têtes et activités sont des fonctions de l'application, de l'adaptateur réseau physique et de toutes les couches intermédiaires.

Sécurité et couches OSI

Tous les cours relatifs aux réseaux examinent le modèle OSI en fonction des types de dispositifs, protocoles et fonctions existant pour chaque niveau. Cependant, différents défis en matière de cybersécurité peuvent être présents à chaque niveau. Le tableau 12.1 énumère les priorités en matière de sécurité pour chaque couche.

Tableau 12.1 Sécurité de la couche osi

COUCHE OSI	Modèle de sécurité réseau	Type d'action malveillante	Sécurité
1) Couche physique	7) Niveau physique	Physique Falsification/ Cambriolage	Sécurité physique
2) Couche de liaison de données	6) Niveau VLAN	Analyse des réseaux locaux/internes	Sécurité d'accès
3) La couche réseau	5) Niveau ACL	Scan du réseau complet/ interne	Sécurité du domaine
4) La couche transport	4) Niveau des logiciels	Exploitation de logiciels spécifiques	Sûreté des ports
5) Couche session	3) Niveau de l'utilisateur	Ingénierie sociale – Utilisateurs	Authentification/ Chiffrement
6) Couche présentation	2) Niveau administratif	Ingénierie sociale – Administrateurs	Authentification
7) Couche application	1) Niveau du département informatique	Ingénierie sociale – Personnel informatique	ID/Authentification

Vous pouvez également appliquer les anneaux de sécurité à trois couches développés dans les chapitres précédents aux couches du modèle OSI. En fait, l'anneau à trois couches existe en deux endroits : le dispositif émetteur et le dispositif récepteur. Par conséquent, le périmètre extérieur est établi au niveau de la terminaison physique ou du point de connexion de chaque dispositif. Le câble ou les ondes se trouvant entre les dispositifs relient leurs périmètres extérieurs.

Le périmètre extérieur correspond aux composantes de la couche 1 du modèle OSI. La sécurisation de la couche physique dans un réseau implique la sécurisation du support physique, ainsi que les équipements réseau et de communication. De même, le périmètre intérieur est associé aux composantes de la couche 2 du modèle. Les composants travaillant à ce niveau représentent la première couche de défense logique. À ce niveau, les données peuvent être acceptées, rejetées ou transmises en fonction de leur identité.

Enfin, l'anneau intérieur peut être considéré comme incluant les couches 3 à 7. Chacune de ces couches offre des options pour empêcher tout mouvement non autorisé vers un niveau supérieur. Par exemple, les mécanismes de blocage des ports associés aux pare-feu[2] fonctionnent au niveau de la couche 4.

Cependant, les composants de la couche 7 représentent les cibles les plus recherchées d'une cyber-attaque. Les attaques visant ce niveau sont conçues pour prendre le contrôle des biens physiques ou compromettre le fonctionnement des applications logicielles.

Tout au long de la troisième partie, vous découvrirez le fonctionnement des différents composants du réseau, leur position dans l'architecture OSI, ainsi que les vulnérabilités de sécurité et les solutions qui y sont liées.

Topologies des réseaux

Les topologies réseau sont des stratégies de connexion physique (ou logique) de couche 1 qui se répartissent en quatre catégories de configurations basiques, comme l'illustre la figure 12.3.

- Bus
- Ring ou Anneau
- Star ou Etoile
- Mesh ou Maille

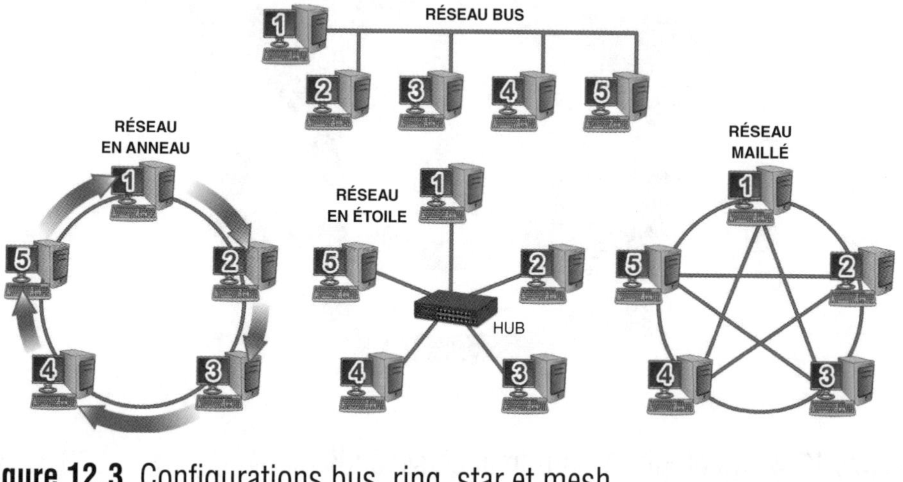

Figure 12.3 Configurations bus, ring, star et mesh

Topologie en bus

Dans la topologie en bus, les nœuds ou stations du réseau se connectent à un lien de communication central. Chaque nœud a une adresse unique le long du bus qui le différencie des autres utilisateurs du réseau. Les informations peuvent être placées sur le bus par n'importe quel nœud. L'information doit contenir l'adresse réseau du ou des nœuds auxquels elle est destinée. Les autres nœuds connectés au bus ne tiendront pas compte de l'information.

Topologie en anneau

Dans un réseau configuré en anneau, le bus de communication forme une boucle fermée. Chaque nœud inspecte les informations sur le réseau lorsque celles-ci passent.

Un répéteur, intégré à l'adaptateur réseau de chaque nœud, régénère chaque message qui ne lui est pas destiné et l'envoie au nœud suivant. Le nœud d'origine reçoit finalement le message en retour et le retire de l'anneau.

Les topologies en anneau ont tendance à offrir des taux de transfert de données très élevés mais nécessitent des frais de gestion supplémentaires. Cette gestion supplémentaire est nécessaire pour assurer la fiabilité. Si un nœud d'un réseau en anneau tombe en panne, c'est tout le réseau qui tombe en panne. Pour surmonter ce problème, les concepteurs d'anneaux ont développé des anneaux avec des chemins de données primaires et secondaires, comme le montre la figure 12.4. Si une rupture se produit dans une liaison primaire, le contrôleur du réseau peut réacheminer les données sur la liaison secondaire pour éviter la rupture.

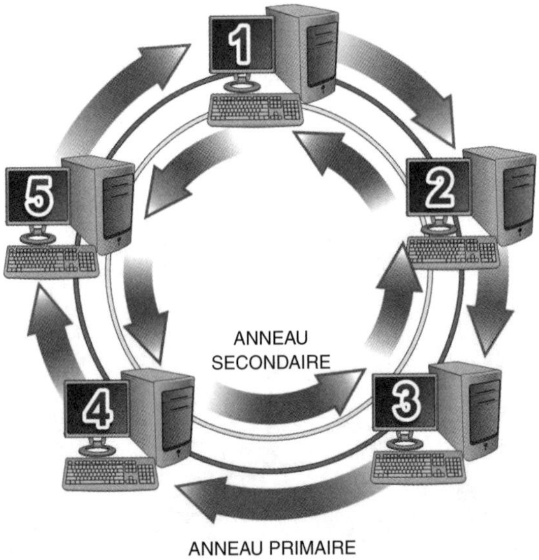

Figure 12.4 Topologies ring primaires/secondaires

Topologie en étoile

Dans une topologie en étoile, la disposition logique du réseau ressemble aux branches d'un arbre. Tous les nœuds sont reliés par des branches qui ramènent à une unité centrale. Les nœuds communiquent entre eux par l'intermédiaire de l'unité centrale.

La centrale coordonne l'activité du réseau en interrogeant les nœuds, un par un, pour déterminer s'ils ont des informations à transmettre. Si c'est le cas, la station centrale donne à ce nœud une tranche de temps prédéterminée pour transmettre. Si la transmission du message prend plus de temps que le temps imparti, le message sera découpé en petits paquets d'informations qui seront transmis sur plusieurs cycles d'interrogation.

Topologie en maille

La conception du réseau maillé offre le schéma de connexion réseau le plus élémentaire et le schéma de gestion le plus étendu. Dans cette topologie, chaque nœud a une connexion physique directe avec tous les autres nœuds du réseau. Les topologies maillées sont utilisées dans deux très grands environnements réseau, le système téléphonique public et l'Internet, ainsi que dans de petits réseaux de communication sans fil de type piconet qui incluent les réseaux *Bluetooth* et *ZigBee*.

Les *piconets* sont de petits réseaux d'appareils à courte portée, regroupés pour communiquer sur un même canal. L'un des dispositifs fonctionne en tant que dispositif *maître*, ou coordinateur, tandis que les autres fonctionnent en tant qu'*esclaves*. Le rôle de l'appareil maître peut circuler à travers le réseau, différents appareils assumant ce rôle au fur et à mesure qu'il devient disponible.

Topologies logiques

Il serait facile de visualiser les connexions des topologies physiques que nous venons de décrire si les nœuds étaient simplement reliés entre eux. Toutefois, ce n'est généralement pas le cas dans la plupart des arrangements du réseau. Cela est dû au fait que la plupart des réseaux utilisent des dispositifs de connectivité, tels que des hubs, des commutateurs et des routeurs, qui modifient l'apparence du schéma de connexion réel. Par conséquent, la topologie logique ne correspondra pas à l'apparence de la topologie physique – les détails du schéma de connexion sont cachés à l'intérieur du dispositif de connexion.

À titre d'illustration, la figure 12.5 montre un schéma de connexion réseau typique utilisant un dispositif de connexion pour regrouper les connexions en un seul endroit. La topologie physique apparaît sous la forme d'une étoile.

Cependant, le câblage interne du routeur de connexion fournit une topologie de bus logique. Il n'est pas rare qu'une topologie logique en anneau ou en maille soit mise en œuvre dans une topologie physique en étoile.

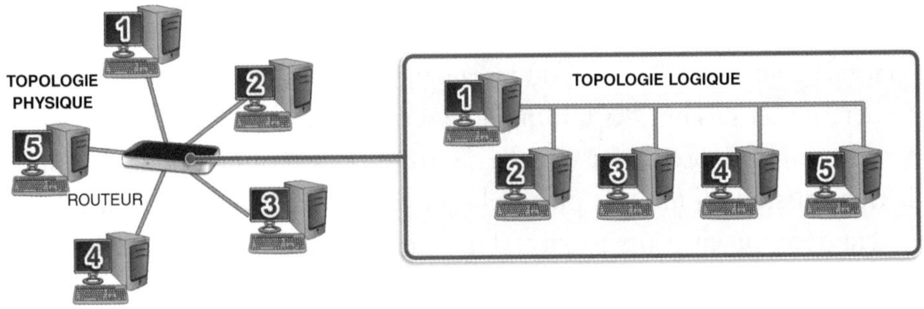

Figure 12.5 Topologies logiques

Exercices pratiques

Objectifs

- Décrire l'objectif de l'*IPsec*.
- Créer une règle de sécurité de connexion.
- Explorer les possibilités de créer une règle de sécurité de connexion.
- Définir *intégrité* et *confidentialité* dans le contexte d'IPsec.

Ressources

- Ordinateur de bureau/portable fourni
- Windows 10 Pro installé (Cette procédure fonctionnera également avec succès sur les PC fonctionnant sous Windows 10 *Home Edition*).
- Un compte avec des privilèges administratifs

Discussion

Internet Protocol Security (IPsec) est une norme ouverte qui utilise une suite de protocoles de chiffrement et d'authentification des communications IP couramment utilisés dans les réseaux privés virtuels (VPN).

Les protocoles de cette suite comprennent :

- AH (Authentication Headers) fournit l'intégrité et l'authentification de l'origine des données afin de se protéger contre les attaques par rejeu (attaques où une transmission enregistrée est rejouée par un attaquant pour obtenir l'accès).
- ESP (Encapsulating Security Payloads) offre une authentification de l'origine ainsi que le chiffrement. ESP chiffre et encapsule l'ensemble du datagramme

TCP/UDP dans un en-tête ESP qui ne contient aucune information sur le port. Cela signifie que ESP ne pourra passer par aucun dispositif utilisant la translation PAT (Port Address Translation).

- SA (Security Associations). Les associations de sécurité (SA) proposent un certain nombre d'algorithmes et de frameworks[7] pour l'authentification et l'échange de clés.
- IKE (Internet Key Exchange) est le protocole utilisé pour mettre en place une association de sécurité dans IPsec.

Contrairement à SSL, IPsec fonctionne au niveau de la couche 3 dans le modèle OSI et sécurise tout le trafic. IPsec diffère également de SSL en ce sens qu'il est mis en œuvre sur un système client, alors que le SSL est intégré à un navigateur. Tout cela combiné conduit à un environnement plus sécurisé pour le transfert de données, généralement à un rythme plus rapide. Il existe deux modes d'IPsec :

- Mode transport – Seule la charge utile IP est encapsulée.
- Mode tunnel – L'ensemble du paquet IP est encapsulé.

La sécurité de la connexion consiste à authentifier deux ordinateurs avant de communiquer et à s'assurer ensuite de la confidentialité entre eux. Windows utilise IPsec pour assurer la sécurité des connexions.

Procédure

Dans cette procédure, vous découvrirez comment et où IPsec est configuré. Vous allez créer une nouvelle règle de sécurité de connexion et explorer les options associées à IPsec. Cette procédure est destinée à vous apprendre comment créer une communication IPsec; cependant, vous ne pourrez pas la tester dans cet environnement.

Accès à IPsec

IPsec est situé dans le « Pare-feu Windows[8] »· Il a été renommé « Sécurité des connexions »; cependant, il est généralement indiqué que la sécurité des connexions est obtenue en utilisant les règles IPsec.

1. Allumez votre machine.
2. Connectez-vous à Windows à l'aide de votre compte d'administrateur.
3. Sur votre bureau, dans la « barre de recherche » intégrée à votre « barre des tâches », tapez **wf.msc** et appuyez sur la touche « Entrée ».
4. Cela devrait lancer le « Pare-feu Windows Windows ».
5. Cliquez sur l'entrée « Règles de sécurité de connexion », comme illustré dans la figure 12.6. Le volet central ne doit pas contenir de règles en vigueur.

---

[7] Framework, ou Cadre de travail en français.

[8] Le nom complet du composant est en réalité **Pare-feu Windows Defender avec fonctions avancées de sécurité.**

6. Développez «Analyse» puis «Associations de sécurité» en sélectionnant la flèche située à côté de chacune des entrées, comme illustré dans la figure 12.7.

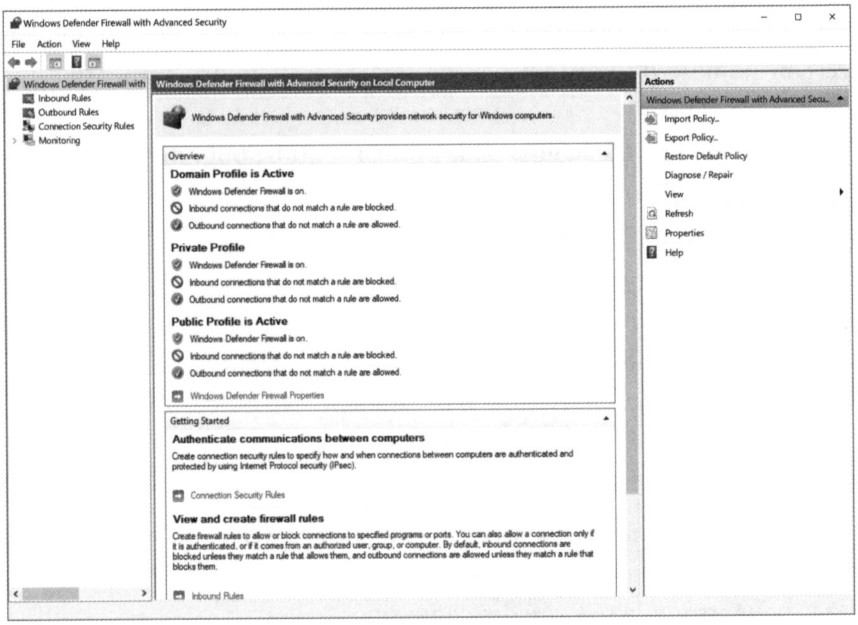

Figure 12.6 Pare-feu windows defender avec fonctions avancées de sécurité

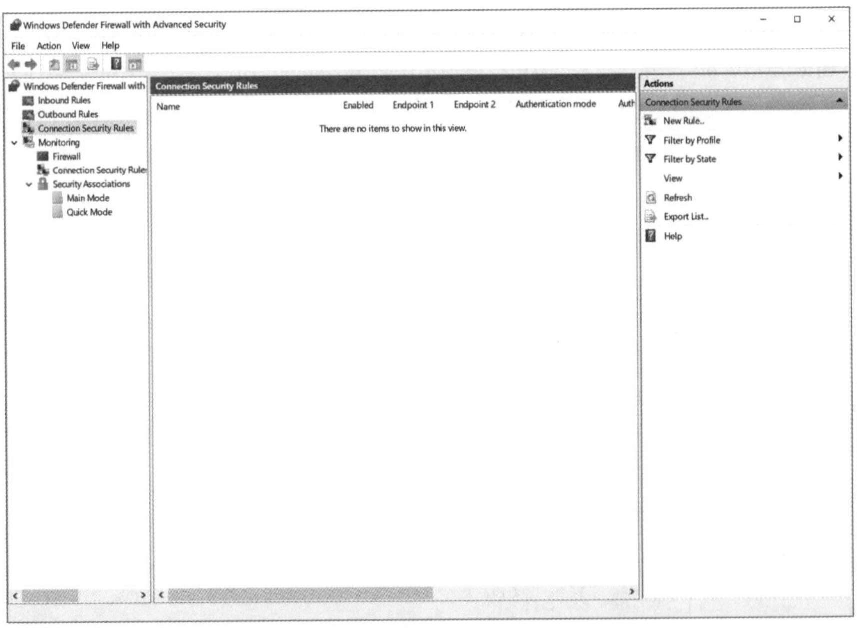

Figure 12.7 Pare feu Windows : Analyse – Associations de sécurité

NOTE Vous remarquerez les actions dans le volet de droite. Le volet Actions peut s'avérer utile lorsque davantage de règles s'appliquent au système.

Création d'une nouvelle règle de sécurité de connexion

1. Cliquez avec le bouton droit de la souris sur «Règles de sécurité de connexion» dans le volet de gauche et sélectionnez «Nouvelle règle» pour lancer l'«Assistant Nouvelles règle de sécurité de connexion», comme le montre la figure 12.8.

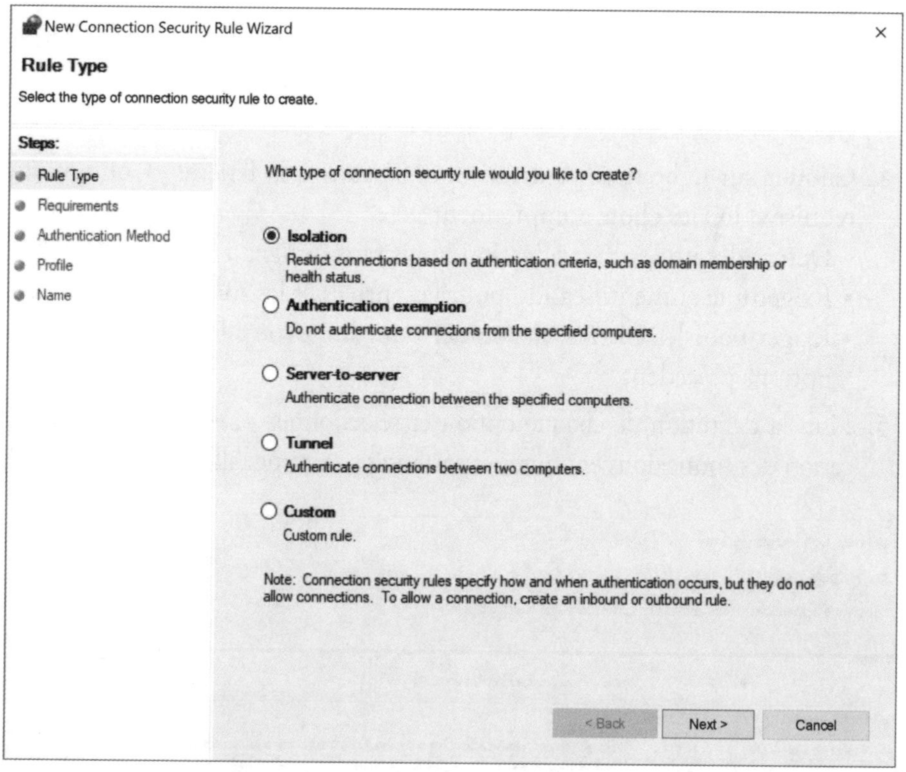

Figure 12.8 Assistant nouvelle règle de sécurité de connexion

Selon le type de règle choisi, il y a entre quatre et sept étapes. Chaque étape comporte de multiples options parmi lesquelles choisir.

2. Inscrivez les types de règles dans le tableau 12.2. Portez une attention particulière à la définition de chacun.

Tableau 12.2 Types de règles

Isolation
Exemption d'authentification
Serveur à serveur
Tunnel
Personnalisée

NOTE Les règles de sécurité de connexion précisent comment et quand l'authentification a lieu. Toutefois, cela n'équivaut pas à autoriser les connexions. Pour autoriser une connexion, vous devez créer une règle d'entrée ou de sortie.

3. Sélectionnez chaque bouton radio à côté des types de règles pour explorer les différentes étapes nécessaires pour chacun. Une fois cela réalisé, sélectionnez la case d'option associée à « Isolation ».
   Le type de règle spécifie certains paramètres de base en fonction de l'utilisation prévue de la règle. La règle « Isolation » limitera l'accès en fonction du type d'authentification et du profil réseau.
4. Cliquez sur le bouton « Suivant » pour passer à la fenêtre « Configuration requise ». Ici, les choix comprennent :
   - Demander une authentification, mais sans l'exiger.
   - Exiger une authentification pour les entrées et les sorties.
   - Exiger pour les entrées, demander pour les sorties. Un hybride des deux options précédentes
5. Lisez la définition de chaque option et sélectionnez « Demander l'authentification des connexions entrantes et sortantes », comme l'illustre la figure 12.9.

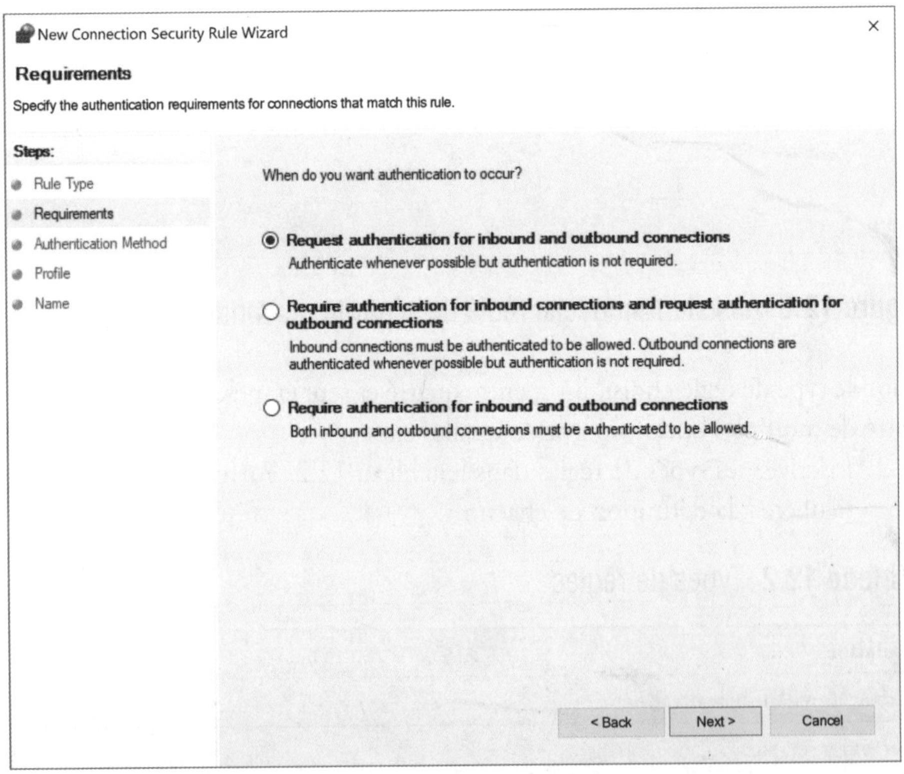

Figure 12.9 Assistant nouvelle règle de sécurité de connexion – fenêtre des exigences

6. Cliquez sur « Suivant » pour afficher la fenêtre « Méthode d'authentification ». Bien que quatre options soient énumérées, les deux impliquant *Kerberos V5* sont limitées aux connexions effectuées dans une forêt *Active Directory*.
7. Sélectionnez le bouton radio du choix « Avancé » pour rendre le bouton « Personnaliser » disponible, comme indiqué dans la figure 12.10.
8. Cliquez sur le bouton « Personnaliser » pour lancer une fenêtre séparée « Personnaliser les méthodes d'authentification avancées », comme le montre la figure 12.11.

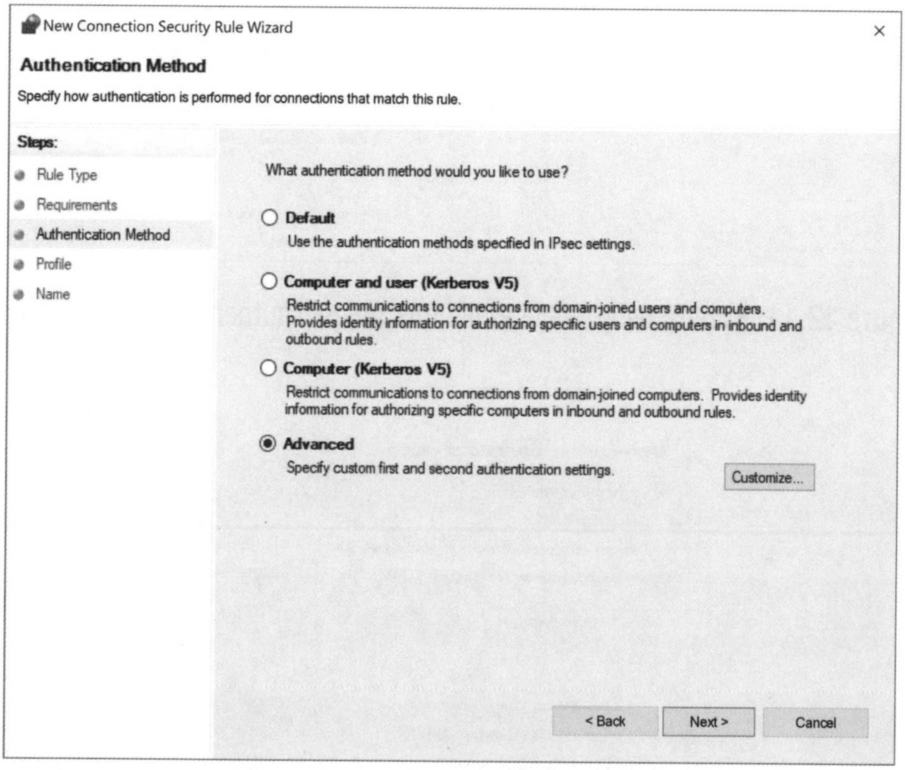

Figure 12.10 Le bouton personnaliser est actif

Dans cette fenêtre, vous pouvez personnaliser une liste de méthodes d'authentification en fonction de vos besoins. Explorez cette fenêtre avec soin.

9. Cliquez sur le bouton « Ajouter » situé sous « Premières méthodes d'authentification » : La fenêtre « Ajouter la première méthode d'authentification » apparaîtra, comme le montre la figure 12.12.

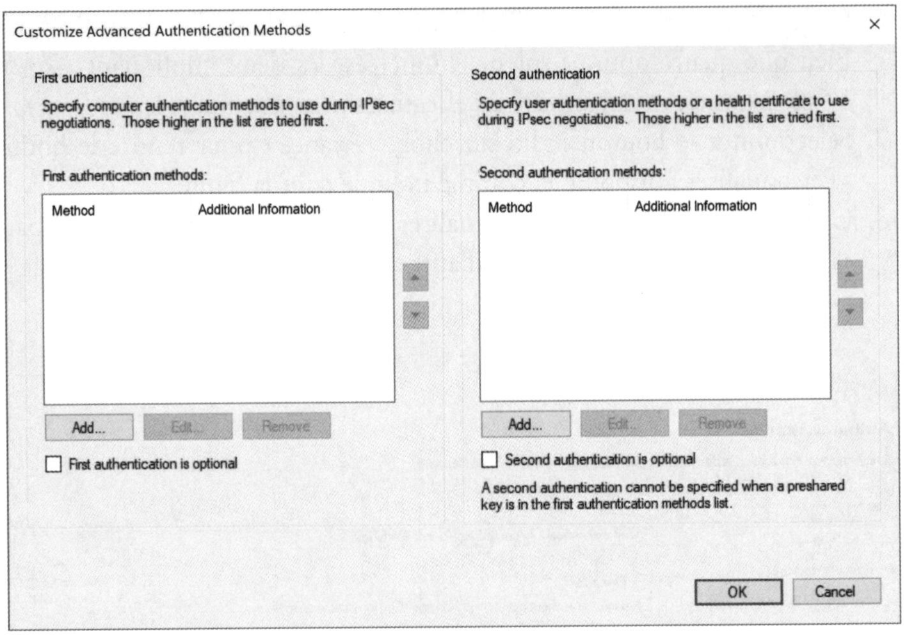

Figure 12.11 Fenêtre personnaliser les méthodes d'authentification avancées

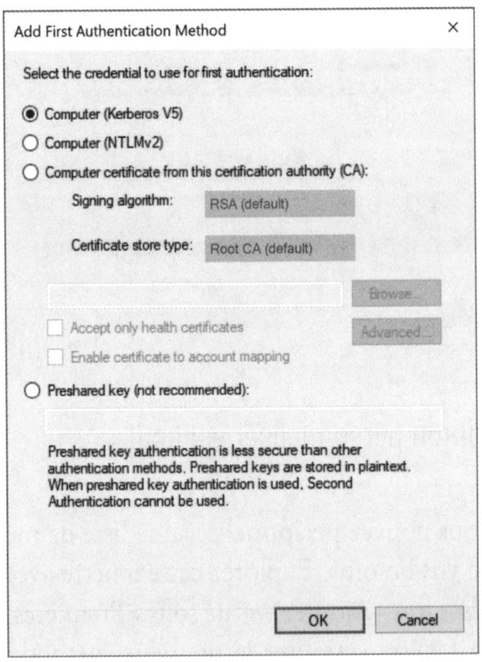

Figure 12.12 Fenêtre ajouter la première méthode d'authentification

Cette fenêtre « Ajouter la première méthode d'authentification » offre quatre méthodes possibles parmi lesquelles choisir :

- Kerberos V5

- NTLMv2
- Certificat
- Clé pré-partagée (non recommandée)

10. Après avoir exploré les options, cliquez sur « Annuler » pour quitter la fenêtre. Cliquez également sur « Annuler » dans la fenêtre « Personnaliser les méthodes d'authentification avancées ».
11. Vous devez retourner à l'assistant « Nouvelles règle de sécurité de connexion – Fenêtre Méthode d'authentification ». Sélectionnez le bouton radio à côté de « Par défaut » et cliquez ensuite sur « Suivant ». Vous serez dirigé vers la fenêtre « Profil ».

Ces sélections sont relatives aux connexions réseau en place sur l'ordinateur. Alors qu'un ordinateur autonome dans un réseau de bureau ne doit pas se soucier de l'utilisation du réseau Public, un ordinateur portable de voyage devra assurer l'intégrité et la confidentialité sur Internet.

12. Laissez les trois cases cochées, comme indiqué dans la figure 12.13, et cliquez sur « Suivant » pour passer à la fenêtre « Nom ».
13. Entrez **Request IPsec Rule** dans le champ « Nom ». Laissez la « Description (facultative) : » vide, comme indiqué à la figure 12.14.

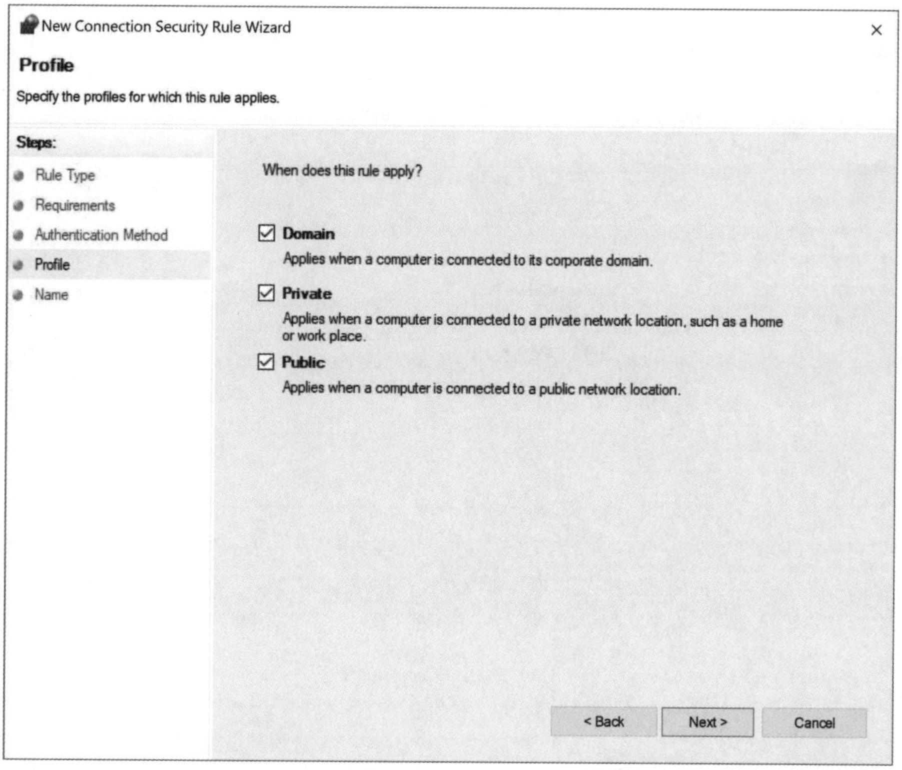

Figure 12.13 Assistant nouvelle règle de sécurité de connexion – fenêtre profil

14. Cliquez sur «Terminer» pour enregistrer la règle. Vous êtes ramené à la fenêtre «Pare-feu Windows». La nouvelle règle se trouve maintenant dans le volet central, comme l'illustre la figure 12.15.

Observez le volet droit. Le panneau des actions a changé et d'autres options sont disponibles. Pour créer une connexion IPsec, un autre ordinateur configure une règle de sécurité de connexion en utilisant le même processus. Chaque fois que les ordinateurs veulent transférer des informations, une connexion IPsec doit être établie.

Rappelez-vous que vous avez sélectionné l'option Demande d'authentification sans l'exiger. Par conséquent, vous pouvez toujours vous connecter à toute autre personne sans connexion sécurisée.

15. Sélectionnez la règle dans le volet central pour la mettre en évidence. Dans le volet de droite, cliquez sur l'entrée «Propriétés», comme indiqué à la figure 12.16.

Chaque onglet vous permet d'ajuster les paramètres que vous avez sélectionnés dans l'assistant de Nouvelle règle de sécurité de connexion.

16. Explorez chaque onglet, puis cliquez sur le bouton «Annuler» pour quitter la fenêtre «Propriétés».

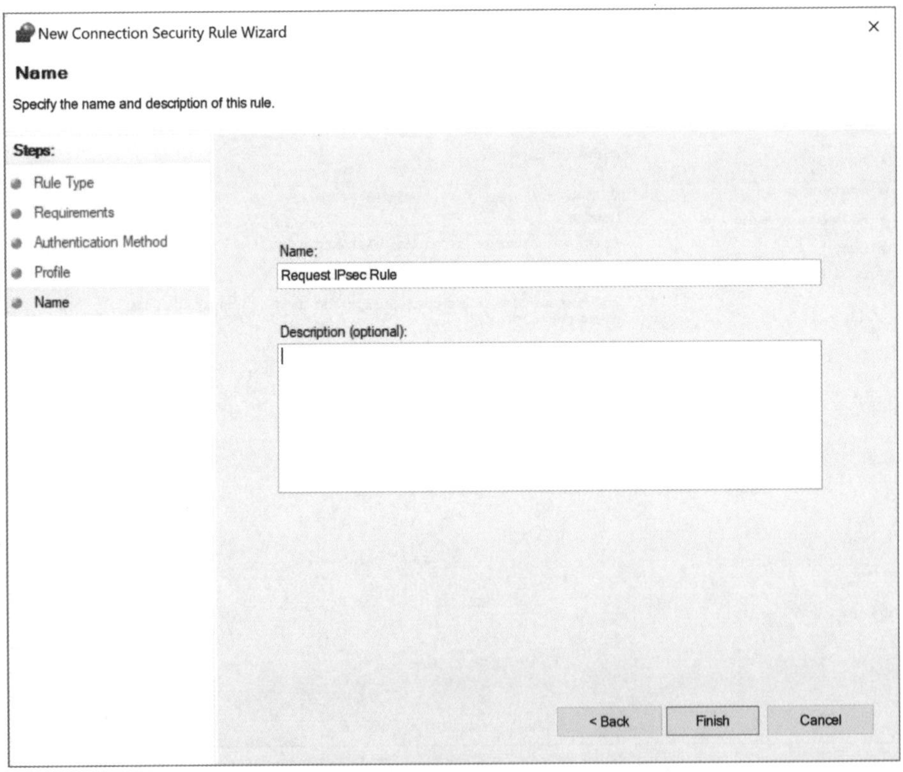

Figure 12.14 Dénomination de la règle

Figure 12.15 Visualisation de la nouvelle règle

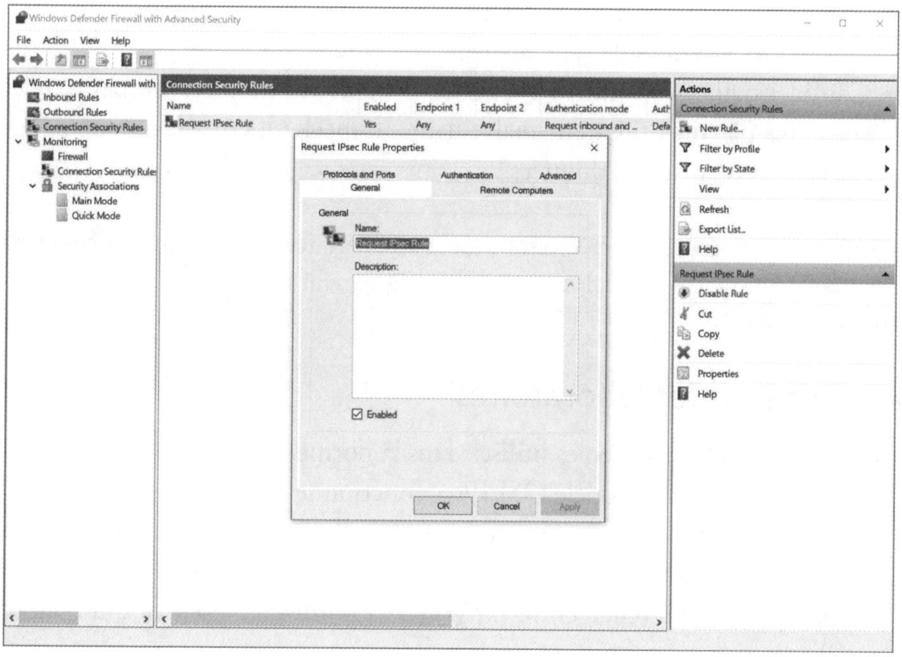

Figure 12.16 Propriétés de la règle request ipsec rul

Surveillance des connexions IPsec

Dans le répertoire « Analyse », vous pouvez consulter toutes les règles actives utilisées pour IPsec. Bien que vous ne voyiez aucune règle active, il est important de savoir où consulter ces informations et ce qu'elles signifient.

1. Si les répertoires « Analyse » et « Associations de sécurité », présents dans le volet de gauche, ne sont pas développés, faites-le maintenant en sélectionnant les flèches proposées.
2. Sélectionnez « Mode principal » dans le volet de gauche. Rien ne doit être listé dans le volet du milieu.

Le mode principal est la phase 1 de la connexion IPsec. Il utilise un texte clair pour établir la manière de procéder.

3. Sélectionnez le mode rapide dans le volet de gauche. Là encore, rien ne doit être listé dans le volet du milieu.

En mode rapide, qui est considéré comme la phase 2, les paramètres de communication sont négociés.

Si des connexions étaient actives, vous pourriez voir la liste de chacune d'entre elles avec les protocoles AH et ESP appliqués. AH apporte l'intégrité, tandis que ESP fournit à la fois l'intégrité et la confidentialité.

- Intégrité – Confirmer que les paquets de données n'ont pas été altérés. Prévient les attaques de type man-in-the-middle.
- Confidentialité – Confirmer que les paquets de données ne peuvent être consultés par un utilisateur malveillant. Empêche les analyseurs de paquets réseau de visualiser les données.

NOTE Même si vous avez créé cette règle, votre pare-feu peut bloquer la connexion. Dans des circonstances normales, vous devriez également créer une règle d'entrée et de sortie si nécessaire.

Questions sur les laboratoires

1. Quels sont les protocoles utilisés dans la norme IPsec ?
2. À quel niveau du modèle OSI IPsec fonctionne-t-il ?
3. En ce qui concerne l'authentification, quelles sont les trois options disponibles pour les exigences ?
4. Décrivez la différence entre *intégrité* et *confidentialité* en ce qui concerne IPsec
5. Définir Sécurité de connexion.

Réponses

1. Les protocoles de cette suite comprennent :
   - AH (Authentication Headers) qui fournit l'intégrité des données et l'authentification de leur origine afin de se protéger contre les *attaques par rejeu* (attaques dans lesquelles une transmission enregistrée est rejouée par un attaquant pour obtenir l'accès).
   - ESP (Encapsulating Security Payloads) qui offre l'authentification de l'origine ainsi que le chiffrement. ESP chiffre et encapsule l'ensemble du datagramme TCP/UDP dans un en-tête ESP qui ne contient aucune information sur le port. Cela signifie que ESP ne pourra passer par aucun dispositif utilisant la traduction d'adresse de port (PAT).
   - SA (Security Associations). Les associations de sécurité (SA) proposent un certain nombre d'algorithmes et de cadres pour l'authentification et l'échange de clés.
   - IKE (Internet Key Exchange) est le protocole utilisé pour mettre en place une association de sécurité dans IPsec.
2. Contrairement au SSL, IPsec fonctionne au niveau de la couche 3 dans le modèle OSI et sécurise tout le trafic. IPsec diffère également du SSL en ce sens qu'il est mis en œuvre sur un système client, alors que le SSL est intégré à un navigateur.
3. Tout cela combiné conduit à un environnement plus sécurisé pour le transfert de données, généralement à un rythme plus rapide. Les options comprennent :
   - Demander une authentification, mais sans l'exiger.
   - Exiger une authentification pour les entrées et les sorties.
   - Exiger pour les entrées, demander pour les sorties. Un hybride des options précédentes.
4. La norme IPsec utilise une série de protocoles pour atteindre son objectif de sécurisation des données. AH assure l'intégrité, tandis que ESP assure à la fois l'intégrité et la confidentialité.
   - Intégrité – Confirmer que les paquets de données n'ont pas été altérés. Prévient les attaques de type man-in-the-middle.
   - Confidentialité – Confirmer que les paquets de données ne peuvent être consultés par un utilisateur malveillant.
   - Empêche les analyseurs de paquets réseau de consulter les données.
5. La Sécurité de connexion authentifie deux ordinateurs avant la communication et assure ensuite la confidentialité entre eux. Windows utilise IPsec pour assurer la sécurité de la connexion.

Chapitre 13

Comprendre les protocoles réseau

Lorsque plus de deux ordinateurs sont impliqués dans une communication, un réseau est formé et des contrôles supplémentaires doivent être mis en place pour s'assurer que les informations sont envoyées au bon membre du réseau. Cela s'ajoute au contrôle du flux d'informations sur la connexion au réseau. Ces contrôles sont mis en œuvre sous la forme d'un ensemble de règles appelées *protocoles*. Dans ce chapitre, vous apprendrez à :

- Examiner des protocoles réseau de base
- Identifier les composants associés aux différentes normes d'adressage IP
- Traiter des questions de sécurité liées à l'adressage MAC
- Identifier les composants et le fonctionnement de la suite de protocoles TCP/IP et identifier ses vulnérabilités
- Fournir des exemples de sous-réseaux et de leur utilisation
- Décrire les fonctions et la structure de la norme Ethernet
- Comparer les méthodes de contrôle d'accès aux réseaux Pair-à-pair (peer-to-peer) et client/serveur.

Les bases des protocoles de mise en réseau

Un *protocole réseau* est un ensemble de règles qui régit la façon dont les communications sont menées en réseau. Pour que les appareils puissent communiquer entre eux sur le réseau, ils doivent tous utiliser le même protocole de réseau.

Dans un vaste réseau, tel qu'Internet, plusieurs couches de protocole sont utilisées pour gérer les niveaux complexes créés par l'hébergement de tellement de types de dispositifs et d'applications différents. En vous référant à la Figure 12.1 du Chapitre 12, vous pouvez voir que différents types de protocoles résident dans chaque niveau du modèle OSI jusqu'à la couche 5.

Par exemple, aux niveaux 1 et 2, il existe des protocoles variés pour différents types de supports de communication (réseaux câblés, réseaux sans fil, sur fibre optique). Les composants de la couche 1 fournissent des normes pour les supports physiques, tandis que la couche 2 prévoit une normalisation de la transmission logique. Les couches 3 et 4 contiennent différents schémas de routage réseau (pour s'assurer que tout finit là où il faut), des applications de traitement du courrier électronique, des applications web et des transmissions sécurisées.

Adresses MAC

Toutes les opérations du réseau dépendent d'une hiérarchie d'adresses afin de permettre aux appareils du réseau d'échanger des informations. L'adresse la plus élémentaire dans les opérations de mise en réseau est l'adresse MAC[1] qui sert comme un identifiant unique pour chaque appareil connecté à un réseau. Ces adresses sont généralement attribuées aux appareils par leurs fabricants et stockées dans leur firmware.

Le format standard utilisé pour générer une adresse MAC sur 48 bits spécifie six paires de chiffres hexadécimaux. Pour l'affichage, le nombre est écrit en six paires de chiffres séparées par des traits d'union (-) ou par deux points (:)- par exemple,

13 : A2 : 00 : 40 : 6B : 8E : 6

Ce format original sur 48 bits est connu sous le nom de EUI-48 (Extended Unique Identifier) en termes de l'IEEE. Ce format correspond au schéma d'adressage Ethernet IPv4 original pour la mise en réseau et est utilisé dans les technologies de mise en réseau sans fil 802.11 et Bluetooth.

La version EUI-64 bits du code d'adresse MAC élargit le code à huit paires de chiffres hexadécimaux. Par exemple, un appareil donné pourrait se voir attribuer l'adresse MAC = 00 : 13 : A2 : 00 : 40 : 6B : 8E : 66. Ce format correspond au schéma d'adressage IPv6 et est inclus dans les technologies Firewire, ZigBee et 802.15.

Comme vous vous en souvenez, dans le Tableau 12.1 du Chapitre 12, l'adressage MAC est associé aux opérations de la couche 2 de l'OSI. Rappelons que cette couche est chargée d'établir l'accès logique et la connectivité à destination et en provenance de chaque port du réseau. Différents dispositifs de connectivité, tels que les commutateurs[2] et les routeurs, s'appuient sur les adresses MAC pour construire et utiliser les tables internes CAM (Content Addressable Memory). Les dispositifs emploient ces tables pour acheminer les messages qu'ils reçoivent depuis un segment du réseau vers un emplacement présent sur un autre segment en fonction du port matériel auquel le destinataire prévu est connecté.

De nombreux dispositifs de connectivité construisent et maintiennent leurs tables CAM par un processus d'apprentissage et de découverte des adresses MAC.

---

1 MAC : Media Access Control, en français, Contrôle d'accès au média, ce qui lui vaut également l'appellation *adresse physique*.

2 Le commutateur est communément nommé *switch*.

Lorsqu'ils interagissent avec des dispositifs connectés à leurs ports physiques, ils lisent les en-têtes des messages pour acquérir les adresses MAC des dispositifs émetteurs et récepteurs et les enregistrent dans la table CAM avec les informations relatives à leur port.

TCP/IP

Bien qu'il existe de nombreux types de protocoles réseau différents en usage dans le monde, la suite[3] de protocoles TCP/IP (Transmission Control Protocol/ Internet Protocol) constitue actuellement l'ensemble le plus populaire. Bien que cela soit partiellement dû au fait qu'Internet est basé sur ces protocoles, le TCP/ IP a renforcé sa place en tant que suite de protocoles de choix pour les réseaux d'entreprise car la plupart des systèmes d'exploitation le supportent. Il peut également être utilisé sur n'importe quelle topologie (par exemple, Ethernet, Token Ring, etc.).

Cela devient très utile lorsque vous essayez de mettre en réseau différents types de systèmes entre eux (par exemple, les ordinateurs et appareils Microsoft Windows, les ordinateurs et appareils Apple et les ordinateurs et appareils Linux). En outre, TCP/IP est routable, de sorte que ses paquets peuvent être transférés à travers de nombreux types de réseaux différents avant d'atteindre leur destination finale.

Le ministère américain de la défense a développé à l'origine le protocole TCP/IP comme un protocole sécurisé et résistant aux pirates informatiques pour la transmission de données sur un réseau. Il est considéré comme l'un des protocoles réseau les plus sûrs. En outre, comme le gouvernement américain l'a développé, personne ne le possède réellement, et il a donc été adopté comme norme de transmission pour l'Internet.

Quel que soit le type de plate-forme informatique ou de logiciel utilisé, les informations doivent circuler sur Internet sous forme de *paquets TCP/IP*. Cela implique que les données soient regroupées en paquets réseau. Le paquet TCP/ IP est conçu principalement pour permettre la fragmentation et le réassemblage des messages. Il existe au travers de deux champs d'en-tête, l'en-tête IP et l'en-tête TCP, suivis du champ des données, comme l'illustre la Figure 13.1.

La majeure partie du protocole TCP/IP repose sur les deux protocoles de base qui lui donnent son nom : TCP et IP. La partie IP du protocole TCP/IP fonctionne au niveau de la couche 3 du modèle OSI, tandis que la partie TCP de la norme des protocoles combinés fonctionne au niveau de la couche 4. Ainsi, la partie IP est responsable des paquets et de leur livraison effective, tandis que TCP gère le suivi des différents segments au travers desquels le message est divisé.

---

[3] TCP/IP est bien une suite de protocole, mais, par abus de langage, on parle souvent du protocole TCP/IP.

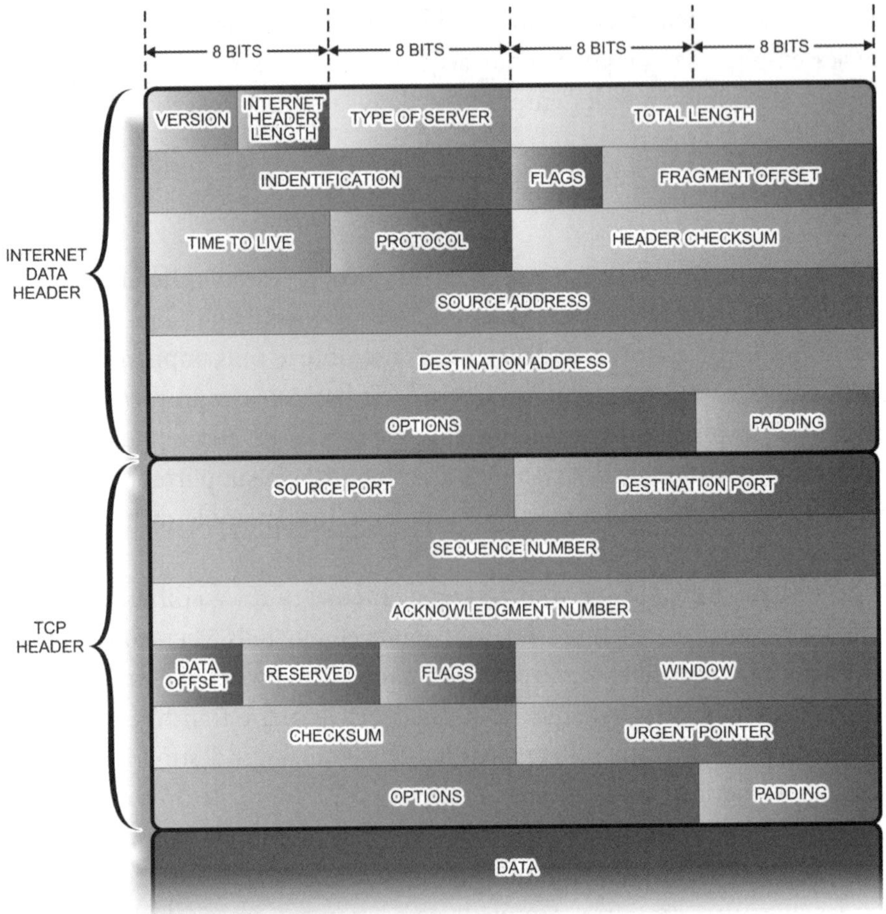

Figure 13.1 Paquet tcp/ip

La division conceptuelle entre les couches ne doit pas être considérée comme exacte. Par exemple, le protocole ICMP (Internet Control Message Protocol) réside au niveau de la couche 3, bien qu'il n'offre aucune information de routage ou d'adressage des paquets, car il aide le protocole IP de la couche 3 dans l'accomplissement de son travail. Un autre exemple est le protocole BCP (Bridging Control Protocol) qui est un protocole de routage, mais qui est porté par TCP au niveau de la couche 4.

Un autre élément important à connaître est la façon dont les protocoles TCP/IP initient les connexions. Cela se fait dans le cadre d'une triple poignée de main qui commence par l'envoi d'un paquet de synchronisation (SYN) d'un client à un serveur. En réponse, le serveur renvoie un paquet de synchronisation/acquittement (SYN/ACK) au client. À la réception du paquet SYN/ACK, le client renvoie un paquet ACK (Acquittement) au serveur, et la conversation entre eux peut commencer. La Figure 13.2 illustre la séquence SYN/ACK.

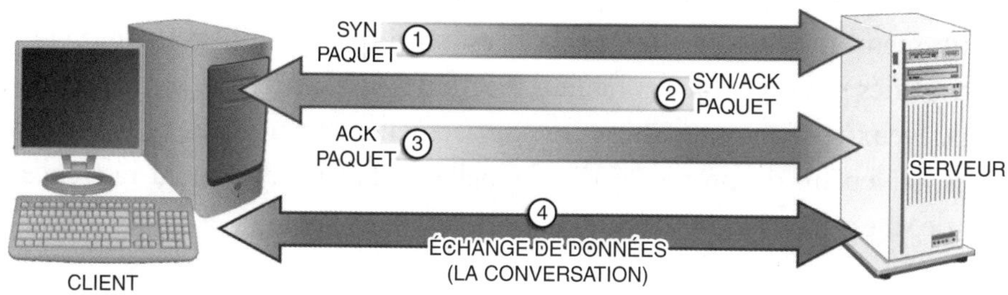

Figure 13.2 Séquence syn/ack

Vulnérabilités du TCP/IP

Etant donné qu'un paquet TCP/IP est composé de nombreux champs et sections différents, les attaquants exploitent souvent la composition des paquets. Avec les outils appropriés, il est assez facile de manipuler les en-têtes IP des paquets TCP/IP pour falsifier les adresses afin de dissimuler l'identité d'un attaquant. Dans le cas d'une manipulation de l'adresse réseau source et/ou destination, le processus est connu sous le nom d'*IP spoofing* et constitue la base de nombreux types d'attaques réseau et inter-réseaux. L'idée derrière l'IP spoofing est similaire à celle appelée *MAC spoofing*, qui est abordée dans la section précédente de ce chapitre.

Une autre attaque courante dirigée contre les paquets TCP/IP est la méthode SYN flood qui exploite la triple poignée de main que TCP/IP utilise pour initier les connexions entre des nœuds du réseau. Dans ce type d'attaque, l'attaquant envoie la requête SYN au serveur, mais manipule la poignée de main pour, soit usurper une adresse IP différente dans le paquet SYN, soit simplement ne pas envoyer le paquet ACK au serveur.

Dans le premier cas, le serveur enverra le paquet SYN/ACK à l'adresse usurpée, qui ne répondra pas puisqu'elle n'a pas envoyé le paquet SYN original. Dans les deux cas, le fait que le serveur ne reçoive pas de paquet ACK cause son attente momentanée. L'attaquant enverra généralement une vague de requêtes SYN au serveur afin qu'il soit submergé de connexions à moitié ouvertes qui bloquent ses ressources.

Lorsque la capacité totale du serveur à traiter ces demandes sera atteinte, il cessera de fournir le service en raison de son manque de ressources pour traiter le volume. C'est ce que l'on appelle *une attaque par déni de service* (DoS)

Les outils, les attaques et les méthodes de prévention associés à la manipulation du TCP/IP sont examinés en détail, plus loin dans ce chapitre, conjointement avec les serveurs réseau et les dispositifs de connectivité qui travaillent dans les couches 2, 3 et 4 du modèle ISO.

Adresses IP

Les blocs d'adresses d'accès à Internet que les fournisseurs d'accès à Internet (FAI) fournissent à leurs clients sont appelés *adresses IP*. L'adresse IP fait de chaque système un membre accessible du réseau. C'est ainsi que les utilisateurs individuels sont identifiés pour recevoir les fichiers transférés, les courriels et les demandes de fichiers. Deux versions de l'adresse IP sont actuellement utilisées : IPv4 et IPv6. IPv4 est la version du protocole IP à laquelle on fait généralement référence en raison de son utilisation très répandue.

Adressage IPv4

Les adresses IPv4 existent au format numérique XXX.YYY.ZZZ.AAA. Chaque adresse se compose de quatre champs de 8 bits séparés par des points (.). Ce format de spécification des adresses est appelé *notation décimale pointée*. Les nombres décimaux sont dérivés de l'adresse binaire compréhensible par le matériel. Par exemple, une adresse réseau binaire qui vaut :

10000111.10001011.01001001.00110110 (binaire)

correspond à :

135.139.073.054 (décimal pointé)

Vous trouverez également que les adresses IP sont désignées en termes d'octets. Un *octet* est simplement un groupement de huit bits consécutifs. Dans l'exemple binaire qui vient d'être donné, l'octet le plus significatif serait 10000111 (ou 135). L'octet le moins significatif serait 00110110 (ou 054). L'adresse complète se présente en quatre octets comme dans l'exemple précédent.

Au travers des quatre octets, chaque adresse IP se compose de deux parties : l'adresse du réseau et l'adresse de l'hôte. L'adresse du réseau identifie l'ensemble du réseau; l'adresse de l'hôte identifie un membre au sein du réseau. Trois classes d'adresses IP standard sont prises en charge pour les réseaux locaux : Classe A, classe B et classe C :

- Les adresses de classe A sont réservées aux grands réseaux et utilisent les 24 derniers bits (les trois derniers octets ou champs) de l'adresse pour l'adresse d'hôte. Le premier octet commence toujours par un 0, suivi d'un nombre sur 7 bits. Par conséquent, les adresses de classe A valides se situent entre 001.x.x.x et 126.x.x.x. Cela permet à la classe A de prendre en charge 126 réseaux différents avec près de 17 millions d'hôtes (nœuds) par réseau.
- Les adresses de classe B sont attribuées aux réseaux de taille moyenne. Les deux premiers octets peuvent varier entre 128.x.x. et 191.254.0.0. Les deux

derniers octets contiennent les adresses des hôtes. Cela permet aux réseaux de classe B d'inclure jusqu'à 16 384 réseaux différents avec environ 65 534 hôtes par réseau.

- Les adresses de classe C sont normalement utilisées avec des réseaux locaux plus petits. Dans une adresse de classe C, seul le dernier octet est utilisé pour les adresses d'hôtes. Les trois premiers octets peuvent varier entre 192.x.x.x et 223.254.254 .0. Par conséquent, l'adressage de classe C peut prendre en charge environ deux millions de réseaux avec 254 hôtes chacun.

Sous-réseaux

Des sections du réseau peuvent être regroupées en sous-réseaux qui partagent une série d'adresses IP. Une passerelle de protection est utilisée pour servir de point d'entrée et de sortie au sous-réseau segmenté. Ces groupes sont appelés *intranets.* Un intranet exige que chaque segment dispose d'une passerelle de protection pour servir de point d'entrée et de sortie au segment. Dans la plupart des cas, la passerelle est un dispositif appelé *routeur* ou *commutateur.* Un routeur est un dispositif intelligent qui reçoit des données et les dirige vers une adresse IP désignée. Un commutateur de couche 2 est également un dispositif intelligent, mais il dirige les données vers une adresse MAC désignée.

Certains réseaux utilisent un pare-feu (firewall) comme passerelle vers l'extérieur. Un pare-feu est une combinaison de composants matériels et logiciels qui constituent une barrière protectrice entre des réseaux ayant des niveaux de sécurité différents. Les administrateurs configurent le firewall afin qu'il ne transmette des données qu'à destination et en provenance d'adresses IP et de ports TCP/IP désignés.

Les sous-réseaux sont créés en *masquant* (cachant) la partie de l'adresse réseau de l'adresse IP sur les unités au sein du sous-réseau. Cela limite en effet la mobilité des données vers les nœuds du sous-réseau, car ils ne peuvent approcher que les adresses situées dans leur plage masquée. Ce concept est illustré dans la Figure 13.3. Voici trois raisons courantes de créer un sous-réseau.

L'isolation d'un segment du réseau de tous les autres.

Supposons, par exemple, qu'une grande organisation dispose de 1 000 ordinateurs, tous connectés au réseau. Sans segmentation, les données des 1 000 unités passeraient par tous les autres nœuds du réseau. Cela aurait pour effet que tous les membres du réseau auraient accès à toutes les données du réseau, et les opérations du réseau serait considérablement ralenties par le trafic incontrôlé.

Un emploi efficace des adresses IP.

Comme le système d'adressage IP est défini sous forme de code 32 bits, il n'y a qu'un certain nombre d'adresses possibles. Bien que 126 réseaux avec 17 millions de clients puissent sembler beaucoup, dans le cadre d'un système de réseau mondial, cela ne représente pas tant d'adresses que ça.

L'utilisation d'une seule adresse IP dans des lieux physiquement divisés.

Par exemple, la division en sous-réseaux d'une adresse de classe C entre des zones distantes d'un site permettrait d'attribuer la moitié des 254 adresses possibles à un emplacement, et l'autre moitié aux hôtes du second emplacement. De cette manière, les deux sites peuvent fonctionner avec une seule adresse de classe C.

Le sous-réseau est établi en utilisant des chiffres qui bloquent une partie ou la totalité des adresses associées à chaque octet de l'adresse IP. Par exemple, une valeur de masque de sous-réseau de 255 bloque l'octet entier, alors qu'une valeur de 254 bloquerait toutes les bits de l'octet sauf un.

Le masque de sous-réseau par défaut pour une adresse IP de classe A est 255.0.0.0, tandis qu'une adresse IP de classe B utilise généralement un masque de sous-réseau de 255.255.0.0. Pour une adresse de classe C, qui est généralement utilisée dans les petites organisations et les réseaux résidentiels, un masque de sous-réseau de 255.255.255.0 est couramment utilisé. Ce masque bloque les trois premiers octets (la partie réseau de l'adresse) et laisse les adresses de l'octet inférieur ouvertes pour une utilisation avec des hôtes. Lorsque vous saisissez une adresse IP dans Windows, la valeur par défaut du masque de sous-réseau pour cette classe d'adresse IP est automatiquement remplie.

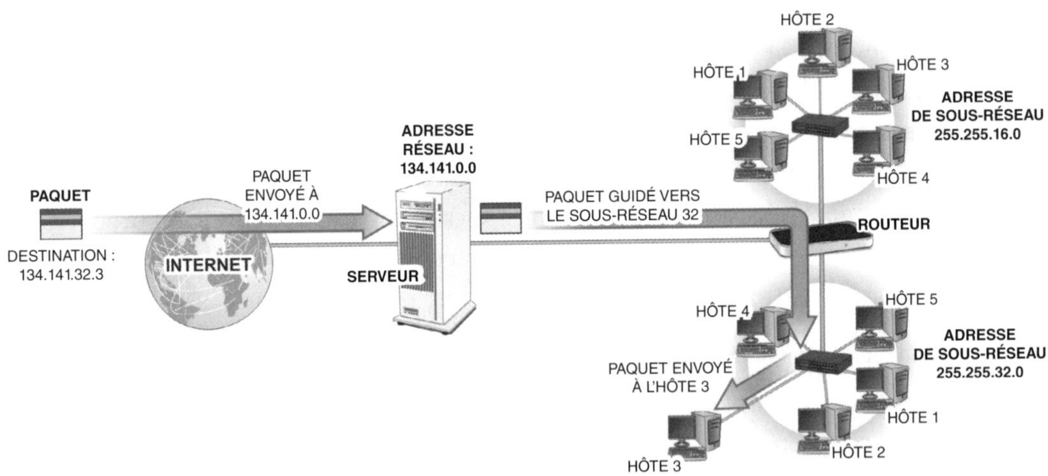

Figure 13.3 Sous-réseaux avec ipv4

Adressage IPv6

IPv6 est un protocole d'adressage IP plus récent, développé pour faire face au manque d'adresses IPv4 disponibles pour les appareils réseau actuels. Sous

IPv6, l'adresse IP a été étendue à 128 bits afin d'accueillir un très grand nombre d'adresses IP. IPv6 permet également d'authentifier l'expéditeur d'un paquet ainsi que le chiffrement du contenu de celui-ci. Depuis Windows Vista, Windows 7 et les précédentes distributions Linux, la prise en charge d'IPv6 est incluse dans les systèmes d'exploitation. L'industrie s'attend à ce que la nouvelle version d'IP supporte les téléphones mobiles, les PC dans les automobiles et un large éventail d'autres appareils personnels basés sur IP.
Le système d'adressage IPv6 sur 128 bits fait passer le nombre total d'adresses IP utilisables de 2^{32} (4 294 967 296) adresses IPv4 à 2^{128} ou $3,4 \times 10^{38}$ adresses IPv6. Bien entendu, 128 bits correspondent à seize octets ou 32 symboles hexadécimaux (base 16). Les adresses IPv6 sont généralement écrites sous la forme de chiffres hexadécimaux, séparés par des deux points comme illustré :

2001 : 0db8 : 00a7 : 0051 : 4dc1 : 635b : 0000 : 2ffe

Les groupes composés de quatre zéros peuvent être exprimés par des doubles deux-points (: :). Cependant, il est illégal d'avoir plus d'un double deux-points dans une adresse.

2001 : 0db8 : 00a7 : 0051 : 4dc1 : 635b ::2ffe

En outre, il est courant de supprimer les zéros de tête, ceux qui sont les plus significatifs, du nombre pour rendre l'adresse plus facile à manipuler :

2001 : db8 : a7 : 51 : 4dc1 : 635b : 0 : 2ffe

Lorsqu'elle est utilisée dans une URL, une adresse IPv6 doit être mise entre crochets :

http://[2001 : 0db8 : 00a7 : 0051 : 4dc1 : 635b : 0000.2ffe]

Comme pour l'IPv4, les adresses IPv6 contiennent deux informations : le nombre de réseaux et le nombre d'adresses d'hôtes disponibles au sein de ces réseaux. L'équivalent IPv6 de la partie réseau de l'adresse est appelé le *préfixe de routage* ou plus simplement l'adresse réseau tandis que la partie hôte est appelée l'*identifiant d'interface*.
La partie routable de l'adresse est généralement considérée comme une variable gérée extérieurement, tandis que le segment hôte de l'adresse est administré localement en utilisant l'espace adressable compris dans la plage fixée par la partie routable. Sous IPv6, la taille minimale de l'identifiant d'interface est de 64 bits.

Par conséquent, lorsqu'on se réfère à la partie réseau d'une adresse IPv6, la première adresse d'un bloc d'adresses contiguës commencerait par la partie réseau de l'adresse suivie d'une chaîne de zéros :

2001 : db8 : a7 : 0000 : 0000 : 0000 : 0000 : 0000

et se terminerait par l'adresse du réseau plus une chaîne de « f en base 16 » (pour 1111 en base 2 ou 15 en base 10) :

2001 : db8 : a7 : ffff : ffff : ffff : ffff : ffff

Il est également courant de voir des plages d'adresses IPv6 écrites en notation CIDR. Sous IPv6, ce système utilise la portion préfixe routable de l'adresse suivie du caractère slash (/) et d'un nombre décimal qui représente le nombre de bits réservés par le préfixe. En appliquant cela au bloc d'adresses que nous venons de décrire, on obtient la notation suivante :

2001 : 0db8 : 00a7 :/48

La valeur /48 est calculée en prenant le nombre de valeurs occupées par le préfixe routable (12) et en le multipliant par les 4 bits nécessaires pour représenter chacune de ces valeurs hexadécimales.

> **Note concernant les zéros de tête**
> Les zéros de tête ont été rétablis dans cet exemple pour faciliter les calculs. Ils ne seraient normalement pas présents dans une adresse CIDR réelle.

Le format du paquet IPv6 n'est pas le même que celui du paquet IPv4. Par conséquent, ils ne sont pas interchangeables (les appareils IPv4 ne sont pas directement compatibles avec les appareils IPv6). Les dispositifs informatiques et les équipements de réseau plus récents possèdent des capacités de détection et de connectivité compatibles avec IPv6.
Si les réseaux IPv4 et IPv6 peuvent être divisés en sous-réseaux, il n'existe pas de terme équivalent pour le masquage de sous-réseau dans IPv6.

Classes IP privées

Étant donné qu'Internet est essentiellement un énorme réseau TCP/IP dans lequel aucun appareil connecté ne peut avoir la même adresse, si les entreprises utilisaient des adresses Internet routables pour chaque système, le monde aurait épuisé le système d'adressage IP bien des années auparavant.

Au lieu de cela, un réseau privé peut utiliser un système d'adressage IP spécial tant que le trafic de ce réseau n'a pas besoin d'être acheminé vers l'Internet. C'est ce qu'on appelle un réseau privé. Lorsque vous configurez un réseau privé, vous devez concevoir un schéma d'adressage IP à utiliser sur le réseau. Bien que, techniquement, vous puissiez utiliser n'importe quel schéma d'adressage IP dans un réseau privé sans consulter un fournisseur d'accès Internet, le risque demeure qu'une connexion accidentelle permette au trafic du réseau privé de sortir sur l'Internet.

Pour régler cela, des plages spéciales d'adresses réseau dans chaque classe IP ont été réservées pour l'utilisation avec les réseaux privés. Ceci est conforme à la RFC 1918. Ces adresses réservées ne sont enregistrées pour personne sur Internet et, plus important encore, tout trafic utilisant ces plages privées n'est pas routable publiquement. Cela signifie que tous les routeurs gérant le trafic Internet refuseront de transférer sur le réseau du trafic utilisant ces adresses privées.

Si vous configurez un réseau privé, vous devriez utiliser l'une de ces options d'adresse plutôt que de créer un schéma d'adressage aléatoire. Le nombre total de clients sur le réseau dicte généralement la classe d'adresse IP que vous devez utiliser. La liste suivante d'adresses IP peut être utilisée pour des réseaux privés :

- Une adresse IP 10.0.0.0, avec le masque de sous-réseau 255.0.0.0
- Une adresse IP 169.254.0.0 avec le masque de sous-réseau 255.255.255.0 (la valeur par défaut pour Microsoft APIPA[4])
- Une adresse IP 172.(16-32).0.0, avec le masque de sous-réseau 255.240.0.
- Une adresse IP 192.168.0.0 avec le masque de sous-réseau 255.255.0.0

Un mot sur les plages d'adresses

Sous IPv4, la plage d'adresses 127.x.x.x est un bloc d'adresses spécial réservé aux tests des systèmes réseau. Le gouvernement américain possède certaines de ces adresses pour tester le réseau fédérateur d'Internet. L'adresse 127.0.0.1 est réservée au test du bus sur le système local.

En outre, n'oubliez pas que tous les hôtes doivent avoir le même ID réseau et le même masque de sous-réseau et que deux ordinateurs de votre réseau ne peuvent pas avoir la même adresse IP lorsque vous établissez un système d'adressage IP privé.

Ethernet

Alors que le protocole TCP/IP s'est imposé comme la principale méthode de conditionnement et de transfert de données, la famille de normes Ethernet est devenue dominante en matière d'interface matérielle et de signalisation électrique ainsi que pour le contrôle d'accès aux médias. La spécification de la

[4] APIPA pour Automatic Private Internet Protocol Addressing.

norme Ethernet d'origine a été développée par Xerox en 1976 et publiée par IEEE (Electrical and Electronic Association) sous le nom de protocole Ethernet IEEE-802.3.

Les réseaux locaux sont conçus pour que l'ensemble du réseau fonctionne de manière synchrone à une fréquence donnée. Par conséquent, un seul ensemble de signaux électroniques peut être placé sur le réseau à la fois. Cependant, les données peuvent se déplacer dans les deux sens entre les différents emplacements du réseau. Par définition, cela rend les opérations des réseaux locaux semi-duplex (c'est-à-dire que les informations peuvent circuler dans les deux sens, mais pas en même temps).

Dans un tel réseau, une méthode doit être utilisée pour déterminer quel nœud utilise les voies de communication du réseau et pendant combien de temps il peut en disposer. Le protocole d'accès au réseau gère ces fonctions, et il est nécessaire d'empêcher plus d'un utilisateur d'accéder au bus à un moment donné. Si deux ensembles de données sont placés sur le réseau en même temps, une collision de données se produit, et les données sont perdues.

La méthodologie Ethernet pour le contrôle d'accès est appelée *CSMA/CD* (carrier sense multiple-access with collision detection[5]). Grâce à ce protocole, un nœud qui souhaite transférer des données sur le réseau écoute d'abord le réseau local pour déterminer s'il est utilisé. Si le réseau local n'est pas utilisé, le nœud commence à transmettre ses données. Si le réseau est occupé, le nœud attend pendant une durée prédéterminée que le réseau local se libère et prend alors le contrôle du support réseau.

Si deux nœuds attendent avant d'utiliser le réseau local, il se peut qu'ils tentent d'accéder au réseau local en même temps. Lorsque cela survient, une collision de données se produit, et les données des deux nœuds sont rendues inutiles. La partie réceptrice du contrôleur Ethernet surveille la transmission pour détecter les collisions. Lorsqu'elle détecte le chevauchement des bits de données, elle arrête la transmission, tout comme l'autre nœud. Le contrôleur de transmission génère un code d'interruption qui est transmis à tous les nœuds du réseau local, leur indiquant qu'une collision s'est produite. Cela permet d'alerter tous les nœuds, qui pourraient être en attente d'accès au réseau local, qu'il y a un problème.

Le nœud (ou les nœuds) récepteur(s) supprime(nt) toutes les données qu'il(s) a (ont) reçues avant la collision. Les autres nœuds en attente d'envoi de données génèrent un nombre aléatoire de synchronisation et passent en mode d'attente. Le numéro de synchronisation est un temps d'attente durant lequel le nœud patiente avant un essai de transmission. Comme le nombre est généré de manière aléatoire, les chances que deux des nœuds tentent de transmettre à nouveau en même temps sont très faibles.

[5] Accès multiple avec écoute de la porteuse et détection de collision

Le premier nœud prêt (fin de l'attente) écoute d'abord le réseau pour déterminer si une activité est toujours en cours. Etant donné qu'il trouve presque toujours un réseau local vide, il commence à transmettre. Si deux nœuds sont prêts en même temps, une autre collision se produit, et la séquence abandon/génération de numéros aléatoires/attente recommence. Finalement, l'un des nœuds accède au réseau et transmet ses données avec succès.

Bien que la stratégie Ethernet prévoie jusqu'à 1 024 utilisateurs pour partager le réseau local, il devrait être évident, en se basant sur la description de la technique de récupération après collision, qu'avec un plus grand nombre d'utilisateurs sur un réseau local Ethernet, davantage de collisions sont susceptibles de se produire, et que le temps moyen réel pour effectuer un transfert de données sera plus long.

La trame Ethernet

Dans le cadre de la norme Ethernet, les informations sont regroupées en un ensemble appelé *trame*. La Figure 13.4 illustre une trame Ethernet typique. La trame transporte les six sections d'informations suivantes :

- Un préambule
- Une adresse de destination
- Une adresse source
- Un champ nommé type
- Le champ pour les données
- Les information de vérification pour la détection et la correction des erreurs de la trame

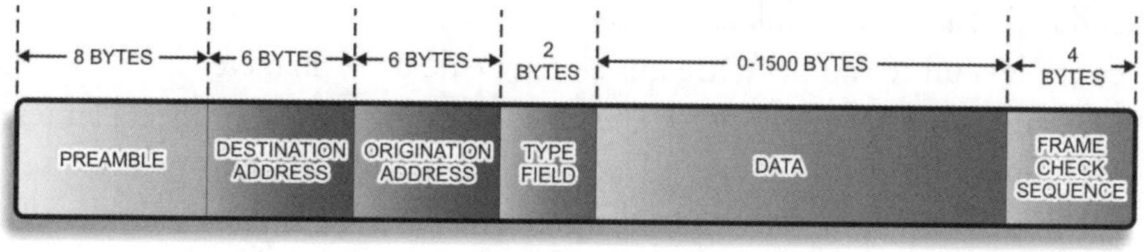

Figure 13.4 Une trame ethernet typique

Comme vous pouvez le voir sur la figure, une trame Ethernet contient de nombreuses informations qui peuvent être nécessaires pour naviguer sur un réseau. En particulier, les adresses MAC source et destination (dont il a été question plus haut dans le chapitre) ainsi que l'en-tête et les données du paquet IP.

En outre, la trame Ethernet ajoute une section de vérification et de correction des erreurs, qui permet au récepteur de destination de contrôler l'exactitude de ce qu'il a reçu. Si ce n'est pas le cas, le système de communication génère un message de retour à l'adresse d'origine pour renvoyer la trame endommagée.

Topologies Ethernet

Le protocole Ethernet est classifié en tant que topologie bus qui a été mise en œuvre sur plusieurs supports de réseau différents, notamment :

- Câble coaxial (IEEE 802.3 - 10BASE-2 ou -5)
- Câble à paires torsadées en cuivre (IEEE 802.3 - 10/100/1000BASE-T)
- Câble à fibres optiques (IEEE 802.3 - 10/100/1000BASE-Fx, Lx ou Sx)
- RF sans fil (IEEE 802.11a-h)

Toutes ces topologies peuvent être présentes dans les réseaux de production et de distribution d'un service public donné. Par conséquent, le technicien en électricité doit être familiarisé avec les dispositifs et les stratégies réseaux IP qu'ils soient câblés ou sans fil, ainsi qu'avec les systèmes de communication optique et radiofréquence.

Stratégies de contrôle des réseaux

Lorsque vous commencez à connecter des ordinateurs et des appareils entre eux afin qu'ils puissent partager des ressources et des données, la question de savoir qui contrôlera le réseau (et comment) se pose très rapidement. Dans certaines applications, comme la production d'un livre semblable à celui-ci, il est intéressant pour l'auteur, les infographistes et les responsables de la pagination de pouvoir partager l'accès au texte et aux fichiers graphiques, ainsi que l'accès aux appareils tels que les imprimantes.

Toutefois, dans un réseau d'entreprises, les sociétés doivent pouvoir contrôler qui peut accéder aux informations sensibles et aux ressources, ainsi que le moment et l'étendue de l'accès disponible.

Le contrôle d'un réseau peut être mis en œuvre de deux manières :

- En tant que réseau *peer-to-peer* où chaque ordinateur est connecté au réseau en anneau ou en bus et est égal aux autres unités du réseau.
- Réseau *client/serveur* dans lequel des postes de travail dépendants, appelés *clients*, fonctionnent en conjonction avec un ordinateur maître dédié appelé *serveur*.

La Figure 13.5 illustre un arrangement typique de réseau peer-to-peer. Dans cette configuration, les utilisateurs connectés au réseau peuvent partager l'accès à différentes ressources du réseau, telles que les disques durs et les imprimantes. Dans un réseau peer-to-peer, le contrôle de l'unité locale est assez autonome. Les nœuds de ce type de configuration réseau contiennent généralement des disques durs et des imprimantes locaux sur lesquels l'ordinateur local a le contrôle. Ces ressources peuvent être partagées à la discrétion de l'utilisateur individuel. Une définition commune d'un réseau peer-to-peer est un réseau dans lequel, tous les nœuds peuvent agir à la fois comme clients et comme serveurs des autres nœuds selon les conditions.

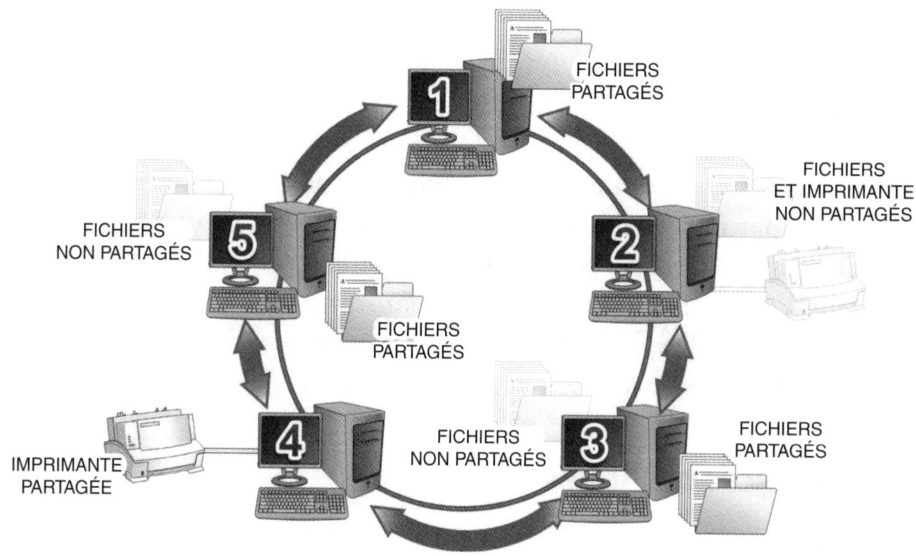

Figure 13.5 Un réseau de pair à pair

La Figure 13.6 illustre une configuration LAN client/serveur typique. Dans ce type de réseau local, le contrôle a tendance à être très centralisé. Le serveur détient généralement les programmes et les données de ses ordinateurs clients. Il assure également la sécurité et l'application de la politique du réseau.

Les principaux avantages de la mise en réseau client/serveur sont les suivants :

- Administration centralisée
- Sécurité des données et des ressources
- Services réseau

Figure 13.6 Un réseau client/serveur

Dans certains cas, les unités clientes n'incluent pas d'unité de type disque dur local. Le processus de démarrage est effectué par un BIOS embarqué, et aucune donnée n'est stockée sur la machine cliente. Ce type de client est appelé *poste de travail sans disque*[6].

Alors que les réseaux peer-to-peer permettent aux utilisateurs de partager des ressources et ont un contrôle local limité sur les ressources, ils ne fournissent généralement pas de services pour les différents ordinateurs et dispositifs connectés qui leur sont attachés. Dans un réseau client/serveur, des ordinateurs spéciaux équipés de systèmes d'exploitation de type serveur peuvent être chargés de fournir automatiquement des services aux membres du réseau.

Exercices pratiques

Objectifs

Dans cet exercice, vous utiliserez des utilitaires réseau TPC/IP pour tester la connectivité et les propriétés du réseau.

Discussion

Dans la procédure suivante, la fenêtre d'invite de commandes sera modifiée pour augmenter la visibilité des informations affichées et ajouter un raccourci sur le bureau.

Une fois cela réalisé, la commande IPCONFIG /all énumérera tous les paramètres actuels du réseau.

La commande ARP va faire correspondre l'adresse IP de l'hôte du réseau à l'adresse MAC d'une carte réseau (NIC[7]).

Ensuite, la commande NETSTAT sera utilisée pour identifier les connexions actuelles du réseau, et la commande NBTSTAT aidera à résoudre les noms d'ordinateurs Windows des autres nœuds connectés sur le réseau.

La commande NET VIEW permet de répertorier les nœuds du réseau local.

La commande TRACERT sera utilisée pour tester l'acheminement des paquets de données vers un hôte distant et pour examiner le temps nécessaire à leur déplacement entre les points de passage.

Enfin, la commande PING sera utilisée pour tester la réactivité d'un nœud du réseau.

Gardez à l'esprit que les informations réellement affichées lorsque ces utilitaires fonctionnent varient considérablement en fonction de la configuration particulière du réseau. Les exemples fournis ici ne correspondent pas exactement aux résultats réels.

---

[6] L'appellation *client léger* est également fréquemment utilisée.

[7] Network Interface Card/Controller, pour carte/contrôleur réseau en français.

Procédures

Modification de la fenêtre d'invite de commandes

Modifiez la fenêtre d'invite de commandes pour augmenter la visibilité.

1. Démarrez votre PC sur le bureau de Windows 10.
2. Dans la zone de recherche située sur la « barre des tâches », tapez le mot **command** comme le montre la Figure 13.7.
3. Cliquez avec le bouton droit de la souris sur l'option « Invite de commandes » et sélectionnez « Épingler à la barre des tâches » pour créer un raccourci directement sur la « barre des tâches ».
4. Cliquez sur le raccourci de l'invite de commandes que vous venez de créer pour ouvrir la fenêtre « Invite de commandes ».
5. Dans une zone vide en haut de la fenêtre d'invite de commandes, cliquez avec le bouton droit de la souris et sélectionnez « Propriétés » dans le menu qui apparaît.

La première option que vous allez modifier est la taille de la police. En particulier, vous changerez la taille de la police pour une taille qui rend la visualisation confortable et qui est dans les capacités du moniteur utilisé avec votre PC.

6. Sélectionnez l'onglet « Police » et changez le type de police en « Lucidia Console ».

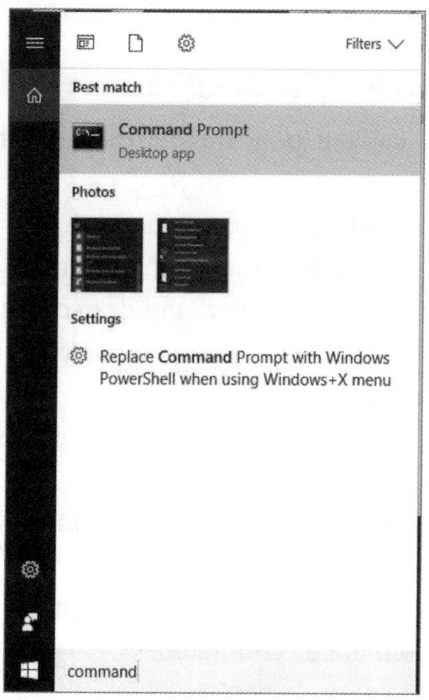

Figure 13.7 Accès à l'invite de commandes

7. Cliquez sur la case à cocher (juste en dessous de la liste des polices) « Polices de caractères gras » pour créer une coche dans la case. Votre onglet « Police » devrait ressembler à la Figure 13.8.

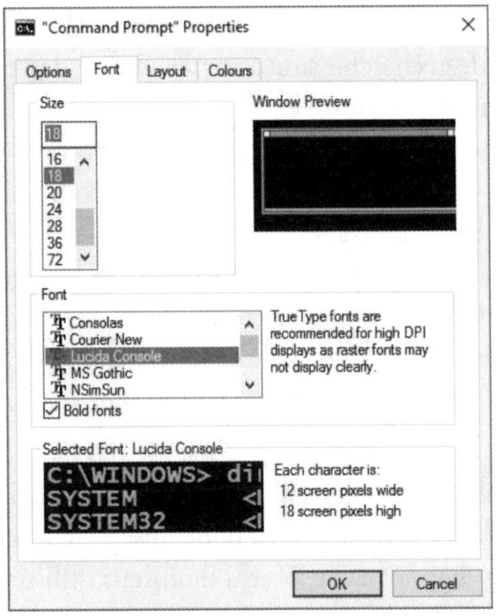

Figure 13.8 Modification du type et de la taille de la police de l'invite de commandes

■ Changer les options de couleur

Modifiez les options de couleur pour que le texte de l'invite de commandes se distingue mieux.

1. Dans la fenêtre « Propriétés », sélectionnez l'onglet « Couleurs ».
2. Cliquez sur le bouton radio situé à côté l'option « Texte », puis passez aux options de couleur et sélectionnez une des couleurs les plus vives vers la fin du nuancier. Vous devez choisir une couleur vive qui est facile à voir, comme l'illustre la Figure 13.9.
3. Cliquez sur la couleur pour obtenir un aperçu de celle-ci sur le fond noir de la fenêtre d'invite de commandes.
4. Une fois que vous avez fini d'ajuster votre police et vos couleurs, cliquez sur « OK ».
5. Les modifications que vous apportez doivent prendre effet immédiatement. Fermez la fenêtre « invite de commandes ».

Figure 13.9 Changement des couleurs de l'invite de commandes

■ Utilisation de l'utilitaire IPCONFIG

Utilisez l'utilitaire IPCONFIG pour obtenir des informations sur la configuration réseau. L'utilitaire IPCONFIG permet d'observer l'adresse IP actuelle de l'ordinateur local et d'autres informations utiles sur la configuration réseau.

La commande IPCONFIG /all affichera les informations complètes relatives au réseau pour l'ordinateur utilisé. Comme l'illustre la Figure 13.10, cet utilitaire identifiera la configuration réseau actuelle, y compris l'adresse IP et l'adresse MAC physique.

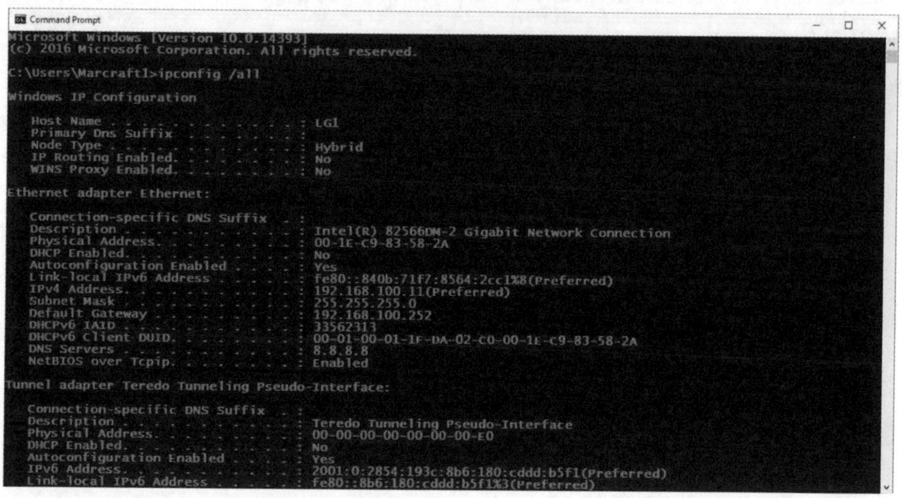

Figure 13.10 Liste de la configuration réseau

Lorsque le DHCP est utilisé pour fournir une adresse IP, les paramètres ipconfig /release et ipconfig /renew peuvent être respectivement utilisés pour forcer le serveur DHCP à libérer le bail actuel de l'adresse IP et à en obtenir un nouveau.

1. Cliquez sur le raccourci de l'invite de commandes que vous avez précédemment épinglée dans la « barre des tâches » pour ouvrir une fenêtre « Invite de commandes ».
2. À l'invite de commandes, tapez **ipconfig?** et appuyez ensuite sur la touche « Entrée » pour passer en revue les options d'IPCONFIG. Vous pouvez faire défiler l'écran vers le haut pour revoir les parties du texte mises en mémoire tampon qui peuvent avoir été effacées de l'écran.
3. À l'invite de commandes, tapez **ipconfig /all** et appuyez sur « Entrée ».
4. Notez les informations demandées à partir des résultats pour votre PC dans les zones désignées du Tableau 13.1.

Tableau 13.1 Informations sur le réseau local

Utilisation de l'utilitaire ARP

L'utilitaire ARP (Address Resolution Protocol) peut être utilisé pour identifier les informations d'adressage en examinant le contenu des caches ARP sur le client ou le serveur. Il est principalement utilisé pour mettre en correspondance les adresses IP avec les adresses MAC physiques appartenant à des connexions réseau actives.

1. À l'invite de commandes, tapez **arp** puis appuyez sur la touche « Entrée ». Consultez les notes d'utilisation de l'utilitaire ARP.
2. À l'invite de commandes, tapez **arp -a** puis appuyez sur la touche « Entrée ». Cela affichera des informations similaires à celles de la Figure 13.11.
3. Notez l'adresse IP de l'ordinateur hôte, comme indiqué dans la ligne Interface, sur la ligne suivante :

   ____

4. Visualisez les adresses IP et MAC physiques des connexions réseau.

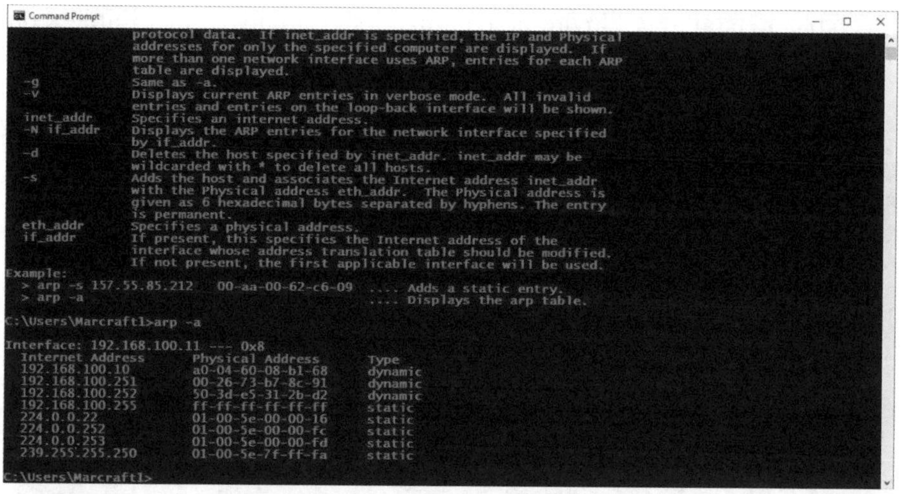

Figure 13.11 Correspondance entre les adresses ip et les adresses mac

Utilisation de l'utilitaire NETSTAT

La commande netstat -e sera utilisée pour afficher le nombre de paquets de données transmis et reçus, ainsi que le nombre d'erreurs générées pendant le transfert de données. La commande netstat -a affichera une liste de toutes les connexions en cours et indiquera celles qui sont actives.

1. À l'invite de commandes, tapez **netstat** et appuyez sur « Entrée ». Consultez les notes d'utilisation de l'utilitaire NETSTAT.
2. De retour à l'invite de commandes, tapez **netstat -e** et appuyez sur « Entrée » pour afficher des statistiques de paquets similaires à celles de la Figure 13.12.

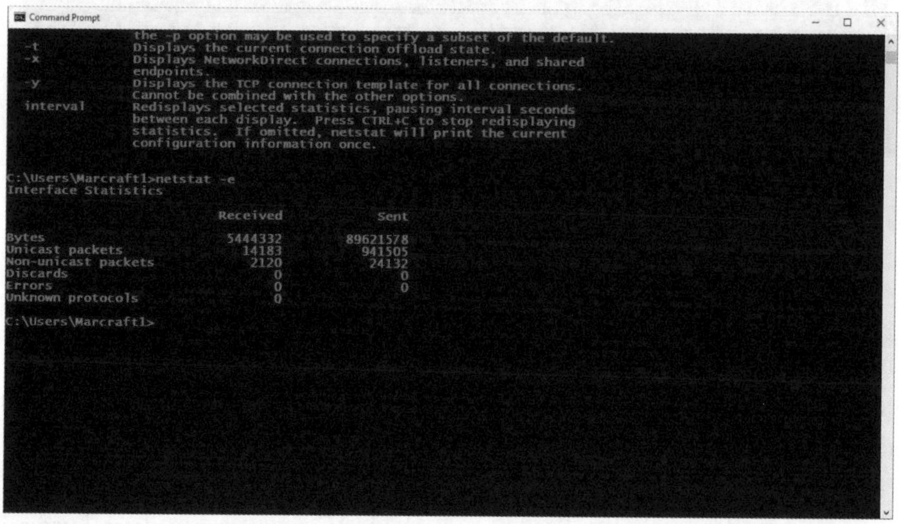

Figure 13.12 Observation des statistiques sur les paquets de données

3. Tapez **netstat -r** à l'invite de commandes et appuyez sur « Entrée » pour afficher la table de routage, comme illustré à la Figure 13.13.

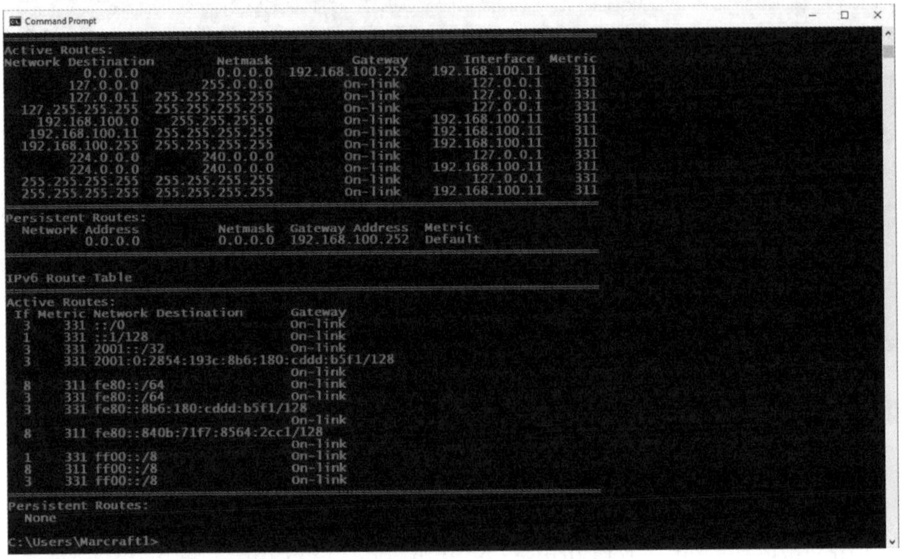

Figure 13.13 Affichage de la table de routage

4. À l'invite de commandes, tapez **netstat -n** et appuyez sur « Entrée » pour afficher les adresses et les numéros de port sous forme numérique, comme le montre la Figure 13.14.

Figure 13.14 Adresse numérique et connexions de port

Utilisation de l'utilitaire NBTSTAT

L'utilitaire NetBIOS over TCP STATistics (NBTSTAT) affiche les noms NetBIOS Windows des ordinateurs connectés, liste leurs adresses IP et indique l'état de toutes les connexions.

La commande nbtstat -c affichera les noms NetBIOS de tous les hôtes connectés et les adresses IP auxquelles ils correspondent. Vous pouvez utiliser l'utilitaire NBTSTAT pour résoudre les connexions réseau actuelles.

1. À l'invite de commandes, tapez **nbtstat** et appuyez sur « Entrée ». Consultez les notes d'utilisation de NBTSTAT.
2. À l'invite de commandes, tapez **nbtstat -c** et appuyez sur « Entrée ». Examinez les informations affichées sur l'identification d'hôte distant, comme indiqué à la Figure 13.15. Ces informations ont été obtenues à partir de la machine PC1x de l'étudiant.

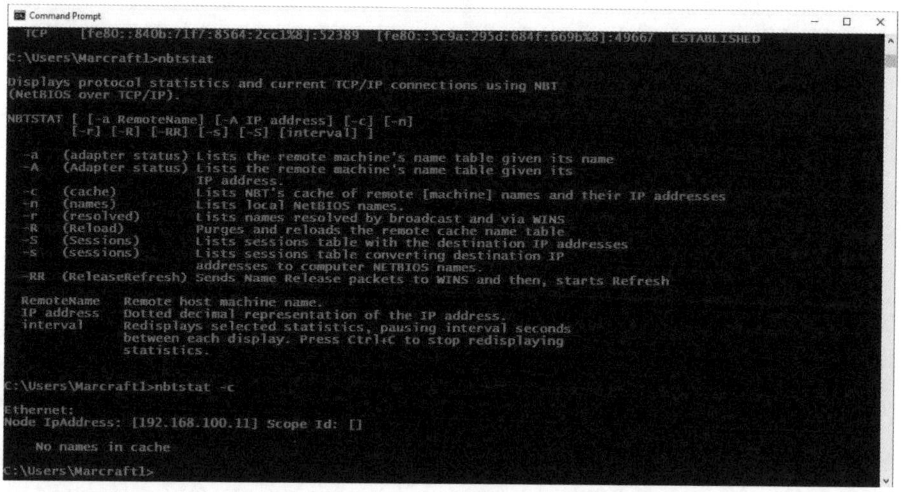

Figure 13.15 Identification des connexions d'hôtes distants

Utilisation de l'utilitaire NET VIEW

L'utilitaire NET VIEW répertorie tous les ordinateurs actuellement connectés au réseau local. Il peut également afficher tous les dispositifs partagés associés à un hôte réseau particulier.

Le format de commande pour l'affichage des dispositifs partagés est **net view ** ***votre nom de serveur***, où le nom du serveur est le nom NetBIOS réel du poste de travail, ou du serveur, sur lequel la commande est exécutée. Par exemple, **net view \\\\accounting** affichera une liste de tous les dispositifs partagés pris en charge par le serveur nommé *accounting*.

1. À l'invite de commandes, tapez **net view?** et appuyez sur « Entrée ». Consultez les notes d'utilisation de NET VIEW.
2. À l'invite de commandes, tapez **net view** et appuyez sur la touche « Entrée » pour obtenir la liste de tous les nœuds connectés au réseau local. Le résultat doit être une liste similaire à celle de la Figure 13.16.

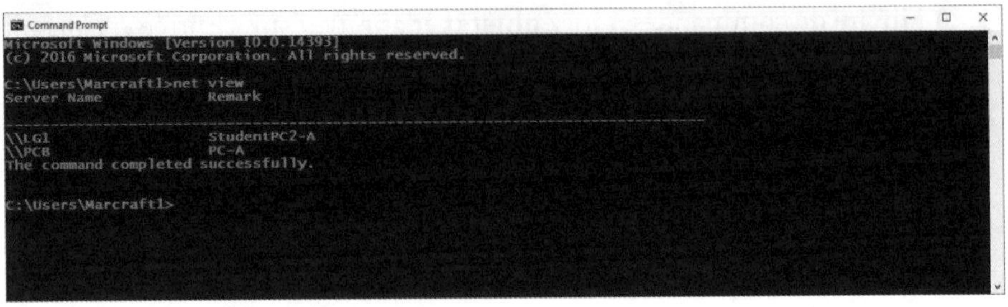

Figure 13.16 Création d'une liste de nœuds sur un réseau local

3. Notez les noms d'hôtes répertoriés par NET VIEW sur les lignes suivantes :

   ____

   ____

   À l'invite de commandes, tapez **net view *nom de l'hôte*** (en remplaçant le nom de l'hôte par le nom NetBIOS de l'un des hôtes énumérés à l'étape 3).

4. Appuyez sur la touche « Entrée » et observez tous les dispositifs partagés sur l'ordinateur hôte sélectionné, comme illustré à la Figure 13.17.

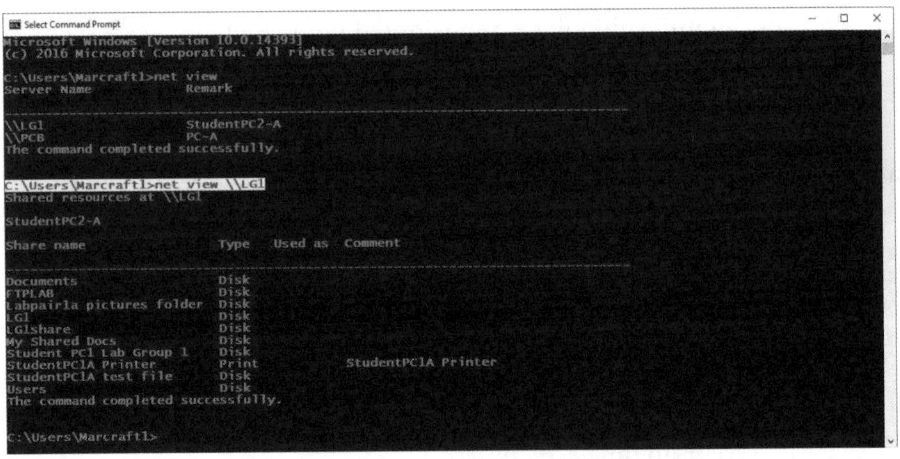

Figure 13.17 Création d'une liste de dispositifs hôtes partagés

Fonctionnement de *TRACERT*

La commande TRACERT *nom d'hôte* (où le nom d'hôte est l'adresse IP ou le nom DNS d'un hôte distant) tracera le chemin d'une connexion réseau vers cet hôte nommé. L'affichage comprend le nombre de sauts requis et les adresses IP des routeurs par lesquels un paquet de données est passé pour atteindre l'hôte distant. Un saut est généré chaque fois qu'un paquet passe d'un appareil réseau à un autre sur son parcours vers la destination désignée. Par conséquent, TRACERT génère le nombre de sauts nécessaires pour pister les dispositifs intermédiaires par lesquels le paquet passe entre son adresse source et son adresse destination.

Le service mesurera également le temps (en millisecondes) mis par le paquet de données pour se déplacer d'un point de l'itinéraire à un autre. Lorsqu'un problème survient sur la connexion vers une destination spécifique, la question se pose de savoir où se situe ce problème. Se situe-t-il à la destination ou sur l'un des routeurs présents en cours de route?

TRACERT détectera si un routeur particulier situé sur le trajet de la communication ne fonctionne pas. Lorsqu'un routeur particulier ne répond pas, les valeurs du temps de réponse sont marquées d'un astérisque [*], indiquant l'endroit où le paquet de données a expiré.

TRACERT indique également lorsqu'un routeur particulier est lent. Cela peut être déterminé en examinant le temps nécessaire à un paquet pour passer par un routeur particulier.

Comme le montre la Figure 13.18, les délais sont calculés trois fois pour chaque routeur de la chaîne. La moyenne des trois valeurs doit être utilisée pour évaluer le temps que le paquet de données a mis pour naviguer dans le routeur.

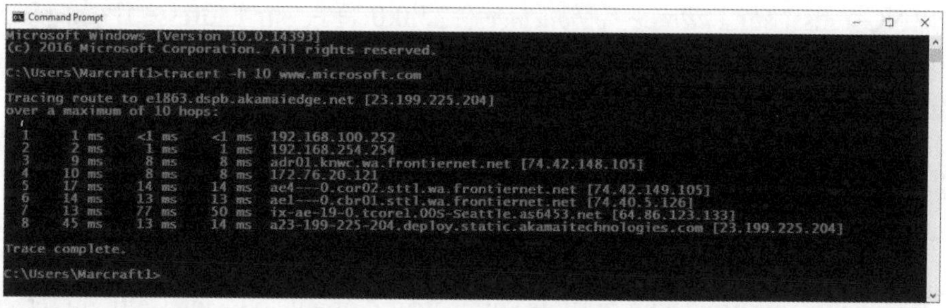

Figure 13.18 Suivi d'un paquet de données avec tracert

1. À l'invite de commandes, tapez **tracert** et appuyez sur la touche « Entrée ».
2. Consultez les notes d'utilisation de TRACERT.
3. À l'invite de commandes, tapez **tracert -h 10 www.microsoft.com** et appuyez sur la touche « Entrée » pour tracer les sauts sur la route vers le site web de Microsoft
4. Inscrivez le nombre de sauts nécessaires pour atteindre la destination sur la ligne suivante :

 ____

5. Inscrivez l'adresse IP associée à www.microsoft.com sur la ligne suivante :

 ____

6. Appuyez sur la touche flèche vers le haut du clavier (↑) pour afficher la dernière entrée, puis appuyez sur la touche « Entrée » pour exécuter TRACERT à nouveau.
7. Notez l'adresse IP désormais associée à www.microsoft.com à la ligne suivante :

   ____

8. La deuxième adresse est-elle identique ou différente de celle enregistrée à l'étape 5 ? Pourquoi ?

   ____

   ____

Lancer PING

La commande PING est l'un des principaux outils de dépannage du TCP/IP. Elle provoque l'envoi d'un paquet de données à une adresse IP spécifiée qui le renvoie ensuite à la machine initiatrice. Si l'adresse IP n'est pas active, un message indiquant que la transaction a expiré apparait.

Lorsqu'il y a un problème de connexion sur un réseau, le PING peut être utilisé pour tester la fonctionnalité du TCP/IP sur la machine qui tente de se connecter. Si PING réussi sur l'*adresse de bouclage* (127.0.0.1) et sur l'adresse IP du réseau propre à l'appareil, il est vraisemblable que le TCP/IP sur l'appareil hôte fonctionne correctement.

L'étape suivante consiste à tester l'adresse IP du serveur réseau et/ou de la passerelle par défaut.

Pour le test final, il faut entrer (via PING) l'adresse IP d'un serveur hôte distant.

NOTE Pour connaître l'adresse IP de l'ordinateur d'origine ou l'adresse IP du serveur local, lancez IPCONFIG ou consultez les données du Tableau 13.1.

1. À l'invite de commandes, tapez **ping** et appuyez sur « Entrée ». Consultez les notes d'utilisation de PING.
2. Tapez ensuite **ping 127.0.0.1** et appuyez sur « Entrée » pour tester TCP/IP sur votre ordinateur hôte local.
3. Tapez ping xxx.xxx.xxx.xxx (où xxx.xxx.xxx.xxx est l'adresse IP hôte indiquée dans le Tableau 13.1).
4. Appuyez sur la touche « Entrée » pour tester la connexion TCP/IP locale. Un écran similaire à celui de la Figure 13.19 devrait apparaître.

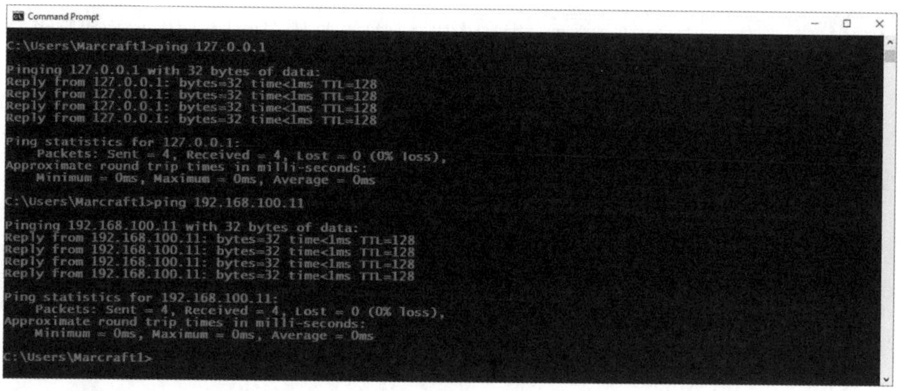

```
C:\Users\Marcraft1>ping 127.0.0.1

Pinging 127.0.0.1 with 32 bytes of data:
Reply from 127.0.0.1: bytes=32 time<1ms TTL=128
Reply from 127.0.0.1: bytes=32 time<1ms TTL=128
Reply from 127.0.0.1: bytes=32 time<1ms TTL=128
Reply from 127.0.0.1: bytes=32 time<1ms TTL=128

Ping statistics for 127.0.0.1:
    Packets: Sent = 4, Received = 4, Lost = 0 (0% loss),
Approximate round trip times in milli-seconds:
    Minimum = 0ms, Maximum = 0ms, Average = 0ms

C:\Users\Marcraft1>ping 192.168.100.11

Pinging 192.168.100.11 with 32 bytes of data:
Reply from 192.168.100.11: bytes=32 time<1ms TTL=128
Reply from 192.168.100.11: bytes=32 time<1ms TTL=128
Reply from 192.168.100.11: bytes=32 time<1ms TTL=128
Reply from 192.168.100.11: bytes=32 time<1ms TTL=128

Ping statistics for 192.168.100.11:
    Packets: Sent = 4, Received = 4, Lost = 0 (0% loss),
Approximate round trip times in milli-seconds:
    Minimum = 0ms, Maximum = 0ms, Average = 0ms

C:\Users\Marcraft1>
```

Figure 13.19 Test de l'hôte local et du tcp/ip

5. Tapez **ping 8.8.8.8** et appuyez sur «Entrée» pour tester votre connexion vers une machine de Google.
6. Un écran similaire à celui de la Figure 13.20 devrait apparaître.

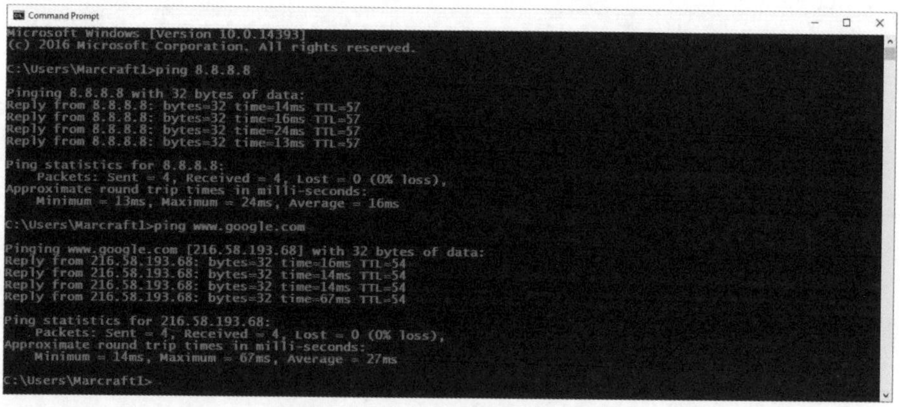

```
Microsoft Windows [Version 10.0.14393]
(c) 2016 Microsoft Corporation. All rights reserved.

C:\Users\Marcraft1>ping 8.8.8.8

Pinging 8.8.8.8 with 32 bytes of data:
Reply from 8.8.8.8: bytes=32 time=14ms TTL=57
Reply from 8.8.8.8: bytes=32 time=16ms TTL=57
Reply from 8.8.8.8: bytes=32 time=24ms TTL=57
Reply from 8.8.8.8: bytes=32 time=13ms TTL=57

Ping statistics for 8.8.8.8:
    Packets: Sent = 4, Received = 4, Lost = 0 (0% loss),
Approximate round trip times in milli-seconds:
    Minimum = 13ms, Maximum = 24ms, Average = 16ms

C:\Users\Marcraft1>ping www.google.com

Pinging www.google.com [216.58.193.68] with 32 bytes of data:
Reply from 216.58.193.68: bytes=32 time=16ms TTL=54
Reply from 216.58.193.68: bytes=32 time=14ms TTL=54
Reply from 216.58.193.68: bytes=32 time=14ms TTL=54
Reply from 216.58.193.68: bytes=32 time=67ms TTL=54

Ping statistics for 216.58.193.68:
    Packets: Sent = 4, Received = 4, Lost = 0 (0% loss),
Approximate round trip times in milli-seconds:
    Minimum = 14ms, Maximum = 67ms, Average = 27ms

C:\Users\Marcraft1>
```

Figure 13.20 Ping d'un serveur Google distant

NOTE Cet exemple montre les résultats du ping sur la propriété 8.8.8.8 de Google, puis sur le nom de domaine www.google.com afin que vous puissiez voir les deux résultats.

7. Fermez toutes les fenêtres ouvertes et éteignez les deux ordinateurs des étudiants.

Questions sur les laboratoires

1. Quel utilitaire de ligne de commande est utilisé pour trouver le suffixe DNS primaire, les adresses IPv4 et IPv6 de votre ordinateur?

2. Le ________________ provoque l'envoi d'un paquet de données à une adresse IP spécifiée qui retourne ce paquet ensuite à la machine initiatrice.
3. Quelle commande permet de détecter si les routeurs d'une voie de communication fonctionnent ?
4. Quel utilitaire est utilisé pour examiner les connexions réseau actuelles ?
5. ________________ est utilisé pour faire correspondre les adresses IP aux adresses MAC.
6. Quel utilitaire est utilisé pour examiner une liste de tous les appareils partagés sur un réseau local ?

Réponses

1. ipconfig
2. ping
3. tracert
4. netstat
5. ARP
6. net view

Chapitre 14

Comprendre les serveurs réseau

Les serveurs réseau sont des ordinateurs spécialisés conçus pour fonctionner dans un environnement multiutilisateurs, multiprocesseurs et multitâches. Ils sont souvent basés sur des configurations physiques qui sont très différentes de celles des appareils informatiques grand public. En général, ils utilisent plusieurs processeurs, de grandes quantités de disques durs et sont logés dans des boîtiers montés en rack ou sur socle. Ces caractéristiques sont essentielles pour fournir l'importante puissance de calcul nécessaire au fonctionnement d'un réseau d'entreprise. Dans ce chapitre, vous découvrirez :

- La sécurité des serveurs
- Le rôle des administrateurs réseau
- L'importance de la sécurité logicielle des serveurs
- Les deux catégories d'utilisateurs dans un réseau
- Les options d'authentification du réseau
- Comment établir des contrôles des ressources
- Comment maintenir la sécurité du serveur
- Comment rechercher des vulnérabilités

Les bases des serveurs réseau

Les serveurs sont souvent logés dans des armoires spéciales montées sur rack, comme celle illustrée à la Figure 14.1. Ces armoires sont principalement conçues pour permettre au personnel de service d'accéder facilement aux composants du serveur pour leur dépannage, leur réparation ou leur remplacement. Les rails extractibles et les panneaux faciles d'accès sont des caractéristiques de montage en rack qui facilitent la maintenance. Ces caractéristiques sont importantes pour les applications client/serveur d'entreprise pour limiter ou éliminer entièrement les temps d'arrêt dus à la maintenance ou au remplacement de composants. N'oubliez pas qu'en affaires, tout est une question d'argent, et que plus un serveur est en panne longtemps, plus cela coûte à l'organisation.

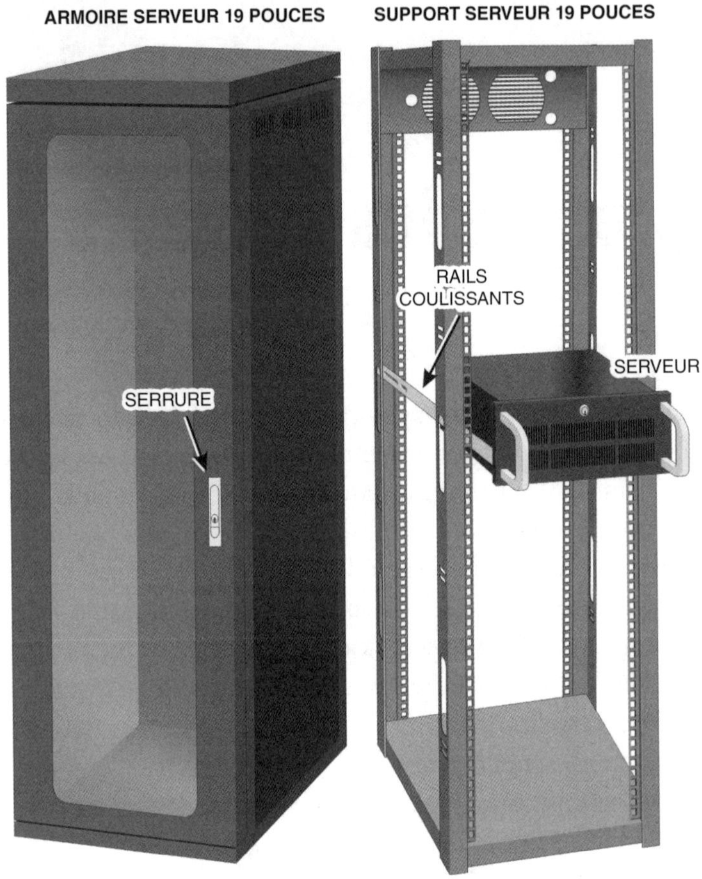

Figure 14.1 Armoire serveur typique montée sur rack

Tous les serveurs remplissent les fonctions de base que nous avons décrites jusqu'à présent ; cependant, dans la pratique, l'application principale qu'ils exécutent pour les clients du réseau peut varier considérablement. La liste suivante décrit quelques-unes des diverses applications mises en œuvre que l'on trouve dans différents types d'environnements de réseau.

- Les serveurs à usage général sont utilisés dans la plupart des petites entreprises à des fins multiples, comme la gestion du courrier électronique d'un département, la fourniture de fichiers, l'impression et des services web fonctionnant sur des systèmes d'exploitation réseau standard.
- Les serveurs de type *appliance* sont des serveurs spécialisés qui disposent de composants matériels et logiciels spécifiquement regroupés. Cela permet une installation et une administration relativement faciles.
- Les serveurs d'application exécutent des programmes accessibles à de multiples utilisateurs, et ils interagissent souvent avec des bases de données.

- Les serveurs de messagerie sont des serveurs d'application de type client/serveur utilisés pour recevoir et stocker des messages électroniques dans des boîtes aux lettres privées, même lorsque les utilisateurs ne sont pas réellement connectés directement au réseau.
- Les serveurs pare-feu contrôlent les connexions entre deux réseaux, en agissant par exemple comme une passerelle Internet, dans laquelle le contrôle d'accès bloque les trafics indésirables tout en permettant les communications acceptables.
- Les serveurs mandataires servent d'intermédiaires entre les ordinateurs du réseau et Internet.
- Les serveurs web hébergent des pages web pour un accès intranet et/ou Internet et peuvent être configurés pour héberger plus d'un site, selon le système d'exploitation sous-jacent du serveur.
- Les serveurs de base de données sont utilisés pour stocker et traiter les données en réponse aux demandes des clients, lorsque les organisations doivent gérer de grandes quantités de données.
- Les serveurs de terminaux sont des ordinateurs spéciaux équipés de ports multiples permettant des connexions modem asynchrones, ainsi que des ports conçus pour interfacer des machines hôtes faisant office de terminaux d'un côté et de l'autre, un LAN.
- Les serveurs DNS (Domain Name Service) contiennent des listes sous forme de bases de données, utilisées pour résoudre les noms d'ordinateurs lisibles par l'homme en adresses IP.
- Les serveurs passerelle assurent l'interface entre différents types de réseaux, protocoles ou mécanismes pour permettre l'accès à un autre système.
- Les serveurs de routage gèrent les ressources partagées par tous les autres routeurs du réseau, ainsi que les différentes vitesses de transmission et les différents protocoles utilisés au sein du réseau d'une organisation.
- Les serveurs pont utilisent plusieurs interfaces réseau pour connecter des groupes d'ordinateurs. Ils traduisent les protocoles et contribuent à réduire le trafic réseau.
- Les serveurs FTP (File Transfer Protocol) permettent de transférer des fichiers sur Internet, un extranet ou un intranet grâce à l'utilisation d'un logiciel client FTP.
- Les serveurs NAS (Network Attached Storage) déplacent le stockage hors du serveur de fichiers et le placent directement sur le réseau de transport, permettant ainsi à tout utilisateur du réseau disposant de droits d'accès d'accéder directement aux données stockées sur le NAS.
- Les serveurs SAN (Storage Area Network) fonctionnent dans des environnements de stockage d'entreprise avec des contrôleurs de baies pour disques et

des bibliothèques de bandes attachées. Ils sont capables d'assurer la protection et la récupération des données à grande échelle.

- Les serveurs RAS (Remote Access System) permettent aux clients de se connecter à un ordinateur du réseau local (LAN) à partir d'un site distant.
- Les serveurs d'impression contribuent à réduire la charge de travail administratif et de gestion en rationalisant le contrôle des imprimantes tant en local qu'à distance.
- Les serveurs DHCP (Dynamic Host Configuration Protocol) sont utilisés pour attribuer temporairement des adresses IP dynamiques à la fois aux postes de travail du réseau et aux clients Internet.

Sécurité des serveurs

Les serveurs doivent faire l'objet d'une attention particulière en matière de sécurité et de placement dans le réseau. Comme l'illustre la liste précédente, plusieurs serveurs différents peuvent fonctionner dans le réseau d'une organisation, fournissant une variété de services à ses utilisateurs. Dans la plupart des cas, cela implique de fournir au moins un service essentiel à plusieurs usagers. Par conséquent, les utilisateurs de l'organisation dépendent de ces serveurs pour effectuer leur travail.

Certains des serveurs du réseau, comme ceux hébergeant des données, peuvent être chargés de stocker de grandes quantités de données. La totalité ou une partie de ces données peuvent contenir des informations critiques ou secrètes telles que des renseignements confidentiels sur les utilisateurs, y compris des informations médicales, financières, ou des dossiers du personnel. Les serveurs réseau peuvent également être utilisés pour traiter et stocker des notes organisationnelles spécifiques telles que des secrets commerciaux, des brevets, des inventions ou des informations de production.

Pour ces raisons, les serveurs réseau représentent les cibles les plus intéressantes pour les attaquants. Bien qu'une partie du travail des malfaiteurs consiste à passer outre tous les équipements de protection du réseau, le but de leur opération est soit d'accéder aux données détenues sur les serveurs, soit d'en perturber le fonctionnement. Ceux-ci doivent donc faire l'objet d'une attention particulière et être placés dans la structure de sécurité du réseau :

- L'accès aux ressources partagées d'un serveur doit être limité aux utilisateurs qui ont à la fois un besoin et l'autorisation appropriée pour obtenir cet accès. Des contrôles doivent être mis en place pour s'assurer que des employés non autorisés ne parviennent pas aux documents confidentiels.
- L'accès au réseau de certains types de serveurs doit généralement être protégé par un ou plusieurs pare-feu qui limitent le trafic vers le serveur.
- Les sous-réseaux ou les routeurs doivent être utilisés pour créer des segments, ou des zones, de réseau sécurisés pour différents types de serveurs. Par

exemple, un service donné, tel que la section comptable, peut être protégé au sein de son sous-réseau sécurisé et posséder des ressources serveur propres à ce département.

- Comme les serveurs sont fréquemment utilisés pour l'authentification des utilisateurs, le mot de passe du serveur doit être haché (fonction cryptographique) à titre préventif.
- Les ressources critiques des serveurs doivent être vérifiées périodiquement afin d'identifier les problèmes potentiels avant qu'ils ne se transforment en problèmes réels.

Administrateurs réseau

Le gendarme de tout réseau est l'administrateur réseau. Dans les environnements réseau, les administrateurs sont responsables de la mise en œuvre des politiques de sécurité de l'organisation. Celles-ci doivent être conçues pour refléter les trois objectifs associés au modèle classique de sécurité de l'information : disponibilité, intégrité, confidentialité (DIC[1]).

Les administrateurs réseau utilisent également une autre mise en œuvre pour assurer la sécurité des informations : l'authentification, l'autorisation et l'auditabilité (AAA[2]). L'authentification consiste à s'assurer qu'une personne est bien celle qu'elle prétend être. L'autorisation consiste à appliquer l'approbation de l'accès aux informations, après que l'individu se soit authentifié. Enfin, l'auditabilité[3] fournit un suivi des événements, par le biais de journaux ou d'autres moyens.

Dans certaines organisations, l'administrateur réseau peut également être responsable de l'élaboration des politiques de sécurité de l'entreprise, y compris les contrôles d'accès physiques et logiques. Comme vous l'avez vu dans les chapitres précédents, tous les efforts de sécurité commencent au niveau de l'accès physique. Si une personne non autorisée peut accéder physiquement aux serveurs réseau, aux médias ou aux dispositifs de connectivité, alors il n'y a pas de sécurité.

Dans les grandes organisations, des rôles administratifs spécialisés sont généralement créés pour gérer différents aspects du fonctionnement du réseau. Par exemple, scinder les rôles d'administration des serveurs de ceux liés au réseau. L'administrateur serveur est responsable de la conception, la mise en œuvre et la maintenance des systèmes serveurs, tandis que l'administrateur réseau assure les mêmes fonctions pour le réseau et ses périphériques de média et de connectivité.

1 En anglaise, CIA, pour Confidentiality – Integrity – Availability.

2 AAA, de l'anglais, Authentication, Authorization, Accounting.

3 Le 3e A de la série AAA est certainement celui qui se traduit le plus difficilement en français. Au travers du terme anglais *Accounting*, nous retrouvons les notions d'imputabilité et de traçabilité des actions : *qui fait quoi ?* Ou *qui a fait quoi ?* La réponse à ces questions étant habituellement fournie par une journalisation complète des activités permettant une capacité d'audit du système, le terme *Auditabilité* nous semble cohérent par rapport à son équivalent anglais tout en respectant l'abréviation très commune AAA.

La division des tâches administratives peut également impliquer un administrateur spécifique pour la sécurité qui est chargé d'effectuer des tâches de sécurité de l'information sur les serveurs, les hôtes et les dispositifs de connectivité du réseau. Dans ces conditions, la séparation des tâches administratives doit être aussi distincte, définie et contrôlée que possible.

Les administrateurs système sont généralement responsables des activités suivantes associées aux serveurs :

- Installation, configuration et maintenance des serveurs et des composants réseau conformément aux politiques de sécurité de l'organisation
- Création et gestion de comptes d'utilisateurs et de groupes selon les besoins
- Mise en œuvre des options d'authentification
- Effectuer les activités de maintenance du système de manière sécurisée
- Effectuer des opérations de sauvegarde du système et de mise à jour des logiciels en temps utile
- Permettre l'audit du système et l'enregistrement des événements
- Utilisation d'outils de détection des intrusions et d'audit pour surveiller l'intégrité du réseau, les niveaux de protection et les événements liés à la sécurité
- Établissement des paramètres pare-feu
- Établissement et mise en œuvre de politiques de protection contre les logiciels malveillants
- Suivi des anomalies de sécurité détectées associées aux ressources de leur système d'information
- Utilisation d'outils d'analyse des vulnérabilités et de tests de pénétration pour effectuer des tests de sécurité sur le réseau et ses composants en fonction des besoins

Contrôle de l'accès physique aux serveurs

À un niveau plus fondamental, les administrateurs réseau doivent avoir le contrôle de leur environnement physique pour fournir un cadre de sécurité complet. Pour ce faire, ils doivent limiter strictement l'accès physique aux serveurs. Le plus souvent, ils sont placés dans des salles serveur protégées, dont la porte et les baies informatiques sont équipées de serrures automatiques.

Selon la structure de gestion du réseau, l'administrateur serveur (ou du réseau) est généralement chargé de déterminer quel personnel peut accéder à la salle des serveurs et peut enregistrer l'accès de toute personne travaillant dans la salle des serveurs. La présence de personnes non autorisées dans la salle doit être immédiatement signalée à l'administrateur. Toute violation des mesures de sécurité de la salle des serveurs doit être signalée à l'administrateur concerné pour qu'il prenne les mesures correctives nécessaires.

> **Alternatives aux salles serveur séparées ou centralisées**
> Les alternatives raisonnables à une salle serveur séparée ou centralisée comprennent l'utilisation d'une armoire verrouillée ou même d'un rack sécurisé.

Pour assurer la sécurité du matériel, les entreprises et les services publics placent souvent des systèmes de détection d'intrusion physique, tels que des détecteurs de mouvement, des lecteurs de cartes, des caméras et des alarmes dans les salles de serveurs et sur leurs serveurs et racks. Ils installent également des serrures sur les portes des salles ainsi que sur chaque baie de serveurs. Ils peuvent également verrouiller chaque châssis de serveur ou rack de serveurs. La Figure 14.2 illustre les mesures de sécurité typiques des serveurs.

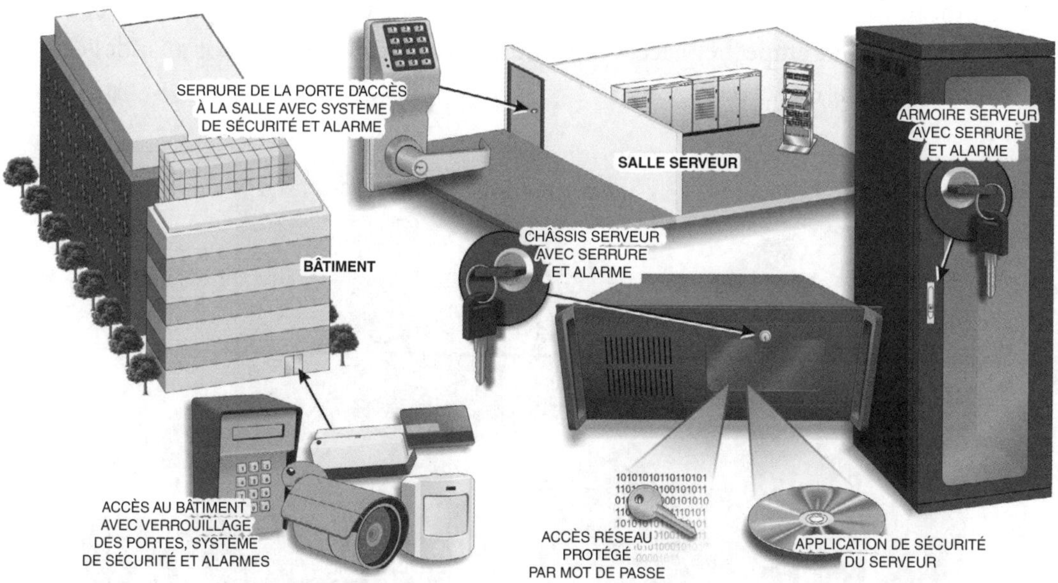

Figure 14.2 Sécurité des serveurs

Serrures des portes de la salle serveur

Les serrures physiques doivent se trouver sur les portes d'accès aux salles serveur. La porte d'une telle salle doit être solide pour empêcher toute personne d'entrer dans la pièce. Si la porte est munie de fenêtres, celles-ci doivent être en verre de sécurité et munies de grilles intégrées pour empêcher les personnes de briser la vitre.

La serrure idéale de la salle serveur nécessite une clé pour l'accès, et elle devrait se verrouiller automatiquement lorsqu'elle se ferme. Elle ne doit pas comporter de bouton à l'intérieur qui puisse être utilisé pour maintenir la porte déverrouillée.

Serrures des racks de serveurs

Des dispositifs antivol doivent également être mis en place pour le matériel serveur. Cela commence par le rack du serveur et le châssis de ce dernier. Il est normalement recommandé d'utiliser des armoires de serveurs en rack qui comportent des capteurs permettant d'envoyer des alertes lorsque l'armoire est ouverte. Le système peut également utiliser l'entrée de ces capteurs pour enregistrer quand et pendant combien de temps l'armoire a été ouverte. En outre, le système de sécurité du serveur peut être configuré de sorte que ces alertes soient répertoriées ou envoyées par courriel aux administrateurs ou techniciens du réseau.

Chaque châssis de serveur dans le rack doit également être équipé d'un capteur d'intrusion afin de pouvoir envoyer un message d'urgence à l'administrateur si le boîtier ou le châssis du serveur est ouvert. Ceux-ci doivent comporter un panneau frontal verrouillable, comme illustré à la Figure 14.3. Ce panneau peut être utilisé pour empêcher l'accès non autorisé aux lecteurs et aux commandes du panneau avant du serveur.

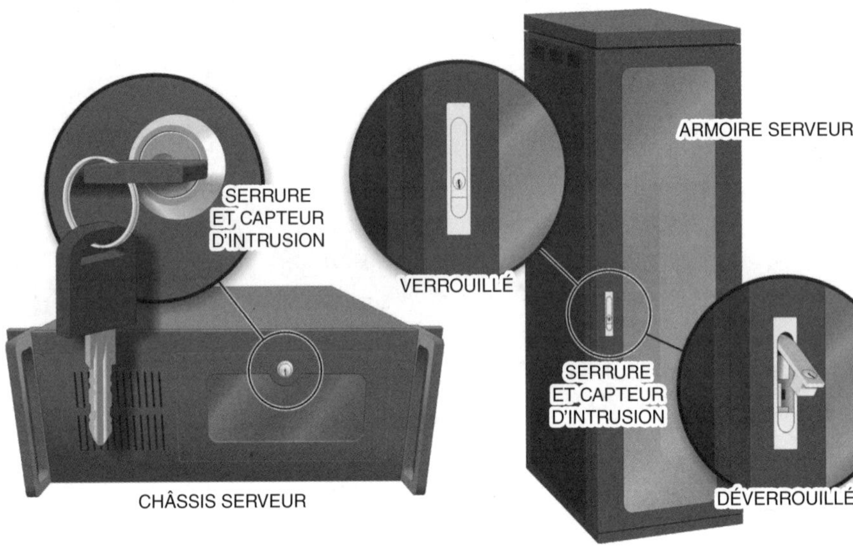

Figure 14.3 Un châssis de serveur verrouillable

Sécurité logicielle du serveur

Comme pour la sécurité de l'hôte autonome, le niveau suivant de sécurité du serveur, après la sécurisation de l'accès physique au système, consiste à sécuriser son système d'exploitation et ses logiciels d'application. Cela implique la sécurité durant l'installation, la configuration, et la maintenance du système d'exploitation du serveur et des logiciels sélectionnés pour être utilisés sur le serveur.

Le composant logiciel de serveur le plus important est le système d'exploitation orienté réseau. La sécurisation du système d'exploitation implique les étapes suivantes :

1. Installez le système d'exploitation du serveur en suivant les instructions d'installation du fabricant.
2. Corrigez et mettez à jour la nouvelle installation. Le développeur du système d'exploitation ne peut pas connaître toutes les exigences de sécurité pour les serveurs d'une organisation donnée. En outre, de nouvelles menaces de sécurité sont créées chaque jour, de sorte qu'il existe des failles de sécurité entre le moment où le logiciel a été conçu et celui où il est installé. L'application de correctifs et de mises à jour de la nouvelle installation avant qu'elle ne soit mise en service devrait corriger toute vulnérabilité actuelle connue.
3. Configurez et renforcez le nouveau système d'exploitation pour mettre en œuvre les politiques de sécurité de l'organisation.
4. Installez et configurez tout contrôle de sécurité tiers supplémentaire nécessaire pour répondre aux politiques de sécurité de l'organisation. Cette étape comprend l'installation et la configuration des systèmes de protection du réseau :
   - Installation des détecteurs de rootkits
   - Installation du logiciel IDPS sur l'hôte (serveur)
   - Installation et configuration du pare-feu hôte (serveur)
   - Installation ou configuration d'un logiciel de chiffrement de disque pour protéger les données stockées contre les attaquants qui accèdent physiquement au serveur.
5. Testez la sécurité de la nouvelle installation pour vous assurer qu'elle répond à tous les problèmes de sécurité de l'organisation. Cette étape consiste à utiliser des outils d'analyse des vulnérabilités et de détection des intrusions pour tester les capacités de sécurité du serveur. Cette étape particulière doit être effectuée de manière périodique tout au long du cycle de vie du serveur afin de s'assurer que ses capacités de sécurité restent acceptables.

Configuration et durcissement des systèmes d'exploitation des serveurs

Une fois que le système d'exploitation et les applications souhaitées ont été installés sur le serveur, l'étape suivante pour sécuriser le serveur consiste à renforcer la configuration de l'ensemble de l'environnement logiciel du serveur. Le *durcissement* est le processus consistant à prendre des mesures pour éliminer le plus grand nombre possible de vulnérabilités connues tout en offrant un niveau de convivialité acceptable aux utilisateurs/clients du réseau :

1. Cartographier la topologie réseau dans laquelle le serveur agit et déterminer les appareils qui y sont connectés. Inclure un enregistrement détaillé pour chaque dispositif local de son réseau ainsi qu'une liste reprenant la version de son système d'exploitation, les personnes qui devraient y avoir accès, les heures de fonctionnement prévues et les connexions réseau attendues.
2. Comparer le niveau de sécurité fourni par le système d'exploitation avec les besoins de l'organisation. Recherchez en particulier les services ouverts fonctionnant sur les différents serveurs pour déterminer si ces services sont nécessaires. Désactivez les services qui ne sont pas nécessaires ou qui ne sont pas utilisés sur le réseau.
3. Comparer les besoins de sécurité des utilisateurs de l'organisation avec les capacités des systèmes d'exploitation utilisés.
   - Assurez-vous que le système d'exploitation fonctionne avec les dernières mises à jour et l'assistance disponible.
     – Logiciel antivirus
     – Produits anti-malware
     – Logiciels anti-espions
   - Désactivez tout compte *invité* de vos serveurs (sauf s'il existe une raison légitime d'activer le compte sur un serveur spécifique).
   - Configurez les systèmes d'authentification des administrateurs et des utilisateurs.
     – Renommez le compte administrateur par défaut
     – Supprimez ou désactivez tous les comptes d'utilisateur ou comptes par défaut non utilisés, ainsi que leurs paramètres d'authentification existants (noms d'utilisateur et mots de passe).

Point d'attention avant de désactiver tout service par défaut

Avant de désactiver tout service par défaut sur un serveur, vérifiez que celui-ci et d'autres fonctionnalités dépendantes qui y sont liées ne sont pas requis par différents utilisateurs du réseau.

   - Configurez le contrôle des ressources selon les besoins.

4. Utiliser le principe du moindre privilège pour fournir des services et des autorisations d'accès aux utilisateurs du réseau. Les étapes typiques de ce processus sont les suivantes :
   - Suppression de tous les logiciels ou utilitaires inutiles du serveur, y compris les programmes d'accès à distance, les compilateurs de langage et les outils de développement, ainsi que tous les outils de développement du système et du réseau.

- Suppression ou arrêt des services, applications et protocoles inutiles.
  - Fonctions des services de partage de fichiers et d'impression
  - Services de réseaux sans fil
  - Services d'annuaires
  - Services de courrier électronique
- Fermeture de tous les ports de réseau TCP/UDP ouverts.

À chaque étape, l'administrateur doit trouver un équilibre entre les exigences de sécurité et les besoins des utilisateurs. Dans l'idéal, le serveur devrait être verrouillé de manière étanche et ne remplir qu'une seule fonction. Cependant, plus la sécurité augmente, plus les fonctionnalités diminuent.

Contrôle d'accès logique au serveur

L'administrateur du réseau est également chargé de déterminer qui a accès aux serveurs, aux dispositifs de connectivité réseau et aux données du réseau. Dans la plupart des organisations, il met en œuvre les déclarations de politique générale de l'organisation grâce aux outils de gestion du système d'exploitation orienté réseau qui contrôlent « qui » a accès au réseau et à ses ressources et ce qu'il peut en faire.

Les administrateurs disposent de trois types de stratégies standard de contrôle d'accès au réseau.

Contrôle d'accès obligatoire (MAC[4]) Le système établit quels utilisateurs ou groupes peuvent accéder aux fichiers, aux dossiers et à d'autres ressources.

Contrôle d'accès discrétionnaire (DAC[5]) L'utilisateur est libre de décider qui a accès à ses objets et dans quelle mesure.

Contrôle d'accès non discrétionnaire et basé sur le rôle (RBAC[6]) Le contrôle est déterminé par les rôles de chaque utilisateur au sein de l'organisation.

Les stratégies MAC attribuent des labels de sensibilité aux objets du réseau tels que les fichiers et les dossiers et accordent l'accès aux utilisateurs en fonction de leur niveau de permission, comme l'illustre la Figure 14.4.

Comme l'illustre la figure, l'étendue de l'accès de chaque utilisateur dépend du niveau d'autorisation qui lui a été donné par ses administrateurs. Le personnel ayant un niveau d'habilitation « Top Secret » a accès à tous les objets auxquels un label « Top Secret » a été attribué. En outre, ils sont autorisés à accéder à tous les objets portant un label moins élevé, tels que les objets « Secret » et « Classifié ».

[4] MAC : Mandatory Access Control.

[5] DAC : Discretionary Access Control.

[6] RBAC : Role-Based Access Control (Nondiscretionary).

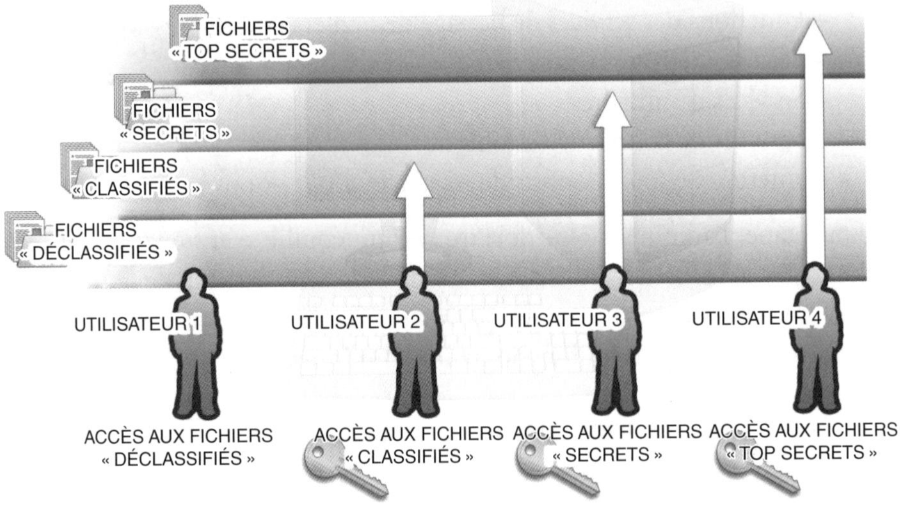

Figure 14.4 Contrôle d'accès obligatoire (mac)

Le modèle DAC implique de donner aux utilisateurs le pouvoir discrétionnaire de déterminer quels objets doivent être à accès restreints ou partagés. Chaque objet a un propriétaire à qui il incombe de déterminer qui peut y avoir accès. C'est ainsi que les autorisations sont attribuées dans un environnement de réseau peer-to-peer.

Comme chaque objet est soumis à un niveau d'autorisation, le propriétaire a la possibilité de rendre certains objets plus sécurisés que d'autres. En outre, dans le cadre du modèle DAC, la stratégie de contrôle d'accès peut être mise en œuvre en fonction de l'identité ou de l'utilisateur.

La quatrième méthode de contrôle d'accès : Contrôle d'accès basé sur des règles

Il existe une quatrième méthode de contrôle d'accès appelée contrôle d'accès basé sur des règles, également connu sous le nom de provisionnement automatisé. Dans cette méthode, une règle est l'élément de base d'un rôle. La règle définit les opérations que le rôle peut effectuer.

RBAC est une stratégie conçue pour un contrôle centralisé de tous les objets et utilisateurs du réseau. L'administrateur réseau est habilité à spécifier et à mettre en œuvre des stratégies de sécurité explicites qui appliquent les politiques désignées de l'organisation. Chaque utilisateur ou groupe du réseau se voit attribuer un ou plusieurs rôles, comme décrit dans la Figure 14.5.

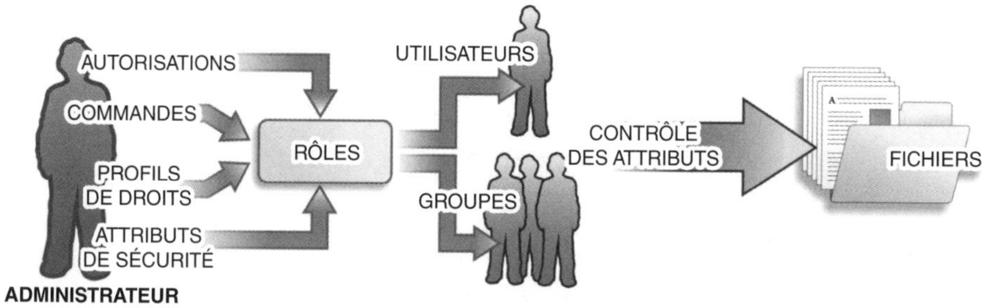

Figure 14.5 Contrôle d'accès basé sur le rôle

Chaque rôle se voit attribuer des privilèges spécifiques tels que la lecture ou l'écriture de documents, ou l'exécution, le contrôle total ou encore l'interdiction d'accès à des objets spécifiques. Le serveur est chargé de maintenir une base de données de listes de contrôle d'accès (ACL[7]) qui suit chaque compte d'utilisateur, y compris les comptes de groupe auxquels elles peuvent être affectées, ainsi que les droits et autorisations dont ils disposent sur les différents objets, comme indiqué dans les tableaux 14.1, 14.2 et 14.3.

Tableau 14.1 Droits et autorisations rbac

Droits individuels			Appartenance au groupe			Autre/Non-membre		
Lecture	Ecriture	Exécution	Lecture	Ecriture	Exécution	Lecture	Ecriture	Exécution
0	0	0	0	0	0	0	0	0
0	0	1	0	0	1	0	0	1
0	1	0	0	1	0	0	1	0
0	1	1	0	1	1	0	1	1

Dans l'exemple suivant (Fichier A) :

- Le propriétaire individuel peut lire, écrire et exécuter le fichier.
- Les membres du groupe peuvent lire et écrire dans le fichier.
- Tous les autres ne peuvent que lire le fichier.

Tableau 14.2 Fichier a

Droits individuels			Appartenance au groupe			Autre/Non-membre		
Lecture	Ecriture	Exécution	Lecture	Ecriture	Exécution	Lecture	Ecriture	Exécution
1	1	1	1	1	0	1	0	0

[7] ACL : Access Control List.

Dans l'exemple suivant (Dossier B) :

- Le propriétaire individuel peut lire et écrire dans le dossier
- Les membres du groupe peuvent uniquement lire le contenu du dossier.
- Tous les autres se voient refuser tout accès au dossier.

Tableau 14.3 Dossier b

Droits individuels			Appartenance au groupe			Autre/Non-membre		
Lecture	Ecriture	Exécution	Lecture	Ecriture	Exécution	Lecture	Ecriture	Exécution
1	1	0	1	0	0	0	0	0

Dans chaque type de stratégie, le principe du niveau de privilège le plus bas doit être mis en œuvre lorsqu'il s'agit de fournir aux utilisateurs un accès aux objets par le biais de droits et d'assignations par mission. En vertu de la règle du moindre privilège, chaque utilisateur ne se voit accorder que les niveaux d'accès nécessaires à l'exécution de ses tâches. L'application de ce principe limite systématiquement les dommages qui peuvent être causés par une faille de sécurité liée à la tâche, au processus ou à l'utilisateur initial.

Comptes d'utilisateurs

Fondamentalement, il existe deux classes d'utilisateurs dans un réseau : les administrateurs et les utilisateurs. Ces classes peuvent également exister à deux niveaux différents :

- Dans les comptes locaux, les bases de données situées sur les appareils des clients individuels
- Dans les comptes de réseau, les bases de données situées sur les serveurs réseau.

Rappelons que les paramètres des comptes réseau ont généralement la priorité sur les paramètres locaux.

Dans un environnement Microsoft Windows, il existe plusieurs comptes d'utilisateur par défaut dès la fin de l'installation. Ces comptes sont les suivants :

Administrateur C'est le principal compte de gestion administrative qui a un accès complet au système et à tous ses outils de gestion.

Compte invité Il s'agit d'un compte « fourre-tout » utilisé pour donner accès aux utilisateurs qui n'ont pas de compte d'utilisateur sur l'ordinateur. Ce compte doit être désactivé après l'établissement des comptes d'utilisateur.

HelpAssistant Il s'agit d'un compte Windows spécial utilisé avec son utilitaire d'assistance à distance pour authentifier les utilisateurs qui se connectent par son intermédiaire. Ce compte est activé à chaque fois qu'une invitation d'assistance à distance est créée, et il est automatiquement désactivé lorsque toutes les invitations ont expiré.

SUPPORT_XXXXX Il s'agit d'un compte spécial de Microsoft utilisé pour fournir une assistance à distance par le biais de leur utilitaire *Help and Support Service.*

Ces comptes d'utilisateur par défaut peuvent être renommés mais pas supprimés. Le mot de passe initial des comptes d'administrateur Windows est défini lors du processus d'installation.

Comme les environnements réseau basés sur Microsoft, les systèmes Linux utilisent une structure « d'utilisateurs et de groupes » pour contrôler l'accès aux ressources locales et en réseau (fichiers, répertoires et périphériques). Chaque personne autorisée à accéder au système Linux doit avoir un nom d'utilisateur. À l'exception du super-utilisateur root, les noms d'utilisateur sont créés par les utilisateurs administratifs au fur et à mesure qu'ils sont requis.

Les utilisateurs sont ajoutés au système Linux par l'intermédiaire de l'outil de ligne de commande *userad*, tandis que les informations sur les comptes utilisateurs existants peuvent être modifiées par la commande *user-mod*. La commande *passwd* en conjonction avec le nom d'utilisateur créé avec *userad* (*passwd* nom d'utilisateur) vous permettra de répondre à l'exigence de mot de passe nécessaire pour accéder au système en tant que nouvel utilisateur.

Un mot sur les comptes root

Le compte root a un accès illimité au système d'exploitation Linux et à ses paramètres de configuration. Il est fourni à des fins administratives. Pour des raisons de sécurité, vous pouvez verrouiller le compte d'utilisateur root après avoir créé des utilisateurs et des groupes afin d'empêcher d'autres personnes d'utiliser l'utilisateur par défaut sans nom d'utilisateur et mot de passe.

Un réseau donné peut employer un seul administrateur qui a un contrôle complet sur tous les aspects du système, y compris les serveurs, les supports réseau et les dispositifs de connectivité. Cependant, les grands réseaux ont généralement plusieurs administrateurs qui ont des tâches réseau spécifiques et distinctes, telles que l'administrateur du serveur, l'administrateur du réseau et l'administrateur de la sécurité. Dans ces situations, il est considéré comme une bonne pratique de n'avoir que le nombre de comptes d'administrateur nécessaire et que ces derniers soient uniquement configurés avec les droits utiles à l'exercice de leurs fonctions. Lorsqu'il s'agit d'utilisateurs du réseau qui peuvent accéder aux services sur l'ordinateur, la sécurité est toujours mise en balance avec la fonctionnalité. Certains environnements réseau peuvent avoir une liste d'utilisateurs autorisés (employés ou agents), mais doivent néanmoins s'adapter au grand public (utilisateurs ou clients non autorisés). Dans ces cas, des méthodes d'authentification doivent être mises en place pour tenir compte des deux types d'utilisateurs. Généralement, cela implique d'établir différents comptes de groupe pour les diverses catégories d'utilisateurs, puis de fournir très strictement les ressources nécessaires à chaque groupe.

Établissement de comptes d'utilisateurs et de groupes

Les administrateurs des réseaux d'entreprise et industriels créent des comptes d'utilisateurs et de groupes pour les membres du réseau qui permettent des droits d'accès et des autorisations spécifiques au réseau et à ses ressources. Les utilisateurs du réseau sont autorisés ou non à lire, modifier et examiner les fichiers et les dossiers en fonction de la politique de contrôle d'accès qui a été établie pour eux, soit en tant qu'individus, soit en fonction de leur position dans les différents groupes du réseau.

L'authentification peut être appliquée à certaines personnes par le biais d'un processus d'*héritage* basé sur l'appartenance à un groupe autorisé. Par exemple, tous les membres du service comptable peuvent se voir accorder un accès hérité aux programmes de comptabilité et aux fichiers en raison de leur appartenance au groupe comptable de l'entreprise.

Les administrateurs utilisent des comptes de groupe pour traiter collectivement les comptes d'utilisateurs qui ont des besoins communs. Cela leur permet de gagner du temps en leur permettant d'accorder des droits d'utilisateur et des autorisations d'accès aux ressources à tous les membres du groupe en même temps. Toutefois, même si un utilisateur se voit accorder l'accès à certaines ressources, l'administrateur peut limiter le champ des activités que l'utilisateur peut mener sur différents fichiers et dossiers.

Comptes de groupe Windows

Les comptes de groupe par défaut dans les systèmes Windows Server comprennent les éléments suivants :

Administrateurs Les membres de ce groupe ont un accès complet à l'ordinateur et à ses outils et peuvent effectuer toutes les fonctions de gestion. Ce groupe inclut automatiquement le compte *Administrateur* en tant que membre.

Invités Ce groupe par défaut a un accès réduit au minimum au système, et tous les membres partagent le même profil utilisateur. Le compte de l'utilisateur *invité* est automatiquement membre de ce groupe.

Power Users[8] Ce groupe spécial a la permission d'effectuer de nombreuses tâches de gestion sur le système mais ne dispose pas de tous les privilèges administratifs du compte administrateur. Ses membres peuvent créer et gérer

---

[8] Ce groupe n'existe plus dans les versions récentes de Windows.

des utilisateurs et des groupes qu'ils créent. De plus, ils n'ont pas accès aux fichiers et aux dossiers sur les volumes NTFS à moins qu'on ne leur accorde des autorisations par le biais d'autres sources. Il n'y a pas de membres dans ce groupe lorsqu'il est créé.

Opérateurs de sauvegarde Comme son nom l'indique, les membres de ce groupe peuvent sauvegarder et restaurer tout fichier de l'ordinateur. Grâce à l'utilitaire de sauvegarde, les membres de ce groupe ont accès à l'ensemble du système de fichiers. Il n'y a pas de membres dans ce groupe lorsqu'il est créé.

Opérateurs de configuration du réseau Les membres de ce groupe peuvent gérer différents aspects de la configuration réseau du système. En particulier, ils peuvent modifier les propriétés TCP/IP, activer, désactiver et renommer les connexions, ainsi que réaliser des opérations IPCONFIG. Ce groupe est vide lors de sa création.

Utilisateurs Il s'agit d'un groupe fourre-tout avec des permissions par défaut limitées. À l'exception du compte *invité*, tous les comptes d'utilisateur créés sur le système, y compris le compte d'administrateur, deviennent membres de ce groupe par défaut.

Utilisateurs Bureau à distance Les membres de ce groupe Windows ont des droits d'utilisateur leur permettant de se connecter au système à distance pour effectuer des activités de bureau à distance. Le groupe n'a pas de membres par défaut.

Comptes de domaine Windows

Les systèmes serveur Windows prennent également en charge les comptes d'utilisateurs et de groupes de domaine lorsqu'ils sont utilisés dans un tel environnement. Dans un environnement de domaine, tous les membres du réseau partagent une base de données d'annuaire commune et sont organisés en différents niveaux. Le domaine est identifié sous un nom unique et est administré comme une seule unité ayant des règles et des procédures communes.

Les comptes de domaine sont créés sur les contrôleurs de domaine Windows par le biais de leur utilitaire *Active Directory Users and Computers*[9] et sont stockés dans la base de données Active Directory. Lorsqu'un périphérique client Windows est placé dans un environnement de domaine, certaines adhésions de groupe sont automatiquement changées pour refléter ceci :

- Le groupe des administrateurs du domaine est ajouté au groupe local des administrateurs afin que les administrateurs de domaine aient le contrôle de tous les ordinateurs de leur domaine.
- Un groupe d'utilisateurs du domaine est ajouté au groupe d'utilisateurs locaux.
- Un groupe d'invités du domaine est ajouté au groupe local d'invités.

[9] Utilisateurs et ordinateurs Active Directory

Ces groupes sont tous lié à une fonction des contrôleurs de domaine Windows et n'existent que dans les environnements de domaine Windows. L'ajout automatique de ces groupes dans les environnements en domaine permet aux administrateurs du domaine d'accéder plus facilement à la configuration des ressources de l'ordinateur local. Les groupes ne sont pas des ajouts permanents et peuvent être supprimés à la discrétion de l'administrateur.

Comptes de groupe Linux

Comme pour d'autres systèmes d'exploitation multi-utilisateurs, les utilisateurs individuels de Linux sont généralement membres de groupes à des fins administratives. En raison des relations qui existent au sein d'un groupe, le fichier généré par l'utilisateur devient la propriété des membres du groupe. La Figure 14.6 montre comment ajouter des utilisateurs ou des groupes dans une distribution Linux.

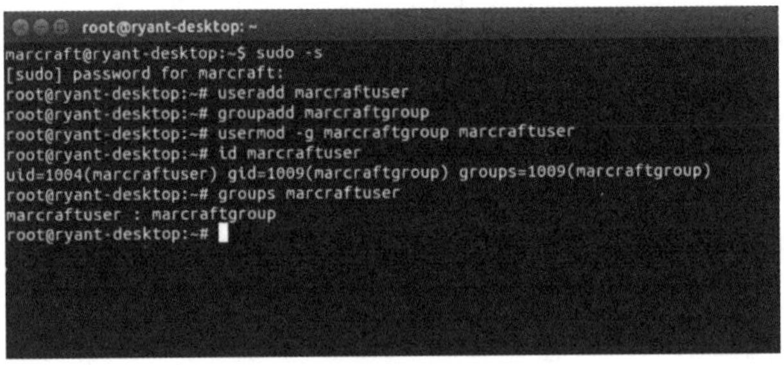

Figure 14.6 Ajout d'utilisateurs ou de groupes dans une distribution linux

Contrairement à Windows, la liste des groupes par défaut, qui existe après l'installation, varie entre les différentes distributions de Linux. Voici quelques groupes Linux courants qui apparaissent dans la plupart des distributions

Games Ce groupe donne accès à des logiciels de jeux.

Users Il s'agit du groupe d'utilisateurs Linux standard, par défaut.

Wheel Il s'agit d'un groupe administratif qui donne généralement accès à la création d'utilisateurs et aux utilitaires de configuration (commandes *su* et *sudo*).

Daemon Il s'agit d'un utilisateur/groupe standard par défaut qui a le privilège d'exécuter des *programmes daemon* (processus en arrière-plan) qui s'exécutent sans instruction de l'utilisateur. Dans le monde Microsoft, ce type de programme est appelé *programme résident*[10] et ressemble fortement aux services fonctionnant dans cet environnement.

Bin Il s'agit d'un groupe Linux standard par défaut qui fournissait historiquement des fichiers exécutables en cours d'exécution. La référence bin est

[10] En anglais, terminate-and-stay-resident (TSR) program.

basée sur les types de fichiers binaires (exécutables) qui sont stockés dans le dossier du même nom. Ce dernier contient des scripts et des commandes qui peuvent être lancés pour effectuer une tâche. Les commandes de ce répertoire peuvent être exécutées par chaque utilisateur.
Mail Ce groupe a des privilèges spéciaux en matière de courrier.
Root Le groupe d'administrateurs racine est un groupe Linux standard par défaut qui a le contrôle administratif complet du système.
Nobody C'est le groupe non privilégié.
Disk Permet d'accéder à des « périphériques blocs », tels que les lecteurs de disque et les lecteurs optiques

Cette liste ne présente que quelques-uns des groupes communs qui peuvent être installés ou ajoutés à une installation donnée de Linux. L'outil permettant d'ajouter des groupes dans Linux est *groupadd*. Les informations sur les groupes sont modifiées par la commande *groupmod*, et les utilisateurs sont ajoutés au groupe par la commande *usermod*.

Sécurité des comptes de groupe

Lorsque vous traitez des comptes de groupe, vous devez garder à l'esprit quelques actions liées à la sécurité.

- Supprimez ou désactivez les comptes par défaut inutilisés, comme le compte *invité*. Laissés sans surveillance, ces comptes peuvent être utilisés par des pirates informatiques pour les exploiter. Si les comptes par défaut doivent être conservés, changez leurs noms car leurs valeurs d'authentification standard sont bien connues des agresseurs potentiels. De plus, il faut restreindre fortement l'accès à ces comptes, ainsi que les droits et autorisations disponibles.
- Créez des groupes d'utilisateurs qui englobent les fonctions associées à différents types d'utilisateurs ayant des besoins communs, puis attribuez des droits et des autorisations à chaque groupe en fonction de ses besoins fonctionnels.
- Créez des comptes d'utilisateurs et assignez-les à des groupes en fonction de leurs fonctions dans l'organisation. L'utilisation de cette approche permet d'éviter aux administrateurs d'avoir à configurer individuellement les paramètres de compte de chaque utilisateur. Ne créez que les comptes réellement nécessaires, car les comptes inutilisés peuvent représenter des failles de sécurité s'ils sont découverts.
- Définissez les mots de passe des comptes pour qu'ils fonctionnent selon la politique de l'organisation en la matière.
- Installez et configurez tout système d'authentification supplémentaire, tel que des dispositifs biométriques, choisi pour être utilisé avec le réseau.

Options d'authentification réseau

Même si vous êtes membre d'un ou de plusieurs comptes de groupe, vous ne pouvez pas utiliser l'un de ces comptes pour vous connecter au réseau. Vous ne pouvez accéder à un système qu'en vous connectant avec un compte d'utilisateur légitime.

Au niveau du réseau, le système de nom d'utilisateur et de mot de passe est toujours la première ligne d'options d'authentification en usage. La principale différence est que dans un réseau client-serveur, la liste des utilisateurs authentifiés est stockée sur le serveur, et non sur l'ordinateur local.

En outre, au niveau du réseau, la connexion au réseau a généralement priorité sur toute connexion au système local. Par conséquent, les administrateurs contrôlent qui peut se connecter à n'importe quelle partie du réseau via des politiques en matière de mots de passe.

Ils définissent également les paramètres de la stratégie en matière de mots de passe du réseau : la fréquence à laquelle les utilisateurs doivent modifier leurs mots de passe, ainsi que les exigences en matière de longueur et de complexité. Ces options, illustrées à la Figure 14.7, permettent aux administrateurs de rendre les comptes et les mots de passe des utilisateurs plus sûrs. Les politiques de mots de passe s'appliquent à tous les utilisateurs qui se connectent au système et ne peuvent pas être configurées pour les utilisateurs individuels.

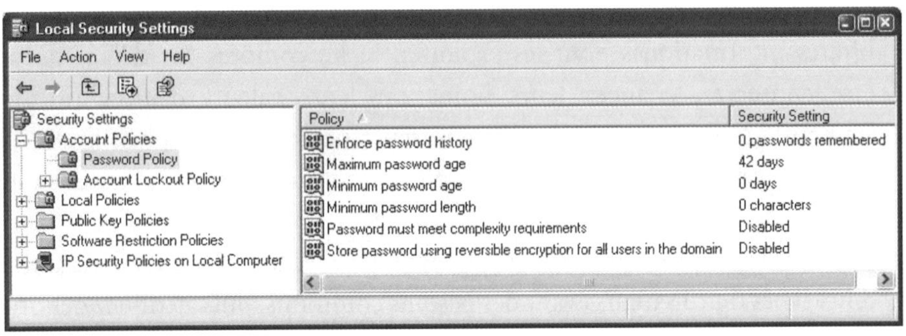

Figure 14.7 Stratégies relatives aux mots de passe

En règle générale, les administrateurs réseau peuvent configurer les paramètres suivants liés aux mots de passe pour les utilisateurs du réseau.

Conserver l'historique des mots de passe Cette option permet de spécifier le nombre de mots de passe qui seront suivis pour chaque utilisateur. Lorsque les utilisateurs tentent de modifier leur mot de passe, ils ne sont pas autorisés à réutiliser les mots de passe suivis.

Durée de vie maximale du mot de passe/Durée de vie minimale du mot de passe Ces deux paramètres permettent aux administrateurs de définir des mots de passe qui expirent après le nombre de jours spécifiés ; ils peuvent également empêcher les utilisateurs de modifier leurs mots de passe pendant un certain nombre de jours spécifiques. Lorsque le mot de passe expire, l'utilisateur est invité à le changer, ce qui garantit que même si un mot de passe devient public, il sera modifié dans un court laps de temps pour fermer la faille de sécurité.

Longueur minimale du mot de passe Cette option permet de spécifier le nombre minimum de caractères que peut contenir un mot de passe. Cela permet à l'administration de forcer les utilisateurs à utiliser des mots de passe plus longs et plus difficiles à deviner. Un mot de passe d'au moins huit caractères est recommandé pour les systèmes sécurisés.

Les mots de passe doivent répondre à des exigences de complexité Les administrateurs peuvent utiliser cette option pour obliger les utilisateurs à utiliser des mots de passe plus sûrs et plus complexes qui comprennent une certaine combinaison de lettres minuscules, de chiffres, de symboles et de caractères majuscules. L'administrateur définit le niveau de complexité en établissant des filtres de mot de passe au niveau du contrôleur de domaine.

Mise en place du contrôle des ressources

Les systèmes d'exploitation des serveurs permettent de spécifier des privilèges d'accès individuels pour les fichiers, les dossiers/répertoires et les autres ressources du système. Le travail de l'administrateur consiste à définir avec soin les contrôles d'accès afin qu'ils permettent aux utilisateurs autorisés d'atteindre et d'utiliser les ressources système désignées, et de refuser l'accès aux utilisateurs non autorisés afin de prévenir les préjudices à la sécurité. En appliquant le principe du moindre privilège à ces configurations (comme mentionné plus haut), les administrateurs peuvent réduire les possibilités d'atteintes à la sécurité, qu'elles soient malveillantes ou involontaires.

Par exemple, refuser l'accès en lecture aux fichiers et aux répertoires contribue à protéger la confidentialité des informations, tandis qu'interdire l'accès en écriture (modification) inutile peut contribuer à maintenir l'intégrité des informations. Limiter le privilège d'exécution de la plupart des outils liés au système aux seuls administrateurs autorisés peut empêcher les autres utilisateurs de faire des changements sur la configuration qui pourraient réduire la sécurité. Ce principe peut également limiter la capacité d'un attaquant à utiliser ces outils pour cibler le serveur ou d'autres hôtes du réseau.

Autorisations NTFS

Le système de fichiers NTFS utilisé dans les environnements Windows comprend des fonctions de sécurité qui permettent d'attribuer des niveaux d'autorisation aux fichiers et/ou aux dossiers du disque. Les autorisations NTFS définissent les paramètres des opérations que les utilisateurs peuvent effectuer sur le fichier ou le dossier désigné. Elles peuvent être attribuées directement par un administrateur, ou être héritées par le biais de paramètres de groupe, comme le groupe par défaut *Everyone*[11].

Les permissions NTFS peuvent être configurées comme options d'autorisation ou de refus. Si un utilisateur n'a que des droits de lecture pour un dossier ou fichier particulier, mais qu'il est assigné à un groupe qui a des droits plus larges pour ce dossier ou fichier, l'individu obtiendra ces droits supplémentaires par le biais du groupe. D'autre part, si l'utilisateur se voit attribuer l'option Refuser pour un niveau de permission donné, il se verra refuser ce niveau de permission même si ce dernier lui est accordé par un autre groupe dont il fait partie. Dans un environnement serveur, le paramètre de permission par défaut pour les fichiers est « Pas d'accès ».

Les permissions standard des dossiers NTFS sont les suivantes :

Lecture Cette autorisation permet à l'utilisateur ou au groupe de visualiser le fichier, le dossier, ou un sous-dossier d'un dossier parent, ainsi que ses attributs et autorisations.

Écriture Cette autorisation permet à l'utilisateur ou au groupe d'ajouter de nouveaux fichiers ou sous-dossiers, de modifier les attributs du fichier et des dossiers, d'ajouter des données à un fichier existant et de modifier les attributs d'affichage dans un dossier parent.

Lecture et exécution La permission « Lecture et exécution » permet aux utilisateurs ou aux groupes d'apporter des modifications aux sous-dossiers, d'afficher les attributs et les permissions, et d'exécuter les types de fichiers exécutables.

Modification L'autorisation de modification permet aux utilisateurs de supprimer le dossier et d'effectuer toutes les activités associées aux autorisations « Ecriture » et « Lecture et exécution ».

Affichage du contenu du dossier Cette autorisation permet aux utilisateurs ou aux groupes de consulter les fichiers et les sous-dossiers du dossier.

Contrôle total Le droit de contrôle total permet à l'utilisateur ou au groupe de s'approprier le dossier et d'en modifier les autorisations, ainsi que d'effectuer toutes les activités possibles avec toutes les autres autorisations.

Les autorisations standard des fichiers NTFS comprennent les éléments suivants :

Lecture Cette autorisation permet à l'utilisateur ou au groupe de visualiser le fichier ainsi que ses attributs et autorisations.

---

11 *Tout le monde* dans une version française.

Ecriture Cette autorisation permet à l'utilisateur ou au groupe d'écraser le fichier, de modifier ses attributs et de visualiser son propriétaire et ses attributs.

Lecture et exécution Le droit de « Lecture et exécution » permet aux utilisateurs ou aux groupes d'exécuter une application, ainsi que toutes les options disponibles grâce au droit de « Lecture ».

Modification Le droit de modification permet aux utilisateurs de modifier et de supprimer le fichier et d'effectuer toutes les activités associées aux droits de « Lecture », d'« Ecriture » et de « Lecture et exécution ».

Contrôle total L'autorisation « Contrôle total » permet à l'utilisateur ou au groupe de s'approprier le fichier et de modifier ses autorisations, ainsi que d'effectuer toutes les autres activités possibles avec toutes les autres autorisations.

Permissions Linux

Les systèmes d'exploitation Linux utilisent également des autorisations de fichiers et de répertoires pour les protéger contre les accès interdits. Dans les systèmes Linux (et Unix), les structures autres que les documents et les exécutables sont définis comme des fichiers. D'autres ressources système (telles que les lecteurs de disque, les lecteurs optiques, les modems, les périphériques d'entrée et de sortie) et les communications sur le réseau sont également accessibles en tant que fichiers.

Chaque fichier dans un système Linux a également un utilisateur propriétaire et un groupe propriétaire qui lui sont assignés, ainsi que des autorisations d'accès pour chaque type de propriétaire.

Des autorisations sont également établies pour les utilisateurs non privilégiés. Trois types de permissions d'accès peuvent être configurées :

Lire (r) Lorsqu'elle est spécifiée, cette autorisation permet à l'utilisateur de lire les contenus du fichier ou du dossier.

Ecrire (w) Lorsqu'elle est spécifiée pour un fichier, cette autorisation permet à l'utilisateur de modifier le fichier en écrivant dedans. Lorsqu'elle est attribuée à un répertoire, le droit d'écriture permet à l'utilisateur de créer ou de supprimer des fichiers dans le répertoire.

Exécution (x) Permet aux utilisateurs d'exécuter les fichiers et les scripts qui ont cette permission attribuée.

Chaque permission est établie indépendamment pour chaque catégorie d'utilisateurs. Un affichage typique des permissions d'un fichier (comme celui obtenu par une commande *list* [ls]) apparaîtra dans le format suivant :

drwxrwxrwx user group filesize Jan 01 08 : 00 filename

Chaque segment *rwx* de la zone de gauche affiche le paramètre de permission actif pour l'utilisateur propriétaire, le groupe propriétaire et les autres, respectivement. Le fait que les trois types d'autorisation soient présents dans cet exemple indique que les trois groupes ont toutes les autorisations activées. Lorsqu'une permission est désactivée pour un utilisateur particulier, son emplacement contient un simple tiret :

drwxrw – r – user group filesize Jan 01 08 : 00 filename

Dans cet exemple, l'utilisateur propriétaire a toujours toutes les autorisations, mais celles du groupe propriétaire ont été réduites à la lecture et à l'écriture, tandis que les autorisations des autres utilisateurs ont été réduites à la simple lecture. Lorsqu'un répertoire ou un fichier est créé dans un système Linux, il est associé à son créateur, qui en devient par défaut le propriétaire. En général, les utilisateurs de Linux assignent des autorisations -rw-r-r à leur fichiers non exécutables. Ce paramètre permettra aux autres de lire le fichier, mais ils ne pourront pas y apporter de modifications. De même, les répertoires se voient souvent attribuer des permissions -rwx-xr-r. Cela permet à d'autres personnes de consulter, avec droit d'exécution, le répertoire sans pouvoir y écrire un nouveau fichier ou en supprimer un déjà existant.

Un mot sur les permissions Linux

L'attribution des permissions Linux pour un fichier est éclipsée par les permissions attribuées à son répertoire parent. Même si un fichier se voit attribuer les permissions -rwxrwxrwx, l'utilisateur ne pourra pas accéder au fichier à moins d'avoir les permissions de lecture, d'écriture et d'exécution du répertoire supérieur.

Durcissement du système de fichiers

Bien que le système de fichiers fasse partie du système d'exploitation, il existe quelques techniques spécifiques qui peuvent être utilisées pour améliorer ou renforcer sa sécurité.

- La première étape consiste, si possible, à utiliser des systèmes de fichiers standardisés dans toute l'organisation.
- Envisagez de séparer les fichiers de démarrage, les fichiers système, les répertoires partagés et les données en les plaçant dans des partitions différentes sur chaque serveur et chaque périphérique informatique de l'utilisateur.

Pour les systèmes Windows, placez les fichiers de démarrage et système dans le lecteur C :\ et les partages dans d'autres lecteurs tels que D :\ ou E :\. Pour les systèmes Linux, modifiez les options de montage dans /etc/fstab pour limiter l'accès des utilisateurs. De plus, les répertoires accessibles en écriture par l'utilisateur tels que /home /var et /temp doivent être montés dans d'autres partitions.

- Supprimez toutes les fonctionnalités de partage caché de la partition de démarrage/système ainsi que de toute autre partition contenant des informations qui ne doivent pas être partagées.
- Pour les autorisations des dossiers et fichiers clés, utilisez des autorisations attribuées individuellement au lieu d'options de contrôle d'accès basées sur les rôles. N'utilisez les options RBAC que pour les informations qui doivent réellement être partagées entre les groupes. Le système RBAC et les autres stratégies de contrôle d'accès logique ont été abordés plus haut dans cette partie.
- Utilisez les options de chiffrement des fichiers et des dossiers lorsqu'elles sont disponibles.
- Mettre en place un audit et des rapports périodiques pour les dossiers et les fichiers qui sont les plus critiques pour les opérations de l'organisation.

Maintien de la sécurité des serveurs

Une fois que le système d'exploitation a été installé en toute sécurité sur le serveur, de même que les applications sélectionnées et que le logiciel du serveur a été renforcé, plusieurs tâches administratives sont nécessaires pour maintenir la sécurité du serveur. Les principales tâches associées au fonctionnement continu du serveur sont les suivantes :

- Enregistrement et audit de l'activité du serveur
- Effectuer des opérations régulières de sauvegarde des données des serveurs
- L'exécution de procédures de test de la sécurité du serveur pour vérifier que celle-ci reste inchangée. Ces procédures comprennent :
  - Maintenance des systèmes de détection d'intrusion (IDS[12])
  - Réalisation de tests de vulnérabilité de routine
  - Effectuer des tests de pénétration

Audit au niveau du réseau et enregistrement des événements

Une partie importante des tâches d'un administrateur et du plan global de sécurité du réseau sont les audits. L'*audit* est une méthode de surveillance planifiée à l'avance permettant d'évaluer ou déterminer si des problèmes existent dans le domaine évalué ou audité. La quasi-totalité des logiciels de serveur comportent des outils de surveillance et d'audit utilisés pour évaluer les performances de ces logiciels et de la plate-forme matérielle qui les prend en charge.

[12] Intrusion Detection Systems

Toutefois, la réalisation d'étapes d'audit qui vont au-delà de la surveillance normale du matériel et du système nécessaire au maintien des performances est généralement appelée *monitoring*. Au lieu de cela, les administrateurs réseau utilisent un logiciel d'audit pour évaluer les objets ou les événements réseau spécifiques et suivent ensuite ces résultats dans un journal d'audit pour une évaluation ultérieure. Certains pare-feu, systèmes de détection des intrusions (IDS) et logiciels d'audit peuvent être configurés pour fournir des alertes immédiates, ou *notifications*, aux administrateurs lorsque des événements, ou des modèles d'événements, inhabituels sont reconnus.

L'audit de tous les objets et événements d'un réseau n'est pas pratique et aurait un impact significatif sur les performances du réseau. Cela provoquerait l'arrêt brutal du réseau ou, du moins, un ralentissement important. C'est pourquoi l'utilisation judicieuse des techniques d'audit a été l'approche standard.

Avant de lancer un audit, il convient de réfléchir longuement à la question de savoir quels objets et événements doivent être contrôlés et à quel moment. En outre, un trop grand nombre de journaux d'audit pourrait entraîner une surcharge administrative et la possibilité de ne pas examiner ou identifier les événements critiques qui auraient pu causer un problème ou une violation de la sécurité. Bien entendu, l'audit nécessite des ressources supplémentaires, notamment du temps et du personnel pour examiner les données d'audit.

Bien que les performances informatiques puissent poser un problème, l'audit est un élément de sécurité important qui doit être soigneusement planifié. Il existe de nombreuses options quant à ce qui doit être audité. Le succès ou l'échec des tentatives de connexion de l'utilisateur peut fournir un indice de l'activité d'un attaquant et devrait fournir des informations menant à une modification de la politique en matière de mots de passe ou à la nécessité d'une formation continue de l'utilisateur.

Les résultats d'audit qui indiquent qu'un attaquant a tenté d'identifier et d'utiliser des mots de passe, des tentatives de franchir les listes de contrôle d'accès ou des tentatives de décryptage de données chiffrées, peuvent tous mener à la conclusion qu'un pirate tente de pénétrer le réseau.

Le résultat d'un audit peut montrer qu'un compte d'utilisateur est utilisé à des heures irrégulières. Cet audit peut indiquer que le compte de connexion de l'utilisateur a été compromis. Les objets tels que les dossiers restreints peuvent être audités pour détecter les tentatives d'accès et les autorisations d'accès incorrectes de l'utilisateur. Habituellement, les imprimantes individuelles ne sont pas auditées, bien qu'elles puissent l'être pendant de courtes périodes.

Les audits peuvent être planifiés de manière à détecter les activités inappropriées au sein d'un réseau local, de l'audit purement interne à la détection d'une activité externe tentant de pénétrer le réseau. Certaines entreprises engagent une équipe de sécurité ou demandent à leur administrateur d'activer les outils d'audit et de tenter de pénétrer le réseau afin d'évaluer les faiblesses potentielles du réseau.

L'audit des tentatives de connexion d'un utilisateur est probablement l'un des moyens les plus importants pour déterminer si le mot de passe d'un utilisateur a été compromis. Les administrateurs réseau doivent connaître l'horaire de travail normal des employés. Si un employé ne travaille que quelques jours ou est en vacances, son compte ne doit pas être actif la nuit ou lorsqu'il est absent.

L'audit des privilèges de l'utilisateur est une technique utile pour déterminer si l'ordinateur d'un utilisateur a détecté un virus qui augmente les privilèges de l'utilisateur. L'escalade des privilèges fait référence aux utilisateurs qui sont capables d'exécuter un programme avec un code intégré qui leur donne des privilèges administratifs après s'être connectés au serveur.

De nombreux pare-feu sont configurés pour vérifier quels utilisateurs internes accèdent à des sites web inappropriés. Ces mêmes firewalls peuvent être configurés pour identifier les fichiers, les dossiers et les services auxquels les utilisateurs accèdent depuis l'Internet. Les résultats de ces audits sont placés dans des journaux d'audit qui fournissent une piste d'audit. Les utilisateurs qui ne respectent pas les politiques de l'entreprise peuvent être conseillés et, dans certains cas, mis à pied. Les résultats des audits peuvent être exigés si une action en justice s'avère nécessaire.

L'audit est établi au niveau du serveur, tandis que la journalisation des événements peut être mise en place au niveau de l'ordinateur local. La fonctionnalité d'audit permet de surveiller et de suivre les activités de l'utilisateur et du système d'exploitation sur un ordinateur. Ces informations peuvent ensuite être utilisées pour détecter les intrus et autres activités indésirables.

Le système d'audit se compose de deux éléments principaux : une politique d'audit, qui définit les types d'événements qui seront surveillés et ajoutés aux journaux de sécurité du système; et les entrées d'audit, qui consistent en des entrées individuelles ajoutées au journal de sécurité lorsqu'un événement audité se produit. L'administrateur du système met en œuvre la politique d'audit.

Les entrées d'audit sont conservées dans le journal de sécurité, qui peut être consulté par l'administrateur. La Figure 14.8 montre un journal de sécurité typique. Pour que l'audit soit un outil de sécurité efficace, le journal de sécurité doit être examiné et archivé régulièrement.

Effectuer des sauvegardes

L'un des principaux rôles de l'administrateur réseau en matière de sécurité est la planification des mesures d'urgence. Dans ce rôle, l'administrateur est responsable de la mise en œuvre d'un plan de récupération qui garantira que le fonctionnement du réseau (et celui de l'organisation) puisse se rétablir en cas de sinistre.

L'une des premières étapes de tout plan de reprise d'activité doit comprendre l'élaboration et la mise en œuvre d'une politique de sauvegarde efficace.

Sans données sauvegardées, il ne peut y avoir de plan d'urgence pour une récupération efficace (ou éventuellement pas de récupération du tout). Les utilitaires de sauvegarde permettent à l'administrateur de créer des copies étendues des fichiers, des groupes de fichiers, ou des disques entiers, à utiliser dans le cas où le disque d'un serveur tombe en panne ou son contenu est corrompu.

En règle générale, seuls les administrateurs ou les membres spécialement désignés des groupes d'opérateurs de sauvegarde reçoivent les autorisations appropriées pour sauvegarder et restaurer toutes les données sur le serveur, quel que soit leur niveau d'autorisation. Cependant, tout utilisateur peut sauvegarder tout fichier local pour lequel il a au moins l'autorisation de lecture. De même, il peut restaurer tout ce pour quoi il a au moins l'autorisation d'écriture. Les utilisateurs ont généralement ces autorisations pour leurs propres fichiers, de sorte qu'ils peuvent effectuer des sauvegardes et des restaurations de leurs données si nécessaire.

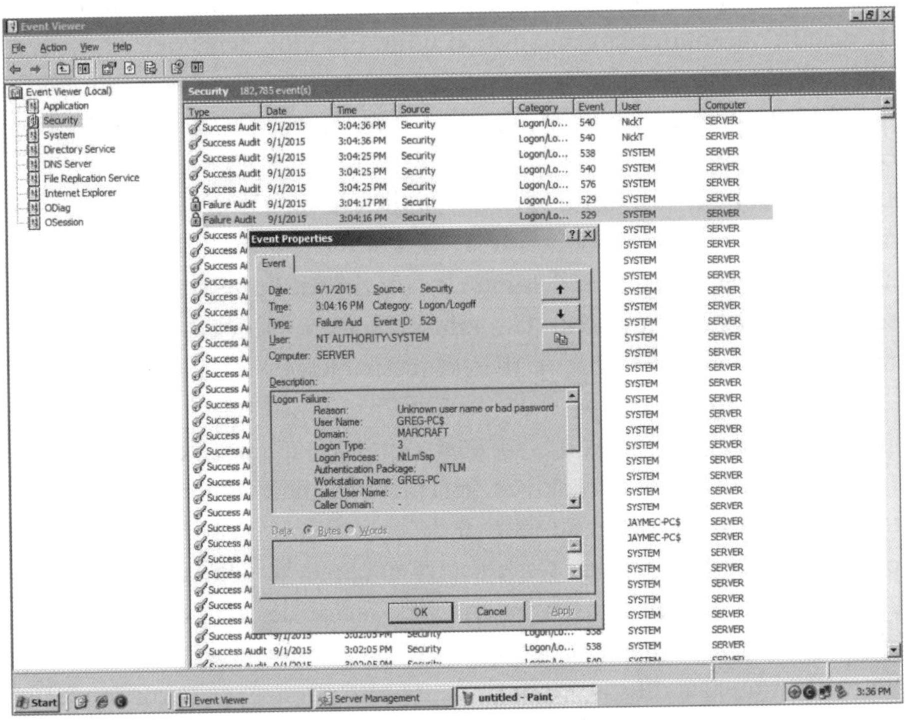

Figure 14.8 Consultation des journaux d'audit de sécurité

Les responsabilités administratives associées à la mise en œuvre d'un plan de reprise après sinistre comprennent :

- Établissement des types de sauvegardes à effectuer. Cela comprend la configuration des options de l'utilitaires de sauvegarde pour effectuer des copies complètes, différentielles, incrémentielles, ou des sauvegardes quotidiennes.

- Définir comment sauvegarder. Cela inclut la configuration des options qui permettent de vérifier la sauvegarde et d'activer la compression (si elle est prise en charge par le dispositif de sauvegarde). La vérification de la sauvegarde consiste à comparer la version des données stockées avec les données qui ont été désignées pour être sauvegardées (pour s'assurer que toutes les informations ont été correctement copiées pendant la sauvegarde).
- Préciser s'il faut remplacer les données existantes sur le support de sauvegarde ou ajouter les nouvelles données à la fin du support.
- Établir une convention de nommage des sauvegardes afin que les différentes copies de sauvegarde qui existent sur le support ad hoc puissent être facilement identifiées et différenciées les unes des autres. Normalement, cela implique d'étiqueter les sauvegardes avec la date et l'heure auxquelles elles ont été effectuées.
- Déterminer le moment de la sauvegarde. Cette sélection consiste à programmer les différents types de sauvegarde de manière qu'elles aient le moins d'impact négatif possible sur le fonctionnement du réseau, par exemple tard dans la nuit ou le week-end, lorsque moins d'utilisateurs sont susceptibles d'utiliser les ressources du réseau.

Assurez-vous de stocker les sauvegardes en toute sécurité

N'oubliez pas qu'il est possible pour d'autres personnes d'accéder aux données d'une sauvegarde volée et de les restaurer sur un autre système où ils ont des privilèges d'administrateur. Assurez-vous que les copies de sauvegarde sont stockées en toute sécurité.

Sécurisation des médias de sauvegarde

Une autre question importante en matière de sécurité des réseaux est le soin et la protection des supports de sauvegarde. Comme ceux-ci contiennent toutes les données propriétaires de l'entreprise, si quelqu'un y accède, il pourrait récupérer les informations privilégiées de l'entreprise et en faire un mauvais usage. Non seulement les pièces dans laquelle les supports de sauvegarde sont stockés doivent être verrouillées à clé, mais il devrait également y avoir une feuille d'entrée/sortie pour suivre les personnes qui y entrent et en sortent.

Les supports de sauvegarde contiennent les informations exclusives de l'entreprise, et doivent donc être conservés dans un endroit sûr et dans un coffre-fort ignifuge. Idéalement, deux jeux de supports de sauvegarde devraient être conservés, l'un sur place et l'autre hors site. Les coffres-forts anti-feu sont les conteneurs les plus sûrs pour les supports de sauvegarde, qu'ils soient sur site ou hors site.

Pour des raisons de sécurité, seul un nombre limité de personnes doit savoir où les sauvegardes sont stockées et avoir accès à la clé ou à la combinaison du coffre-fort.

Architectures de détection d'intrusion distribuées

Dans la deuxième partie, vous avez été initié aux systèmes de détection et de prévention des intrusions au niveau de l'hôte local. Historiquement, les systèmes de détection d'intrusion au niveau local-hôte ont été le choix de mise en œuvre dominant. Cependant, des systèmes similaires sont disponibles pour une mise en œuvre à l'échelle du réseau. En fin de compte, la défense IDS/IDPS la plus efficace est une combinaison des deux types de systèmes fonctionnant ensemble dans ce que l'on appelle des systèmes IDS distribués.
La Figure 14.9 présente un exemple de mise en œuvre d'un IDS distribué. Dans cet exemple d'architecture de travail en réseau, chaque hôte local connecté au réseau a son propre module IDS. Un module de gestion IDS est également installé dans un serveur réseau qui coordonne le flux d'informations en provenance et à destination des différents modules IDS locaux.

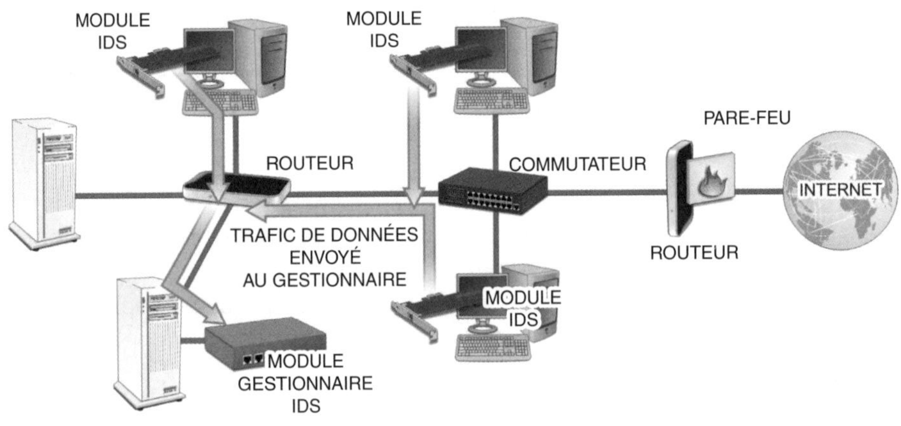

Figure 14.9 IDS distribué

Les modules IDS locaux transmettent les informations locales d'audit au gestionnaire IDS, qui filtre les informations entrantes pour constituer une base de données de signatures. La base de données peut être construite sur la base d'anomalies détectées ou de schémas connus d'utilisation abusive, ou sur les deux types de données. Lorsqu'une action correspond à l'une des signatures stockées dans la base de données, l'IDS génère une alarme d'intrusion sous la direction de son gestionnaire de configuration.
Dans le cas des systèmes IDPS, le module de gestion transmet le signal d'attaque à un module de contre-mesure distinct qui mène les activités de réponse appropriées en fonction de la nature de la signature d'intrusion détectée.

Un mot sur les facteurs de performance de l'IDS

Lorsqu'un système IDS distribué est mis en œuvre, il faut tenir compte de deux grands facteurs de performance : la sécurité et l'efficacité. De même, les principaux problèmes de gestion associés à la mise en œuvre des systèmes IDS/IPS concernent la création de fausses alertes positives et négatives, en particulier lors de la première installation du système. Toutefois, avec le temps, ces conditions peuvent être réduites au minimum en réglant l'IDS/IPS de manière à obtenir le meilleur niveau de sécurité avec un nombre minimum de fausses alertes.

Analyse des vulnérabilités

Plusieurs scanners de vulnérabilités sont disponibles pour tester un système et identifier les vulnérabilités et erreurs de configuration des appareils informatiques dans un environnement réseau, comme l'illustre la Figure 14.10. Ils sont particulièrement utiles pour identifier les types de vulnérabilités suivants :

- Hôtes actifs sur un réseau (y compris ceux qui peuvent se cacher sur le réseau)
- Ports et services actifs qui sont vulnérables
- Vulnérabilités associées aux systèmes d'exploitation des serveurs d'applications

Tous les scanners de vulnérabilités sont des outils basés sur une base de données, conçus pour rechercher sur les ordinateurs des vulnérabilités connues qui ont été identifiées et ajoutées à cette base de données. A ce titre, ils ne sont valables qu'à partir de leur dernière mise à jour. Pour cette raison, il est impératif que tous les scanners de vulnérabilités soient mis à jour juste avant de les utiliser. Les résultats de l'analyse sont affichés pour que l'utilisateur puisse les consulter.

Bien que l'utilisation de scanners de vulnérabilités demande beaucoup de temps et de ressources, elle constitue une partie importante du processus de sécurité. Elle permet de s'attaquer aux vulnérabilités le plus rapidement possible, avant, espérons-le, qu'elles ne soient découvertes et exploitées par d'autres.

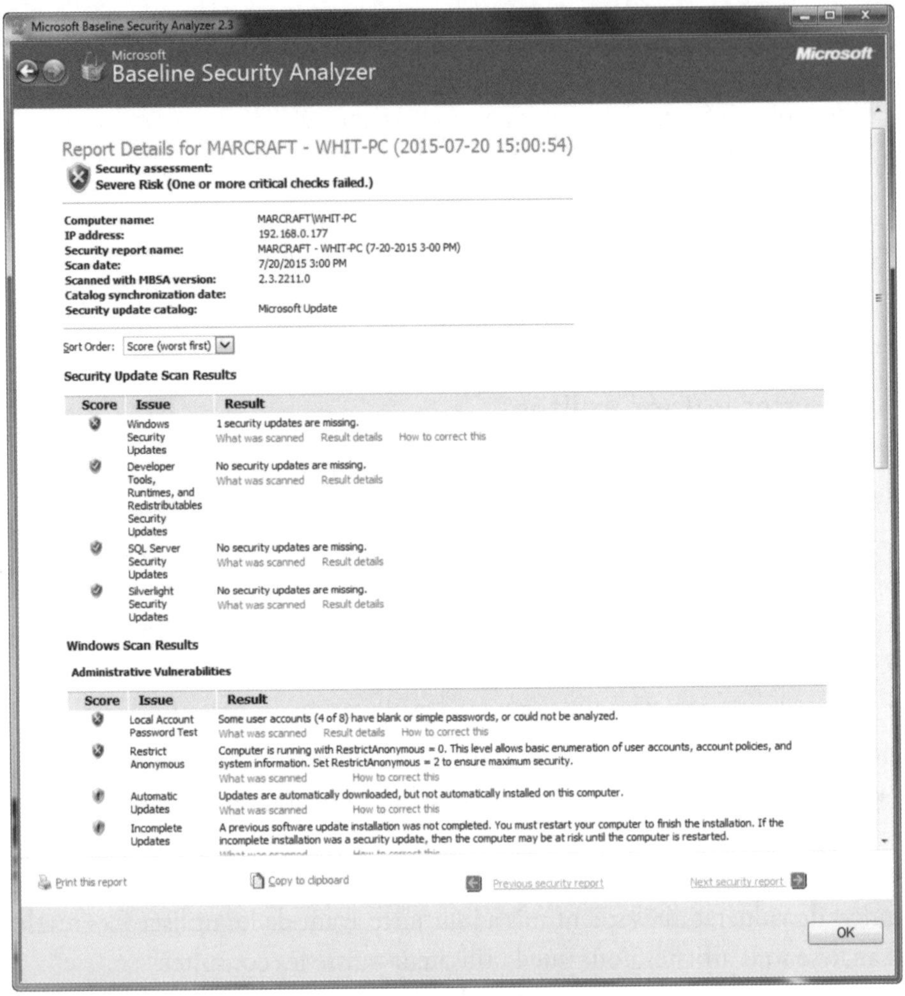

Figure 14.10 Un analyseur de vulnérabilités typique

■ Surveillance à distance

Les composants de gestion logicielle du serveur sont conçus pour mettre en œuvre une solution complète de surveillance de celui-ci. Comme le montre la Figure 14.11, les composants suivants fournissent un programme de gestion et de suivi proactif efficace.

Logiciel de surveillance (Monitoring) Au travers de la configuration du logiciel de surveillance, diverses opérations matérielles et logicielles du serveur sont sélectionnées pour être suivies. Les informations sur les événements qui en résultent peuvent être stockées dans un fichier de journalisation (fichier log).

Systèmes d'alarme/alerte Des alertes immédiates, peuvent être émises dans l'éventualité et au moment où le système du serveur montre des signes d'intrusion ou de défaillance. Il peut s'agir d'une alerte affichée sur la console de gestion ou d'un message envoyé à l'administrateur.

Fonctions de gestion à distance Les administrateurs peuvent se connecter au serveur et vérifier son état à distance. Les journaux de diagnostic peuvent être consultés à distance, et un système serveur défaillant peut être mis sous tension, hors tension, ou même redémarré pour refonctionner sans attendre l'arrivée d'un technicien.

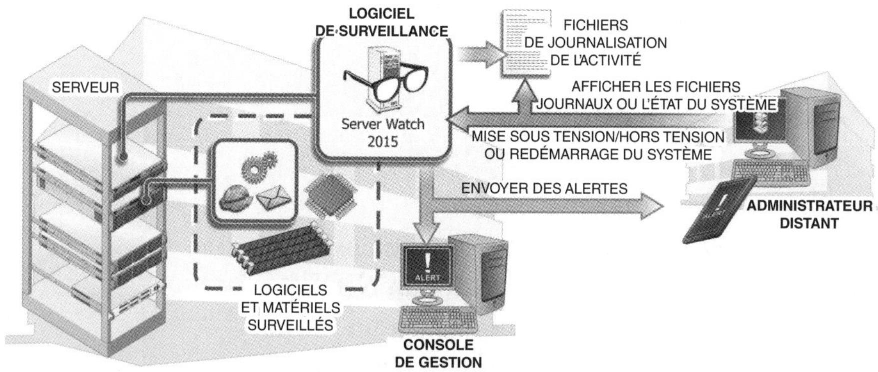

Figure 14.11 Composants du monitoring à distance

En utilisant ces composants critiques de gestion logicielle, les administrateurs peuvent surveiller et gérer les serveurs de manière proactive afin d'optimiser leur disponibilité. En fournissant aux administrateurs système des avertissements préalables avant que les pannes ne se produisent, les logiciels de gestion des serveurs les aident à reconnaître et à traiter les problèmes avant qu'ils ne deviennent catastrophiques et ne coûtent de l'argent ou n'impactent les affaires de l'entreprise.

Protocole SNMP (Simple Network Management Protocol)

En raison de la nature critique de la fonction d'un serveur dans le réseau, la plupart d'entre eux possèdent des capacités de gestion étendues pour tenir les administrateurs informés de leur état opérationnel. Cette fonction est souvent basée sur le protocole SNMP qui s'exécute sous le système d'exploitation installé et fournit des fonctions de gestion et de rapport sur l'ensemble du réseau.

Les administrateurs utilisent SNMP pour vérifier les caractéristiques des serveurs et l'activité du réseau, sans passer par le système d'exploitation principal du réseau. De cette façon, les activités de gestion de l'administrateur peuvent être exécutées sans verrouiller le système d'exploitation du serveur.

Il devrait être évident que l'utilisation de la surveillance à distance par le biais de SNMP est plus rentable que d'avoir un technicien serveur en service 24 heures sur 24, 7 jours sur 7.

Bien qu'un examen quotidien des journaux d'événements du système puisse révéler l'existence d'un problème à posteriori, le recours à cette seule approche ne permet pas d'être averti avant que le problème ne nuise au système.
Les moniteurs du système doivent être capables de fournir des notifications actives aux administrateurs lorsque les paramètres commencent à déraper. S'ils ne le font pas, l'administrateur est responsable de leur mise à jour. En cas de problème avec le serveur, SNMP envoie un message d'alarme à l'administrateur sur la situation. Un inconvénient de SNMP est qu'en cas de blocage du processeur, le logiciel SNMP se bloque également.

Exercices pratiques

Objectifs

- Décrire un système de détection d'intrusions sur le réseau.
- Effectuer des opérations de scan avec un NIDS.
- Inspecter les informations recueillies par un NIDS.
- Explorer les résultats dans les fichiers journaux.

Ressources

- Ordinateur de bureau/portable
- Windows 10 Pro installé
- Un compte avec un accès administratif
- Snort installé (https://www.snort.org/downloads)
- 7-Zip installé (https://www.7-zip.org/download.html)

Discussion

Comme pour les efforts de sécurité physique, la prévention des accès non autorisés est la première ligne de sécurité au niveau de l'informatique locale et des dispositifs de contrôle. Cependant, il est tout aussi important, à ce niveau, de pouvoir détecter l'apparition d'une intrusion et d'en informer les autorités compétentes.
Les systèmes de détection d'intrusion informatisés (IDS) peuvent être mis en œuvre de deux manières : IDS réseau (NIDS) ou IDS hôte (HIDS). Dans les deux cas, le système est principalement conçu pour surveiller le système (ordinateur local ou environnement réseau), enregistrer les événements clés et les violations de la politique, et les signaler selon les instructions.
Certains systèmes, appelés systèmes de détection et de prévention des intrusions (IDPS), fournissent un niveau supplémentaire d'activités visant à empêcher activement la réussite de la menace détectée. Ces systèmes sont classés en tant que systèmes IDS *actifs*, tandis que les IDS simples sont appelés systèmes IDS *passifs*.

Tous les appareils IDS sont basés sur l'une des deux stratégies suivantes :

- Analyse des signatures : Le trafic entrant et sortant est comparé à une base de données de modèles de codes spécifiques ayant été identifiés comme menaces malveillantes.
- Analyse des anomalies : Le trafic entrant et sortant est comparé à une base de référence établie en fonction du trafic jugé normal pour le système. La base de référence est « apprise » (générée) en appliquant des algorithmes mathématiques aux données que le système obtient du flux de trafic.

Procédures

Dans cette procédure, vous utiliserez Snort, sans doute l'IDS réseau open source le plus populaire. Il réalise une analyse basée sur les signatures et les anomalies, et dispose d'une forte communauté d'utilisateurs qui créent constamment de nouvelles règles à employer.

■ Ajustement du fichier de configuration de Snort

Bien que Snort soit très efficace et largement utilisé, il ne contient pas d'interface graphique pour faciliter l'administration. C'est à la fois un pour et un contre. Le point positif est que l'administrateur a un contrôle complet, et peut même créer ses propres règles. Toutefois, l'un des inconvénients de Snort est sa grande complexité et nécessite une bonne compréhension de la ligne de commande. Dans cette section, vous insérerez des informations dans le fichier de configuration avant d'utiliser le programme.

1. Allumez votre machine Windows 10 Pro.
2. Connectez-vous à l'aide de votre compte *administrateur*.
3. Dans la « barre de recherche » intégrée à votre « barre des taches », tapez **cmd** puis appuyez sur la touche « Entrée » pour lancer une invite de commande.
4. À l'invite de commande, tapez **ipconfig** et appuyez sur la touche « Entrée ». La Figure 14.12 montre un exemple de résultats d'IPCONFIG. Vos résultats varieront.
5. Enregistrez votre adresse IPv4 et votre masque de sous-réseau. Dans la Figure 14.12, l'adresse IPv4 et le masque de sous-réseau applicables sont indiqués ci-dessous :
   Adresse IPv4 : 192.168.0.182
   Masque de sous-réseau : 255.255.255.0
   Adresse IPv4 :
   Masque de sous-réseau :

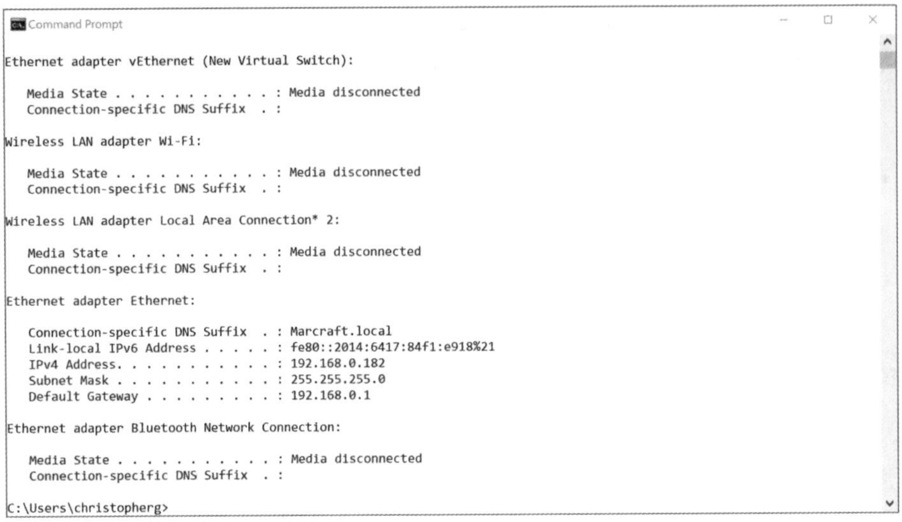

Figure 14.12 Ipconfig

6. Quittez la fenêtre « Invite de commande » en tapant « exit » et en appuyant sur la touche « Entrée ».
7. Avec l'explorateur Windows, naviguez jusqu'à : « Ordinateur ➢C : ➢Snort ».

   Double-cliquez sur le dossier « Etc » pour voir son contenu, comme illustré à la Figure 14.13.

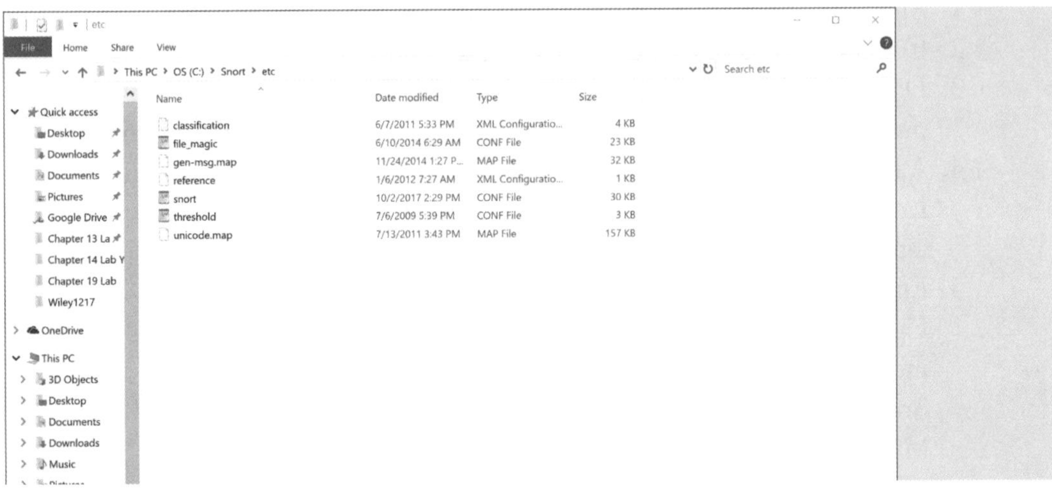

Figure 14.13 Contenu du dossier etc

8. Localisez le fichier « snort.conf » et faites un clic droit dessus, puis sélectionnez « Ouvrir ». L'invite de Windows vous demandera ce que vous souhaitez faire.

NOTE Si les extensions de fichiers ne s'affichent pas, allez dans « Fichier » puis « Modifier les options des dossiers et de recherche » et afficher les options « Affichage – Paramètres avancés », et décochez « Masquer les extensions des fichiers dont le type est connu ».

9. Cliquez sur le bouton radio associé à « Sélectionner un programme dans la liste des programmes installés » et sélectionnez « OK ».
10. Sélectionnez *Bloc-notes* ou *Word* et puis « OK ». Le fichier *snort.conf* est maintenant ouvert, comme le montre la Figure 14.14.

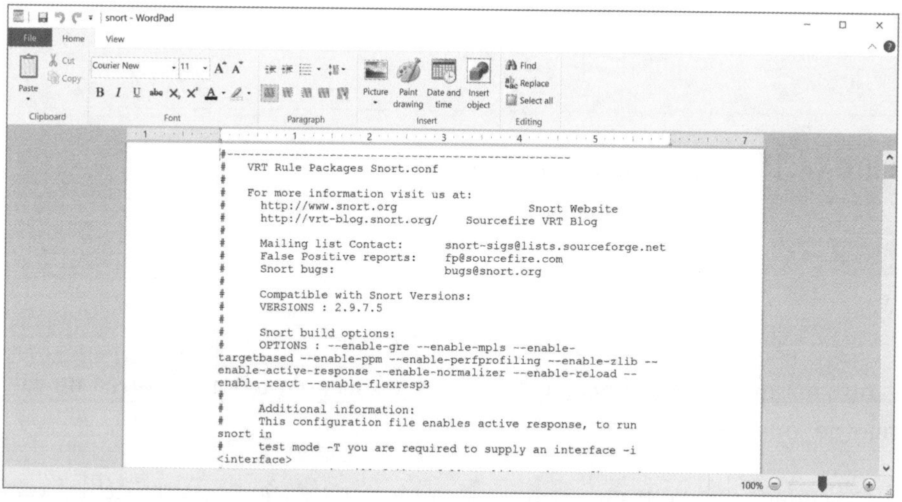

Figure 14.14 Le fichier de configuration de snort

NOTE Si le fichier *snort.conf* a déjà été modifié, les étapes suivantes devront être confirmées et ajustées en conséquence.

11. Dans *snort.conf Step #1*, localisez :

   # Setup the network addresses you are protecting
   ipvar HOME_NET any

   Comme le montre la Figure 14.15, remplacez le mot clé *any* par votre adresse IPv4 et votre masque de sous-réseau en notation CIDR. Utilisez l'adresse que vous avez enregistrée à l'étape 5. Par exemple :

   ipvar HOME_NET 192.168.0.182/24

Le fait de fournir votre adresse IP donne à Snort la bonne référence pour vérifier les paquets entrants et sortants.

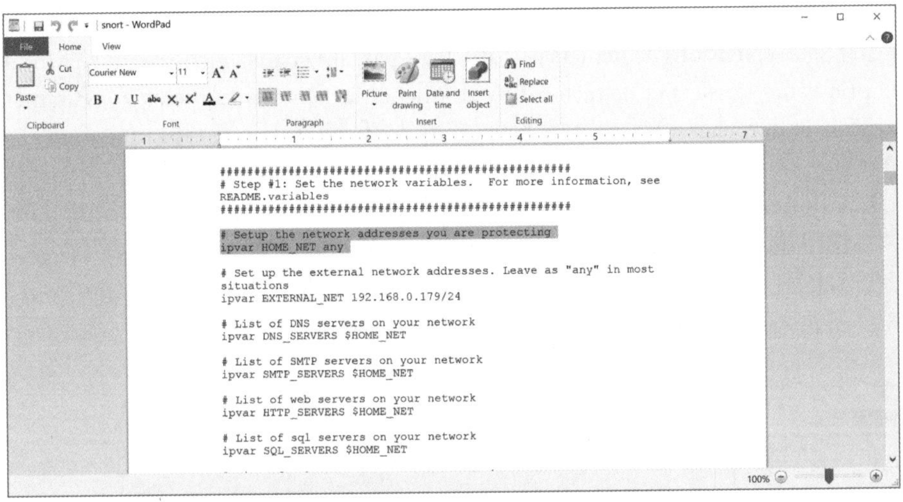

Figure 14.15 Changement d'adresse réseau

NOTE 255.255.255.0 = /24
255.255.0.0 = /16
255.0.0.0 = /8

Si votre masque de sous-réseau est différent de ceux-ci, reportez-vous à un calculateur de sous-réseau.

12. Pendant que vous êtes encore dans *snort.conf Step #1*, faites défiler vers le bas et localisez :

 # such as : c :\snort\rules
var RULE_PATH ..\rules
var SO_RULE_PATH ..\so_rules
var PREPROC_RULE_PATH ..\preproc_rules

Comme le montre la Figure 14.16, remplacez chaque ../ par *c :\snort.* Placez également un dièse (#) devant *var SO_RULE_PATH.* Ce changement est nécessaire pour la définition des variables et pour permettre leur future utilisation à l'intérieur du fichier de configuration.

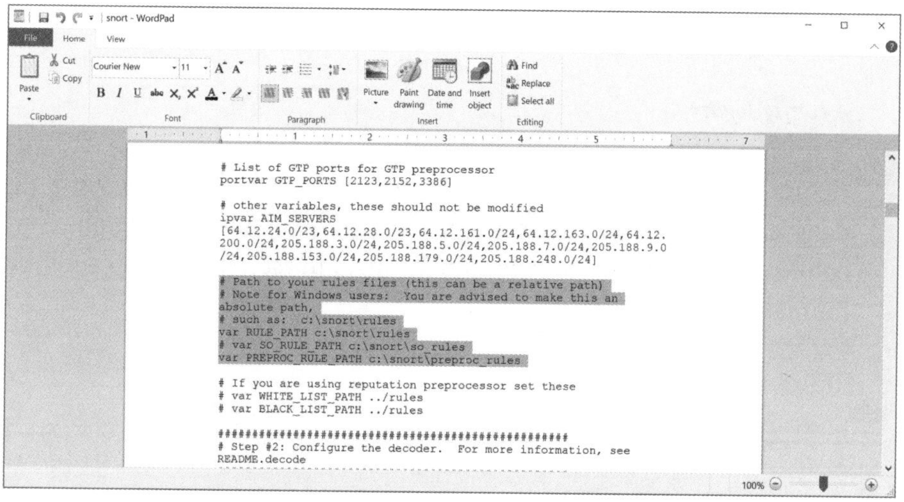

Figure 14.16 Modifications des chemins vers les règles

13. Enfin, dans *Step #1*, localisez :

    # if you are using reputation preprocessor set these
    var WHITE_LIST_PATH ../rules
    var BLACK_LIST_PATH ../rules

    Comme le montre la Figure 14.17, insérez un signe dièse (#) devant les deux variables. Vous n'établirez ni liste blanche ni liste noire de sites. En incluant un dièse (#), vous dites à Snort de ne pas tenir compte de la ligne entière; c'est ce qu'on appelle souvent un *commentaire de ligne.*

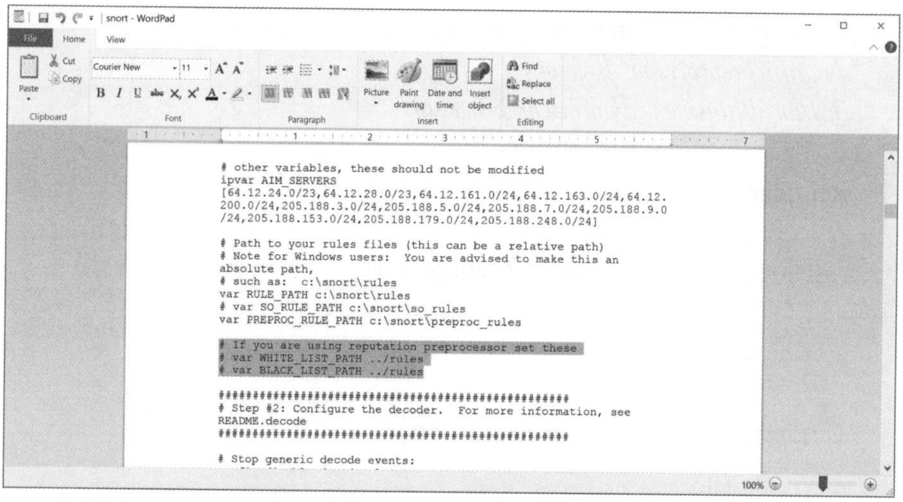

Figure 14.17 Liste blanche et liste noire modifiées

14. A la toute fin de *Step #2*, localisez :

 # config logdir :

Retirez le dièse (#) et insérez *c :\snort\log* à la fin de la ligne, comme indiqué dans la Figure 14.18. Supprimer le dièse (#) et ajouter un chemin d'accès confirme la création d'un répertoire de log, qui est nécessaire à l'audit de la journalisation.

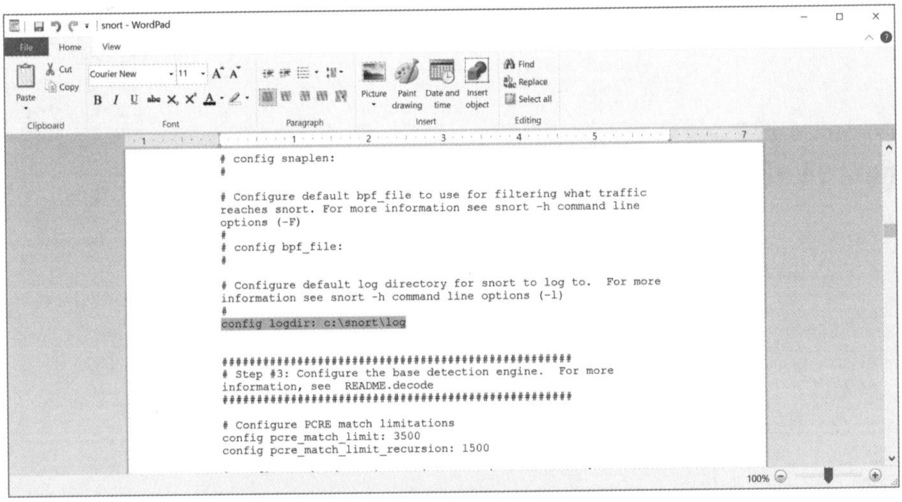

Figure 14.18 Configuration du répertoire des journaux

15. Passez *Step #3* et allez directement à *Step #4*. Localisez :

 # path to dynamic preprocessor libraries
dynamicpreprocessor directory
/usr/local/lib/snort_dynamicpreprocessor/

Remplacez :

/usr/local/lib/snort_dynamicpreprocessor/

avec ce qui suit :

C :\Snort\lib\snort_dynamicpreprocessor

Comme le montre la Figure 14.19, cela définit le chemin nécessaire pour localiser snort_dynamicpreprocessor.

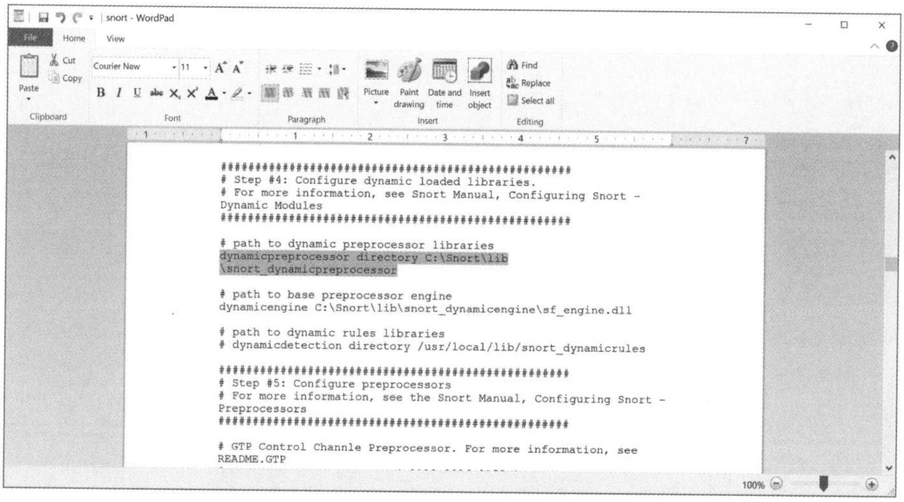

Figure 14.19 Chemin vers dynamic preprocessor

16. Repérez les éléments suivants :

 # path to base preprocessor engine
dynamicengine /usr/local/lib/snort_dynamicengine/libsf_engine.so

Remplacez :

/usr/local/lib/snort_dynamicengine/libsf_engine.so

avec ce qui suit :

C :\Snort\lib\snort_dynamicengine\sf_engine.dll

Comme le montre la Figure 14.20, ceci définit le chemin vers le fichier *snort_dynamicengine* et adapte le nom du fichier utilisé à Windows (par opposition à Linux).

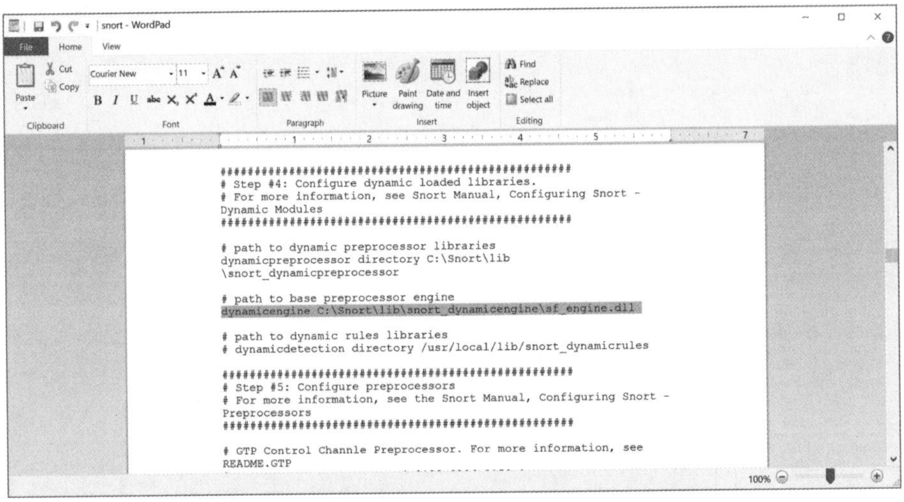

Figure 14.20 Modification du chemin vers dynamic engine

17. Repérez les éléments suivants :

 # path to dynamic rules libraries
Dynamicdetection directory /usr/local/lib/snort_dynamicrules

Insérez un signe dièse (#) avant la ligne du bas, comme indiqué dans la Figure 14.21. L'insertion du dièse (#) avant la ligne supprime l'utilisation de *snort_dynamicrules.*

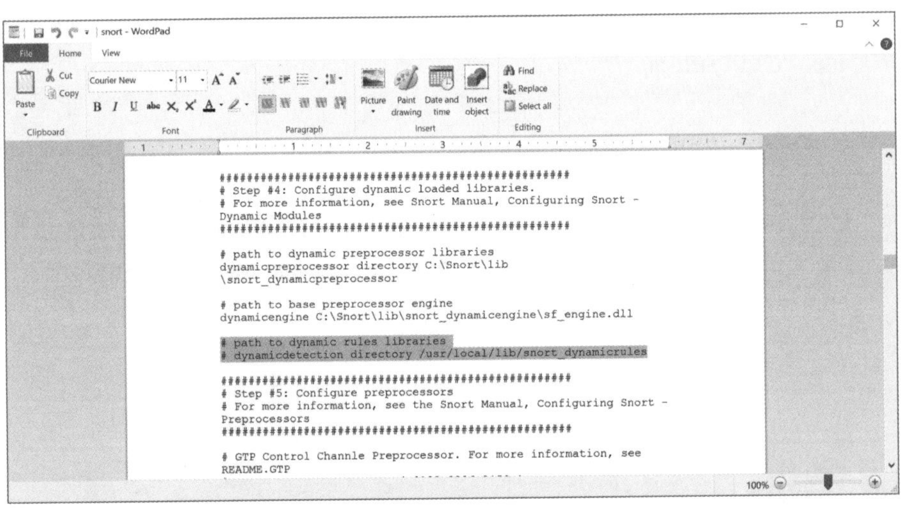

Figure 14.21 Exclusion de dynamic rules

18. Dans *Step #5*, repérez ce qui suit :

   # Does nothing in IDS mode
   preprocessor normalize_ip4
   preprocessor normalize_tcp : block, rsv, pad, urp, req_urg, req_pay, req_urp, ips, ecn, stream
   preprocessor normalize_icmp4
   preprocessor normalize_ip6
   preprocessor normalize_icmp6

   Insérez un signe dièse (#) devant chaque *preprocessor*, comme le montre la Figure 14.22. Windows a des problèmes avec les fonctions dans cette section, donc l'insertion d'un signe dièse (#) en début de chaque ligne les supprime de l'équation.

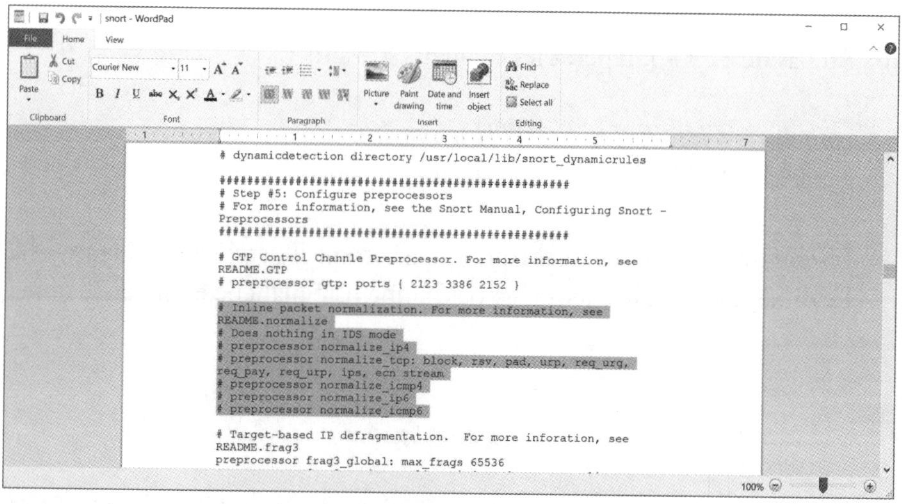

Figure 14.22 Exclusion de inline packet normalisation

19. Dans *Step #5*, repérez ce qui suit :

   README.sfportscan
   # preprocessor sfportscan : proto { all } memcap { 10000000 } sense_level { low }

   Enlevez le dièse (#) pour activer *Portscan detection*, comme illustré dans la Figure 14.23.

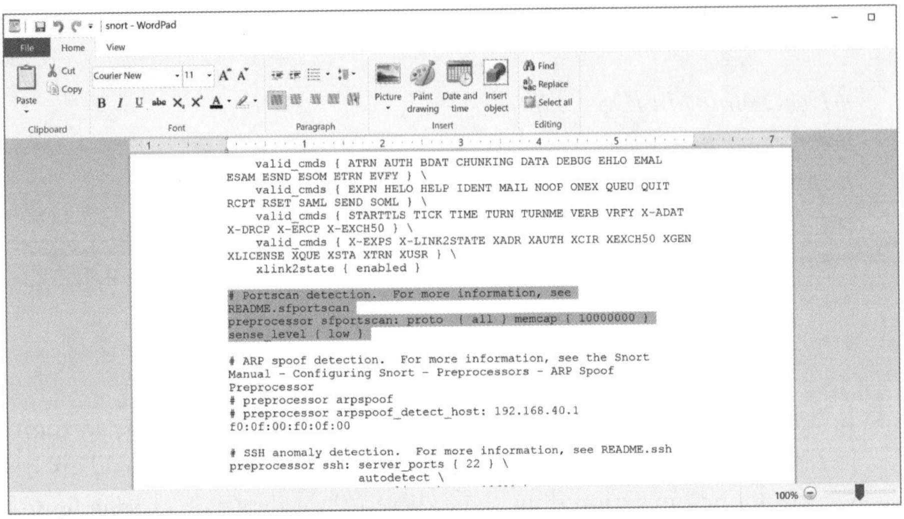

Figure 14.23 Activation de portscan

20. Au bas de *Step #5*, repérez les éléments suivants :

*whitelist $WHITE_LIST_PATH/white_list.rules, *
blacklist $BLACK_LIST_PATH/black_list.rules

Insérez un dièse (#) avant chaque ligne, comme illustré dans la Figure 14.24. Le dièse désactive le chemin associé à une liste blanche et une liste noire.

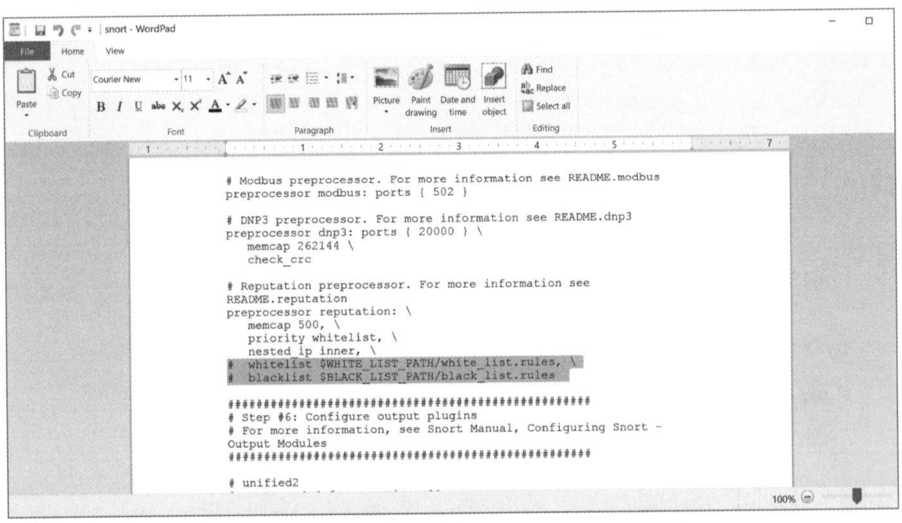

Figure 14.24 Exclusion des listes blanche et noire

21. Dans Step #6, repérez ce qui suit :

 # pcap
 # output log_tcpdump : tcpdump.log

En dessous, insérez *output alert_fast : alerts.ids*, comme illustré dans la Figure 14.25. L'insertion de cette ligne créera un journal lors d'une alerte pendant le mode de détection d'intrusion.

22. Vous devrez créer ce fichier. Sans fermer le fichier *snort.conf*, cliquez sur l'icône « Démarrer » et tapez **Word** dans la barre de recherche. Microsoft *Word* ou le *Bloc-notes* apparaîtra. Appuyez sur la touche « Entrée ».
23. Sélectionnez « Fichier ➢Enregistrer sous ». Vous devrez naviguer jusqu'à « C : ➢Snort ➢Log ».
Entrez **alert.ids** comme nom et sélectionnez « Enregistrer ». Sélectionnez « Oui » si un message d'avertissement apparaît.

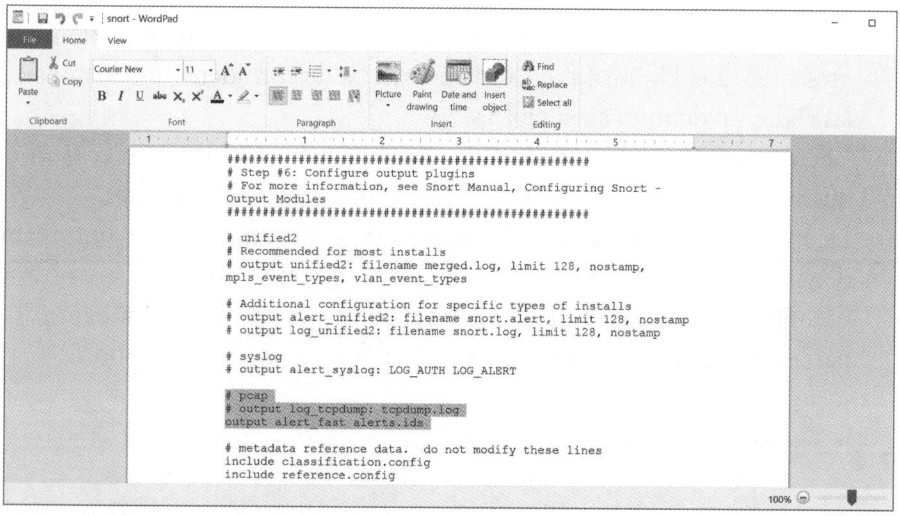

Figure 14.25 Alerte de sortie

24. Fermez le document *alert.ids*. Retournez dans le fichier *snort.conf.*
25. Dans *Step # 7*, sous *# site specific rules*, insérez ce qui suit :

Include $RULE_PATH\community.rules

Placez un dièse (#) devant chaque ligne de *Step #7*. La Figure 14.26 montre à quoi cela doit ressembler. Cela obligera Snort à utiliser le fichier *community.rules* et à ignorer tous les autres chemins lorsqu'il comparera les règles définies.

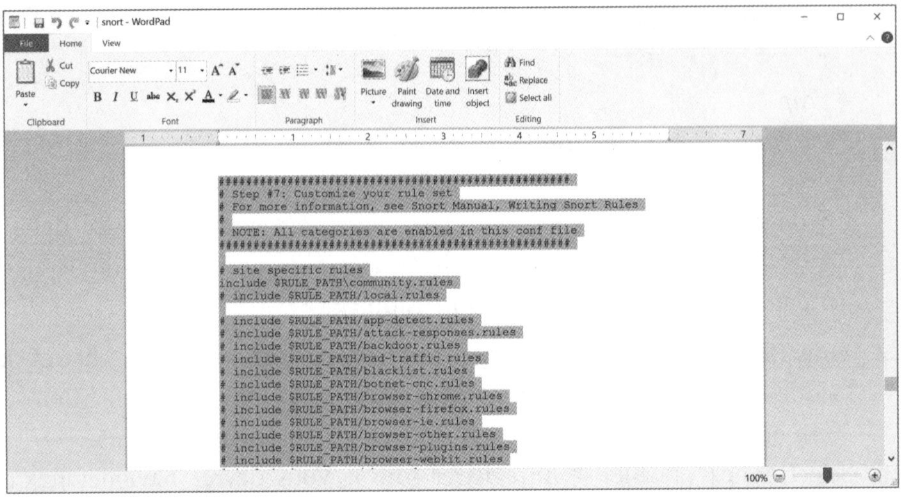

Figure 14.26 Définition des règles

26. Dans *Step #8*, enlevez le dièse (#) avant chaque *include $PREPROC_RULE_PATH*. Changez / en \ à chaque fois. Les deux modifications sont présentées à la Figure 14.27. Cela permettra de considérer les chemins vers les règles prédéfinies ainsi ciblées.
27. Sélectionnez « Fichier ➢Enregistrer ». Quittez le fichier *snort.conf* en cliquant sur le « X » rouge dans le coin supérieur droit de la fenêtre.
La majorité des modifications apportées à la configuration ont permis d'activer ou de désactiver des fonctionnalités spécifiques. Snort offre de nombreuses fonctions que Windows n'utilise pas correctement. Sans passer par le fichier de configuration, vous ne pourriez pas exécuter Snort.

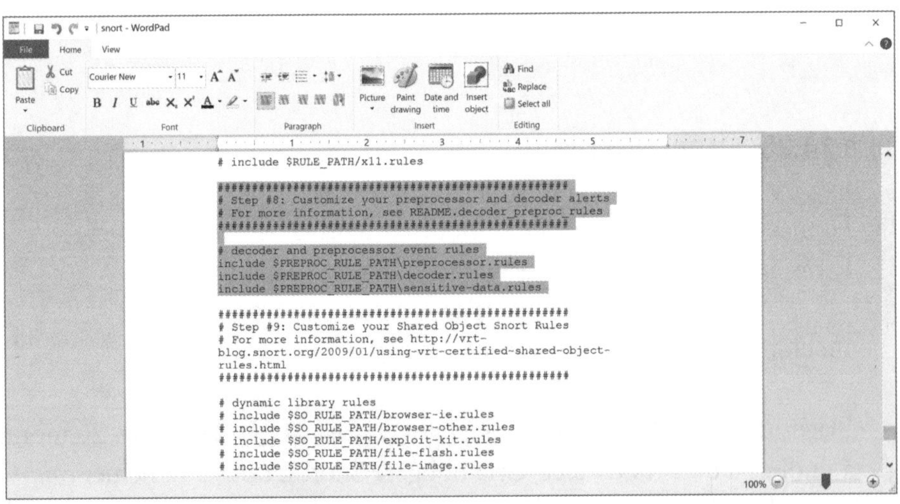

Figure 14.27 Changements de step #8

Ajout de règles

Snort a besoin de règles pour pouvoir réaliser sa comparaison. Il existe trois niveaux de règles : *community*, *registered* et *subscriber*. Pour les besoins de ce laboratoire, vous allez charger les règles *community*. Elles sont peut-être un peu dépassées, mais elles sont utiles et nécessaires.

1. Allez sur: https://www.snort.org/downloads pour télécharger le fichier *community-rules.tar.gz*.
2. Rendez-vous dans votre répertoire de téléchargement et sélectionnez le fichier *community-rules.tar* puis cliquez sur le bouton droit de la souris. Sélectionnez « 7-Zip ➢Extract Files[13] », comme indiqué à la Figure 14.28.

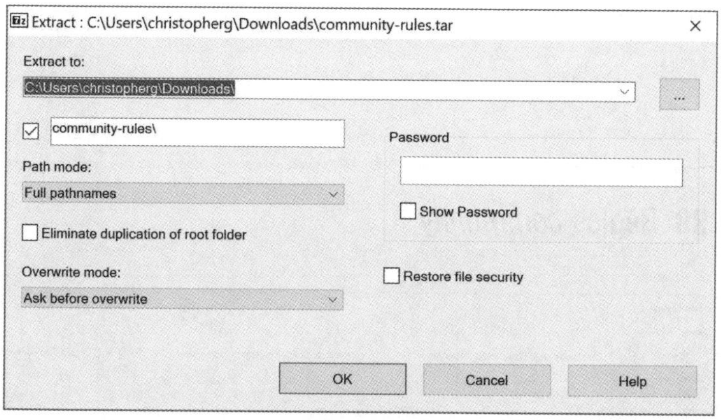

Figure 14.28 Fenêtre d'extraction des fichiers

3. Cliquez sur « OK ». Un nouveau dossier apparaîtra. Double-cliquez sur le *dossier community rules.tar* pour en voir le contenu, comme indiqué dans la Figure 14.29.
4. Cliquez avec le bouton droit de la souris sur le nouveau fichier *community-rules.tar*, sélectionnez « 7-Zip ➢Extract Files » pour lancer une autre fenêtre d'extraction.
5. Cliquez sur « OK ». Un autre dossier apparaît. Double-cliquez sur le dossier *Community-Rules*. Double-cliquez sur le dossier *Community-Rules* suivant pour afficher une petite liste d'éléments. La Figure 14.30 montre le chemin typique *C :* > *Votre répertoire de téléchargement* > *community-rules.tar* > *community-rules* > éléments de *community-rules*.
6. Laissez cette fenêtre ouverte. Cliquez sur l'icône « Windows » et sélectionnez « Explorateur de fichiers ».

[13] Extraire les fichiers

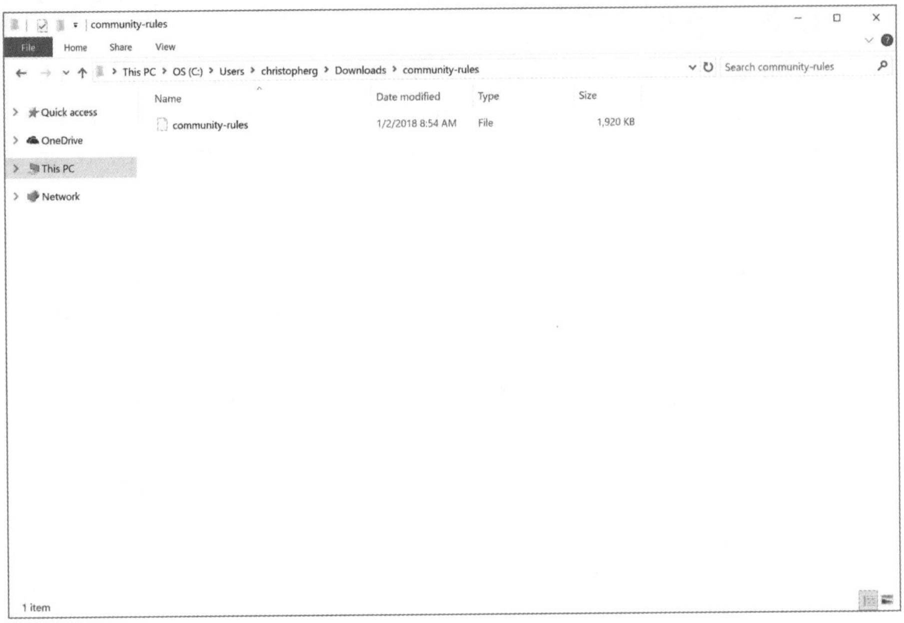

Figure 14.29 Règles *community*

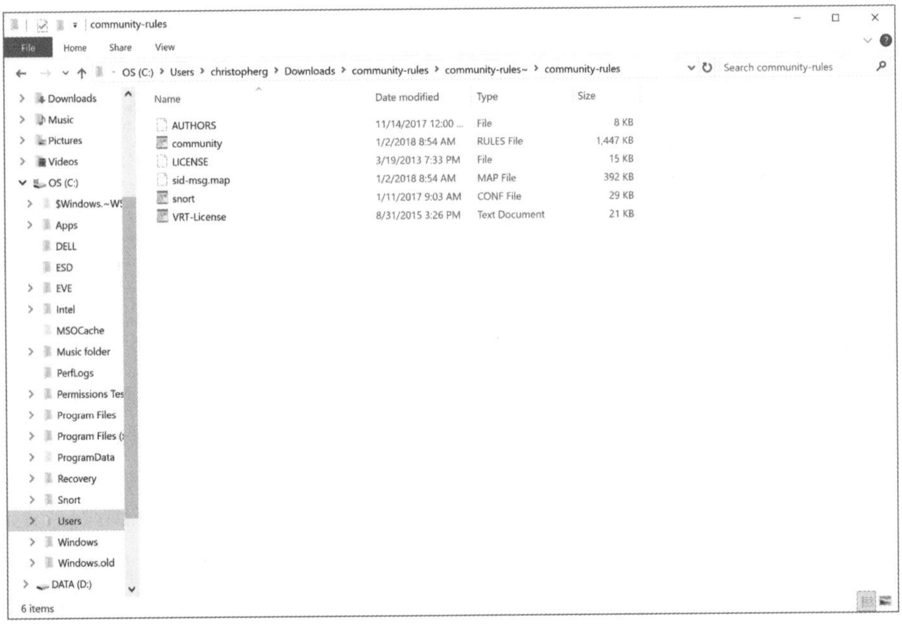

Figure 14.30 Dossier community-rules

7. Dans l'explorateur de fichiers, naviguez jusqu'à « Disque Local (C :) ➢Snort ➢Rules ». Copiez et collez le fichier *community* depuis le dossier *Community-Rules* présent dans votre répertoire de téléchargement vers « Snort ➢dossier Rules », comme indiqué dans la Figure 14.31.

8. Fermez toutes les fenêtres en cliquant sur le « X » rouge dans le coin supérieur droit de la fenêtre.

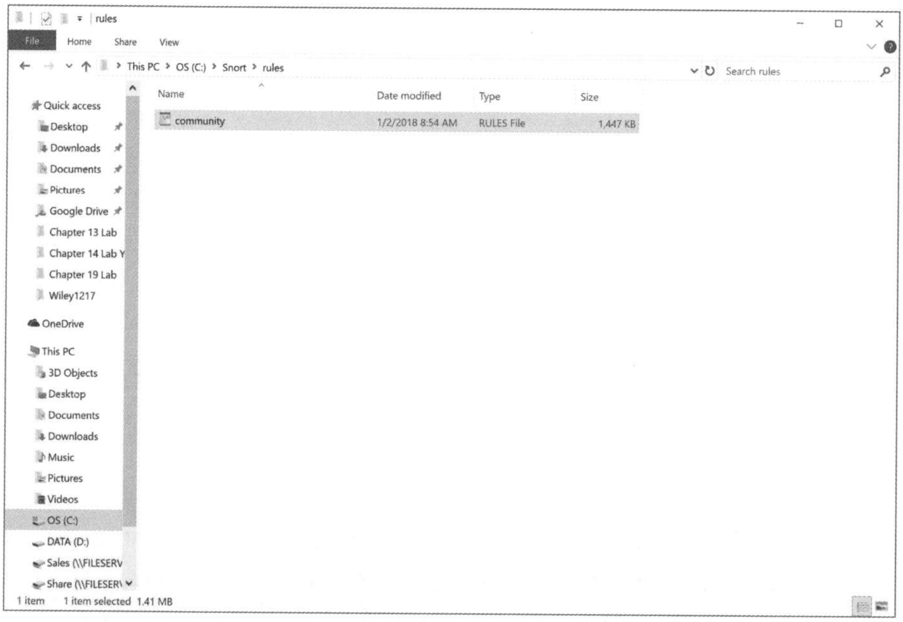

Figure 14.31 Fichier community déplacé vers le dossier rules

Faire fonctionner Snort pour la détection d'intrusion dans les réseaux

Snort peut être configuré pour fonctionner selon trois modes principaux, avec une variété d'options complexes. Ceux-ci comprennent *sniffing*[14], *packet logging*[15] et *network intrusion detection*[16]. Il est important de savoir comment accomplir chacun de ces trois modes, au moins de manière basique.

1. Ouvrez une invite de commande en tapant **cmd** dans la barre de recherche. N'appuyez pas sur la touche « Entrée ». Sous « Programmes », cliquez avec le bouton droit de la souris sur « cmd » et choisissez « Exécuter en tant qu'administrateur ». Sélectionnez « Oui » lorsque l'UAC vous le demande.
2. Vous devrez en premier changer de répertoire. À l'invite de commande, tapez **cd C :\Snort\bin** et appuyez sur « Entrée », comme indiqué à la Figure 14.32.

[14] Que l'on peut traduire par *écoute* ou *analyse* du trafic.
[15] Que l'on peut traduire par *journalisation des paquets*.
[16] Que l'on peut traduire par *détection d'intrusion réseau*.

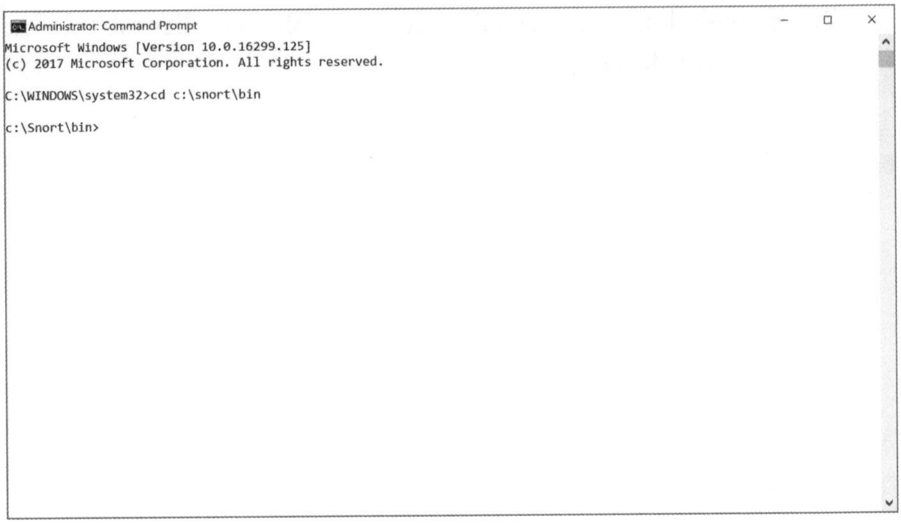

Figure 14.32 Cd c :\snort\bin

3. La première commande servira à découvrir les interfaces présentes sur votre machine. Tapez **snort -W** et appuyez sur «Entrée». Une liste d'interfaces apparaîtra, comme le montre la Figure 14.33.

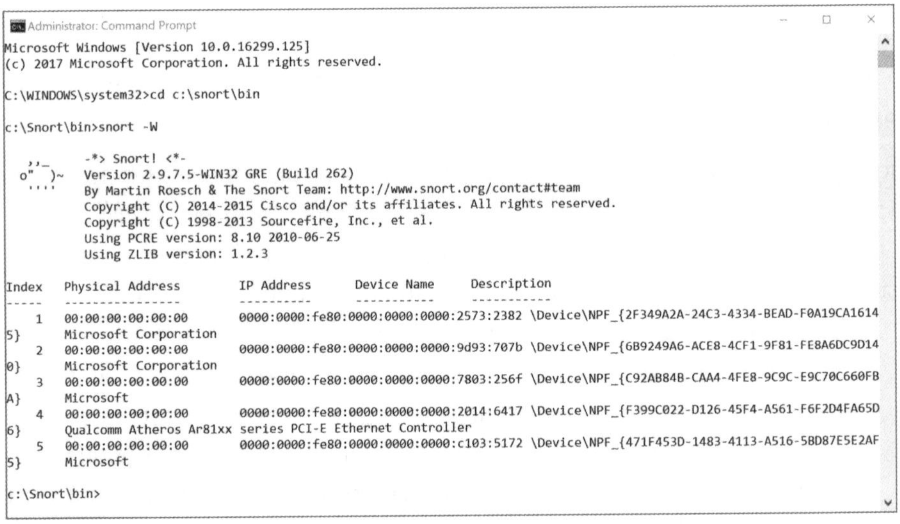

Figure 14.33 Liste des interfaces avec snort

NOTE Vous avez peut-être d'autres interfaces. Il est important de choisir la bonne lorsque vous commandez Snort pour savoir où effectuer les détections.

4. Vous allez maintenant tester le fichier de configuration qui a été édité précédemment. Tapez ce qui suit :

   snort -i 1 -c c :\snort\etc\snort.conf -T

   Cette commande indique à Snort (snort) d'utiliser l'interface *numéro 1* (-i 1) pour utiliser le fichier configuration (-c), qui se trouve ici (*c :\snort\etc\snort.conf*) et de seulement le tester que (-T). Important : il se peut que vous deviez utiliser un autre numéro d'interface (l'interface 4 a été utilisée pour cet exemple).

Une fois la procédure terminée, comme le montre la Figure 14.34, un message de validation réussie sera affiché. Vous allez maintenant exécuter Snort en mode IDS tout en effectuant simultanément la journalisation dans un fichier et l'affichage à l'écran.

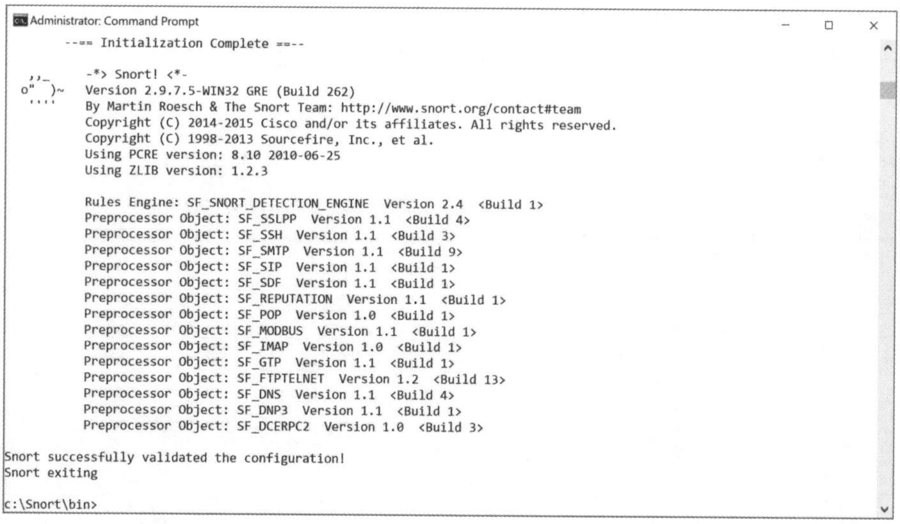

Figure 14.34 Validation réussie avec snort

5. Tapez **snort -A console -i 1 -c c :\snort\etc\snort.conf -l c :\snort\log** (le **-l** est un L minuscule) et appuyez sur « Enter » (rappelez-vous que le chiffre dans -i 1 peut être différent pour vous).

   À ce stade, les règles sont comparées. Si des violations se produisent, elles seront affichées à l'écran et enregistrées.

6. À tout moment, appuyez sur « Ctrl+C » pour sortir Snort du mode IDS.

7. Faites défiler la page vers le haut pour voir les informations sur la session. Vous pouvez voir la répartition par protocole, les nombres totaux d'entrées/sorties de paquets et d'autres informations, comme le montre la Figure 14.35.

NOTE Votre écran peut avoir un aspect différent.

Dans votre environnement réseau actuel, il est très peu probable que vous soyez notifié de quelque intrusion que ce soit. Pour montrer que Snort réalise une fonction IDS mais peut aussi être utilisé à d'autres fins, vous pouvez analyser le trafic réseau (*sniffing*).

8. À l'invite de commande, tapez **snort -dev -i 1 -c c :\snort\etc\snort.conf** (rappelez-vous que **-i 1** peut être différent dans votre environnement) et appuyez sur « Entrée ».

Après le début du traitement des paquets, vous les verrez de façon individuelle avec les informations qui leur sont associées.
La Figure 14.36 montre quelques paquets en mode *sniffing*.

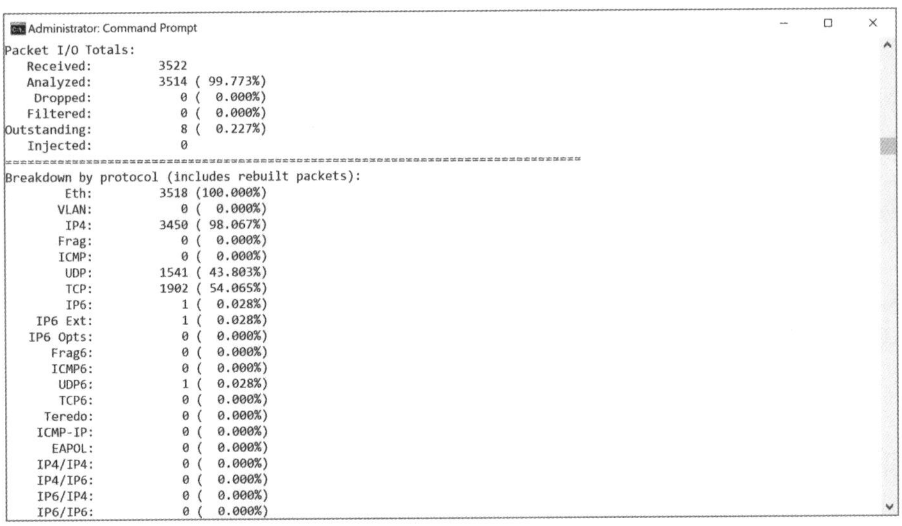

Figure 14.35 Répartition des paquets dans snort en mode ids

Comme le montre la Figure 14.36, vous pouvez voir les adresses IP, les adresses MAC, les détails des paquets, les protocoles, etc.

9. Pour arrêter Snort, appuyez sur « Ctrl+C ». Dans l'invite de commande, tapez **exit** et appuyez sur « Entrée ».
10. Fermez toutes les fenêtres encore ouvertes. Arrêtez la machine.

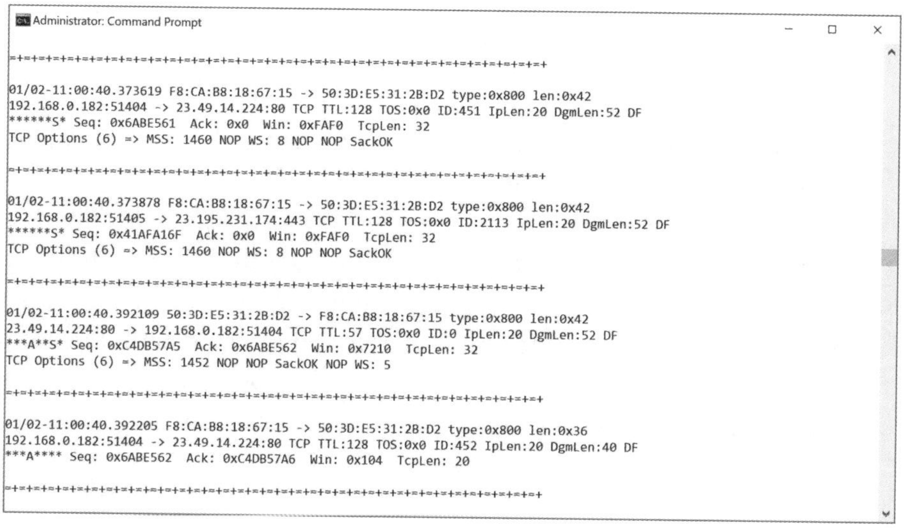

```
Administrator: Command Prompt

=+=+=+=+=+=+=+=+=+=+=+=+=+=+=+=+=+=+=+=+=+=+=+=+=+=+=+=+=+=+=+=+=+=+

01/02-11:00:40.373619 F8:CA:B8:18:67:15 -> 50:3D:E5:31:2B:D2 type:0x800 len:0x42
192.168.0.182:51404 -> 23.49.14.224:80 TCP TTL:128 TOS:0x0 ID:451 IpLen:20 DgmLen:52 DF
******S* Seq: 0x6ABE561  Ack: 0x0  Win: 0xFAF0  TcpLen: 32
TCP Options (6) => MSS: 1460 NOP WS: 8 NOP NOP SackOK

=+=+=+=+=+=+=+=+=+=+=+=+=+=+=+=+=+=+=+=+=+=+=+=+=+=+=+=+=+=+=+=+=+=+

01/02-11:00:40.373878 F8:CA:B8:18:67:15 -> 50:3D:E5:31:2B:D2 type:0x800 len:0x42
192.168.0.182:51405 -> 23.195.231.174:443 TCP TTL:128 TOS:0x0 ID:2113 IpLen:20 DgmLen:52 DF
******S* Seq: 0x41AFA16F  Ack: 0x0  Win: 0xFAF0  TcpLen: 32
TCP Options (6) => MSS: 1460 NOP WS: 8 NOP NOP SackOK

=+=+=+=+=+=+=+=+=+=+=+=+=+=+=+=+=+=+=+=+=+=+=+=+=+=+=+=+=+=+=+=+=+=+

01/02-11:00:40.392109 50:3D:E5:31:2B:D2 -> F8:CA:B8:18:67:15 type:0x800 len:0x42
23.49.14.224:80 -> 192.168.0.182:51404 TCP TTL:57 TOS:0x0 ID:0 IpLen:20 DgmLen:52 DF
***A**S* Seq: 0xC4DB57A5  Ack: 0x6ABE562  Win: 0x7210  TcpLen: 32
TCP Options (6) => MSS: 1452 NOP NOP SackOK NOP WS: 5

=+=+=+=+=+=+=+=+=+=+=+=+=+=+=+=+=+=+=+=+=+=+=+=+=+=+=+=+=+=+=+=+=+=+

01/02-11:00:40.392205 F8:CA:B8:18:67:15 -> 50:3D:E5:31:2B:D2 type:0x800 len:0x36
192.168.0.182:51404 -> 23.49.14.224:80 TCP TTL:128 TOS:0x0 ID:452 IpLen:20 DgmLen:40 DF
***A**** Seq: 0x6ABE562  Ack: 0xC4DB57A6  Win: 0x104  TcpLen: 20

=+=+=+=+=+=+=+=+=+=+=+=+=+=+=+=+=+=+=+=+=+=+=+=+=+=+=+=+=+=+=+=+=+=+
```

Fiure 14.36 Snort en mode sniffing

Questions sur les laboratoires

1. Quelles sont les deux stratégies, ou les deux types de règles, sur lesquelles repose un IDS ?
2. Quels sont les trois principaux modes qui peuvent être accomplis dans Snort ?
3. Quel est l'objectif de la modification du fichier de configuration ?
4. Quels sont les avantages et les inconvénients de l'utilisation de Snort ?

Réponses du laboratoire

1. Quelles sont les deux stratégies, ou les deux types de règles, sur lesquelles repose un IDS ?
   Tous les appareils IDS sont basés sur l'une des deux stratégies suivantes :
   Analyse des signatures : Le trafic entrant et sortant est comparé à une base de données de modèles de codes spécifiques ayant été identifiés comme menaces malveillantes.
   Analyse des anomalies : Le trafic entrant et sortant est comparé à une base de référence établie en fonction du trafic jugé normal pour le système. La base de référence est « apprise » (générée) en appliquant des algorithmes mathématiques aux données que le système obtient du flux de trafic.
2. Quels sont les trois principaux modes qui peuvent être accomplis dans Snort ?
   Snort peut être configuré pour fonctionner selon trois modes principaux, avec une variété d'options complexes. Les trois principaux modes comprennent *sniffing*, *packet logging* et *network intrusion detection*.

3. Quel est l'objectif de la modification du fichier de configuration ?
   La majorité des opérations de configuration ont été effectuées pour activer ou désactiver certaines fonctionnalités. Snort offre de nombreuses fonctions que Windows n'utilise pas bien. Sans passer par le fichier configuration, vous ne pourriez pas faire fonctionner Snort.
4. Quels sont les avantages et les inconvénients de l'utilisation de Snort ?
   Bien que Snort soit très efficace et largement utilisé, il ne contient pas d'interface graphique pour faciliter l'administration. C'est à la fois un pour et un contre. Le point positif est que l'administrateur a un contrôle complet, et peut même créer ses propres règles. Toutefois, l'un des inconvénients de Snort est qu'il est complexe et nécessite une bonne compréhension de la ligne de commande.

Chapitre 15

Comprendre les dispositifs de connectivité réseau

Tous les appareils intelligents connectés à un réseau doivent être dotés d'un adaptateur réseau capable de brancher physiquement l'appareil au support de transmission du réseau. Ces dispositifs fournissent la connectivité physique (telle que des fiches et des prises) ainsi qu'une compatibilité électrique entre l'appareil et les signaux circulant sur les supports de transmission (câbles ou ondes). Le réseau contient généralement d'autres dispositifs de connectivité qui relient différentes parties du réseau entre elles et assurent différentes fonctions de sa gestion. Ces dispositifs sont généralement des commutateurs[1] ou des routeurs. Dans les grands réseaux ou les réseaux complexes, vous pouvez également trouver des dispositifs, appelés *ponts*[2], qui sont utilisés pour interconnecter différentes sections du réseau. Bien que chaque dispositif fournisse une connectivité physique, chacun présente également des méthodes de fonctionnement spécifiques qui le rend utilisable dans les applications réseau particulières. Dans certains cas, un appareil doté de plusieurs fonctionnalités peut être utilisé pour remplir les fonctions de plusieurs appareils mais avec des performants qui peuvent être moindres. Dans ce chapitre, vous découvrirez :

- Les commutateurs réseau
- Les routeurs
- Les passerelles
- Les ponts de réseau
- La connectivité des réseaux

Commutateurs réseau

Les *commutateurs réseau (ou switches)* sont des dispositifs de connectivité qui fonctionnent au niveau de la couche 2 du modèle OSI (voir la note suivante). Ils sont conçus pour connecter des dispositifs réseau entre eux afin de former un réseau local. Les réseaux d'entreprise (conçus pour prendre en charge un nombre moyen à important d'utilisateurs pour des activités commerciales) utilisent généralement

[1] Le terme anglais *switch* est aussi couramment utilisé.
[2] Bridge(s) en anglais.

des combinaisons de commutateurs pour segmenter le réseau et établir une gestion efficace des flux de données. Ils peuvent être utilisés en combinaison avec d'autres dispositifs de connectivité réseau ou être connectés directement à la salle des serveurs par un câblage de type *backbone*[3].

Un mot sur les commutateurs de réseau

Les commutateurs sont principalement des dispositifs de couche 2 qui fonctionnent au niveau de la couche ***liaison de données*** OSI. Cependant, il existe également des commutateurs de couche 3 qui agissent de manière similaire aux routeurs (dispositifs qui ont, à la fois, les capacités fonctionnelles des ***routeurs*** et des ***ponts***, traités dans les sections à venir), des commutateurs de couche 4 qui incluent des capacités de ***traduction d'adresses réseau*** (NAT), et des commutateurs de couche 7 (contenu) qui distribuent les données en fonction des facteurs de charge du serveur.

Par exemple, une entreprise dont l'organisation s'étend sur plusieurs étages d'un immeuble de bureaux pourrait employer un commutateur séparé sur chaque étage pour assurer la connectivité de tous les appareils de celui-ci. Les commutateurs sur chaque étage seraient également reliés entre eux par un commutateur ou un routeur. La Figure 15.1 illustre un schéma de connexion typique entre un réseau et un commutateur.

Les switches collectent des informations sur les adresses MAC pour garder une trace des appareils qui y sont liés. Lorsqu'ils interagissent avec ces appareils, ils enregistrent leurs informations MAC dans une structure de mémoire embarquée appelée *table d'adresses MAC.*

Lorsqu'un commutateur reçoit un paquet d'informations du réseau sur l'un de ses ports, il peut diriger l'information vers le récepteur adéquat, à condition que l'adresse de ce dernier soit connue. Si l'adresse n'est pas connue, le commutateur diffusera l'information à tous ses ports. Comme les informations qui transitent par le commutateur ne sont généralement envoyées qu'au port auquel elles sont destinées, les performances de l'ensemble du réseau s'en trouvent grandement améliorées.

Les commutateurs peuvent également être utilisés pour créer des réseaux locaux virtuels (VLAN) logiquement sécurisés. Un VLAN est une topologie de sécurité qui restreint la visibilité du trafic réseau en limitant le mouvement des paquets réseau de sorte qu'ils ne passent qu'entre des ports désignés.

---

3 Câblage central du réseau. Le *backbone* est littéralement l'épine dorsale de celui-ci.

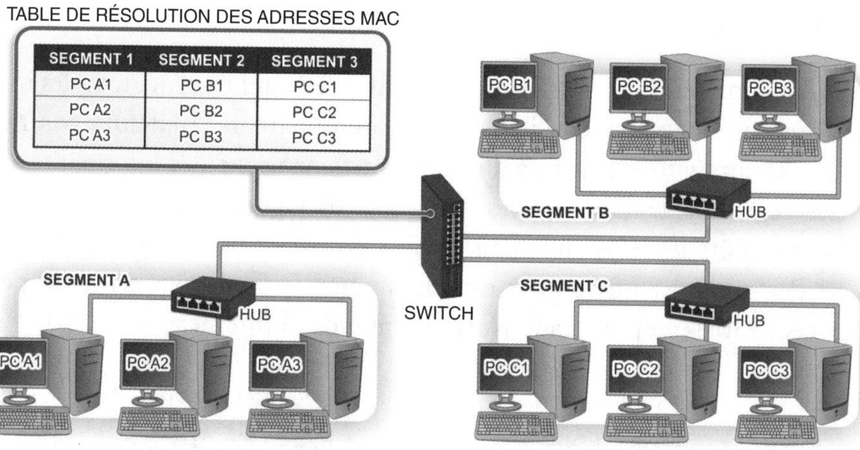

Figure 15.1 Une connexion par commutateur réseau

Les switches sont généralement regroupés dans l'une des deux catégories suivantes en fonction de leurs options de configuration. Les commutateurs *non gérables*[4] ou *non administrables* sont des appareils *Plug and Play* (PnP) qui ne comportent aucune option configuration pour l'utilisateur. Il s'agit généralement d'appareils à bas prix destinés à être utilisés dans des environnements résidentiels et des bureaux de petite taille, de sorte qu'on les trouve rarement dans les réseaux d'entreprise et de commerce.

L'autre catégorie de commutateurs est appelée commutateurs *gérables* (paramétrables). Ces appareils sont dotés de fonctions de gestion programmables qui permettent aux administrateurs de les configurer pour l'environnement réseau spécifique dans lequel ils seront utilisés. En tant que tels, ils fournissent une sorte de console de gestion que l'administrateur peut employer pour définir les paramètres. Les interfaces de gestion courantes comprennent :

Programmation en ligne de commande Ce format offre une méthode très efficace et directe de programmation des paramètres du switch en mode texte. Ce type de programmation exige que l'administrateur connaisse le jeu d'instructions et les variables disponibles pour régler les différents paramètres.

Interfaces basées sur le navigateur web Ces interfaces offrent un outil plus graphique, piloté par des menus, pour le réglage des paramètres des switches. Un outil SNMP (Simple Network Management Protocol) est utilisé pour permettre à l'administrateur d'accéder aux paramètres du commutateur par l'intermédiaire d'un client distant utilisant son navigateur web.

4 De l'anglais *(un)managed switch*. Le terme francisé *(non) manageable* est aussi souvent utilisé.

Routeurs

Les *routeurs* sont des dispositifs de connectivité réseau qui transmettent des informations réseau d'une manière similaire aux commutateurs. Toutefois, contrairement aux commutateurs, les routeurs peuvent transmettre des informations sur différents segments de réseau, comme le montre la Figure 15.2. Les routeurs ont ainsi la possibilité de relier différents réseaux entre eux par un processus appelé *routage*. Par exemple, un routeur est couramment utilisé pour relier de petits réseaux résidentiels au plus grand réseau du monde : l'Internet.

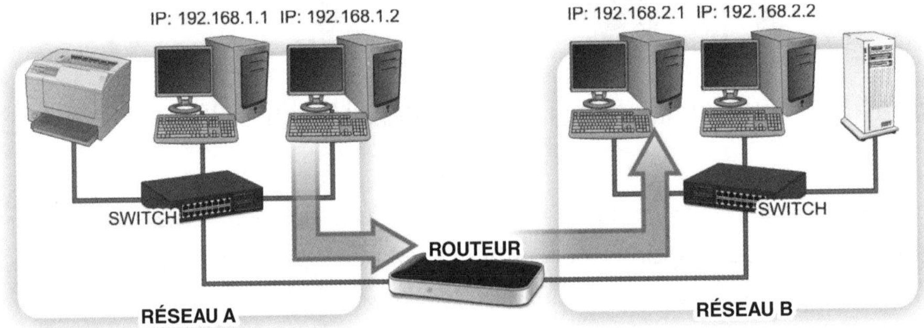

Figure 15.2 Un routeur réseau

La structure interne d'un routeur typique est représentée à la Figure 15.3. Les *routeurs* sont des dispositifs intelligents basés sur des microprocesseurs qui contrôlent le flux des données entre les réseaux. Le *microprocesseur* est un dispositif spécialisé, optimisé pour le processus de routage.

Comme pour les autres équipements à microprocesseur, les routeurs contiennent une mémoire BIOS ROM pour le démarrage, une zone CMOS NVRAM pour contenir les paramètres opérationnels de configuration, et un système d'exploitation embarqué stocké dans une unité de mémoire flash.

Un mot sur les routeurs

Les routeurs fonctionnent à partir de leurs propres systèmes d'exploitation. Le plus largement reconnu parmi eux est le système Internetwork Operating System (IOS) de Cisco System. Toutefois, de nombreuses autres distributions de systèmes d'exploitation de routeurs basées sur Linux/Unix sont disponibles.

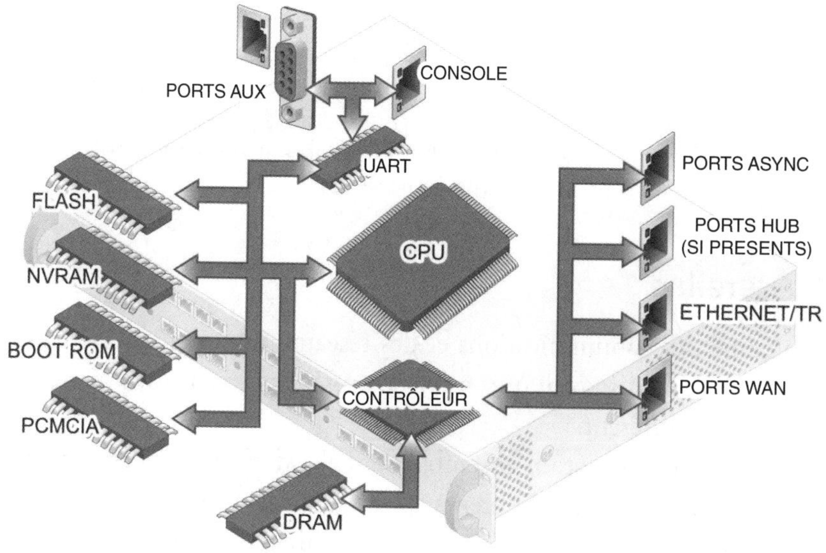

Figure 15.3 Structure interne d'un routeur réseau

Les routeurs contiennent également différentes sections de mémoire DRAM pour contenir les informations de routage et pour mettre en mémoire tampon les flux de données transitant entre leurs ports. Les informations de routage sont stockées et mises à jour dans une table de mémoire logique appelée *table de routage*.

Chaque segment de réseau est connecté au routeur par l'une de ses interfaces physiques. Celles-ci peuvent être mises en œuvre sous la forme de différentes spécifications d'interfaces physiques/logiques, comme un port de connexion Ethernet 8P8C.

Dans les grands réseaux, des routeurs communiquent entre eux en utilisant un protocole de routage pour construire et maintenir leurs tables de routage. Ces tables sont utilisées pour enregistrer la meilleure route entre les différents emplacements du réseau. Contrairement aux tables MAC utilisées dans les commutateurs, les tables de routage stockent des informations d'adresse et de saut relatives aux chemins entre les appareils.

Presque tous les routeurs possèdent une interface physique qui peut être utilisée pour connecter une console externe à des fins de configuration. Ils peuvent également contenir un port matériel série RS-232 asynchrone qui peut être utilisé par les administrateurs pour effectuer des fonctions de gestion à distance du routeur.

Mettre fin à la confusion des dispositifs de connectivité

Les dispositifs de connectivité sont souvent source de confusion en raison de leur mode de commercialisation. Par exemple, les fonctions de commutateur et de routeur sont parfois intégrées dans le même équipement et vendus comme un routeur multiport. Les routeurs peuvent être étiquetés en fonction de la fonction qu'ils remplissent. Par exemple, un routeur reliant un réseau à l'Internet peut être appelé routeur edge[5], tandis qu'une paire de routeurs connectant simplement deux segments de réseau ensemble sont appelés routeurs core[6].

Passerelles

Dans le domaine des communications et des réseaux numériques, une *passerelle* est définie en tant que dispositif qui interface un réseau avec un autre réseau utilisant un protocole différent.

Rappelons qu'un *protocole* est un ensemble de règles définies permettant d'effectuer une communication entre différents appareils ou systèmes.

La passerelle peut être conçue pour s'adapter aux différences de connexions physiques (protocoles matériels) ou pour s'adapter aux différents niveaux logiques de signaux, formats de messages ou vitesses d'échange d'informations (protocoles logiciels). Certains dispositifs passerelle sont conçus pour remplir les deux fonctions, comme l'illustre la Figure 15.4. La passerelle de la figure traduit un format de protocole Ethernet/TCP/IP câblé en un format ZigBee sans fil.

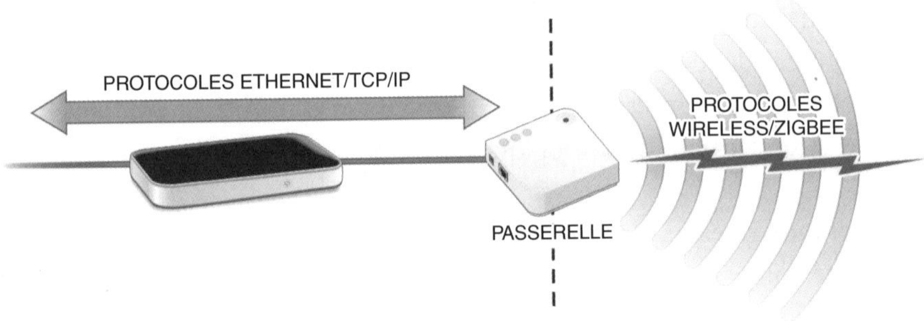

Figure 15.4 Fonctionnement des passerelles

Pour que les communications soient fructueuses, les deux parties doivent s'entendre pour utiliser le même protocole. Par exemple, pour que deux personnes puissent communiquer verbalement, elles doivent toutes deux être capables d'utiliser une langue commune. Sinon, vous avez un exemple d'un vieux proverbe chinois qui dit que le poulet parle au canard.

[5] Ou routeur de périphérie en français.

[6] Ou routeurs centraux en français.

Lorsqu'un routeur est utilisé pour une liaison permanente et à large bande vers Internet, il est appelé *passerelle Internet*. Outre les fonctions de routage, les routeurs passerelle Internet fournissent généralement un certain nombre d'autres services liés à l'Internet, tels que l'attribution automatique d'adresses et des services de pare-feu. Vous pouvez également rencontrer des commutateurs qui ont des capacités de routage intégrées.

Ponts réseau

Un *pont réseau* (parfois appelé commutateur de réseau) relie des segments de réseau entre eux et transmet le trafic d'un réseau à l'autre. Comme le commutateur, un pont utilise les adresses MAC pour guider les informations vers les ports appropriés. Toutefois, il transmet également des informations de diffusion à tous ses ports. Par conséquent, le pont rassemble les connexions réseau en un seul segment commun, tandis qu'un routeur les sépare en différents segments. La Figure 15.5 illustre le fonctionnement d'un pont réseau.

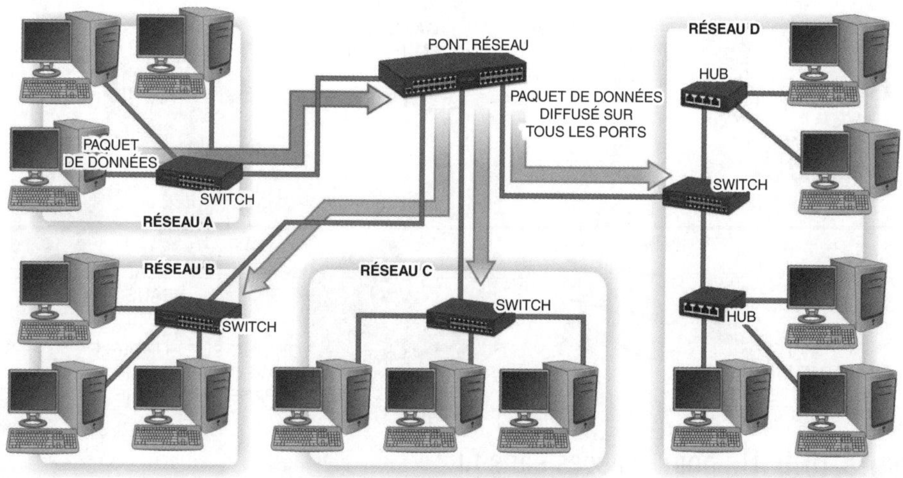

Figure 15.5 Un arrangement de pont réseau

Connectivité des réseaux sans fil

Dans un réseau sans fil, ou un segment de réseau sans fil, les appareils du réseau se connectent à celui-ci par l'intermédiaire d'un dispositif appelé point d'accès sans fil (WAP[7]). Le point d'accès agit comme un dispositif passerelle qui relie les appareils du réseau sans fil au réseau câblé, comme le montre la Figure 15.6.

[7] WAP : Wireless Access Point.

Les points d'accès sans fil couramment utilisés dans les réseaux locaux utilisent des antennes et un récepteur/émetteur radio pour communiquer avec d'autres dispositifs en utilisant des signaux dont la fréquence est dans la bande radio sans licence de 2,4 GHz ou celle de 5 GHz. Inversement, le WAP communique avec le réseau câblé par le biais d'une interface physique telle qu'une connexion Ethernet présente sur un commutateur ou un routeur.

Les dispositifs clients du réseau sans fil doivent posséder une interface composée d'un émetteur, d'un récepteur et d'une antenne pour communiquer avec le WAP. Cette capacité s'intègre dans le dispositif avec une technologie de la taille d'un centimètre carré, de sorte que tout dispositif intelligent peut devenir un système sans fil avec très peu d'espace supplémentaire.

Chaque appareil doté d'une interface de réseau sans fil peut communiquer directement avec d'autres appareils sans fil ou avec le point d'accès. Ce genre d'appareil peut également communiquer avec des appareils du réseau Ethernet câblé par le biais du point d'accès.

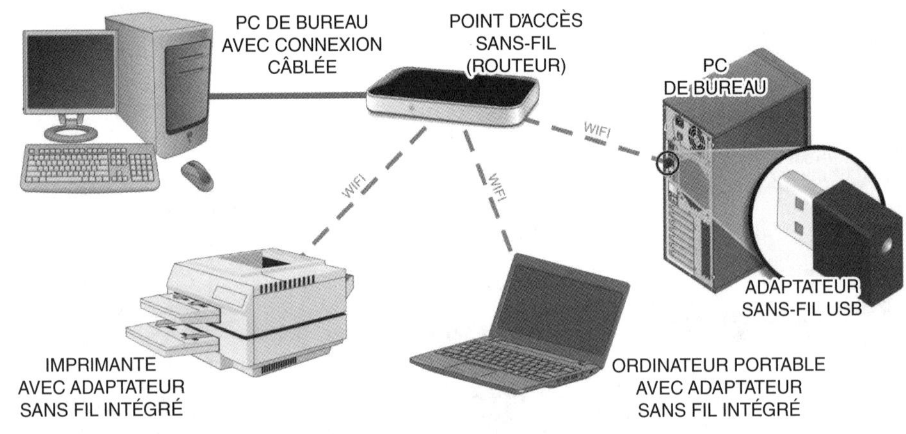

Figure 15.6 Un point d'accès sans fil

Vulnérabilités des dispositifs de connectivité des réseaux

En raison de leur position et de leurs fonctions au sein du réseau, les dispositifs de connectivité sont vulnérables à différents types d'exploitation. Si un réseau est attaqué avec succès, les conséquences peuvent inclure des problèmes allant d'un ralentissement du trafic réseau à une fermeture de l'ensemble du réseau. C'est pourquoi ces dispositifs nécessitent les mêmes types et niveaux de sécurité que les serveurs. Les considérations générales pour la protection des commutateurs, routeurs et autres dispositifs de connectivité réseau sont les suivantes :

- Placer les dispositifs de connectivité dans des armoires murales sécurisées ou les placer dans la salle sécurisée des serveurs pour assurer une protection physique.

- Configurer les paramètres de gestion des appareils afin que les fonctionnalités requises soient aussi sécurisées que nécessaire pour fournir le niveau de performance requis. Désactivation des fonctions de gestion qui ne sont pas utiles.
- Établir la sécurité du port via le filtrage d'adresse MAC (en entrant manuellement les adresses MAC statiques dans la table CAM[8]), ou en spécifiant le nombre maximum de dispositifs autorisés sur un port. Saisir des entrées ARP statiques supprime la possibilité pour les attaquants de les remplacer par de fausses réponses ARP.

Attaques des dispositifs de connectivité des réseaux

Parmi les attaques typiques visant les dispositifs de connectivité réseau, on peut citer

- Accès non autorisés
- Attaques par observation/espionnage des paquets

Accès non autorisés

La plupart des dispositifs de connectivité réseau possèdent un certain niveau de possibilités de configuration. Ainsi, leur fonctionnement peut être manipulé si leurs paramètres de configuration sont accessibles. Comme pour d'autres types d'appareils informatiques, des mots de passe doivent être utilisés pour contrôler l'accès aux données de configuration du dispositif de connectivité et ce, à chaque fois que cela est possible.

Étant donné que la plupart des administrateurs de réseau configurent les appareils de connectivité via des interfaces de gestion à distance, en utilisant des services web Telnet ou HTTP, ces communications doivent être placées derrière un firewall pour être protégées. En outre, un protocole de transmission chiffrée tel que Secure Shell (SSH) pourrait être utilisé pour sécuriser les données de configuration lorsqu'elles passent du dispositif de l'administrateur au commutateur. Ou bien, une console directement connectée pourrait être utilisée pour paramétrer les interfaces du switch. Les données et les informations de configuration ne doivent jamais être envoyées sur le réseau en mode texte clair.

Attaques par espionnage de paquets

Packet sniffing est le terme anglais qui désigne l'écoute des paquets lorsqu'ils se déplacent sur un réseau. Cette activité est normalement réalisée à l'aide d'un outil d'analyse réseau appelé *packet sniffer*. Les attaquants utilisent ces outils pour observer le trafic réseau à la recherche d'éléments tels que les mots de passe et les

[8] CAM : Content Adressable Memory, cf. Chapitre 13.

noms d'utilisateur envoyés sur le réseau en mode texte clair ou des informations sensibles telles que les données de carte de crédit ou d'autres informations financières qu'ils peuvent détourner. Les attaques de ce type sont détaillées dans cette section.

Attaques par usurpation ARP (ARP Spoofing*)*

Dans les attaques *ARP spoofing*, l'attaquant envoie des faux messages ARP (Address Resolution Protocol) pour associer son adresse MAC à l'adresse IP d'un autre utilisateur. Une fois l'association établie, les messages dirigés vers cette adresse seront détournés vers l'attaquant. Ce dernier peut alors utiliser les informations obtenues à partir des messages interceptés pour monter d'autres types d'attaques, telles que les *DoS* ou les *man-in-the-middle* (abordées plus loin dans cette section).

Inondations MAC (MAC flooding*)*

Une attaque de ce type peut être lancée contre un dispositif de couche 2, tel un commutateur réseau, à partir d'un dispositif connecté à l'un de ses ports. Le logiciel d'attaque, sur le périphérique contrôlé est conçu pour envoyer un grand nombre d'adresses MAC différentes dans la table CAM du commutateur, à tel point qu'elle se remplit complètement. Lorsque cet état est atteint, le commutateur n'a plus de place pour mettre en correspondance les nouvelles adresses MAC avec ses ports. Comme toutes les adresses MAC de la table CAM sont désormais de nouvelles adresses qui n'ont pas été mappées, le commutateur sera obligé de diffuser toutes les trames qu'il reçoit sur tous ses ports.

Attaques de routeurs par inondation

Comme pour les attaques précédentes associées aux commutateurs, les routeurs sont vulnérables aux attaques par *flooding* conçues pour consommer toutes – ou une partie significative – de leurs ressources, les rendant ainsi non fonctionnels. Les ressources du routeur communément visées sont la mémoire embarquée, le fonctionnement du processeur et la bande passante du bus interne.

Attaques par duplication (ou clonage) de MAC

Dans une attaque par duplication ou clonage MAC, l'attaquant met à jour sa propre adresse MAC avec l'adresse MAC de la cible. Cela entraînera le transfert du trafic vers les deux endroits.

*Vol de port (*Port Stealing*)*

Les attaques de type *switch-port-stealing* sont conçues pour innonder le switch avec des paquets de réponse modifiés. Le commutateur fait alors suivre tout le trafic jusqu'à l'emplacement de l'attaquant.

Attaques par déni de service (DoS)

Les attaques DoS (voir Figure 15.7) sont conçues pour abuser d'un hôte, d'un serveur ou d'une ressource réseau au point qu'il cesse de fournir ses services. Selon la nature exacte de l'attaque, la défaillance peut être temporaire ou permanente. Les attaques par déni de service distribué (DDoS) impliquent de multiples systèmes distants utilisés simultanément pour réaliser l'attaque sur la ressource ciblée.

*Attaques par usurpation (*spoofing*)*

Les attaques de ce type sont basées sur la modification de l'adresse MAC ou IP d'un appareil de façon à changer son identité apparente. Comme un paquet TCP/IP contient de nombreux en-têtes différents, les attaquants peuvent créer un paquet TCP/IP et envoyer son contenu en utilisant une fausse adresse IP source. Lorsque le destinataire adressé reçoit le message, la réponse générée est envoyée à l'adresse usurpée.

Cette forme d'usurpation est connue sous le nom *IP address spoofing* ou simplement d'*IP spoofing*, et est souvent utilisée pour créer des attaques DDoS. Celles-ci sont menées en envoyant des paquets falsifiés à plusieurs cibles de sorte que leurs messages de réponse inondent la victime ciblée et de créer la condition DoS voulue.

Attaques de l'homme du milieu (MITM)

Dans les attaques de type Man-in-the-middle, l'assaillant crée des liens avec deux victimes ou plus afin qu'il puisse intercepter les messages circulant entre elles et y insérer de nouvelles informations avant de les transmettre, comme le montre la Figure 15.8. Cette opération est réalisée sans qu'aucune des victimes ne réalise que l'attaquant contrôle les communications.

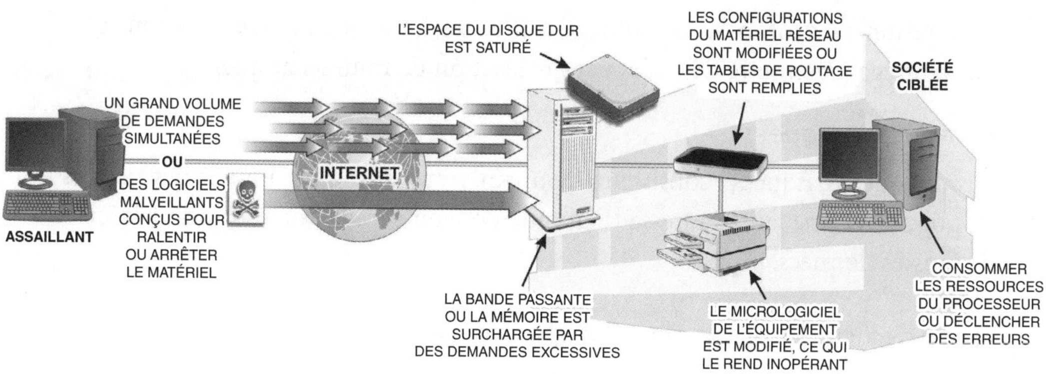

Figure 15.7 Attaque DoS

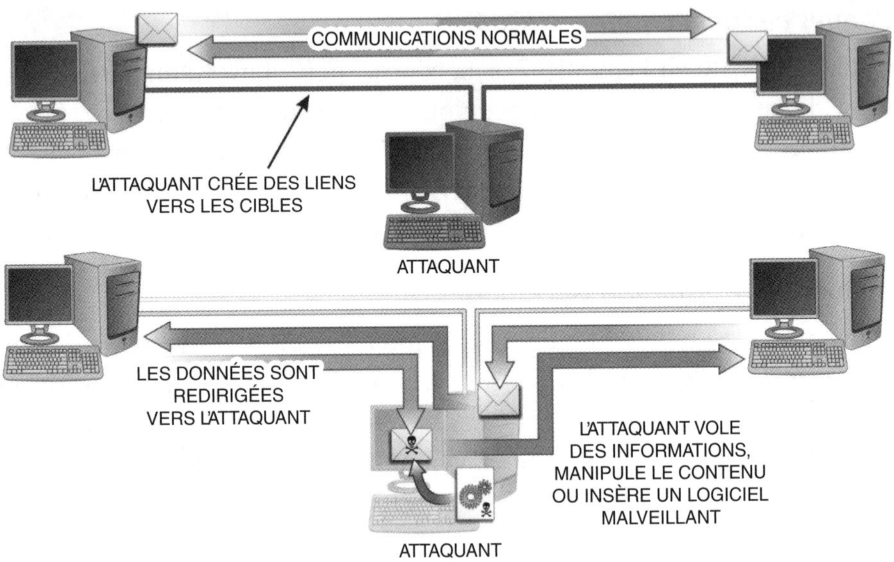

Figure 15.8 Attaque Man-in-the-Middle

Attaques par session rejouée

Dans les attaques par *rejeu* de session, l'attaquant enregistre une séquence de paquets IP ou de commandes de routeur, manipule les données qu'elles contiennent, puis les réintroduit dans le routeur pour y accéder ou provoquer des actions indésirables.

Attaques par redirection

Les attaques de réacheminement sont activées par un attaquant qui accède aux tables de routage d'un routeur de réseau et le reconfigure pour rediriger les paquets IP vers d'autres emplacements. Ces types d'attaques sont combattues par l'utilisation de protocoles de routage qui nécessitent une authentification. Elles peuvent également être déjouées par l'utilisation de routes statiques.

Attaques masquées

Les attaques masquées[9] consistent, pour un attaquant, à manipuler des paquets IP pour créer une fausse adresse IP afin de pouvoir accéder au réseau ou y injecter de fausses données.

Défense de la connectivité des réseaux

Les commutateurs et routeurs réseau possèdent généralement des fonctions de limitation du débit, de liaison retardée, de filtrage des fausses adresses IP et de

[9] De l'anglais *masquerade attack*

liste de contrôle d'accès qui sont conçues pour détecter et vaincre les attaques DoS et DDoS.

Ils peuvent également inclure une capacité d'inspection approfondie des paquets qui examine les informations contenues dans le paquet TCP/IP à la recherche de signes de virus, de spam et d'autres menaces afin de déterminer si le paquet doit être transmis ou non. Dans certains cas, les paquets suspects peuvent être transférés vers un autre emplacement pour une inspection plus approfondie par des outils de gestion de réseau avancés.

La principale défense contre les attaques *IP spoofing* est un dispositif de filtrage des paquets. Ce processus consiste à transmettre ou à bloquer des paquets réseau en fonction de leurs adresses source/destination, de leurs ports logiques ou de leurs protocoles. Les commutateurs gérés offrent généralement des options de configuration de filtrage pour tous ces éléments.

Les commutateurs gérés fournissent habituellement des options de type *DHCP snooping* et d'inspection DAI (Dynamic ARP Inspection) conçues pour contrecarrer les attaques MITM. *DHCP snooping* est utilisé pour filtrer et bloquer les messages entrants du serveur DHCP et construire une base de données d'adresses IP à MAC. *DAI* utilise la base de données *DHCP snooping* pour vérifier et valider les demandes ARP afin de prévenir les attaques par *ARP spoofing*.

Durcissement du réseau

Une fois que les systèmes d'exploitation et leurs systèmes de fichiers ont été durcis, les administrateurs doivent prendre des mesures pour durcir le reste du réseau, y compris les dispositifs de protection et de connectivité de celui-ci. Les étapes typiques de cette partie du processus de durcissement du système sont les suivantes :

- Sécuriser les serveurs du système au degré requis par les politiques de sécurité de l'organisation. Si possible, placez-les dans une salle serveur centralisée et surveillée, dotée d'une porte à double verrouillage.
- Vérifier s'il existe des appareils réseau dont les spécifications ne répondent pas aux objectifs de sécurité actuels et qui représentent donc des points d'accès faciles au réseau.
- Vérifier que le réseau est configuré pour assurer ses fonctions de communication tout en assurant les niveaux de sécurité requis par les politiques de sécurité de l'organisation. Assurez-vous que les dispositifs tels que les commutateurs, pare-feu, et routeurs ne sont pas encore réglés sur leurs paramètres de configuration par défaut.
- Évaluer le plan de cybersécurité pour s'assurer que les dispositifs critiques tels que les serveurs de production sont installés dans le bon segment réseau, la bonne zone de sécurité ou le bon sous-réseau.

- Établir et configurer des ACL sur les dispositifs de connectivité réseau pour limiter ou restreindre l'accès aux actifs comme l'exigent les politiques de sécurité de l'organisation.
- Évaluer les rôles et les responsabilités du personnel par rapport aux serveurs auxquels ils accèdent couramment.
- Évaluer les risques résiduels qui subsistent dans le réseau et surveiller les changements qui pourraient être apportés à l'avenir.

Exercices pratiques

Objectifs

Le but de ce laboratoire est de simuler la mise en place d'un petit routeur de bureau ou domestique. Ce laboratoire vous guide tout au long du processus de réinitialisation de votre routeur vers des réglages d'usine. Vous vous connecterez alors et modifierez les paramètres par défaut. Ensuite, vous désactiverez la gestion à distance et le réseau *invité*.

Vous devez noter que les instructions données ici sont généralisées pour tout routeur. Vos images, les noms des paramètres, les endroits où cliquer et les fonctionnalités peuvent être différents.

Ressources

- PC Windows 10 physiquement connecté à un routeur SOHO[10]
- routeur SOHO

Procédures

1. Éteignez votre routeur en débranchant le câble d'alimentation.
2. Laissez le routeur éteint pendant environ 30 secondes.
3. Rebranchez le routeur. Cela devrait mettre le routeur sous tension. Si non, trouvez un bouton ou un interrupteur d'alimentation.
4. Attendez que le routeur indique le retour du courant.
5. Trouvez un bouton de réinitialisation quelque part sur votre routeur. Ce bouton est généralement petit et est probablement encastré dans un petit trou du boîtier extérieur. Une attache trombone est généralement utilisée pour appuyer sur le bouton.
6. Appuyez sur le bouton de réinitialisation du routeur pendant 10 secondes, puis relâchez-le. Sachez que la réinitialisation de la configuration du

---

10 SOHO : Small Office Home Office, ou en français une appareil pour un petit réseau de bureau ou pour un usage domestique.

routeur effacera tous les paramètres existants et qu'il faudra créer une toute nouvelle configuration.

7. Assurez-vous que votre ordinateur est physiquement connecté au routeur.
8. Maintenez la touche « Windows » enfoncée et appuyez sur « r » pour ouvrir la boîte de dialogue « Exécuter » (voir Figure 15.9). Tapez ensuite **cmd** et appuyez sur la touche « Entrée » (ou cliquez sur « OK »).

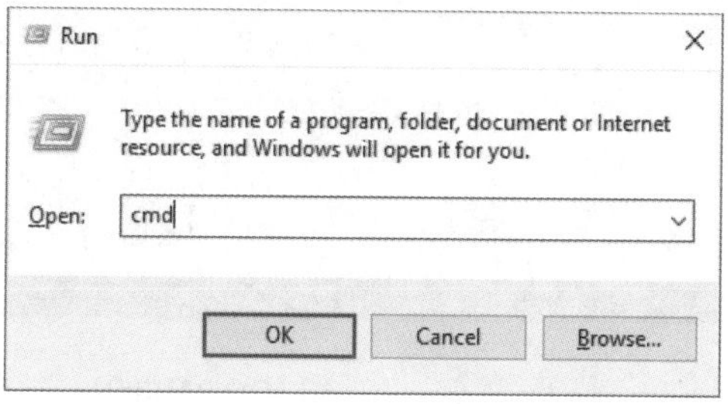

Figure 15.9 Boîte de dialogue Exécuter.

9. Dans l'« invite de commandes » (voir Figure 15.10), tapez **ipconfig**. La Figure 15.11 montre la sortie.

Figure 15.10 Invite de commandes

10. Recherchez l'entrée correspondant à votre passerelle par défaut. La passerelle par défaut indiquée dans la Figure 15.11 est 192.168.1.1.
11. Tapez **exit** dans l'« invite de commandes » et appuyez sur « Entrée » pour fermer la fenêtre.
12. Ouvrez *Microsoft Edge* et tapez l'adresse IP de votre passerelle par défaut dans la barre d'adresse.

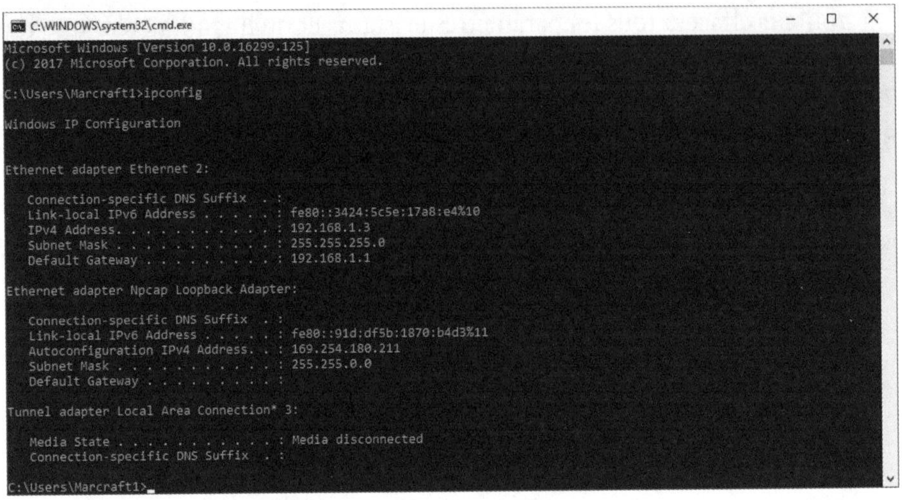

Figure 15.11 Résultats de la commande IPCONFIG

13. Une boîte de dialogue devrait apparaître, demandant un nom d'utilisateur et un mot de passe. Le routeur a été réinitialisé aux paramètres d'usine par défaut. Cependant, tous les routeurs n'ont pas les mêmes combinaisons de nom d'utilisateur et de mot de passe par défaut.
14. Un accès à Internet peut vous aider. Certaines combinaisons courantes de nom d'utilisateur et de mot de passe sont admin/admin ou admin/mot de passe. Parfois, le nom d'utilisateur est vide et le mot de passe est *admin*. Parfois, le nom d'utilisateur est *admin* et le mot de passe est vide. Le nom d'utilisateur et le mot de passe peuvent se trouver sur une étiquette sur le routeur. Enfin, vous pouvez rechercher en ligne la documentation ou les manuels spécifiques à votre routeur. Lorsque vous avez accès à votre routeur, passez à l'étape 15.

NOTE Les fabricants de routeurs ont des noms d'utilisateur et des mots de passe par défaut afin de réduire les opérations de dépannage et les difficultés de fabrication.

15. Votre routeur peut vous proposer un « assistant » pour vous aider lors des premières étapes de configuration. Ignorez ces messages.

NOTE Rappelez-vous, vous pouvez réinitialiser votre routeur vers les paramètres d'usine si quelque chose tourne mal.

16. Comme les routeurs ont des noms d'utilisateur et des mots de passe par défaut, ils sont faciles à deviner et ne sont pas sécurisés. La modification du nom d'utilisateur et du mot de passe par défaut est la première tâche.

17. Recherchez un cadre qui implique la gestion ou l'administration. Les étapes utilisées pour produire ce qui est montré dans la Figure 15.12 étaient : « Advanced ➢ Administration ➢ Set Password ».

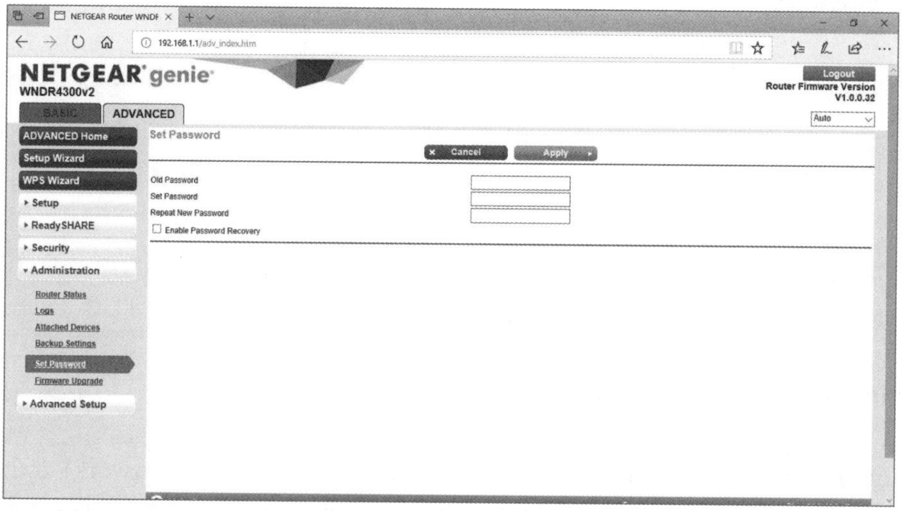

Figure 15.12 Définition du mot de passe

18. Changez le mot de passe. Vous devez choisir un mot de passe qui soit raisonnablement sécurisé et mémorisable.
19. Si possible, cliquez sur « Appliquer » ou un bouton équivalent, par exemple « OK ».
20. Si possible, changez le nom d'utilisateur par défaut. Il s'agit d'une bonne pratique, mais cette option n'est pas disponible sur tous les routeurs.
21. Une fonction utile à désactiver est la gestion à distance[11].

NOTE La gestion à distance est très utile pour l'accès à distance autorisé. Cependant, autoriser l'accès à distance permet également aux agents malveillants d'y accéder.

22. Recherchez un menu, tel que « Configuration avancée », « Paramètres avancés » ou « Autres préférences »[12].
23. Assurez-vous que la gestion à distance est désactivée (voir Figure 15.13). Ce routeur a la gestion à distance désactivée par défaut, mais sur le vôtre, ça peut ne pas être le cas.

---

[11] Remote Management dans un logiciel de configuration anglaise.

[12] *Advanced Setup*, *Advanced Settings*, ou *More Preferences* pour une version anglaise.

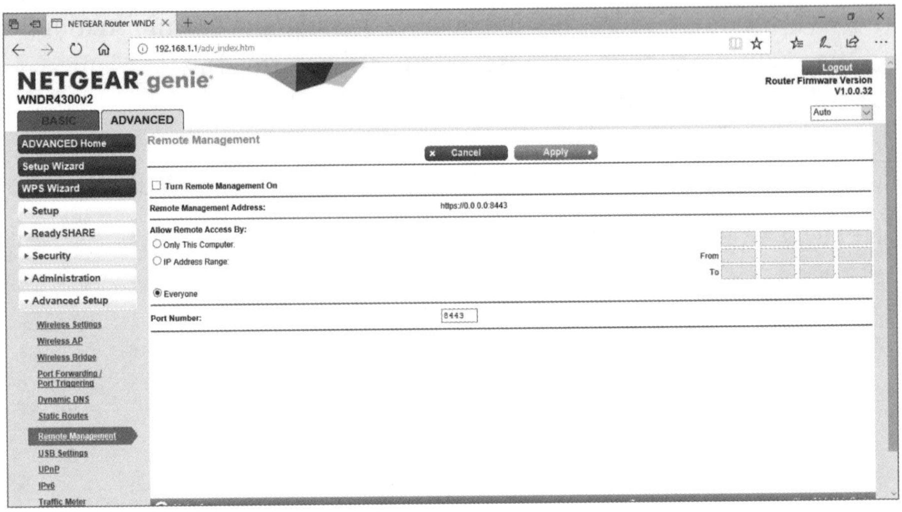

Figure 15.13 Désactivation de la gestion à distance

24. De nombreux routeurs ont les réseaux d'invités (Guest Network) activés par défaut. Tout comme les comptes d'invités sur un système d'exploitation, les réseaux d'invités entravent la sécurité du Wi-Fi en permettant à n'importe qui d'y accéder.
25. Ce routeur avait le paramètre Guest Network disponible via «Advanced ➢Setup ➢Guest Network». Voir la Figure 15.14.

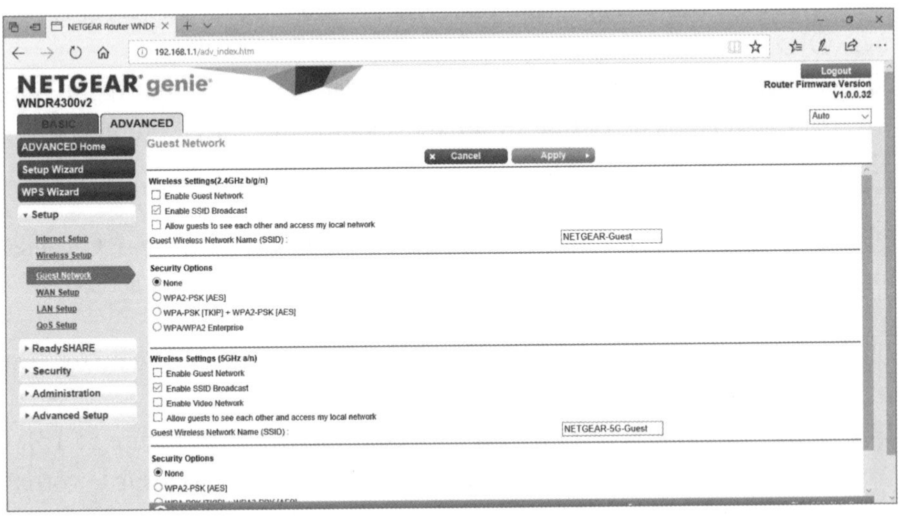

Figure 15.14 Désactivation du réseau d'invités

Questions sur les laboratoires

1. Quelle était votre passerelle par défaut ?
2. Pour quelle raison des millions de routeurs fabriqués par une entreprise auraient-ils tous le même nom d'utilisateur et le même mot de passe ?
3. Pourquoi devriez-vous changer le nom d'utilisateur et le mot de passe par défaut ?
4. Comment la désactivation de la gestion à distance améliore-t-elle la sécurité ? Comment la désactivation du réseau d'invités améliore-t-elle la sécurité ?

Réponses du laboratoire

1. Quelle était votre passerelle par défaut ?
   La norme de l'industrie est 192.168.1.1 par défaut. Si votre passerelle par défaut est différente, insérez-la ici :
   ....
2. Pour quelle raison des millions de routeurs fabriqués par une entreprise auraient-ils tous le même nom d'utilisateur et le même mot de passe ?
   Cela rend le dépannage beaucoup plus facile.
3. Pourquoi devriez-vous changer le nom d'utilisateur et le mot de passe par défaut ?
   Le changement du nom d'utilisateur et du mot de passe fait partie de la configuration initiale du routeur.
4. Comment la désactivation de la gestion à distance améliore-t-elle la sécurité ?
   Elle permet d'empêcher l'accès des agents malveillants.
5. Comment la désactivation du réseau d'invités améliore-t-elle la sécurité ?
   Les réseaux d'invités permettent à n'importe qui d'accéder à votre réseau.

Chapitre 16

Comprendre la sécurité des moyens de transmission

Les données numériques voyagent d'un appareil à l'autre sur le réseau via les supports de communication. Trois types généraux de médias de transmission sont utilisés pour communiquer des données entre les appareils réseau : les fils de cuivre, les ondes lumineuses et les signaux radiofréquence (RF) sans fil. Dans ce chapitre, vous découvrirez :

- Le câblage à paires torsadées et le câblage coaxial
- Le câblage en fibre optique
- Le Bluetooth et le WiMAX
- Les vulnérabilités des médias de transmission
- Les vulnérabilités des réseaux sans fil

Les bases des supports de transmission réseau

Les données numériques voyagent en utilisant trois types de supports de transmission :

- Fil de cuivre (câblage en cuivre torsadé ou câblage coaxial)
- Ondes lumineuses (câblage en fibre optique ou utilisation de lumière infrarouge)
- Signaux radiofréquence (RF) sans fil (Wi-Fi, WiMAX, Bluetooth, ZigBee ou Z-Wave)

Chaque type de média présente des avantages qui les rendent utiles pour la mise en réseau dans certaines conditions. Les principales considérations liées aux médias comprennent leur coût de mise en œuvre, les taux maximums de transmission des données et les caractéristiques d'immunité au bruit. De même, chaque type de média présente certaines limites quant à sa capacité à transférer des informations.

Ce facteur est généralement considéré au travers de deux considérations : la bande passante et l'atténuation. La *bande passante* est la capacité du média à transporter des données. L'*atténuation* est une mesure de la perte de signal qui se produit lorsque l'information se déplace sur le support. Comme vous le verrez dans les sections suivantes, certains types de médias peuvent transporter un signal sur des kilomètres tout en le délivrant sous forme d'informations reconnaissables, tandis que d'autres perdent de la puissance et ce, même sur de courtes distances (comme une maison). Tous les types de médias présentent des avantages et des inconvénients lorsqu'ils sont comparés aux autres.

La dernière considération liée aux médias est sa capacité d'immunité au bruit. L'énergie électrique parasite (appelée *bruit*) se déplace naturellement dans l'atmosphère. Les machines et appareils électriques peuvent également générer du bruit électronique. Ces signaux parasites peuvent interférer avec des signaux structurés de données et les rendre méconnaissables. Par conséquent, le câblage utilisé pour transmettre les données devrait avoir une certaine résistance à ces signaux parasites.

Fil de cuivre

Dans cette rubrique, il y a essentiellement deux catégories à considérer : le câblage à paires torsadées et le câblage coaxial.

Câblage à paires torsadées

Le câblage à paires torsadées consiste en deux ou plusieurs paires de fils torsadés ensemble pour assurer la réduction du bruit. La torsion des fils fait que les signaux de bruit induits s'annulent mutuellement. Dans ce type de câblage, le nombre de torsions par unité de distance de fil indique son niveau d'immunité au bruit relatif.

Lorsque l'on parle de câbles à paires torsadées pour les réseaux de données, il y a deux types de base à prendre en compte : la paire torsadée non blindée (UTP) et la paire torsadée blindée (STP). Le câble réseau UTP contient quatre paires de fils isolés individuellement, comme l'illustre la Figure 16.1.

Le câble STP est similaire, à l'exception du fait qu'il contient un bouclier supplémentaire constitué d'une feuille entourant le faisceau de quatre paires de fils. Le blindage offre une protection accrue contre les bruits électriques induits et les interférences en fournissant un chemin mis à la terre pour transporter les signaux électriques induits loin des conducteurs du câble.

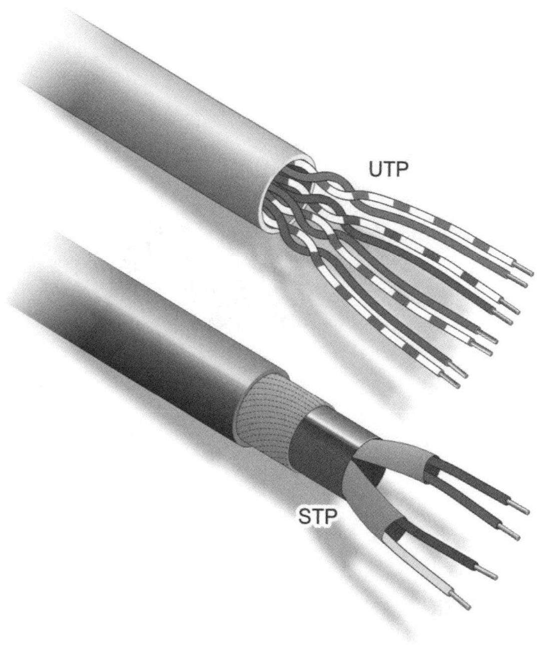

Figure 16.1 Câblage UTP et STP

Câblage coaxial

Le câble coaxial (souvent appelé simplement *coax*) est connu de la plupart des gens comme le conducteur qui apporte la télévision dans leur maison. Le *câble coaxial* est constitué d'une *âme* solide ou toronnée, entourée d'une couche isolante diélectrique et d'un blindage métallique solide ou tressé. Le fil et le blindage sont tous deux enveloppés dans une gaine isolante extérieure de protection, comme l'illustre la Figure 16.2.

Dans le passé, le câble coaxial était largement utilisé pour les supports LAN Ethernet. Cependant, comme l'épaisseur et la rigidité de ce câble en font un produit difficile et lent à installer, l'industrie des réseaux et les groupes de développement des normes réseau ont abandonné celui-ci au profit d'un câblage à paires torsadées non blindées.

Le câble coaxial continue d'être utilisé pour certaines applications, comme le service Internet fourni aux foyers par le système de télédistribution. En outre, plusieurs variétés de câbles coaxiaux sont disponibles pour la diffusion de vidéos et d'informations numériques à haut débit. Ceci a une incidence sur les ordinateurs, les équipements audio/vidéo et les produits de la maison intelligente qui interagissent avec les réseaux résidentiels.

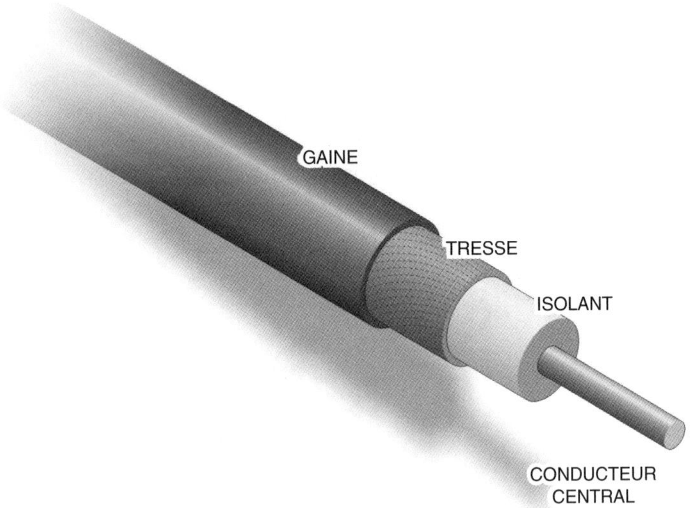

Figure 16.2 Câble coaxial

Ondes de lumière

Le câble à fibre optique est un câble en plastique ou en verre conçu pour transporter des données numériques sous forme d'impulsions lumineuses. Les signaux sont introduits dans le câble par une diode laser et rebondissent à l'intérieur de celui-ci jusqu'à ce qu'ils atteignent l'extrémité du câble, comme l'illustre la Figure 16.3. À l'extrémité, un circuit de détection de la lumière reçoit les signaux lumineux et reconvertit l'information en un signal électrique. Ce type de câblage offre une capacité énorme, avec des taux de signalisation potentiels de plus de 200 000 Mbps. Toutefois, les protocoles d'accès actuels limitent encore les vitesses du réseau local sur fibre optique.

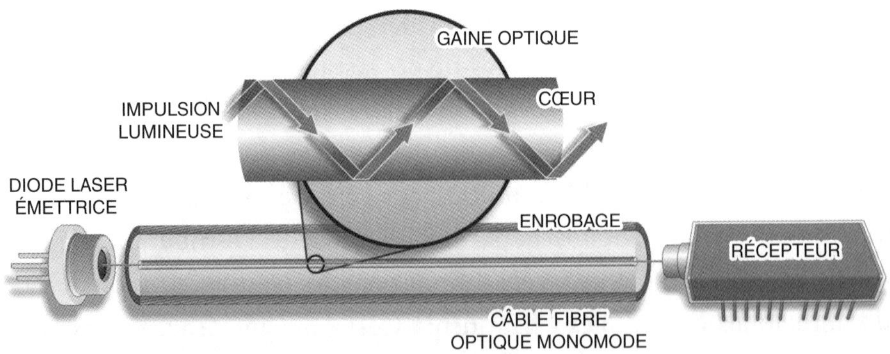

Figure 16.3 Transmission par câble à fibre optique

La lumière qui se déplace dans un câble à fibre optique ne s'*atténue* pas (pas de perte d'énergie) aussi rapidement que les signaux électriques qui se déplacent le long d'un conducteur en cuivre. Par conséquent, les longueurs de segments entre émetteur et récepteur peuvent être beaucoup plus importantes lorsque l'on utilise un câble à fibre optique. Dans certaines applications, la longueur maximale du câble peut aller jusqu'à 2 kilomètres.

Un record du monde de vitesse en fibre optique

Des chercheurs des États-Unis et des Pays-Bas ont battu un record du monde de vitesse en utilisant un seul morceau de fibre de verre à plusieurs âmes. Ils ont pu pousser 255 térabits par seconde, ce qui équivaut à peu près à 32 téraoctets par seconde.

Comme il ne peut être piraté sans une rupture physique du conducteur, le câble en fibre optique offre également un moyen de transmission de données beaucoup plus sécurisé que le câble en cuivre. Fondamentalement, la lumière introduite dans le câble à une extrémité ne quitte pas le câble sauf par l'autre extrémité. En outre, le câble fibre optique isole électriquement l'émetteur et le récepteur, de sorte qu'il n'est pas nécessaire d'effectuer une adaptation du niveau du signal entre les deux extrémités.

Signaux sans fil

Les réseaux sans fil relient les nœuds informatiques à l'aide d'ondes radio à haute fréquence. L'organisation IEEE supervise les spécifications d'un groupe de réseaux sans fil sous la bannière IEEE-802.xx. Les normes sans fil IEEE 802.11x (également connues sous le nom de Wireless Fidelity ou Wi-Fi) ont été largement acceptées comme la technologie de réseau sans fil préférée pour les applications de réseau tant professionnelles que résidentielles.

Bluetooth (IEEE 802.15.1) est une spécification de réseau sans fil pour les réseaux personnels (PAN[1]) qui s'est largement répandue dans certains domaines, comme le maillage d'appareils personnels tels que les PDA, les téléphones portables et les appareils photo numériques, ainsi que les PC, les ordinateurs portables et les imprimantes, comme le montre la Figure 16.4.

Ce rassemblement de différents types d'appareils numériques dans un espace de communication commun est appelé *convergence.*

1 Personal Area Network

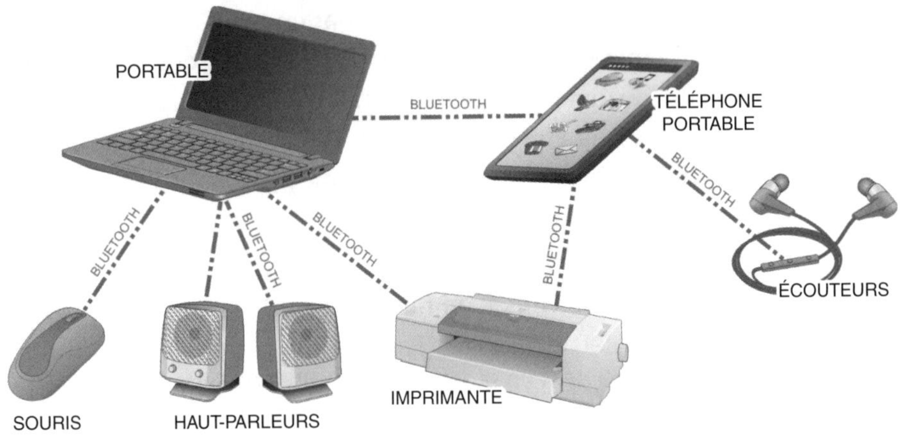

Figure 16.4 PAN Bluetooth

Les appareils Bluetooth utilisent des signaux radiofréquence à faible consommation d'énergie et à courte portée pour fournir une liaison de communication sécurisée et peu coûteuse. La spécification propose trois classes de puissance. Ainsi, les appareils Bluetooth seront classés dans la catégorie Bluetooth classe 1, classe 2 ou classe 3. Une classe de puissance indique le niveau de puissance et la portée de cet appareil. Les classes 1, 2 et 3 peuvent projeter une puissance/plage de 100 MW/100 mètres, 2,5 MW/10 mètres et 1 MW/1 mètre, comme indiqué dans le Tableau 16.1.

Tableau 16.1 Paramètres Bluetooth

Classe	Puissance maximale	Portée de fonctionnement
Classe 1	100 MW (20 dBm)	100 mètres
Classe 2	2,5 MW (4 dBm)	10 mètres
Classe 3	1 MW (0 dBm)	1 mètre

La spécification Bluetooth met en œuvre AFHSS[2] dans la gamme sans licence de 2,4 GHz pour assurer la sécurité et éviter les plages de fréquences encombrées. Le protocole Bluetooth divise la gamme de fréquences 2,4 GHz en 79 canaux de communication de 1 MHz différents. Le mécanisme de saut de fréquence permet de changer de canal jusqu'à 1 600 fois par seconde. Enfin, le saut de fréquence permet ce changement selon l'un des six modèles prédéfini. Tous ces sauts de fréquence ont pour but de réduire les effets des autres interférences électroniques.

2 Adaptive Frequency Hopping Spread Spectrum ou en français, *l'étalement adaptatif de spectre par saut de fréquence.*

Le taux de transfert de données pour les appareils Bluetooth version 1.1 et 1.2 est de 723,1 Kbps et de 2,1 Mbps pour les appareils Bluetooth 2.0.
Ces appareils ne peuvent être connectés qu'à un seul appareil à la fois ; le fait de s'y connecter les empêchera de se connecter à d'autres appareils et d'apparaître dans les recherches jusqu'à la déconnexion de l'autre appareil. Cependant, la norme prévoit également la construction de réseaux sans fil multipoints utilisant les technologies Bluetooth.
Dans le cadre du projet Bluetooth, il est possible de regrouper jusqu'à huit appareils pour former un *piconet*. Tout appareil peut devenir l'appareil *maître* et prendre le contrôle du réseau en émettant une demande de diffusion. Les sept autres appareils deviennent des appareils *esclaves* jusqu'à ce que l'appareil *maître* libère le rôle.
Le dispositif *maître* utilise le multiplexage temporel pour passer rapidement d'un dispositif *esclave* à un autre sur le réseau. De cette manière, le réseau Bluetooth fonctionne comme un réseau USB sans fil. Tout dispositif du réseau peut jouer le rôle de dispositif *maître* lorsque ce dernier est disponible.
Dans l'environnement des réseaux informatiques, Bluetooth permet à plusieurs périphériques compatibles de communiquer simultanément avec un appareil hôte. En particulier, Bluetooth est utilisé avec des ordinateurs locaux qui communiquent avec des périphériques d'entrée et de sortie sans fil tels que des souris, des claviers et des imprimantes.

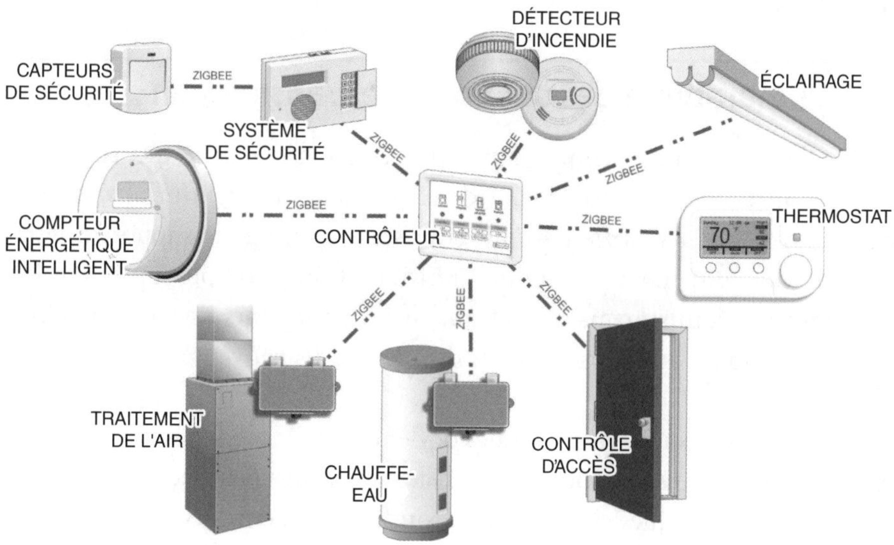

Figure 16.5 PAN ZigBee

Comme Bluetooth, la norme ZigBee (IEEE 802.15.4) est un protocole PAN sans fil, en réseau maillé, qui offre une portée de communication de 10 mètres avec des taux de transfert de données de 250 Kbps, comme le montre la

Figure 16.5. Cette norme a été adoptée par les communautés de la domotique et des contrôles industriels, ainsi que par plusieurs secteurs du consortium du réseau intelligent. Il est également envisagé de l'utiliser avec des capteurs biomédicaux personnels pour permettre l'acquisition de données médicales à distance et en toute sécurité.

L'IEEE 802.16 – WiMAX a été créé pour fournir des directives pour les réseaux sans fil à grande échelle. Le WiMAX est une norme d'accès sans fil à large bande conçue pour fournir un accès à Internet dans de vastes zones géographiques telles que les villes, les régions et, dans certains cas, les pays, comme le montre la Figure 16.6. Elle est également conçue pour assurer l'interopérabilité avec la norme Wi-Fi 802.11.

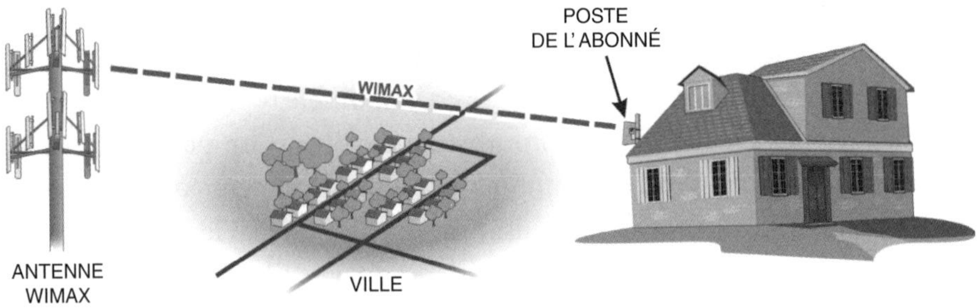

Figure 16.6 WiMAX

Vulnérabilité des supports de transmission

Comme pour les autres composantes du réseau, la sécurité des supports de transmission doit être considérée à deux niveaux : la sécurité physique et la sécurité logique. La *sécurité physique* consiste à sécuriser le support physique, ainsi que les équipements de communication et les ports physiques qui interconnectent les équipements du réseau. Si les attaquants peuvent obtenir un accès ininterrompu aux supports de transmission, ils peuvent trouver un moyen de l'exploiter.

La sécurisation des supports physiques devient difficile lorsqu'ils quittent la zone contrôlable d'une installation privée. Dans cette installation, les supports de communication optiques et métalliques sont relativement sûrs, car il faut procéder à une attaque physique des supports pour en extraire des informations. Il n'en va pas de même pour les communications sans fil, car elles peuvent être récupérées par une simple antenne.

Cependant, lorsque les supports physiques quittent l'installation privée et confinée, les informations qu'ils transportent deviennent vulnérables à l'interception et à la saisie lors de leur trajet ou au port de réception du message.

Sécuriser les réseaux sans fil

Si les réseaux sans fil sont très populaires en raison de leur facilité d'installation, leur utilisation pour communiquer des informations personnelles ou sensibles pose un certain nombre de problèmes de sécurité. Les diffusions des dispositifs des réseaux sans fil ne peuvent pas simplement être confinées dans l'environnement local d'une résidence ou d'une entreprise.

Bien que la portée de la plupart des dispositifs de réseau sans fil soit généralement limitée à quelques mètres, les signaux RF peuvent facilement être interceptés même en dehors du périmètre de sécurité indiqué. Tout terminal mobile non autorisé peut y parvenir en utilisant un récepteur 802.11. Toute transmission interceptée, étant non chiffrée, est alors facilement lue.

Afin de minimiser le risque de compromettre la sécurité sur un réseau local sans fil, la norme IEEE-802.11 prévoit plusieurs options de chiffrement. Le premier moyen de sécurité appelé Wired Equivalent Privacy (WEP) fournit une solution mathématique à base de clés numériques de 128 bits pour le chiffrement des transmissions de données et l'authentification de chaque ordinateur sur le réseau. L'activation de la fonction WEP ajoute une certaine sécurité aux données transmises. Cependant, à l'heure actuelle, la fonction WEP ne fournit plus la même garantie qu'elle avait il y a des années.

Vous devrez également saisir la valeur de la clé WEP (mot de passe), soit sous forme de chaîne de nombres hexadécimaux ou de caractères ASCII. Il est plus facile pour la plupart des gens de travailler avec l'option ASCII. Enregistrez cette chaîne pour l'utiliser avec les ordinateurs clients du réseau. Chaque ordinateur client devra disposer de la clé pour toute tentative de connexion au réseau. Lorsque le système le demande, entrez et confirmez la clé WEP.

Alors que le WEP était suffisamment sécurisé il y a quelques années, un agresseur déterminé ou patient peut aujourd'hui le craquer facilement. Cette vulnérabilité a conduit l'industrie du sans-fil à créer une norme plus forte : WiFi Protected Access (WPA), puis à créer une norme WPA2 améliorée.

Le point faible du WEP est la façon dont il chiffre chaque paquet en utilisant la même clé statique. Par conséquent, un hacker patient n'a besoin que de collecter suffisamment de paquets et d'utiliser la force brute pour découvrir la clé statique. Avec une puissance de calcul raisonnable, cela se fait en quelques minutes ou tout au plus en quelques jours. Pour contrer cette vulnérabilité, le WPA utilise les protocoles d'authentification des utilisateurs TKIP (Temporary Key Integrity Protocol) et IEEE 802.1X EAP (Extensible Authentication Protocol) pour assurer une sécurité accrue. Cette combinaison exige des utilisateurs qu'ils utilisent des noms d'utilisateur et des mots de passe pour accéder au réseau. Une fois que l'utilisateur se connecte, le point d'accès génère une clé temporaire qui est employée pour chiffrer les transferts de données entre le point d'accès et l'ordinateur client. WEP, WPA, et WPA2 sont inclus dans la plupart des AP[3] et sont relativement simples à configurer.

Tous les ordinateurs d'un réseau doivent être configurés pour pouvoir utiliser la même clé. Par conséquent, si vous activez le chiffrement sur l'AP, vous devrez entrer la même clé sur chaque ordinateur du réseau. Pour les installations à domicile, le chiffrement est activé et établi via un assistant de configuration basé sur le navigateur. Pour les entreprises, le chiffrement peut être configuré via le navigateur ou la ligne de commande. Dans tous les cas, si l'assistant configuration prévoit plusieurs niveaux de chiffrement, vous devez sélectionner le niveau le plus élevé (le plus fort) qui n'entraîne pas une baisse significative du débit.

Si possible, vous devez paramétrer le routeur pour qu'il utilise WPA-PSK avec un mot de passe fort. Pour assurer l'authentification des utilisateurs, l'option PSK permet à WPA d'utiliser des clés pré-partagées au lieu d'un ordinateur séparé assurant le rôle de CA (Certificate Authority)[4]. Le PSK permet de définir un mot de passe sur le routeur et de le partager avec le reste des utilisateurs.

Si le WPA n'est pas disponible, vous devez activer le WEP avec une clé de chiffrement sur 128 bits. En outre, après avoir installé et authentifié tous les clients sans fil, vous devez régler l'option de diffusion du SSID sur Désactivé, afin que les personnes extérieures n'utilisent pas le SSID pour obtenir votre adresse et vos données. De plus, modifiez le nom du SSID par rapport à la valeur par défaut si vous ne l'avez pas encore fait.

Si la technologie de réseau sans fil est utilisée dans une salle serveur sécurisée, des mesures de renforcement physique supplémentaires doivent être prises pour sécuriser la salle. Il peut s'agir de renforcer physiquement l'architecture de la pièce, par exemple en isolant électriquement le plafond et les murs de la salle serveur pour empêcher les signaux WiFi de s'échapper.

Exercices pratiques

Objectifs

Le but de ce laboratoire est d'examiner certains des paramètres de sécurité les plus avancés de votre routeur. Les journaux seront activés et examinés. La diffusion du SSID sera désactivée. Ensuite, les antennes auront leur puissance réduite et seront entièrement éteintes. Enfin, la fonction « Universal Plug and Play » sera désactivée.

---

3 Access Point, en français : le *point d'accès*.

4 CA : Certificate Authority, ou en français, l'*autorité de certification*.

Ressources

- PC avec Windows 10 connecté à votre routeur SOHO
- routeur SOHO

Procédure

1. Ouvrez le navigateur Microsoft Edge.
2. Saisissez l'adresse IP de votre passerelle dans la barre d'adresse de votre navigateur. N'oubliez pas que vous pouvez trouver l'adresse en passant par la ligne de commande et en utilisant IPCONFIG (voir les étapes 7 à 12 de l'exercice pratique du chapitre 15 pour une aide supplémentaire).
3. Sur l'écran de connexion (voir Figure 16.7), fournissez vos identifiants d'administrateur.

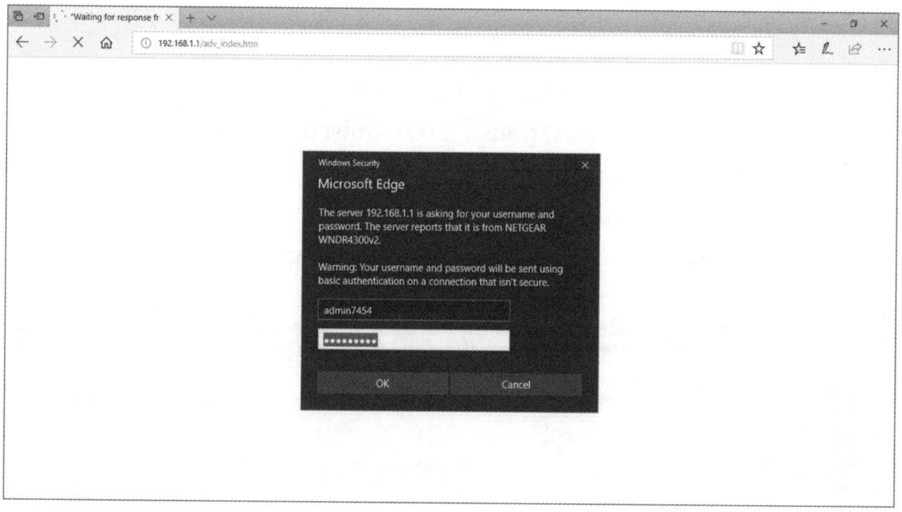

Figure 16.7 Indiquez vos indentifiants.

4. Le premier paramètre avancé concerne l'activation de la journalisation. Rappelons que cette dernière fait référence à l'acte d'enregistrer des événements, tels que la connexion d'un utilisateur ou la mise à jour du logiciel. Pour un routeur, il est intéressant de savoir qui (et quand) s'est connecté au réseau.
5. Trouvez l'emplacement des paramètres du journal. Ils peuvent se trouver sous certains paramètres avancés. Pour cet exemple, ces journaux ont été trouvés sous « Advanced ➢Administration ➢Logs ». Voir la Figure 16.8.

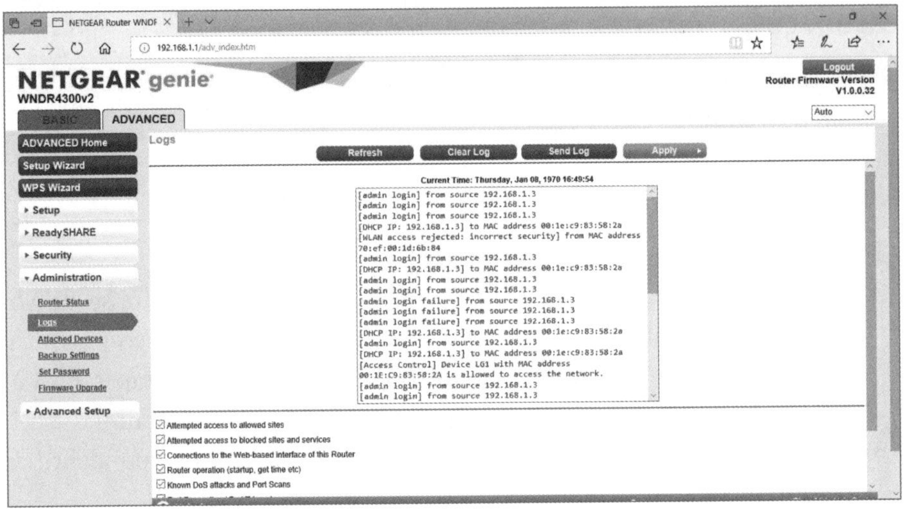

Figure 16.8 Les journaux du routeur

6. Assurez-vous que les journaux sont activés. Les logins d'administration, ceux en échec et les affectations DHCP doivent être activés.
7. La prochaine amélioration de la sécurité consiste à désactiver la diffusion du SSID et à en changer le nom par défaut. Désactiver la diffusion du SSID est une sécurité par l'obscurité. Voir la Figure 16.9.

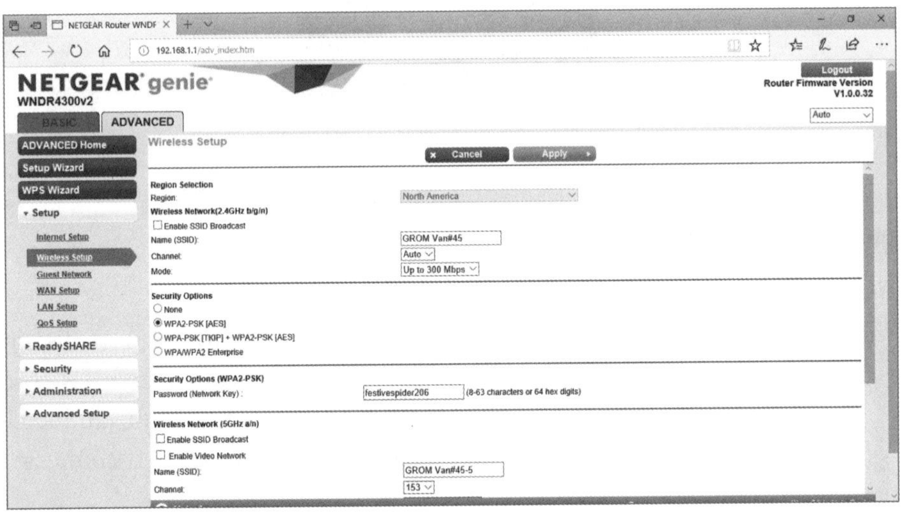

Figure 16.9 Désactivez toutes les diffusions SSID et changez le nom par défaut.

NOTE Même si le SSID n'est pas diffusé, il est présent. Quelqu'un pourrait le détecter et se connecter à votre réseau même si la diffusion SSID est désactivée.

8. Trouvez vos paramètres sans fil et désactivez toutes les diffusions SSID. Pour ce routeur, les options pertinentes ont été trouvées sous « Advanced ➢Setup ➢Wireless Setup ».
9. Changez le nom vers une valeur que vous pourrez retenir. Vous pouvez aussi écrire le SSID dans un endroit sécurisé.
10. Assurez-vous de cliquer sur « Appliquer » ou « Activer » pour enregistrer vos modifications.
11. Une autre option plus efficace pour restreindre la diffusion du SSID consiste à couper complètement l'antenne. Nous n'éteignons que l'antenne de 5 GHz ; l'antenne de 2,4 GHz reste allumée.

NOTE Une certaine capacité sans fil est souhaitée ; de nos jours, presque tous les réseaux ont au moins un appareil sans fil qui leur est connecté. Certains routeurs peuvent n'avoir qu'une seule antenne de bande de fréquence ; éteignez-la à des fins de démonstration, mais n'oubliez pas de rallumer votre antenne si vous en avez besoin.

12. Trouvez un réglage qui désactive l'antenne sans fil. Il peut être appelé « Disable Wireless Router Radio » ou « Disable Wireless Antenna ». Pour cet exemple, le paramètre a été trouvé sous « Advanced ➢Advanced Setup ➢Wireless Settings » (Configuration avancée des paramètres sans fil). Voir la Figure 16.10.

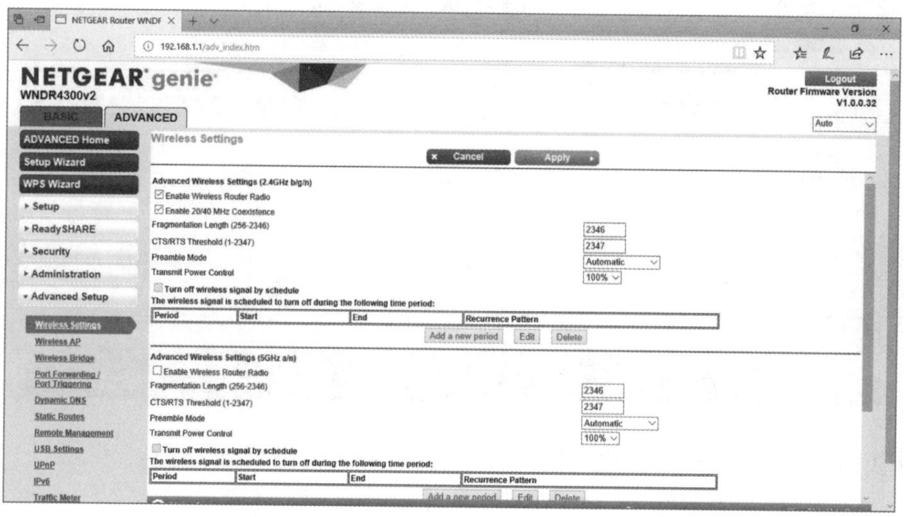

Figure 16.10 Désactivez l'antenne 5 GHz du routeur sans fil.

13. Une autre solution liée à l'antenne consiste à réduire la puissance d'émission. Cela améliore la sécurité en forçant les attaquants à se rapprocher du routeur pour se connecter. Cela permet également de conserver votre connectivité au routeur sans fil.

14. Trouvez ce paramètre. Le nom peut être différent. Pour cet exemple, le paramètre s'appelle « Transmit Power Control » et se trouve sous « Advanced ➢Advanced Setup ➢Wireless Settings ». En fait, le réglage de la puissance d'émission se trouve dans la même zone que les réglages servant à éteindre l'antenne. Vous pouvez vous référer à la Figure 16.10.
15. Le dernier paramètre qui mérite d'être désactivé est le Plug and Play universel, ou UPnP. UPnP est un ensemble de protocoles réseau qui permettent aux appareils réseau de découvrir facilement la présence des autres et de communiquer sur un réseau.

NOTE Parce que l'UPnP facilite la communication entre les appareils, il facilite également l'entrée et le déplacement des personnes malveillantes dans votre réseau.

16. Trouvez et désactivez le paramètre UPnP. Pour cet exemple, le réglage UPnP a été trouvé sous « Advanced ➢Advanced Setup ➢UPnP ». UPnP est standardisé ; l'emplacement du paramètre peut changer, mais pas le nom. Voir la Figure 16.11.

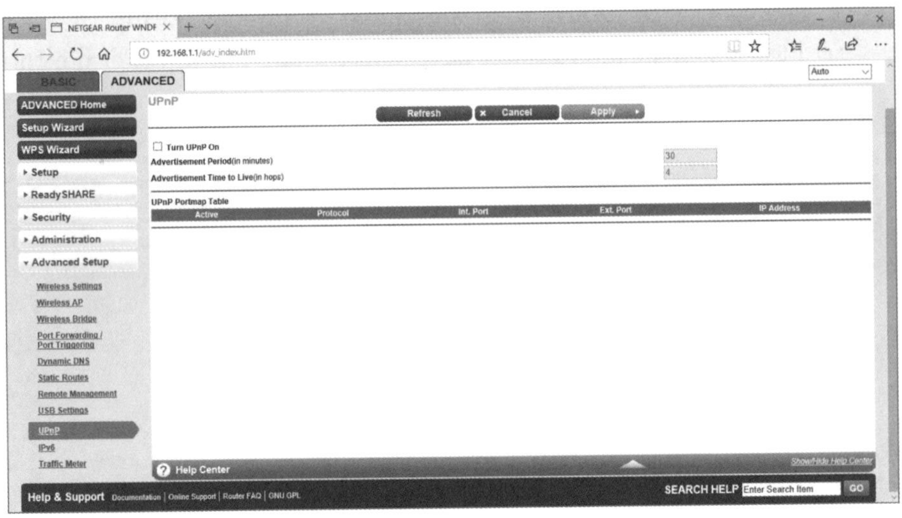

Figure 16.11 Désactivation de l'UPnP

Questions sur les laboratoires

1. Quels sont les paramètres de journalisation par défaut de votre routeur ?
2. Comment l'arrêt des émissions du SSID améliore-t-il la sécurité ?
3. Pourquoi une seule antenne a-t-elle été éteinte ?
4. Pourquoi diminuer la puissance d'une antenne ?
5. Comment pensez-vous que la désactivation de l'UPnP améliore la sécurité ?

Réponses du laboratoire

1. Quels sont les paramètres de journalisation par défaut de votre routeur ?
   Certains des paramètres par défaut du routeur de l'exemple consistent à enregistrer le fonctionnement du routeur et les tentatives d'accès aux sites et services bloqués.
2. Comment l'arrêt des émissions du SSID améliore-t-il la sécurité ?
   Elle assure la sécurité par l'opacité.
3. Pourquoi une seule antenne a-t-elle été éteinte ?
   En éteignant toutes les antennes, on supprime complètement les capacités sans fil du routeur.
4. Pourquoi diminuer la puissance d'une antenne ?
   La réduction de la puissance d'une antenne est une mesure à mi-chemin entre l'arrêt des signaux sans fil et le maintien de la connectivité sans fil. De plus, cela oblige les intrus à se rapprocher physiquement de votre routeur
5. Comment pensez-vous que la désactivation de l'UPnP améliore la sécurité ?
   Une fois qu'un agent menaçant se trouve dans votre réseau, l'UPnP lui permet d'accéder facilement au reste de votre réseau. Le fait de le désactiver réduit cette menace.

Chapitre 17

Sécurité des réseaux locaux : Questions de révision et exercices pratiques

Passez en revue les points récapitulatifs suivants avant de passer aux sections « Questions de révision » et « Questions d'examen » à la fin de ce chapitre pour vous assurer que vous êtes à l'aise avec chaque concept. Après avoir terminé la révision, répondez aux questions de révision afin de vérifier votre connaissance des éléments couverts dans la troisième partie.

Points d'attention résumés

- L'initiative la plus utilisée et permettant une vue hiérarchisée des réseaux est le modèle OSI (*open systems interconnection*), proposé par l'Organisation internationale de normalisation.
- Chaque cours sur les réseaux examine le modèle OSI en termes de types de dispositifs, de protocoles et de fonctions existant dans chaque couche. Cependant, différents défis en matière de cybersécurité peuvent être présents à chaque niveau.
- Les topologies réseau sont des stratégies de connexion physique ou logique de couche 1 qui se répartissent selon quatre types fondamentaux de configuration : étoile, bus, anneau et maille.
- La plupart des réseaux utilisent des dispositifs de connectivité, tels que des hubs, des commutateurs et des routeurs, qui modifient l'apparence du schéma de connexion réel. Par conséquent, la topologie logique ne correspondra pas à l'apparence de la topologie physique. Les détails du schéma de connexion sont cachés à l'intérieur du dispositif de connexion.
- Un *protocole réseau* est un ensemble de règles qui régit la manière dont les communications sont effectuées sur un réseau. Pour que les appareils puissent communiquer entre eux sur celui-ci, ils doivent tous utiliser le même protocole de réseau.
- L'adresse la plus élémentaire dans les opérations de mise en réseau est l'adresse MAC (*Media Access Control address*) qui sert d'identifiant unique

pour chaque appareil connecté à un réseau. Ces adresses sont généralement attribuées aux appareils par leurs fabricants et stockées dans leur *firmware*.

- Deux types d'attaques courantes sont généralement dirigées contre la couche MAC d'un réseau : *MAC spoofing* et *MAC broadcast flooding*[1].
- *MAC spoofing* implique de modifier l'adresse MAC de l'appareil pour changer son identité.
- Une attaque *MAC broadcast flooding* peut être lancée contre un dispositif de couche 2, tel qu'un commutateur réseau, à partir d'un dispositif connecté à l'un de ses ports. Le logiciel d'attaque présent sur le dispositif contrôlé est conçu pour envoyer un volume élevé de différentes adresses MAC dans la table CAM du commutateur, ce qui lui permet de la saturer. Lorsque cet état est atteint, le commutateur n'a plus de place pour mettre en correspondance les nouvelles adresses MAC avec ses ports. Comme toutes les adresses MAC de la table CAM sont désormais de nouvelles adresses qui n'ont pas été mappées, le commutateur sera obligé de diffuser toutes les trames qu'il reçoit sur tous ses ports.
- La suite de protocoles TCP/IP (Transmission Control Protocol/Internet Protocol) est la plus populaire actuellement utilisée.
- Avec les outils appropriés, il est assez facile de manipuler les en-têtes IP des paquets TCP/IP pour falsifier les adresses afin de dissimuler l'identité d'un attaquant. Ce processus de manipulation est connu sous le nom d'*IP spoofing* et est à la base de nombreux types d'attaques de réseaux et d'inter-réseaux.
- Une attaque *SYN flood* exploite la triple poignée de main que le TCP/IP utilise pour initier les connexions entre les nœuds du réseau. Dans ce type d'attaque, l'assaillant envoie la requête SYN au serveur, mais manipule l'échange pour soit usurper une adresse IP différente dans le paquet SYN, ou, plus simplement retient le paquet ACK.
- Une adresse IP est nécessaire pour faire d'un appareil un membre valide de l'Internet. C'est ainsi que les utilisateurs individuels sont identifiés pour recevoir les fichiers transmis, les courriels et les demandes de fichiers. Deux versions de l'adressage IP sont actuellement utilisées : IPv4 et IPv6. IPv4 est la version du protocole Internet généralement référencée, car elle existe depuis plus longtemps et est plus simple à comprendre.
- Les sections du réseau peuvent être regroupées en sous-réseaux qui partagent une série d'adresses IP. Une *passerelle* de protection est utilisée pour servir de point d'entrée et de sortie au sous-réseau segmenté. Ces groupes sont appelés *intranets*. Un intranet exige que chaque segment dispose d'une passerelle de protection servant comme point d'entrée et de sortie pour le segment. Dans la plupart des cas, la passerelle est un dispositif appelé *routeur* ou *switch*.

---

1 Ou tout simplement *MAC Flooding*.

- Outre le fait que TCP/IP est la principale suite de protocoles de conditionnement et de transfert de données, la famille de normes Ethernet est devenue dominante en matière d'interface matérielle et de signalisation électrique, ainsi que pour le contrôle d'accès aux médias.
- Dans le cadre de la norme Ethernet, les informations sont collectées dans un paquet appelé *trame*. Une trame Ethernet rassemble de nombreuses informations nécessaires pour naviguer sur un réseau : les adresses MAC source et destination, ainsi que l'en-tête et les données du paquet IP. En outre, la trame Ethernet ajoute une section de vérification et de correction des erreurs, qui permet au récepteur de destination de vérifier l'exactitude de ce qu'il reçoit.
- Le protocole Ethernet est classé en tant que topologie bus qui a été mise en œuvre sur plusieurs supports réseau différents, notamment :
  - Câble coaxial (IEEE 802.3 - 10BASE-2 ou -5)
  - Câble à paires torsadées en cuivre (IEEE 802.3 - 10/100/1000BASE-T)
  - Câble à fibres optiques (IEEE 802.3 - 10/100/1000BASE-Fx, Lx ou Sx)
  - RF sans fil (IEEE 802.11a-h)
- Les *serveurs réseau* sont des ordinateurs spécialisés conçus pour fonctionner efficacement dans un environnement multiutilisateurs, multiprocesseurs et multitâches.
- Si tous les serveurs remplissent les fonctions de base décrites jusqu'à présent, en pratique, ils diffèrent de façon significative entre eux en fonction de l'application principale pour laquelle ils sont conçus et qu'ils exécutent pour les clients du réseau.
- L'accès aux ressources partagées d'un serveur doit être limité aux utilisateurs qui ont à la fois un besoin et l'autorisation appropriée pour obtenir cet accès. Il convient de veiller à ce que les employés non autorisés n'aient pas accès aux documents confidentiels.
- L'accès aux serveurs du réseau doit généralement être protégé par un ou plusieurs pare-feu.
- Des sous-réseaux ou des routeurs peuvent être utilisés pour créer un segment de réseau pour certains serveurs.
- Comme les serveurs sont fréquemment utilisés pour l'authentification des utilisateurs, leur mot de passe doit être haché à titre préventif. Cette opération est généralement effectuée par le système d'exploitation.
- Dans les environnements réseau, les administrateurs sont responsables de la mise en œuvre des politiques de sécurité de l'organisation. Celles-ci doivent être conçues pour refléter les trois objectifs associés au modèle classique de sécurité de l'information : confidentialité, intégrité et disponibilité (CIA[2]).

[2] Confidentiality, integrity, availability

- L'administrateur des serveurs est responsable de la conception, de la mise en œuvre et de la maintenance des ordinateurs serveur, tandis que l'administrateur réseau assure les mêmes fonctions pour le réseau et ses dispositifs de type média et connectivité.
- La division des tâches administratives peut également impliquer un administrateur spécial de la sécurité qui est chargé d'effectuer des tâches de sécurité de l'information pour les serveurs, les hôtes et les dispositifs de connectivité du réseau.
- Les administrateurs réseau doivent avoir le contrôle de leur environnement physique des serveurs pour fournir un paramètre de sécurité complet. Pour ce faire, ils limitent strictement l'accès physique aux serveurs, le plus souvent en les plaçant dans des salles serveur protégées dont la porte et le châssis des ordinateurs sont équipés de verrous automatiques.
- Après l'installation du système d'exploitation et des applications souhaitées, des mesures doivent être prises pour renforcer la configuration de la sécurité pour l'ensemble de l'environnement logiciel du serveur. Cela implique de fermer autant de vulnérabilités connues que possible, tout en offrant une facilité d'utilisation acceptable aux utilisateurs/clients du réseau.
- Le modèle MAC (*Mandatory Access Control*) détermine quels utilisateurs ou groupes peuvent accéder aux fichiers, aux dossiers et à d'autres ressources.
- Avec les stratégies de *contrôle d'accès discrétionnaire* (DAC) et les configurations associées, l'utilisateur a la possibilité de décider qui a accès à ses objets et dans quelle mesure.
- Le *contrôle d'accès non discrétionnaire et basé sur les rôles (RBAC)* est fondé sur les rôles de chaque utilisateur au sein de l'organisation.
- Le serveur du domaine est chargé de maintenir une base de données des *listes de contrôle d'accès* (ACL) qui suit chaque compte d'utilisateur, y compris les comptes de groupe auxquels ils peuvent être affectés, ainsi que les droits et autorisations dont ils disposent sur les différents objets.
- Dans chaque type de stratégie, le *principe du moindre privilège* doit être appliqué lorsqu'il s'agit de fournir aux utilisateurs un accès aux objets par l'attribution de droits et de permissions. En vertu de cette règle, chaque utilisateur ne se voit accorder que les niveaux d'accès nécessaires à l'exercice de ses fonctions. Ce principe limite les dommages qui peuvent être causés par une faille de sécurité liée à la tâche, au processus ou à l'utilisateur initial.
- Il existe deux catégories d'utilisateurs dans un réseau : les administrateurs et les utilisateurs. Ces classes peuvent également exister à deux niveaux différents : dans les bases de données de comptes locaux situées sur les appareils clients individuels et dans les bases de données de comptes du réseau situées sur les serveurs réseau.

- Les administrateurs créent des comptes d'utilisateur et de groupe pour les clients du réseau qui comprennent les droits d'accès et les autorisations aux ressources spécifiques du réseau. Les utilisateurs du réseau sont autorisés ou non à lire, modifier et examiner les fichiers et dossiers en fonction de la politique de contrôle d'accès qui a été établie pour eux, soit en tant qu'individus, soit en fonction de leur appartenance à différents groupes du réseau.
- Une partie importante des tâches d'un administrateur et du plan global de sécurité du réseau est l'audit. L'*audit* est une méthode de contrôle planifiée à l'avance pour évaluer ou déterminer si des problèmes existent dans le domaine évalué ou audité.
- Certains firewalls, systèmes de détection d'intrusion et logiciels d'audit peuvent être configurés pour fournir des alertes immédiates ou des notifications aux administrateurs lorsque des événements ou des modèles d'évènements inhabituels sont reconnus.
- L'audit des privilèges de l'utilisateur est une technique utile pour déterminer si l'ordinateur d'un utilisateur a détecté un virus qui augmente les privilèges de l'utilisateur.
- L'*escalade des privilèges* fait référence aux utilisateurs qui sont capables d'exécuter un programme avec un code intégré leur donnant des privilèges administratifs après s'être connectés au serveur.
- Les systèmes de détection d'intrusion sur l'hôte local sont les plus souvent rencontrés. Toutefois, des systèmes similaires sont disponibles pour une mise en œuvre à l'échelle du réseau. En fin de compte, la défense IDS/IDPS la plus efficace est une combinaison des deux types de systèmes fonctionnant ensemble dans ce que l'on appelle des *systèmes IDS distribués.*
- Plusieurs «scanners» de vulnérabilité sont disponibles pour tester le système et identifier les vulnérabilités et les mauvaises configurations des appareils informatiques dans un environnement réseau.
- Lorsque les supports physiques dépassent des limites de l'installation privée, les informations qu'ils transportent deviennent vulnérables à l'interception et à la capture le long de leur trajet ou au port de réception du message.
- Le câble à fibre optique est un moyen de transmission des données beaucoup plus sécurisé que le câble en cuivre, car il ne peut être mis sur écoute sans rupture physique du conducteur.
- Les normes sans fil IEEE 802.11x (également connues sous le nom de Wireless Fidelity ou Wi-Fi) ont été largement acceptées comme la technologie de réseau sans fil préférée pour les applications tant professionnelles que résidentielles.
- Wired Equivalent Privacy (WEP) fournit un modèle de chiffrement basique pour des transmissions de données et l'authentification de chaque ordinateur sur le réseau à l'aide d'une clé mathématique de 128 bits.

- La norme Wi-Fi Protected Access (WPA) apporte un chiffrement de données amélioré, en utilisant les protocoles d'authentification des utilisateurs TKIP (Temporary Key Integrity Protocol) et IEEE 802.1X EAP (Extensible Authentication Protocol) pour fournir une sécurité accrue. Cette combinaison exige des utilisateurs qu'ils utilisent des noms d'utilisateur et des mots de passe pour accéder au réseau.
- Tous les appareils intelligents connectés au réseau doivent être dotés d'une interface réseau capable de les connecter physiquement au support de transmission.
- Les commutateurs collectent des informations sur les adresses MAC pour garder une trace des appareils qui y sont attachés. Lorsqu'ils interagissent avec ces appareils, ils enregistrent leurs informations MAC dans une structure de mémoire embarquée appelée *table d'adresses MAC*.
- Les commutateurs peuvent également être utilisés pour créer des réseaux locaux virtuels (VLAN) sécurisés – une topologie de sécurité qui restreint la visibilité du trafic réseau en limitant le mouvement des paquets réseau de sorte qu'ils ne passent qu'entre des ports désignés.
- Les *commutateurs non paramétrables* sont des appareils « Plug and Play » (PnP) qui ne proposent aucune option de configuration à l'utilisateur.
- Les *commutateurs paramétrables ou « manageables »* sont des dispositifs de connectivité dotés de fonctions de gestion programmables qui permettent aux administrateurs de les configurer pour l'environnement réseau spécifique dans lequel ils seront utilisés. En tant que tels, ils fournissent une sorte de console de gestion que l'administrateur peut utiliser pour définir les paramètres.
- Les *routeurs* sont des dispositifs de connectivité qui transmettent des informations d'une manière similaire aux commutateurs. Toutefois, contrairement à ces derniers, les routeurs peuvent transmettre des informations sur différents segments de réseau. Les routeurs peuvent ainsi relier différents réseaux entre eux grâce à un processus appelé *routage*.
- Les routeurs disposent de différentes sections de mémoire DRAM pour contenir les informations de routage et pour mettre en mémoire tampon les flux de données transitant entre ses ports. Les informations de routage sont stockées et mises à jour dans une table mémoire appelée *table de routage*.
- Les routeurs communiquent entre eux en utilisant un protocole de routage permettant de construire et de maintenir leurs tables de routage. Celles-ci sont utilisées pour enregistrer les meilleures routes vers les différents emplacements du réseau.
- Une *passerelle* est définie comme un dispositif qui interface un réseau avec un autre réseau utilisant un protocole différent. Rappelons qu'un *protocole* est un ensemble de règles définies permettant d'effectuer une communication entre différents appareils ou systèmes.

- Un *pont* relie des segments de réseau entre eux et fait suivre le trafic d'un réseau à l'autre. Comme le commutateur, un pont utilise les adresses MAC pour guider les informations vers les ports appropriés.
- La plupart des dispositifs de connectivité réseau possèdent un certain niveau de configurations possibles. Ainsi, leur fonctionnement peut être manipulé si leurs paramètres sont accessibles. Comme pour les autres types de dispositifs réseau et informatique, des mots de passe doivent être utilisés pour contrôler l'accès aux données de configuration de l'appareil de connectivité lorsque cela est possible.
- L'*espionnage de paquets* ou *Packet sniffing* est l'acte d'observer les paquets lorsqu'ils se déplacent sur un réseau. Cette activité est normalement réalisée à l'aide d'un outil d'analyse du réseau et s'appelle *sniffer les paquets.* Les attaquants utilisent ces outils pour «écouter» le trafic réseau à la recherche d'éléments tels que les mots de passe et les noms d'utilisateur envoyés en mode texte clair; ils écoutent également les informations sensibles telles que celles liées aux cartes de crédit ou d'autres informations financières qu'ils peuvent détourner.
- Les attaques *ARP spoofing* envoient de faux messages ARP (protocole de résolution des adresses) pour associer leur adresse MAC à l'adresse IP d'un autre utilisateur. Une fois l'association établie, les messages dirigés vers cette adresse seront détournés vers l'attaquant. L'attaquant peut alors utiliser les informations obtenues à partir des messages interceptés pour monter d'autres types d'attaques, telles que les attaques DoS ou man-in-the-middle.
- Les *attaques router flooding* sont conçues pour consommer la totalité, ou une partie significative des ressources du routeur, les rendant ainsi non fonctionnelles. Celles du routeur communément visées sont la mémoire embarquée, le fonctionnement du processeur et la bande passante du bus interne.
- Dans les attaques par duplication MAC, également connues sous le nom d'attaques par clonage MAC, l'attaquant met à jour sa propre adresse MAC avec celle de la cible. Cela forcera le switch à transférer le trafic vers les deux emplacements.
- Les attaques *Switch-port-stealing*[3] sont conçues pour submerger le commutateur avec des paquets de réponse modifiés. Le commutateur fait alors suivre tout le trafic jusqu'à l'emplacement de l'attaquant.
- Les attaques par *déni de service (DoS)* sont conçues pour abuser d'un hôte, d'un serveur ou d'une ressource de réseau à tel point qu'il cesse de fournir des services. Selon la nature exacte de l'attaque, la défaillance peut être temporaire ou indéfinie. Les attaques par *déni de service distribué (DDoS)* impliquent l'utilisation de plusieurs systèmes distants synchronisés pour amplifier l'attaque sur la ressource ciblée.

[3] Attaques par vol de port.

- Les attaques de type *Spoofing* sont basées sur la modification de l'adresse MAC ou IP d'un appareil dans le but de changer son identité apparente. Comme un paquet TCP/IP contient de nombreux en-têtes différents, les attaquants peuvent créer un paquet TCP/IP et envoyer son contenu en utilisant une fausse adresse IP source. Lorsque le destinataire reçoit le message, la réponse générée est envoyée à l'adresse usurpée.
- Les attaques de type *Man-in-the-middle* consistent, pour un attaquant, à créer des liens vers deux victimes ou plus afin de pouvoir intercepter les messages circulant entre elles et d'y insérer de nouvelles informations avant de les faire suivre. Cela se fait sans qu'aucune des deux victimes ne se rende compte que l'attaquant contrôle les communications.
- Les attaques par *rejeu de session* impliquent que l'attaquant enregistre une séquence de paquets IP ou de commandes de routeur, manipule les données qu'ils contiennent, puis les réintroduit dans le routeur pour y accéder ou provoquer l'exécution d'actions indésirables.
- Les attaques par *réacheminement* sont réalisées par un attaquant qui accède aux tables de routage d'un routeur et les reconfigure pour lui permettre de rediriger les paquets IP vers d'autres emplacements. Ces types d'attaques sont empêchés par l'utilisation de protocoles de transmission qui nécessitent une authentification de la route. Elles peuvent également être déjouées par l'utilisation de routeurs statiques.
- Les attaques de type *Masquerade* consistent, pour un attaquant, à manipuler des paquets IP pour créer une fausse adresse IP afin de pouvoir accéder au réseau ou y injecter de fausses données.
- La principale défense contre les attaques *IP spoofing* est un dispositif de filtrage des paquets. Le *paquet filtering* est le processus qui consiste à transmettre ou à bloquer des paquets réseau en fonction de leurs adresses source/destination, de leurs ports logiques ou de leurs protocoles. Les commutateurs gérés offrent généralement de telles options de configuration.

Défis en matière de sécurité

Maintenant que vous avez lu les Chapitres 11 à 16, il est temps de revenir sur les observations que vous avez faites au Chapitre 11. Dans la section suivante, complétez les informations demandées, puis comparez ces informations à vos évaluations initiales du Chapitre 11.

Scénario de sécurité 1 sur les réseaux locaux

Identifier : ....

Protéger : ....

Détecter : ....
Répondre : ....
Récupérer : ....

Scénario de sécurité 2 sur les réseaux locaux

Identifier : ....
Protéger : ....
Détecter : ....
Répondre : ....
Récupérer : ....

Feedback professionnel

Dans cette section, vous comparerez vos observations à celles d'un spécialiste actif de la sécurité – en l'occurrence, Philip Craig, le fondateur de BlackByte Cyber Security – pour améliorer votre compréhension de la cybersécurité.

À propos de Philip Craig

Philip Craig est le fondateur de ***BlackByte Cyber Security LLC***, une société de conseil qui soutient les programmes de recherche et les initiatives de sécurité nationale du ***Pacific Northwest National Laboratory (PNNL)***, ainsi que la ***National Rural Electric Cooperative Association*** et la ***National Rural Telecommunications Cooperative***.

Pendant de nombreuses années, Phil a été chercheur principal en cybersécurité au PNNL, où il a fourni un soutien en ingénierie et en gestion de programmes dans les domaines de la cybersécurité, des technologies SCADA (Système de contrôle et d'acquisition de données), de l'informatique et des infrastructures de communication.

Il s'agissait notamment de mettre au point des systèmes complexes et des politiques dans diverses infrastructures critiques, notamment dans les secteurs de l'énergie nucléaire, de l'électricité et de l'eau. Il a développé et déployé des solutions défensives de cybersécurité tant stratégiques que tactiques pour les secteurs de l'énergie électrique et nucléaire.

Le point de vue d'un professionnel en exercice

Avoir l'opportunité de concevoir un environnement informatique global peut être l'une des entreprises les plus stimulantes, frustrantes et gratifiantes de votre carrière. Elle mettra à l'épreuve vos compétences techniques et humaines, vous obligera à vous plonger dans les détails, les uns après les autres et, surtout, vous obligera à apprendre énormément de choses sur l'ensemble du processus, du début à la fin. Quel que soit l'environnement, n'oubliez pas certains points clés :

- La fonction et non la particularité
- La sécurité avant la commodité
- Les affaires avant les envies personnelles

Construire le système de base

Lors de la conception d'un nouvel environnement, il faut toujours construire le système de base en définissant la fonction, la sécurité et les processus opérationnels. Ne tombez pas dans le piège des longues listes de caractéristiques souhaitées, des jérémiades sur la sécurité qui ralentissent les progrès, ou de tous les désirs disparates des organisations de faire les choses à leur façon. Si vous le faites, vous pourriez tout aussi bien monter sur votre cheval, lâcher les rênes, faire demi-tour sur votre selle, commencer à lui frapper le dos et essayer de tenir bon, car vous n'aurez certainement plus le contrôle de votre destin.

Scénario de sécurité 1 sur les réseaux locaux

Vous avez été chargé de rédiger une recommandation pour l'équipement d'un nouveau réseau de données pour une petite entreprise de développement de contenu éducatif (moins de 20 employés). Celle-ci a dépassé les capacités de son ancien réseau et de son équipement informatique et souhaite démarrer dans de nouvelles installations avec un réseau qui répond à ses besoins actuels.

Comme leur activité repose sur la création de propriété intellectuelle dans un marché très concurrentiel, ils ont demandé des conseils en matière d'équipement et de configuration afin d'établir l'environnement réseau physique le plus sécurisé qu'ils puissent se permettre.

En particulier, le client vous a demandé de lui fournir des recommandations complètes pour la mise en œuvre de politiques et normes de sécurité liées aux serveurs. La Figure 17.1 donne un aperçu de la structure des flux électroniques de l'entreprise.

Les principales fonctions de l'entreprise peuvent être organisées comme suit :

- *Personnel exécutif* : Le personnel exécutif mène les activités électroniques suivantes
  - Effectue des activités bancaires électroniques via l'Internet
- *Personnel administratif* : Le personnel administratif est impliqué dans les fonctions électroniques suivantes :
  - Gestion d'un programme installé sur un serveur pour la comptabilité, l'entreposage et l'inventaire.
  - Gestion de la paie électronique des employés et des relevés d'heures.

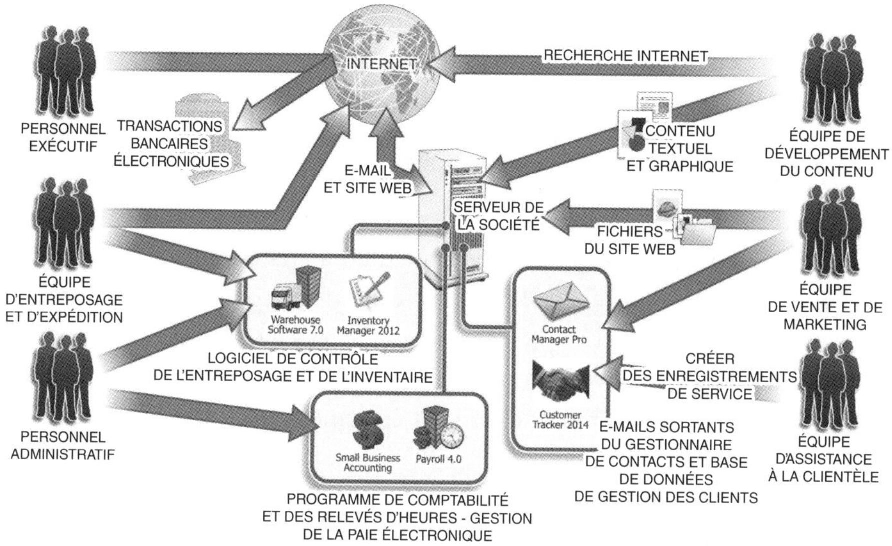

Figure 17.1 La structure de l'entreprise

- *Équipe de vente et de marketing* : Les membres du personnel des ventes et du marketing travaillent en interne ou sur la route. Ils assurent la prospection de clients, interagissent avec les représentants commerciaux externes et font des visites ainsi que des présentations. Ils sont impliqués dans les activités électroniques suivantes :
  - Traitement des courriers électroniques entrants et des appels commerciaux aux clients
  - Utilisation d'un gestionnaire de courrier électronique sortant vers les contacts.
  - Suivi des interactions avec les clients à l'aide d'un programme installé sur un serveur et utilisant une base de données de gestion des comptes clients.
  - Interagir avec le bureau lors de déplacements pour récupérer des documents, des mises à jour de produits, des courriels et d'autres communications.
  - Interagir avec leur fournisseur d'accès Internet et leur équipe interne de développement de contenu pour gérer et mettre à jour le site web de la société.
- *Équipe de développement du contenu* : Cette équipe est composée d'auteurs, de rédacteurs et d'artistes. Certains d'entre eux travaillent dans les locaux de l'entreprise, d'autres travaillent à distance et n'ont jamais d'accès physique aux installations. Enfin, d'autres encore combinent le travail en interne et

le télétravail, de sorte qu'ils sont présents au bureau un ou deux jours par semaine. Leurs activités électroniques sont les suivantes :

  - Créer du contenu textuel et graphique sur des machines locales, mais ils doivent partager ces informations entre les membres de l'équipe aussi librement que possible.
  - Mener des recherches sur le web et des recherches pratiques sur des produits techniques dans un environnement de laboratoire.

- *Équipe d'assistance à la clientèle* : Ces techniciens sont chargés de traiter les appels d'assistance technique des clients, de tester les rapports d'échec et de créer un contenu nouveau ou mis à jour pour toute erreur ou omission dans la production. Ils organisent et suivent également le remplacement et la mise à jour des produits qui doivent être livrés aux clients. Leurs activités électroniques sont les suivantes :
  - Interagir avec le programme de gestion de la clientèle pour examiner les interactions passées avec les clients et créer des dossiers de service relatifs aux problèmes et aux actions de correction.
  - Interagir avec l'équipe de développement du contenu pour partager les problèmes signalés par les clients et proposer des documents de révision sommaires si nécessaire.
- *Équipe chargée de l'entrepôt et de l'expédition* : Ces travailleurs sont impliqués dans la réception, le suivi des stocks, le stockage et l'expédition des produits. Ces employés ont les activités électroniques suivantes associées à leur travail :
  - Interagir avec la partie « entrepôt et inventaire » du logiciel de comptabilité de l'entreprise pour mettre à jour et suivre la réception et l'expédition des produits, ainsi que les niveaux d'inventaire actuels.
  - Interagir via Internet avec des sociétés de livraison express (telles que Federal Express, United Parcel Service) et les entreprises de transport routier pour programmer et suivre les envois.

En gardant ce scénario à l'esprit, faites des suggestions sur la manière dont vous pourriez mettre en œuvre les fonctions assurées par les serveurs et les mesures à mettre en place pour assurer la sécurité des ressources de l'entreprise. Les recommandations doivent inclure, mais sans s'y limiter, la sécurisation physique de la salle serveur et de son contenu, la rédaction de politiques visant à protéger la propriété intellectuelle et les informations personnelles de l'entreprise, ainsi que la mise en place de procédures de maintenance des serveurs de l'entreprise.

Les fonctions sont prioritaires

Basez votre choix initial de réseau et de plateforme sur les fonctionnalités dont chacun peut avoir besoin. Déterminez ensuite quelle fonctionnalité organisationnelle peut être sélectionnée par rôle.

L'organisation compte six grands départements. Il est important de les associer dans un premier temps à un profil basé sur le rôle qui peut être mis en œuvre via un certain nombre de contrôleurs de domaine (Microsoft, Linux, etc.).

- Exécutif
- Administratif
- Ventes/marketing
- Développement du contenu
- Assistance à la clientèle
- Entrepôt

Les fonctions existantes sont initialement prévues par le scénario, de sorte qu'un programme d'accès basé sur les rôles pourra fournir des contrôles d'accès opérationnels (et de le sécurité) suffisants pour :

- Les transactions bancaires électroniques (A)
- La comptabilité (B)
- L'inventaire des entrepôts (C)
- La paie et le pointage (D)
- Le système de gestion des contacts avec les clients (E)
- La gestion du site web de l'entreprise (F)
- La création/gestion de contenu (G)
- Le laboratoire d'essais (H)
- L'accès au site web (recherche, courrier électronique, etc.) (I)

La mise en place de contrôles d'accès basés sur les rôles est un processus en deux étapes. Les contrôleurs de domaine peuvent autoriser/interdire l'accès à l'application, et celle-ci peut être discriminante en ce qui concerne les utilisateurs et les privilèges. Cette approche de multi-authentification est une bonne idée. Cependant, dans une si petite entreprise, il se peut qu'il n'y ait pas de contrôleur de domaine, il faudra donc en tenir compte.

Avec une vingtaine de personnes dans l'entreprise, un serveur central (et une sauvegarde de préférence hors site) offrira une fonctionnalité intéressante. Votre architecture initiale basée sur les rôles pourrait ressembler à la Figure 17.2 (les lettres majuscules représentant la fonction de l'application).

En général, presque tout le monde dans l'entreprise doit avoir accès à Internet. En réalité, donner accès au courrier électronique, aux services bancaires et à quelques libertés sur Internet – le surf – ne sera pas un fardeau pour votre réseau ou vos plateformes informatiques. En revanche, cela peut nuire à la productivité! Pour éviter le relâchement des employés, interdisez la diffusion excessive de contenus en continu (services musicaux, vidéo Amazon Prime, etc.) qui peuvent perturber votre entreprise.

Maintenant que vous disposez d'une politique d'utilisation basée sur les rôles et activée électroniquement, vous pouvez déterminer comment l'application elle-même permettra la séparation des rôles et des tâches nécessaires pour maintenir l'intégrité opérationnelle des systèmes logiciels déployés. Par exemple, chaque personne pourra saisir ses heures de service dans le système de pointage, mais ne pourra pas accéder à celles des autres ou même les encoder. La pointeuse, en revanche, devrait avoir accès aux fonctions de niveau supérieur du logiciel de paie. Ainsi, ce que vous essayez d'éviter, c'est que certaines personnes n'aient accès à des informations qui ne les concernent pas, comme par exemple, des employés de l'entrepôt qui accéderaient à la base de données des contacts clients.

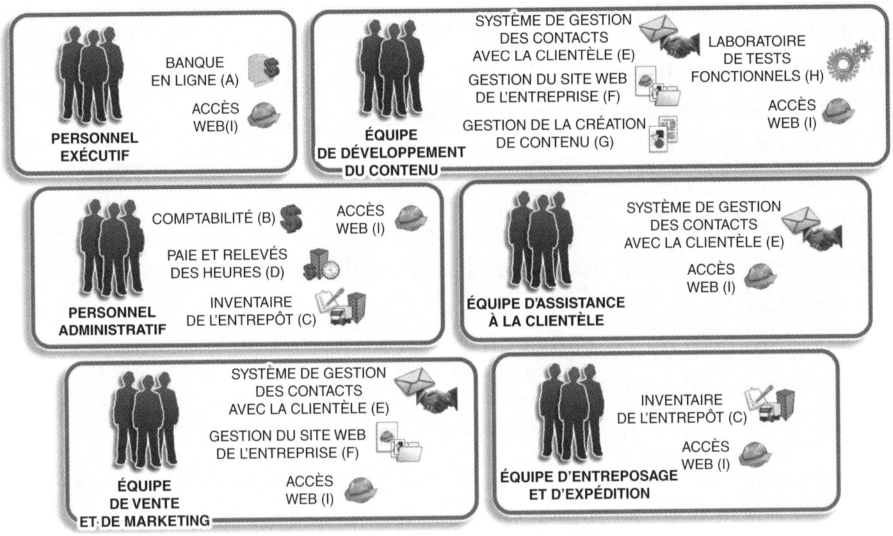

Figure 17.2 Architecture basée sur les rôles

Les informations privées et la propriété intellectuelle sont les principales préoccupations dans ce scénario. La méthodologie de contrôle d'accès basée sur les rôles s'étendra à ces préoccupations. Les objectifs sont de limiter l'accès à l'information, de l'empêcher de quitter l'entreprise et de s'assurer que vos employés comprennent qu'il existe des conséquences graves s'ils la compromettent eux-mêmes. Un bon plan de gestion des documents, une bonne politique et de bonnes procédures fourniront une base solide pour protéger ces informations. Parmi les principes de base, on peut citer le maintien des informations exclusives et intellectuelles de l'entreprise à l'intérieur du système. Ne laissez pas les employés les emporter chez eux sur une clé USB, ne les envoyez pas par e-mail à toute l'entreprise et ne laissez pas n'importe qui y accéder. Observez l'environnement géré de manière trop souple à la Figure 17.3.

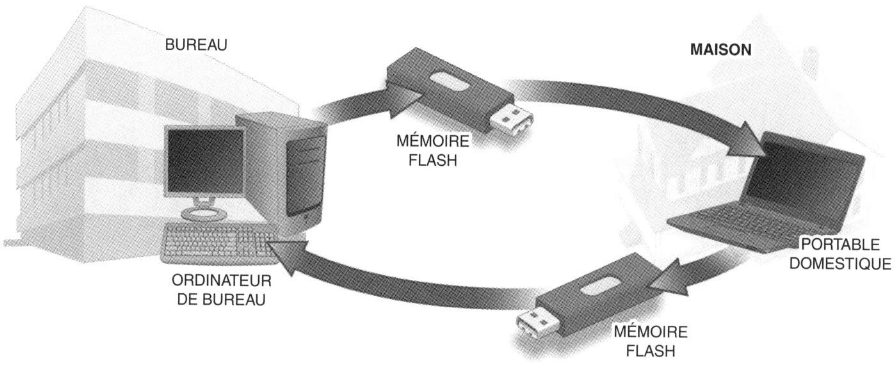

Figure 17.3 Environnement mal géré

Un simple « Je ferai ça ce soir ! » compromettra de façon significative vos fichiers ou vos données. Dans le pire des cas, les données sont transférées de l'ordinateur de bureau vers un dispositif amovible, un ordinateur portable, un réseau domestique (ou vers un autre ordinateur doté, par exemple, d'un plus grand écran), puis de nouveau vers l'ordinateur portable et enfin vers l'ordinateur du bureau. Du point de vue de la sécurité, c'est un cauchemar ! Du point de vue des fichiers ou des données, les moutons ont quitté la bergerie ! Souvenez-vous, c'est le pire des cas ; on pourra toujours dire que l'employé a une protection contre les logiciels malveillants/antivirus, que le fichier sera supprimé (voire complètement effacé) de tous ses appareils personnels, et qu'il sera en outre vérifié avant d'être remis sur le réseau. Est-ce que tout le monde prend vraiment le temps de faire toutes ces tâches ? Même avec ces protections, vos fichiers ont quitté les locaux. Ce n'est pas ce que vous voulez qu'il arrive.

Des solutions potentielles existent et sont beaucoup plus sécurisées. Par exemple, vous pourriez mettre en œuvre la solution simple et rentable que voici :

Supposons que l'employé doive se rendre à l'extérieur pour une raison quelconque. Vous voulez accomplir ce qui suit :

1. Garder le(s) fichier dans les locaux.
2. Maintenir le développement/l'environnement de travail dans les locaux.
3. Gardez un contrôle positif sur ces deux outils pendant le travail.

Cela signifie que vous devez étendre le bureau de manière sécurisée. Comme le montre la Figure 17.4, nous y parvenons généralement par une simple connexion VPN vers le bureau et nous étendons la session de bureau à distance (RDP) au poste de travail de l'employé.

Cette approche n'offre pas une sécurité absolue. Elle est cependant beaucoup plus solide que la première approche et permet également l'auditabilité (journalisation). L'accès à distance est une méthode très efficace et productive pour les pratiques commerciales actuelles, et elle peut également être très sécurisée.

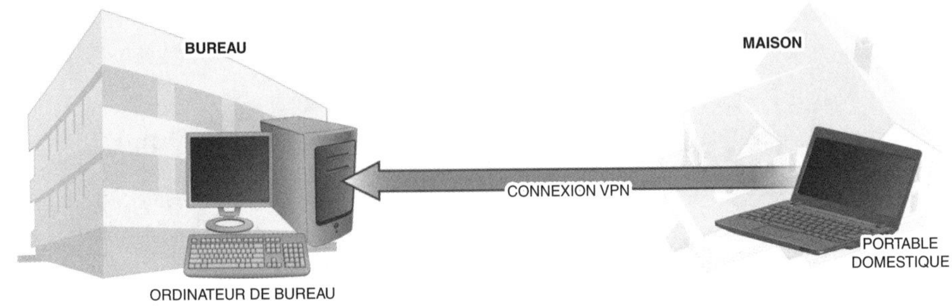

Figure 17.4 Maintien du contrôle

Il existe d'autres possibilités de fonctionnement à distance. Du logiciel GotoMyPC à la virtualisation complète du bureau Citrix, les gens travaillent beaucoup à distance. Pour une entreprise de 20 personnes, certaines solutions simples, telles que des connexions VPN et RDP correctement configurées peuvent offrir des moyens d'être productifs à distance.

Avec le besoin de connectivité à distance – et de ce fait, toute connectivité – et de garder les fichiers et les données (en particulier celles qui sont privées) en sécurité, vient la nécessité de discuter de la façon de construire un environnement sûr et sécurisé pour nos fichiers et nos données électroniques. Le fait de garder toutes les activités de l'entreprise dans les murs physiques (même virtuels) de l'entreprise contribue grandement à la sécurité de ces données. Pour ce faire, vous pouvez mettre en œuvre une politique de communication simple qui interdit d'envoyer par courriels des fichiers et des données lorsque cela n'est pas nécessaire, en particulier en interne. Le courrier électronique est devenu de facto le référentiel de fichiers.

L'utilisation du courrier électronique comme gestionnaire de fichier est facile, car les pièces jointes sont entourées par le contexte du message qui les contient. Mais maintenant, elles se trouvent sur le serveur de courrier électronique – pour toujours ! Au lieu procéder de la sorte, vous pouvez partager un fichier avec une personne via le serveur de fichiers du réseau, puis lui envoyer par courriel le lien vers le fichier avec les instructions pour « suivre les modifications » ou « enregistrer une révision avec vos initiales ». Grâce à ça, vous aurez un enregistrement de l'accès sur le serveur de fichiers, et les données y resteront. Vous pouvez autoriser un répertoire de travail local sur un poste de travail, mais par pratique et politique, vous devez toujours demander aux employés de remettre le fichier sur le serveur et de supprimer toute copie locale.

La plupart des petits réseaux comme celui dont nous parlons tolèrent simplement l'ouverture et la manipulation du fichier directement sur le serveur, de sorte qu'aucune copie locale n'est nécessaire. Les techniques de chiffrement sont nombreuses ! Essayer de les aborder ici consommerait beaucoup d'espace, donc nous resterons simples. Utilisez le chiffrement lorsque cela a un sens. Si vous avez des documents très privés, chiffrez-les et n'ajoutez les clés publiques qu'aux documents qui en ont absolument besoin. Utilisez toujours une clé publique principale en plus des clés individuelles, comme le montre la Figure 17.5. Ainsi, le patron de l'entreprise aura toujours accès à toute information chiffrée. Vous pouvez mettre en œuvre des techniques d'audit électronique simples pour collecter des informations sur les fichiers et les clés associées.

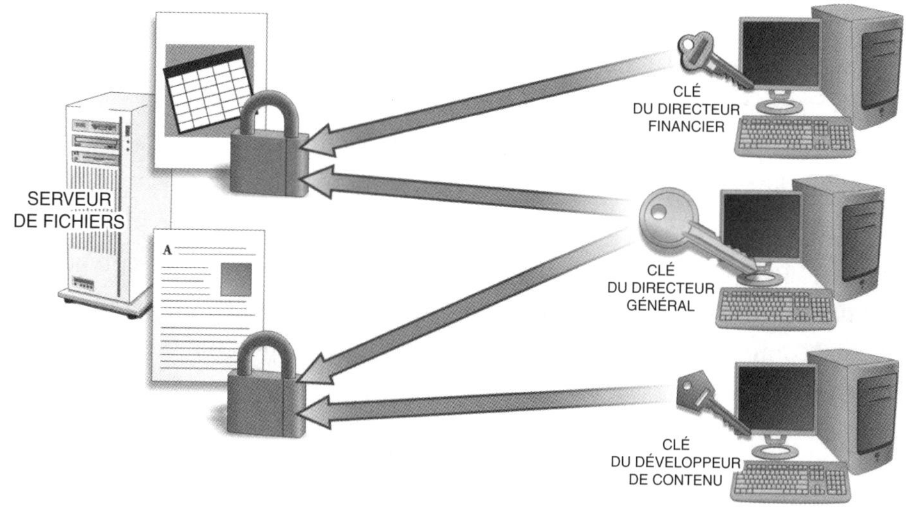

Figure 17.5 La clé passe-partout

Maintenant que vous comprenez l'architecture de base, vous pouvez commencer à vous concentrer sur les différentes exigences du déploiement. Actuellement, lorsque vous déployez vos ressources (c'est-à-dire le matériel, les réseaux, les moniteurs, le stockage, etc.), de nombreuses méthodes nouvelles se présentent à vous. Tirons parti d'une approche à grande échelle. Cela signifie que l'entrepôt n'aura pas de moniteur 30 pouces et que les responsables administratifs n'auront pas de double écran. Comme le dit le vieil adage, «le bon outil pour le bon travail».

Empreintes matérielles plus petites

Un système dans lequel tous les médias électroniques sont conservés au sein de l'entreprise signifie une empreinte matérielle plus petite. Cela signifie qu'il faut utiliser des serveurs de fichiers pour stocker et distribuer tout ce qui est électronique. Pas de lecteurs amovibles, de clés USB, de CD-ROM, etc.

À moins que vous n'ayez une justification, pourquoi dépenser l'argent pour cela ?

En ce qui concerne les ordinateurs personnels et les serveurs, il existe des principes assez simples pour contrôler les coûts et maintenir la capacité. N'achetez que ce dont vous avez besoin pour le travail. En tant que petite entreprise, vous ne voudriez pas entraver les performances de vos employés avec du matériel bon marché ou sous-dimensionné. Il en va de même pour les très grandes entreprises. Pouvez-vous imaginer d'acheter six mille PC, tous équipés de CD-ROM ? Combien de fois avez-vous réellement besoin d'un CD-ROM ? Peut-être pouvez-vous acheter un ou deux lecteur CD-RW USB et allez les chercher dans l'armoire quand vous en avez besoin. Il en va de même pour les autres périphériques. Les montagnes d'équipements mis au rebut dans certaines entreprises, dont une bonne partie n'est pas utilisée, peuvent être étonnantes.

Examinons le petit système rentable illustré à la Figure 17.6. Il devrait répondre à tous les besoins énumérés dans le scénario, mais vous pouvez envisager d'ajuster votre budget simplement parce que vous souhaitez une approche plus commerciale. L'équipement de réseau réel n'est pas indiqué, mais il est sous-entendu qu'il y en aura un, au minimum, un firewall tourné vers l'extérieur, un commutateur géré, des commutateurs non gérés et le(s) routeur(s) nécessaire(s) pour l'accès interne et externe.

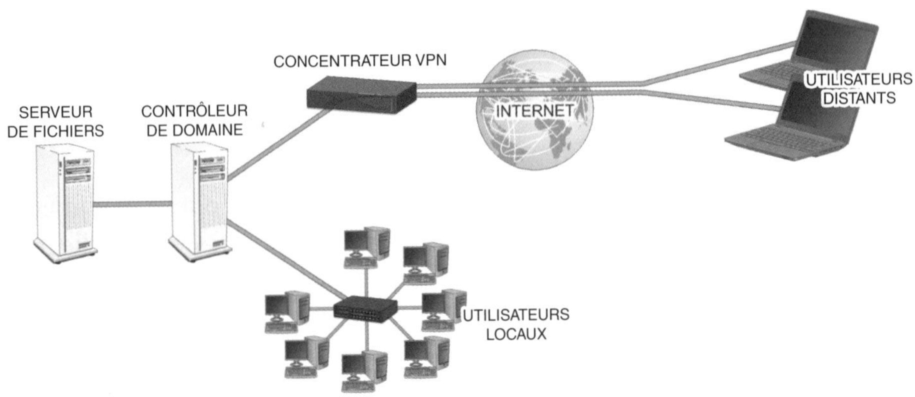

Figure 17.6 Réseau proposé

Il n'est pas surprenant que cela ressemble à presque tous les autres réseaux informatiques de la planète. Après tout, on ne peut pas faire grand-chose avec ce que l'on a. La différence, c'est que vous allez mettre en œuvre ce qui suit :

1. Mettre en œuvre une politique d'autorisation et d'authentification fondées sur les rôles ainsi qu'une stratégie de mise en œuvre stricte.
2. Mettre en œuvre une politique stricte de conservation des informations sensibles de l'entreprise. Après tout, c'est la raison pour laquelle vous avez votre emploi.

3. Concevoir un système de gestion des documents (et la politique) qui encourage la bonne utilisation du serveur de fichiers, y compris les autorisations d'accès aux fichiers/données, le chiffrement, l'audit et le bon déroulement des opérations pour maintenir une source ordonnée d'informations dans votre entreprise.
4. Faites des choix prudents pour l'acquisition et l'utilisation des équipements. Si vous n'en avez pas besoin, ne l'achetez pas. Si vous en avez besoin, pouvez-vous partager une ressource ?

Souvenez-vous !

Fonction et non particularité. La sécurité prime sur la commodité. Les affaires avant les envies personnelles.

Questions de révision

Les questions suivantes permettent de tester vos connaissances sur la matière présenté dans la partie III

1. ________________ est un ensemble de règles qui régit la façon dont les communications sont menées à travers un réseau. Pour que les appareils puissent communiquer entre eux, ils doivent tous utiliser le même protocole de réseau.
2. À quel niveau du modèle de réseau OSI les adresses MAC fonctionnent-elles ?
3. ________________ implique l'envoi de très nombreuses demandes à un serveur ou à un dispositif de connectivité réseau de sorte que sa capacité à traiter ces demandes est atteinte, ce qui l'amène à cesser de fournir le service en raison de son manque de ressources pour traiter le volume.
4. Quelles sont les trois étapes à suivre après l'installation, la mise à jour et la correction du système d'exploitation ?
5. Selon quelle stratégie de contrôle d'accès le système détermine-il les utilisateurs ou groupes pouvant accéder aux fichiers, dossiers et autres ressources ?
6. Les administrateurs utilisent ________________ pour traiter collectivement les comptes d'utilisateurs qui ont des besoins communs.
7. Décrivez les deux principales composantes d'un système d'audit.
8. ________________ sont des outils orientés base de données conçus pour rechercher dans les ordinateurs des vulnérabilités connues qui ont été identifiées et ajoutées à la base de données.
9. Quel est l'avantage du câblage à fibres optiques en matière de sécurité par rapport aux supports cuivre ?
10. À quel niveau du modèle OSI les commutateurs réseau fonctionnent-ils principalement ?

11. Dans quel type d'attaque l'assaillant envoie-t-il de faux messages ARP pour associer son adresse MAC à l'adresse IP d'un autre utilisateur ?
12. Comment fonctionne une attaque SYN Flood ?
13. Quel dispositif marque généralement la limite d'un segment intranet ?
14. ________________ est le processus de transmission ou de blocage de paquets réseau en fonction de leurs adresses source/destination, de leurs ports logiques ou de leurs protocoles.
15. Quel type d'appareil est considéré comme la principale défense contre les attaques d'usurpation d'identité ?

Questions d'examen

1. Quelle couche du modèle OSI est chargée de contrôler la manière dont les données sont conditionnées et déplacées entre les points de communication ?
   A. Couche liaison de données
   B. Couche réseau
   C. Couche transport
   D. Couche application

Réponse : A
La couche *liaison de données* est impliquée dans le contrôle du conditionnement des données et de leur déplacement entre les points de communication. Dans cette couche, les données sont formatées en trames adaptées à la transmission. Les composants à ce niveau ajoutent également des fonctions de détection et de correction d'erreurs aux trames, ainsi que des protocoles d'accès aux médias et des informations spécifiques relatives à la transmission vers d'autres nœuds particuliers du même segment de réseau.

2. Parmi les propositions suivantes, laquelle est une adresse IPv6 valide ?
   A. 10000111.10001011.01001001.00110110
   B. 191.254.0.0
   C. 2001:0db8:00a7:0051:4dc1:635b:0000:2ffe
   D. 13:A2:00:40:6B:8E:66

Réponse : C
Les adresses IPv6 sont généralement écrites sous forme de chiffres hexadécimaux, séparés par deux points (2001 : 0db8 : 00a7 : 0051 : 4dc1 : 635b : 0000 : 2ffe).

3. Quel type de serveur sert d'intermédiaire entre les ordinateurs du réseau et l'Internet ?
   A. Serveur passerelle
   B. Serveur de routage
   C. Serveur web
   D. Serveur mandataire

Réponse : D

Les serveurs mandataires servent d'intermédiaires entre les ordinateurs du réseau et l'Internet.

4. Les serveurs ____________ permettent aux clients de se connecter à un ordinateur à partir d'un site distant, même s'ils ne sont pas connectés à un réseau local.
   A. SAN
   B. NAS
   C. RAS
   D. FTP

Réponse : C

Le serveur *RAS* (Remote Access System) permet aux clients de se connecter à un ordinateur à partir d'un site distant, même s'ils ne sont pas connectés à un réseau local.

5. Dans quel type d'attaque réseau les attaquants utilisent-ils des analyseurs réseau pour écouter le trafic à la recherche d'éléments tels que les mots de passe et les noms d'utilisateur envoyés en mode texte clair ou pour rechercher des informations sensibles telles que les informations de carte de crédit ou autres informations financières qu'ils peuvent détourner ?
   A. Attaques par espionnage de paquets (Packet sniffing attacks)
   B. Les attaques par usurpation d'identité via ARP (ARP spoofing attacks)
   C. Attaques par détournement de MAC (MAC hijacking attacks)
   D. Les attaques DoS

Réponse : A

Les attaques par espionnage de paquets sont normalement menées à l'aide d'un outil d'analyse de réseau appelé *sniffer de paquets*, permettant d'observer le trafic réseau pour trouver des éléments tels que les mots de passe et les noms d'utilisateur envoyés sur le réseau en mode texte clair, ou des informations sensibles telles que les celles liées aux cartes de crédit ou de nature financière pouvant être détournée.

6. Dans quel type d'attaque réseau les attaquants mettent-ils à jour leur propre adresse MAC avec celle de la cible afin de forcer un commutateur à acheminer le trafic vers les deux destinations ?
   A. Attaques par inondations MAC (MAC flooding)
   B. Attaque par clonage MAC (MAC duplicating)
   C. Attaques par réacheminement (Rerouting attack)
   D. Les attaques de l'homme du milieu (Man-in-the-middle attack)

Réponse : B

Dans une attaque par clonage, l'attaquant met à jour sa propre adresse MAC avec celle de la cible. Cela entraînera le transfert du trafic vers les deux destinations

7. Quelle fonction de sécurité sans fil offre la meilleure défense pour les réseaux sans fil ?
   A. Bluetooth
   B. WEP
   C. WPA
   D. WIMax

Réponse : C

Bien que le WEP soit une méthode de chiffrement solide, des attaquants sérieux peuvent la craquer. C'est ce qui a conduit le secteur des communications sans fil à créer la norme WPA (Wi-Fi Protected Access) plus stricte. La norme WPA permet un chiffrement amélioré des données, utilisant le protocole TKIP(Temporary Key Integrity Protocol) et le protocole IEEE 802.1X EAP (Extensible Authentication Protocol) pour fournir une sécurité accrue.

8. Quel groupe Linux possède le privilège d'exécuter des processus en arrière-plan s'exécutant sans instruction de l'utilisateur ?
   A. Users
   B. Whell
   C. Root
   D. Daemon

Réponse : D

Daemon est un utilisateur/groupe standard par défaut qui a le privilège d'exécuter des programmes de type daemon (processus en arrière-plan) qui s'exécutent sans instruction de l'utilisateur.

9. Quelles sont les fonctionnalités configurables offertes par les commutateurs gérés (manageables) pour prévenir les attaques de type « man-in-the-middle » ? (Sélectionnez tout ce qui s'applique).
   A. Filtrage des paquets
   B. DHCP snooping
   C. Inspection approfondie des paquets
   D. Inspection ARP dynamique

Réponse : B, D

Les commutateurs gérés proposent généralement les options de configuration DHCP snooping et DAI (Dynamic ARP Inspection) conçues pour contrecarrer les attaques MITM. DHCP snooping est utilisé pour filtrer et bloquer les messages entrants du serveur DHCP et construire une base de données d'adresses IP à MAC. DAI utilise la base de données DHCP snooping pour vérifier et valider les demandes ARP afin de prévenir les attaques de type ARP spoofing.

10. Laquelle des mesures suivantes constitue l'étape la plus fondamentale pour assurer la sécurité des dispositifs de connectivité de réseau ?
A. Placer les dispositifs de connectivité dans des armoires murales sécurisées ou les placer dans la salle serveur pour assurer une protection physique
B. Configurer les paramètres de gestion des appareils de façon que les fonctionnalités requises soient aussi sécurisées que nécessaire pour fournir le niveau de performance requis
C. Désactiver les fonctions de gestion qui ne sont pas nécessaires

Répondez : A
Tous les efforts de sécurité commencent au niveau de l'accès physique. Si une personne non autorisée peut accéder physiquement aux serveurs réseau, aux médias ou aux dispositifs de connectivité, alors il n'y a pas de sécurité.

Partie 4

Sécurité du périmètre

Chapitre 18

Périmètre de sécurité dans le monde réel

Les défis suivants fournissent des points de référence contextualisés liés aux concepts que vous rencontrerez dans la seconde partie. Comme vous n'avez pas encore lu les chapitres de la partie IV, les défis arborés dans ce chapitre sont conçus pour vous présenter les scénarios concernant les hôtes locaux auxquels vous serez confrontés dans le monde réel.

Dans ce chapitre, vous apprendrez à :

- Comprendre la pertinence de la sécurité du périmètre Internet.
- Utiliser le cadre de cybersécurité du NIST pour développer des solutions spécifiques aux scénarios de sécurité présentés.

Défis en matière de sécurité

Ce chapitre vous permettra de lancer votre réflexion sur ce que vous allez découvrir dans la deuxième partie. Vous ne vous contenterez pas d'emmagasiner les informations acquises dans ces chapitres ; vous voudrez aussi, à partir d'ici, mieux comprendre la pertinence de celles-ci dans le vrai monde.

Au chapitre 25, vous reviendrez sur ces scénarios et appliquerez ce que vous avez appris aux chapitres 19 à 24. Vous comparerez également vos observations à celles des spécialistes, professionnels de la sécurité qui ont fourni leurs constatations et solutions pour ces scénarios.

Scénario de sécurité 1 sur Internet

En raison de l'excellent travail de votre entreprise dans la conception des systèmes serveur et des réseaux locaux de l'organisation dans le chapitre précédent, la collaboration avec l'organisation a été étendue pour couvrir également leurs besoins en matière de sécurité Internet. Vous avez été chargé de rechercher, de concevoir et de mettre en œuvre la politique de cybersécurité de l'entreprise.

La figure 18.1 montre l'agencement de la structure actuelle du réseau de la société. Utilisez cette information pour déterminer comment la protéger au mieux des attaques et des exploitations liées à la connexion à l'Internet.

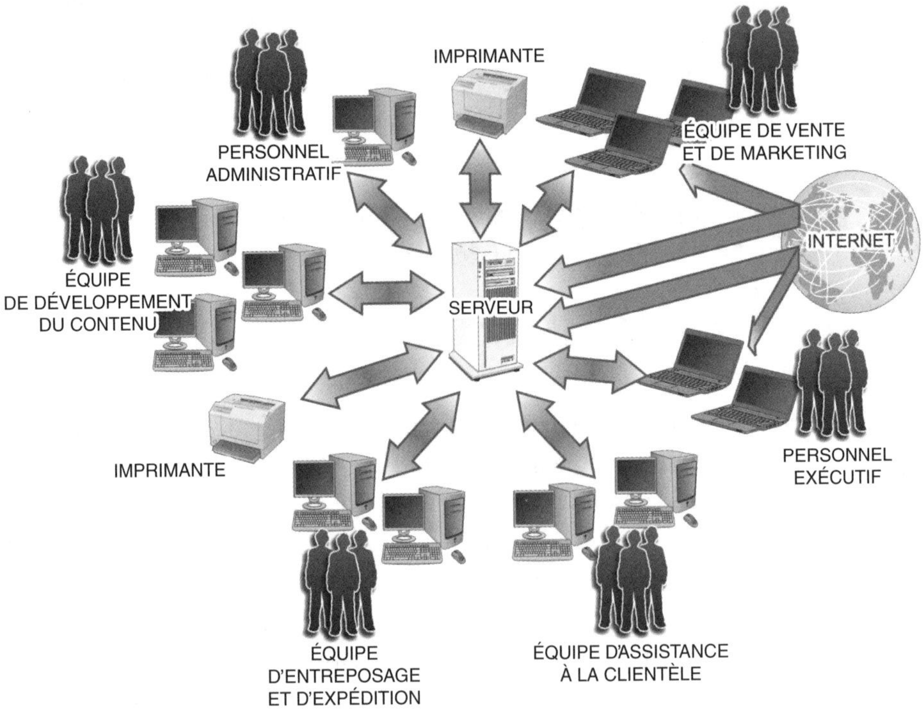

Figure 18.1 La structure du réseau de l'entreprise

Évaluation des risques 1

À partir des informations fournies dans ce scénario, considérez les fonctions suivantes du NIST (National Institute of Standards and Technology) et formulez vos réflexions sur les catégories et sous-catégories choisies pour chaque fonction. Vous pouvez également vous référer à la copie du cadre de cybersécurité du NIST disponible dans l'annexe C, ainsi qu'aux documents de référence pour chaque sous-catégorie, afin de vous aider à formuler les réponses demandées.

Une fois ces considérations en place, vous découvrirez, tout au long des chapitres suivants, des informations spécifiques sur la manière de mettre en œuvre les fonctions demandées. Enfin, vous aurez également l'occasion de mettre à jour ces idées originales en y ajoutant les nouvelles options que vous trouverez dans le chapitre 25, et de les comparer aux solutions proposées par les experts de la cybersécurité.

Identifier

Déterminer les flux de communications entre le réseau privé de l'entreprise et les clients qui accéderont au réseau à partir d'Internet et les employés qui accéderont à Internet à partir du réseau de l'entreprise. Identifier les menaces et les attaques potentielles associées au lien existant entre le réseau de l'entreprise et Internet ainsi que les impacts potentiels associés à ces attaques. (Voir NIST ID.AM-3, ID.RA-3, 4.)

Protéger

Décrivez les systèmes et les politiques potentiels permettant de gérer les identifiants des clients autorisés qui se connectent à partir d'Internet ainsi que des employés qui doivent accéder à distance au réseau de l'entreprise. Proposez également des moyens de protéger l'intégrité du réseau.

Déterminez les options les mieux adaptées pour protéger les informations confidentielles lorsqu'elles passent de, vers ou par l'Internet. Enfin, suggérez des méthodes, des dispositifs et des structures qui peuvent être utilisés pour protéger le réseau de l'entreprise contre les menaces sur Internet. (Voir NIST PR.AC-1, 3, 4, 5, PR.DS-2, PR.PT- 4)

Détecter

Présentez vos suggestions de systèmes et de techniques qui peuvent être utilisés pour alerter les administrateurs réseau si quelqu'un ou quelque chose tente d'accéder au réseau.

Comment pourriez-vous détecter les anomalies et les événements susceptibles d'avoir un impact sur le fonctionnement du réseau sans autorisation appropriée ? Décrivez également les éléments à inclure dans les évaluations des vulnérabilités de l'organisation en ce qui concerne la fourniture d'un accès Internet aux clients. (Voir NIST DE.CM-1, 8.)

Répondre

Produire une suggestion de politique relative à la façon dont les notifications du système de détection devraient être examinées. Inclure également des suggestions sur les options permettant de contenir les incidents d'intrusion. (Voir NIST RS.AN-1, RS.MI-1, RS.RP1.)

Récupérer

Comme l'entreprise traite désormais des informations publiques, discutez des mesures qui pourraient être nécessaires pour préserver sa réputation auprès du public après un incident de cyber sécurité. (Voir NIST RC.CO-2.)

Utilisez votre portfolio pour enregistrer vos observations pour ce défi. Vous pourrez accéder à nouveau à ces informations à la fin du chapitre pour évaluer vos connaissances initiales concernant ce scénario et les comparer aux informations que vous avez acquises grâce au chapitre et aux procédures de laboratoire. Vous pourrez également comparer vos observations avec celles d'un spécialiste de la sécurité afin d'améliorer votre compréhension du sujet.

Scénario de sécurité 2 sur Internet

La description des activités de l'organisation cliente devrait faire apparaître que plusieurs de ses groupes d'employés ont des besoins légitimes d'accéder aux ressources internes de l'entreprise à partir de sites distants. En tant que tel, vous devez également élaborer une politique et une architecture pour mettre en œuvre les capacités d'accès à distance dont ils ont besoin.

■ Évaluation des risques 2

À partir des informations fournies dans ce défi, examinez les fonctions NIST suivantes et réfléchissez aux catégories et sous-catégories énumérées pour chaque fonction. Une fois ces considérations en place, vous découvrirez des informations sur la façon de mettre en œuvre les fonctions demandées.

Identifier

Déterminez les flux de communications existant entre le réseau privé de l'entreprise et ses employés distants. De plus, créez des suggestions de politiques pour les employés qui accèdent aux actifs du réseau de l'entreprise à partir de sites distants. (Voir NIST ID.AM- 3, 4, 6.)

Protéger

Décrivez les systèmes et politiques potentiels pour gérer les identifiants des employés autorisés qui ont besoin d'accéder à distance au réseau de l'entreprise. Proposez également des moyens de protéger l'intégrité du réseau après la mise en œuvre de cette option de communication.
Déterminer les options les mieux adaptées pour protéger les informations confidentielles de l'entreprise lorsqu'elles passent de, vers ou par l'Internet en utilisant ces canaux de communication. Enfin, suggérez des méthodes, des dispositifs et des structures qui peuvent être utilisés pour sécuriser les connexions d'accès à distance de l'entreprise. (Voir NIST PR.AC-1, 3, 4, PR.DS -2, PR.PT-1, 4, PR.MA-2).

Détecter

Présentez vos suggestions de systèmes et de techniques qui peuvent être utilisés pour alerter les administrateurs réseau si des utilisateurs non autorisés tentent d'accéder au réseau par les canaux d'accès à distance.
Comment pourriez-vous détecter les anomalies et les événements associés au système d'accès à distance qui pourraient avoir un impact sur le fonctionnement du réseau ? Décrivez également les éléments à inclure dans les évaluations des vulnérabilités de l'organisation en ce qui concerne la fourniture d'accès à distance aux employés. (Voir NIST DE.CM- 1, 3, 8.)

Répondre

Rédigez une proposition de politique relative à la manière dont les notifications du système de détection impliquant des incidents d'accès à distance devraient être étudiées. Ajoutez également des suggestions sur les options permettant de contenir les incidents d'intrusion. (Voir NIST RS.AN-1, RS.AM-MI-2).

Récupérer

Étant donné que l'entreprise transmet potentiellement des informations privées en dehors de son réseau, créez une note de récupération d'un incident lié aux données de l'entreprise exploitées par le système d'accès à distance. (Voir NIST RC.RP-1.)

Résumé

Notez vos observations pour les évaluations des risques présentées dans ce chapitre. Au chapitre 25, vous comparerez ces premières réflexions et observations avec celles que vous formulerez après avoir lu les chapitres 19 à 24. Vous pourrez également comparer vos réponses à celles des spécialistes, professionnels de la sécurité.

Chapitre 19

Comprendre l'environnement

À ce stade du livre, vous avez découvert des vulnérabilités de sécurité et des solutions organisées sur trois niveaux : Sécurité physique, sécurité de l'hôte local et sécurité du réseau local. Ces trois niveaux généraux s'appliquent aux dispositifs informatiques, aux dispositifs de connectivité réseau, aux serveurs réseau et aux supports réseau contrôlés par un propriétaire. Ce chapitre est le dernier chapitre général sur la sécurité dans ce livre, et il traite de la sécurité sur Internet. Dans ce chapitre, vous apprendrez à :

- Identifier les acteurs types associés à l'environnement Internet non contrôlé
- Identifier les composants relatifs aux techniques d'adressage IP
- Faire le lien entre les numéros de port couramment rencontrés et la sécurité du réseau
- Identifier les principaux organismes et normes de sécurité de l'Internet

Les bases de la sécurité sur Internet

Au début de l'Internet, la sécurité était surtout assurée par des mots de passe. Dans de nombreux cas, ceux-ci étaient des dates d'anniversaire ou des noms d'animaux de compagnie et usaient de peu de technologies différentes. Nous étions impressionnés par le merveilleux monde interconnecté dans lequel nous vivions. Cependant, il y avait des individus qui avaient l'intention de causer des méfaits ou de pirater des réseaux, mais à l'époque, c'était surtout de l'espièglerie plutôt que de la malveillance.

Le chevauchement entre la sécurité des réseaux locaux et la sécurité de l'Internet

En parcourant la partie IV, vous remarquerez un grand nombre de liens entre la sécurité des réseaux locaux et celle de l'Internet, car l'Internet n'est finalement qu'un ensemble de réseaux interconnectés. Pratiquement tous les concepts de sécurité appropriés à un réseau devraient également être appliqués à ces réseaux interconnectés. Toutefois, nous nous intéresserons moins aux technologies de la couche physique ou de la couche de liaison de données dans ce chapitre et nous nous concentrerons principalement sur les concepts propres à la connectivité Internet.

Le piratage était principalement du simple « craquage », utilisant un logiciel qui tournait en boucle pour deviner les mots de passe et obtenir un accès. Le petit piratage qui avait lieu impliquait un accès direct ou le placement d'un code malveillant sur une disquette.

L'utilisation de l'Internet s'est développée à un rythme étonnant. En quelques années seulement, presque toutes les entreprises l'ont utilisé et également un grand pourcentage d'utilisateurs résidentiels qui envoyaient des courriers électroniques, faisaient des achats, ou tout simplement cherchaient au quotidien des informations. Les vitesses d'accès et les logiciels de collaboration se sont tellement améliorés que l'expérience globale est devenue captivante pour presque tout le monde. À mesure que les réseaux se développaient et devenaient la norme, les fonctionnalités utilisées pour interagir le devenaient également.

Les professionnels des réseaux ont dû faire face à certains problèmes de sécurité et à d'autres défis significatifs liés à celle-ci, donnant naissance au secteur de la cybersécurité.

Les pirates pouvaient accéder à des listes d'adresses électroniques ou même les deviner et envoyer des logiciels soigneusement conçus pour ennuyer et gêner des destinataires peu méfiants. Nous faisions confiance à la plupart de nos courriels, cliquions aveuglément sur les pièces jointes et étions vraiment des proies faciles.

Le véritable changement dans la prise de conscience de la sécurité s'est produit lorsque les premiers virus informatiques ont commencé à faire leur apparition. Un seul utilisateur pouvait exécuter un code malveillant qui avait un impact sur tout le réseau d'une entreprise. Une victime pouvait être complice de la propagation de ce virus en le partageant sans le savoir avec chacun de ses contacts.

Microsoft voulait disposer du navigateur web le plus puissant du marché, un navigateur qui pourrait révolutionner notre façon de communiquer. Ils ont intégré ces capacités dans leur système d'exploitation et nous ont étonnés par rapport à ce que nous pouvions accomplir grâce à ces technologies.

Il n'a pas fallu longtemps pour que les pirates informatiques se concentrent sur cette nouvelle puissance et créent des exploits successifs visant ces nouvelles compétences. Ce fût presque immédiatement, et alors que les entreprises se précipitaient dans l'adoption des technologies les plus récentes, il était déjà trop tard pour se protéger contre les « exploits » malveillants. Le monde était dépendant de l'interaction et de la communication. Alors que Microsoft et d'autres se précipitaient pour combler les nouvelles lacunes découvertes presque quotidiennement, il est devenu très clair que la sécurité sur Internet est un enjeu important !

Aujourd'hui, il existe tellement de technologies logicielles et matérielles différentes utilisant l'Internet que la sécurité doit être l'affaire de tous. Nous ne pouvons pas nous contenter de compter sur les fournisseurs de systèmes d'exploitation ou d'applications pour assurer notre sécurité. Nous devons tous être vigilants et veiller à ce que des mesures de sécurité soient mises en place. Même l'utilisateur à domicile qui ne communique qu'avec ses petits-enfants par courrier électronique doit avoir une certaine conscience de la sécurité.

Une fois que les hôtes locaux et le réseau local ont été sécurisés, la connexion à l'Internet doit l'être aussi. Dans cette optique, la sécurité de l'Internet implique quatre objectifs essentiels et trois formes principales de sécurité de l'Internet à prendre en considération :

- Comprendre la frontière entre le réseau interne local et l'environnement Internet. Il existe de nombreuses façons de se connecter à l'Internet et de l'utiliser. L'objectif est de comprendre comment il fonctionne afin de protéger les données contre les utilisateurs Internet malveillants qui accèdent à celles-ci sur un ordinateur local ou lorsqu'elles circulent sur l'Internet.
- Sécuriser le matériel local. La sécurité physique consiste simplement à sécuriser l'accès physique au matériel du réseau local.
- Sécuriser le réseau. La sécurité du réseau comprend la sécurisation du matériel contrôlant la transmission des données ainsi que l'authentification, l'autorisation et la protection.
- Protéger les données. La sécurité des données comprend la protection des données stockées ou transmises sur le réseau.

La cybersécurité est plus une discipline qu'un ensemble de compétences. Un peu de paranoïa en matière de sécurité est probablement une bonne chose; mais plutôt que de laisser les préoccupations sécuritaires influencer votre santé, il est de loin préférable d'avoir un plan de secours solide afin que les ressources du réseau soient préservées et puissent être redéployées raisonnablement dans le pire des cas.

La quatrième partie couvre les concepts de base de la sécurité de l'Internet énumérés ici et les applique à plusieurs protocoles et services afin de vous aider à comprendre comment aborder la sécurité de l'Internet même lorsqu'il s'agit d'une technologie nouvelle ou encore peu aboutie.

Comprendre l'environnement

Les réseaux sont des ensembles d'appareils qui peuvent échanger des informations librement, et l'Internet n'est en réalité rien de plus qu'un ensemble de réseaux qui peuvent faire de même. La liberté de cet échange varie, mais c'est la facilité apparente qui est si convaincante sur Internet. C'est aussi ce qui le rend si dangereux.

L'Internet existe sous une forme ou une autre depuis des décennies, passant d'un concept gouvernemental et universitaire à une norme mondiale d'échange d'informations, à mesure que la mise en réseau s'est généralisée et est devenue plus courante et simple. Ce n'est qu'avec la création du World

Wide Web et du navigateur web que ce concept est entré dans les foyers et est devenu cette chose que jeunes et vieux souhaitaient et voulaient finalement posséder.

Pour bien comprendre l'environnement Internet, vous devez comprendre les types d'acteurs qui résident sur Internet. Les utilisateurs individuels rencontrent généralement cinq types d'acteurs impliqués dans des activités sur Internet :

- Les prestataires de services
- Les entreprises qui veulent faire de la publicité et vendre
- Les personnes et les entreprises qui souhaitent échanger des informations
- Les utilisateurs qui souhaitent accéder à des informations ou utiliser des services situés sur l'Internet
- Les mauvaises personnes qui veulent accéder aux ordinateurs pour voler des informations, espionner les gens ou désactiver les communications

D'autre part, pour la plupart des entreprises, il y a généralement cinq types d'acteurs sur Internet à prendre en considération (comme illustré dans la Figure 19.1) :

- Les clients potentiels qui peuvent consulter les sites web et éventuellement commander des produits sur Internet
- Les employés à distance qui doivent accéder au réseau interne via l'Internet
- Les entreprises de confiance avec lesquelles il est possible d'échanger efficacement des informations via Internet
- Les utilisateurs internes qui souhaitent accéder à des informations ou utiliser des services situés sur l'Internet
- Les mauvaises personnes qui veulent accéder au réseau pour voler, perturber les opérations ou désactiver les communications

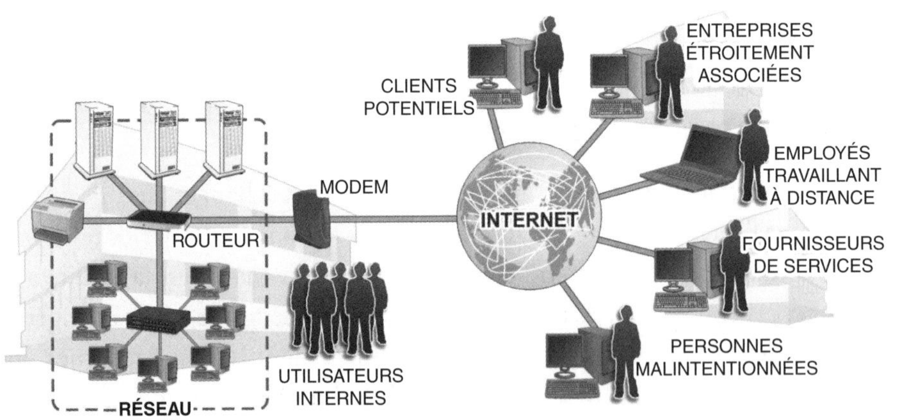

Figure 19.1 Acteurs Internet

Concepts de base de l'Internet

Beaucoup de gens pensent qu'Internet n'est rien d'autre que le courrier électronique et le Web. Il y a toujours eu beaucoup d'autres protocoles, et il s'en crée de plus en plus chaque jour.

Dans la troisième partie, on vous a présenté le modèle de réseau OSI dans lequel un système contient n *couches*, chacune d'elles n'interagissant qu'avec la couche située en dessous ou au-dessus d'elle. Nous ne pensons pas vraiment à ces couches dans la gestion de réseau, mais elles sont la clé pour comprendre qu'il y a différentes façons de gérer l'interconnexion dans un réseau en utilisant différents protocoles.

De nombreux protocoles différents sont impliqués dans les activités typiques d'Internet. Mais la suite de protocoles la plus présente (et la plus importante à comprendre) est la suite de protocoles Internet communément appelée TCP/IP. Comme son nom l'indique, TCP/IP comprend deux protocoles : TCP (Transmission Control Protocol) et IP (Internet Protocol), qui sont les protocoles les plus importants du modèle Internet.

Nous savons que les données sont transmises sur n'importe quel réseau en morceaux de données appelés *trames, paquets,* ou *segments* selon la couche dans laquelle elles se trouvent. Le TCP/IP est organisé en quatre couches qui lui sont propres et qui spécifient comment les données doivent être organisées (couche liaison), adressées (couche Internet), transmises (couche transport), reçues et traitées (couche application).

Nous n'allons pas passer beaucoup de temps à examiner ces couches OSI dans ce chapitre, mais il est courant que les techniciens réseau fassent référence au fonctionnement des niveaux 2 et 3, nous devons donc nous assurer que vous comprenez bien ce à quoi ils font référence. Rappelez-vous de la partie III : un protocole réseau peut impliquer plus d'une couche.

Dans un réseau local, les paquets sont le plus souvent transportés par Ethernet. Ce protocole peut supporter des vitesses allant jusqu'à 10 gigabits/sec, ce qui signifie que 10 gigabits de données peuvent être transmis par seconde sur un câble fibre optique ou à paires torsadées. Le FDDI (Fiber Distributed Data Interface) est également utilisé dans les réseaux locaux où de plus grandes distances sont couvertes et est similaire à l'ancien protocole Token Ring.

Il y a beaucoup de liens entre la sécurité des réseaux et celle de l'Internet car ce dernier, comme nous l'avons mentionné, n'est qu'un ensemble de réseaux interconnectés.

Pratiquement tous les concepts de sécurité appropriés à un réseau devraient également être appliqués à ces réseaux interconnectés. Toutefois, nous nous intéresserons moins aux technologies de la couche physique ou de la couche de liaison de données dans ce chapitre, en nous concentrant principalement sur les concepts propres à la connectivité Internet.

Trafic IP

Il existe deux types de trafic Internet : TCP (Transmission Control Protocol) et UDP (User Datagram Protocol). Lorsqu'une connexion TCP est établie, les données peuvent être envoyées de manière bidirectionnelle. Cette connexion est très fiable et comporte des fonctions de contrôle d'erreur, mais ajoute un certain volume à la transmission.

UDP est un protocole beaucoup plus simple, sans connexion, dans lequel de multiples messages sont envoyés sous forme de blocs de données, et sans vérification de leur réception. UDP est idéal pour les serveurs traitant des requêtes d'un grand nombre de clients ou pour les jeux pour lesquels la vitesse est essentielle. Il n'y a pas de fonction de vérification d'erreur avec UDP, donc il n'y a pas de réelle garantie que les paquets transmis arriveront effectivement à leur destination. Avec l'UDP, les données sont envoyées « au mieux[1] ».

Comme nous l'avons vu, les données peuvent être transmises de différentes manières en utilisant diverses technologies. À un certain niveau, chaque technologie peut inclure quelques concepts de sécurité de base, mais c'est sur les protocoles de la suite Internet (ou TCP/IP) que se concentrent la plupart des efforts de sécurité.

Ce qui nous préoccupe le plus, c'est simplement la communication entre hôtes.

Pour faciliter ce type de communication, nous pouvons utiliser de nombreux protocoles différents en fonction de ce qui doit être transmis. Par exemple, le protocole de la couche application à utiliser dépend du type exact d'informations partagées. Le courrier électronique est communiqué à l'aide du protocole SMTP (Simple Mail Transfer Protocol), et le protocole HTTP (Hypertext Transfer Protocol) est le principal protocole web.

Quand le protocole TCP accepte les données, il les divise en morceaux et ajoute un en-tête TCP à chaque morceau, créant ainsi un segment TCP, comme l'illustre la Figure 19.2. Ce segment est ensuite encapsulé par le protocole Internet (IP) dans un datagramme connu sous le nom de *paquet*. L'*en-tête* TCP contient 10 champs requis et un optionnel. Ensemble, ces champs fournissent les informations nécessaires pour assurer une livraison correcte et fiable des données qui suivent l'en-tête.

[1] En anglais, on parle d'un mode de transmission *Best effort*.

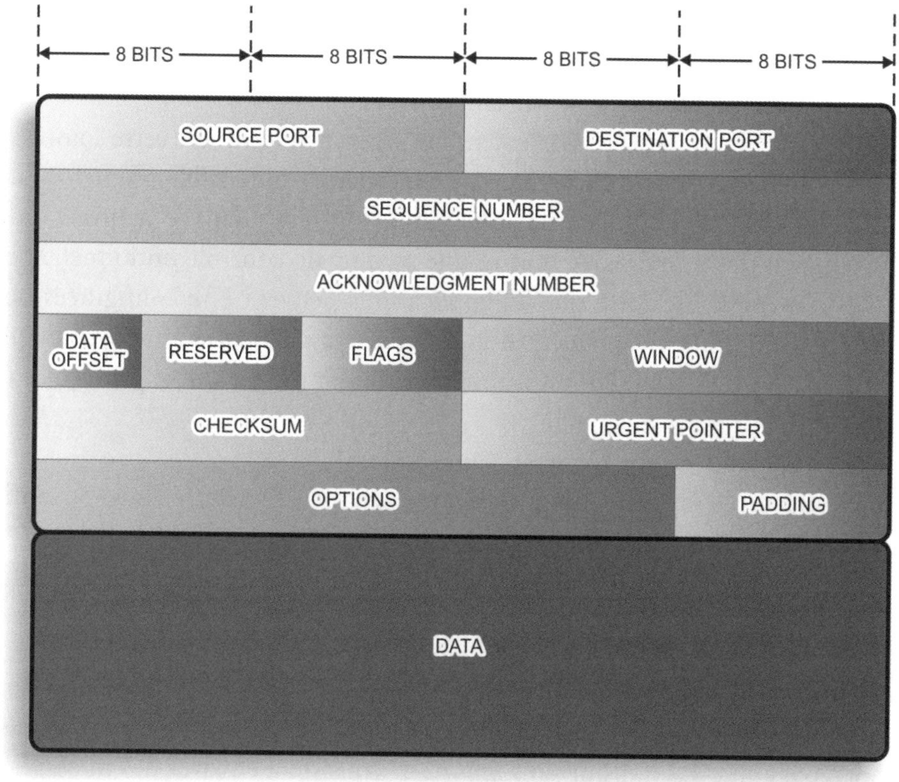

Figure 19.2 Structure des segments TCP

Les inconvénients des paquets TCP/IP

TCP/IP constitue l'épine dorsale des communications Internet (ainsi que de la plupart des réseaux locaux). Inversement, il est également le vecteur de la plupart des cyberattaques. Ces attaques manipulent les adresses source et destination de différentes manières pour modifier ou masquer l'origine ou la destination des messages.

Le protocole TCP garde une trace précise de toutes les données afin que tout segment non ordonné ou perdu puisse être retransmis ou même réorganisé pour maintenir la fiabilité. L'appareil réseau qui reçoit ces données doit les mettre en mémoire tampon jusqu'à ce qu'il puisse les traiter. Le protocole doit donc permettre un accord entre les hôtes qui définit la quantité maximale de données admissible pouvant être transmises à un moment. C'est ce que l'on appelle la *taille de la fenêtre* TCP ; celle-ci se trouve dans l'en-tête TCP.

Pour optimiser cela, TCP utilise un protocole de contrôle du flux où un hôte récepteur peut modifier la taille de la fenêtre lorsqu'il reçoit des données afin de compenser des charges plus importantes. Si l'hôte récepteur n'a plus d'espace tampon disponible pour traiter les données, il fixera cette taille de fenêtre à zéro.

Lorsque cela se produit, l'expéditeur arrête de transmettre et démarre un compte à rebours. À l'expiration de ce délai, l'expéditeur envoie un autre petit paquet en espérant alors obtenir une nouvelle taille de fenêtre.

D'autre part, l'UDP envoie simplement des segments sans toute cette complexité et cette surcharge. Il en résulte une *latence* (retards) plus faible. Toutefois, cela signifie que les segments peuvent être perdus ou reçus dans le mauvais ordre. UDP prévoit des numéros de port et une somme de contrôle optionnelle pour vérifier l'intégrité, de sorte que les applications peuvent être configurées pour utiliser l'UDP pour une transmission de données sans perte à un rythme plus rapide qu'avec le TCP. UDP est utilisé avec de nombreux autres protocoles tels que :

- Les recherches DNS (Domain Name System)
- Le protocole de streaming en temps réel RTSP (Real Time Streaming Protocol)
- Le protocole de transfert de fichiers TFTP (Trivial File Transfer Protocol)

Unicasts, Broadcasts et Multicasts

La transmission *Unicast* est l'envoi de messages vers une seule adresse du réseau. La transmission *Broadcast*[2] fait référence à l'envoi de messages à toutes les destinations possibles. La transmission *multicast*[3] consiste à envoyer des messages en utilisant des adresses spéciales assignées à un groupe de machines. Les différences entre unicast, broadcast et multicast sont illustrées dans la Figure 19.3.

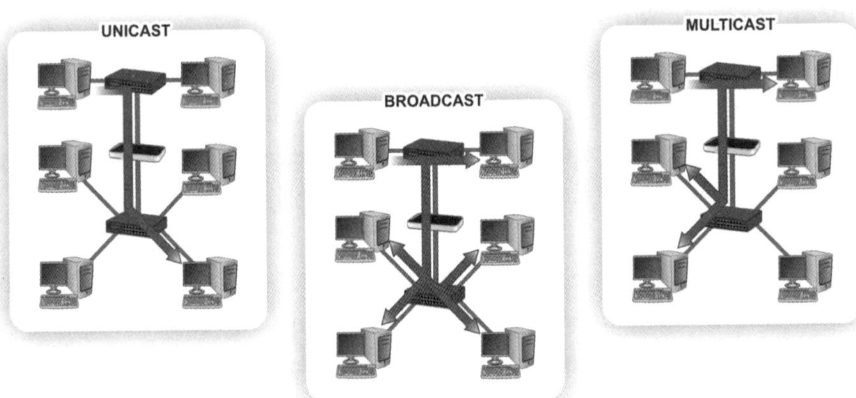

Figure 19.3 Types de transmission réseau

Avec le *multicast*, la source n'a à envoyer des paquets qu'une seule fois, quel que soit le nombre d'adresses réceptrices. Les nœuds du réseau répliquent ensuite le

[2] Ou en français, la *diffusion*.
[3] On utilise parfois le terme français *mutlidiffusion*.

paquet selon les besoins pour atteindre plusieurs adresses. Ce type de transmission est utilisé pour les réseaux de distribution de contenus multimédias. L'UDP est souvent utilisé dans ce cas, de sorte que les fournisseurs doivent ajouter des systèmes de détection d'erreurs et de retransmission pour rendre la multidiffusion fiable.

Ports

En plus de l'adresse réseau, de nombreux protocoles peuvent également spécifier un port ou un numéro de port. Un protocole ou une application peut répondre aux ports spécifiques de différentes manières. Par exemple, un serveur web répond généralement aux demandes HTTP sur le port 80, mais répond aux demandes HTTPS sur le port 443.

Les choix des ports utilisés sont des conventions apparemment arbitraires, et bon nombre de numéros de port ne sont généralement pas associés à un service particulier, de sorte qu'ils peuvent être utilisés pour une application particulière. En ajoutant un numéro de port à un nom d'hôte ou à une adresse IP dans un navigateur web, par exemple, vous pouvez créer un moyen d'accéder à une application ou à un service particulier ou même simplement à un contenu web ordinaire.

Un numéro de port est codé sur 16 bits. Les 1 024 premiers numéros de port sont réservés, par convention, pour identifier les services bien spécifiques. Les protocoles TCP et UDP utilisent tous deux des ports. Quelques ports courants et leur description sont donnés dans le Tableau 19.1.

Tableau 19.1 Quelques ports communs et leurs utilisations

Port	Protocoles	Description
20	TCP/UDP	FTP
22	TCP/UDP	SSH
23	TCP/UDP	Telnet
25	TCP/UDP	SMTP (Simple Mail Transfer Protocol)
80	TCP/UDP	HTTP (Hypertext Transfer Protocol)
88	TCP/UDP	Système d'authentification Kerberos
110	TCP	POP3 (Post Office Protocol v3)
118	TCP/UDP	Services SQL (Structured Query Language)
143	TCP	IMAP (Internet Message Access Protocol)
443	TCP/UDP	HTTPS (Hypertext Transfer Protocol over TLS/SSL)
631	TCP/UDP	Internet Printing Protocol (IPP)

Les numéros de port de 1 024 à 49 151 sont des ports enregistrés attribués par l'IANA (Internet Assigned Numbers Authority). Par exemple, le serveur Microsoft SQL utilise les ports 1 433 et 1 434. Microsoft WINS (Windows Internet Name Service) utilise le port 1 512, etc. Les ports privés sont ceux allant de 49 152 à 65 535.

La compréhension de la notion de port est essentielle pour gérer la sécurité des réseaux. Le moyen le plus simple de minimiser les *scans* indésirables ou de restreindre l'accès est de surveiller les ports spécifiques et de bloquer les ports. Par exemple, si vous exploitez un serveur qui n'est qu'un serveur web, vous pouvez restreindre l'accès au réseau extérieur de sorte qu'il ne puisse se faire que par le port 80 et éventuellement le port 443. De cette façon, si une personne extérieure au réseau tente d'accéder au port 22 ou 23 en essayant d'entrer par effraction, cette requête sera bloquée.

Routage

Le *routage* est simplement le processus de sélection de la meilleure voie de transmission des données sur un réseau ou entre réseaux, comme l'illustre la Figure 19.4. Un routeur est un dispositif complexe qui achemine les données entre les réseaux ; un routeur peut être matériel, logiciel ou une combinaison des deux. Les routeurs traitent principalement des adresses IP, qui peuvent également être utilisées comme un moyen de restreindre l'accès. La plupart du temps, un humain ne connaît pas l'adresse IP du serveur auquel il veut accéder, mais il connaît le nom d'hôte et le nom de domaine.

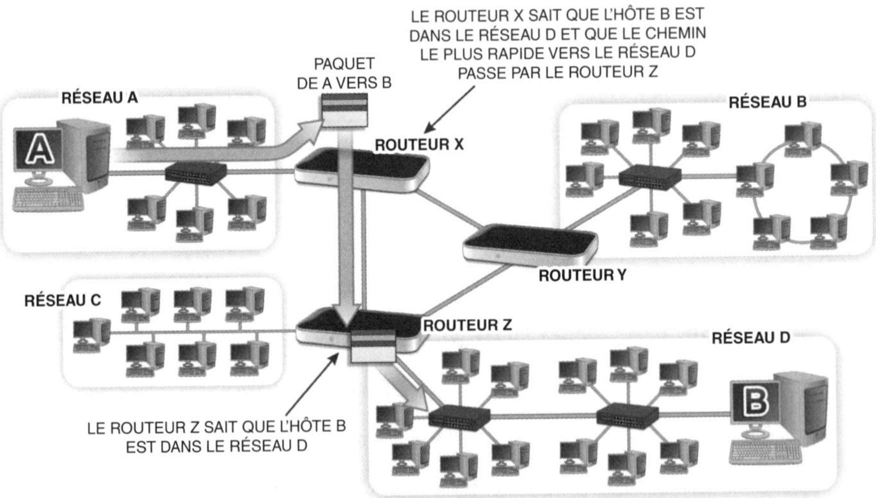

Figure 19.4 Opérations de routage

Domaines

Les *domaines* sont uniques et attribués par un agent, appelé *registrar*[4], qui a été autorisé par l'ICANN (Internet Corporation for Assigned Names and Numbers). Parmi les grands bureaux d'enregistrement, on trouve *Network Solutions*, *GoDaddy* et *eNom*[5].

Les domaines sont enregistrés pour une période renouvelable, et une autorité racine peut être interrogée afin de connaître le responsable d'un domaine. Ces serveurs de noms répondront aux requêtes avec l'IP associée aux différents protocoles, et vous pourrez découvrir la plupart des protocoles associés à un domaine avec une requête de type spécifique.

Un domaine de premier niveau (TLD[6]) est en substance, l'extension du domaine, comme le montre la Figure 19.5. Les TLD sont établis pour des pays (par exemple, les États-Unis : *US*), des groupes descriptifs (*.people*, *.rocks*, *.attorney*, etc.) et des TLD génériques (tels que *.com*, *.net*, *.edu* et *.gov*). Chaque TLD est entouré d'exigences différentes et peut même nécessiter que vous fassiez appel à un bureau d'enregistrement spécifique pour enregistrer un domaine. Les domaines .edu et certains codes de pays ont souvent des exigences spécifiques à respecter avant de pouvoir enregistrer un domaine dans ce TLD, comme par exemple, être un véritable établissement d'enseignement ou être situé dans ce pays. Toutefois, la plupart des domaines sont facilement accessibles au plus grand nombre et peuvent être enregistrés rapidement et à peu de frais pour une période d'un ou plusieurs ans via un bureau d'enregistrement.

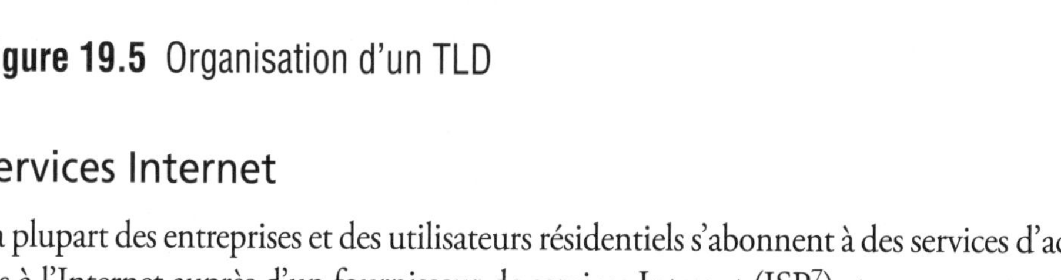

Figure 19.5 Organisation d'un TLD

Services Internet

La plupart des entreprises et des utilisateurs résidentiels s'abonnent à des services d'accès à l'Internet auprès d'un fournisseur de services Internet (ISP[7]) et se connectent à

[4] Dans la littérature francophone, les termes *bureau d'enregistrement* et *registraire* sont également rencontrés.

[5] En France, l'Afnic a accrédité environ 400 bureaux d'enregistrement (p.ex OVH). Plus d'informations via https://www.afnic.fr/fr/votre-nom-de-domaine/

[6] TLD : Top-Level Domain

[7] ISP : Internet Service Provider, aussi parfois désigné en français par FSI.

l'Internet par l'intermédiaire de ce dernier, comme le montre la Figure 19.6. Ce service est généralement contracté pour un niveau de service spécifique ou une vitesse de transfert potentielle et au moins une adresse IP. Toutefois, le niveau de service peut également inclure le courrier électronique, l'hébergement web, certains services de sécurité, voire un bloc plus important d'adresses IP publiques.

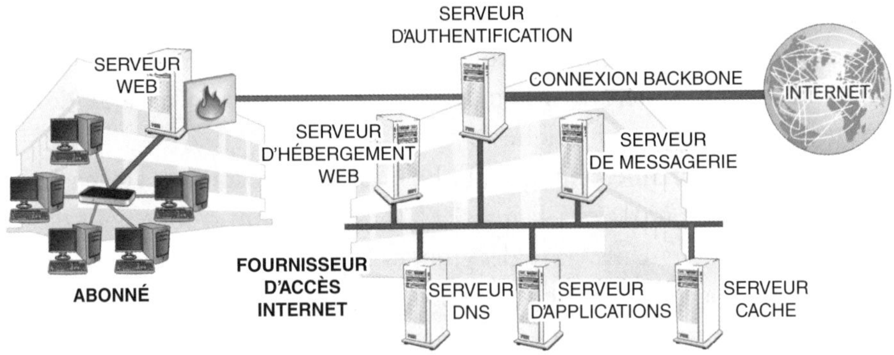

Figure 19.6 Position et services des FSI

De nombreux services d'accès à l'Internet sont *asymétriques*, ce qui signifie que le potentiel de téléchargement (download) est différent du potentiel de chargement (upload). Alors que la plupart des services Internet sont en *duplex intégral* (full duplex), certains services peuvent être en *semi-duplex* (half duplex), ce qui signifie que les données ne peuvent être transmises que dans un seul sens à la fois. Ces différences de services ne sont pas pertinentes pour les mesures de sécurité, mais il est important d'être conscient des différences et du type de connexion dont vous disposez lorsque vous êtes confronté à de nombreux problèmes de sécurité.

En plus de contrôler la quantité de données qui peuvent transiter par le biais d'une connexion Internet et d'attribuer des adresses IP aux clients, un FAI[8] peut fournir certains services plus transparents dont vous devez être informé. De nombreux fournisseurs d'accès Internet vous fourniront des serveurs ou des dispositifs de mise en cache pour réduire l'utilisation de la bande passante. Certains ISP bloqueront également des ports dans une tentative malavisée de minimiser l'impact des logiciels malveillants, des virus et des vers.

Par exemple, de nombreux fournisseurs de services par câble et DSL bloquent le port 25, sauf si la demande est adressée à leurs serveurs de messagerie. Si un utilisateur infecté fait partie d'un réseau distribué de robots spammeurs et commence à envoyer du spam, son courrier électronique sera bloqué et ne pourra pas être utilisé par des serveurs de messagerie tiers. Cela permet au fournisseur d'accès Internet d'empêcher une importante épidémie de spam sans avoir recours à des

8 FAI : Fournisseur d'Accès Internet

techniques d'analyse sophistiquées. Cela oblige également les utilisateurs de cet ISP à configurer leur logiciel de messagerie sur un port alternatif s'ils veulent utiliser un fournisseur de messagerie tiers.

Le fournisseur peut également distribuer certains matériels réseau aux clients. Il est important que vous compreniez exactement ce que ce matériel fait. Certains ISP fournissent à leurs clients un *modem* qui fait également office de routeur, étant la frontière entre l'Internet et le réseau local. Dans certains cas, ce routeur peut être préconfiguré avec certains paramètres qui pourraient entrer en conflit avec ce que l'administrateur du réseau local tente de faire. Tout cela peut être réglé, mais vous devez comprendre comment votre connexion est configurée afin de pouvoir paramétrer correctement votre réseau.

Le FAI attribue au modem une adresse IP publique unique qui peut être attribuée de manière dynamique à l'aide du protocole DHCP (Dynamic Host Configuration Protocol). L'utilisation du protocole DHCP ne signifie pas nécessairement que le réseau obtiendra une adresse IP différente chaque fois que vous y accéderez, ni même lorsque le dispositif de passerelle du réseau sera redémarré. Mais cela ne garantit pas non plus que l'adresse IP du modem soit fixe, comme c'est le cas lorsqu'on lui attribue une adresse IP statique.

Un serveur DHCP distribue une adresse IP, qui provient d'un ensemble d'adresses disponibles. Cette adresse IP est associée à l'adresse MAC d'un modem, pour une période de temps spécifique. Le DHCP peut également être utilisé pour attribuer des adresses dans un réseau interne, comme nous le verrons plus loin.

Les services Internet proposés utilisent une variété de technologies, et chacune d'elles peut avoir un impact sur la façon dont vous abordez la sécurité. Il est peu probable que quelqu'un s'introduise dans votre réseau via un accès par ligne commutée et des connexions RNIS ou cellulaires plus lentes, simplement en raison de cette vitesse. L'intrus qui veut pénétrer dans ce réseau de cette façon doit vraiment avoir de la patience.

Normes et RFC

L'Internet serait comme le vieux Far West américain s'il n'y avait pas quelques règles qui dictent comment tout doit fonctionner. Comme pour tout le reste, il existe différents organismes de normalisation qui supervisent certains des protocoles. Mais un autre outil, un peu moins formel, permet de guider la façon dont ces protocoles doivent fonctionner.

Les *RFC*, ou *Request for Comments*[9], sont des notes soumises à l'IETF (Internet Engineering Task Force), le principal organisme de normalisation pour l'Internet. Une RFC peut être soumise par n'importe qui. Si l'IETF juge la note digne

---

9 Littéralement : *demande de commentaires*

d'intérêt, celle-ci reçoit un numéro unique et une fois publiée, elle n'est jamais révisée sans qu'un nouveau numéro lui soit attribué. Si cette RFC suscite suffisamment d'intérêt et qu'un consensus se dégage, elle peut évoluer en une norme Internet ; cependant, de nombreuses RFC sont aussi des normes de facto pour la plupart des protocoles Internet. Leur nom pourrait laisser sous-entendre qu'il s'agit d'un travail en cours – et c'est le cas dans une certaine mesure – mais ces RFC sont souvent aussi importantes que n'importe quel manuel technique lorsque vous avez besoin de comprendre un protocole.

Organisations et normes de sécurité

Un certain nombre d'organisations sont impliquées dans le maintien de ressources relatives aux vulnérabilités des réseaux, similaires aux ressources liées aux virus et logiciels malveillants. Diverses entités commerciales se sont développées pour répondre à ce besoin vital, mais il existe également de nombreuses ressources et normes publiques disponibles dont vous devez avoir connaissance :

- Le protocole SCAP (Security Content Automation Protocol) est une méthode d'utilisation de diverses normes ouvertes pour évaluer les vulnérabilités et mesurer l'impact potentiel de leur exploitation. Vous pouvez en apprendre davantage sur le site scap.nist.gov
- Le système CVE (Common Vulnerabilities and Exposures) propose un référencement des vulnérabilités connues du public. Maintenu par MITRE Corporation mais soutenu par le ministère américain de la sécurité intérieure, CVE est utilisé par SCAP. Le système CVE peut être exploré plus en détail sur cve.mitre.org
- CVSS (Common Vulnerability Scoring System) est un système de notation des vulnérabilités basé sur CVE, qui permet de mieux comprendre les risques. CVSS peut être exploré plus en détail à l'adresse www.first.org/cvss
- CPE (Common Platform Enumeration) est une méthode normalisée de description et d'identification des systèmes d'exploitation, des dispositifs matériels et des applications du réseau. CPE peut être exploré plus en détail sur le site scap.nist.gov/specifications/cpe/
- Le langage OVAL (Open Vulnerability and Assessment Language) est une norme de la communauté de la sécurité qui permet de communiquer des informations de sécurité telles que des configurations, des vulnérabilités, des niveaux de correctifs, etc. OVAL est essentiellement un groupe de schémas XML qui décrivent un langage fournissant les détails nécessaires à l'évaluation des vulnérabilités de sécurité d'une ressource réseau. Vous pouvez en savoir plus sur OVAL à l'adresse oval.mitre.org

Bien que le framework OCIL (Open Checklist Interactive Language) a des utilisations qui vont au-delà de la sécurité, il fournit un cadre conceptuel pour la représentation de questions non automatisées pour les contrôles de sécurité et fait désormais partie du SCAP.

Un mot sur SCAP

SCAP est supervisé par le NIST (National Institute of Standards and Technology) – l'organisation responsable du cadre de cybersécurité, de la sécurité des dispositifs médicaux et des guides de sécurité pour systèmes de contrôle industriel (ICS[10]) sur lesquels repose une grande partie de cet ouvrage. Le NIST propose un programme de validation SCAP pour les versions spécifiques des produits des fournisseurs. Il s'agit d'une norme émergente qui n'offre actuellement une validation que pour les plates-formes Windows et Red Hat. Ce type de normalisation est destiné à aider les concepteurs et les administrateurs réseaux à mieux comprendre les vulnérabilités de leurs réseaux afin de les rendre plus sûrs.

Exercices pratiques

Objectifs

- Décrire les options de sécurité disponibles avec Internet Explorer.
- En savoir plus sur la protection du système et des utilisateurs contre les dangers de la navigation sur Internet
- Appliquer les options de sécurité et de confidentialité pour sécuriser le navigateur.

Ressources

- Ordinateur de bureau/tour compatible PC
- Windows 10 Pro installé
- Accès à Internet par une connexion réseau

Discussion

Comme le navigateur est le portail vers le monde extérieur, ses paramètres de sécurité sont un élément très important de la sécurisation de l'hôte local. Si le dispositif physique a été sécurisé sur les périmètres intérieur et extérieur, le navigateur devient l'un des principaux points d'accès pour les attaquants.

En outre, d'autres outils Internet sur la machine peuvent s'appuyer sur les composants du navigateur pour remplir leurs fonctions. Ces applications peuvent apporter des fonctionnalités qui créent des vulnérabilités supplémentaires. Celles-ci doivent être évaluées et désactivées si elles ne contribuent pas au fonctionnement du système.

---

[10] ICS : Industrial Control System

Procédures

Les paramètres de sécurité d'Internet Explorer pour Windows 10 Pro peuvent être gérés de plusieurs façons différentes. Dans ce laboratoire, vous apprendrez où se trouvent ces paramètres et comment les adapter à vos besoins spécifiques. Vous apprendrez également comment contrôler les paramètres de confidentialité afin de mieux maîtriser les problèmes de sécurité souvent négligés.

NOTE Dans cet exercice, vous travaillerez avec Internet Explorer (IE). La plupart des navigateurs ont des options de sécurité et de confidentialité similaires ou dépendent des options sélectionnées pour IE.

Accès aux paramètres de sécurité dans Internet Explorer

1. Allumez votre ordinateur.
2. Connectez-vous à l'aide de votre compte administratif.
3. Dans la barre de recherche intégrée à votre barre de tâches, tapez **Internet Explorer** comme indiqué dans la Figure 19.7.

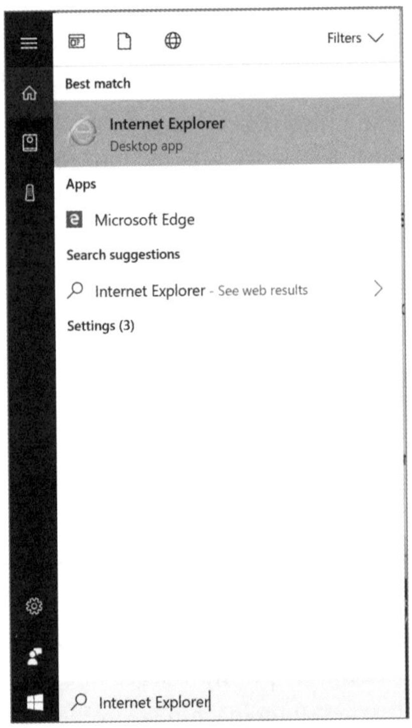

Figure 19.7 Localisation d'Internet Explorer

4. Cliquez avec le bouton gauche de la souris sur Internet Explorer pour ouvrir le navigateur.

5. Dans le coin supérieur droit se trouve une petite icône représentant un engrenage; cliquez dessus pour ouvrir une petite liste d'options.
6. Sélectionnez « Options Internet » pour lancer la fenêtre du même nom, comme indiqué à la Figure 19.8.

L'onglet « Général » vous permet de modifier les paramètres affectant des éléments tels que la page d'accueil, l'historique de navigation, les paramètres de recherche par défaut, l'affichage des onglets et l'apparence des différentes pages web affichées. L'historique de navigation comprend les cookies, les pages web mises en cache et l'historique des sites web que vous avez visités, à condition que la case « Supprimer l'historique de navigation en quittant le navigateur » ne soit pas cochée. N'oubliez pas que les onglets relatifs aux options de sécurité Internet sont intitulés « Général », « Sécurité » et « Confidentialité ».

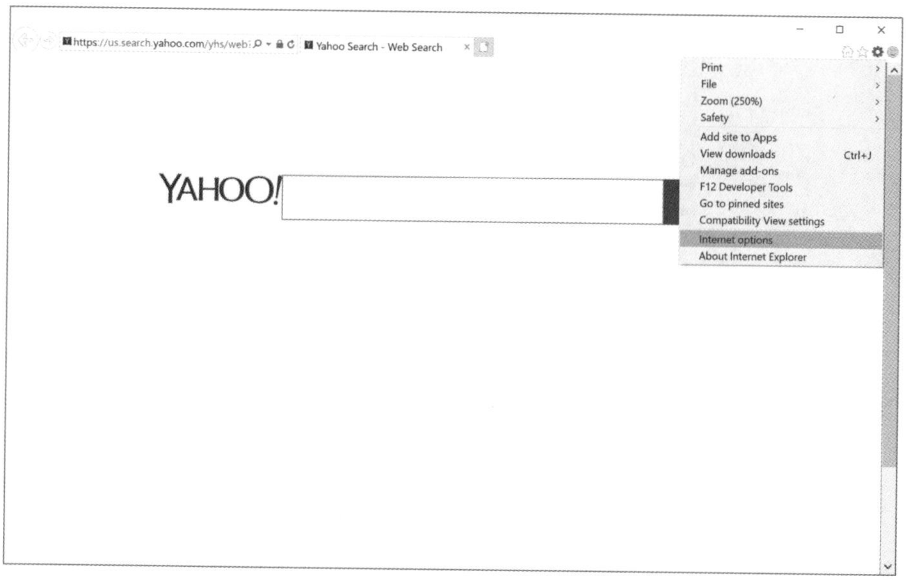

Figure 19.8 Accès aux options Internet

Examen des options de navigation dans l'historique

1. Sous l'onglet « Général », cliquez sur le bouton « Paramètres » situé dans la section « Historique de navigation » pour lancer la fenêtre « Paramètres des données du site web ».
2. Examinez les onglets « Fichiers Internet temporaires », « Historique » et « Caches et bases de données », comme indiqué à la Figure 19.9.

Cette fenêtre comprend les paramètres qui contrôlent la fréquence à laquelle le système vérifie les versions plus récentes des sites web visités et l'emplacement des fichiers de page web accumulés. La sauvegarde de ces éléments permet de charger plus rapidement les pages web précédemment visitées. Il existe également un paramètre qui contrôle l'espace disque alloué à la sauvegarde de ces informations, qui peut être ajusté pour les systèmes où l'espace disque est limité.

Notez que vous pouvez également modifier l'emplacement du dossier utilisé pour stocker ou consulter les fichiers qui y sont actuellement contenus.

3. Cliquez sur « Annuler » pour fermer cette fenêtre. Sélectionnez « Supprimer », qui se trouve également dans la section « Historique de navigation ». La Figure 19.10 montre la fenêtre « Supprimer l'historique de navigation ».

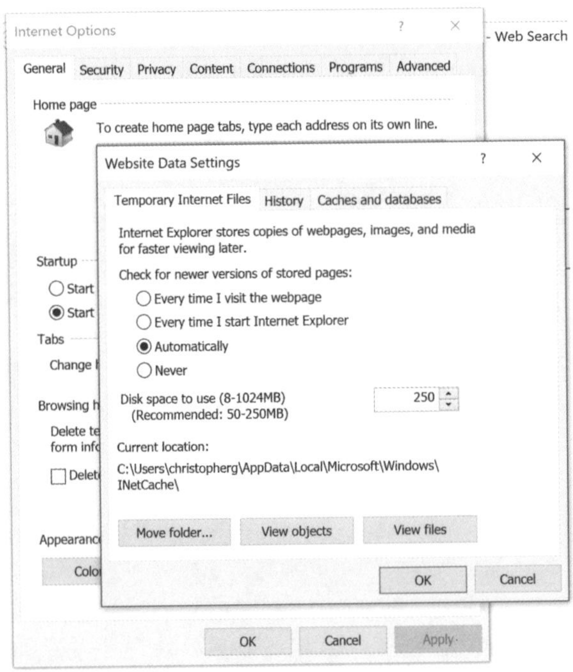

Figure 19.9 Paramètres des données du site web

Cette section fait bien plus que simplement effacer votre historique de navigation. Dans cette fenêtre, les options de suppression de contenu lié à l'Internet sont les suivantes : fichiers Internet temporaires, cookies, historique des téléchargements et mots de passe. Notez que certaines des catégories de contenu sont sélectionnées par défaut. Toutes ces informations peuvent être utiles à un intrus qui tente de collecter des données sur un utilisateur. Par exemple, si un utilisateur malveillant était en mesure d'accéder aux informations d'Internet Explorer relatives à vos données de formulaire ou à vos mots de passe stockés, le processus de vol de votre identité réalisé dans le but d'accéder aux ressources du réseau pourrait commencer.

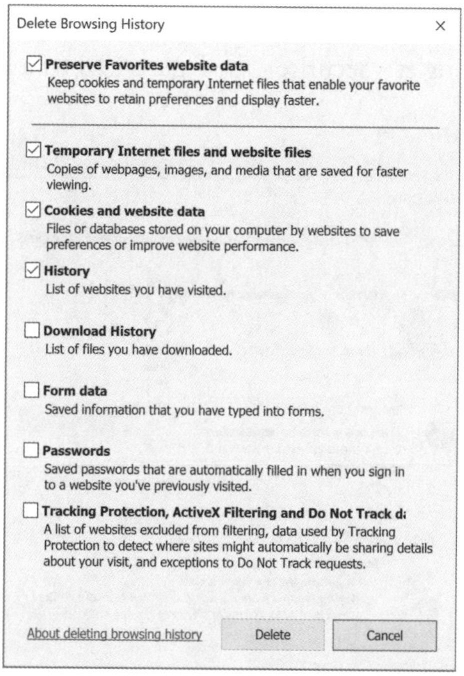

Figure 19.10 Fenêtre de suppression de l'historique de navigation

4. Lisez et comprenez ce que chaque option offre, puis inscrivez une brève description de chacune dans le Tableau 19.2.

Tableau 19.2 Options de suppression de l'historique de navigation

Option	Fonction

5. Cliquez sur «Annuler» pour quitter cette fenêtre sans supprimer aucune option de l'historique de navigation.

Comparaison des zones de sécurité

1. Sélectionnez l'onglet « Sécurité ». La Figure 19.11 montre les options liée à cet onglet.

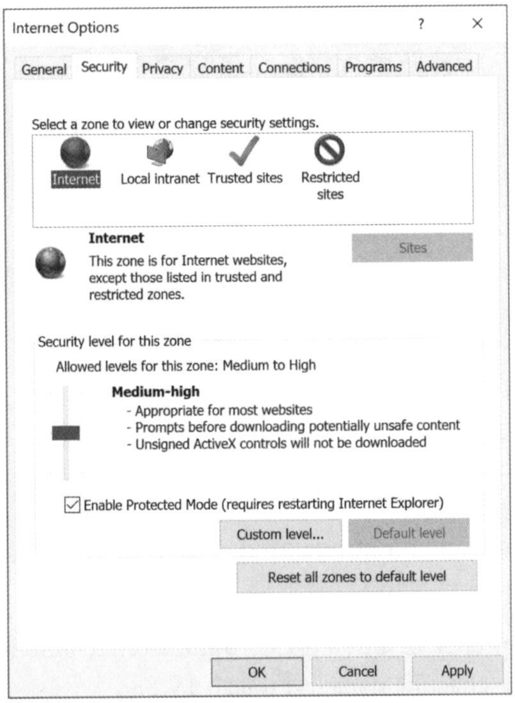

Figure 19.11 Onglet Sécurité des options Internet

Cette fenêtre vous permet d'assigner des sites web à différentes zones de sécurité.

- La zone « Internet » contient tous les sites web non attribués à une autre zone
- La zone « Intranet local » contient tous les sites web liés à un réseau local (tels que les pages web internes).
- La zone des « Sites de confiance » contiendra tous les sites web qu'un utilisateur a jugé sûrs et peu susceptibles d'endommager le système.
- La zone des « Sites sensibles » permettra d'identifier les sites web déjà connus pour leur contenu potentiellement dangereux.

À l'exception de la zone réservée à l'Internet, vous pouvez inclure les sites que vous choisissez avec le bouton « Sites ».

2. Lorsque la zone « Internet » est sélectionnée, sous l'onglet « Sécurité », déplacez le curseur du niveau de sécurité sur le paramètre « Moyenne ». Examinez la description fournie pour la zone « Internet », les niveaux ajustables et la description fournie pour chacun d'eux. Notez ces informations dans le Tableau 19.3.

Tableau 19.3 Zones de sécurité d'Internet Explorer

Zone	Description	Niveau	Détails
Internet			
Intranet local			
Sites de confiance			
Sites restreints			

3. Sélectionnez la zone « Intranet local » et réglez le curseur du niveau de sécurité sur le paramètre « Basse ». Si un niveau personnalisé est déjà en place, cliquez sur le bouton « Niveau par défaut » pour rétablir le curseur. Examinez la description fournie pour la zone « Intranet local », les niveaux ajustables et la description fournie pour chacun d'eux. Notez ces informations dans les espaces prévus à cet effet dans le Tableau 19.3.
4. Sélectionnez la zone des « Sites de confiance » et réglez le curseur du niveau de sécurité sur le paramètre « moyen-basse ». Examinez la description fournie pour la zone des « Sites de confiance », les niveaux ajustables et les descriptions fournies pour chacun d'eux. Enregistrez ces informations dans les espaces prévus à cet effet dans le Tableau 19.3
5. Enfin, sélectionnez la zone « Sites sensibles » et essayez de régler le curseur sur un paramètre bas.

Avez-vous pu l'adapter ?

6. Examinez la description fournie pour la zone des « Sites sensibles », le niveau de sécurité et la description fournie pour ce dernier. Notez ces informations dans les espaces prévus à cet effet dans le Tableau 19.3.

Gardez à l'esprit que l'ajout de sites dans la zone des « Sites sensibles » ne les bloque pas. Toutefois, cela les empêche d'exécuter des programmes ou tout autre contenu actif. Il peut être judicieux d'activer le « mode protégé » pour les deux zones à risques, bien que ce choix nécessite le redémarrage du navigateur.
Si vous choisissez d'activer ce mode, il deviendra plus difficile pour les logiciels malveillants de s'installer sur votre ordinateur. Internet Explorer vous avertira dans le cas où un programme malveillant tente de s'installer ou de s'exécuter en dehors du mode protégé.

7. Cliquez sur le bouton « Rétablir toutes les zones au niveau par défaut » pour rétablir les niveaux de sécurité à leurs paramètres d'origine.
8. Cliquez sur « Annuler » pour quitter la fenêtre « Options Internet ».

Application des zones de sécurité aux sites

Les zones de sécurité sont un moyen rapide et efficace de savoir, en gros, comment votre navigateur réagit face à divers sites, modules complémentaires, programmes et téléchargements. Vous avez toutefois la possibilité d'être plus précis dans vos choix. Vous allez maintenant le tester en ajoutant un site web à la zone des « Sites sensibles », et en consultant les résultats.

1. Vous devez vous trouver sur la page d'accueil de votre navigateur Internet Explorer. Naviguez vers www.msn.com.
2. Observez la page, les photos, les vidéos, les publicités et tout ce qui peut attirer votre attention.
3. Retournez à la page « Options Internet » en sélectionnant l'icône de l'engrenage dans le coin supérieur droit, puis sélectionnez « Options Internet ».
4. Sélectionnez l'onglet « Sécurité » pour revenir à la page des zones de sécurité. Sélectionner les « Sites sensibles »
5. Sous le logo « Sites sensibles » se trouve un bouton intitulé « Sites ». Cliquez dessus.

Vous vous trouvez maintenant dans la fenêtre « Sites sensibles », permettant l'ajout de sites web, présentée à la Figure 19.12.

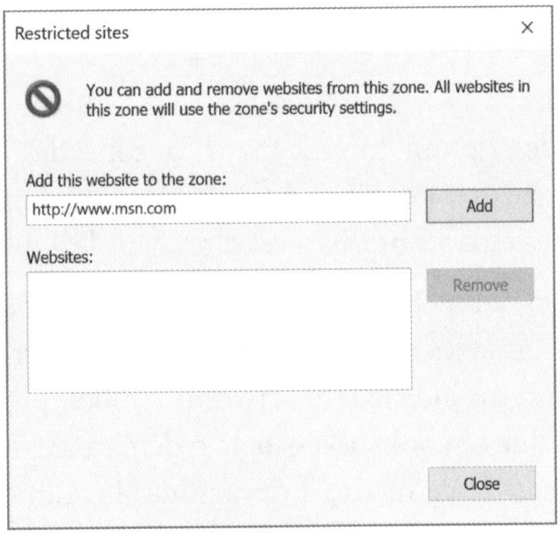

Figure 19.12 Fenêtre Sites sensibles

6. Vous pouvez entrer l'adresse du site web de votre choix ou simplement utiliser le bouton « Ajouter » pour ajouter le site web actuel. Cliquez sur ce bouton.
7. Le site web est déplacé vers le bas et se trouve maintenant dans la zone des sites sensibles. Cliquez sur « Fermer », puis sur « Annuler » pour quitter la fenêtre des « Options Internet ».

La même approche peut être utilisée pour ajouter des sites à tous les autres types de zones

8. Remarquez que le site web actuel, msn.com, n'a pas changé. Cliquez sur le bouton « Rafraîchir » situé à droite de l'URL ou appuyez sur la touche « F5 ».

Le site est-il différent ?

La Figure 19.13 illustre à quoi ressemble msn.com en tant que site à accès restreint.

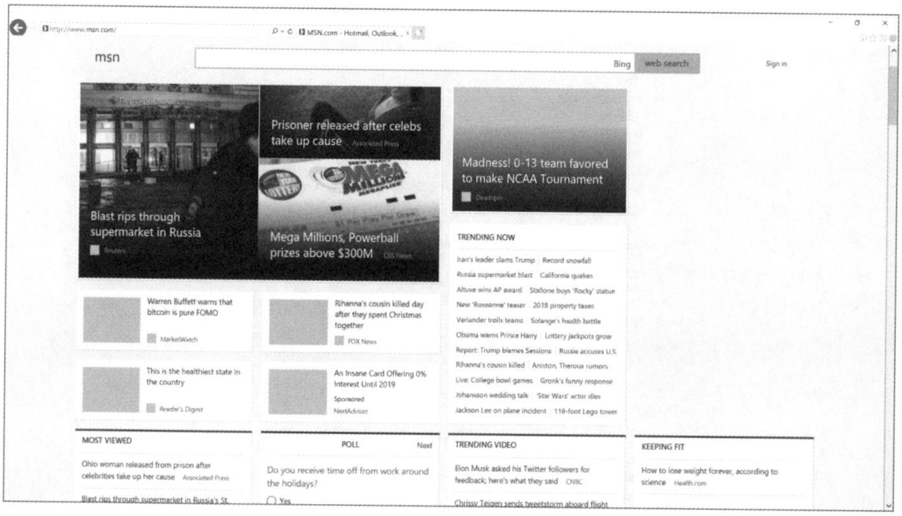

Figure 19.13 Le site msn.com en tant que site à accès restreint

9. Cliquez sur l'icône de l'engrenage dans le coin supérieur droit de la fenêtre du navigateur et sélectionnez « Options Internet » pour revenir à la fenêtre du même nom.
10. Sélectionnez l'onglet « Sécurité », puis sélectionnez « Sites sensibles ». Cliquez sur le bouton « Sites ».
11. Vous pouvez maintenant retirer msn.com de la zone des « Sites sensibles ». Sélectionnez msn.com et cliquez ensuite sur « Supprimer ». Cliquez sur « Fermer ».
12. De retour à l'onglet « Sécurité » des options Internet, cliquez sur « Personnaliser le niveau… » pour explorer les options spécifiques que vous pouvez choisir dans une zone de sécurité.

Ces paramètres contrôlent la manière dont Internet Explorer gère les différents objets associés aux pages web, tels que les contrôles ActiveX et le JavaScript. N'oubliez pas que les pages web peuvent contenir des objets malveillants conçus pour endommager votre système. Limiter la manière dont ces objets interagissent avec votre système peut contribuer à empêcher que des virus, des chevaux de Troie ou des scripts malveillants soient téléchargés sur votre système à votre insu.

13. Explorez les options disponibles, mais n'en changez aucune. La Figure 19.14 montre la fenêtre « Paramètres de sécurité – Zone Sites sensibles ».

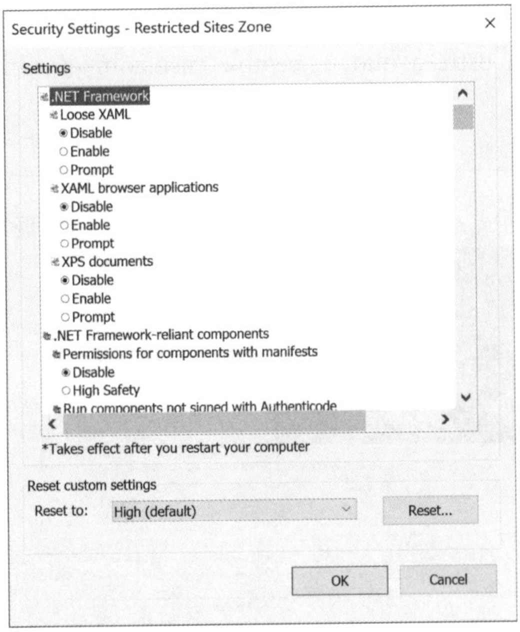

Figure 19.14 Paramètres de sécurité – Fenêtre de la zone des sites restreints

14. Cliquez sur « Annuler » pour quitter la fenêtre « Paramètres de sécurité – Zone Sites sensibles ». Cliquez à nouveau sur « Annuler » pour quitter la fenêtre « Options Internet ».
15. Rafraîchissez la page web en cliquant sur le bouton « Rafraîchir » à droite de l'URL.

Le site msn.com est-il revenu à la normale?

Application des contrôles de la vie privée

Les contrôles de confidentialité pour Internet Explorer peuvent vous aider à gérer la manière dont les sites web surveillent vos activités en ligne. Vous avez la possibilité de bloquer toute surveillance; toutefois, vos ressources en ligne deviendront limitées. Au-delà des logiciels malveillants, le marketing et les points de vente en ligne utilisent cette surveillance pour rendre votre expérience plus facile et plus rapide.

1. Pour revenir à la fenêtre des options Internet, cliquez sur l'icône en forme de roue dentée dans le coin supérieur droit et sélectionnez « Options Internet ».

2. Sélectionnez l'onglet « Confidentialité » pour faire apparaître la fenêtre illustrée à la Figure 19.15.

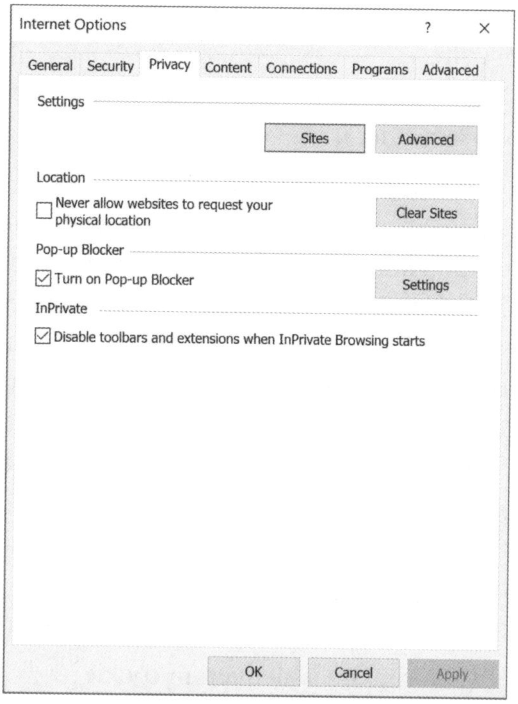

Figure 19.15 L'onglet Confidentialité dans les options Internet

Un attaquant n'a besoin que d'un utilitaire de *sniffing* pour surveiller le trafic réseau et capturer un cookie lui permettant d'accéder à vos informations d'identification (nom d'utilisateur, mot de passe, adresse réseau, etc.). Avec ces informations, il a la possibilité de vous imiter lorsqu'il accède à d'autres sites.

L'attaquant peut également utiliser une technique appelée *cross-site scripting* pour faire en sorte que le cookie renvoyé soit redirigé vers un serveur tiers qu'il exploite. Il peut alors utiliser le cookie volé pour usurper l'utilisateur d'origine auprès du site d'origine. La redirection est généralement réalisée en cachant simplement le script sur le site et en utilisant des techniques d'ingénierie sociale pour vous inciter à cliquer sur le code. Lorsque vous le faites, votre cookie est transmis à l'emplacement tiers spécifié par l'attaquant.

3. Cliquez à nouveau sur l'onglet « Confidentialité » et vous verrez que vous avez à nouveau la possibilité de sélectionner des sites à autoriser ou à refuser. Si vous sélectionnez le bouton « Sites », vous serez redirigé vers une autre fenêtre dans laquelle vous devrez spécifier un site web. De retour dans la fenêtre « Options Internet – confidentialité », vous trouverez le bouton

«Avancé». Cliquez dessus pour spécifier si vous souhaitez autoriser ou refuser les cookies provenant des sites.

4. Par défaut, Internet Explorer est configuré pour accepter tous les cookies, afin de permettre aux pages web fréquemment visitées de se souvenir de votre dernière visite.
5. Pour les cookies «internes» et les cookies «tierce partie», sélectionnez le bouton radio «Demander».

Le fait de sélectionner le blocage empêchera tous les sites web de placer des cookies sur la machine. Cependant, cela peut causer des problèmes avec les sites web qui nécessitent l'activation des cookies pour un bon fonctionnement. La sélection de l'option «Demander» fera en sorte qu'Internet Explorer demandera la permission avant d'autoriser le placement de tout cookie sur le système.

Rappelons que les cookies de session sont effacés lorsque le navigateur est fermé, tandis que les cookies persistants restent sur l'ordinateur jusqu'à la date d'expiration spécifiée. Vous avez la possibilité de «Toujours autoriser les cookies de la session».

6. Cliquez sur «OK» pour enregistrer les modifications apportées aux cookies. Cliquez une nouvelle fois sur «OK» pour quitter la fenêtre des options Internet.
7. Rafraîchir msn.com en sélectionnant l'icône «Rafraîchir» à droite de l'URL

Avez-vous été invité à autoriser ou à bloquer un cookie?

Des cookies proviennent-ils d'une source autre que msn.com?

Autorisez ou bloquez les cookies à votre discrétion.

Observez que ce seul site utilise déjà plusieurs cookies. Ils peuvent être difficiles à gérer et à suivre, et peuvent constituer une nuisance s'ils vous sollicitent en permanence. C'est pourquoi on les autorise. Les attaquants le savent, et cela fait des cookies un excellent moyen de recueillir des informations.

8. Cliquez sur l'icône de l'engrenage dans le coin supérieur droit de votre navigateur web. Sélectionnez «Options Internet».
9. Choisissez l'onglet «Avancé». Cliquez sur le bouton «Réinitialiser…» pour rétablir les paramètres à leur valeur par défaut.
10. Dans l'onglet «Confidentialité», sous la rubrique «Emplacement», cochez sur la case «Ne jamais autoriser les sites Web à demander votre emplacement physique»[11].

Les sites web demandent souvent ces informations pour garder une trace de votre localisation physique, afin de fournir des résultats personnalisés pour les services ou les recherches locales. Malheureusement, ils reçoivent votre adresse IP ou votre

11 En fonction des réglages globaux de Windows concernant la localisation, il se peut que cette option ne soit pas disponible.

adresse MAC, ainsi que la puissance de votre signal si vous êtes sur un appareil mobile.

11. Sélectionnez « Effacer les sites » pour supprimer les cookies qui contiennent déjà ces informations. L'option sera alors grisée.
12. Par défaut, l'option « Activer le bloqueur de fenêtres contextuelles » est activée. Cliquez sur « Paramètres » pour obtenir plus d'informations sur les options, comme le montre la Figure 19.16.

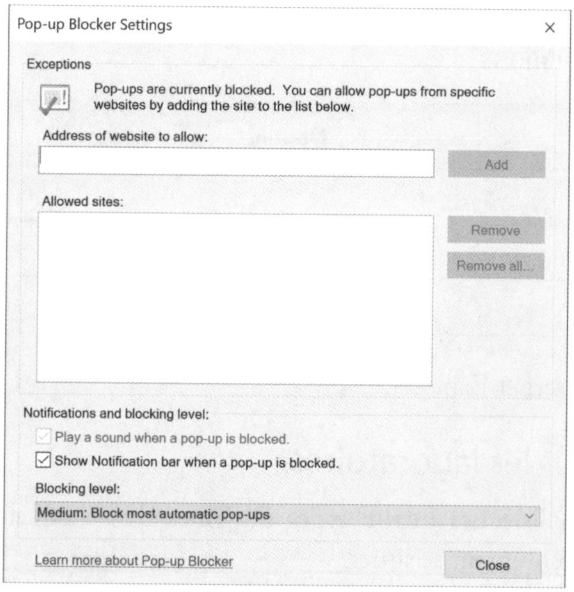

Figure 19.16 Paramètres du bloqueur de fenêtres contextuelles

13. Vérifiez les paramètres, puis cliquez sur « Fermer » pour quitter la fenêtre.

La dernière case à cocher permet de désactiver les barres d'outils et les extensions lorsque la navigation privée démarre. La navigation privée empêche Internet Explorer de laisser une trace visible par les autres utilisateurs. Cela signifie que des éléments tels que les cookies, les fichiers Internet temporaires et l'historique ne seront pas enregistrés. En laissant cette case cochée, on élimine les éventuelles vulnérabilités que les barres d'outils et les extensions apportent avec elles.

Explorer les paramètres de sécurité

1. Sélectionnez l'onglet « Avancé » dans la fenêtre « Options Internet ».
2. Faites défiler les options des paramètres jusqu'à ce que vous atteigniez le répertoire « Sécurité ». Passez en revue les options de cette liste.

Cette liste exige une connaissance plus approfondie du fonctionnement de l'Internet en tant que réseau. En parcourant ce livre et en poursuivant votre apprentissage des réseaux, revenez à ces paramètres de sécurité avancés et examinez les capacités de chaque paramètre.

3. Cliquez sur « OK ».
4. Cliquez sur l'icône de l'engrenage située dans le coin supérieur droit de votre fenêtre de navigateur et passez le curseur sur « Sécurité ».

Cette zone d'options est une liste d'accès rapide pour activer ou désactiver certaines fonctionnalités

5. Dans le Tableau 19.4, énumérez les options disponibles.

Tableau 19.4 Options

Options

6. Fermez Internet Explorer.

Questions sur les laboratoires

1. Dressez la liste des quatre types de zones dans lesquelles les sites web doivent absolument se situer.
2. Quelle zone de sécurité n'autorise qu'un seul niveau, et quel est ce niveau ?
3. Par défaut, Internet Explorer est configuré pour accepter ________________ cookies.
4. Qu'est-ce que la navigation privée ?
5. Qu'est-ce qui est collecté lorsqu'un site web demande votre emplacement physique ?

Réponses du laboratoire

1. Internet, Intranet local, Sites de confiance et Sites sensibles.
2. Sites sensibles, Haute
3. Tous
4. Les éléments tels que les cookies, les fichiers Internet temporaires et l'historique ne seront pas sauvegardés.
5. Ils reçoivent votre adresse IP ou votre adresse MAC, ainsi que la puissance du signal si vous êtes sur un appareil mobile.

Chapitre 20

Cacher le réseau privé

Dans tous les chapitres précédents, la planification de la sécurité a été présentée comme un plan à trois niveaux intégrant chacun différents types et degrés de dispositifs, techniques et politiques de sécurité. La sécurité sur Internet n'est pas différente. Dans ce contexte, l'*intérieur* est le système de l'utilisateur local ou le réseau local de l'organisation. Dans l'avenir, nous appellerons ces structures des *réseaux privés*. Dans ce chapitre, vous allez :

- **Analyser les avantages et les inconvénients de la mise en œuvre de la traduction d'adresses réseau (NAT) et de la translation de ports (PAT) pour la sécurité des réseaux.**
- **Définir et décrire la segmentation des réseaux et les zones de sécurité**
- **Utiliser la traduction NAT pour créer des segments de sécurité dans le réseau**
- **Utiliser les VLAN pour mettre en œuvre le zonage de sécurité**

Comprendre les réseaux privés

Une fois l'*intérieur* sécurisé à l'aide des dispositifs, techniques et politiques appropriés et décrits dans les trois premiers chapitres, il est nécessaire de sécuriser le *périmètre intérieur,* c'est-à-dire les points de connexion entre le réseau privé de l'individu ou de l'organisation avec l'Internet.

L'Internet, c'est tout ce qui se trouve en dehors de votre périmètre. Le fait est que l'Internet n'est pas géré par une organisation unique, et qu'il n'y a pas non plus d'organisation qui en assure la sécurité. Au contraire, l'utilisation de l'Internet signifie que vos données transitent sur des dispositifs de réseau gérés (et peut-être sécurisés) par de nombreuses organisations.

Comme nous l'avons déjà mentionné, il y a des clients, des employés et des entreprises avec lesquels nous voulons interagir plus efficacement en utilisant l'Internet. Cependant, il y a aussi un large éventail de personnes mal intentionnées avec lesquelles nous ne voulons pas interagir.

La première couche de sécurité à traiter est l'*intérieur.* En plus de mettre en œuvre les dispositifs, techniques et pratiques décrits dans les chapitres précédents, de nombreux concepteurs de sécurité réseau prennent également des mesures pour cacher ou masquer le réseau privé d'Internet. Les sections suivantes présentent différentes techniques et dispositifs couramment utilisés à cette fin.

NAT : Network Address Translation

Le *routage* est l'acheminement d'un paquet IP depuis un réseau vers un autre réseau. La *traduction d'adresse réseau* (NAT) est souvent mise en œuvre conjointement à ce routage et plus particulièrement, lorsqu'un des réseaux utilise un adressage privé, comme le montre la Figure 20.1
En général, la solution NAT est utilisée pour mettre en correspondance une adresse IP publique, issue par exemple de l'Internet, avec une adresse à l'intérieur d'un réseau.

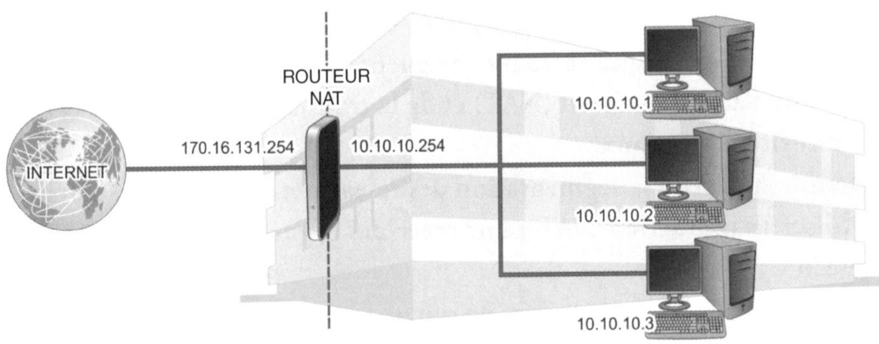

Figure 20.1 Configuration NAT

Au moment où cette traduction a lieu, l'appareil réseau qui l'effectue (généralement un routeur ou firewall) peut également authentifier la demande ou la bloquer. Cette mise en correspondance peut être guidée par une table NAT dictant une traduction spécifique ou par un schéma dynamique attribuant les adresses IP traduites à partir d'une plage d'adresses disponibles.
Le traduction NAT peut être effectuée avec le routage PBR (policy-based routing) et la décision de mise en correspondance est alors déterminée par un nombre quelconque de règles, qui peuvent être basées sur de nombreux critères différents. Ces règles sont essentielles à la sécurité si un accès extérieur à un réseau est souhaité.
Le protocole DHCP (Dynamic Host Configuration Protocol) est couramment utilisé pour définir une étendue d'IP qui peuvent être allouées dynamiquement au système demandeur pour une durée préconfigurée. Le dispositif qui gère cette attribution est appelé serveur DHCP, et il suivra toutes les attributions d'adresses pour éviter d'attribuer deux fois la même IP. Le serveur DHCP peut également prendre en charge l'attribution statique lorsqu'une adresse IP peut être réservée pour une adresse MAC particulière.

PAT : Port Address Translation

Une extension du NAT connue sous le nom de PAT (Port Address Translation) consiste en la mise en correspondance de multiples IP privées avec une adresse IP unique publique, comme le décrit la Figure 20.2. Le routeur utilise un numéro de port qui est annexé à l'adresse IP, faisant de chaque adresse une valeur unique et ce, même si elles partagent une seule adresse IP.

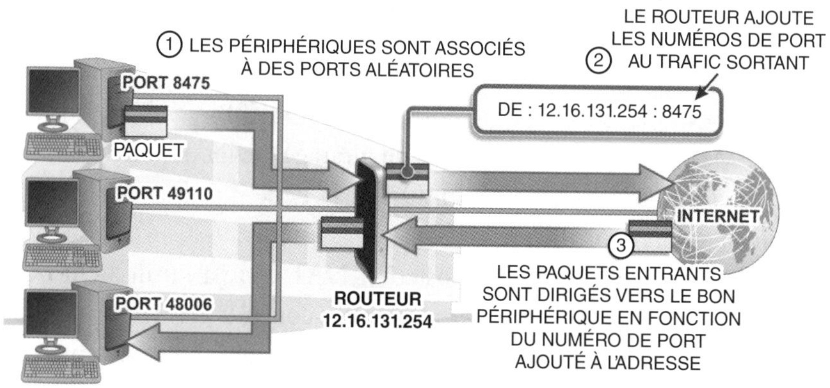

Figure 20.2 Configurations PAT

Comme les adresses IPv4 sont très rares, ce concept est actuellement utilisé presque partout. Si la conservation des adresses IP est certainement l'une des principales raisons du NAT et du PAT, ces concepts peuvent également contribuer à la sécurité des réseaux en leur permettant de n'exposer que ce qui est absolument nécessaire. La plupart des gens pensent que NAT et PAT sont la même chose. Bien qu'il existe une distinction entre ces deux techniques, les analyses suivantes les traiteront également de cette manière.

Une fois qu'une connexion a été authentifiée et que toute la traduction a été effectuée, chaque paquet peut être inspecté pour s'assurer que la conversation est valide. Si un client intérieur demande quelque chose à un appareil extérieur, nous devons savoir si ce paquet doit être autorisé à passer. La bonne vieille méthode statique nommée *Packet filtering*[1] ne regardait que les en-têtes de paquets, mais cette technique était facilement contournée par un attaquant qui indiquait dans l'en-tête que le paquet était une réponse et qu'il était donc autorisé à entrer.

Les pare-feu modernes utilisent l'inspection *stateful*[2] des paquets ou filtrage dynamique des paquets pour analyser ceux-ci plus en profondeur – en examinant les adresses IP, les numéros de port, etc. Ils suivent ces informations pour pouvoir

1 Que l'on pourrait traduire par : filtrage au niveau *paquet.*

2 On parle parfois de pare-feu ou de filtrage à état pour désigner, en français, cette notion de *stateful.*

contrôler leurs ports, ce qui leur permet de les ouvrir uniquement lorsqu'une requête interne le demande. Cette pratique est utilisée pour empêcher une technique de piratage courante connue sous le nom de *port scanning*. Lorsqu'un pirate sait quels ports sont utilisés, il peut concentrer ses exploits sur les services généralement associés à ces ports.

La plupart des réseaux domestiques s'appuient sur la solution NAT comme seul mécanisme de sécurité. Bien que ce ne soit pas un véritable dispositif de sécurité, il coupe en substance l'accès au réseau interne, à moins que l'administrateur n'ouvre délibérément l'accès extérieur et même dans ce cas, c'est seulement pour un petit nombre de ports. Certains diront que c'est vraiment suffisant pour un petit réseau domestique ou de petite entreprise (SOHO) – et à vrai dire, cela pourrait l'être. Mais à mesure que les outils de piratage deviennent de plus en plus automatisés, le risque qu'un réseau SOHO soit la cible d'une attaque arbitraire devient de plus en plus probable.

Bien que la relative simplicité de la translation NAT offre à l'utilisateur domestique une certaine sécurité minimale et un certain contrôle, un professionnel du réseau ne s'appuierait jamais sur cette technologie comme seule défense. Si un hacker cible un réseau, alors la technique NAT n'est rien d'autre qu'un mécanisme d'obscurcissement. Le routage traditionnel du firewall sera beaucoup plus facile à dépanner et offrira un meilleur niveau de sécurité. Une fois que le monde sera entièrement passé à l'IPv6, il est probable que nous entendrons beaucoup moins parler du NAT ; mais d'ici là, cette méthode aura toujours sa place dans les réseaux pour séparer l'espace IP public et privé.

De nombreuses méthodes de chiffrement n'incluent aucune information relative au port dans leur fonctionnement. Ainsi, une méthode connue sous le nom de NAT-T (Network Address Translation-Traversal) a été créée pour contourner les problèmes de traduction rencontrés sur un appareil utilisant les translations NAT ou PAT.

Redirection des ports

La caractéristique la plus importante du NAT/PAT est que, par défaut, rien n'est redirigé ou translaté par l'appareil. Pour déplacer des paquets à travers l'appareil, une règle doit être explicitement créée sur l'appareil pour rediriger (ou mettre en correspondance) le port de protocole souhaité vers une adresse IP et un port privés dans le réseau local, comme le montre la Figure 20.3. Ce processus de translation est transparent dans la mesure où les clients externes n'en ont pas connaissance.

Par exemple, on pourrait créer une redirection des ports qui obligerait les clients web à se connecter en utilisant le port inhabituel 4 444 au lieu du port 80 plus commun. Ensuite, ce port pourrait être mappé au port 80 sur une IP privée du réseau interne. Cela pourrait ressembler à une ingénieuse offuscation, et les administrateurs réseau font cela tout le temps. Cependant, un tel plan n'offre pas vraiment de sécurité. Un pirate peut facilement scanner le réseau et savoir quels ports sont ouverts.

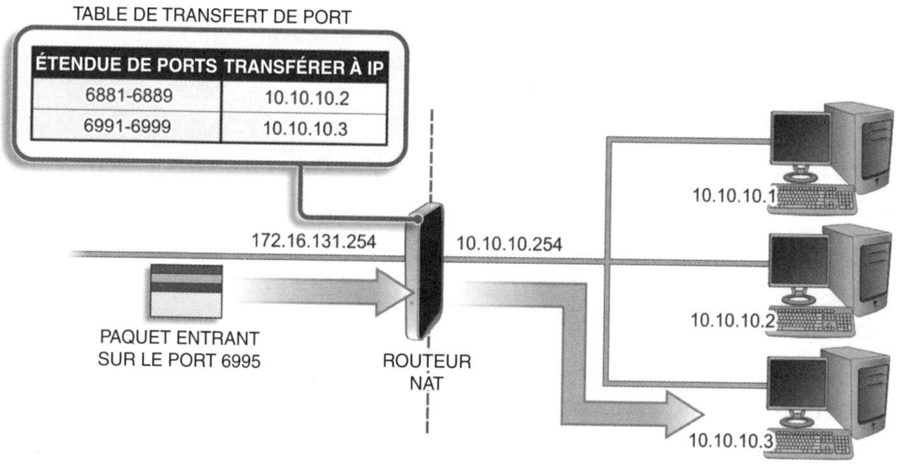

Figure 20.3 Redirection des ports

De nombreuses applications peuvent être configurées pour utiliser des ports arbitraires, ce qui leur permet de résider derrière une seule adresse IP publique. Beaucoup de ces applications offrent un accès via une interface web, mais d'autres nécessitent un logiciel client spécifique. Quoi qu'il en soit, le client ou le logiciel de navigation doit être configuré pour accéder à l'adresse IP publique et fournir également le port externe en cours utilisé par la redirection.

La sécurité par l'obscurité

La plupart des scans de ports se font dans un mode « vanilla scan » qui examine tous les ports potentiels (65 535), mais un pirate informatique peut rechercher des ports ouverts plus spécifiques dans un mode « strobe scan ». Ainsi, en associant des ports inhabituels à des services, vous pouvez potentiellement décourager ces pirates, mais les clients devront alors ajouter un numéro de port non standard à leurs demandes. La sécurité par l'obscurité (offuscation) ne permettra donc pas de mettre en place un plan de sécurité efficace.

Le port peut se trouver dans un champ séparé ou être annexé à l'adresse IP en étant séparé par deux points (:). Ainsi, dans un navigateur web, cela pourrait ressembler à quelque chose comme :

http://203.0.113.86 : 4444

qui pourrait correspondre, sur le réseau privé à 192.168.0.4 : 8888, ce qui signifie que sur l'appareil utilisant l'adresse 192.168.0.4, l'application à laquelle on accède est configurée sur le port 8888.

Un mot sur la redirection des ports

Précédemment, nous avons traité des numéros de port standards, et tous les hackers les connaissent bien. Chaque fois que vous pouvez facilement utiliser des ports non standards, plutôt que des ports communs, vous devriez le faire. Cependant, les pirates sérieux trouveront toujours ces ports ouverts, de sorte que la redirection de port, à elle seule, ne peut pas être considérée comme une technique de sécurité.

Le transfert de port via SSH (Secure Shell) est connu sous le nom de *SSH tunneling*. Cette technique crée une connexion entre un hôte distant et un périphérique ou un ordinateur local par lequel les services peuvent être relayés. Cela peut être un excellent moyen de chiffrer des protocoles qui ne le sont normalement pas. Le tunneling SSH peut être assez complexe et peut être un moyen de contourner les filtres ou les blocages normaux.

Segmentation du réseau

La segmentation des réseaux, également appelée *zonage*, peut être un concept utile pour de multiples raisons. Il s'agit essentiellement de la séparation du réseau en sous-réseaux, qui deviennent respectivement un segment, comme l'illustre la Figure 20.4.

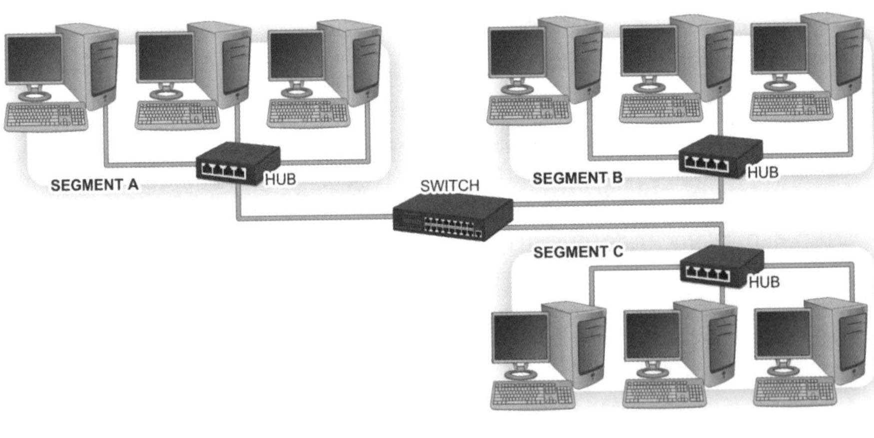

Figure 20.4 Un réseau segmenté

La segmentation des réseaux est généralement envisagée lorsqu'il s'agit de relier entre-elles différentes zones géographiques, d'interconnecter différentes topologies réseau (comme Ethernet et FDDI) ou d'étendre un réseau qui a atteint un nombre limité de nœuds ou de longueur de câble.

Si la commodité et la simplicité organisationnelle peuvent faire de la segmentation une solution sensée, les considérations de sécurité doivent guider les décisions qui y sont relatives. Du point de vue de la sécurité, la principale raison de déployer la segmentation du réseau est de limiter les capacités d'accès des intrus. Chaque segment bénéficiera également d'une congestion moindre ainsi que d'un trafic *broadcast* (diffusion) réduit. De plus les problèmes réseau seront contenus dans un seul segment.

Ces considérations de sécurité peuvent également être dictées par des exigences émanant d'entités extérieures. Par exemple, les fournisseurs de cartes de crédit exigent que toute entreprise qui accepte les cartes de crédit adhère à la norme PCI-DSS (Payment Card Industry Data Security Standard). Cette dernière exige l'utilisation de pare-feu et d'autres concepts de sécurité, tels que la segmentation du réseau, pour garantir que toutes les informations relatives aux cartes de crédit soient stockées de manière sécurisée, tant physiquement qu'électroniquement. Cette exigence concerne même les entreprises qui ne stockent pas les données des cartes de crédit, mais qui acceptent ces cartes à l'aide d'un dispositif de point de vente.

Pour être conformes à la norme PCI-DSS, tous les terminaux de point de vente (TPV[3]) et toutes les données stockées relatives aux titulaires de carte doivent se trouver dans un réseau complètement séparé de tout autre réseau auquel des tiers pourraient avoir accès. Certains utilisateurs peuvent avoir besoin d'accéder à une partie du réseau, mais certainement pas à tous les segments.

La segmentation est essentielle dans le domaine médical où les administrateurs de réseau doivent se conformer à la loi HIPAA (Health Insurance Portability Accountability Act) pour garantir la confidentialité des informations médicales des patients.

L'accès à un segment de réseau est souvent assuré par une liste de contrôle d'accès, et seuls les utilisateurs répondant à certains critères ou à une authentification valide sont autorisés à y accéder. Cette solution est connue sous le nom de *whitelisting* (liste blanche). En revanche, lorsque l'accès est interdit seulement pour des utilisateurs qui correspondent à des critères donnés, on parle de *blacklisting* (liste noire). Ce dernier système est beaucoup moins sécurisé et vous devriez toujours essayer de mettre une liste de contrôle d'accès basé sur une liste blanche plutôt que sur une liste noire.

La segmentation peut également être utilisée pour restreindre l'accès entre les zones aux utilisateurs internes. Les commerciaux n'ont pas besoin d'avoir accès à un serveur utilisé par le service comptable. Toutefois, le personnel de la comptabilité peut avoir besoin d'accéder aux données relatives aux ventes sur le

[3] Ou en anglais, POS : *Point of Sale*

serveur correspondant. Ces zones doivent être reliées entre elles, mais l'accès entre celles-ci peut être contrôlé en mettant en œuvre la segmentation.

Lorsque vous autorisez des utilisateurs extérieurs à accéder à un réseau, utilisez toujours les principes du « moindre privilège » et du « besoin de savoir » pour établir les niveaux d'accès. Donnez à chaque utilisateur le moins d'accès possible et uniquement aux zones du réseau dont il doit disposer.

La segmentation des réseaux peut sembler être l'une de ces initiatives que l'on met en œuvre puis qu'on oublie, mais elle nécessite en réalité une gestion et un renforcement continus. Dans une grande entreprise, la segmentation peut constituer un défi majeur en raison des nombreuses politiques et règles différentes qui interviennent dans ces environnements réseau.

Dans ce chapitre, nous n'entrerons pas dans les nuances de la gestion des segments et du traitement des exigences d'application interne.

Comme vous le verrez, dans de nombreux environnements réseau, la segmentation est un élément clé des dispositifs de sécurité globale en lien avec l'Internet. Si la segmentation est si largement utilisée, c'est notamment parce qu'elle permet de réduire au minimum le degré de pénétration qu'un intrus pourrait atteindre s'il s'infiltrait sur le réseau depuis l'Internet.

SDN : Software-Defined Networking

La virtualisation des réseaux change la façon dont nous devons envisager la segmentation des réseaux. Un concept relativement nouveau de *réseau défini par logiciel* ou SDN (Software-Defined Networking) émerge et se focalise essentiellement sur la connexion entre deux nœuds quelconques pour filtrer cette connexion sur base d'une politique spécifique. Cette micro-segmentation rendra la sécurité plus puissante lorsqu'elle sera généralisée mais rendra certainement certains aspects de la gestion plus complexes.

Virtualisation des réseaux

Les plates-formes informatiques ont suffisamment évolué pour que nous puissions simuler des plates-formes matérielles telles que des serveurs, des routeurs et la plupart des autres ressources réseau à l'aide de logiciels. Grâce à ces derniers, un seul élément matériel peut prendre en charge plusieurs instances virtuelles, comme le montre la Figure 20.5. Chaque instance a la capacité de fonctionner comme le matériel hôte d'origine. Les instances virtuelles peuvent être activées selon les besoins pour gérer la demande et l'évolutivité, ou pour offrir une portabilité considérable.

La *virtualisation des réseaux* est également un moyen de segmenter votre réseau en créant des réseaux superposés (en substance, un réseau construit sur un autre, physique ou sous-jacent). Il est possible d'utiliser des commutateurs « white box » (matériel générique de routage et de commutation) dans ces réseaux superposés.

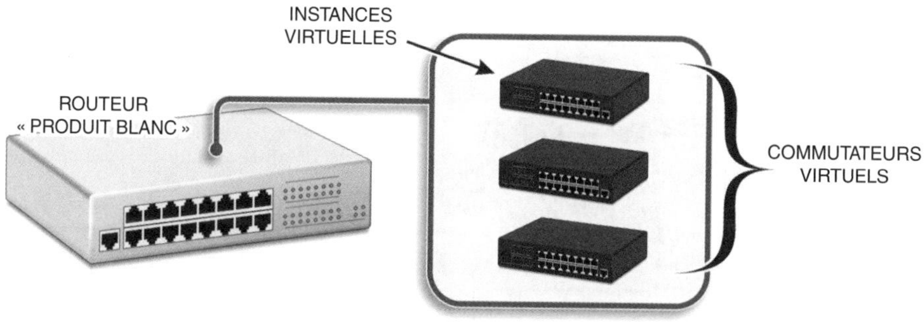

Figure 20.5 Instances virtuelles

La virtualisation des réseaux peut fournir un réseau virtuel complètement séparé des autres ressources du réseau, créant ainsi une zone comme vous le feriez avec du matériel réseau traditionnel. La virtualisation de réseau peut également être utilisée pour mettre en œuvre des unités de stockage en réseau virtuel pilotées par des logiciels. C'est ce que l'on observe dans les déploiements de réseaux de stockage SAN.

VLANs

Un VLAN[4], ou réseau local virtuel, est simplement un réseau configuré de façon logicielle dans lequel plusieurs hôtes se comportent comme s'ils étaient connectés au même réseau physique (au même switch), même s'ils ne le sont pas. Cela permet à un réseau (ou domaine de diffusion) de fonctionner, virtuellement, comme plusieurs réseaux locaux (ou domaines de diffusion), comme le montre la Figure 20.6. Cela réduit la latence et peut souvent rendre la segmentation du réseau beaucoup plus simple à comprendre et à maintenir. Cependant, vous devez maintenant faire face à des problèmes de sécurité supplémentaires, tels que la propagation de virus et de logiciels malveillants sur votre nouveau réseau logique plutôt qu'au sein d'un seul réseau physique.

Les VLAN sont généralement paramétrés sur un routeur ou sur un commutateur ; et pour faire passer du trafic d'un VLAN à l'autre, vous devez disposer d'un matériel qui prend en charge cette technologie (VLANs et Tag[5] VLANs). Les VLAN peuvent être configurés par port ou « taggué/non-taggué »[6]. L'en-tête de la trame Ethernet contient un ID VLAN et une partie de celui-ci est le TPID (Tag Protocol Identifier).

4 VLAN : virtual LAN

5 Le terme *tagging* est utilisé pour désigner le fait de marquer (ou étiqueter) du trafic réseau par rapport à un VLAN bien précis.

6 En anglais : *tagged/untagged*

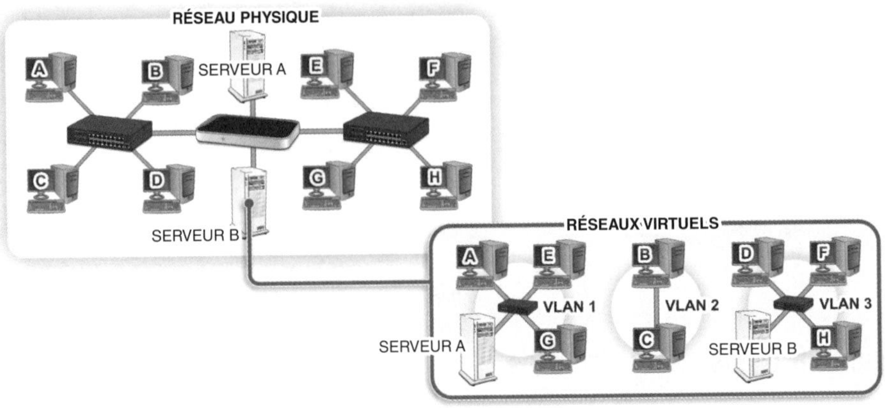

Figure 20.6 VLAN

Si un paquet contient des informations VLAN, il est considéré comme un paquet taggué et s'il ne contient pas ces informations, ce sera un paquet non taggué. Un VLAN basé sur les ports est simplement un groupe de ports sur un ou plusieurs commutateur(s) Ethernet, qui forment un segment.

Un commutateur de couche 2 administrable peut être configuré pour transférer ou bloquer le trafic vers ou depuis des VLAN spécifiques et peut ajouter le tag VLAN à l'en-tête ou encapsuler les données dans un autre type de trame de transmission lorsque vous les échangez via une technologie réseau différente. Le switch peut même prendre en charge les liens *trunk* tirés entre les commutateurs, et ce lien transportera alors tout le trafic accessible par ce commutateur. Un commutateur de couche 3 (ou un routeur) prenant en charge le marquage des VLAN peut également prendre en charge l'ensemble du routage et du blocage des données entre les VLAN.

Exercices pratiques

Objectifs

- Vérifier la compatibilité du système avec Hyper-V.
- Activer Hyper-V sur un ordinateur Windows 10 Pro.
- Installer et explorer le gestionnaire de commutateur virtuel Hyper-V.
- Installer une machine virtuelle

Ressources

- Ordinateur de bureau ou portable
- Windows 10 Pro (l'édition *Home* ne peut pas exécuter Hyper-V)
- Une distribution Linux téléchargée à installer
- Un compte avec des privilèges administratifs

NOTE Pour ce laboratoire, nous recommandons de télécharger une distribution Ubuntu sur https://www.ubuntu.com/download.

Discussion

Les plates-formes informatiques ont suffisamment évolué pour que nous puissions simuler des plates-formes matérielles telles que des serveurs, des routeurs et la plupart des autres ressources de réseau à l'aide de logiciels. Grâce à ceux-ci, un seul élément de matériel peut prendre en charge plusieurs instances virtuelles. Chacune d'entre elles a la capacité de fonctionner comme le matériel hôte d'origine. Ces instances peuvent être activées selon les besoins pour gérer la demande et l'évolutivité, ou pour offrir une portabilité considérable.

La virtualisation des réseaux est également un moyen de segmenter votre réseau en créant des réseaux superposés (en substance, un réseau construit sur un autre, physique ou sous-jacent). Il est possible d'utiliser des commutateurs « white box » (matériel de routage et de commutation générique) dans ces réseaux superposés.

Procédure

Dans cette procédure, vous apprendrez à activer la technologie de virtualisation, à utiliser un commutateur virtuel et à installer une machine virtuelle (VM) sur votre ordinateur Windows 10 Pro.

Vérification de la compatibilité avec Hyper-V

Vérifiez la compatibilité de votre ordinateur Windows 10 Pro avec Hyper-V.

1. Allumez votre ordinateur.
2. Connectez-vous en utilisant le compte possédant des privilèges administratifs.
3. Sur votre bureau, dans la barre de recherche intégrée à la barre des tâches, tapez **cmd** et appuyez sur « Entrée » pour ouvrir la fenêtre « Invite de commandes ».
4. Dans cette fenêtre, tapez **systeminfo.exe** et appuyez sur la touche « Entrée ».
5. Après quelques instants, les informations de votre système devraient être listées dans la fenêtre « Invite de commandes », comme indiqué dans la Figure 20.7.

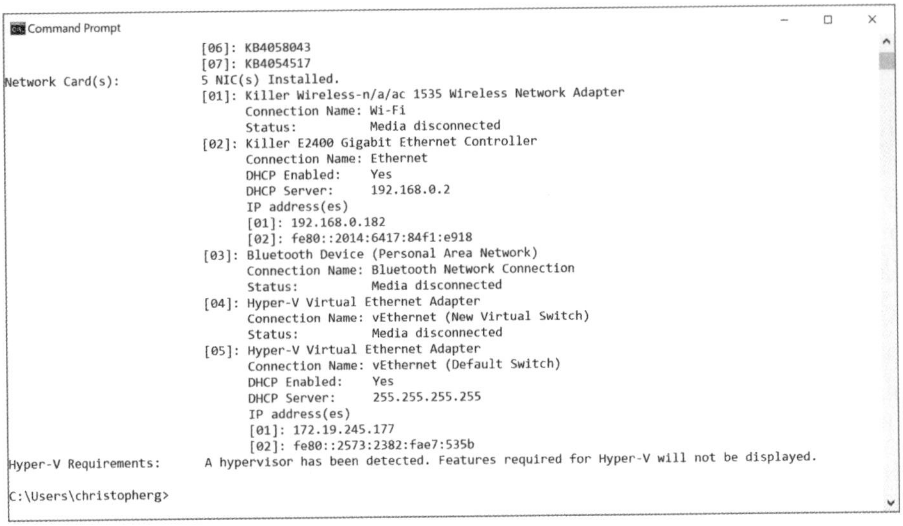

Figure 20.7 Résultats de la commande Systeminfo

NOTE Hyper-V est déjà installé sur ce système, de sorte qu'aucune information n'est fournie dans le champ de sortie.

6. Dans la rubrique «Configuration requise pour Hyper-V», si les résultats indiquent *Oui*, vous pouvez activer Hyper-V sans aucune autre démarche. Si les résultats indiquent *Non*, vous devrez peut-être aller dans votre BIOS pour activer les fonctionnalités matérielles ou bien il est possible que votre matériel ne soit pas compatible avec Hyper-V.

Activation d'Hyper-V dans Windows 10 Pro

Une fois la vérification de compatibilité réalisée et que les ajustements nécessaires effectués dans le BIOS, procédez aux étapes suivantes pour activer Hyper-V sur votre ordinateur Windows 10 Pro.

1. Si vous ne l'avez pas encore fait, démarrez votre ordinateur et connectez-vous en utilisant un compte avec des privilèges administratifs.
2. Sur votre bureau, dans la barre de recherche intégrée à la barre des tâches, tapez **Activer ou désactiver les fonctionnalités Windows** et appuyez sur la touche «Entrée».

3. La fenêtre « Fonctionnalités de Windows » devrait apparaître, et ressembler à celle de la Figure 20.8.

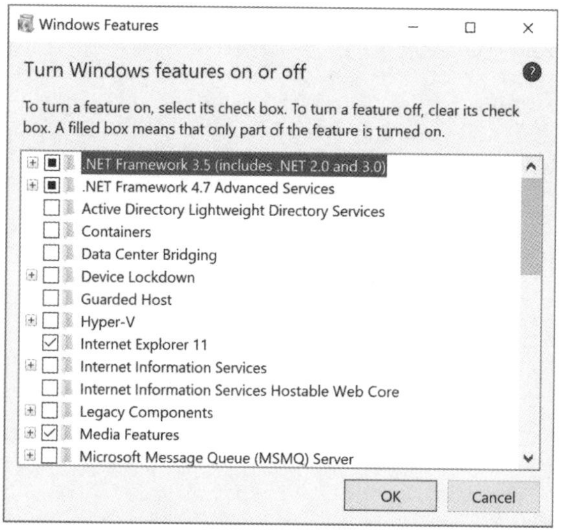

Figure 20.8 Fonctionnalités Windows

4. Localisez et cliquez sur la case située à côté de Hyper-V pour indiquer à Windows d'activer cette fonctionnalité, comme le montre la Figure 20.9.
5. Cliquez sur « OK ».

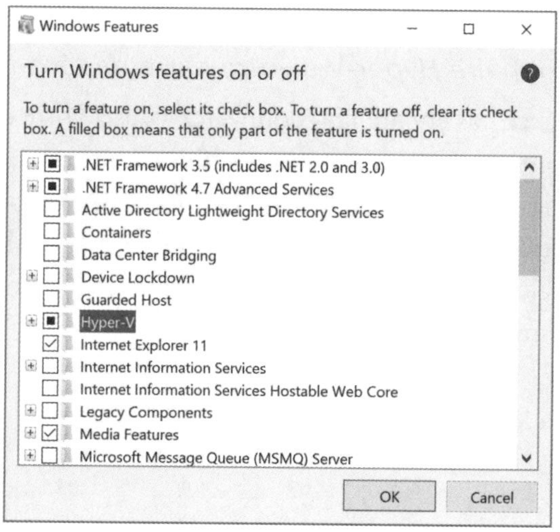

Figure 20.9 Activation d'Hyper-V

6. Windows traitera la modification et vous indiquera que vous devez redémarrer pour finaliser l'installation de la fonctionnalité demandée, comme indiqué à la Figure 20.10. Cliquez sur le bouton « Redémarrer maintenant ».

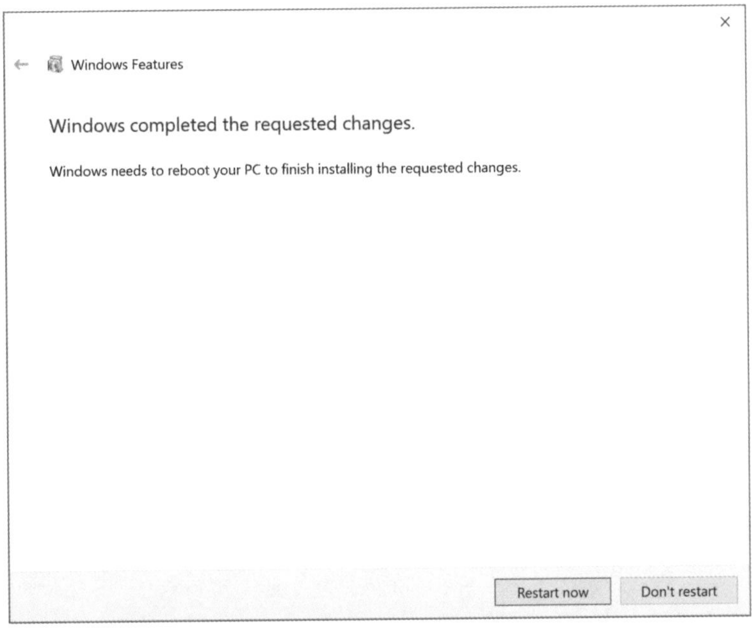

Figure 20.10 Prêt pour le redémarrage

Félicitations, vous avez activé la technologie de virtualisation sur votre ordinateur.

Épingler le gestionnaire Hyper-V à votre barre de tâches

1. Si vous ne l'avez pas encore fait, connectez-vous à votre ordinateur en utilisant votre compte avec des privilèges administratifs.
2. Dans votre barre de recherche, tapez **Gestionnaire Hyper-V**
3. Dans les options de menu présentées, cliquez avec le bouton droit de la souris sur « Gestionnaire Hyper-V » et choisissez « Epingler à la barre des tâches », comme indiqué dans la Figure 20.11.

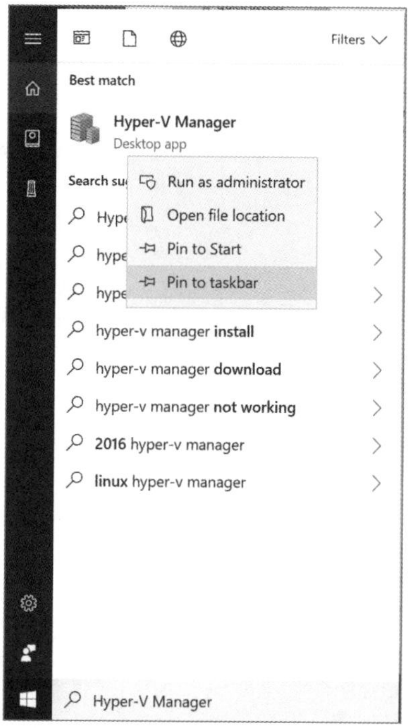

Figure 20.11 Fixation de l'Hyper-V à la barre des tâches

4. Cliquez sur l'icône du gestionnaire Hyper-V qui est maintenant épinglée à votre barre des tâches pour l'ouvrir.

Installation et configuration d'un commutateur virtuel

Vous devriez prendre le temps d'explorer à loisir les nombreuses options et les fonctionnalités de configuration du gestionnaire Hyper-V. Toutefois, pour cet exercice, nous allons passer directement à la configuration d'un commutateur virtuel à utiliser lors de l'installation d'une machine virtuelle.

1. Dans le volet de droite de la fenêtre du gestionnaire Hyper-V, cliquez sur « Gestionnaire de commutateur virtuel ».

Une nouvelle fenêtre intitulée « Gestionnaire de commutateur virtuel pour *le nom de votre ordinateur* » devrait apparaître, comme le montre la Figure 20.12.

2. Un commutateur virtuel est installé par défaut et est associé à votre carte réseau active. Mais examinons les options offertes lors de la configuration d'un commutateur pour l'utiliser avec vos machines virtuelles.
3. S'il n'est pas déjà sélectionné, cliquez sur « Nouveau commutateur réseau virtuel », sous « Commutateurs virtuels » dans le volet gauche de la fenêtre.

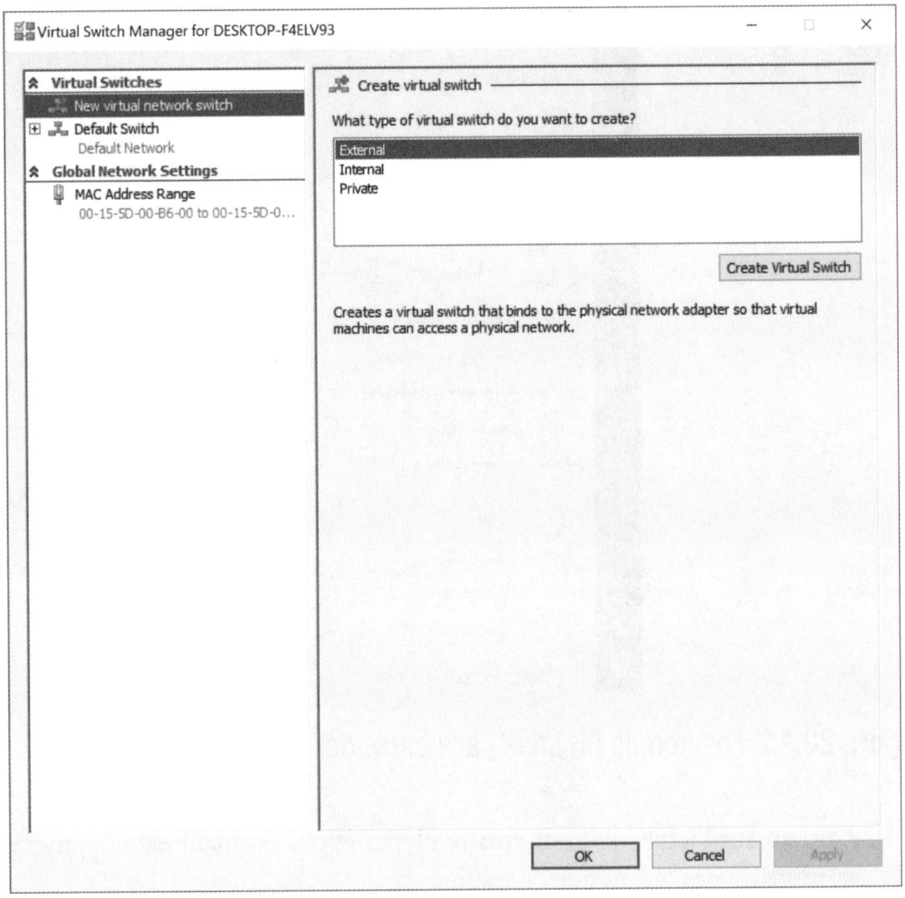

Figure 20.12 Gestionnaire de commutateur virtuel

Lors de la création d'un commutateur virtuel, trois options doivent vous être présentées :

- **Externe :** Créer un commutateur virtuel qui se lie à l'adaptateur réseau physique afin que les machines virtuelles puissent accéder à un réseau physique.
- **Interne :** Créer un commutateur virtuel qui ne peut être utilisé que par les machines virtuelles qui tournent sur cet ordinateur physique, et entre les machines virtuelles et l'ordinateur physique. Cela ne permet pas de se connecter à une connexion réseau physique.
- **Privé :** Créer un commutateur virtuel qui ne peut être utilisé que par les machines virtuelles qui tournent sur cet ordinateur physique.

4. Sélectionnez « Externe » et cliquez sur le bouton « Créer le commutateur virtuel ». Cela devrait vous confronter à une nouvelle série d'options.

Comment configurer votre commutateur virtuel.

5. Dans le champ « Nom », tapez **Test Switch**.

6. Sous « Type de connexion », assurez-vous que le bouton radio « Réseau externe » est bien sélectionné.
7. Si vous avez plusieurs cartes réseau sur votre ordinateur, vous pouvez sélectionner celle que vous utilisez pour vous connecter à l'internet, bien que celle-ci doit avoir été sélectionnée par défaut par le gestionnaire de commutation.

NOTE Lorsque vous essayez d'occulter une machine virtuelle d'un réseau extérieur, sélectionnez « Interne » ou « Privé », selon ce qui vous convient.

8. Vérifiez que la case « Autoriser le système d'exploitation de gestion à partager cette carte réseau » est cochée. Si ce n'est pas le cas, cliquez dessus.
9. Cliquez sur le bouton « Appliquer » en bas de la fenêtre. Un avertissement apparaîtra alors, comme le montre la Figure 20.13. Cliquez sur le bouton « Oui ».

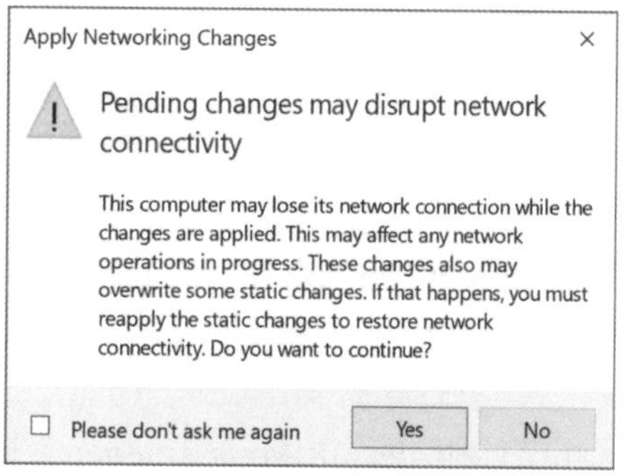

Figure 20.13 Avertissement de changement réseau

10. En bas de la fenêtre du gestionnaire de commutateur virtuel, cliquez sur le bouton « OK ». Cela devrait vous ramener à la fenêtre « Gestionnaire Hyper-V ».

Installation d'une distribution Linux dans Hyper-V

1. Téléchargez une distribution Ubuntu et enregistrez-la à un endroit où vous pouvez la retrouver. Pour cet exemple, nous utilisons Ubuntu 16.04.3.
2. Si Hyper-V n'est pas ouvert, cliquez sur l'icône « Gestionnaire Hyper-V » dans la barre des tâches pour l'ouvrir.
3. Dans le volet de droite, sous « Actions », localisez et cliquez sur « Nouveau ». Un menu latéral devrait apparaître pour créer un nouvel ordinateur virtuel, un nouveau disque dur ou une nouvelle disquette.

4. Cliquez sur « Ordinateur virtuel » pour faire apparaître l'« Assistant Nouvel ordinateur virtuel », comme indiqué à la Figure 20.14.

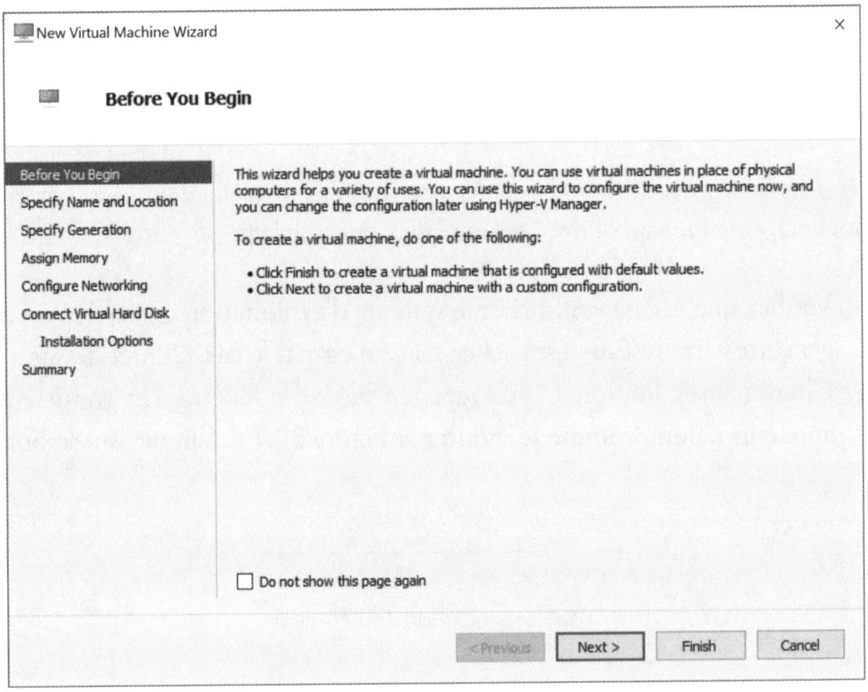

Figure 20.14 Assistant Nouvel ordinateur virtuel – Fenêtre Avant de commencer

5. Cliquez sur Suivant. Cela devrait vous amener à la fenêtre « Spécifier le nom et l'emplacement » comme indiqué dans la Figure 20.15.
6. Entrez **Test Linux** dans le champ « Nom » et cliquez sur « Suivant ».
7. Vous devriez être à la fenêtre « Spécifier la génération ». Laissez le bouton radio « Génération 1 » sélectionné par défaut et cliquez sur « Suivant ».

NOTE Une fois qu'une machine virtuelle a été créée, vous ne pouvez pas changer sa génération.

8. La fenêtre « Affecter la mémoire » devrait apparaître. Encore une fois, pour les besoins de ce laboratoire, laissez l'affectation par défaut et cliquez sur « Suivant ».
9. La fenêtre « Configurer la mise en réseau » devrait apparaître. Dans cette fenêtre, le paramètre par défaut est « non connecté ». Cliquez sur le menu déroulant et sélectionnez le switch de test que nous avons créé précédemment, comme indiqué à la Figure 20.16.

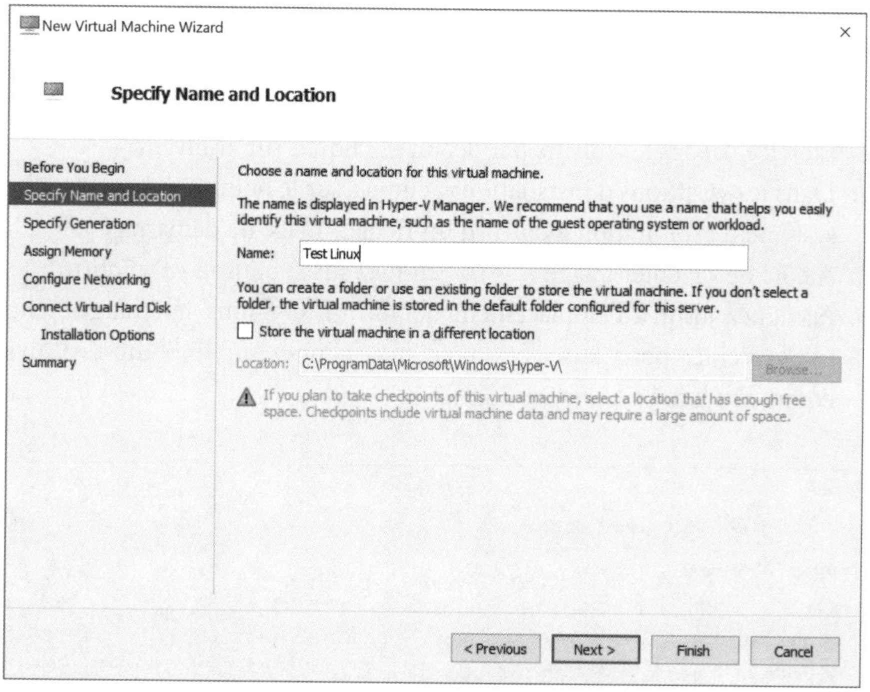

Figure 20.15 Spécifier le nom et l'emplacement

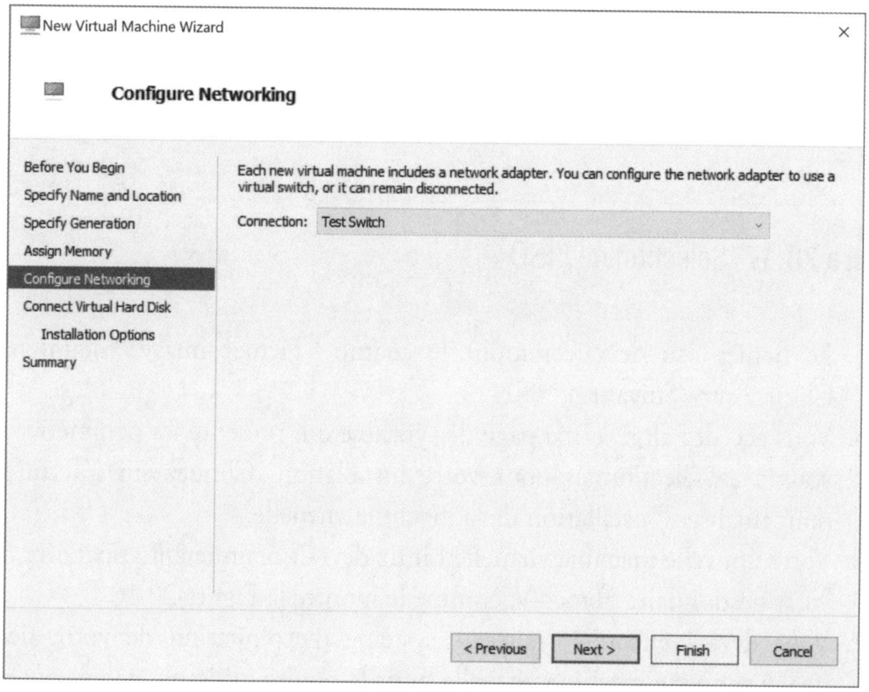

Figure 20.16 Sélection de la connexion réseau

10. La fenêtre « Connecter un disque dur virtuel » devrait apparaître. Dans cette fenêtre, vous pourrez choisir de créer un disque dur virtuel, d'en utiliser un existant ou d'attacher un disque dur virtuel ultérieurement. Pour cet exercice, laissez les valeurs par défaut et cliquez sur « Suivant ».
11. Dans les « Options d'installation », cliquez sur le bouton radio « Installer un système d'exploitation à partir d'un fichier image de démarrage ».
12. A côté de « Fichier image (. iso) », cliquez sur le bouton « Parcourir... ».
13. Naviguez jusqu'à l'emplacement de votre ISO Linux téléchargée, cliquez sur le fichier pour le sélectionner, puis cliquez sur le bouton « Ouvrir », comme indiqué à la Figure 20.17.

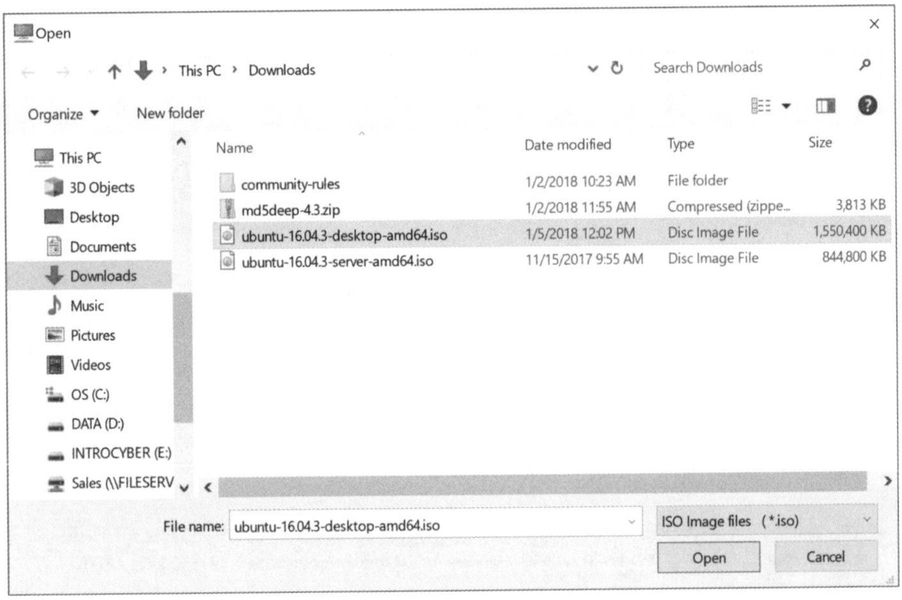

Figure 20.17 Sélection de l'ISO

14. Le fichier .iso devrait remplir le champ « Fichier image » maintenant. Cliquez sur « Suivant ».
15. Vous accédez alors à une page de synthèse qui présente les paramètres que vous avez sélectionnés pour votre installation. Cliquez sur « Terminer » pour finaliser l'installation de la machine virtuelle.
16. Votre nouvelle machine virtuelle Linux devrait maintenant apparaître dans votre gestionnaire Hyper-V, comme le montre la Figure 20.18.
17. Vous devrez encore installer le système d'exploitation de votre fichier image sur cette machine virtuelle pour la rendre utilisable, mais vous avez maintenant activé et appliqué une machine virtuelle à votre ordinateur Windows 10.

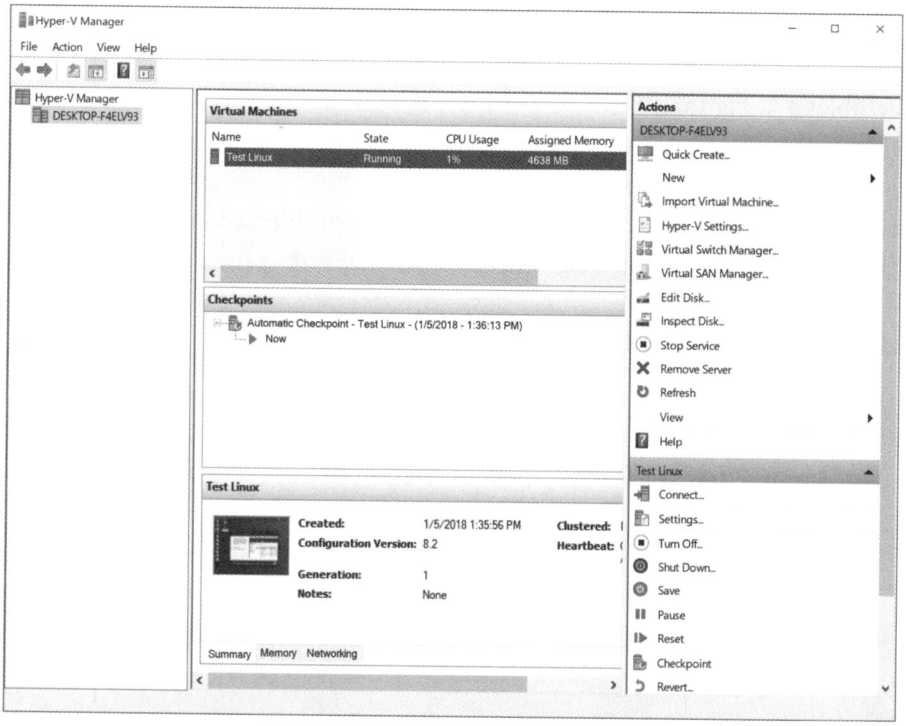

Figure 20.18 Machine virtuelle installée dans Hyper-V

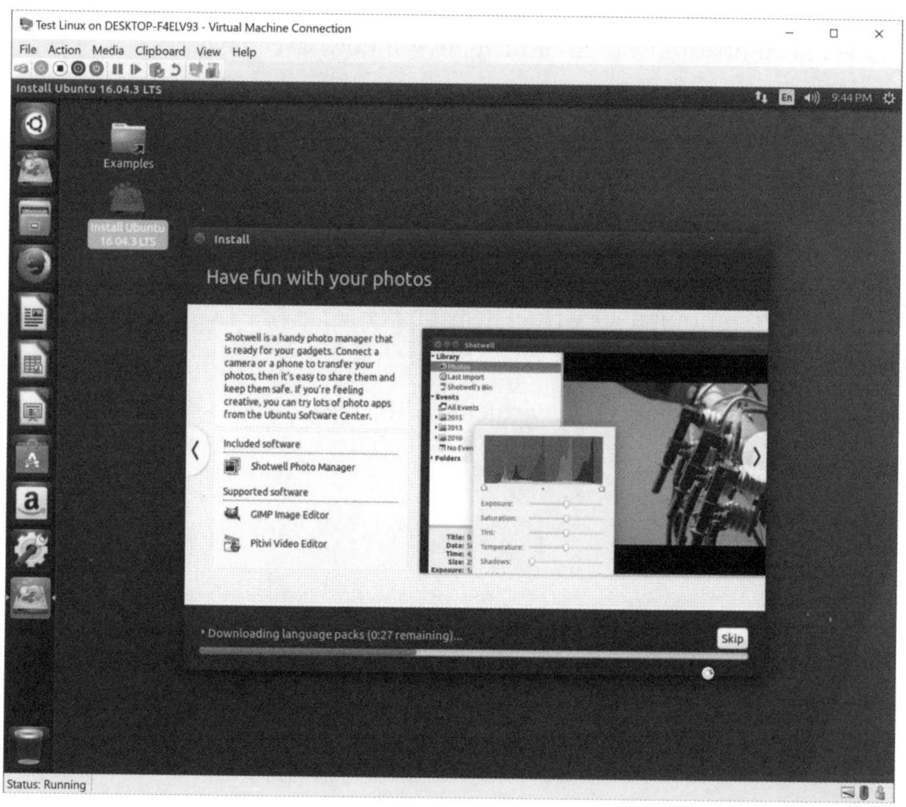

Figure 20.19 Ubuntu Linux 16.04.3 LTS fonctionnant en tant que VM

Si vous allumez votre machine virtuelle, vous serez invité à installer votre distribution Linux sur la machine virtuelle. Une fois l'installation terminée, elle devrait ressembler à la Figure 20.19.
Vous pouvez également utiliser le gestionnaire Hyper-V pour importer et exporter des machines virtuelles existantes. Cela est utile pour sauvegarder vos machines virtuelles existantes, ainsi que pour résoudre les problèmes liés à des machines virtuelles existantes au sein de la structure de votre entreprise.

Questions sur les laboratoires

1. Quel programme utilitaire de type *invite de commandes* est utilisé pour vérifier la compatibilité d'un ordinateur Windows avec Hyper-V ?
2. Comme il n'y a pas de fichier d'installation pour Hyper-V sur Windows 10 Pro, où aller pour activer Hyper-V dans ce système d'exploitation ?
3. Quelles sont les trois options de configuration disponibles lorsque vous créez un commutateur virtuel dans Hyper-V ?
4. Une fois qu'une machine virtuelle a été créée, pouvez-vous changer sa génération ?

Réponses du laboratoire

1. Quel programme utilitaire de type *invite de commandes* est utilisé pour vérifier la compatibilité d'un ordinateur Windows avec Hyper V ?

Systeminfo.exe

2. Comme il n'y a pas de fichier d'installation pour Hyper-V sur Windows 10 Pro, où aller pour activer Hyper-V dans ce système d'exploitation ?

Activer ou désactiver les fonctionnalités Windows

3. Quelles sont les trois options de configuration disponibles lorsque vous créez un commutateur virtuel dans Hyper-V ?

Externe, interne et privé.

4. Une fois qu'une machine virtuelle a été créée, pouvez-vous en changer la génération ?

Non.

Chapitre 21

Protection du périmètre

Le deuxième niveau à sécuriser est le périmètre intérieur, là où le réseau privé rencontre l'Internet. Ce qui définit un périmètre c'est la limite jusqu'à laquelle vous avez le contrôle, par rapport à celle où vous ne l'avez pas. Le périmètre est l'endroit où votre réseau privé touche les personnes et les entreprises avec lesquelles vous voulez interagir. Dans ce chapitre, vous allez apprendre à :

- **Mettre en place des pare-feu ainsi que d'autres dispositifs et structures de prévention des intrusions**
- **Décrire les structures communes des réseaux d'entreprises, y compris les intranets, les extranets, les DMZ et les honeypots**[1]
- **Décrire l'objectif et les limites des pare-feu**
- **Décrire l'utilisation des honeypots comme une technique de prévention des intrusions**
- **Comprendre le rôle des DMZ**[2] **(zones démilitarisées) dans les topologies de cybersécurité**
- **Expliquer la configuration et le fonctionnement d'un hôte de la DMZ, y compris les services clés contenus dans cette zone**

Comprendre le périmètre

Le périmètre intérieur est l'endroit où nous voulons empêcher les personnes malveillantes provenant d'Internet d'accéder au réseau privé, comme le montre la Figure 21.1.

Le matériel réseau est l'élément clé de l'accès à l'Internet et peut généralement servir un double objectif en assurant un certain niveau de sécurité du réseau.

Que l'accès soit contrôlé par quelque chose d'aussi simple qu'un modem ou d'aussi complexe qu'un routeur ou un firewall, il y a toujours au moins un et généralement deux, voire même plusieurs éléments matériels critiques présents entre l'ordinateur ou le dispositif de l'utilisateur et son FAI, comme le montre la Figure 21.2.

---

[1] Littéralement, un *honeypot* est un *pot de miel*

[2] DMZ : Dedemilitarized zone

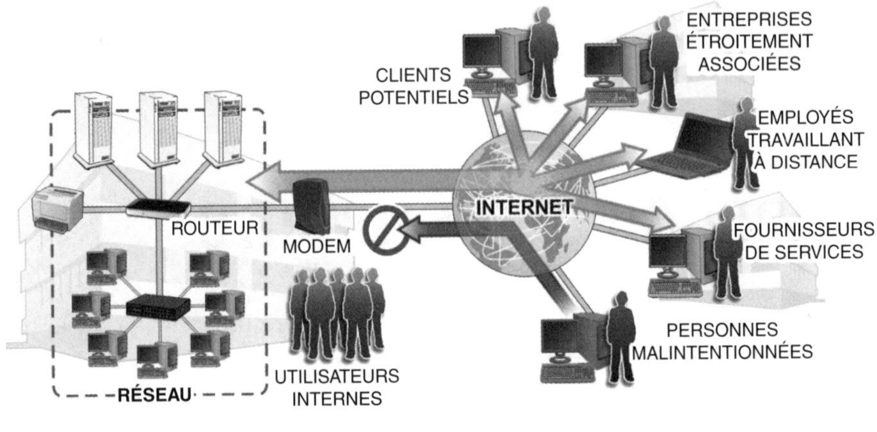

Figure 21.1 Le périmètre

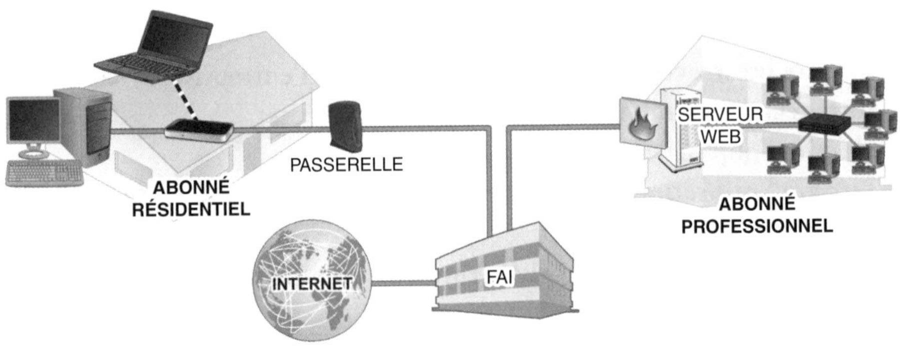

Figure 21.2 Connectivité Internet

Il est essentiel de comprendre que ces dispositifs peuvent être le *point de défaillance unique* et même être considéré comme l'objet d'une catastrophe pour le réseau lorsqu'il s'agit de conception, de dépannage et de maintenance. Ce sont les appareils que le personnel d'assistance technique ciblera généralement au départ lors du dépannage, car ce sont vraiment les pannes les plus courants. Ils sont également importants dans toute initiative de sécurité.

Les dispositifs passerelle offrent souvent de bonnes capacités de sécurité et même tout juste sortis de leur boite et encore non configurés, ils offrent déjà, dans bien des cas, une sécurité « suffisamment bonne » pour l'utilisation résidentielle normale ou pour le petit réseau d'entreprise. De nos jours, le modem typique fourni par le FAI fonctionne également comme un routeur et comme un pare-feu de niveau *paquet*. Toutefois, si votre modem ne fonctionne pas comme un routeur, vous devrez exécuter un logiciel de sécurité pour créer un pare-feu logiciel sur votre ordinateur. Les systèmes Mac et Windows intègrent tous deux les fonctionnalités de base de ce type et il existe aussi de nombreux logiciels dédiés ou des fonctionnalités associées à un logiciel antivirus pour aider les utilisateurs.

Chaque ordinateur autonome ou réseau local qui se connecte à l'Internet se connectera par l'intermédiaire d'un type de dispositif passerelle, comme le montre la Figure 21.3. Ce dispositif passerelle est souvent un routeur, mais il peut également s'agir d'un commutateur doté d'une conversion de protocole ou d'un traducteur permettant à vos clients Ethernet, ou sans fil, d'accéder à la technologie fournie par votre FAI sur votre site.

Ce dispositif passerelle peut également être un modem, un point d'accès ou même un adaptateur de voix sur IP (VoIP[3]).

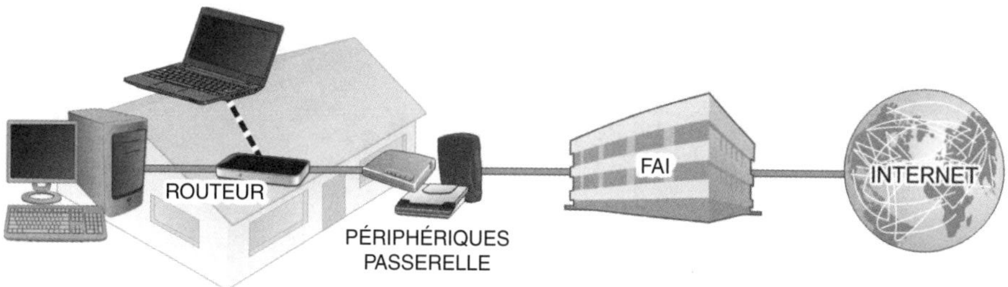

Figure 21.3 Options de connexion passerelle

Si la passerelle n'est pas un routeur (ou au moins un commutateur), vous aurez généralement besoin d'un routeur fonctionnant derrière celle-ci. Si la passerelle n'est pas équipée d'une fonctionnalité de routage, elle se connecte probablement à un réseau qui fournit de tels services, donc à l'avenir nous supposerons que tous les réseaux se connectent à Internet par un routeur ou un dispositif de routage.

Il est important que vous compreniez exactement les caractéristiques de tout matériel réseau présent entre votre routeur et votre fournisseur d'accès Internet. La sécurité ne se limite pas à un seul appareil ; il se peut que vous ayez à traiter avec plusieurs appareils pour sécuriser davantage l'environnement. Par exemple, de nombreux réseaux ont des composants réseau clés connectés à leurs routeurs. Ces dispositifs peuvent agir comme un firewall ou être un appareil réseau qui fournit certaines fonctionnalités spécifiques aux utilisateurs.

Dans de nombreux environnements réseau, il est courant de créer des services tournés vers l'extérieur qui fournissent un accès disponible aux utilisateurs externes. Ces services peuvent inclure des serveurs web ou des serveurs de messagerie auxquels les utilisateurs peuvent accéder facilement malgré que l'organisation garde le contrôle du contenu. Ces réseaux qui sont isolés du réseau privé, mais qui peuvent être « vus » depuis l'Internet, comme l'illustre la Figure 21.4,

[3] VoIP : Voice over Internet Protocol

sont appelés *réseaux publics*. La plupart des organisations les mettent en œuvre en créant un réseau géré, accessible de l'extérieur, appelé *zone démilitarisée* (DMZ) entre leur réseau privé et l'Internet. Les DMZ sont examinées en détail plus loin dans ce chapitre.

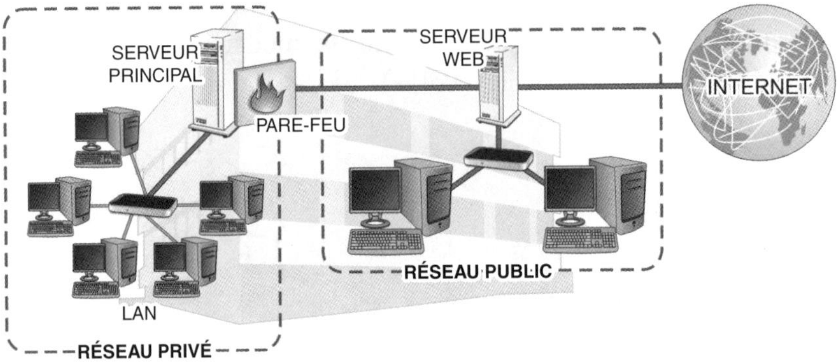

Figure 21.4 Réseaux privés et publics

Maintenir la sécurité d'un réseau connecté à l'Internet peut être un défi énorme. La plupart des concepts présentés ici s'appliquent à la plupart des environnements, mais chaque réseau peut avoir des enjeux différents liés aux services et applications qui y sont proposés.

À l'avenir, nous nous concentrerons sur la sécurité des appareils qui doivent vivre sur un réseau public et non pas tant sur la protection du réseau privé contre les menaces provenant d'Internet, même si bon nombre de ces concepts sont les mêmes. Comme pour tout autre type de sécurité, l'importance accordée à la sécurité de l'Internet devrait être liée à ce qui risque d'être perdu. Parmi les questions importantes auxquelles il faut répondre pour parvenir à une solution satisfaisante, on peut citer :

- Quelle est l'importance de ce que vous protégez ?
- Quel est le pire des scénarios ?
- Quel sera le préjudice subi par vous ou votre entreprise si le réseau est compromis ?
- Disposez-vous de données privées qui doivent être protégées ou existe-t-il des problèmes de responsabilité si les données sont obtenues par des utilisateurs extérieurs ?
- Existe-t-il des règlements ou des lois vous obligeant à protéger vos données ?

Tout le monde devrait mettre en œuvre un certain niveau de sécurité lié à Internet, mais après avoir répondu à ces questions, vous devriez avoir une idée sur les mesures de sécurité complémentaires à apporter.

Pare-feu

La première et la plus courante ligne de défense dans un réseau connecté à l'Internet est le pare-feu. Ces dispositifs consistent généralement en une combinaison matérielle et logicielle utilisée pour protéger un réseau privé contre les accès non autorisés depuis l'Internet. Cela se fait en limitant les risques de sécurité, en appliquant la politique de sécurité de l'organisation et, parfois, en enregistrant ou en surveillant l'activité sur Internet.

Les pare-feu peuvent être mis en œuvre de différentes manières, selon différents arrangements réseau. Un firewall peut être un dispositif matériel spécifique, une fonction intégrée dans un routeur, un commutateur, ou bien être mis en œuvre dans un ordinateur qui possède plusieurs interfaces Ethernet. Il peut même s'agir d'un pur logiciel installé sur un ordinateur hôte comme n'importe quelle autre application. Il existe de nombreux appareils réseau qui offrent cette fonctionnalité et des fonctions de sécurité en même temps que d'autres fonctions de réseau. Dans un environnement réseau d'entreprise ou industriel, l'administrateur contrôle les installations et les configurations des pare-feu. L'avantage du firewall est qu'il permet à l'administrateur de contrôler le flux d'informations de tous les appareils connectés à son réseau, comme l'illustre la Figure 21.5.

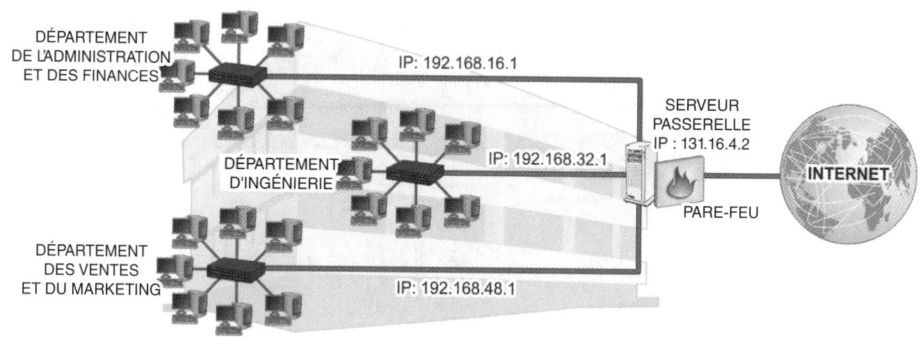

Figure 21.5 Firewall réseau

Les pare-feu doivent agir comme des passerelles, autorisant et accordant l'accès aux applications et aux protocoles du réseau. Ils peuvent également servir de serveurs proxy, fournir une traduction d'adresse réseau et faire office de serveurs DHCP. Les pare-feu font généralement aussi office de filtre, tant pour les trafics entrant que sortant.

Un bon firewall fournira un filtrage de niveau *paquet* (*packet-filtering*) en utilisant les règles définies permettant de rejeter ou d'accepter les paquets entrants et sortants. Cela peut être difficile à configurer mais des règles firewall efficaces sont vraiment essentielles pour la sécurité.

Un firewall de niveau *paquet* peut être établi sur les routeurs par configuration de ceux-ci avec des règles de filtrage des paquets autorisant ou refusant l'accès au client en fonction de facteurs tels que leur adresse source, leur adresse de destination ou leur numéro de port. Il existe généralement deux types de filtrage des paquets à prendre en considération : *static* et *stateful*.

Dans le mode *static* (ou *stateless*) les pare-feu ne suivent pas l'état[4] d'une connexion entre deux ordinateurs. En fait, ils fonctionnent à peu près de la même manière que n'importe quelle ACL. Cela rend cette variété de dispositif relativement plus rapide que les autres. Ils ont également tendance à être relativement peu coûteux et faciles à entretenir. Inversement, ils offrent moins de fonctions de sécurité que les autres.

Le mode *Stateful*[5] permet de suivre l'état des connexions entre les entités. Ces dispositifs collectent des informations sur les connexions réseau et tiennent à jour des tableaux d'état dynamiques qui sont utilisés pour les connexions ultérieures. Comme l'illustre la Figure 21.6, cela permet d'ouvrir et de fermer les ports selon les besoins. Une fois qu'un client a terminé une session de communication, le firewall *stateful* ferme le port spécifique utilisé jusqu'à ce qu'il soit redemandé.

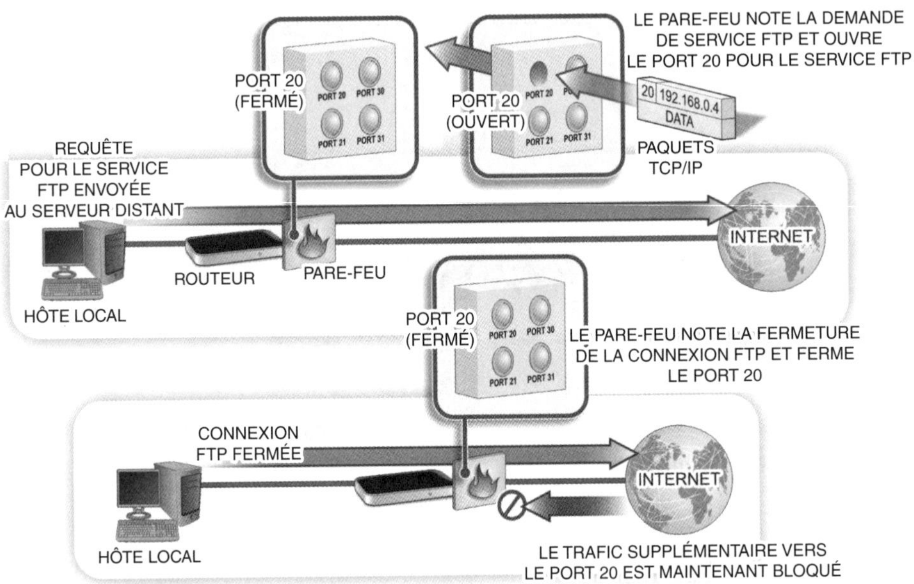

Figure 21.6 Fonctionnement du pare-feu stateful[6]

[4] Pour cette raison, ces pare-feu sont également connus sous le nom de *pare-feu sans état* en français.

[5] Par opposition, le pare-feu *stateful* sera, en français, considéré comme un *pare-feu à états*.

[6] NdT : Les explications techniques de la figure 21.6 sont hasardeuses. Le port 20 désigne un service du côté du serveur et non de l'hôte. De plus l'adresse 192.168.0.4 est une IP privée, ne pouvant circuler sur l'Internet. Il faut donc uniquement retenir de cette illustration la notion de ports ouverts et fermés automatiquement en fonction du besoin.

Comme décrit précédemment, les *serveurs proxy* ou les *proxy-filtering firewalls*, sont des serveurs configurés pour filtrer et éliminer tous les paquets indésirables. Le filtrage *proxy* est un processus beaucoup plus complexe que celui de niveau *paquet*. Au cours de ce processus, chaque paquet est désassemblé, évalué et réassemblé, ce qui rend ce type de dispositifs significativement plus lent que les autres types de firewall. Les *proxy-filtering firewalls* ou *pare-feu de niveau application* sont paramétrés pour visualiser l'entièreté des paquets et d'en analyser la cohérence, le type d'application et les ports appropriés. Les données qui tentent de transiter par ces ports vers un client doivent correspondre à ce que le dispositif attend, ou le paquet inconnu sera abandonné et la connexion sera perdue.

Les nouveaux pare-feu offriront également une fonctionnalité de *qualité de service* (QoS), qui permet de hiérarchiser et de traiter différemment le trafic réseau en fonction de règles ou de politiques particulières. Une utilisation courante de la QoS consiste à garantir qu'un système téléphonique de voix sur IP (VoIP) disposera toujours d'une bande passante suffisante pour le service téléphonique, quel que soit le niveau de charge du réseau.

Certaines applications sont plus sensibles à la latence, et l'utilisation de la qualité de service (QoS) permet de s'assurer que ces applications ont toujours une priorité suffisante pour conserver un flux de paquets suffisant, de sorte que les connexions ne soient pas perdues. La qualité de service peut également être un moyen de partager ou d'allouer efficacement la bande passante sur un réseau fort chargé. Certains pare-feu séparent ce type de gestion du trafic de la QoS, mais il s'agit de concepts similaires.

Réflexion à propos des pare-feu

Le firewall est généralement le point de départ de la mise en œuvre ou de l'évaluation de la sécurité liée à l'Internet. La plupart des administrateurs configurent les fonctionnalités du pare-feu dont ils ont besoin et essaient ensuite de les sécuriser. Cependant, la sécurité doit vraiment être prise en compte en premier lieu. Par exemple, avant de configurer les fonctionnalités du firewall, vous devriez envisager les questions suivantes :

- Quelles sont les applications auxquelles les utilisateurs extérieurs doivent accéder ?
- Les utilisateurs extérieurs utiliseront-ils un VPN ou non ?

Vous allez presque toujours activer la fonctionnalité NAT et serveur proxy sur un firewall. Mais la conception du réseau et la configuration du firewall doivent être basées sur les applications auxquelles les utilisateurs extérieurs devront se connecter. Si personne n'a besoin d'accéder au réseau à partir d'Internet, alors la configuration du pare-feu peut être renforcée pour interdire tout paquet provenant du monde extérieur. Par exemple, si vous refusez le protocole ICMP (Internet

Control Message Protocol) et que vous ne répondez sur aucun port, le firewall est mieux sécurisé.

Cependant, poussée à ce niveau de sécurité très strict, la configuration du pare-feu pourrait mettre en colère les utilisateurs du réseau car ils souhaitent généralement que des protocoles « zéro configuration », tels que l'UPnP (Universal Plug and Play), soient activés. Comme pour d'autres aspects des affaires, l'utilisation des contrôles de sécurité est régie par les besoins des utilisateurs et de l'entreprise.

Avant de configurer un réseau ou un appareil réseau, vous devez évaluer vos besoins ainsi que les politiques d'utilisation acceptables et mettre tout cela en balance avec les ressources réseau disponibles. L'administrateur réseau qui ne tient pas compte de tous ces éléments deviendra rapidement impopulaire auprès de la direction et du personnel. Une approche judicieuse et organisée de la conception et de la sécurité du réseau est impérative pour une gestion efficace et efficiente du réseau. Il faut répondre à de nombreuses questions avant de pouvoir créer et organiser un réseau correctement :

- Ressources
  - Quelles sont les ressources disponibles du réseau ?
  - Combien d'utilisateurs partageront ces ressources ?
  - Si vous travaillez avec une bande passante limitée, vous devrez prendre en compte les fonctionnalités de gestion du trafic et celles de type QoS.
- Quels sont les services réseau les plus critiques ?
  - Configurez QoS pour donner la priorité à ces services.
- Qu'est-ce qui est considéré comme une utilisation acceptable pour la direction ?

Il peut être difficile de filtrer tous les types de contenus auxquels les utilisateurs peuvent accéder. Bien sûr, vous pouvez bloquer l'accès à Facebook, mais qu'en est-il du streaming vidéo ? Netflix ?

Des événements sportifs ? Vous pouvez passer du temps à déterminer comment votre bande passante a été utilisée et à ajouter de nouvelles règles de blocage pour empêcher les utilisateurs d'accéder à des applications gourmandes. D'autre part, vous pouvez simplement mettre en place des politiques de qualité de service (QoS) qui répartissent équitablement la bande passante afin qu'en période de forte demande, chacun reçoive sa juste part des ressources. Si ce partage équitable permet toujours de prendre en charge la diffusion en continu, alors peut-être que c'est acceptable.

Souvent, la direction veut s'assurer que les utilisateurs ne peuvent rien faire d'autre que leur travail. La politique d'utilisation acceptable est donc simple : seules les activités liées au travail doivent être tolérées sur le réseau. La mesure dans laquelle vous pouvez bloquer tous les accès non liés au travail sera largement déterminée par le matériel réseau disponible.

L'achat de matériel est effectué en fonction des besoins des entreprises (par politique).

- Quel accès à distance doit être pris en charge ?
  - Le support VPN dépendra du matériel du réseau.
  - Avez-vous besoin de faire fonctionner un serveur de courrier électronique derrière le firewall qui peut également être accessible aux internautes qui ne se connectent pas via un VPN ?
- Comment allez-vous segmenter le réseau pour minimiser les risques ?

Appareils réseau

De plus en plus, les routeurs et les commutateurs sont intégrés dans des commutateurs intelligents, voire couplés à un système d'exploitation traditionnel pour créer des appareils réseau intelligents. Le degré de fonctionnement de chacun de ces appareils en tant que routeur varie, mais ils offrent souvent de nombreuses fonctionnalités de routage couplées à des logiciels qui peuvent faciliter la gestion du réseau.

En général, les appareils réseau ont des capacités significatives de pare-feu, mais beaucoup sont spécialisés et se concentrent sur une seule tâche, comme le courrier électronique, le spam, la détection des virus et des logiciels malveillants. Ces dispositifs peuvent offrir un solide arsenal d'outils contre les attaques et faciliter la tâche de gestion des accès et de la sécurité du réseau.

Les appareils de sécurité sont également connus sous le nom de périphériques UTM (unified threat management) proposant des fonctionnalités de passerelle, d'antivirus, firewall, d'IPS et IDS (intrusion prevention system et intrusion detection system), et parfois même, d'autres fonctions réunies en un seul appareil, comme illustré en Figure 21.7. Non seulement de nombreuses caractéristiques de sécurité sont présentées dans une plate-forme unifiée, mais les solutions sont rationalisées et simplifiées pour minimiser le besoin de formation approfondie ou les connaissances en matière de sécurité. Les entreprises s'appuient de plus en plus sur ces appareils et attendent de leur personnel informatique qu'il les gère efficacement.

Figure 21.7 Un dispositif UTM

Le choix d'un appareil réseau est probablement l'un des aspects les plus complexes. Il existe un certain nombre de grands noms de l'industrie – tels que Cisco, Barracuda et Juniper – qui sont populaires auprès des entreprises de taille moyenne. Toutefois, de nombreuses autres sociétés, telles que WatchGuard, Cyberroam et Check Point, proposent des solutions pour les petites entreprises. Au-delà du prix d'achat, il est important d'évaluer un appareil potentiel en examinant attentivement la quantité de formation requise, la prise en charge de toutes les fonctionnalités requises par le réseau, ainsi que l'accès à distance et les coûts de l'assistance et des abonnement permanents.

Bien que les dispositifs UTM puissent sembler être la meilleure solution aux problèmes de sécurité liés à Internet, ils représentent également un point de défaillance unique sur le réseau et peuvent potentiellement présenter eux-mêmes des vulnérabilités. L'appareil doit également être capable de gérer l'ensemble du trafic réseau, sinon il deviendra un goulot d'étranglement.

Le choix d'un dispositif adapté aux besoins de votre réseau est crucial, et vous devez prendre en compte de nombreux facteurs pour vous assurer que le produit sera capable de répondre aux exigences de vos réseaux plutôt que de vous concentrer uniquement sur les fonctions de sécurité.

Serveurs proxy

Un *serveur proxy* (ou serveur *mandataire*) est une barrière qui empêche les personnes extérieures d'entrer dans un réseau local et évite que les personnes intérieures ne se connectent directement à des ressources extérieures, comme l'illustre la Figure 21.8. Au contraire, il permet aux clients d'établir des connexions indirectes au réseau qui sont acheminées par son intermédiaire. Le client se connecte au serveur proxy, avec ou sans authentification volontaire, et fait une demande de ressource vers un autre serveur. Le serveur proxy traite la demande soit en renvoyant la ressource souhaitée à partir de sa propre copie en cache, soit en transmettant la demande à l'autre serveur (après modification éventuelle de celle-ci).

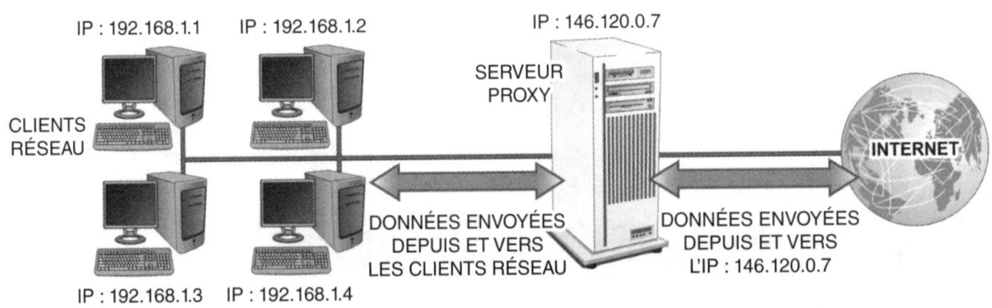

Figure 21.8 Fonctionnement d'un serveur mandataire

Toutes les informations d'adressage envoyées vers l'Internet utiliseront l'adresse IP du serveur proxy. Comme l'adresse IP du client qui demande la ressource n'est pas utilisée, un intrus extérieur n'a aucun moyen d'accéder à l'hôte local.

Lorsque le proxy est complètement configuré, il fournit au client les adresses et les numéros de port des services Internet (HTTP, FTP, etc.) qui sont à sa disposition. L'accès client est paramétré à partir du navigateur Web local. La plupart des systèmes d'exploitation et des navigateurs web supportent la configuration d'un proxy.

L'utilisation la plus courante de ce concept est probablement la mise en cache web au travers de laquelle un serveur local met en cache les ressources web et y met un terme intelligemment. Les proxy web permettent de conserver la bande passante Internet et d'accélérer les connexions, mais ils peuvent également être utilisés pour filtrer le contenu ou même pour reformater celui-ci.

Un serveur proxy peut être anonyme et garantit alors l'anonymat des clients en dissimulant leur adresse IP d'origine.

Un *proxy transparent* rend l'adresse IP originale disponible mais uniquement dans les en-têtes HTTP. En général, l'utilisateur ne sait même pas qu'il utilise un proxy transparent. De nombreux fournisseurs d'accès Internet utilisent des connexions proxy transparentes afin de pouvoir fournir une « page 404 » personnalisée ou un filtre de résultats de recherche.

Un *proxy déformant* agit d'une manière très similaire à un proxy transparent, mais il inclut des informations IP incorrectes dans les en-têtes HTTP.

La communication de données par le biais des serveurs proxy est généralement non chiffrée et peut être piratée. Vous devez donc être prudent lorsque vous utilisez des services proxy non locaux.

Des serveurs proxy malveillants ont été utilisés à des fins diverses, notamment pour la diffusion de logiciels malveillants, l'injection de publicités et la simple collecte d'informations. Bien que ces serveurs mandataires ne transmettent pas votre adresse IP, ils la connaissent et peuvent l'utiliser à d'autres fins.

Il existe de nombreux serveurs proxy ouverts sur l'Internet qui proposent de dissimuler votre adresse IP pendant que vous naviguez sur le web au nom de la vie privée, etc. Avant d'envisager un tel service, faites de bonnes recherches et n'utilisez que des serveurs connus et fiables.

Il est courant de placer un groupe de serveurs web derrière un serveur *proxy inverse* qui traite les demandes publiques de ressources web et les transmet ensuite à un ou plusieurs des serveurs, comme l'illustre la Figure 21.9. Pour le demandeur, ce processus ressemble à un accès direct à ces serveurs web. Cette disposition peut être bénéfique pour l'équilibrage de la charge, en répartissant efficacement les demandes pour un seul site entre plusieurs serveurs.

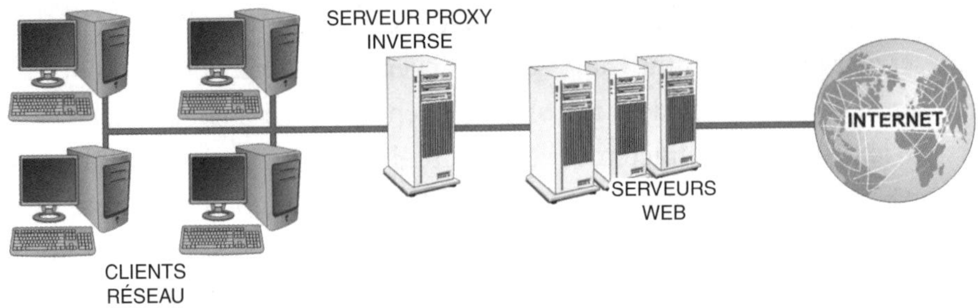

Figure 21.9 Opérations de proxy inverse

Un proxy inverse peut également être utilisé pour fournir une connexion SSL afin de permettre au groupe de serveurs web de partager un seul certificat sécurisé. Ils peuvent également être utilisés pour mettre en cache du contenu statique, pour la compression des données, le filtrage, et plus encore. Ils offrent également une sécurité supplémentaire pour les serveurs et peuvent aider à lutter contre certains types d'attaques.

Zones démilitarisées (DMZ)

En plus de créer des liens sécurisés avec d'autres entreprises de confiance, certaines organisations souhaitent étendre leurs activités directement à leurs clients pour des opérations B2C (Business-to-Customer). Cela implique normalement l'hébergement de pages web qui font la publicité de produits et de services ouverts au grand public sur Internet. Si l'organisation souhaite que les clients accèdent à son site, elle ne veut pas qu'ils puissent atteindre ses zones intranet sécurisées. Par conséquent, les serveurs web ou les ordinateurs tournés vers l'extérieur qui hébergent le service ne peuvent pas être reliés directement à ces zones.

Certaines organisations consacrent une partie de leur réseau à une structure de sécurité appelée zone démilitarisée (DMZ). La DMZ est un réseau périmétrique séparé qui isole l'intranet sécurisé du monde extérieur, tout en permettant l'accès du public à des ressources dédiées orientées vers l'extérieur. La Figure 21.10 illustre une mise en œuvre typique d'une DMZ.

Comme le montre la figure, certains serveurs et d'autres ressources dédiées au trafic client sont situés dans la DMZ. Ces ressources sont appelées *hôtes bastion*. Un hôte bastion peut être un firewall, un routeur, un serveur ou un groupe d'ordinateurs qui ne sont pas protégés derrière un autre pare-feu, mais qui ont un accès direct à l'Internet.

Les hôtes bastion les plus courants que l'on trouve dans une DMZ sont les serveurs qui fournissent des services d'accès public, tels que

- Serveurs web
- Serveurs de courrier électronique
- Serveurs FTP
- Serveurs VoIP

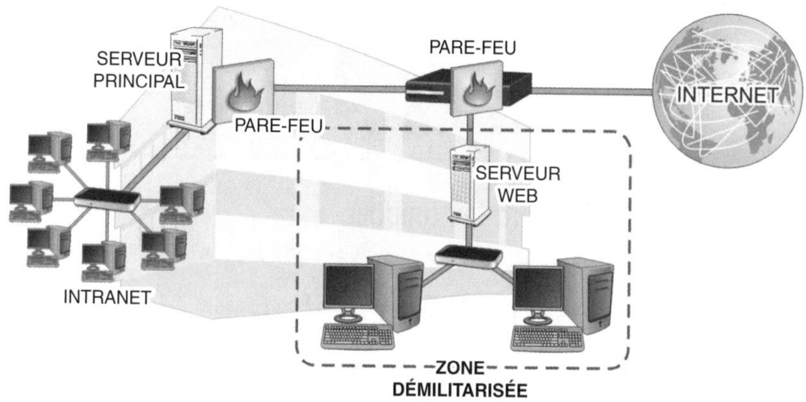

Figure 21.10 Une DMZ

Zones démilitarisées à pare-feu unique

L'accès à la DMZ est contrôlé par un ou plusieurs pare-feu. Dans une DMZ à pare-feu unique, comme celle représentée sur la Figure 21.11, le firewall est un appareil qui doit fournir trois interfaces réseau distinctes :

- Une interface pour l'Internet (réseau externe, non contrôlé)
- Une interface pour l'intranet (réseau interne contrôlé)
- Une interface pour le réseau DMZ (réseau externe contrôlé)

Dans cette configuration, le firewall examine tous les trafics entrants pour déterminer s'ils doivent être acheminés vers la DMZ ou passés à l'intranet. De même, la DMZ examine tous les trafics sortants de l'intranet pour déterminer s'ils doivent être :

- passés de l'intranet au réseau DMZ pour répondre aux demandes internes de services web et de courrier
- passés de la DMZ à l'intranet en réponse aux demandes de ce dernier
- passés à l'Internet

Cette configuration de DMZ est généralement choisie pour son coût de mise en œuvre relativement faible. Toutefois, dans cette configuration, le firewall devient un point de défaillance unique pour l'ensemble du réseau. En cas de faille de celui-ci, l'attaquant a accès à l'ensemble du réseau. Il suffit de disposer d'un firewall mal configuré qui laisse un port ouvert aux attaques.

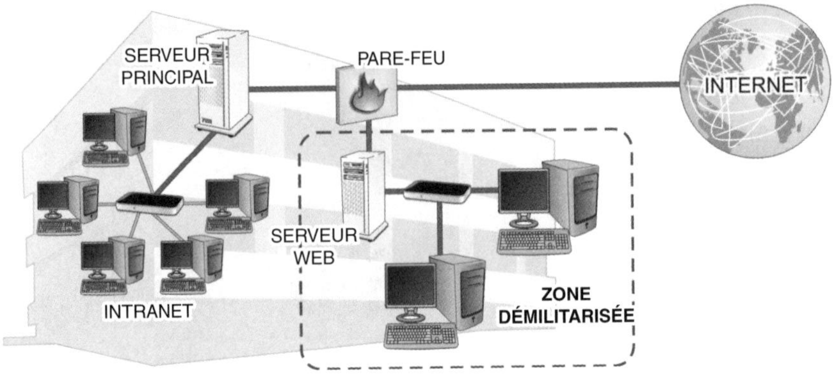

Figure 21.11 Une DMZ à pare-feu unique

Zones démilitarisées à double pare-feu

Dans une DMZ à double pare-feu, comme celle illustrée dans la Figure 21.12, les pare-feu sont positionnés de chaque côté de la DMZ pour filtrer le trafic se déplaçant entre l'intranet et la DMZ, ainsi qu'entre la DMZ et l'Internet. Ces pare-feu sont utilisés pour acheminer le trafic public vers la DMZ et le trafic interne vers l'intranet.

Les configurations DMZ à double pare-feu offrent un niveau de sécurité bien plus élevé, car un attaquant devrait pirater plusieurs appareils pour compromettre l'intranet. S'il parvient à compromettre le premier pare-feu, il n'aura accès qu'aux ressources publiques de la DMZ.

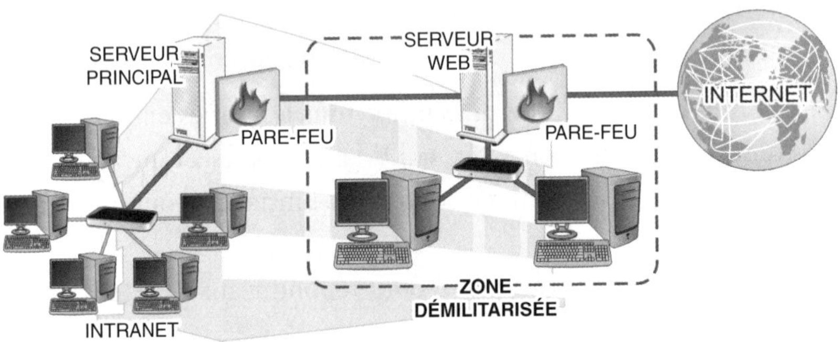

Figure 21.12 Une DMZ à double pare-feu

Honeypots

Les *Honeypots* sont une autre structure de sécurité réseau périmétrique utilisée pour détourner les attaquants de l'accès aux ressources légitimes de l'intranet. Un pot de miel est un serveur leurre, un dispositif réseau ou un segment de réseau conçu pour attirer les attaquants loin du réseau réel. Pour ce faire, il fournit aux attaquants un accès relativement facile aux systèmes leurres du réseau et dissimule les systèmes réellement critiques.

Généralement, les serveurs honeypot sont conçus comme des serveurs de production mal configurés, ce qui les fait apparaître comme des cibles faciles de grande valeur. Ces serveurs sont normalement placés dans une DMZ pour les séparer des autres sections de l'intranet. La Figure 21.13 illustre une mise en œuvre générique de pot de miel.

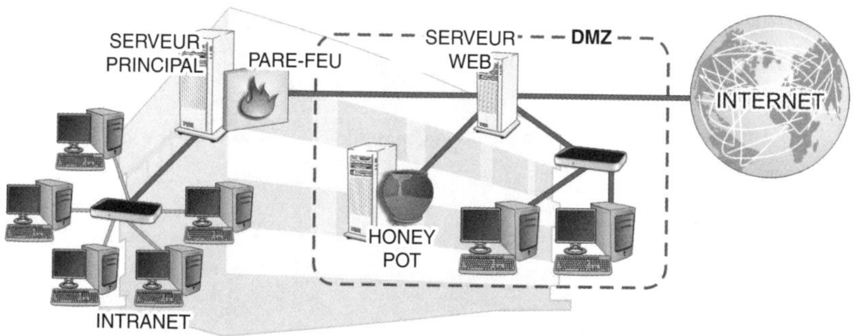

Figure 21.13 Mise en œuvre du pot de miel

Le pot de miel comprend généralement un logiciel de surveillance qui est configuré pour déclencher des alertes à destination de l'administrateur réseau lorsqu'une attaque se produit. Ils comprennent également un certain type d'IDS (système de détection d'intrusion) passif pour collecter des informations forensiques. Ces informations comprennent normalement les données de signature de l'attaquant, les méthodes de celui-ci et des données intéressantes du point de vue juridique pouvant être utilisées pour introduire des poursuites judiciaires en cas de tentative d'activités malveillante comme, par exemple, le *craquage*.

Les pots de miel peuvent être des outils précieux pour la formation ou la recherche. Cependant, étant donné leur nature vulnérable, il est essentiel de rester vigilant quant à leur surveillance. Sinon, un pot de miel compromis peut se transformer en une plateforme de piratage à partir de laquelle d'autres attaques sont lancées, peut-être même en interne. Le risque qu'un pot de miel soit utilisé contre votre réseau ou celui d'autrui exige une surveillance constante.

Une structure de sécurité appelée *honeynet* étend le concept de pot de miel pour établir un petit réseau de production de leurres afin d'attirer les éventuels agresseurs. Cette structure est utilisée dans certains réseaux plus importants qui disposent de ressources extrêmement critiques. Toutefois, le coût de mise en œuvre et de gestion d'un tel système de sécurité devient prohibitif dans les réseaux de taille moyenne et de petite taille.

Extranets

Alors qu'un intranet est conçu pour fournir une structure réseau sécurisée aux membres autorisés de l'organisation, de nombreuses entreprises ajoutent à leurs réseaux un ou plusieurs canaux interentreprises (B2B) qui sont utilisés pour effectuer des transactions sécurisées avec d'autres organisations de confiance.

Le terme extranet est utilisé pour décrire une structure intranet qui accorde un accès limité aux utilisateurs externes autorisés, tels que les partenaires commerciaux. En d'autres termes, une structure réseau partiellement privée et partiellement publique, comme celle illustrée dans la Figure 21.14. Les relations interentreprises sont la principale raison de l'établissement de ce type de structure.

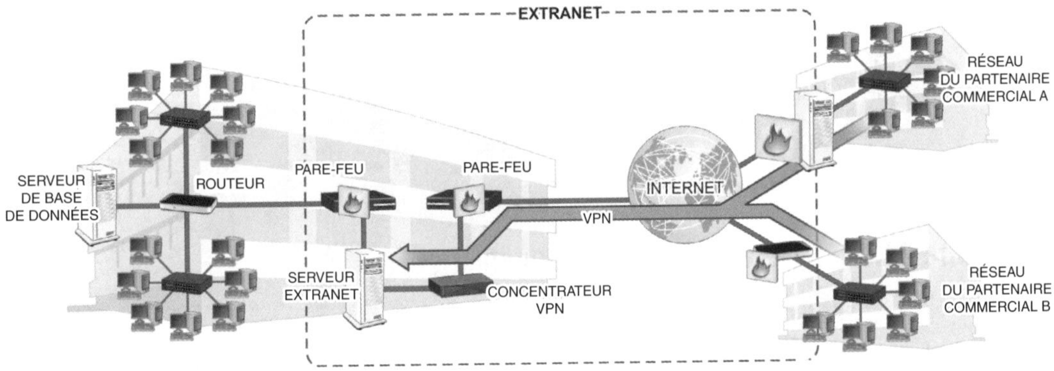

Figure 21.14 Un Extranet

Dans l'exemple présenté dans la figure, un serveur web pour les clients est placé entre l'intranet de l'organisation et l'Internet pour servir les utilisateurs externes de confiance. Le serveur doit authentifier les demandes de ces utilisateurs avant qu'ils puissent accéder au contenu du serveur. Un firewall est généralement placé entre le serveur web et l'intranet pour empêcher les utilisateurs externes d'accéder aux structures internes du réseau de l'organisation.

L'extranet crée une zone de sécurité spéciale qui étend le réseau à l'autre organisation de confiance. Cette zone peut également utiliser des techniques de communication sécurisées telles que les VPN ou des « tunnels » entre les deux organisations.

Exercices pratiques

Objectifs

Le but de ce laboratoire est de mettre en place un VPN et confirmer que celui-ci fonctionne. Vous téléchargerez, installerez et configurerez un logiciel, puis examinerez la différence d'utilisation avant et après ces actions.

Ressources

- PC avec Windows 10
- Une connexion Internet
- Au moins 200 Mo d'espace disque

Procédures

1. Ouvrez Microsoft Edge, tapez **www.opera.com** dans la barre d'adresse et appuyez sur la touche Entrée. Les résultats sont présentés à la Figure 21.15.
2. Cliquez sur « Télécharger ».
3. Cliquez sur « Exécuter » dans la boîte de dialogue.
4. Cliquez sur « Accepter et installer » lorsque le programme d'installation apparaît, comme le montre la Figure 21.16. Permettez au logiciel d'apporter des modifications si nécessaire.

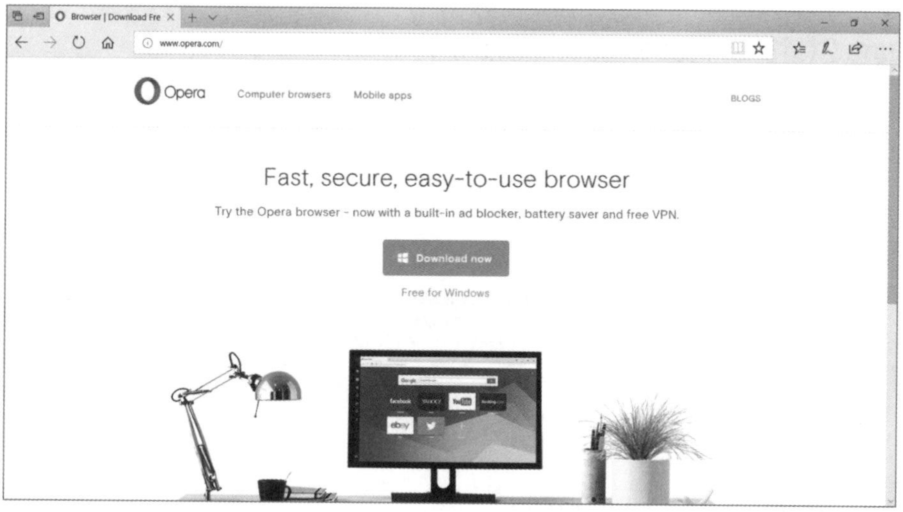

Figure 21.15 Consultation de www.opera.com

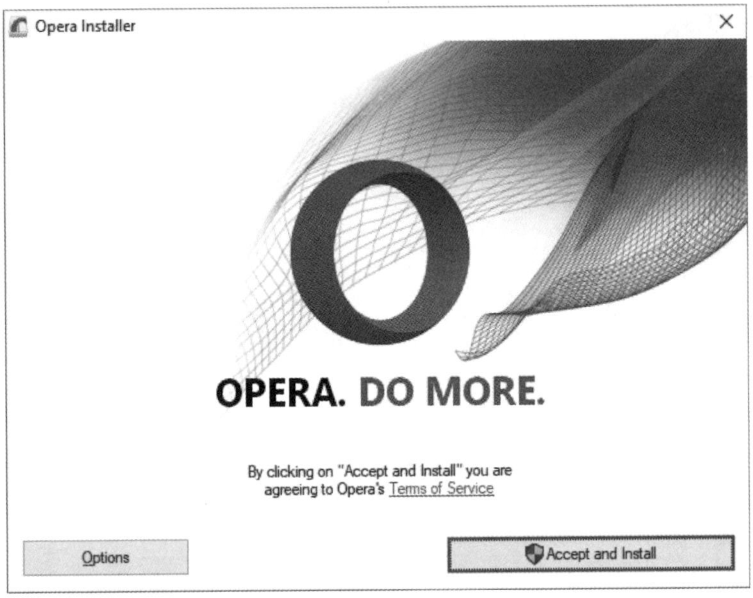

Figure 21.16 Utilisation de l'installateur

5. S'il y a un message demandant de fermer Edge, comme indiqué dans la Figure 21.17, cliquez sur « Annuler ».

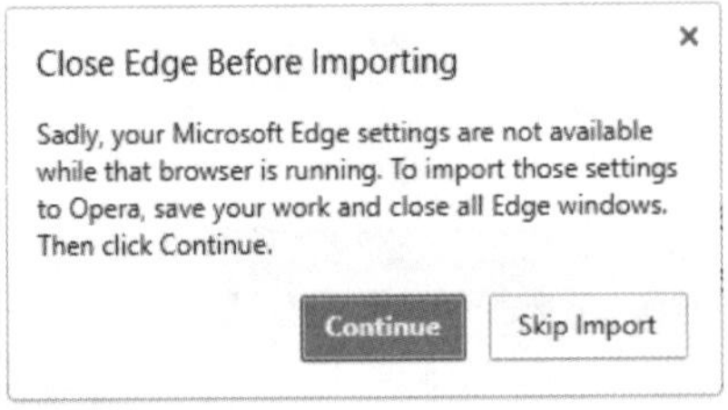

Figure 21.17 Passer l'importation

6. Ouvrez un nouvel onglet en appuyant sur « Ctrl+T ».
7. Fermez les deux autres onglets en cliquant sur le « X » des onglets que vous souhaitez fermer.
8. Votre navigateur Opera devrait ressembler à la Figure 21.18.
9. Cliquez sur l'icône « Configuration facile » dans le coin supérieur droit. Cette icône ressemble à un ensemble de trois curseurs.
10. Faites défiler jusqu'en bas et sélectionnez « Accéder aux paramètres complets du navigateur ». Une fenêtre similaire à celle de la Figure 21.19 devrait apparaître.
11. Cliquez sur « Vie privée & Sécurité » dans la fenêtre « Paramètres – Avancé ».
12. Faites défiler l'écran jusqu'à la section « VPN », comme le montre la Figure 21.20.

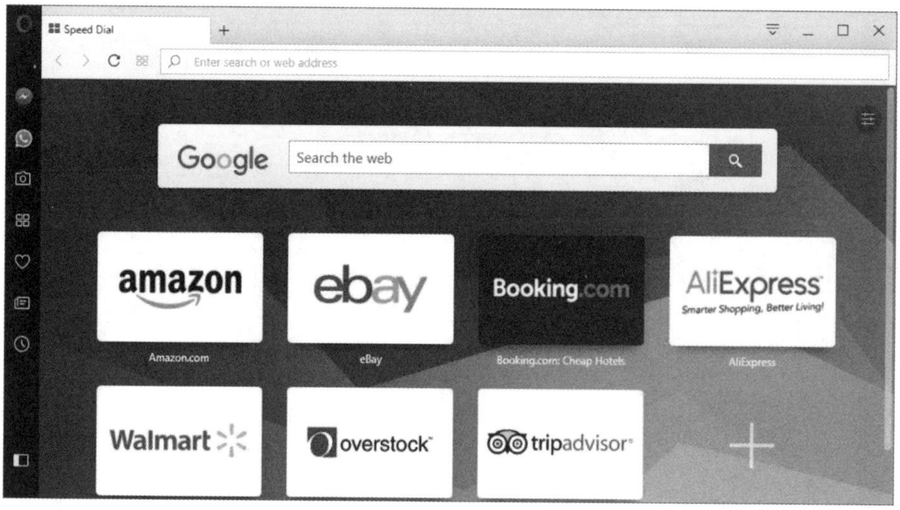

Figure 21.18 Navigateur Opera

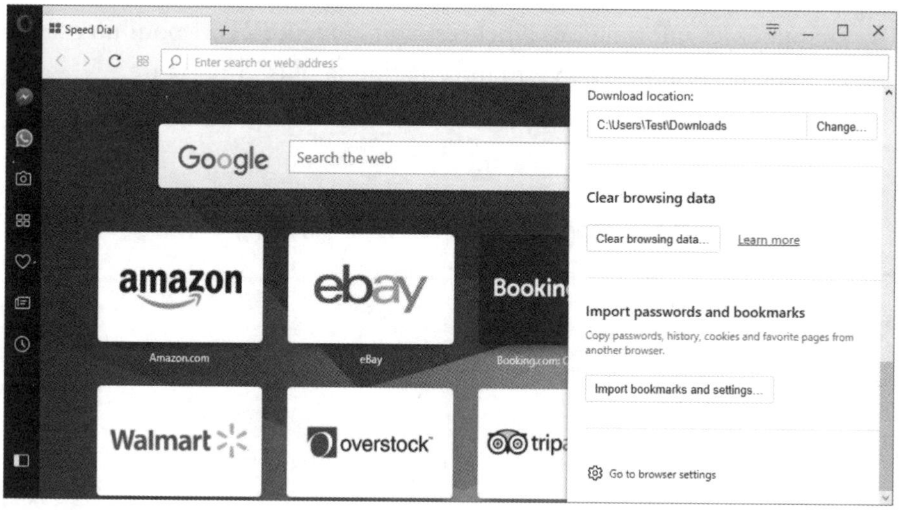

Figure 21.19 La roulette des paramètres du navigateur

13. Cliquez sur la case « Activer le VPN ». Vous remarquerez peut-être qu'une icône *VPN* bleue est apparue dans la barre d'adresse.
14. Dans la barre d'adresse, tapez **https://www.askapache.com/online-tools/whoami**

Votre connexion Internet peut sembler plus lente. C'est normal lorsqu'on utilise un VPN. Ce dernier génère plus de routage et d'encapsulation, ce qui nécessite plus de temps et de bande passante pour supporter les communications. Si ce site ne fonctionne pas, vous pouvez essayer d'utiliser le mot-clé *whoami* dans un moteur de recherche Internet.

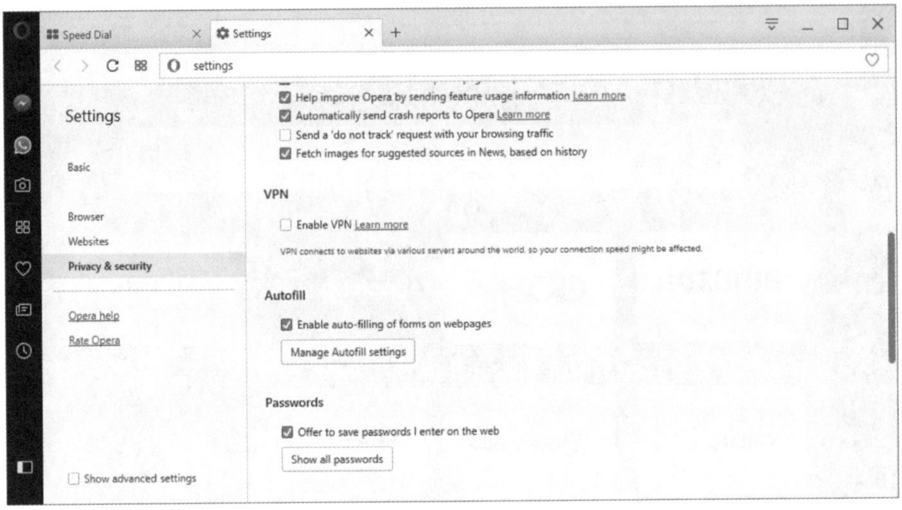

Figure 21.20 Les paramètres du VPN

15. Examinez les informations affichées ; voir la Figure 21.21 pour un exemple. La ligne *REVERSE_DNS* est l'information la plus importante.

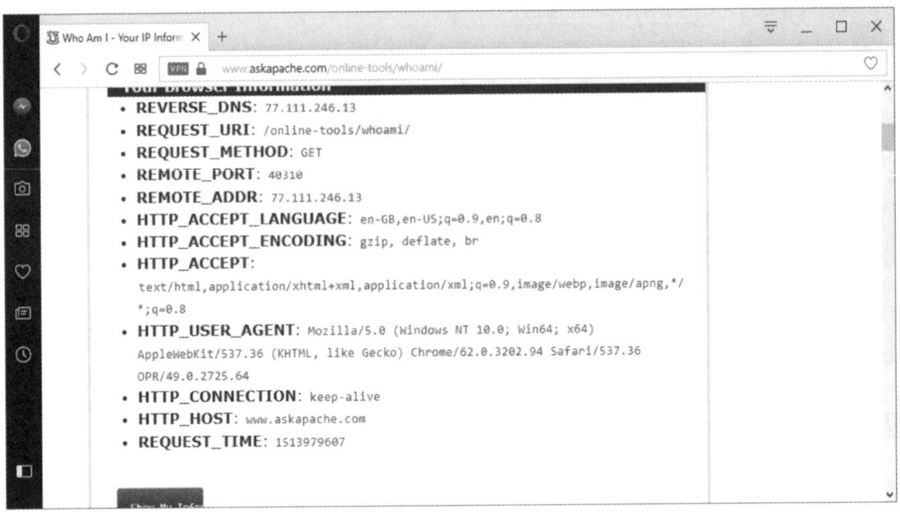

Figure 21.21 Les résultats du « Whoami » Apache

16. Faites défiler vers le bas et cliquez sur « Show My Information ».

Après avoir cliqué, vous devriez voir une carte et une estimation de votre emplacement.

17. Pour vérifier les informations fournies par une deuxième source, rendez-vous sur www.google.com et tapez **where am i** dans la case de requête. Vous devriez voir des résultats similaires à ceux de la Figure 21.22. Notez

que si vous autorisez Google à utiliser des services de géolocalisation, cette étape pourrait bien indiquer votre véritable position.

18. Peut-être que ce lieu est en fait près de chez vous. Cliquez sur l'icône « VPN » à gauche de la barre d'adresse. Cliquez sur les mots « Meilleur emplacement » pour modifier l'endroit où les sites Internet pensent que vous vous trouvez. Choisissez un emplacement éloigné de vous. (Nous avons choisi un emplacement en Asie, comme le montre la Figure 21.23).
19. Cliquez sur la barre de recherche et appuyez sur la touche « Entrée » pour demander « où suis-je ».

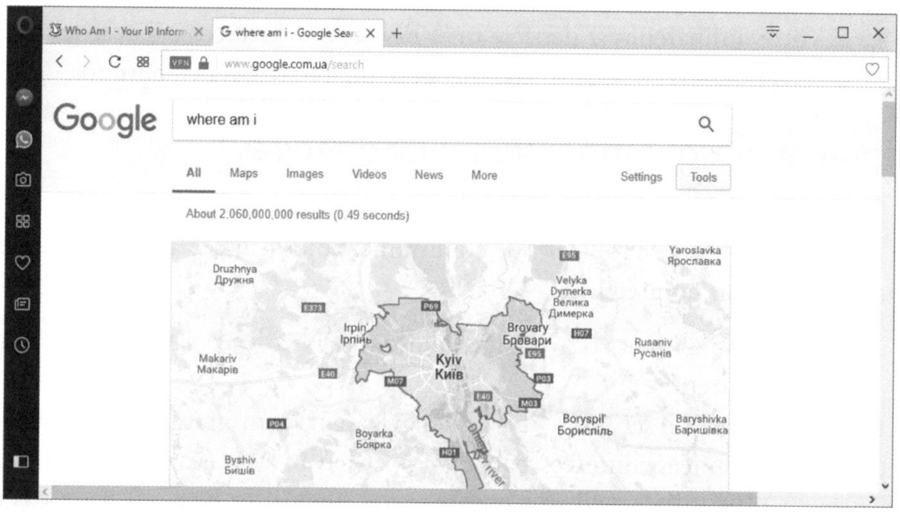

Figure 21.22 Les résultats de la requête « Où suis-je ?

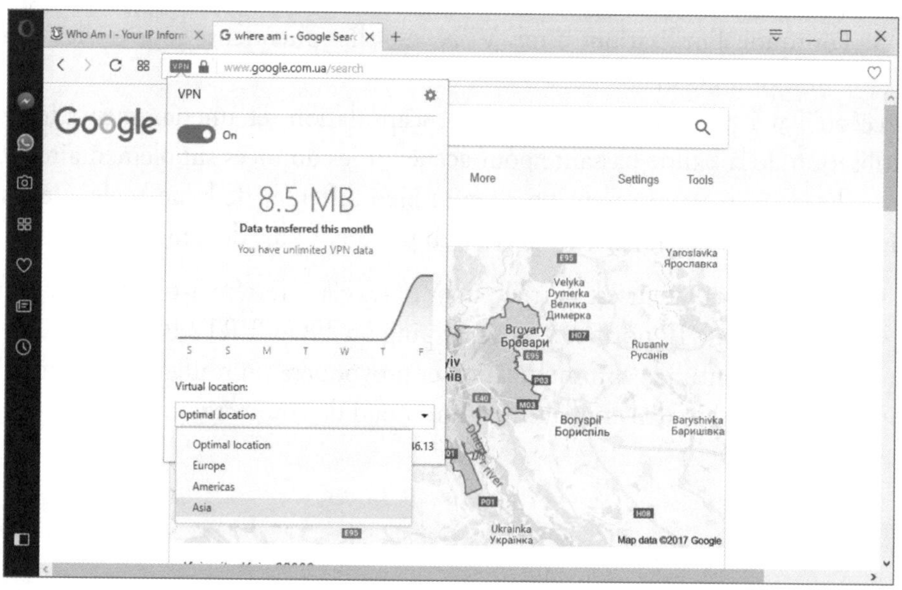

Figure 21.23 Choix de la localisation vers Asie

Où êtes-vous maintenant? Le lieu que vous avez indiqué devrait être différent, bien qu'il puisse être proche.

20. Fermez votre navigateur.

Questions sur les laboratoires

1. Quel est l'objectif d'un VPN?
2. L'utilisation d'Opera est-elle une solution VPN efficace dans un environnement d'entreprise?
3. Pourquoi l'utilisation d'un VPN est-elle plus lente que celle d'une connexion normale?
4. Si votre ordinateur est derrière un VPN, cela interférera-t-il avec les outils de diagnostic IP normaux, tels que ping ou TRACERT? Pourquoi?

Réponses aux questions sur les laboratoires

1. Quel est l'objectif d'un VPN?

Le but d'un VPN est de fournir une communication sécurisée avec un autre serveur via un réseau non sécurisé.

2. L'utilisation d'Opera est-elle une solution VPN efficace dans un environnement d'entreprise?

Certainement pas! Le service VPN (et le navigateur) sont gratuits et permettent le passage de données illimitées par le VPN. Ce VPN est également très facile à mettre en place. Bien qu'il soit bon marché, évolutif et facile, il n'y a pas de support. En outre, il n'y a rien à configurer ou à mettre en place, ce qui signifie aucune personnalisation pour votre cas d'utilisation.

3. Pourquoi l'utilisation d'un VPN est-elle plus lente que celle d'une connexion normale?

Parce qu'il y a plus de routage, plus d'encapsulation, et une augmentation de l'utilisation de la bande passante pour accueillir les données supplémentaires. En outre, les paquets empruntent un chemin bien différent de la normale. Comme cela affecte tous vos paquets, les pages web prennent plus de temps à se charger.

4. Si votre ordinateur est derrière un VPN, cela interférera-t-il avec les outils de diagnostic IP normaux, tels que ping ou TRACERT? Pourquoi?

Oui, car cela ralentira la communication et provoquera un routage différent de la normale en fonction de l'emplacement du nœud de connectivité choisi.

Chapitre 22

Protection des données circulant sur l'Internet

Comme nous l'avons vu précédemment, la plupart des utilisateurs et des organisations souhaitent employer l'Internet pour interagir avec différents types de personnes. Ces interactions peuvent impliquer des activités telles que l'échange d'informations par courrier électronique, les médias sociaux, les transmissions FTP et d'autres mécanismes de transport. Elles peuvent également comporter des activités telles que l'envoi d'informations personnelles sensibles, la conduite d'activités financières ou le transfert d'informations médicales nécessitant généralement des mesures de sécurité renforcées. Dans ce chapitre, vous apprendrez à :

- Décrire les stratégies typiques de contrôle d'accès à Internet, y compris les méthodes et protocoles d'authentification.
- Définir les implémentations cryptographiques de base utilisées pour sécuriser les données en mouvement, notamment le chiffrement, les signatures numériques, la gestion des certificats, PKI[1], les clés publiques ou privées, le hachage et la gestion des clés.
- Décrire les deux principales composantes de la création d'un réseau privé virtuel (VPN[2])

Sécuriser les données en mouvement

Comme l'Internet est public et basé sur TCP/IP, des personnes externes et malveillantes peuvent potentiellement examiner les interactions. Il faut donc ajouter aux messages des dispositifs de sécurité pour protéger les données lorsqu'elles sont en mouvement entre l'environnement sécurisé de l'expéditeur et celui du destinataire.

En particulier, les normes du cadre de cybersécurité du NIST préconisent d'établir la sécurité des données en mouvement (par opposition aux données au repos, qui sont stockées dans un dispositif pouvant être plus protégé). Les sections

[1] PKI : *Public Key Infrastructure*, ou en français : *Infrastructure à clés publiques* (ICP) ou encore *Infrastructure de gestion de clés* (IGC).

[2] VPN : Virtual Private Network.

suivantes de ce chapitre traitent des dispositifs, outils, protocoles et politiques impliqués dans la sécurisation des données en mouvement sur Internet.

Souvent, la sécurité est mise en œuvre lors de la configuration initiale des services. Parfois, nous ne la considérons même pas comme de la sécurité en tant que telle, mais plutôt comme une simple configuration. Il est important de penser à la sécurité tout au long du processus de configuration car c'est généralement là que de nombreuses fonctions de sécurité sont activées. Pour mettre en œuvre correctement les concepts de sécurité, il est important que vous ayez une compréhension de base de l'authentification et du chiffrement.

Authentification

Comme l'illustrent tous les chapitres précédents, la sécurité à tous les niveaux implique toujours un certain type de processus d'authentification. Rappelons que celle-ci est simplement un moyen de connaître l'identité d'un utilisateur par un moyen quelconque. Vous voudrez certainement authentifier les utilisateurs extérieurs qui veulent accéder à votre réseau, et vous voudrez généralement aussi authentifier les utilisateurs internes qui s'aventurent dans des endroits inconnus sur l'Internet.

Les utilisateurs peuvent être authentifiés en leur demandant de fournir un nom d'utilisateur et un mot de passe, en examinant leur adresse MAC, ou par leur adresse réseau si une IP statique leur est attribuée. Une combinaison de facteurs peut être utilisée, et il est de plus en plus courant d'en impliquer d'autres, n'ayant pas de rapport avec le réseau, dans le schéma d'authentification. Si des utilisateurs non authentifiés sont autorisés à travailler sur le réseau, vous n'aurez aucun moyen de suivre leurs activités.

Une fois qu'un utilisateur est authentifié, vous voudrez généralement déterminer son autorisation, ce qui implique essentiellement les ressources auxquelles l'utilisateur authentifié est autorisé à accéder et les actions qu'il peut effectuer. Souvent, ces identifiants et autorisations sont stockés dans une sorte de base de données, mais parfois les données d'authentification sont stockées sous forme de simples fichiers texte. La sécurité de ces fichiers et bases de données est un aspect essentiel de la sécurité des réseaux.

Une fois qu'un utilisateur a été authentifié et autorisé, ses activités doivent être journalisées au moyen d'un processus d'enregistrement quelconque. C'est un concept souvent négligé en matière d'authentification. Cependant, la journalisation est un élément clé du processus de sécurité, car la sécurité n'est jamais une activité purement préventive. Les administrateurs doivent consulter les journaux de temps en temps pour évaluer les événements qui se sont produits, qui ont peut-être pu se produire ou qui pourraient encore se produire sur leurs réseaux, ainsi que les personnes concernées par ceux-ci.

Authentification par un seul facteur

Sur base des trois chapitres précédents, vous devez savoir que la méthode d'authentification la plus connue est certainement l'authentification par mot de passe. Elle peut se résumer à une simple demande du mot de passe à l'utilisateur et rien d'autre. Cette méthode est couramment utilisée lorsque des personnes utilisant le wifi se connectent à un point d'accès. L'utilisateur est en mesure de parcourir les points d'accès disponibles autour de lui et n'a plus qu'à fournir un mot de passe ou une clé d'authentification pour se connecter. Il s'agit d'une authentification à facteur unique qui représente le plus faible niveau de sécurité disponible.

L'authentification à un seul facteur peut être correcte pour restreindre l'accès aux ressources mais peut rendre plus difficile la vérification de l'identité réelle de l'utilisateur. Elle peut aussi être suffisante pour l'accès des invités dans un réseau résidentiel, mais cela nécessite une certaine confiance en ces utilisateurs, car ils peuvent maintenant accéder au réseau et à la connexion Internet avec à peu près le même accès que le propriétaire.

Vous pouvez configurer des restrictions, mais à un moment donné les utilisateurs auront des capacités d'accès qui augmentent votre responsabilité. Lorsque celle-ci est trop importante, vous devez trouver un autre moyen d'authentification. Si les mots de passe font partie de votre plan de sécurité, vous devez également envisager des politiques relatives à ceux-ci. Un mauvais mot de passe peut suffire pour les réseaux domestiques, mais chaque entreprise devrait avoir des politiques strictes concernant la qualité des mots de passe et peut-être même par rapport à leur historique.

Authentification multi-facteurs

L'authentification à deux facteurs consiste à utiliser une seconde méthode différente. Par exemple, un facteur peut être un objet physique dont l'utilisateur a la possession, comme

- Une clé RFID
- Un *dongle* USB
- Une carte électronique

Un autre facteur est une caractéristique physique, telle que :

- Une empreinte digitale ou de l'iris que l'on scanne
- Une phrase dite qui permet l'analyse de la voix de l'utilisateur

Les différents facteurs utilisés peuvent être distingués comme suit :

- Quelque chose que vous connaissez (un mot de passe ou un code PIN)
- Quelque chose que vous avez (un jeton physique ou une carte)
- Quelque chose que vous êtes (caractéristique physique comme une empreinte digitale)

Le fait d'avoir une carte bancaire et de connaître son code PIN est un exemple d'authentification à deux facteurs. Si une authentification utilisant un attribut physique ne peut être mise en œuvre, un identifiant qui n'est pas facilement devinable pourrait être utilisé comme second facteur. Si les deux composants sont difficiles à deviner, la probabilité de réussite d'une attaque par force brute est nettement inférieure à celle menée sur une authentification à un seul facteur ou sur une paire de simples mots de passe utilisés avec le courrier électronique.

Des facteurs d'authentification supplémentaires peuvent être ajoutés à la séquence de connexion afin d'accroître la sécurité en rendant de moins en moins probable la réussite d'une attaque. Cependant, avec des séquences de connexion plus complexes, les utilisateurs deviendront insatisfaits et auront recours à des identifiants griffonnés sur des notes autocollantes et des calendriers de bureau, ou n'utiliseront tout simplement pas le service. Il s'agit là d'un énorme défi pour tout concepteur de site web ou ingénieur en sécurité lorsque la satisfaction de l'utilisateur est en jeu. Lorsque les utilisateurs deviennent suffisamment incommodés, ils trouvent un moyen de contourner la sécurité.

Un mot sur l'accès du public aux systèmes

Si un système d'accréditation est facilement accessible au public, il est également judicieux de prévoir une sorte de test pour déterminer si l'utilisateur est, en fait, un être humain. La demande CAPTCHA, est souvent rencontrée et assez méprisée, mais c'est pourtant l'un de ces tests.

Gestion des mots de passe

Les mots de passe sont une énorme nuisance pour les utilisateurs. La majorité des utilisateurs ne peuvent en mémoriser qu'un ou deux, et si chaque connexion nécessite un dispositif ou un facteur d'authentification spécifique, ils risquent d'abandonner et de ne pas participer.

Les administrateurs doivent trouver un équilibre entre leur besoin de sécurité et la relative volonté de l'utilisateur de se conformer à des exigences strictes en matière de mot de passe. Il y aura presque toujours des jérémiades, mais cet équilibre doit être établi et appliqué – ces jérémiades seront bien plus nombreuses si le compte de l'utilisateur est compromis.

Les applications de gestion des mots de passe peuvent être utilisées pour faciliter les problèmes des utilisateurs. Ces applications s'exécutent sur des ordinateurs et des appareils mobiles et mémorisent les paramètres d'authentification de l'utilisateur afin que celui-ci n'ait pas à s'en souvenir. L'utilisation de ces applications place tous les mots de passe de l'utilisateur derrière un dispositif d'authentification, ce dernier est stocké sur un appareil personnel dont l'utilisateur peut contrôler l'accès.

Ce système à accréditation unique peut être rendu plus sécurisé en utilisant un mot de passe complexe que la plupart des utilisateurs arrivent à mémoriser. Les gestionnaires de mots de passe suggèrent généralement l'utilisation de mots de passe longs et sécurisés que vous pouvez utiliser et dont vous ne pouvez pas vous souvenir. Cela peut être une excellente solution partout où c'est possible, mais toutes les applications ou passerelles ne fonctionnent pas facilement avec ces systèmes.

Authentification IP et MAC

Les listes de contrôle d'accès sont couramment utilisées par les serveurs et les routeurs pour accorder un certain nombre d'accès. Lorsqu'il suffit de s'assurer que l'accès à un système n'est accordé qu'aux utilisateurs d'un réseau particulier (ou pour un matériel particulier), l'authentification par adresse IP ou par adresse MAC peut être efficace.

Cependant, il faut être conscient de l'usurpation d'adresse IP (IP *address spoofing*) au travers de laquelle les paquets IP sont créés avec un en-tête contenant une fausse adresse IP source. En général, cette opération sert à dissimuler la source d'un déni de service ou d'une autre attaque, mais elle peut aussi servir pour faire échouer l'authentification par adresse IP.

L'usurpation d'IP ne fonctionne pas dans tous les systèmes d'authentification, car souvent, il y a une information qui est transmise en retour à l'utilisateur et celle-ci est envoyée à l'IP usurpée et non à la source réelle de la connexion. Ce n'est que dans le cas où l'attaquant se trouve sur le même réseau de diffusion qu'il peut écouter cette réponse.

Tant que possible, l'authentification par IP ne devrait être utilisée qu'en combinaison avec d'autres méthodes d'authentification ou alors, il faut limiter cette utilisation à de simples permissions d'accès à un protocole ou à un dispositif et non pour des privilèges d'accès plus spécifiques. Il est généralement préférable d'utiliser cette méthode dans un environnement LAN où l'usurpation devrait être moins préoccupante.

Comme vous l'avez appris dans la première partie, une adresse MAC peut également être usurpée. Bien que cette adresse soit intégrée au contrôleur réseau du périphérique matériel, un ordinateur peut contrôler et dissimuler cette adresse pour se faire passer pour un autre périphérique. Cela peut être bien plus efficace que l'IP *spoofing* car cela se produit avant que la connexion IP ne soit établie. L'authentification par adresse MAC peut être utilisée en combinaison avec d'autres systèmes d'authentification, mais ne doit pas être utilisée seule pour une authentification sérieuse.

Protocoles d'authentification

Un certain nombre de protocoles sont utilisés sur Internet pour valider l'accès et faciliter les communications sécurisées entre les clients et un système basé sur un serveur. Ces systèmes sont basés sur l'utilisation de protocoles d'authentification. La section suivante traite de certains de ces protocoles les plus fréquemment employés.

Le protocole PAP (Password Authentication Protocol) est un système standard de combinaison de nom d'utilisateur et de mot de passe qui fonctionne avec ou sans mot de passe chiffré. Les deux paramètres étant réglés et rarement, voire jamais, modifiés, le système reste sujet à de simples suppositions, surtout si le nom d'utilisateur est facile à obtenir, comme c'est le cas pour les adresses électroniques et les noms d'utilisateur liés à ces adresses.

Le protocole CHAP (Challenge-Handshake Authentication Protocol) crée une chaîne aléatoire, une phrase de défi ou un secret. Il la combine ensuite avec un autre élément, tel que le nom d'utilisateur ou le nom d'hôte, et envoie les informations combinées au système demandeur. Le demandeur, à son tour, hachera la chaîne et retournera le résultat. Le serveur vérifie ensuite que le résultat du hachage est correct et authentifie ou refuse le demandeur.

Avec CHAP, le serveur peut faire cette demande périodiquement et utiliser différentes phrases de défi pour revalider la connexion. Comme le secret doit être connu des deux parties et n'est jamais envoyé par la connexion, cette méthode est beaucoup plus sécurisée. Chaque secret possible doit être maintenu en texte clair à chaque extrémité, ce protocole a donc ses limites.

L'authentification Kerberos tire son nom d'un chien mythologique à trois têtes. Kerberos implique de s'appuyer sur un serveur tiers de confiance pour l'octroi de tickets (serveur TGS[3]) afin d'authentifier l'interaction client/serveur. Le processus exact varie selon la mise en œuvre, mais en substance, le client échange des informations en clair avec le serveur d'authentification (AS[4]), qui utilise ensuite des clés partagées avec le client pour chiffrer les messages qui contiennent des clés partagées entre l'AS et le TGS, comme l'illustre la Figure 22.1. Le client valide ensuite ces messages et les déchiffre en utilisant la clé partagée et chiffre les messages qui contiennent les clés TGS avec des clés partagées entre le client et le TGS. Le TGS déchiffre ensuite les messages avec ces clés partagées, ce qui permet au TGS d'accéder au message de l'AS, qu'il peut déchiffrer à l'aide des clés partagées entre le TGS et l'AS.

Ensuite, un processus similaire se déroule en sens inverse, où les informations d'authentification chiffrées sont renvoyées au client où elles sont partiellement déchiffrées et renvoyées à l'AS pour l'authentification finale.

---

3 TGS : Ticket Granting Server, littéralement : *Serveur d'octroi de tickets.*

4 AS : Authentication Server

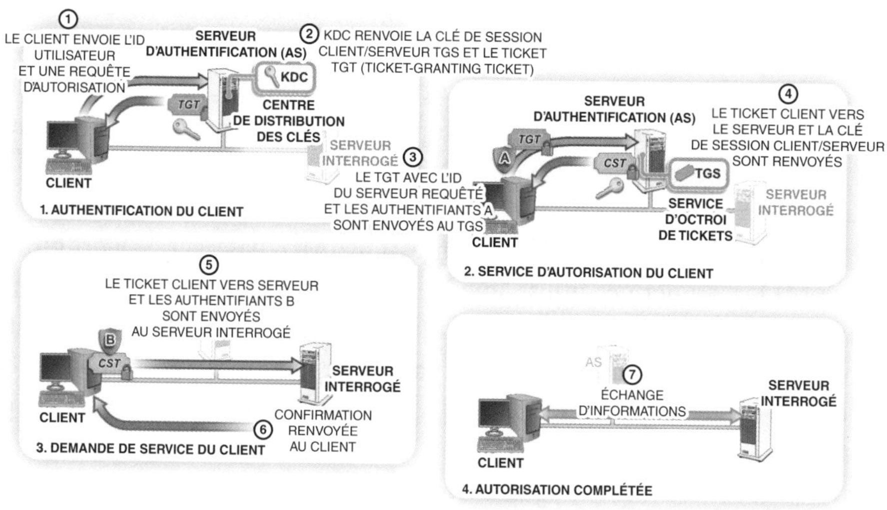

Figure 22.1 Authentification Kerberos

C'est très simplifié, mais vous pouvez voir le rôle que le serveur TGS ou Kerberos joue dans le processus. Comme ce serveur Kerberos représente un point unique de défaillance, il est possible d'en mettre plusieurs en œuvre. Chacun de ces messages est horodaté et doté d'un délai d'expiration strict, ce qui peut poser des problèmes sur les réseaux encombrés. Ce type d'authentification nécessite également une gestion de clés importante et peut être un cauchemar pour les administrateurs.

RADIUS (Remote Authentication Dial-In User Service) était un protocole commun utilisé à l'époque des modems d'accès à Internet, mais il est également utilisé comme une méthode simple d'authentification et d'auditabilité des utilisateurs sur les réseaux Wi-Fi et autres réseaux modernes. RADIUS utilise le protocole AAA (Authentication, Authorization, and Accounting), qui peut utiliser différents protocoles de la couche *liaison*, mais qui utilise généralement PPP et s'authentifie à l'aide de PAP ou CHAP. Toutefois, le serveur RADIUS peut utiliser Kerberos ou d'autres protocoles.

> **Un mot sur RADIUS**
>
> RADIUS est mentionné ici par souci d'exhaustivité. Du point de vue de la sécurité, les problèmes liés à RADIUS sont liés aux systèmes d'authentification utilisés.

PAKE (Password-Authenticated Key Agreement) est principalement une authentification chiffrée utilisant des clés partagées. Celles-ci peuvent être partagées par plusieurs serveurs pour permettre à un utilisateur de visiter d'autres serveurs en utilisant la même authentification.

Le protocole SRP (Secure Remote Password) est une forme améliorée de PAKE qui utilise une longue clé secrète partagée dérivée d'un nombre aléatoire. Celui-ci est généré en partie par le client et en partie par le serveur, ce qui la rend unique à chaque tentative de connexion. Cela empêche les attaquants de deviner simplement les mots de passe par force brute, même si le serveur est piraté.

Certains systèmes d'authentification du courrier électronique utilisent un mécanisme d'authentification par défi/réponse (CRAM[5]) basé sur l'algorithme de hachage MD5. Ce dernier utilise une valeur de hachage de 128 bits exprimée sous la forme d'un nombre hexadécimal à 32 chiffres. CRAM-MD5 est largement tombé en disgrâce car les mots de passe sont stockés sur le serveur en texte clair, ce qui les rend vulnérables aux attaques par dictionnaire et aux attaques *birthday*[6].

Le protocole LDAP (Lightweight Directory Access Protocol) est un protocole populaire souvent utilisé pour l'authentification dans les réseaux d'entreprise. LDAP offre un système de connexion unique qui peut donner accès à de nombreux services. Une version non standard sécurisée de LDAP est disponible et offre LDAP sur SSL.

Chiffrement

Le *chiffrement* n'est rien d'autre que la conversion de données électroniques en une forme appelée *cryptogramme*[7]. Cela implique l'application d'un code secret, appelé *chiffre*, aux données pour produire un message brouillé qui ne peut être compris sans le *chiffre* qui a été utilisé pour le créer. Le degré de sécurité du mot de passe importe peu si une tierce partie peut facilement le capturer sous un format électronique.

Sur l'Internet, les données passent par de nombreux systèmes et lignes que vous ne contrôlez pas. Ainsi, tout justificatif d'identité passant par des réseaux externes sous forme de texte en clair peut se retrouver entre de mauvaises mains si les malfaiteurs examinent les paquets de données lors de leur passage par les nœuds spécifiques. Cette pratique est connue sous le nom de *paquet sniffing,* comme le montre la Figure 22.2. L'ajout d'un chiffrement au système d'accréditation est essentiel dans tout système de sécurité réseau.

Tout mécanisme de mot de passe peut faire appel à de bonnes techniques de sécurité. Si les trois conditions suivantes sont réunies, ce système peut être considéré comme quelque peu sécurisé :

- Au moins une partie des informations d'identification ne sont jamais stockées sans chiffrement,

[5] CRAM : Challenge Response Authentication Mechanism

[6] Attaque *birthday*, en français : attaque *des anniversaires* ou attaque *par le paradoxe des anniversaires.*

[7] Le terme anglais *cyphertext* est également souvent rencontré.

- Les clés de chiffrement ou secrets ne sont stockés nulle part.
- La connexion entre le client et le serveur est sécurisée et chiffrée.

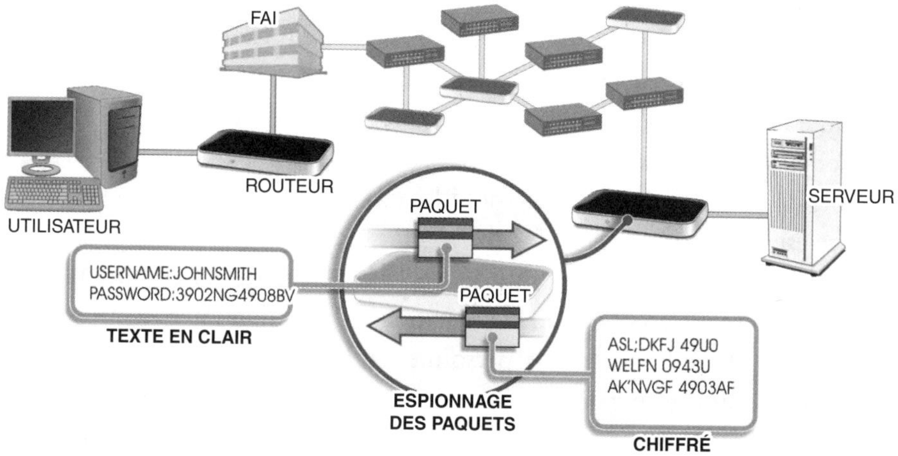

Figure 22.2 Visualisation des informations d'authentification

Ce même système peut être rendu plus sécurisé en incluant davantage de facteurs et en ajoutant des facteurs physiques, tels que le scan d'empreintes digitales ou un autre système d'authentification biométrique, comme décrit aux Chapitres 1 et 2. Toutefois, même si l'industrie produit des solutions techniques depuis des années, l'acceptation générale par les utilisateurs prend beaucoup plus de temps.

Si vous utilisez un système d'accès qui n'utilise pas de bonnes méthodes de sécurité, vous devez mesurer le risque associé à cette activité. Si le risque est très faible, le simple fait d'utiliser une bonne politique en matière de mots de passe peut offrir une sécurité suffisante.

Cryptographie

La cryptographie est le terme utilisé pour décrire les concepts et les méthodes de sécurisation des informations. De nombreux chercheurs ont bâti leur carrière sur un seul algorithme cryptographique. Certaines de ces méthodes sont intéressantes sur le plan historique et peuvent être fascinantes à découvrir, mais nous n'aborderons que quelques-uns des domaines modernes de la cryptographie.

De nombreuses techniques cryptographiques impliquent l'utilisation de clés. Une clé est simplement une chaîne de données utilisée pour chiffrer ou déchiffrer des informations. La manière dont la clé est utilisée et la taille de la chaîne ont une incidence sur la puissance du chiffrement.

Les clés de chiffrement peuvent être basées sur une chaîne « secrète » connue uniquement du logiciel qui chiffre et déchiffre les données, ou elles peuvent être générées de manière aléatoire. Il peut également s'agir d'une combinaison de facteurs connus et aléatoires.

Un chiffrement peut être réalisé en continu traitant un caractère à la fois ou un par bloc, traitant plusieurs blocs d'une chaîne d'entrée à la fois.

Si la même clé est utilisée pour le chiffrement et le déchiffrement, il s'agit alors d'une clé symétrique. Si une clé différente est utilisée pour les deux opérations, on parle alors de clés asymétriques, même si les clés sont basées l'une sur l'autre. La différence est illustrée à la Figure 22.3.

La cryptographie à clé publique utilise des clés asymétriques comprenant une clé publique et une clé privée (ou clé secrète). Les clés publiques et privées sont différentes. La clé publique d'une personne est largement partagée, tandis que sa clé privée ne doit être gardée secrète que pour elle. Utilisée correctement, la cryptographie à clé asymétrique offre deux services : la confidentialité et l'authentification (prouver qu'une personne est bien celle qu'elle prétend être).

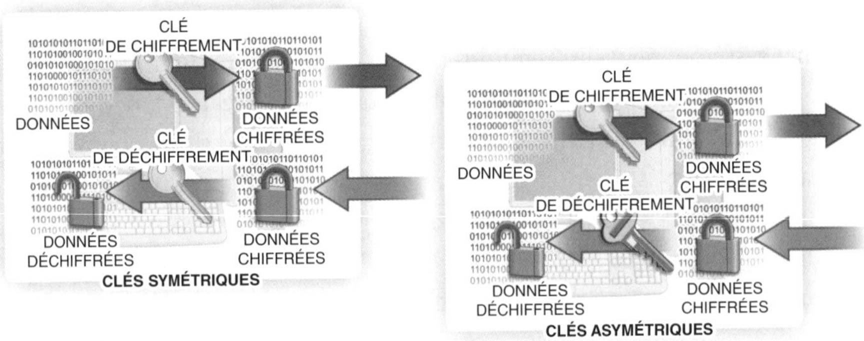

Figure 22.3 Clés symétriques et asymétriques

La force de ce type de cryptographie est évidemment liée à l'impossibilité de faire de la rétro-ingénierie sur ce calcul. Le processus d'authentification initial implique généralement le traitement d'information d'authentification avec la clé privée pour produire une signature numérique. Une vérification est réalisée en utilisant la clé publique sur cette signature pour valider les informations ou le message original.

La *cryptographie à clé publique* est utilisée dans un certain nombre de protocoles et de systèmes différents, notamment :

- TLS et SSL (Transport Layer Security et Secure Sockets Layer)
- SSH (Secure Shell)
- PGP (Pretty Good Privacy)

- GPG (GNU Privacy Guard)
- S/MIME (Secure/Multipurpose Internet Mail Extensions)
- DSS (Digital Signature Standard)
- RSA, algorithme de chiffrement

La *cryptographie à clé symétrique* utilise la même clé, ou une clé facilement transformée, pour le chiffrement et le déchiffrement. Ces clés sont connues comme un *secret partagé* entre les deux parties de la transaction. Le chiffrement à clé symétrique est utilisé dans le cadre du chiffrement AES (Advanced Encryption Standard), Blowfish, RC4, 3DES et avec de nombreux autres systèmes.

Les simples chiffrements en continu du flux sont moins sécurisés, c'est pourquoi des chiffrements par bloc de 64 bits ou plus sont davantage utilisés. Certains systèmes sont mis en avant et leur force est vantée en mentionnant la taille du bloc de chiffrement (comme le chiffrement 256 bits). Le texte en clair d'origine doit être complété de façon qu'il soit un multiple pair de cette taille du bloc.

Les solutions à clé symétrique sont principalement vulnérables aux attaques par force brute, où l'attaquant devine systématiquement la clé sur la base d'une liste connue ou d'un schéma mathématique prédictif. Le système d'authentification doit donc essayer d'identifier ces activités et d'employer automatiquement des mesures appropriées pour les contrecarrer. Cela signifie généralement qu'il faut limiter le nombre de tentatives d'authentification dans une période donnée, ce qui peut être un inconvénient pour les utilisateurs mais constitue néanmoins une caractéristique nécessaire.

Une autre composante influençant la robustesse d'un système de sécurité basé sur les clés est le degré d'aléa utilisé dans la génération de celles-ci. Les clés aléatoires peuvent être générées de manière algorithmique à l'aide d'applications appelées *générateurs de clés pseudo-aléatoires.* Les *générateurs aléatoires* utilisent une certaine source d'entropie (ou un certain degré d'incertitude) comme germe de la *randomisation.* Le degré d'entropie peut être mesuré, généralement en bits, et est parfois mentionné dans l'analyse de la force d'un système de chiffrement.

Idéalement, l'entropie est de la même taille que la clé. La source de cette entropie est généralement une combinaison de données facilement disponibles pour le système, éventuellement transformée par un multiplicateur ou une équation algébrique. Par exemple, un générateur aléatoire pourrait combiner les millisecondes de temps écoulé depuis un certain moment divisé par l'ID du processus ajouté jusqu'à obtenir la longueur désirée.

Si le temps est calculé de manière quelque peu aléatoire (par exemple, choisi au hasard entre 1 001 et 4 017 secondes) et que l'identifiant du processus est difficile à prédire, vous aurez une clé aléatoire facilement générée. Certains algorithmes de génération de clé utilisent des mathématiques pour transformer les clés, mais au cœur de l'entropie se trouve une source de données pseudo-aléatoires.

En fin de compte, il est souhaitable de travailler avec des clés asymétriques utilisant des blocs de 256 bits et avec des clés issues de générateurs à haute entropie. Aujourd'hui, il est peu probable que cela se produise fréquemment. Pour les systèmes à grande échelle, le traitement de ces calculs peut être gourmand en processeur et la gestion de ces systèmes peut être ardue.

Certificats digitaux

Les certificats digitaux, également connu sous le nom de *certificats à clé publique*, permettent de vérifier numériquement que l'expéditeur d'un message chiffré est bien celui qu'il prétend être. Pour obtenir un tel certificat, vous devez vous adresser à une autorité de certification (CA[8]). Le demandeur doit créer une clé privée et fournit une demande de signature de certificat (demande CSR[9]) au serveur CA.

En fonction du type de certificat demandé, le CA vérifiera votre identité d'une manière ou d'une autre, qui peut aller d'une simple vérification d'un compte de courrier électronique sur un domaine, à la vérification des documents d'une entreprise publique ou même un entretien personnel.

Le CA émet ensuite un certificat numérique chiffré contenant une clé publique pour le demandeur, ainsi que sa signature numérique et une date d'expiration. Lorsque le demandeur reçoit le message chiffré, il doit utiliser la clé publique du CA pour déchiffrer le certificat joint au message et vérifier qu'il a bien été émis par ce dernier.

Ensuite, le demandeur utilise la clé publique du CA et ses paramètres d'identification pour chiffrer une réponse indiquant sa confiance dans ce chiffrement. Enfin, le serveur utilise sa clé privée pour déchiffrer la réponse afin d'obtenir la clé publique réciproque qui sera utilisée pour l'échange de données. Ce processus est illustré à la Figure 22.4.

L'infrastructure PKI (Public Key Infrastructure) prend en charge la distribution de ces clés publiques et des certificats pour permettre des connexions fiables et un échange de données sécurisé basé sur les informations du serveur CA signataire. Les CA doivent obtenir leur propre certificat auprès d'une autorité de rang supérieur. Au sommet de cette hiérarchie, il doit y avoir une autorité racine ou un certificat auto-signé identifiant l'autorité racine.

Un mot sur la révocation des certificats

Des problèmes de sécurité tels que le bogue *Heartbleed OpenSSL* ont rendu nécessaire la révocation des certificats car les clés privées ont été compromises sur le serveur concerné.

---

[8] CA : Certificate Authority, ou en français, AC pour *Autorité de certification*

[9] CSR : Certificate Signing Request

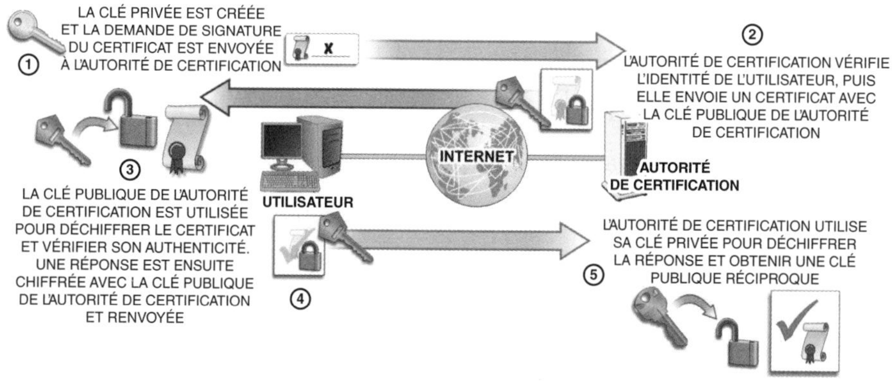

Figure 22.4 Certificats numériques

Des logiciels tels que les navigateurs web peuvent contenir des clés de plusieurs CA de façon à faciliter la manipulation des certificats. Toutefois, ils doivent également faire référence à une liste de révocation des certificats (CRL[10]) ou utiliser le protocole OCSP (Online Certificate Status Protocol) pour faire des demandes relatives aux certificats révoqués. De plus en plus, les navigateurs utilisent OCSP, mais il y a encore des fournisseurs qui se contentent d'inclure une liste CRL à chaque mise à jour de leur logiciel de navigation.

Une chaîne de certificats est la liste commençant par le certificat racine suivi de tous les autres certificats au travers desquels l'émetteur approuve le suivant dans un mécanisme en cascade ; le sujet d'un certificat devenant ainsi l'émetteur du prochain. Alors qu'un certificat ne peut avoir qu'une seule signature du CA émetteur, différentes chaînes peuvent exister pour certains certificats car plusieurs peuvent être créées en utilisant la même clé publique.

Les certificats sécurisés doivent être obtenus uniquement auprès de CA connus et respectés, sous peine de voir les certificats révoqués. Les CA poussent de plus en plus loin la validation étendue (EV[11]) des certificats avec laquelle l'identité de l'entité est vérifiée beaucoup plus largement. Les certificats EV ne sont pas plus forts ou structurellement différents des autres types de certificats, mais ils impliquent une plus grande confiance car le site web visité est bien la propriété du détenteur du certificat.

Les navigateurs Web indiquent généralement de façon visible que la connexion SSL/TLS utilise un certificat EV. Il s'agit généralement d'afficher des informations en utilisant une couleur verte. Les certificats EV sont généralement utilisés uniquement sur des sites qui acceptent les cartes de crédit ou d'autres données privées (plutôt que ceux qui traitent le courrier électronique ou d'autres services).

---

10 CRL : Certificate Revocation List

11 EV : Extended Validation

Il est possible de générer et d'utiliser un certificat auto-signé pour le chiffrement. Cela peut être utile pour les tests. Cependant, le logiciel client informera l'utilisateur que ce certificat n'est pas fiable.

Le protocole SSL (Secure Sockets Layer)

Le protocole SSL (Secure Sockets Layer) est un protocole permettant de gérer à la fois l'authentification et la communication entre les clients et les serveurs en utilisant à la fois une clé publique et une clé privée. SSL utilise la méthode des sockets pour échanger des données entre le programme du client et celui du serveur. Un socket est lié à un numéro de port spécifique et une fois créé, écoute une demande de connexion. Les requêtes web utilisant le protocole SSL utilisent la désignation HTTPS plutôt que HTTP.
En 2014, la version 3.0 du protocole SSL a été considérée comme vulnérable en raison d'une méthode d'attaque reproductible de type man-in-the-middle appelée POODLE (Padding Oracle on Downgraded Legacy Encryption). Par conséquent, SSL v3.0 est maintenant considéré comme obsolète.

Le protocole TLS (Transport Layer Security)

TLS est le successeur du SSL, même si les deux sont souvent désignés de manière interchangeable, voire cités ensemble via le terme SSL/TLS. Ils ne sont toutefois pas interopérables. Le protocole Handshake TLS permet au client et au serveur d'échanger des clés et de négocier un algorithme de chiffrement avant tout échange de données.

Tables de hachage

Une *table de hachage* est simplement une table qui associe des clés à des valeurs à l'aide d'une fonction de hachage qui convertit les clés en hash. Plutôt que d'effectuer une recherche séquentielle dans une table de données à la recherche d'une valeur particulière, une fonction de hachage peut être exécutée sur la clé de recherche, qui renverra l'index à la valeur de hachage recherchée. Cela peut permettre de gagner un temps considérable dans la recherche de données.
Une table de hachage distribuée (DHT) est un type de fonction similaire, mais la mise en relation des clés aux valeurs est répartie entre les différents nœuds du réseau. Le nœud qui stocke cette relation peut être trouvé en hachant cette clé.

Cookies

Les *cookies* sont un bout de texte stocké sur un système après la visite d'un site web particulier. Comme le protocole web est en grande partie « stateless », ou « sans mémoire », les données du cookie enregistré permettent de conserver certaines informations, comme un mot de passe ou une préférence, sur le site web pour une visite ultérieure.

Dans de nombreux cas, les utilisateurs entendent parler de problèmes de protection de la vie privée et décident que les cookies sont néfastes et les bloquent simplement dans leur navigateur. Cela risque d'entraîner un certain nombre de problèmes sur certains sites, notamment l'impossibilité de se connecter à des sites privés ou l'obligation de réintroduire constamment des données d'identité. La plupart des cookies ne sont pas malveillants et devraient être acceptés.

Les navigateurs offrent la possibilité de bloquer les cookies des sites que l'utilisateur ne visite pas. Bien que cela résolve partiellement le problème des cookies de suivi, les anciens navigateurs peuvent encore autoriser certains scripts qui peuvent contourner cette fonction de confidentialité.

Souvent, une offre attrayante sur un site particulier fait apparaître une fenêtre *pop-up* d'un autre domaine (que celui que vous visitez actuellement) et charge le cookie de cette manière. Bien que le blocage des pop-ups puisse aider, il est plus efficace de sensibiliser les utilisateurs aux pièges d'un clic agressif avant de réfléchir.

Plus récemment, les *super cookies* sont apparus comme une autre nuisance pour la vie privée. Les super cookies sont simplement des cookies tiers qui sont plus difficiles à supprimer que les autres. Beaucoup d'entre eux n'utilisent pas la méthode traditionnelle de stockage des cookies, mais utilisent plutôt le stockage de la base de données HTML5 du navigateur local ou même le stockage des données Adobe Flash.

Ces cookies Flash et super cookies renforcent la réputation déjà mauvaise des cookies, mais les vendeurs de navigateurs ont bien réagi et les navigateurs modernes contrôlent désormais ces options de stockage. Conceptuellement, cela se fait de la même manière que pour les cookies traditionnels, offrant un moyen de bloquer les cookies provenant de sites tiers.

CAPTCHAs

Tout le monde devrait savoir que presque tout ce qui est disponible publiquement peut être piraté d'une manière ou d'une autre. Même si la découverte des informations publiques peut être réalisée par des humains, une menace encore plus importante vient des outils automatisés. Souvent, le but de l'action malveillante est simplement d'injecter des publicités commerciales non sollicitées dans un message par le biais d'un formulaire.

Cependant, il peut aussi d'agir d'attaques de mots de passe par force brute, dans lesquelles un dispositif automatisé va essayer, à plusieurs reprises différentes combinaisons, pour obtenir un accès. On le rencontre souvent avec les formulaires web pour lesquels le propriétaire du site essaie simplement de minimiser le spam.

Toutefois, un concept similaire peut être utilisé sur les formulaires d'authentification pour contrecarrer les attaques automatisées.

CAPTCHA est l'acronyme de *Completely Automated Public Turing test to tell Computers and Humans Apart.* Il s'agit généralement d'une demande de saisie d'un mot ou d'une phrase, voire de caractères et de chiffres aléatoires, mais il peut également s'agir d'une simple demande d'exécution d'un test simple qui ne peut être facilement automatisé, comme l'identification des couleurs par leur nom. Souvent, ces CAPTCHA comportent un texte obscurci, ce qui rend difficile leur interprétation par des outils automatisés, comme l'illustre la Figure 22.5.

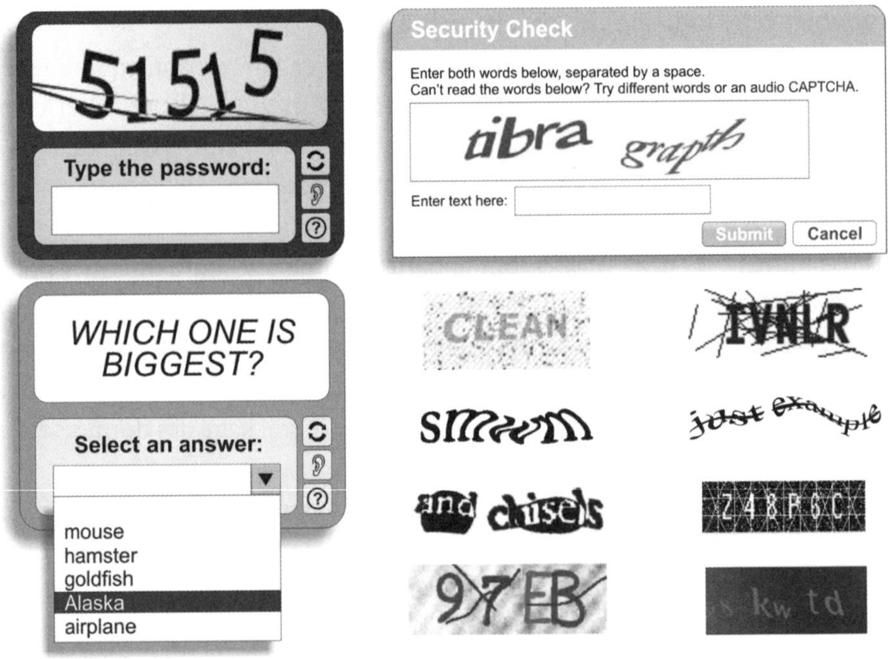

Figure 22.5 Exemples de CAPTCHA

L'ajout d'un CAPTCHA à un système d'authentification traditionnel peut potentiellement éliminer tout type d'attaque automatisée des mots de passe. Bien que ces tests aient tendance à gêner les utilisateurs, ils sont généralement très efficaces. Cependant, ils constituent également un obstacle pour certains utilisateurs souffrant de certains handicaps, à moins que des mécanismes alternatifs ne soient inclus pour ces utilisateurs.

L'authentification est un élément clé de toute conversation sur la sécurité et peut se faire de nombreuses manières. Les administrateurs réseau doivent trouver le juste équilibre entre la sécurité de l'accès à leur réseau ou à leur application particulière et la facilité d'utilisation pour les utilisateurs. Plus le risque est grand, plus la sécurité doit être déployée. Au minimum, il est préférable de trouver de multiples façons d'authentifier les utilisateurs.

Réseaux privés virtuels

Un concept important est celui du réseau privé virtuel (VPN[12]). Un utilisateur distant peut se connecter à un réseau privé via un réseau public, tel qu'Internet, puis s'authentifier et effectuer des tâches sur le réseau privé comme s'il y était connecté directement, comme l'illustre la Figure 22.6.

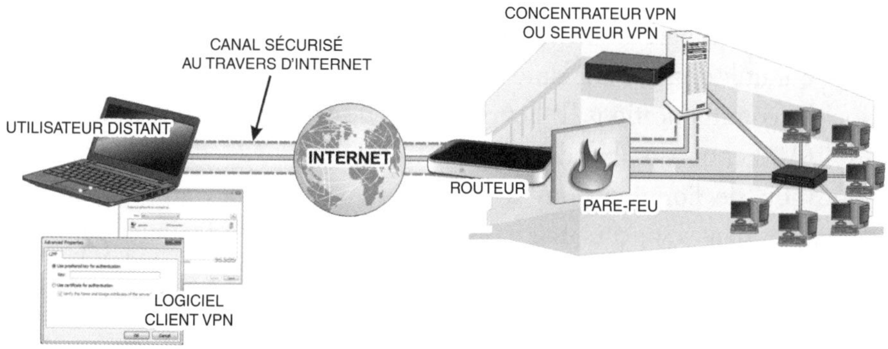

Figure 22.6 Connexions VPN

Fondamentalement, un réseau privé virtuel se compose de deux éléments : un tunnel de communication point à point établi entre l'expéditeur et le destinataire et un système de chiffrement pour les données de manière qu'elles ne puissent être comprises même si elles sont interceptées. C'est pourquoi les VPN impliquent souvent l'utilisation de deux protocoles différents : un protocole de *tunneling* et un protocole de chiffrement.

Les VPN peuvent être établis en utilisant une variété de protocoles et de chiffrement, et peuvent être l'une des choses les plus complexes auxquelles un administrateur de réseau doit faire face. De nombreux VPN sont basiquement des connexions point à point sur IP ou MPLS et ne prennent pas en charge les protocoles de couche 2 tels qu'Ethernet. Par conséquent, la plupart des mises en œuvre sont limitées au TCP/IP, mais des variantes plus récentes de VPN comme VPLS (Virtual Private LAN Service) ou L2TP (Layer 2 Tunneling Protocol) peuvent assurer une communication basée sur Ethernet.

Les VPN peuvent être soit des VPN de confiance, soit des VPN sécurisés. Les VPN de confiance n'utilisent pas de tunnel cryptographique mais se fient plutôt

12 VPN : Virtual Private Network

au réseau sous-jacent pour assurer la sécurité au-delà de l'authentification. Les VPN sécurisés gèrent le chiffrement de la connexion.

De nombreux types de VPN sont disponibles, mais le protocole le plus utilisé est le protocole PPTP (Point-to-Point Tunneling Protocol). Ce protocole ne fournit aucun chiffrement et utilise la simple authentification par mot de passe tirée du protocole PPP (Point-to-Point Protocol).

Le protocole L2TP (Layer 2 Tunneling Protocol) utilise également PPP et est non chiffré mais peut faire passer un autre protocole de chiffrement dans le tunnel. Souvent, le protocole sous-jacent sera combiné avec L2TP comme c'est le cas pour L2TP/IPsec.

IPsec (Internet Protocol Security) est une norme ouverte couramment utilisée dans les VPN qui utilise en fait une suite de protocoles pour le chiffrement et l'authentification des communications IP. Les protocoles de cette suite comprennent :

- AH (Authentication Headers) qui fournit l'intégrité des données et l'authentification de l'origine pour une protection contre les attaques par rejeu (attaques dans lesquelles une transmission enregistrée est rejouée par un attaquant dans le but d'obtenir un accès).
- ESP (Encapsulating Security Payloads) qui offre une authentification de l'origine ainsi que le chiffrement. ESP chiffre et encapsule l'ensemble du datagramme TCP/UDP dans un en-tête ESP qui ne contient aucune information sur le port. Cela signifie que l'ESP ne passera par aucun dispositif utilisant la translation PAT (Port Address Translation).
- SA (Security Associations), les associations de sécurité proposent un certain nombre d'algorithmes et de mécanismes pour l'authentification et l'échange de clés.
- IKE (Internet Key Exchange) est le protocole utilisé pour mettre en place une association de sécurité dans IPsec.

Exercices pratiques

Objectifs

Le but de ce laboratoire est de mettre en œuvre un fonction de hachage de fichier, de comparer de telles fonctions, d'en décrire l'utilisation et l'importance et de définir l'intégrité d'un fichier.

Ressources

1. Ordinateur de bureau ou portable
2. Windows 10 Pro
3. Le logiciel MD5deep

MD5deep peut être obtenu à l'adresse : https://sourceforge.net/projects/md5deep/files/md5deep/md5deep-4.3/md5deep-4.3.zip/download.
Téléchargez, extrayez et déplacez le dossier MD5deep sur votre bureau.

Discussion

Le *hachage* est un mécanisme de cryptographie basique. Il utilise un algorithme unidirectionnel qui crée un *hash* unique (également appelé *message digest, hachage* ou *condensat*). Le but d'un hachage n'est pas de créer un message cryptographique à déchiffrer plus tard ; il est plutôt utilisé pour comparer un fichier avant et après qu'un certain ensemble de circonstances se soit produit.
Le hachage ne garantit pas la confidentialité, mais plutôt l'intégrité du fichier. Cette qualité prouve que le fichier n'a pas été altéré de quelque manière que ce soit pendant le transit du fichier ou du message.
Le hash d'un fichier est couramment utilisé pour les téléchargements à partir d'Internet. Un logiciel gratuit est peut-être disponible, mais vous craignez qu'un utilisateur malveillant ait altéré le fichier sur le site. Le propriétaire du site a toutefois créé un condensat du fichier original au cas où vous voudriez le comparer une fois téléchargé. Vous pouvez créer un hash du fichier et le comparer à la chaîne de caractères liée au fichier et fournie sur le site (le hash d'origine). S'ils sont exactement les mêmes, vous avez la confirmation de l'intégrité du fichier.

Procédures

Dans cette procédure, vous allez créer et comparer des fichiers hachés. Vous falsifierez également le fichier pour constater les différences au niveau du *hash* et ainsi mieux comprendre ce que signifie réellement « garantir l'intégrité d'un fichier ».

Localisation du MD5deep

MD5deep est un outil de ligne de commande qui fournit des algorithmes de hachage comprenant MD5, Whirlpool et Sha-1. Les différences notables dans les algorithmes de hachage se trouvent au niveau du *padding*[13] et de la longueur (en bits) du hash produit.

1. Allumez votre machine.
2. Connectez-vous à votre ordinateur à l'aide de votre compte administratif.
3. Double-cliquez sur le dossier *md5deep-4.3*, situé sur le bureau.

Pour faciliter la navigation, vous pouvez changer l'option d'affichage pour montrer les extensions de chaque fichier.

4. Cliquez sur l'onglet « Affichage » en haut à gauche de la fenêtre et cochez la case située à côté de « Extensions de noms de fichiers » ; cela ajoutera

[13] Padding ou en français, *remplissage*.

les extensions aux noms, ce qui vous aidera à naviguer entre les différents fichiers, comme le montre la Figure 22.7.

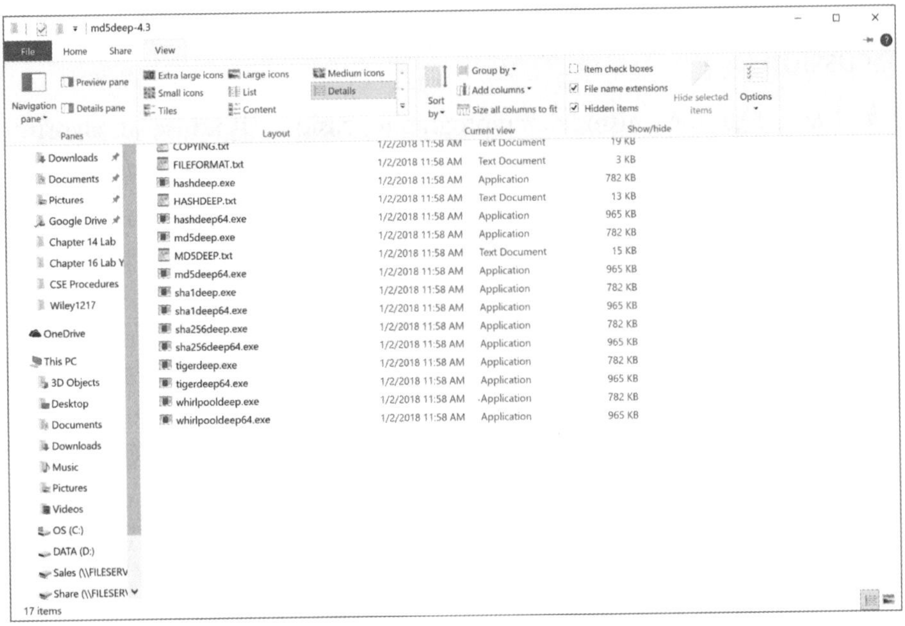

Figure 22.7 Afficher les extensions des fichiers

5. Localisez *md5deep.exe*, *sha1deep.exe* et *whirlpooldeep.exe* comme indiqué dans la Figure 22.8. Ce sont les algorithmes de hachage que vous allez tester.

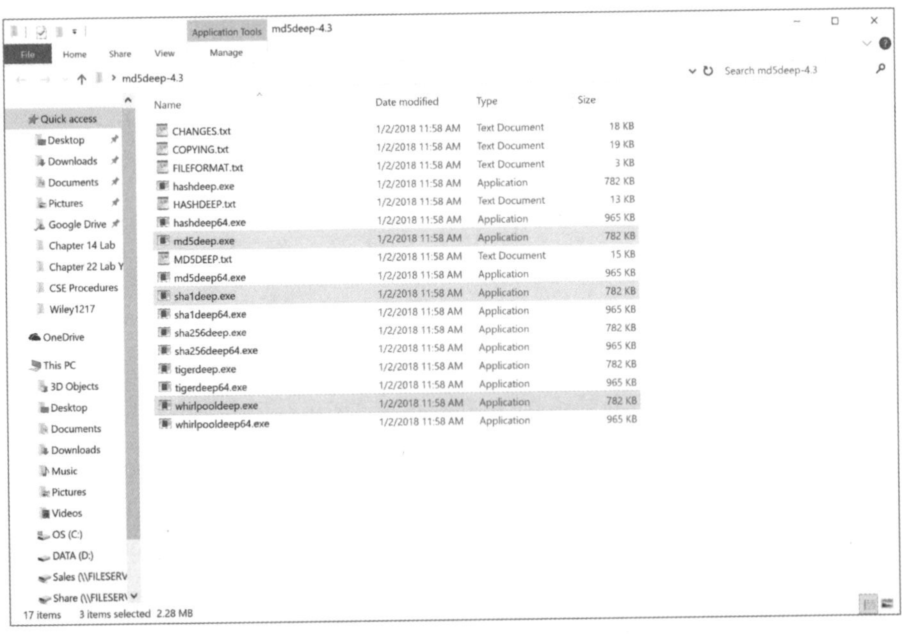

Figure 22.8 Les algorithmes de hachage

Création d'un fichier test

Pour simplifier l'utilisation, vous allez créer un fichier de test dans le même dossier que les algorithmes de hachage. L'utilisation de ligne de commande peut être ardue si elle ne vous est pas familière et garder le fichier dans le même dossier créera un environnement plus facile à utiliser.

1. Cliquez avec le bouton droit de la souris dans l'espace vide (blanc).
2. Naviguer et sélectionner « Nouveau » ➢ « Document texte »
3. Vous serez invité à préciser un nom pour le nouveau document texte. Tapez **HashTest**. Remarquez que le fichier reçoit une extension *.txt*, comme le montre la Figure 22.9. Appuyez sur la touche « Entrée » pour confirmer.
4. Double-cliquez sur le fichier **HashTest.txt** pour l'ouvrir dans le *Bloc-notes*.
5. Tapez **This is my Hash Test!**, comme le montre la Figure 22.10.

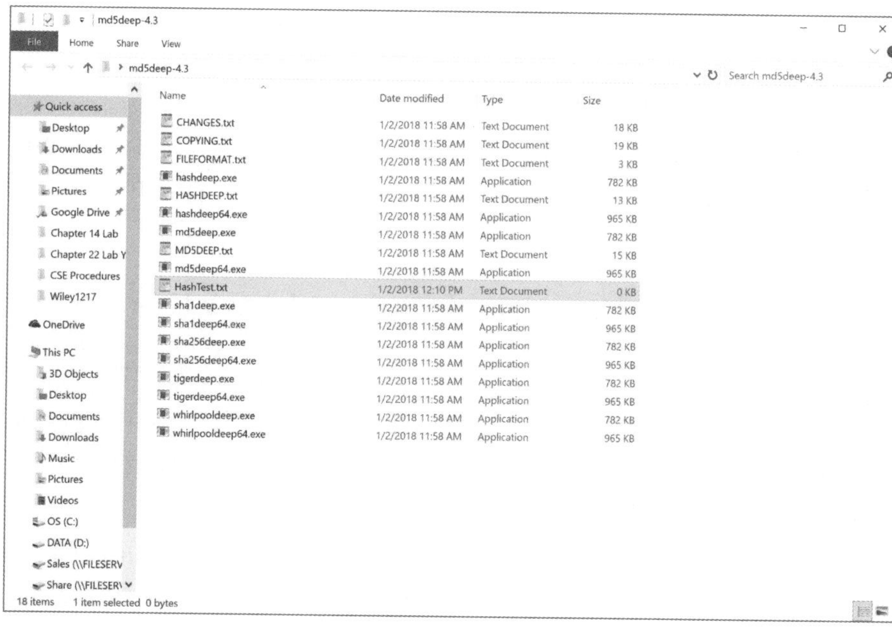

Figure 22.9 Création du fichier HashTest.txt

6. Cliquez sur « Fichier », puis sélectionnez « Enregistrer » pour sauvegarder le contenu. Quittez le *Bloc-notes* en cliquant sur le « X » rouge dans le coin supérieur droit de la fenêtre.

Il existe des solutions de hachage à interface graphique ; cependant, vous utiliserez la ligne de commande pour effectuer vos découvertes.

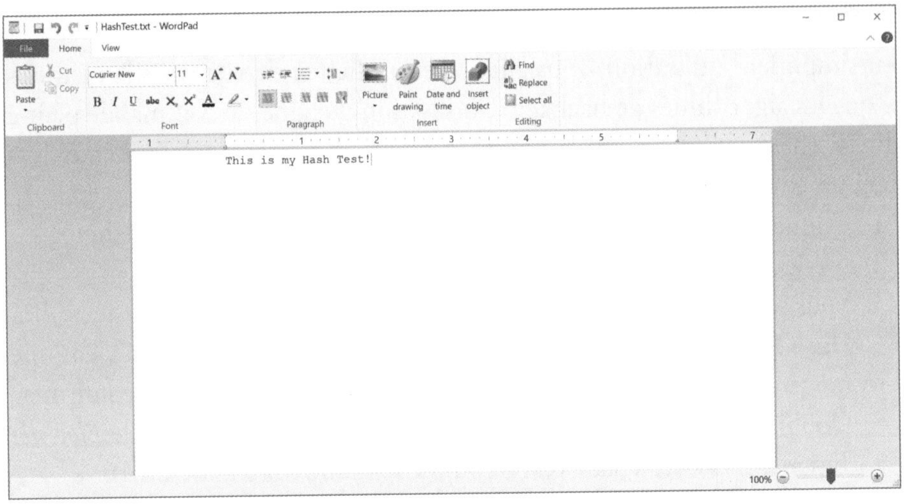

Figure 22.10 Contenu du fichier HashTest

Création de multiples variantes du fichier haché

Un hash est similaire à une empreinte digitale numérique. Il est considéré comme sécurisé s'il est de taille fixe, est unique et ne peut être inversé pour révéler le texte en clair original.

1. Laissez le dossier *md5deep-4.3* ouvert.
2. Pour localiser l'invite de commandes, tapez **cmd** dans la barre de recherche intégrée et appuyez sur « Entrée ». La fenêtre « Invite de commandes » s'ouvre.
3. Vous devrez changer de répertoire pour vous trouver dans le dossier md5deep-4.3. Tapez **cd C :\users\votre nom de compte\desktop\md5deep-4.3** et appuyez sur « Entrée ». Vous serez redirigé vers le dossier, comme indiqué dans la Figure 22.11.
4. Maintenant que vous êtes dans le bon dossier, vous pouvez en visualiser le contenu en tapant **dir** et en appuyant sur la touche « Entrée ». Le contenu du dossier sera affiché, comme le montre la Figure 22.12.

Ici, vous pouvez voir le même contenu que dans l'explorateur Windows. Repérez les algorithmes de hachage que vous utiliserez, ainsi que le fichier **HashTest.txt**. Comprenez que pour utiliser ces outils de ligne de commande, vous devrez taper l'intégralité du nom de fichier avec l'extension associée.

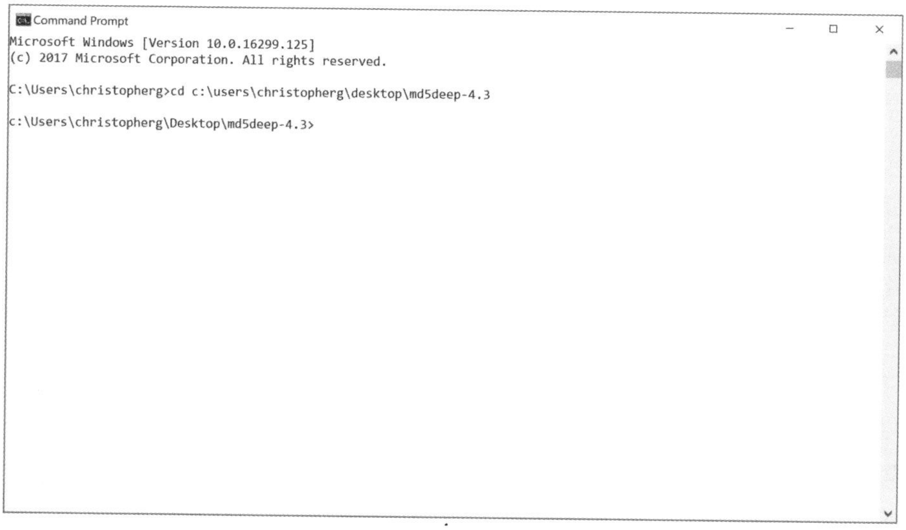

Figure 22.11 Le dossier Md5deep

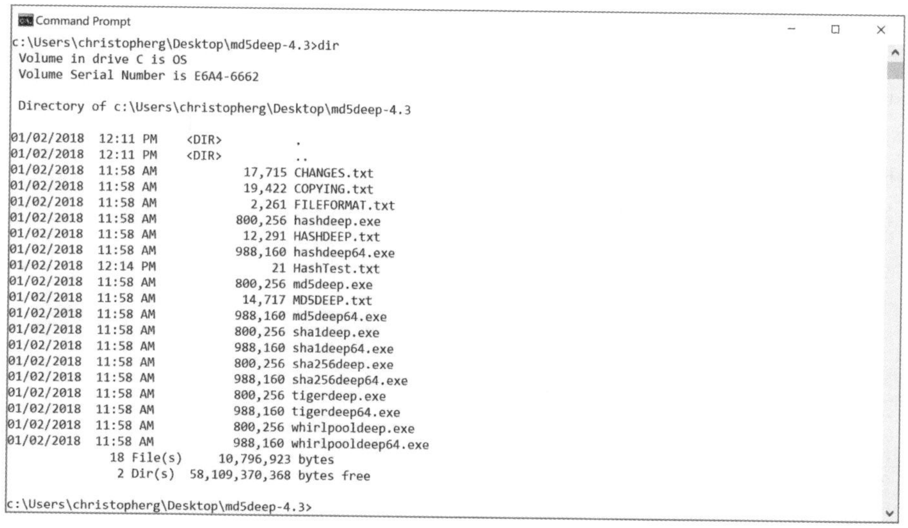

Figure 22.12 Contenu du dossier Md5deep dans l'invite de commande

5. Pour créer votre premier hash, tapez **md5deep.exe HashTest.txt**. Ceci indique à l'ordinateur d'utiliser MD5 pour créer un hash de **HashTest.txt**. Appuyez sur «Entrée» pour créer le hash, comme indiqué dans la Figure 22.13.

Vous devriez voir une chaîne de caractères, comme illustré dans la figure. Cela représente l'application de l'algorithme de hachage MD5 sur votre fichier.

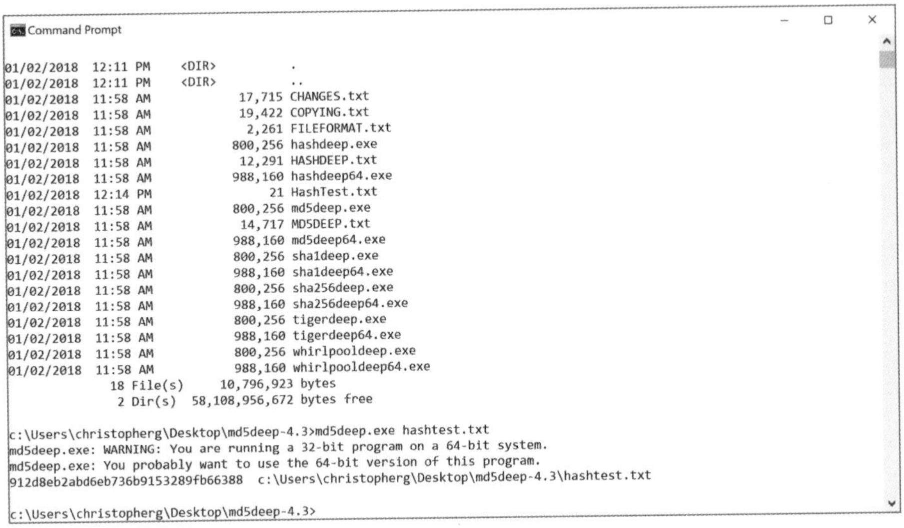

Figure 22.13 Sortie du hash MD5

NOTE Vous recevrez une erreur si vous essayez d'utiliser md5deep.exe sur un système 64 bits. Si vous utilisez actuellement un système 64 bits, utilisez md5deep64.exe. Il en sera de même pour les algorithmes de hachage suivants. La sortie de hachage correcte pour la version 64 bits est indiquée dans la Figure 22.14.

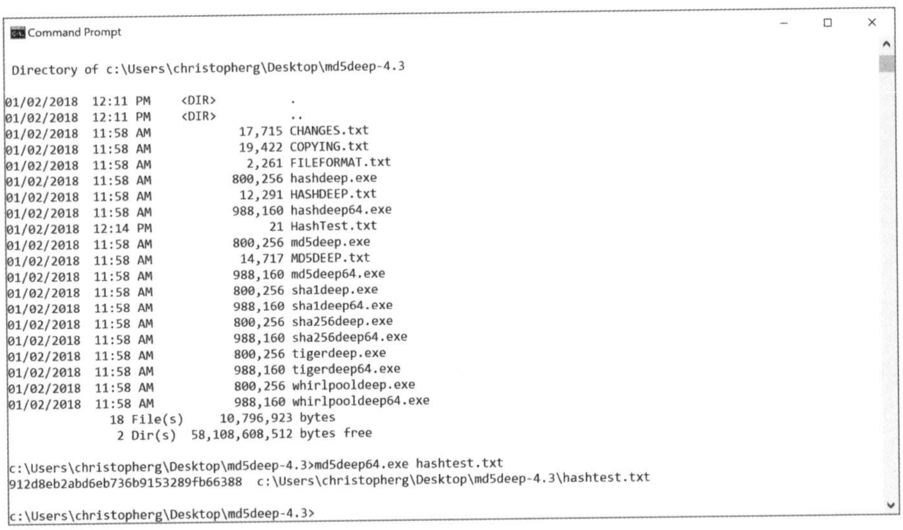

Figure 22.14 Sortie de hachage MD5 64 bits

6. Tapez maintenant **sha1deep.exe HashTest.txt** et appuyez sur « Entrée », comme indiqué dans la Figure 22.15. La chaîne de chiffres et de lettres représente votre fichier soumis à l'algorithme de hachage Sha-1.

Remarquez que la sortie du hachage présente plus de caractères que celle produite avec MD5. La sortie de hachage MD5 est sur 128 bits, tandis que la sortie de hachage Sha-1 est sur 160 bits. SHA (Secure Hash Algorithm) est considéré comme plus sécurisé.

7. Enfin, tapez **whirlpooldeep.exe HashTest.txt** et appuyez sur «Entrée». L'algorithme de hachage *Whirlpool* sera alors utilisé sur le fichier texte, comme le montre la Figure 22.16.

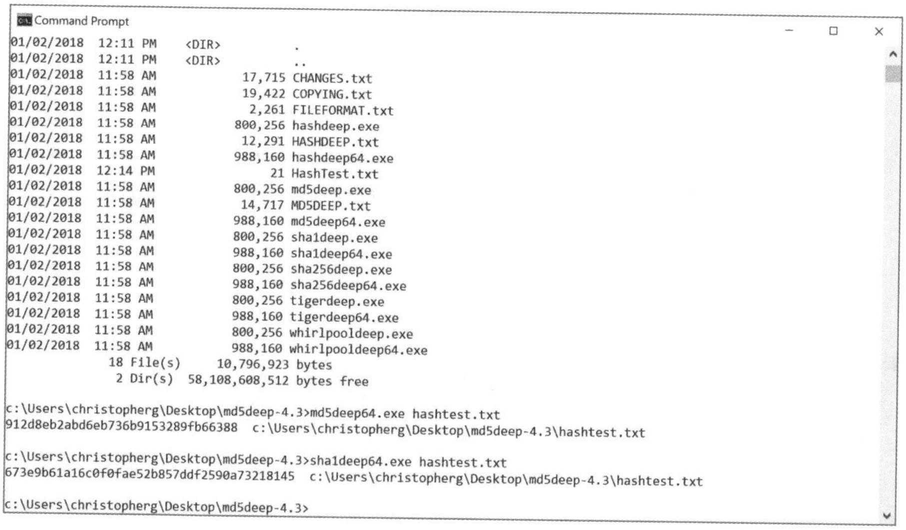

Figure 22.15 Sortie de hachage Sha-1

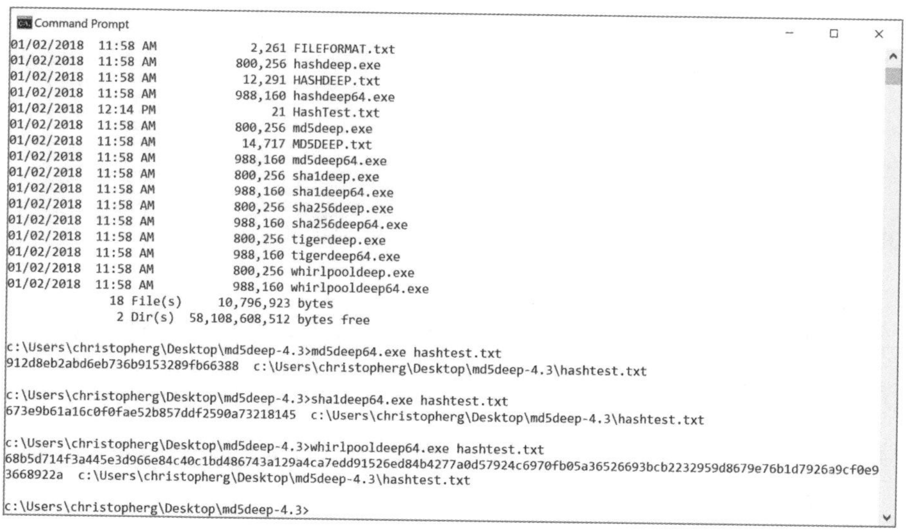

Figure 22.16 Sortie de hachage Whirlpool

L'algorithme *Whirlpool* produit un étonnant condensat de 512 bits pour le fichier, bien plus longs que les deux algorithmes précédents.

Falsification d'un dossier

Le but du hachage est de vérifier l'intégrité d'un fichier. Maintenant, nous allons modifier le fichier de manière miniMale afin que vous puissiez plus tard tenter de discerner la différence subtile.

1. Laissez la fenêtre « Invite de commandes » ouverte et revenez dans l'explorateur Windows à la fenêtre du dossier *md5deep-4.3*.
2. Double-cliquez sur le fichier **HashTest.txt** pour l'ouvrir. Le *Bloc-notes* s'ouvre.
3. Supprimez le point d'exclamation et insérez un point. Le contenu devrait maintenant être «**This is my Hash Test.**», comme indiqué dans la Figure 22.17.

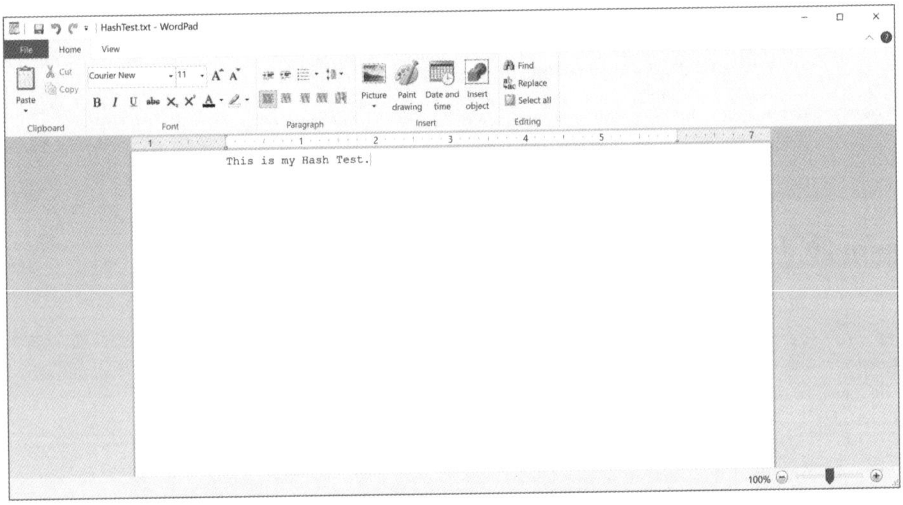

Figure 22.17 Nouveau contenu du fichier HashTest

4. Cliquez sur « Fichier » et sélectionnez « Enregistrer » pour sauvegarder le fichier. Quittez le « Bloc-notes » en cliquant sur le « X » rouge dans le coin supérieur droit de la fenêtre.
5. Sortez de la fenêtre de l'explorateur Windows en cliquant sur le « X » rouge dans le coin supérieur droit de la fenêtre.

Comparaison des valeurs de hachage

Vous pourriez penser qu'avec un changement aussi subtil du contenu, la sortie d'un hachage pourrait être similaire. Vous allez maintenant découvrir l'importance de la sortie de hachage en comparant le hash produit avant et après la modification.

1. Retournez dans l'invite de commandes. Vous devriez pouvoir visualiser les trois hash précédents.
2. À présent, tapez **md5deep.exe HashTest.txt**. Cela créera un hash du fichier **HashTest** nouvellement modifié. Appuyez sur la touche Entrée.

Y a-t-il une différence entre votre nouveau hash et l'ancien ?

____

Comme l'illustre la Figure 22.18, la comparaison de ce hash avec le premier révèle un ensemble de caractères complètement différent. Cela permet de vérifier l'intégrité du fichier.

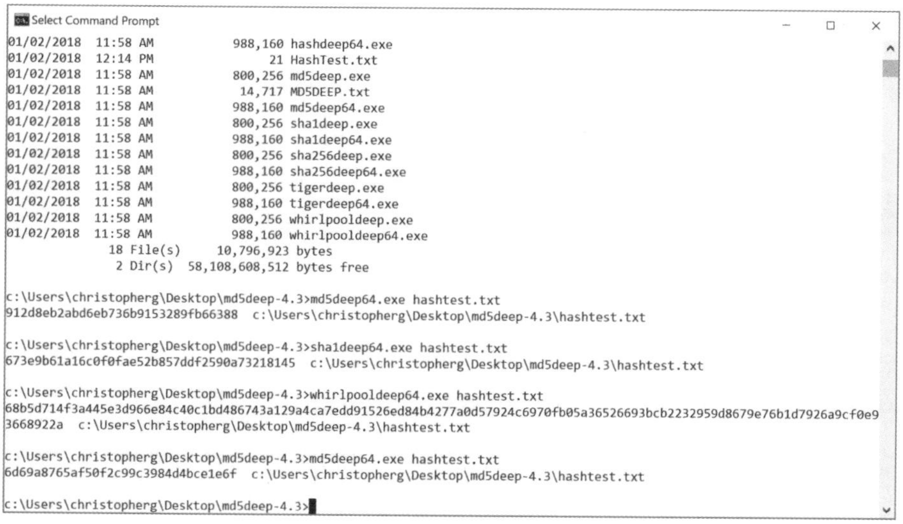

Figure 22.18 Comparaison des résultats du hachage du MD5

3. Tapez **sha1deep.exe HashTest.txt** et appuyez sur « Entrée ». Le hash résultant sera affiché et devrait être différent du précédent, comme illustré dans la Figure 22.19.

Lorsque vous comparez les résultats avec Sha-1, y a-t-il une différence ?

____

4. Enfin, tapez **whirlpooldeep.exe HashTest.txt** et appuyez sur « Entrée ». Comme le montre la Figure 22.20, il devrait y avoir une différence entre le hash précédent et le nouveau résultat.

Y a-t-il une différence entre vos condensats ?

____

```
Command Prompt
01/02/2018  11:58 AM            14,717 MD5DEEP.txt
01/02/2018  11:58 AM           988,160 md5deep64.exe
01/02/2018  11:58 AM           800,256 sha1deep.exe
01/02/2018  11:58 AM           988,160 sha1deep64.exe
01/02/2018  11:58 AM           800,256 sha256deep.exe
01/02/2018  11:58 AM           988,160 sha256deep64.exe
01/02/2018  11:58 AM           800,256 tigerdeep.exe
01/02/2018  11:58 AM           988,160 tigerdeep64.exe
01/02/2018  11:58 AM           800,256 whirlpooldeep.exe
01/02/2018  11:58 AM           988,160 whirlpooldeep64.exe
              18 File(s)     10,796,923 bytes
               2 Dir(s)  58,108,608,512 bytes free

c:\Users\christopherg\Desktop\md5deep-4.3>md5deep64.exe hashtest.txt
912d8eb2abd6eb736b9153289fb66388  c:\Users\christopherg\Desktop\md5deep-4.3\hashtest.txt

c:\Users\christopherg\Desktop\md5deep-4.3>sha1deep64.exe hashtest.txt
673e9b61a16c0f0fae52b857ddf2590a73218145  c:\Users\christopherg\Desktop\md5deep-4.3\hashtest.txt

c:\Users\christopherg\Desktop\md5deep-4.3>whirlpooldeep64.exe hashtest.txt
68b5d714f3a445e3d966e84c40c1bd486743a129a4ca7edd91526ed84b4277a0d57924c6970fb05a36526693bcb2232959d8679e76b1d7926a9cf0e9
3668922a  c:\Users\christopherg\Desktop\md5deep-4.3\hashtest.txt

c:\Users\christopherg\Desktop\md5deep-4.3>md5deep64.exe hashtest.txt
6d69a8765af50f2c99c3984d4bce1e6f  c:\Users\christopherg\Desktop\md5deep-4.3\hashtest.txt

c:\Users\christopherg\Desktop\md5deep-4.3>sha1deep64.exe hashtest.txt
dd4df487960579e50ea0136913336a628c08e95d  c:\Users\christopherg\Desktop\md5deep-4.3\hashtest.txt

c:\Users\christopherg\Desktop\md5deep-4.3>
```

Figure 22.19 Comparaison des résultats du hachage Sha-1

```
Command Prompt
01/02/2018  11:58 AM           800,256 sha256deep.exe
01/02/2018  11:58 AM           988,160 sha256deep64.exe
01/02/2018  11:58 AM           800,256 tigerdeep.exe
01/02/2018  11:58 AM           988,160 tigerdeep64.exe
01/02/2018  11:58 AM           800,256 whirlpooldeep.exe
01/02/2018  11:58 AM           988,160 whirlpooldeep64.exe
              18 File(s)     10,796,923 bytes
               2 Dir(s)  58,108,608,512 bytes free

c:\Users\christopherg\Desktop\md5deep-4.3>md5deep64.exe hashtest.txt
912d8eb2abd6eb736b9153289fb66388  c:\Users\christopherg\Desktop\md5deep-4.3\hashtest.txt

c:\Users\christopherg\Desktop\md5deep-4.3>sha1deep64.exe hashtest.txt
673e9b61a16c0f0fae52b857ddf2590a73218145  c:\Users\christopherg\Desktop\md5deep-4.3\hashtest.txt

c:\Users\christopherg\Desktop\md5deep-4.3>whirlpooldeep64.exe hashtest.txt
68b5d714f3a445e3d966e84c40c1bd486743a129a4ca7edd91526ed84b4277a0d57924c6970fb05a36526693bcb2232959d8679e76b1d7926a9cf0e9
3668922a  c:\Users\christopherg\Desktop\md5deep-4.3\hashtest.txt

c:\Users\christopherg\Desktop\md5deep-4.3>md5deep64.exe hashtest.txt
6d69a8765af50f2c99c3984d4bce1e6f  c:\Users\christopherg\Desktop\md5deep-4.3\hashtest.txt

c:\Users\christopherg\Desktop\md5deep-4.3>sha1deep64.exe hashtest.txt
dd4df487960579e50ea0136913336a628c08e95d  c:\Users\christopherg\Desktop\md5deep-4.3\hashtest.txt

c:\Users\christopherg\Desktop\md5deep-4.3>whirlpooldeep64.exe hashtest.txt
a931b1bc89f4ca97987c7d6e9b3b2faf0706bc383ed1f54452c7a36894da357053dc3e278e40f4fb0d4821814f24834e144881f3b0bd5d44128a2ae8
e2a2df86  c:\Users\christopherg\Desktop\md5deep-4.3\hashtest.txt

c:\Users\christopherg\Desktop\md5deep-4.3>
```

Figure 22.20 Comparaison des résultats du hachage Whirlpool

5. Quittez l'invite de commande en tapant **exit** et en appuyant sur la touche « Entrée ».
6. Éteignez l'ordinateur.

Il est important de rappeler que le hachage d'un fichier ne vérifie que l'intégrité. Cette technique ne fournit pas la confidentialité, la disponibilité, l'authenticité ou la non-répudiation. Par conséquent, elle ne constitue qu'une partie du dispositif de sécurité.

Questions sur les laboratoires

1. Quel est l'objectif d'un hachage d'un fichier ?
2. Le hachage fournit la confidentialité. Vrai ou faux ?
3. Un hash ne change-t-il que de peu si le fichier n'est que peu modifié ?
4. Parmi les trois algorithmes de hachage utilisés, lequel produit le plus long condensat ?

Réponses du laboratoire

1. Le but d'une fonction de hachage est de pouvoir vérifier l'intégrité d'un fichier.
2. Faux.
3. Non, il est complètement modifié, même avec une petite modification des données du fichier.
4. La fonction de hachage *Whirlpool.*

Chapitre 23

Outils et utilitaires

Les **administrateurs réseau** doivent être équipés d'une grande variété de logiciels pour surveiller, diagnostiquer et contrôler le réseau qui les entoure. Dans ce chapitre, vous découvrirez les outils de base de cet arsenal. Certains de ceux-ci sont connus sous des noms légèrement différents selon les systèmes d'exploitation, mais accomplissent essentiellement les mêmes tâches. Dans ce chapitre, vous allez :

- Appliquer différents outils et utilitaires à diverses situations de cybersécurité
- Identifier les outils de surveillance des réseaux les plus utilisés
- Utiliser un logiciel d'analyse de paquets pour examiner les différents types de trafic réseau

Utilisation des outils de base

Chaque spécialiste de la cybersécurité devrait avoir dans sa trousse certains outils et utilitaires de base pour l'administration, le dépannage et la surveillance. Les sections suivantes décrivent quelques versions importantes des outils de base nécessaires. Certains sont des outils déjà disponibles via le système d'exploitation installé, tandis que d'autres sont des ressources tierces à télécharger ou à acheter.

IFconfig/IPconfig

Le premier outil que vous devez connaître est soit **ifconfig** ou **ipconfig** selon votre système d'exploitation. Le premier est utilisé sur les systèmes Unix/Linux, tandis que ipconfig remplit la même fonction sur les systèmes Windows.

Cet outil est utilisé en ligne de commande et vous indique l'adresse IP du système local et d'autres paramètres réseau de base. Il est votre premier recours lorsque vous voulez en savoir plus sur l'adresse IP de la passerelle, celle du serveur DNS, celle d'un éventuel serveur DHCP ou l'utilisation d'une configuration statique, ainsi que d'autres informations utiles.

Whois

Vous aurez souvent besoin de connaître certaines informations sur un domaine. Comme le montre la figure 23.1, vous pouvez vous rendre sur le site web de pratiquement n'importe quel agent d'enregistrement de domaine et utiliser son outil de recherche **Whois** pour obtenir des informations concernant la propriété, la responsabilité administrative et technique, ainsi que le nom du serveur chargé de fournir des informations sur l'hôte. Whois est également un utilitaire en ligne de commande dans certains systèmes d'exploitation.

Showing results for: MARCRAFT.COM

Original Query: marcraft.com

Raw WHOIS Record

Submit a Complaint for WHOIS
WHOIS Inaccuracy Complaint Form
WHOIS Service Complaint Form

WHOIS Compliance FAQs

```
Domain Name: MARCRAFT.COM
Registry Domain ID: NA
Registrar WHOIS Server: whois.enom.com
Registrar URL: www.enom.com
Updated Date: 2015-04-07T15:20:45.00Z
Creation Date: 2003-12-20T19:20:48.00Z
Registrar Registration Expiration Date: 2015-12-20T19:20:00.00Z
Registrar: ENOM, INC.
Registrar IANA ID: 48
Domain Status: clientTransferProhibited https://www.icann.org
/epp#clientTransferProhibited
Registry Registrant ID:
Registrant Name: KEVIN SMITH
Registrant Organization: EDUCATIONAL TECHNOLOGIES GROUP, INC.
Registrant Street: 1350 SPAULDING AVE.
Registrant City: RICHLAND
Registrant State/Province: WA
Registrant Postal Code: 99352
Registrant Country: US
Registrant Phone: +1.8004416006
Registrant Phone Ext:
Registrant Fax: +1.5093749250
Registrant Fax Ext:
Registrant Email: KEVIN@MIC-INC.COM
Registry Admin ID:
Admin Name: KEVIN SMITH
Admin Organization: EDUCATIONAL TECHNOLOGIES GROUP, INC.
Admin Street: 1350 SPAULDING AVE.
Admin City: RICHLAND
Admin State/Province: WA
Admin Postal Code: 99352
Admin Country: US
Admin Phone: +1.8004416006
Admin Phone Ext:
Admin Fax: +1.5093749250
Admin Fax Ext:
Admin Email: KEVIN@MIC-INC.COM
Registry Tech ID:
Tech Name: DONALD SHORT
Tech Organization: ONE WORLD TELECOMMUNICATIONS
Tech Street: 415 N. QUAY, BLDG. B
Tech City: KENNEWICK
Tech State/Province: WA
Tech Postal Code: 99336
Tech Country: US
Tech Phone: +1.5097350408
Tech Phone Ext:
Tech Fax: +1.5097836004
Tech Fax Ext:
Tech Email: DOMAINS@OWT.COM
Name Server: DNS2.OWT.COM
Name Server: ONEWORLD.OWT.COM
DNSSEC: unSigned
Registrar Abuse Contact Email: abuse@enom.com
Registrar Abuse Contact Phone: +1.4252982646
URL of the ICANN WHOIS Data Problem Reporting System:
http://wdprs.internic.net/
Last update of WHOIS database: 2015-04-07T15:20:45.00Z
```

Figure 23.1 Outil Whois

De nos jours, de nombreux enregistrements sont privés, ce qui signifie que vous ne pouvez rien savoir sur la propriété, les contacts administratifs ou techniques ; vous ne pouvez obtenir que des informations sur le serveur de noms. Celles-ci sont soumises aux règles de l'ICANN mais ne sont pas toujours exactes. Il n'en reste pas moins que ça reste un excellent endroit pour apprendre quelque chose sur un domaine.

De nombreux sites web offrent ce service et tous les systèmes d'exploitation de type Unix proposent cet outil en ligne de commande. Cependant, tous les outils Whois n'accèdent pas aux informations de chaque domaine de premier niveau (TLD). Dans certains cas, vous devrez peut-être vous rendre vers un agent d'enregistrement spécifique pour interroger complètement un domaine de premier niveau particulier.

Nslookup

La commande **nslookup** est un outil de requête DNS en ligne de commande qui est généralement le premier outil utilisé pour obtenir des informations DNS sur un site web. La commande de base nslookup renvoie les informations sur l'adresse IP associée au nom de domaine spécifié.

La commande de base peut être modifiée en ajoutant les paramètres spécifiques pour obtenir d'autres types d'informations, tels que les serveurs de noms ou les enregistrements MX relatifs aux échanges de mails.

Bien que nslookup soit un excellent outil pour résoudre les problèmes de résolution de noms d'hôtes DNS, c'est aussi l'un des moyens les plus utilisés lors de certaines phases de la cyber attaque telle que la reconnaissance via un processus de collecte d'informations.

PING

PING est un utilitaire employé pour évaluer la capacité à atteindre un autre hôte IP. La commande PING mesure le temps d'aller-retour des paquets envoyés de l'hôte d'origine à l'hôte cible. L'utilitaire PING enverra des paquets de demande ICMP (Internet Control Message Protocol) à l'hôte cible et attendra une réponse, tout en mesurant le temps de trajet et toute perte de paquet.

PING et ping6 pour les hôtes IPv6 sont disponibles en tant qu'outils en ligne de commande dans de nombreux systèmes d'exploitation, et divers logiciels offrent également cette possibilité, souvent associée aux fonctionnalités de **traceroute**.

La commande PING peut être un excellent moyen de déterminer si un hôte est « vivant », ainsi que la qualité de la connexion entre votre réseau et cet hôte. Cependant, le trafic ICMP est généralement considérée comme de faible priorité ; par conséquent, les réseaux chargés peuvent l'ignorer. En outre, comme il est possible d'inonder un réseau avec des demandes PING (attaque appelée *ping flood*), le trafic ICMP est souvent bloqué. La plupart des pare-feu peuvent être utilisés pour contenir complètement le trafic ICMP.

Certaines options disponibles avec l'utilitaire PING, telles que l'ajustement de la taille du paquet ou l'envoi sans attendre de réponse, peuvent être utilisées pour créer une attaque *ping flood* qui résulte en une attaque par déni de service (DoS). Une telle attaque consommerait certainement de la bande passante entrante. Toutefois, si le réseau répond aux demandes de l'ICMP, la bande passante sortante sera également consommée.

Malheureusement, il est également possible d'envoyer des paquets PING volontairement malformés. Les systèmes plus anciens, par exemple, ne pouvaient pas traiter un paquet de plus de 65 535 octets, et tout paquet plus important faisait planter l'ordinateur. Les routeurs modernes devraient examiner ces paquets pour en déterminer la taille et la fragmentation afin d'appliquer des règles empêchant tout problème de « ping de la mort[1] ».

Bien qu'il soit généralement de bonne pratique d'autoriser le trafic ICMP sur les réseaux publics pour diverses raisons, il est essentiel que votre firewall bloque le trafic ICMP, et pour la plupart des réseaux, vous pouvez même le régler pour qu'il ne réponde même pas lui-même à ces demandes. Une demande PING devrait ressembler à celle illustrée à la figure 23.2 :

[1] En anglais : *Ping of death.*

ping www.google.com

```
PING www.google.com (173.194.33.115): 56 data bytes

64 bytes from 173.194.33.115: icmp_seq=0 ttl=54 time=15.323 ms
64 bytes from 173.194.33.115: icmp_seq=1 ttl=54 time=13.566 ms
64 bytes from 173.194.33.115: icmp_seq=2 ttl=54 time=15.056 ms
64 bytes from 173.194.33.115: icmp_seq=3 ttl=54 time=13.076 ms
^C

ⅰ- www.google.com ping statistics ⅰ-
4 packets transmitted, 4 packets received, 0.0% packet loss
round-trip min/avg/max/stddev = 13.076/14.255/15.323/0.955 ms
```

Figure 23.2 PING

Traceroute

L'utilitaire **TRACEROUTE** affichera l'itinéraire (le chemin) que les paquets emprunteront d'une IP à une autre. Comme pour PING, le temps aller-retour des paquets ICMP (également appelé latence) est mesuré ; cependant, avec traceroute, ce temps est mesuré entre chaque hôte successif de l'itinéraire.

Chaque segment de l'itinéraire est connu sous le nom de *saut*. Traceroute enverra trois paquets et mesurera le temps nécessaire pour effectuer chaque saut. La latence cumulée pour chaque saut est enregistrée, généralement en millisecondes, ainsi que l'adresse IP et le nom d'hôte (acquis par une recherche inverse) de chaque nœud.

Cela peut être un excellent moyen d'examiner les problèmes de latence entre les hôtes et d'évaluer la connexion pour déterminer si une latence excessive existe ou si un itinéraire échoue.

Traceroute est disponible dans la plupart des interfaces en ligne de commande des systèmes d'exploitation. Windows utilise l'utilitaire TRACERT. Certains utilitaires, tels que tcptraceroute, peuvent utiliser TCP comme variante.

> **Un mot sur les paquets TCP**
> L'utilitaire PathPing, qui combine ping et traceroute, se trouve sur de nombreux systèmes Windows. L'utilisation de TCP peut être utile lorsqu'un routeur présent le long de la route bloque le trafic ICMP.

Une opération typique de traceroute devrait ressembler à celle illustrée dans la figure 23.3.

```
traceroute www.google.com
traceroute to www.google.com (216.58.216.132), 30 hops max, 40 byte packet

1     owt-66-119-213-1.owt.com (66.119.213.1) 0.232 ms 0.216 ms 0.234 ms
2     64.146.233.193 (64.146.233.193) 0.757 ms 0.746 ms 0.735 ms
3     core00.noa-ben.kenn.bentonbb.org (64.146.233.213) 0.724 ms 0.763 ms 0.746 ms
4     64.146.233.105 (64.146.233.105) 1.330 ms 1.323 ms 1.306 ms
5     bentonpud-gw.ge-1-2-0.89.col-cor1.noanet.net (66.119.207.241) 5.300 ms 5.296 ms 5.269 ms
6     xe-0-1-0.3002.sea-bdr0.noanet.net (64.184.178.101) 10.040 ms 9.959 ms 9.054 ms
7     google.xe-0-0-1.sea-bdr0.noanet.net (64.184.133.70) 8.631 ms 8.619 ms 8.607 ms
8     66.249.94.212 (66.249.94.212) 8.585 ms 8.560 ms 8.555 ms
9     216.239.51.159 (216.239.51.159) 8.546 ms 8.571 ms 8.560 ms
10    sea15s01-in-f4.1e100.net (216.58.216.132) 9.623 ms 8.997 ms 10.634 ms
```

Figure 23.3 Opération traceroute

Telnet

Telnet est un protocole client-serveur de niveau applicatif qui peut utiliser le logiciel client Telnet pour établir une connexion entre un ordinateur (ou un appareil) et un serveur Telnet distant qui écoute généralement sur le port 23. Il s'agit majoritairement d'une interface de type ligne de commande en mode texte qui permet à l'utilisateur distant d'effectuer des opérations comme s'il s'était connecté localement au serveur, comme le montre la figure 23.4.

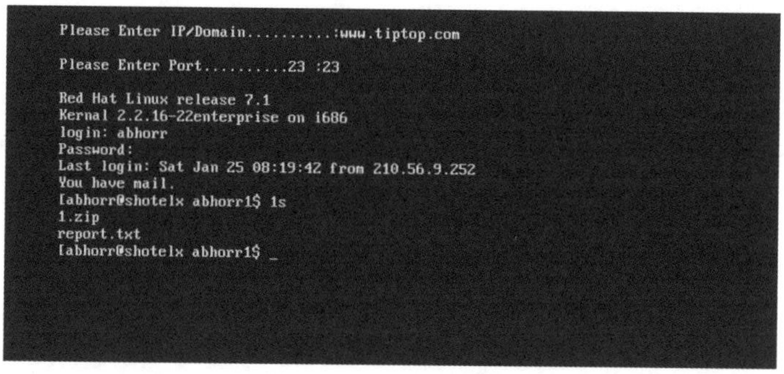

Figure 23.4 Fonctionnement de Telnet

De nombreux types d'émulations Telnet sont disponibles via des logiciels clients personnalisés, mais la plupart ne disposent pas du chiffrement ; il n'y a donc aucune garantie que votre communication ne sera pas interceptée pendant son transit. Certains anciens appareils réseau ne prennent en charge que Telnet, mais dans la mesure du possible, vous devriez utiliser SSH à la place.

SSH

Secure Shell (SSH) est un protocole réseau chiffré pour les connexions client-serveur sécurisées. Conçu pour remplacer les protocoles *shell*[2] non sécurisés, tels que Telnet, SSH utilise une authentification cryptographique à clé publique. Les utilisateurs peuvent s'authentifier avec un mot de passe comme pour Telnet, ou ils peuvent utiliser des paires de clés – ou les deux.

Les administrateurs responsables des connexions SSH doivent être bien au courant de la gestion des clés SSH.

Le transfert de fichiers est également possible en utilisant le protocole associé SFTP (SSH File Transfer Protocol) ou SCP (Secure Copy Protocol). SSH supporte le *tunneling*[3] et le *port forwarding*[4], il peut donc être un outil important dans certains schémas de sécurité réseau. SSH est inclus dans toutes les distributions de type Unix mais pas avec Windows, bien que vous puissiez obtenir des versions pour la plupart des versions de Windows.

---

[2] Le *shell* est le composant responsable de l'interprétation des lignes de commandes.
[3] Mise en tunnel.
[4] Redirection des ports

Même si vous n'administrez pas un serveur SSH, vous utiliserez très probablement un client SSH à un moment donné. Malgré les rumeurs de déchiffrement des connexions SSH par la NSA et certaines vulnérabilités passées, SSH est considéré comme un protocole sécurisé et fiable qui élimine pratiquement toute possibilité d'écoute clandestine de votre trafic réseau.

Outils et logiciels de surveillance

Pour sécuriser véritablement un réseau, il faut disposer d'un moyen de le surveiller et de le tester. Au fil du temps, des outils et des services de surveillance des réseaux de plus en plus puissants sont devenus disponibles. Ces outils peuvent être utilisés pour s'assurer que les serveurs (ou même des services spécifiques de ces serveurs) sont opérationnels, ou ils peuvent être utilisés pour simplement surveiller les données en mouvement.

Généralement, les produits de surveillance de serveur ou de service envoient des requêtes à ce dernier (comme une requête HTTP à un serveur web) et mesurent la réponse. Si la demande ne donne pas de réponse ou si la réponse est trop lente, un message peut être envoyé à un administrateur réseau par courrier électronique, SMS ou toute autre méthode d'alerte. Il est important d'avoir au moins un moniteur indépendant du réseau surveillé pour s'assurer qu'une alerte sera générée lorsque le réseau est en panne.

Une grande partie de cette surveillance ne nécessite rien d'autre que de passer au crible les journaux pour trouver des erreurs ou tout autre problème, ce qui peut être une tâche plus que décourageante pour les administrateurs réseau. Les outils logiciels qui résument ou même représentent graphiquement les données de ces journaux peuvent être d'une aide précieuse pour la productivité.

Les outils de surveillance des réseaux peuvent être divisés en deux types principaux :

- Services de contrôle de la durée de fonctionnement (uptime) et des performances
- Analyseurs de paquets

Il est possible de contrôler le temps de fonctionnement et les performances de pratiquement n'importe quel protocole, et la période pendant laquelle il est testé peut être ajustée en fonction de l'importance de ce service. À partir d'un seul emplacement du réseau, vous pouvez surveiller tous les services locaux et même les services distants tels qu'un serveur web ou un serveur de messagerie.

Un analyseur de paquets est généralement inséré dans le réseau de sorte que le trafic réseau transitant par son intermédiaire est capturé en temps réel, comme le montre la figure 23.5. Lorsque le trafic passe par l'analyseur, il observe (*sniffing*) les paquets à la recherche d'activités malveillantes ou il enregistre simplement ce qui se passe.

Normalement, seul le trafic réseau destiné à un système spécifique est visible sur ce système ; par conséquent, pour pouvoir visualiser l'ensemble du trafic, le système d'analyse est mis en mode *promiscuous* afin de visualiser le trafic sur le réseau lié.

Les analyseurs de paquets et de protocoles nécessitent deux interfaces réseau afin de pouvoir examiner l'activité du réseau sous forme d'un flux traversant.

Comme ils ne nécessitent pas d'énormes ressources CPU, un ordinateur portable plus ancien pouvant prendre en charge deux interfaces Ethernet peut être idéal. Les produits de surveillance des performances peuvent également fonctionner sur du matériel plus ancien, et ils peuvent être un excellent moyen d'utiliser du matériel informatique vieillissant et vu comme inutile.

Il existe un certain nombre de produits gratuits et commerciaux, ainsi qu'une industrie des services en pleine expansion, prêts à fournir ces services de surveillance. Les produits gratuits sont un excellent point de départ car ils sont assez faciles à mettre en place et ne nécessitent pas beaucoup de ressources.

Les sections suivantes ne traitent que de quelques-uns de ces produits, pour que vous puissiez les examiner. L'utilisation de ces outils et d'autres outils de test du réseau vous permettra d'auditer plus facilement un réseau afin de comprendre ses ressources, d'évaluer les risques, d'apprécier ses vulnérabilités afin de créer un plan pour atténuer ceux-ci.

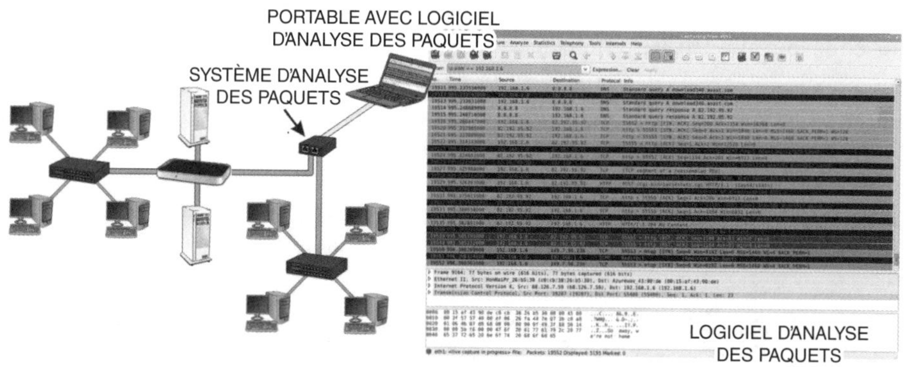

Figure 23.5 Un outil d'analyse de paquets

Nagios

Nagios est probablement l'outil de surveillance réseau le plus connu qui possède encore une version gratuite; cependant, il s'est développé et offre également une version commerciale complète pour les entreprises. Une bifurcation de ce projet, **Icinga**, est une alternative open-source intéressante qui est plus complète que la version gratuite de Nagios. Les deux produits disposent de nombreuses options de surveillance, de rapport et de notification qui sont les mieux adaptées à la surveillance du temps de fonctionnement, mais qui peuvent également surveiller les performances.

SolarWinds

SolarWinds propose un produit commercial incroyablement puissant de surveillance des performances du réseau. Bien que ce produit soit un peu cher, il est extrêmement performant et peut surveiller la durée de fonctionnement, les performances, le flux du trafic, et l'utilisation du réseau. Il offre également une pléthore de rapports, de graphiques et d'options de notification.

Microsoft Network Monitor

Microsoft Network Monitor est un analyseur de paquets qui peut vous aider à visualiser votre flux de trafic et à résoudre les problèmes réseau. Comme vous pouvez vous en douter, ce produit fait un excellent travail d'interaction avec les protocoles propriétaires de Microsoft, mais la plupart des protocoles publics courants sont également pris en charge.

Wireshark

Wireshark est un analyseur de protocole réseau mature, à source ouverte et multiplateforme. C'est probablement l'analyseur de protocole le plus connu, car il les prend en charge presque tous et fonctionne sur presque toutes les plateformes. Pour plus d'informations sur Wireshark, visitez le site www.wireshark.org

Wireshark, illustré à la figure 23.6, est un outil précieux pour capturer et ensuite analyser le trafic dans le but de découvrir et résoudre les problèmes réseau. Il peut être employé pour en savoir plus sur les protocoles utilisés sur un réseau donné. Cet outil est facile à utiliser, mais il nécessite de l'expérience et de la pratique pour analyser avec précision les résultats qu'il produit. Cependant, chaque administrateur devrait avoir ce produit dans son arsenal.

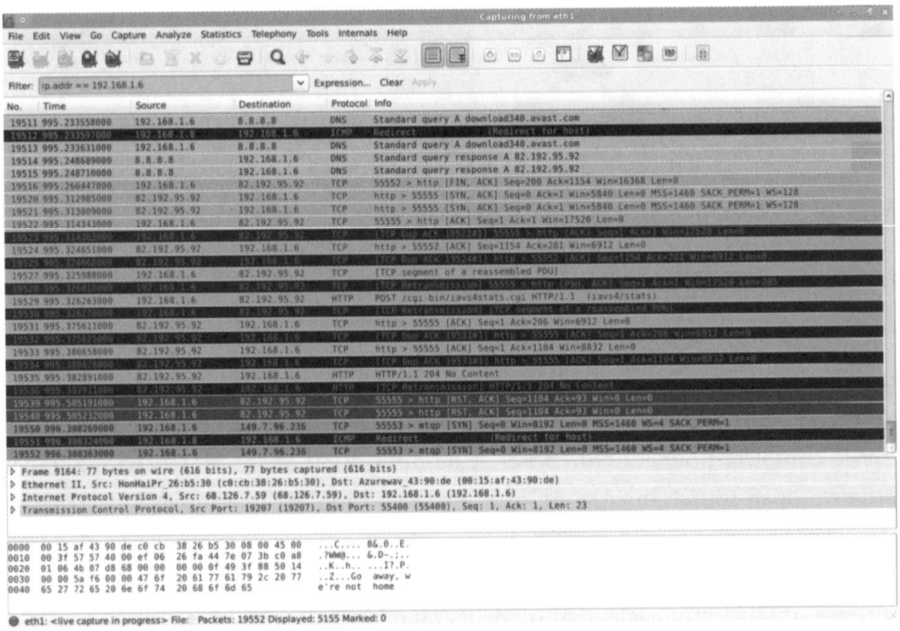

Figure 23.6 Wireshark

Snort

Snort est un système de détection d'intrusion multi-plateforme et open-source qui permet l'analyse en temps réel du trafic, l'enregistrement des paquets et l'analyse des protocoles, ainsi que la détection active des vers, des scans de ports et des tentatives d'exploitation des vulnérabilités. Ce système est bien sûr utile pour surveiller le réseau en temps réel. Il est bien adapté à l'identification des sondes et des attaques, mais il peut également faire office d'outil d'analyse réseau. Snort, illustré à la figure 23.7, est un excellent produit pour les réseaux qui offrent des services publics. Pour plus d'informations sur Snort, visitez le site www.snort.org.

Peut-être plus que tout autre outil énuméré ici, Snort dispose de nombreux compléments avec lesquels il peut être utilisé pour étendre ses capacités de détection et de rapport.

Comme tout système de détection/prévention d'intrusion, Snort n'est efficace que s'il est correctement paramétré pour le réseau sur lequel il est utilisé. Sans une diligence raisonnable dans le réglage d'un IDS/IPS, les administrateurs se battront à la fois contre trop de faux négatifs (de vrais problèmes ignorés) et trop de faux positifs (alertes à tort).

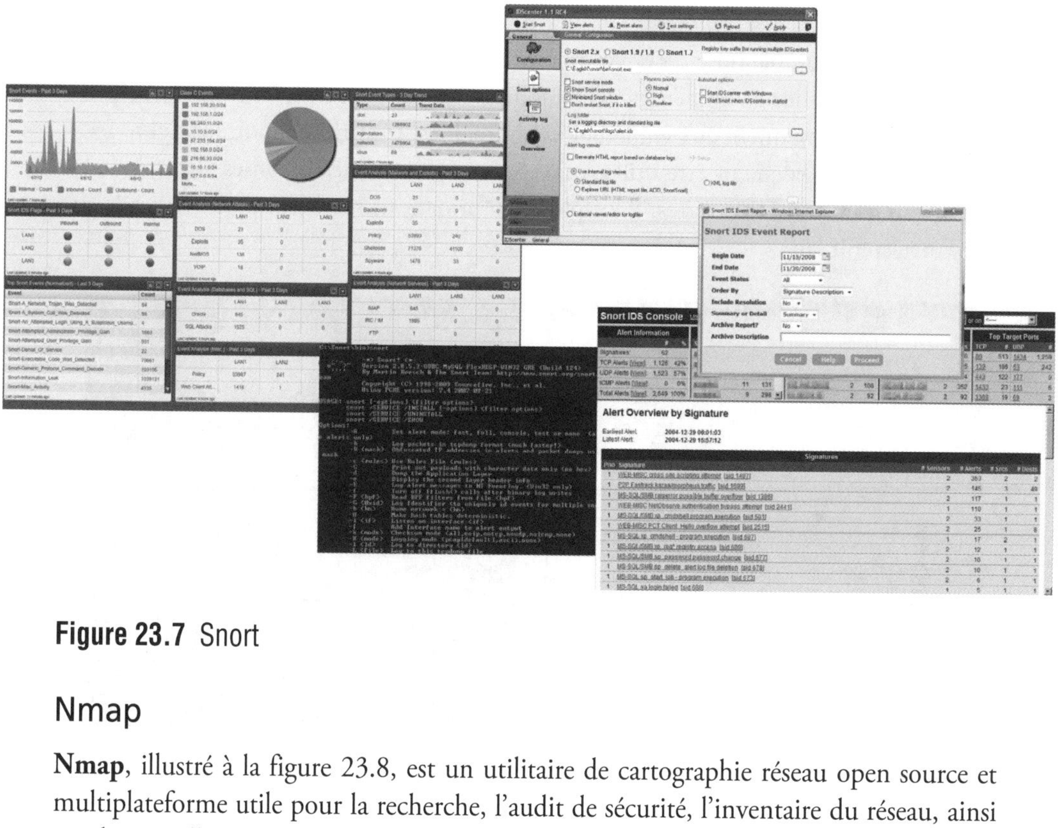

Figure 23.7 Snort

Nmap

Nmap, illustré à la figure 23.8, est un utilitaire de cartographie réseau open source et multiplateforme utile pour la recherche, l'audit de sécurité, l'inventaire du réseau, ainsi que la surveillance et la programmation des mises à jour. Il s'agit d'un outil très flexible utilisé pour examiner, profiler, et évaluer les systèmes d'un réseau. Il est particulièrement utile pour découvrir les ports et les versions des services. Pour plus d'informations sur Nmap, visitez le site www.nmap.org.

Comme le montre la figure 23.8, Nmap peut être utilisé à la fois en ligne de commande et via une interface graphique.

Nikto

Nikto est un scanner de serveur web open-source qui peut identifier les problèmes sur un tel serveur. Pour plus d'informations sur Nikto, visitez le site cirt.net/nikto2.

OpenVAS

OpenVAS est un scanner de vulnérabilité open source pour Linux et Windows qui est dérivé de la dernière version gratuite du désormais logiciel commercial **Nessus**. Conçu comme une solution complète de gestion des vulnérabilités, cet outil utilise le protocole SCAP et peut effectuer un certain nombre de tests de vulnérabilité réseau (NVT[5]) ; il peut aussi faire des recherches CVE (common vulnerabilities). Ce produit nécessite un peu d'apprentissage, mais il s'agit d'un outil puissant et réputé qui vaut la peine d'être envisagé. Pour plus d'informations sur OpenVAS, visitez le site openvas.org.

Metasploit

Metasploit est l'un des *frameworks* de test de pénétration les plus populaires en open-source. Il est disponible pour les environnements Windows et Linux. Il est couramment utilisé pour identifier et valider les vulnérabilités des réseaux, simulant notamment des attaques qui s'en prennent aux vulnérabilités humaines, comme le montre la figure 23.9. Metasploit peut également être utilisé pour fixer la priorité des réponses aux vulnérabilités réseau qui sont découvertes. Pour plus d'informations sur Metasploit, visitez le site www.metasploit.com.

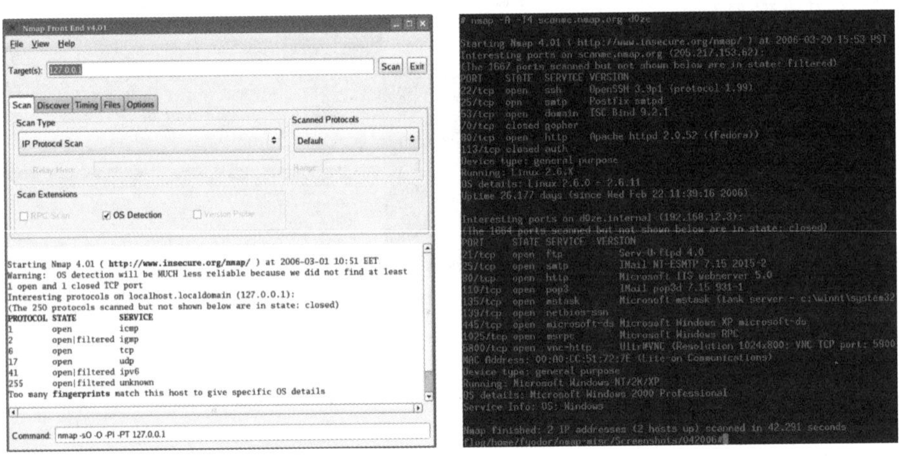

Figure 23.8 Utilitaire Nmap

Metasploit est normalement un outil en ligne de commande. Toutefois, comme le montre la figure 23.9, il existe également des outils commerciaux qui fournissent une interface graphique.

BeEF

BeEF (Browser Exploitation Framework) est un autre outil open-source notable de test de pénétration, mais il se concentre sur les attaques web via un navigateur. BeEF est

[5] NVT : network vulnerability tests

disponible pour MacOS, Windows et Linux. Pour plus d'informations sur BeEF, visitez le site www.beefproject.com.

Autres produits

Parmi les autres produits de sécurité qui méritent d'être testés, citons Nessus, Core Impact et Nexpose. Il existe également des solutions matérielles dédiées, telles que Netscout de nGenius, qui offrent des solutions sérieuses pour la surveillance des services et des performances des réseaux. Chaque réseau devrait disposer d'une forme de surveillance activée en permanence, et chaque administrateur réseau devrait également avoir accès à un outil fiable d'analyse des paquets (sniffing).

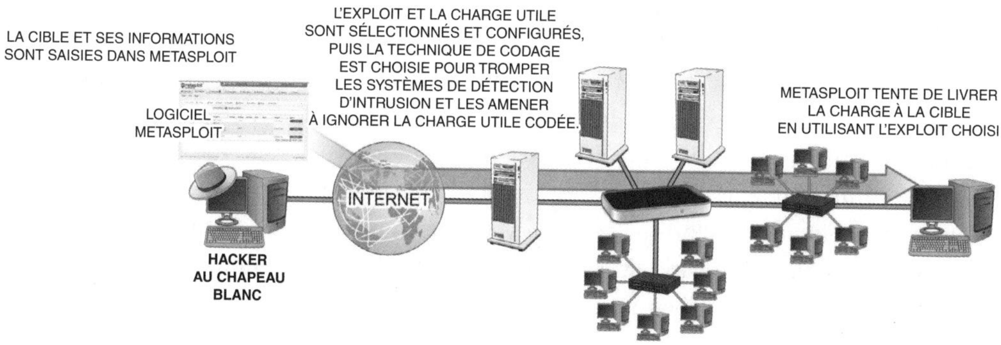

Figure 23.9 Opérations de Metasploit

Exercices pratiques

Objectifs

- Lancer une capture Wireshark sur l'interface Ethernet filaire.
- Examiner les différents protocoles et trafics.
- Capturer et analyser une séquence PING.
- Décrire comment l'analyse des paquets pourrait aider à détecter des activités malveillantes.

Ressources

- Ordinateur de bureau/portable
- Windows 10 Pro
- Installation de l'analyseur de paquets Wireshark
- Un compte avec un accès administratif

NOTE Une copie actuelle de Wireshark peut être obtenue à l'adresse https://www.wireshark.org/download.html

Discussion

Les analyseurs de paquets sont des appareils ou des outils logiciels qui peuvent capturer (intercepter et enregistrer) des données lorsqu'elles circulent sur un réseau numérique. Ces outils sont également appelés «*sniffers*» de paquets, analyseurs réseaux ou analyseurs de protocoles. Lorsque l'analyseur examine le trafic qui se déplace, il le décompose en paquets (comme par exemple, le paquet TCP/IP qui se déplace sur un réseau Ethernet) afin qu'il puisse être analysé. Ces outils permettent un large éventail d'applications dans un environnement en réseau. Ils sont couramment utilisés pour diagnostiquer les problèmes réseau, identifier les problèmes de configuration et résoudre les blocages réseau. Les spécialistes de la sécurité peuvent également utiliser des analyseurs de paquets pour surveiller les réseaux afin de détecter les vulnérabilités, les abus et les tentatives de cyberattaques. Les *pentesters* (légaux ou «hacker à chapeau blanc») et les pirates (illégaux ou hacker à chapeau noir) utilisent également les analyseurs de paquets sur les réseaux et tentent de voler des données non chiffrées circulant dessus, comme les identifiants de connexion, les informations financières ou les courriels. Ils peuvent également utiliser ces outils pour effectuer des reconnaissances en vue de mettre en place de futures attaques. Wireshark est un outil d'analyse qui est couramment utilisé pour capturer les paquets lorsqu'ils se déplacent sur un réseau et les afficher avec le plus de détails possible. Wireshark est un programme gratuit et open source utilisé pour le dépannage, l'analyse, le débogage des implémentations de protocoles et l'examen des problèmes de sécurité.

Procédures

Dans cette procédure, vous explorerez les utilisations de Wireshark en matière de cybersécurité. L'analyse du trafic peut vous donner un bon aperçu de l'activité sur votre réseau. Wireshark est l'un des nombreux outils que vous devriez utiliser pour sécuriser votre réseau.

Lancement de Wireshark

Vous commencerez par lancer Wireshark et vous vous familiariserez avec l'interface.

1. Allumez votre machine.
2. Connectez-vous en utilisant un compte avec des privilèges administratifs.
3. Repérez l'icône de raccourci Wireshark sur votre bureau. Cliquez sur l'icône avec le bouton droit de la souris et sélectionnez «Exécuter en tant qu'administrateur». Wireshark se lancera, comme le montre la figure 23.10.

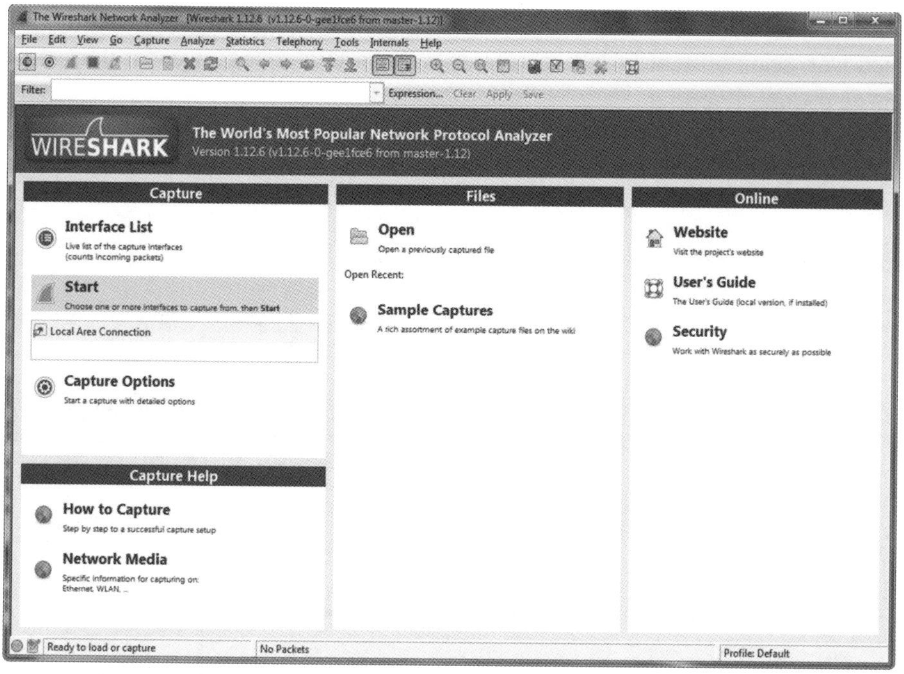

Figure 23.10 Interface de Wireshark

NOTE Si vous recevez l'erreur stipulant que le driver NPF n'est pas en marche, suivez les instructions suivantes :

1. Cliquez sur l'icône « Démarrer » de Windows et sélectionnez la barre de recherche.
2. Tapez **cmd** et n'appuyez pas sur la touche « Entrée ».
3. Cliquez avec le bouton droit de la souris sur « cmd.exe » sous « Programmes » et sélectionnez « Exécuter en tant qu'administrateur ».
4. Sélectionnez « Oui » lorsque vous êtes invité à élever le privilège.
5. À la fenêtre « Invite de commandes », tapez **net start npf** et appuyez sur « Entrée ».

Vous devriez voir que le service *NetGroup Packet Filter Driver* a démarré avec succès. Vous devrez redémarrer Wireshark.

En règle générale, vous ne devez pas utiliser Wireshark avec un compte administratif. Dans ce scénario, ce sera pourtant bien le cas ; mais dans un environnement normal, vous devez l'exécuter avec un compte moins privilégié et passer à des privilèges supérieurs lorsque vous y êtes invité.

4. Explorez les options en lisant chaque titre et sous-titre. De nombreuses options de configuration sont disponibles.
5. Pour commencer à capturer des paquets en direct, cliquez sur le périphérique réseau approprié à votre configuration réseau. L'interface que vous choisissez sera très probablement de type *Ethernet* ou *Wi-Fi*, selon la façon dont vous connectez votre ordinateur à l'Internet, comme le montre la figure 23.11.

NOTE Les données que vous capturez devraient ressembler celles de la figure 23.12. Cependant, selon le trafic et la structure de votre réseau, vous pouvez ou non voir un trafic de paquets important.

6. Cliquez sur l'icône « carrée rouge », située dans le coin supérieur gauche de la fenêtre, pour arrêter la capture en cours.

NOTE Ajustez les trois volets si nécessaire pour visualiser les données.

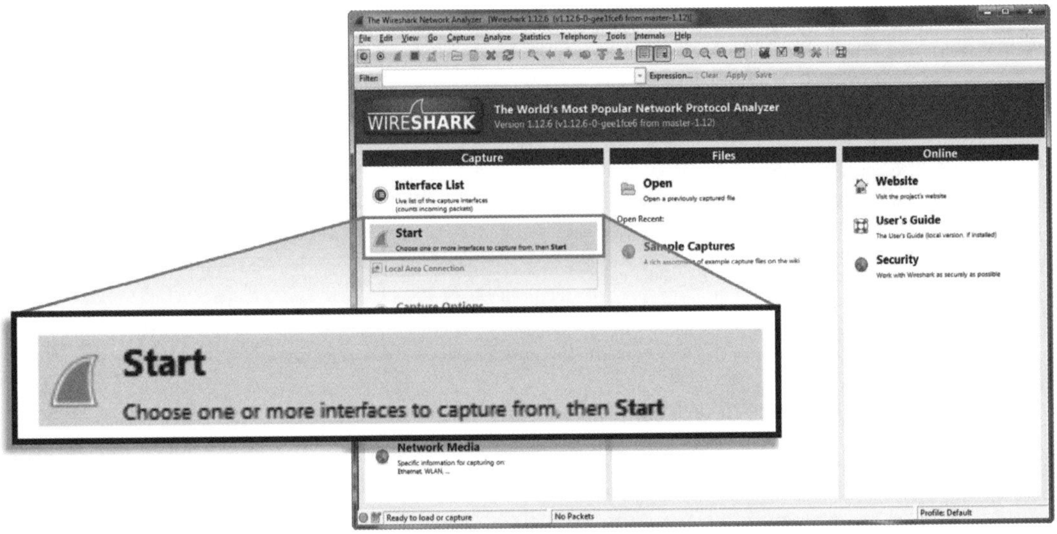

Figure 23.11 Commencer à capturer le trafic de paquets

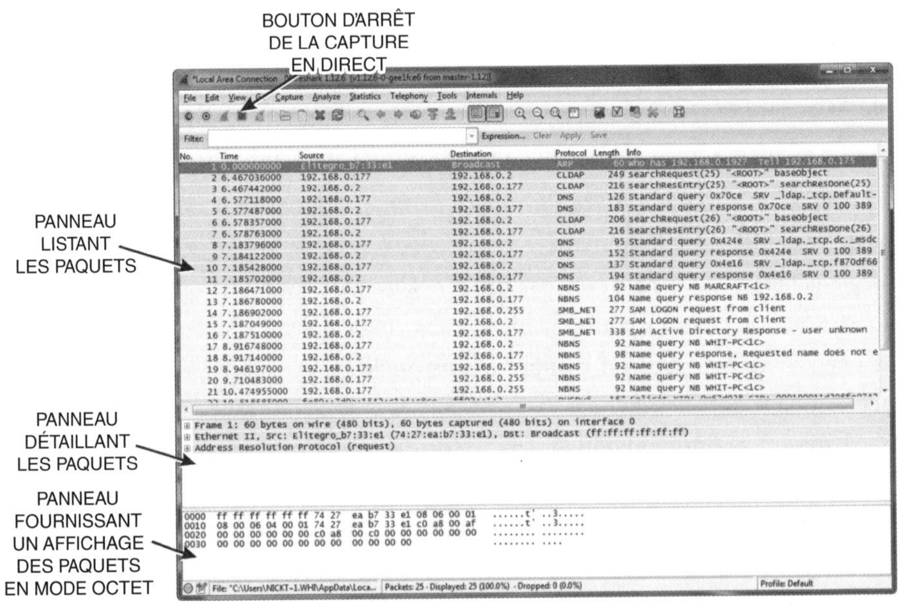

Figure 23.12 Fenêtre de capture Wireshark

La fenêtre de capture est divisée en trois sections principales. La section la plus haute énumère les paquets capturés en séquence, avec le numéro de capture et le temps associé au paquet dans les colonnes de gauche. Cette section est connue sous le nom de volet « Paquets List[6] ».

La section du milieu, également connue sous le nom de volet « Paquets Détails », montre l'analyse du paquet mis en évidence.

La section inférieure, appelée le volet « Paquets Octets », fournit le paquet sous sa forme hexadécimale.

7. Examinez l'interface et voyez si vous pouvez déchiffrer les informations à l'écran. Sélectionnez divers paquets dans le volet supérieur « Paquets List » ; et dans les volets « Paquet Détails » et « Paquets Octets », examinez les informations associées à ces paquets.
8. Dans le tableau 23.1, prenez note de la définition des colonnes dans le volet supérieur de la liste des paquets.

Tableau 23.1 Définition des colonnes

No.	Time	Source	Destination
Protocol	Lenght	Info	

En observant la colonne « Protocol »[7], vous pouvez avoir une idée générale du contenu du paquet. En regardant la figure 23.12, vous pouvez déterminer que les protocoles comprennent :

- ARP : Address Resolution Protocol
- CLDAP : Connection less Lightweight Directory Protocol
- DNS : Domain Name System
- NBNS : NetBIOS Name Service
- SMB : Server Message Block

9. Dans le volet « Paquets List », localisez une adresse IP qui n'est pas la vôtre et enregistrez-la sur la ligne suivante :

NOTE Vous pouvez trouver votre propre adresse IP en entrant **ipconfig** dans l'invite de commande.

Capturer un PING

Pour cet exercice, vous allez envoyer un ping à une autre adresse IP et tenter de localiser le paquet en exécutant Wireshark.

1. Cliquez sur la « barre de recherche » de la « barre des tâches » de votre bureau.
2. Tapez **cmd** et appuyez sur la touche « Entrée ». L'invite de commandes se lance.

[6] Dans une version française de Wireshark, cette partie de la « Vue » est nommée en utilisant un mélange de français et d'anglais. La traduction est aussi un peu étrange pour « Paquet Détails » « Paquets Octets ».

[7] Les noms des colonnes sont aussi en anglais dans une version française de Wireshark.

3. En utilisant l'adresse IP enregistrée précédemment, tapez **ping [*l'adresse IP*]**, mais n'appuyez pas sur la touche « Entrée ». Cela produira un écran comme celui de la figure 23.13.

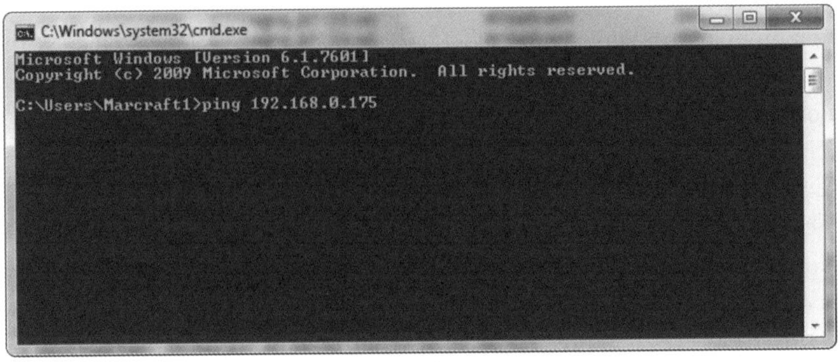

Figure 23.13 Envoi d'une demande PING

4. Retournez dans la fenêtre de Wireshark. Dans le coin supérieur gauche de la fenêtre, vous remarquerez un aileron de requin (icône de démarrage). Cliquez dessus pour lancer une nouvelle capture en direct.
5. Vous serez invité à sauvegarder les paquets capturés. Sélectionnez « Continue without Saving » (continuer sans sauvegarder).
6. Une fois la capture commencée, revenez dans « Invite de commandes » et appuyez sur la touche « Entrée » pour lancer le processus PING décrit à la figure 23.14.

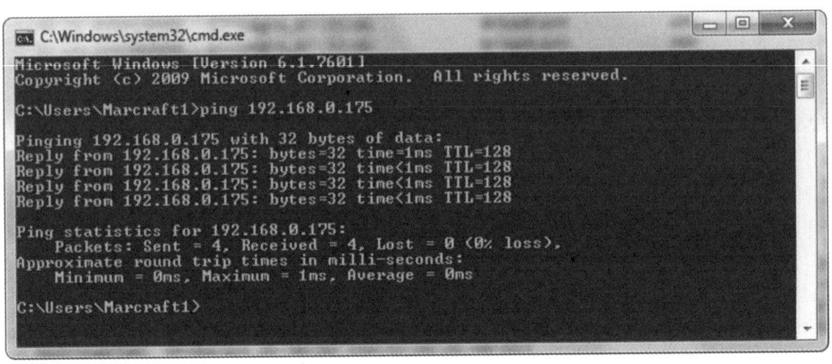

Figure 23.14 Ping

7. Lorsque le processus PING est terminé, retournez dans Wireshark et arrêtez la capture en direct en sélectionnant le « carré rouge » situé près du coin supérieur gauche de la fenêtre.

Vous remarquerez au moins un nouveau protocole présent sur la liste. Le protocole ICMP doit être listé, comme le montre la figure 23.15. (Vous devrez peut-être faire défiler la liste vers le haut en fonction de la quantité de trafic sur votre réseau).

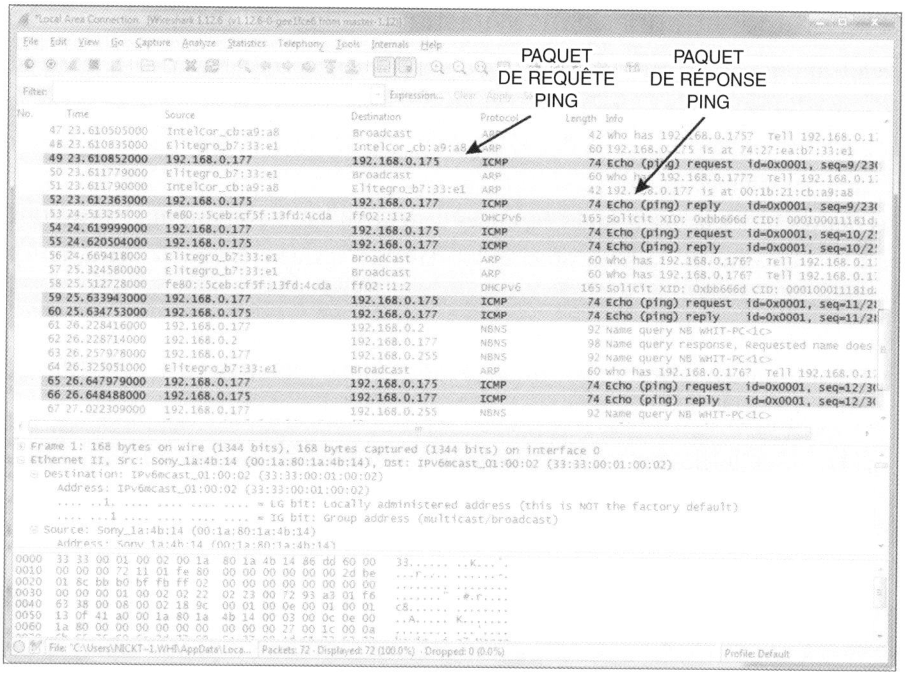

Figure 23.15 Fenêtre de capture Wireshark avec les paquets ICMP

NOTE Pour chaque PING, vous verrez deux paquets liés à la ICMP. La demande et la réponse : Echo (PING) requests et Echo (PING) rely.

8. Sélectionnez le champ des filtres. Tapez **icmp** et appuyez sur « Entrée ».

Cela filtre tout le trafic et ne conserve que celui du seul protocole ICMP. Comme ça, vous pouvez visualiser le PING beaucoup plus facilement, comme l'illustre la figure 23.16.

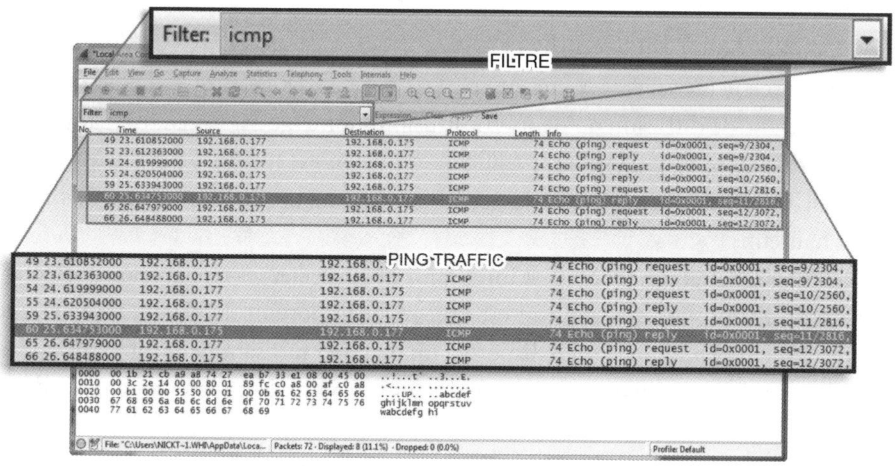

Figure 23.16 Visualisation du PING

Explorer les attaques dans Wireshark

Il serait imprudent de lancer une attaque juste pour pouvoir consulter le trafic dans Wireshark. Effectuer une attaque à ce stade pourrait rendre votre machine locale inutilisable. Par conséquent, vous devrez examiner du trafic précédemment capturé qui représente différentes attaques.

Vous pouvez télécharger quelques exemples d'attaques à l'adresse suivante : https://wiki.wireshark.org/SampleCaptures. Stockez-les dans un dossier **Exemples Wireshark** sur votre bureau.

Pour les besoins de ce laboratoire, localisez et téléchargez ce qui suit :

- arp-storm.pcap (https://wiki.wireshark.org/SampleCaptures#ARP.2FRARP)
- teardrop.cap (https://wiki.wireshark.org/SampleCaptures#Crack_Traces)

1. Localisez le dossier intitulé **Exemples Wireshark** sur votre bureau. Double-cliquez pour ouvrir le dossier et visualiser son contenu, comme indiqué à la figure 23.17.

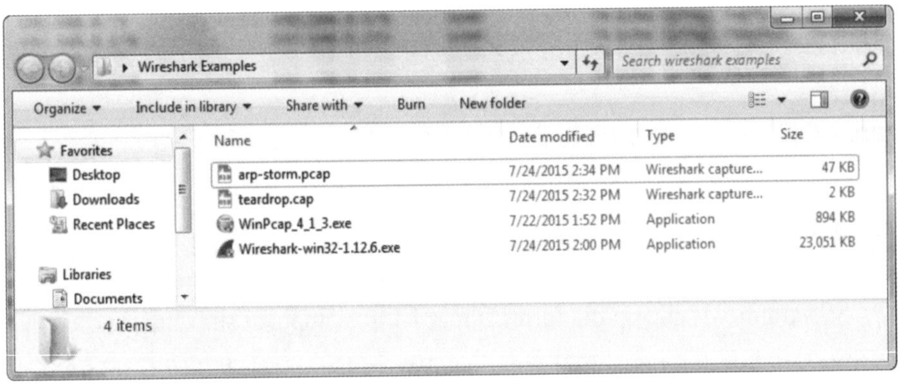

Figure 23.17 Contenu du dossier Exemples Wireshark

2. Double-cliquez sur « arp-storm.pcap ». Trouvez et sélectionnez Wireshark pour ouvrir ce fichier si vous y êtes invité. La figure 23.18 montre le fichier ouvert.

Lorsque le trafic de diffusion ou de multidiffusion submerge un réseau, on parle de tempête de diffusion réseau. Comme le trafic de diffusion est rediffusé par chaque appareil du réseau, il peut rapidement surcharger les commutateurs et les routeurs s'ils ne sont pas à la hauteur.

Comme pour les attaques DoS, il est important de surveiller les réseaux pour détecter les tempêtes de diffusion. Cependant, il est également important de s'assurer que le réseau est correctement configuré et qu'il dispose d'un matériel suffisamment robuste pour faire circuler les données rapidement et apprendre les itinéraires assez vite pour répondre aux besoins de l'organisation.

3. Examinez le trafic en faisant défiler le volet « Paquets List ». Voyez si vous pouvez y découvrir des informations importantes.
4. Après avoir examiné l'exemple « arp-storm », fermez la fenêtre Wireshark en cliquant sur le « X » dans le coin supérieur droit de la fenêtre.

5. Retournez dans le dossier **Exemples Wireshark** et double-cliquez sur « teardrop. cap ».

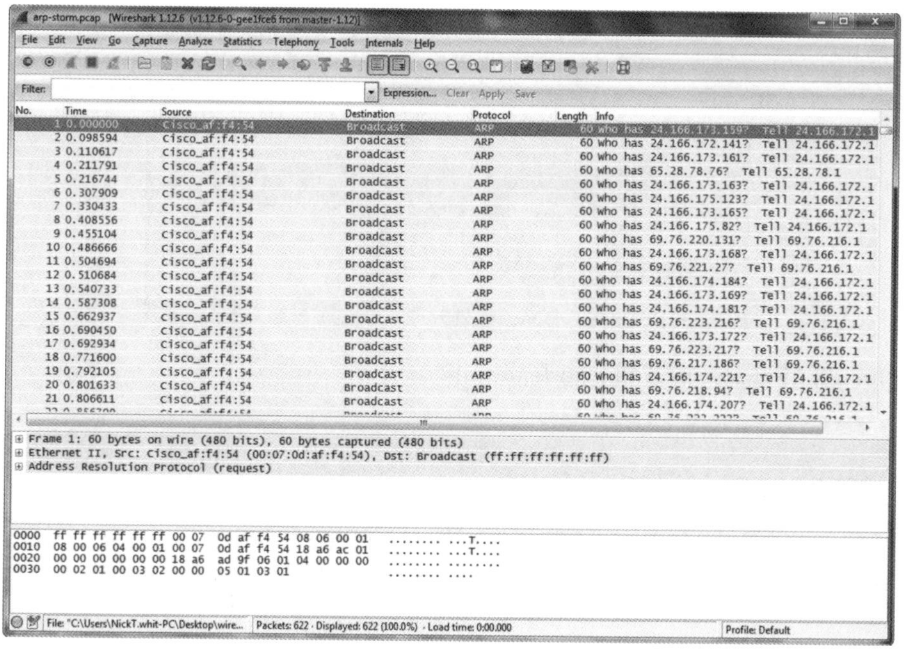

Figure 23.18 Exemple arp-storm

Une attaque *teardrop* est un autre type de déni de service qui consiste à envoyer des paquets fragmentés à une machine ciblée. La machine visée ne sera pas en mesure de réassembler des paquets de cette nature. Les paquets se chevaucheront alors les uns les autres et finiront par provoquer le crash de l'appareil ciblé.

6. Examinez le trafic, et plus spécifiquement les paquets 8 et 9 comme l'illustre la figure 23.19, en utilisant le volet central (Paquet Détails). Le paquet 8 est considéré comme le point de départ, tandis que le paquet 9 cause le chevauchement. Dans cet exemple, la différence est subtile ; cependant, le paquet 8 est de 36 octets et le paquet 9 commence au décalage (offset) 24, ce qui provoque l'attaque.
7. Fermez toutes les fenêtres Wireshark restantes. Si vous êtes invité à enregistrer avant de quitter, sélectionnez « Quit without Saving ».
8. Fermez la fenêtre « Invite de commandes », ainsi que le dossier « Exemples Wireshark ».
9. Éteignez l'ordinateur.

Wireshark est un outil puissant et populaire pour analyser le trafic. Cet exercice n'était qu'une introduction à ses bases ; il offre de nombreuses autres options, notamment des graphiques d'entrées/sorties, des filtres avancés et la possibilité d'analyser du trafic capturé ailleurs. Pour plus d'informations, visitez wireshark.org.

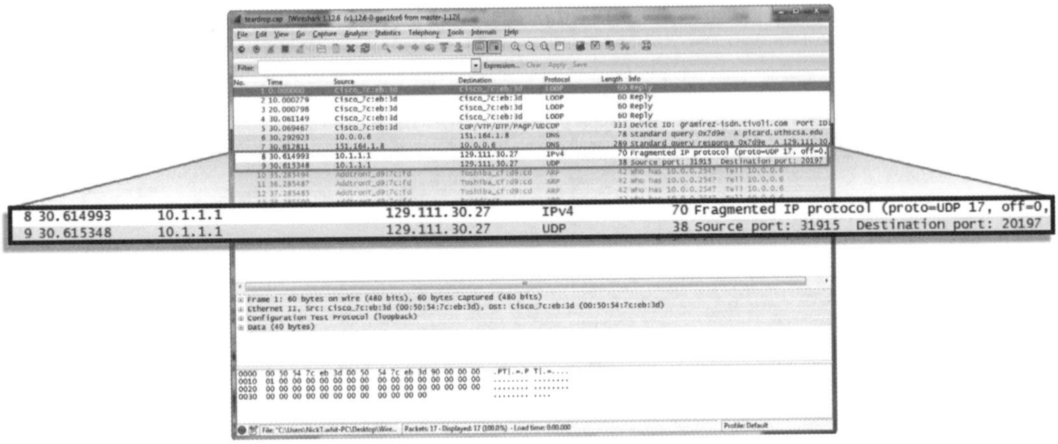

Figure 23.19 Exemple d'attaque Teardrop

Questions sur les laboratoires

1. Quels sont les trois volets de la fenêtre de capture Wireshark?
2. Combien de paquets sont concernés par un PING?
3. Devriez-vous gérer Wireshark avec un compte administratif?

Réponses du laboratoire

1. Quels sont les trois volets de la fenêtre de capture Wireshark?

Le volet «Paquets List», le volet «Paquet Détails» et le volet «Paquets Octets»

2. Combien de paquets sont concernés par un PING?

Pour chaque PING, vous verrez deux paquets liés à ICMP : Echo (PING) demande et Echo (PING) réponse.

3. Devriez-vous gérer Wireshark avec un compte administratif?

Ce n'est généralement pas recommandé. Utilisez plutôt Wireshark avec un compte moins privilégié et augmentez le niveau lorsque vous y êtes invité.

Chapitre 24

Identifier les vulnérabilités et s'en prémunir

La découverte quasi quotidienne de nouvelles vulnérabilités réseau sera une des réalités de l'Internet moderne. Vous pouvez également compter sur le fait que celles-ci seront exploitées peu de temps après leur découverte. Toute une industrie se développe et profite de ces découvertes, qu'elles soient utilisées de manière malveillante ou qu'elles servent à prévenir une exploitation future. Dans ce chapitre, vous apprendrez à :

- Identifier les vulnérabilités courantes des ordinateurs et des réseaux liées à la connexion à l'Internet
- Discuter des exploits et des défenses communes en matière de cybersécurité

Vulnérabilités du jour zéro

Lorsque vous parlez de vulnérabilités ou d'attaques, vous entendrez souvent le terme *zero day*. Celui-ci fait référence à une vulnérabilité inconnue du vendeur du produit et, par conséquent, aucun correctif n'est encore disponible. Une fois la vulnérabilité rendue publique, le vendeur doit s'empresser de publier un correctif.

Les vulnérabilités peuvent être détectées de plusieurs façons. Elles peuvent être découvertes par accident, par exemple lorsque quelqu'un utilise l'application d'une manière non prévue par les développeurs. Mais ce qui nous préoccupe le plus, ce sont les vulnérabilités recherchées et ciblées pour être exploitées. Celles-ci peuvent être trouvées via la technique du *fuzzing*, ou en interagissant avec l'application de manière inattendue, dans l'espoir d'échapper à son contrôle. Une autre façon de trouver une vulnérabilité est de faire de l'*ingénierie inverse*, en travaillant à rebours à partir des fichiers du produit fini en espérant trouver une faiblesse.

Beaucoup d'entre nous savent que le deuxième mardi du mois représente le « mardi des correctifs », lorsque Microsoft publie généralement les siens.

Lorsque vous êtes confronté à de nombreuses vulnérabilités, ce calendrier peut être adéquat. Cependant, certaines vulnérabilités sont suffisamment graves pour justifier un correctif non programmé.

Les navigateurs web offrent généralement des méthodes de mise à niveau faciles ou automatiques. Bien que cela puisse être ennuyeux pour les utilisateurs, ces mises à jour doivent toujours être appliquées dès que possible, tout comme vous maintiendriez votre logiciel antivirus à jour.

Un mot sur les hackers

Vous vous demandez peut-être qui trouve ces vulnérabilités *zero day*. Ce sont généralement des personnes appelées *hackers*. Ce terme est utilisé pour désigner les développeurs informatiques qui opèrent avec des intentions malveillantes. Cependant, le terme original faisait référence aux personnes chargées de trouver des problèmes dans les logiciels. Aujourd'hui, la notion de « hacker » est très nuancée ; en effet ceux-ci ne sont pas tous motivés par l'idée de causer du tort.

Exploitation des logiciels

Il ne se passe pas un jour sans que l'on ne remarque qu'un logiciel populaire dispose d'une mise à jour. Bien entendu, la méthode acceptée pour obtenir ces mises à jour consiste à les télécharger par le biais d'un navigateur web. Elles posent donc un problème tant sur les ordinateurs de bureau que sur les serveurs d'applications.

Les logiciels basés sur PHP tels que WordPress, ses plugins ou PHPMyAdmin font l'objet de mises à jour fréquentes car de nouveaux exploits sont souvent découverts. Il y a seulement certains mois durant lesquels trois mises à jour (ou plus) de sécurité critiques de WP ont été publiées pour faire face aux découvertes de problèmes de sécurité. WordPress, et c'est tout à leur honneur, gère cette situation en réalisant des mises à jour automatiques. Les administrateurs doivent néanmoins rester prudents s'ils espèrent obtenir un de ces ensembles logiciels et mettre à jour leurs logiciels.

Les plugins peuvent également être affectés par différents exploits, et leurs mises à jour ne sont pas encore automatiques. Il est donc important de vérifier manuellement et fréquemment les mises à jour de tous les logiciels du serveur. Si la sécurité de ce dernier est absolument essentielle, il pourrait également être prudent de reconsidérer l'utilisation de ces produits car ils sont si communément exploités.

La plupart des utilisateurs d'ordinateurs sont au moins quelque peu conscients des nombreux exploits apparaissant au fil des ans pour le lecteur *Flash*[1] d'*Adobe*. La plupart attesteront qu'il s'agit du logiciel qu'ils ont le plus mis à jour ces dernières années. Adobe a fait un travail admirable en essayant de se tenir au courant des nouvelles vulnérabilités « zero day », mais sans gagner cette guerre.

Vous hébergez un produit PHP ?

Si vous hébergez un produit PHP, pensez à utiliser suPHP (suphp.org), qui peut limiter le piratage de PHP.

Si certains exploits ne font rien d'autre qu'injecter de la publicité dans le navigateur, d'autres installent des logiciels de rançon sur des ordinateurs vulnérables, comme nous

[1] Sur le site d'Adobe, on peut à ce sujet lire : « *Dans la mesure où Adobe ne prend plus en charge Flash Player depuis le 31 décembre 2020 et empêche le contenu Flash de s'exécuter dans Flash Player depuis le 12 janvier 2021, nous recommandons vivement à tous les utilisateurs de désinstaller Flash Player au plus tôt afin de sécuriser leurs systèmes.* » (https://www.adobe.com/be_fr/products/flashplayer/end-of-life.html#)

l'avons vu dans la deuxième partie. Une fois installé, ce logiciel chiffrera tout ou une partie des données de l'utilisateur et exigera de grosses sommes d'argent pour déchiffrer les fichiers.

Si, statistiquement, la menace est plus importante sur les systèmes Windows, les utilisateurs de Mac et de Linux sont également vulnérables aux piratages de Flash. Ce logiciel vérifie fréquemment les mises à jour, mais de nombreux utilisateurs renoncent à celles-ci, ou du moins, les retardent parce qu'elles prennent un certain temps. Parfois, plusieurs mises à jour se succèdent rapidement, ce qui fait que certains utilisateurs fatigués des mises à jour désactivent l'application automatiques ou annulent et ignorent simplement les avertissements.

Etant donné que Flash s'exécute dans le navigateur, les utilisateurs peuvent ne pas se rendre compte qu'ils visionnent du contenu de ce type. Ils peuvent penser que, comme ils ne regardent pas un film ou une présentation, Flash n'est pas utilisé. Sensibilisez les utilisateurs à l'importance de mettre à jour ce logiciel en temps utile et de ne pas désactiver les mises à jour automatiques.

Adobe ne doit pas se contenter de s'inquiéter des problèmes de Flash, car les piratages d'Adobe *Reader* (anciennement Acrobat Reader) sont de plus en plus fréquents. Ces exploits peuvent conduire à l'exécution arbitraire de code, au contournement du « bac à sable » ou à un simple déni de service, généralement par corruption de la mémoire.

En utilisant ce qu'ils ont appris de Flash, Adobe a développé un bon mécanisme de mise à jour ; mais, comme pour Flash Player, cette mise à jour peut nécessiter une intervention de l'utilisateur et, par conséquent, peut être ignorée. Ce produit doit être inclus dans vos présentations de formations des utilisateurs.

Microsoft met également fréquemment à jour ses logiciels, et pas seulement au travers des « correctifs du mardi » comme décrit précédemment. Windows n'est pas le seul produit à risque non plus, car les logiciels peuvent également être exploités. Il est donc essentiel d'encourager les utilisateurs à autoriser l'exécution et la réalisation de leurs mises à jour Microsoft. Chaque nouvelle version de Windows tente de rendre cela moins gênant et transparent, mais les utilisateurs qui continuent à contourner ce processus prendront conscience à un moment donné de la raison pour laquelle ces mises à jour sont essentielles.

Un problème que certains administrateurs négligent est celui de l'utilisateur qui possède un PC portable utilisé seulement lors de ses voyages. Cette machine peut rester des semaines ou des mois sans mises à jour et ensuite, lorsque l'utilisateur est finalement invité à effectuer des mises à jour, il les annule comme s'il était à l'hôtel ou dans un avion. Les utilisateurs de PC portables doivent toujours être encouragés à préparer leur voyage à l'avance en connectant leur ordinateur portable au réseau au moins un jour avant leur départ et en permettant la mise à jour.

Injection SQL

L'exploitation logicielle la plus courante (et aussi la plus évitable) est sans doute l'*injection SQL*. Comme le montre la Figure 24.1, les pirates peuvent tenter d'injecter des commandes SQL dans un formulaire public, tel que celui de connexion, dans l'espoir d'obtenir l'accès aux informations stockées dans une base de données sous-jacente.

Une grande partie de la puissance du web moderne est liée à l'utilisation de bases de données en ligne, et de nombreux concepteurs de sites web utilisent des moteurs de base de données SQL (ou de type SQL) pour les alimenter. Les sites web sont souvent des applications web puissantes qui peuvent stocker d'énormes quantités d'informations. Avec SQL, vous pouvez souvent enchaîner des requêtes et des commandes très facilement en ajoutant un point-virgule (;) puis une autre commande SQL. Le point-virgule sert à « échapper » à la nécessité de saisir des données, et permet d'ordonner à l'application d'exécuter ce que vous ajoutez ensuite. Il n'est pas nécessaire de comprendre complètement la programmation SQL pour voir le problème que pose l'injection SQL. Imaginez un formulaire web qui pourrait rechercher des ressources à partir d'un code postal. Il utiliserait une seule requête telle que :

SELECT * FROM Locations WHERE Zip = '$zipcode';

Où *$zipcode* provient en fait d'un champ d'entrée fournie par l'utilisateur. Si le hacker devait entrer : **99336; DROP TABLE Locations** au lieu de **99336**, alors la base de données pourrait enchaîner ces commandes et supprimer entièrement (drop) la table *Locations*.

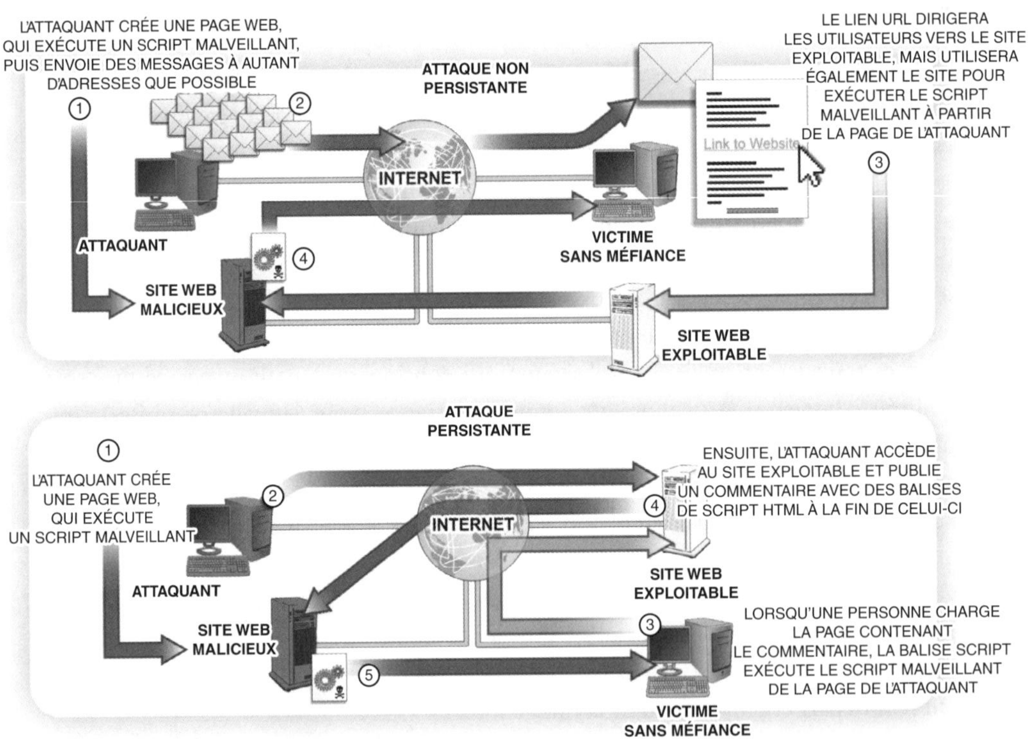

Figure 24.1 Injection SQL

Une façon courante pour les pirates de déterminer si l'application est vulnérable à une injection SQL consiste à rechercher un exploit *single quote* sur les formulaires de connexion. Une requête d'authentification pourrait être quelque chose de ce genre :

SELECT ID FROM Users WHERE Username = '$username'
AND Password = '$password' ;

Si un hacker sait ou peut deviner que vous avez un utilisateur nommé *Steve*, il peut tenter une simple astuce sur la saisie du mot de passe :

something' OR 'a'= 'a

Notez qu'il n'y a pas de caractère *single quote* de début ou de fin, car c'est la requête de l'application qui les ajoutera. La requête qui pourrait être exécutée ressemble alors à ceci :

SELECT ID FROM Users WHERE Username = 'Steve'
AND Password = 'something' OR 'a'= 'a' ;

Même si le mot de passe n'est pas « something », « a » sera toujours égal à « a » et, en utilisant le *OU logique*, une seule de ces comparaisons doit être validée pour obtenir un *vrai*. Il se pourrait que le hacker ne doive même pas deviner un nom d'utilisateur en essayant le même truc dans le champ du nom (*Username*).

SELECT ID FROM Users where Username = 'Steve' OR 'x'= 'x'
AND Password = 'something' OR 'a'= 'a' ;

Ici, le hacker a deviné un nom d'utilisateur et un mot de passe, mais cela n'a pas d'importance car 'x'= 'x', et 'a'= 'a' seront toujours vrais. En outre, la clause OR garantit au moins une correspondance et le pirate informatique se verra accorder l'accès.
Vous pensez peut-être déjà que nous ne devrions pas autoriser la saisie de caractères *single quote*. Avec les champs *nom d'utilisateur* et *mot de passe*, cette option pourrait fonctionner.
Toutefois, si vous demandez des données numériques, comme suit :

SELECT ID FROM Users where UserID = $inputValue;

et des champs numériques qui ne nécessitent pas de caractères *single quote*, il suffit d'entrer :
8 686 OU 5 = 5
la requête doit correspondre car elle est effectivement égale même s'il n'y a pas de *UserID* égal à 8 686 dans la base de données.
Cela peut être assez effrayant, mais c'est heureusement facile à prévenir. Les développeurs d'applications web n'ont qu'à filtrer ou nettoyer chaque champ d'entrée avant de l'inclure dans une requête. Cela peut se faire de différentes manières, mais il faut tenir compte de ces approches.

- N'autorisez la saisie que des caractères provenant d'une liste blanche. Il est évident que les caractères *single quote* ne figureront pas sur cette liste blanche.
- « Echappez » les champs d'entrée de données.

- Analyser (« parsez ») les données des champs de saisie et refuser OR et || (et certainement DROP).
- Méfiez-vous des données numériques et encadrez leur saisie avec des symboles de type « quote ».

Ces méthodes auront un certain impact et pourraient suffire pour de nombreux formulaires. Cependant, il semble qu'il y ait toujours certaines injections de chaines de caractères qui permettent de contourner la validation des entrées. L'échappement est problématique avec certains champs (considérez un champ *nom* où un utilisateur pourrait entrer un caractère apostrophe comme faisant partie de son nom). Si un pirate informatique entre un caractère *backslash* (\) pour « échapper » son entrée ou utilise l'Unicode ou d'autres codages, il peut finir par déjouer vos routines d'aseptisation.

La meilleure façon d'empêcher l'injection SQL est d'utiliser des paramètres SQL. Les systèmes SQL modernes supportent les requêtes paramétrées dans lesquelles les paramètres sont évalués strictement comme des données et ne permettent pas l'exécution de commandes. Par exemple :

```
SELECT ID From Users where Username = '@user' AND
Password = '@pass' ;
```

Quelque part dans le code, le serveur aura stocké des procédures qui gèrent ces paramètres et imposent une saisie et une validation strictes des données pour garantir qu'aucun autre code que le vôtre n'est exécuté. Vous devez toujours être prudent lorsque vous créez des requêtes et comprendre que les tableaux et les colonnes ne peuvent pas être des paramètres. Toutefois, cela est considéré comme la meilleure pratique lors de l'utilisation de systèmes SQL.

Il existe deux autres vulnérabilités qui sont similaires à l'injection SQL : Les attaques *Cross-Site Scripting* (XSS) et par injection *LDAP*. Dans une attaque Cross-Site Scripting, l'attaquant utilise JavaScript dans les champs d'entrée. Si cette entrée est renvoyée, le navigateur de l'utilisateur peut alors exécuter ce code. Ce genre de chose peut facilement être évité en ne faisant tout simplement pas l'écho de cette entrée ou en convertissant toutes les entités HTML dans votre traitement des entrées, ce qui convertira <script> en < script&gt et le rendra inoffensif. Pour prévenir les attaques par injection LDAP, il est important que les formulaires destinés au public qui effectuent des requêtes LDAP utilisent un certain type de validation des entrées.

Si les navigateurs modernes protègent contre les attaques *cross-site scripting*, ils ne peuvent pas se défendre complètement d'elles. Cette attaque, comme beaucoup d'autres, nécessite une page web piratée ou malveillante, comme le montre la Figure 24.2. Il peut être utile de sensibiliser les utilisateurs à ce risque et à l'utilité de se connecter manuellement aux médias sociaux plutôt qu'à partir de liens web. Les pages web hébergées devraient être périodiquement scannées pour ce type de malveillance à l'aide d'un utilitaire tel que *BeEF* ou *Metasploit* décrit plus haut.

Java

Statistiquement, Java est, plus que tout autre logiciel, la cible d'exploits. Beaucoup pensent qu'Oracle n'a pas suffisamment renforcé Java et ont adopté l'idée que Java devrait être évité. Java fonctionne dans son propre environnement virtuel et les systèmes de protection standard des systèmes d'exploitation n'offrent aucune protection contre les piratages de Java.

La plupart des systèmes d'exploitation modernes proposent les technologies DEP (Data Execution Prevention) et ASLR (Address Space Layout Randomization), ainsi que d'autres solutions de type *sandboxing* (ou « bac à sable ») des applications, qui rendent les exploits considérablement plus difficiles. Ces systèmes ne peuvent pas protéger l'utilisateur contre les exploits de Java. Combiné à l'omniprésence de Java, cela en fait une cible de choix pour les pirates informatiques.

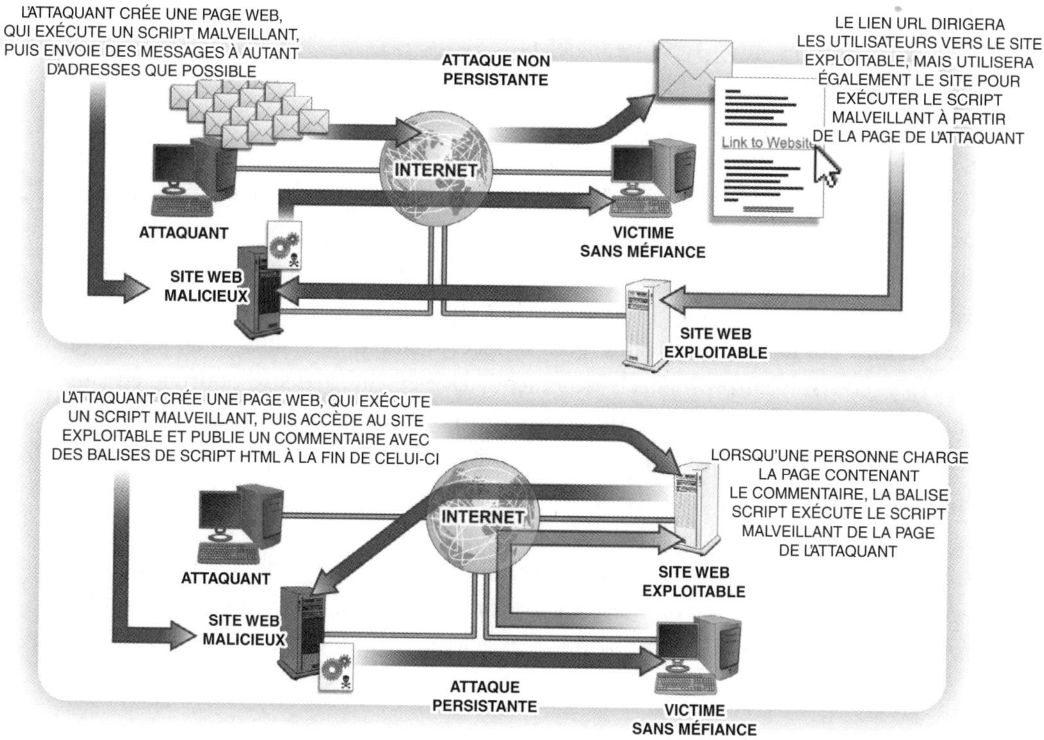

Figure 24.2 Cross-Site Scipting

Pour les utilisateurs qui n'ont pas vraiment besoin de Java, sa simple désactivation est une excellente solution. Pour ceux qui doivent exécuter Java, il est possible de restreindre quelque peu les fichiers pouvant être utilisés. Cela rend encore plus important le fait que les utilisateurs doivent garder Java à jour. Les mises à jour d'Oracle ont tendance à être un peu plus en retard par rapport aux exploits publiés que ne le souhaiterait l'industrie de la cybersécurité, mais une mise à jour rapide est cruciale lorsque ces correctifs sont disponibles.

Autres exploitations de logiciels

Malgré les efforts de toutes les personnes impliquées, il semble que presque tous les logiciels peuvent être exploités s'ils reçoivent suffisamment d'attention de la part des pirates. Les mêmes concepts s'appliquent à tous les logiciels en ce sens que les utilisateurs doivent être vigilants quant à l'endroit où ils obtiennent leurs logiciels et leurs fichiers de données et qu'ils doivent effectuer toutes les mises à jour des logiciels en temps utile.

Les applications Microsoft Office prennent en charge des macros qui présentent de nombreuses vulnérabilités possibles. Comme la plupart des utilisateurs n'utilisent pas ces macros, la désactivation de leur support est alors une bonne solution.

Les navigateurs web semblent exceller dans la mise à jour, et de plus en plus de logiciels s'orientent vers des mécanismes de mise à jour automatique, de sorte que, collectivement, de bons progrès sont réalisés. Les extensions des navigateurs sont une préoccupation croissante, car elles deviennent plus populaires et doivent être considérées aussi sérieusement que les autres types de logiciels.

Les utilisateurs doivent être bien informés des menaces logicielles et être réceptifs aux demandes de mise à jour.

Un simple logiciel antivirus et anti-malware ne peut pas protéger totalement les utilisateurs ou les serveurs contre les exploits logiciels. Certains de ces derniers peuvent provenir d'aventures à haut risque sur le web ou de l'ingénierie sociale (ou de la crédulité des utilisateurs) ; mais en fin de compte, il est important de comprendre que quiconque ne peut pas faire grand-chose pour empêcher chaque exploit.

Lorsque vous combinez cette réalité avec la méchanceté de certaines attaques comme les *CryptoLockers* et autres logiciels de rançon, la meilleure défense pourrait être une solution de secours solide. Des sauvegardes fréquentes et incrémentielles sont le meilleur moyen de minimiser l'impact de ces attaques. Les sauvegardes simples ne sont pas une solution parfaite car vous pourriez ne pas être au courant d'un exploit et sauvegarder le logiciel ou les données exploités par-dessus la bonne copie.

La meilleure solution consiste à utiliser des solutions de sauvegarde incrémentielle qui permettent de récupérer les données en fonction du temps. *Time Machine* d'Apple et *Historiques des fichiers* de Microsoft sont d'excellentes solutions de sauvegarde qui permettent de retrouver un point dans le temps qui précédait l'exploitation.

Exploits de l'ingénierie sociale

Lorsque nous pensons aux vulnérabilités des réseaux, nous ne pensons pas d'abord aux vulnérabilités humaines, mais elles sont la cible de nombreuses attaques de cybersécurité. L'ingénierie sociale exploite essentiellement les interactions humaines pour contourner la sécurité normale. Alors que la sécurité traditionnelle s'améliore et que les exploits réseau sont de plus en plus souvent mis en difficulté, les pirates se tournent vers la manipulation psychologique pour atteindre leurs objectifs.

Nous avons tendance à nous moquer de ce concept, et souvent il peut sembler étonnant que les utilisateurs puissent être trompés de cette manière, mais l'ingénierie sociale fonctionne étonnamment bien sans avoir besoin d'être trop détaillée ou sophistiquée. Le nœud du problème est que les gens se trompent en se montrant trop serviables et trop confiants. Lorsqu'une personne est confrontée à une attaque bien conçue, sans formation de sensibilisation adéquate, elle peut être crédule.

Certaines tromperies d'ingénierie sociale sont si réalistes que ce n'est qu'avec un examen minutieux qu'elles peuvent être reconnues. Les utilisateurs ne seront pas en mesure de fournir ce niveau d'examen ou de compréhension spécifique, donc les éduquer sur les concepts généraux est la meilleure façon de combattre ces activités.

Attaques par phishing

Le phishing (ou hameçonnage) est une technique d'ingénierie sociale qui tente d'acquérir des informations sensibles, généralement des données de connexion ou de carte de crédit, en se faisant passer pour une organisation digne de confiance. Ces attaques impliquent généralement des courriels qui redirigent l'utilisateur vers un faux site web ressemblant au vrai, comme le montre la Figure 24.3.

Ces sites invitent l'utilisateur à saisir ses informations d'identification ou d'autres informations sensibles afin que celles-ci puissent être recueillies et utilisées pour le vol d'identité.

Souvent, nous pensons que ces choses sont si manifestement ridicules que personne ne tomberait jamais dans le piège. Pourtant, il y a toujours quelqu'un qui tombe dans le panneau, c'est pourquoi ils sont si populaires.

Le premier et le meilleur moyen de lutter contre le phishing est d'éduquer vos utilisateurs. Plutôt que de leur faire honte d'être des néophytes crédules, il est de loin préférable de leur proposer des moyens simples de reconnaître la différence entre un vrai et un faux courriel ou site web, y compris :

- L'apparence d'un courriel ou d'un site web peut être trompeuse. Les logos, les avertissements officiels et le jargon juridique n'apportent aucune légitimité, car ils peuvent être falsifiés ou copiés facilement.

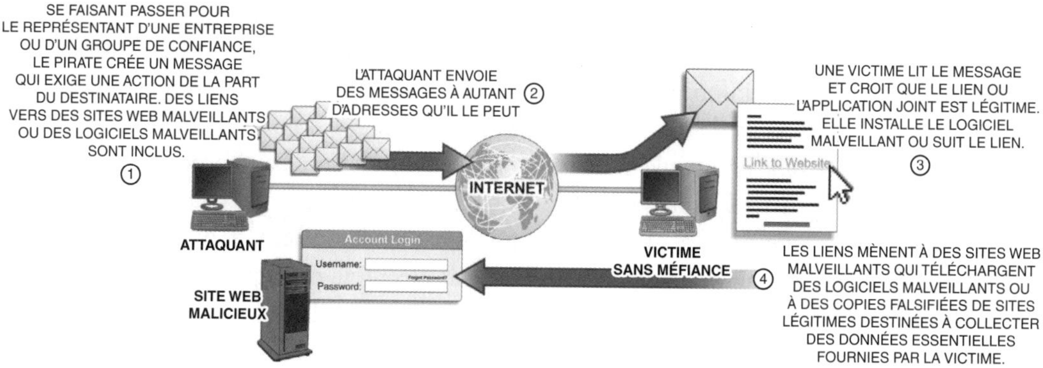

Figure 24.3 Un exemple d'attaque par hameçonnage

- Comprenez que les entreprises légitimes envoient rarement des courriels contenant un lien vers une demande d'informations sensibles. Ces organisations peuvent vous encourager à vous connecter à votre compte pour profiter de certaines nouvelles fonctionnalités ou de certaines promotions. Si c'est le cas, faites-le de la manière habituelle plutôt que par un lien dans un courriel. Les organisations légitimes ont suffisamment appris au fil des ans qu'elles ne feront rien qui puisse vous faire perdre votre confiance.
- L'adresse « De » d'un courriel peut être falsifiée très facilement et tout le monde peut le faire.
- Les hyperliens dans les courriels peuvent être dangereux. Si vous ne connaissez pas la personne ou l'organisation qui a envoyé le courriel, ne cliquez tout simplement pas sur le lien.
- Si vous connaissez la personne ou l'organisation qui vous a envoyé le courriel, sachez que les hyperliens dans les courriels peuvent vous emmener n'importe où. Apprenez aux utilisateurs à examiner l'adresse web de ces liens et à rechercher l'URL de l'organisation légitime plutôt que le seul nom de l'organisation en tant que partie de cette URL.

Par exemple, un lien vers votre banque, appelée *My Really Secure Bank*, est https://myreallysecurebank.com. Dans un courriel de phishing, le lien peut être présenté comme suit : https://bogus.somewhere.ru/myreallysecurebank, avec *bogus* et *somewhere* qui sont les endroits vers lesquels les pirates informatiques essaient de vous diriger afin de vous faire révéler des informations qu'ils utiliseront ensuite pour voler votre identité ou accéder à vos comptes. Il est toujours préférable de se rendre directement sur le site web en utilisant votre marque-pages ou en tapant l'URL.

- Apprenez aux utilisateurs à examiner les en-têtes de courriel. Cela peut être un peu difficile pour beaucoup de gens. Cependant, montrez aux utilisateurs comment examiner les en-têtes de courrier électronique et montrez-leur comment voir les noms d'hôte de chaque serveur de courrier électronique par lequel le message a transité. Ce faisant, vous pouvez souvent voir si un courrier électronique est légitime.

Bien que certaines entreprises fassent appel à des organisations extérieures pour le marketing ou même pour les courriels évènementiels, tout mail légitime renvoyant à un site nécessitant la saisie d'informations sensibles doit toujours provenir de l'organisation elle-même. Si ce n'est pas le cas, ne lui faites pas confiance.

Les attaques par phishing peuvent également être plus ciblées. Le « harponnage » (ou *Spear phishing)* peut cibler un seul utilisateur d'une organisation et sembler provenir d'une autre personne de cette organisation qui demande des informations sensibles. La meilleure façon de résoudre ce type d'attaque est de créer une politique d'entreprise qui interdit l'envoi d'informations sensibles entre les utilisateurs. Toutefois, l'éducation est un outil puissant dans ce domaine également.

Répondre à un courriel tel que celui décrit ici serait plus problématique que d'envoyer cette information à une adresse de leur carnet d'adresses. Si les utilisateurs non seulement comprennent les risques, mais connaissent également quelques moyens simples pour éviter les tromperies, le réseau sera plus sûr.

Il existe un certain nombre de variantes des attaques par phishing, notamment le *pharming*, le *spear phishing*, la *fraude au président*, et un certain nombre d'autres. Vous pouvez en savoir plus sur ces variantes en recherchant ces termes en ligne.

Menaces et attaques des réseaux

Plusieurs types de vulnérabilités réseau et les attaques associées vous ont été présentés dans la troisième partie du livre, tels qu'ils s'appliquent aux dispositifs de connectivité d'un réseau local. Dans ce chapitre, ces vulnérabilités et types d'attaques sont réexaminés dans la mesure où ils s'appliquent aux activités liées à l'Internet.

Les tempêtes de diffusion

Dans la troisième partie, vous avez appris que lorsque le trafic est rediffusé par tous les appareils du réseau, ce trafic émis en *broadcast* ou en *multicast* peut rapidement surcharger les commutateurs et les routeurs et submerger le réseau. Ce type d'activité est appelé *tempête de diffusion* ou *tempête réseau*, comme le montre la Figure 24.4.

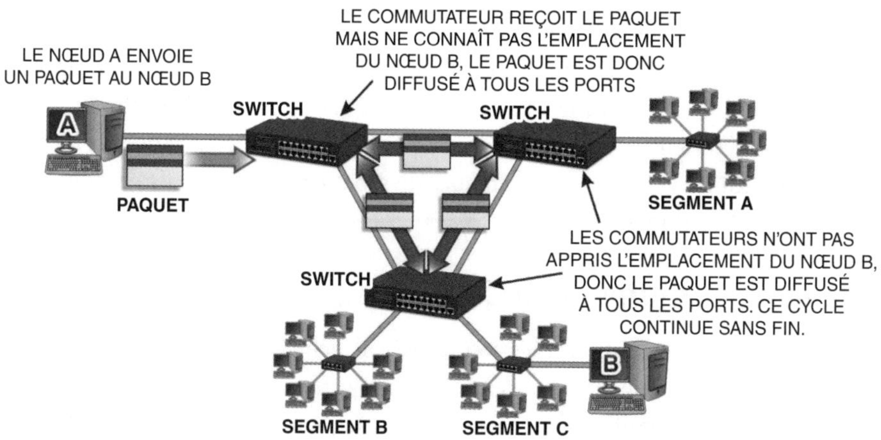

Figure 24.4 Tempête de diffusion

Il est important de surveiller les réseaux pour détecter les tempêtes de diffusion. Cependant, il est également important de s'assurer que le réseau est correctement paramétré. Si un nœud du réseau communique directement avec plus d'un commutateur, les tables de résolution peuvent devenir confuses, ce qui fait que les paquets sont massivement envoyés entre les segments. Cela peut représenter une faiblesse majeure dans la mise en œuvre du réseau.

Il est également important de disposer d'un matériel suffisamment robuste pour faire circuler rapidement les données et apprendre les itinéraires assez rapidement pour répondre aux besoins de l'organisation. À mesure que les réseaux atteignent des vitesses de l'ordre du gigabit et plus, il est de plus en plus important que tout le matériel réseau soit adapté à ce débit de données.

Bien qu'il soit possible de segmenter un réseau de manière à minimiser les risques d'une tempête de diffusion, le protocole STP (Spanning Tree Protocol) a été créé pour traiter cette question. STP utilise l'algorithme STA (spanning-tree Algorithm) pour tenir compte du fait qu'un commutateur peut disposer de plus d'un moyen pour communiquer avec un nœud du réseau et ainsi gérer le chemin optimal tout en étant capable de revenir à un chemin secondaire si nécessaire. Les réseaux critiques doivent utiliser STP pour minimiser les tempêtes de diffusion.

STP agit dans les réseaux à trajets multiples en choisissant un des commutateurs comme *pont racine*, en manipulant son *niveau de priorité*. Pour ce faire, un échange des données BPDU de couche 2 (Bridge Protocol Data Units) a lieu entre tous les commutateurs du réseau jusqu'à ce qu'un « gagnant » soit sélectionné. Une fois établi, tous les autres commutateurs du réseau sont alors soumis au commutateur *pont racine* et tout le réseau trafic passera par lui. Chaque commutateur est connecté par son propre *port racine* au *root bridge* (le *pont racine*).

De nombreuses vulnérabilités des réseaux se concentrent sur l'obtention de justificatifs d'identité valables d'une manière ou d'une autre. Le *spoofing* a été évoqué plus tôt, il devrait donc être évident qu'il n'est pas vraiment difficile pour un attaquant de falsifier ou d'usurper une identité réseau. Les attaques « déguisées » peuvent provenir d'informations d'identification volées, d'adresses IP ou de courrier électronique usurpées, ou des deux. Si un attaquant peut tromper un utilisateur en lui faisant céder ses informations d'identification, il peut obtenir le « statut réseau » de cet utilisateur. Les efforts d'authentification multifactorielle (qui ne se limitent pas à la saisie des informations d'identification) peuvent réduire l'efficacité des attaques de type *masquerade*, mais ces solutions ne sont pas toujours pratiques.

Attaques de détournement de session

Dans une session TCP, l'authentification ne se fait généralement qu'au démarrage de la session. Souvent, lors de la connexion à un site web, un cookie de session est remis à l'utilisateur pour l'identifier à l'avenir. Si un attaquant est capable d'analyser cette connexion et d'obtenir le cookie de session, il peut accéder à ce site, comme le montre la Figure 24.5.

Ce type d'attaque est connu sous le nom de *session hijacking*.

Attaques de l'homme du milieu (MITM)

Dans la troisième partie, on vous a également présenté les attaques man-in-the-middle (MITM) ou attaques *fire brigade*. Ces attaques sont un type de détournement de session qui consiste à intercepter ou analyser et à modifier la communication entre les utilisateurs, comme le montre la Figure 24.6. On peut les considérer comme une forme d'écoute du réseau. En tant que tel, l'attaquant se trouve généralement sur le même réseau ou domaine de diffusion que les deux autres parties, et il assurera les communications entre les parties, en insérant ou en modifiant des données au cours du processus. Dans une connexion SSL, l'attaquant peut utiliser la technique *ARP spoofing* pour détourner le trafic vers l'attaquant lui plutôt que vers le routeur normal du réseau.

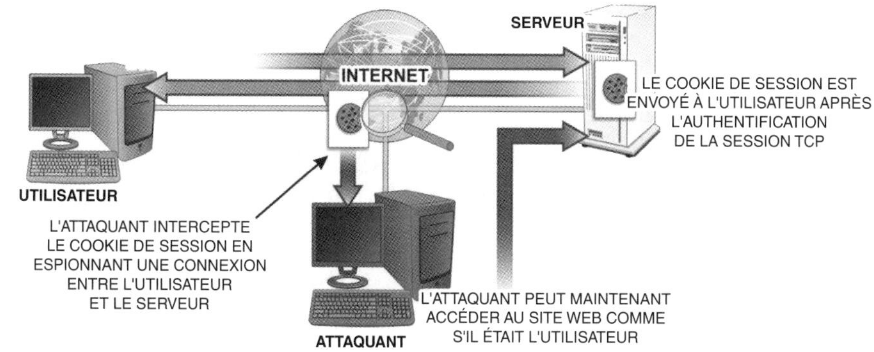

Figure 24.5 Détournement de session

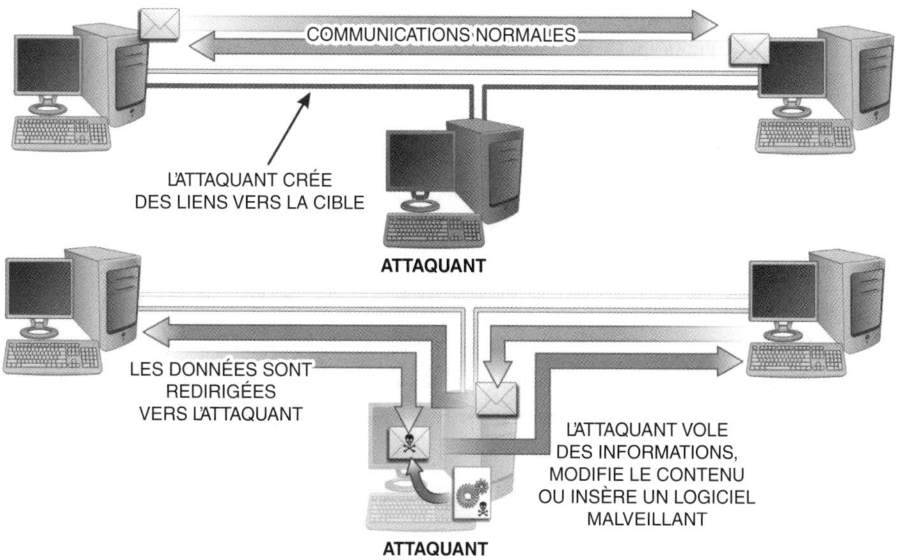

Figure 24.6 Attaque MITM

Attaques de type clickjacking

Une attaque de type *clickjacking* utilise des techniques trompeuses qui incitent l'utilisateur à cliquer sur un cadre malicieux plutôt que sur celui normalement prévu. Il s'agit d'une astuce populaire déployée sur les sites web piratés, car elle est facile à réaliser et peut rapporter beaucoup, comme le montre la Figure 24.7. L'attaquant dissimule généralement le cadre légitime afin que l'utilisateur clique sur celui de l'attaquant. Cela est souvent fait pour les pages web de médias sociaux. Il est possible pour le développeur d'un tel contenu d'ajouter un peu de code pour briser les cadres dans ses documents web, mais cela peut aussi être vaincu.

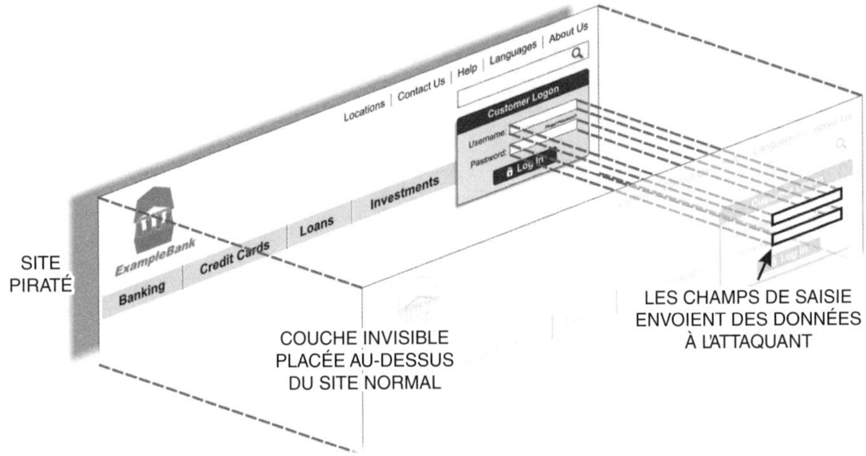

Figure 24.7 Le « clickjacking »

Attaques par dictionnaire

Une attaque par dictionnaire est simplement une technique systématique, par force brute, utilisant chaque mot d'un dictionnaire en tant que mot de passe. Ce type d'attaque est simple à éliminer en limitant le nombre de tentatives de connexion pouvant être effectuées dans une période donnée.

En outre, l'adresse IP de tout utilisateur dépassant un certain nombre de tentatives au cours de cette période pourrait être interdite jusqu'à ce qu'elle soit autorisée par un administrateur.

Une autre solution pour vaincre ces attaques consiste à appliquer une méthodologie stricte de mots de passe qui exige quelque chose de plus qu'un mot de dictionnaire pour l'accès. Ce type d'attaque est couramment utilisé par les spammeurs qui devinent les mots de passe des comptes de courrier électronique afin d'accéder à un compte et l'utilisent ensuite pour leur distribution de spam.

Attaques par déni de service (DoS)

Rien ne perturbe probablement plus les rêves d'un administrateur réseau que les attaques DoS (voir Figure 24.8) qui vous ont été présentées dans la troisième partie. Elles sont perturbatrices non seulement parce qu'elles se produisent souvent au milieu de la nuit, mais aussi parce qu'il n'y a vraiment aucun moyen d'être complètement immunisé contre elles. Comme vous l'avez appris lors des précédentes discussions sur le DoS, il existe de nombreuses façons d'inonder un réseau ou un service avec des requêtes qui peuvent finalement faire tomber le matériel le plus robuste. Le mieux que l'on puisse espérer est de minimiser leur impact et d'avoir un plan pour y faire face.

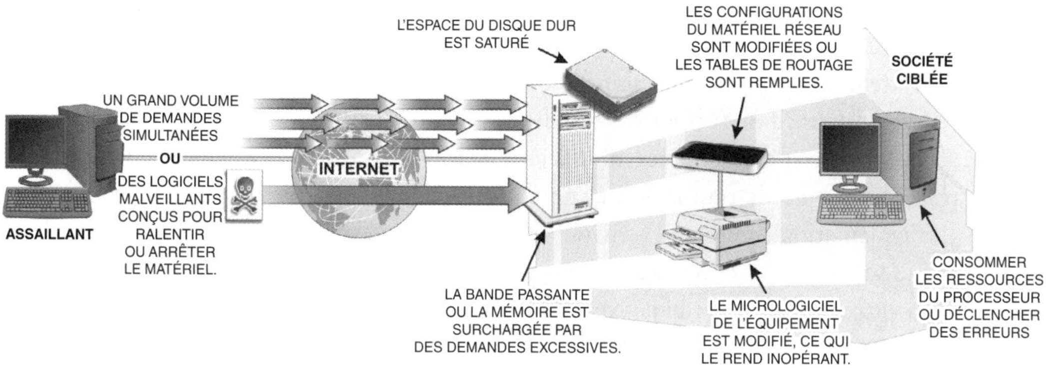

Figure 24.8 Une attaque typique par déni de service

Aimeriez-vous des frites avec cette attaque du DoS ?

Les attaques DoS sont désormais disponibles sous forme de services payants appelés *booter services* et qui fournissent une attaque par déni de service distribuée à la demande.

Une attaque DoS distribuée (DDoS) utilise de multiples systèmes compromis sur de nombreux réseaux différents (appelés *botnets* ou *zombies*) pour fournir l'attaque. Les botnets sont généralement infectés par un cheval de Troie, mais il existe de nos jours de nombreuses façons d'introduire des logiciels malveillants dans un ordinateur.

Comme l'attaque peut provenir de centaines, voire de milliers d'ordinateurs, une attaque distribuée est beaucoup plus difficile à arrêter, car ce n'est pas aussi simple que bloquer une IP unique. En outre, les attaques DDoS sont si faciles à réaliser que même un attaquant peu expérimenté, communément appelé *script kiddie*, peut lancer une attaque qui fera des ravages sur un réseau. Les services DDoS en location représentent également une véritable préoccupation pour les administrateurs réseau.

Beaucoup pensent à tort qu'ils sont des cibles peu probables pour une attaque de type DoS. La sécurité par l'obscurité n'est plus une approche rationnelle de la protection des réseaux. De nos jours, les attaques par déni de service présentent un certain degré d'aléa, de sorte que chaque réseau peut être occasionnellement touché.

Les réseaux s'appuient normalement sur des firewalls pour défendre leurs ressources. Certains d'entre eux offrent une protection contre les attaques DoS, mais une meilleure approche consiste à utiliser un dispositif spécialisé qui examine tous les trafics entrants avant qu'ils n'atteignent le pare-feu. Ces appareils spécialisés offrent une meilleure atténuation et surveillance des attaques DDoS et fonctionnent bien mieux que les pare-feu classiques en raison de leur degré de spécialisation. Ces produits sont très chers et probablement peu pratiques pour les petites organisations.

La surveillance de tout type d'attaque par déni de service est essentielle, et il est important d'avoir un plan pour faire face à ce genre de choses car le réseau sera hors service avant même que les administrateurs puissent commencer à s'en occuper. Étant donné qu'une attaque de déni de service peut être lancée de différentes manières, il suffit de surveiller la lenteur des performances du réseau pour commencer. Les pics d'utilisation ou même une forte augmentation du volume de courrier électronique devraient aussi attirer l'attention d'un administrateur.

Si le réseau dispose d'un serveur web public, assurez-vous qu'il est doté des derniers correctifs de sécurité et des dernières mises à jour logicielles. Envisagez également de mettre en place des limites de transaction et un contrôle afin de pouvoir réagir rapidement à toute augmentation subite de l'activité. Veillez à ce que les systèmes d'authentification du réseau soient solides et que les serveurs web soient idéalement protégés par le logiciel pare-feu qui intègre un certain niveau de filtrage IP et qui bloque automatiquement toute activité excessive.

Pour les systèmes Linux/Apache, un produit tel que *Fail2ban* peut être utilisé pour rejeter les adresses IP et les services pendant une durée spécifiée afin de contrecarrer les attaques de base.

Les attaques non distribuées sont plus simples et, par conséquent, plus fréquentes, ce qui rend ce type de protection agissant contre les attaques par force brute très utile.

Une nouvelle industrie de services de protection et d'atténuation des DDoS est en plein essor, offrant des solutions plus abordables pour les organisations. Il ne s'agit pas de solutions sur site et elles ne sont pas pour tout le monde. Cependant, ce type de solution est certainement un élément à prendre en compte lors de l'exécution d'applications Internet critiques. *CloudFlare* (cloudflare.com) propose un plan gratuit qui peut aider de nombreuses organisations, les coûts mensuels associés à la plupart des autres plans les rendent également très attractifs.

Souvent, une attaque DoS peut être une diversion pour une autre activité criminelle et ça devrait toujours être examiné lors d'une enquête sur une attaque. Si aucune sorte de processus d'atténuation des DDoS n'est en place, il se peut que vous deviez simplement supporter l'attaque. Lorsqu'elle se produit, certains administrateurs tentent inutilement de bloquer IP après IP.

Une fois qu'une telle attaque a été lancée, l'option restante est de simplement fermer le réseau. L'attaquant pourrait proclamer la victoire et passer à autre chose si vous êtes très chanceux. Pensez également à bloquer tous les ports d'entrée que vous pouvez. Si l'attaque vise un port particulier, il peut être possible de déplacer ce service vers un autre port.

Un nouveau schéma d'attaque par déni de service, connu en tant que DRDoS (*Distributed Reflection and Amplification Denial of Service),* est de plus en plus courant. Les attaquants sont capables d'utiliser un botnet relativement petit dans une attaque distribuée sur des « serveurs de réflexion » qui redirigent les requêtes qu'ils reçoivent, faisant ainsi croire qu'ils en sont la source réelle. Ce type d'attaque est illustré à la Figure 24.9.

Le serveur de réflexion est alors submergé par la combinaison des requêtes entrantes et des réponses qui résultent de l'attaque. Souvent, ce type de malveillance vise les services DNS, car l'attaquant forge une requête DNS et le serveur répond à l'adresse IP usurpée qui est la cible réelle. Cela signifie même que les serveurs de réflexion peuvent ne pas faire partie d'un botnet ou ne pas être compromis du tout.

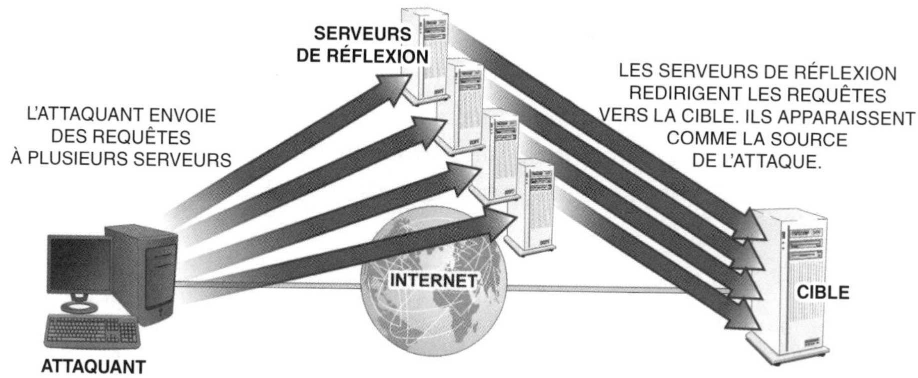

Figure 24.9 Une attaque DRDoS

L'impact de cette attaque d'*amplification DNS* est beaucoup plus fort lorsque le serveur DNS fait autorité pour le domaine interrogé et pour lequel l'attaquant fera donc une requête *DNS ANY*, qui renverra toutes les informations connues sur cette zone DNS. Un serveur de noms fait autorité s'il fournit des réponses formelles aux requêtes DNS plutôt qu'en utilisant son *cache* ou en demandant ces informations à un autre serveur de noms. En exploitant un réseau de serveurs DNS zombies configurés pour permettre une résolution récursive sans restriction pour tout client, connus sous le nom de *résolveurs DNS ouverts*, un petit nombre de serveurs peut amplifier l'attaque DDoS.

Open DNS Resolver Project (openresolverproject.org) propose une compilation de serveurs DNS qui sont connus pour servir de résolveurs globalement accessibles afin que vous puissiez les bloquer. Cependant, vous devez également vous assurer que les serveurs DNS du réseau ne sont pas des résolveurs récursifs ouverts. Quelques outils gratuits sont disponibles pour tester les serveurs DNS (dns.measurement-factory.com, dnsinspect.com et autres).

Assurez-vous que tous les serveurs de noms en cache ne répondent qu'aux requêtes locales et que les serveurs DNS faisant autorité n'offrent pas de récursion et utilisent plutôt DNS RRL (DNS Response Rate Limiting), qui limite la vitesse à laquelle les serveurs faisant autorité répondent aux requêtes.

La plupart des attaques DDoS ciblent les couches *transport* et *réseau*. Les attaques de la couche 7, la couche *application*, ciblent généralement des zones spécifiques d'un site web dans l'espoir d'épuiser les ressources. Ce type d'attaque peut être difficile à reconnaître car il apparaît comme un trafic réseau normal jusqu'à un certain point. L'attaquant trouve un formulaire ou une caractéristique du site web qui pourrait utiliser plus de ressources et cible cette caractéristique avec un botnet.

Les systèmes de gestion de contenu populaires tels que WordPress sont visés par ce type d'attaque de la couche *application*, exploitant souvent la fonction de recherche du site, ce qui ressemble à des requêtes normales. Le volume de ces demandes fera baisser les performances du site. Les services d'atténuation des DDoS vous aideront dans ce cas, et vous pourriez également envisager d'utiliser des serveurs proxy qui peuvent fournir une sorte de limitation de débit.

En fin de compte, la bataille pour bloquer les adresses IP est rarement gagnée, car ces attaques proviennent généralement de milliers de sources, selon la taille du botnet. Si un système de blocage dynamique des adresses IP, tel que *Fail2ban*, est en place, des progrès peuvent être réalisés. Toutefois, un réseau de zombies de grande taille gagnera probablement. Le blocage d'IP est un concept d'atténuation fondamental, mais plus l'attaque est distribuée, moins cette tactique unique a de chances d'être efficace.

Tarpitting

Une autre solution possible à ce type d'attaque est connue sous l'appellation *tarpitting*, parfois nommée *pot de miel collant*. Pour atténuer une attaque HTTP, le concept consiste ici à répondre initialement à une connexion comme si elle était normale, mais avec une fenêtre TCP de très petite taille. L'hôte répond à un paquet SYN avec un SYN/ACK, mais ignore l'ACK de l'expéditeur, comme le montre la Figure 24.10. L'expéditeur commence à envoyer des données, mais l'hôte ne les recevra jamais, ou bien l'hôte peut simplement régler sa taille de fenêtre TCP à zéro, ce qui a pour effet d'arrêter l'arrivée du trafic.

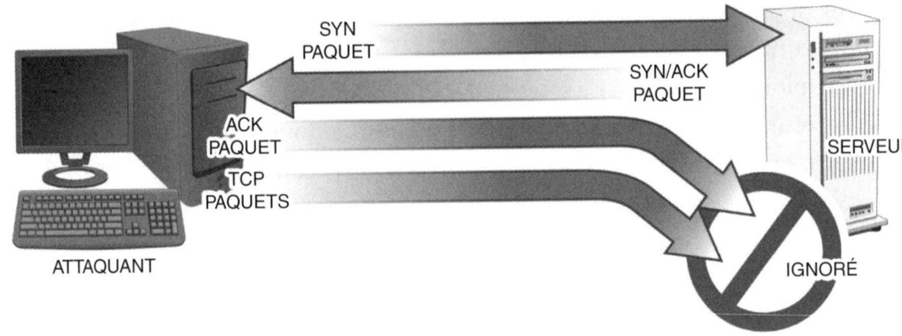

Figure 24.10 Tarpitting

Il est clair que vous ne pouvez pas faire cela pour toutes les connexions, donc le défi est d'identifier les attaquants et de ne limiter que ces connexions. C'est bien mieux que de simplement rejeter les paquets, car l'expéditeur doit attendre et ne peut se contenter d'envoyer à nouveau l'attaque.

Pour contrecarrer les attaques par courrier électronique en masse, le concept consiste à ralentir délibérément ces envois en masse par rapport au trafic de courrier électronique normal. Cela peut avoir un certain impact mais, en général, cela ne fait que forcer le spammeur à envoyer des lots plus petits avec un délai plus long entre les lots.

Un logiciel *tarpitting* plus sophistiqué est utilisé pour surveiller les demandes ARP en recherchant des demandes consécutives espacées de plusieurs secondes sans aucune réponse ARP. Lorsque de telles demandes sont découvertes, le logiciel crée une réponse ARP, en utilisant une fausse adresse MAC, sur une adresse IP inutilisée du réseau.

Le logiciel crée alors une machine virtuelle qui surveille les paquets SYN pour cette fausse adresse MAC et répond avec un SNY/ACK qui met la connexion en défaut. Cette machine virtuelle peut même répondre à des pings pour maintenir l'illusion.

Des logiciels sophistiqués *tarpitting* sont créés pour contrecarrer les attaques de vers spécifiques, mais c'est un combat permanent. Malheureusement, vous ne pouvez pas vous contenter d'activer cette fonctionnalité pour être entièrement protégé, mais ce type de logiciel est un excellent complément à l'arsenal.

Spam

Les « spammeurs » sont généralement considérés comme la forme la plus basse de piratage informatique et effectuent souvent des attaques de type DHA (directory harvest attack), dans lesquelles ils devinent simplement les adresses électroniques d'un domaine, puis se connectent au serveur de messagerie de ce domaine. Toutes les adresses qui ne sont pas rejetées sont considérées comme valides et peuvent être ajoutées à une liste d'adresses de courrier électronique réelles que l'attaquant peut vendre.

La plupart des méthodes conçues pour contrecarrer un « DHA » entraîneront un ralentissement du service pour le courrier légitime. Certaines des meilleures solutions consistent à surveiller intelligemment les premières étapes de la distribution du courrier et à refuser pendant un certain temps l'accès aux connexions qui ont généré trop d'erreurs de destinataires non valides. Une fois que les efforts du spammeur sont bloqués, il est probable qu'il passe à une autre cible.

Les spammeurs représentent aujourd'hui une menace énorme, car ils ont une motivation commerciale, un nombre surprenant d'utilisateurs répondant effectivement au spam. Les spammeurs ne doivent pas nécessairement pénétrer un réseau, mais peuvent simplement exploiter un seul utilisateur pour servir leurs objectifs.

En utilisant l'ingénierie sociale, les courriers électroniques trompeurs, le « clickjacking » ou tout autre moyen, ils recueillent des informations d'identification pour l'un des comptes de courrier électronique de l'utilisateur du réseau. Même s'il n'y a pas de serveur « webmail » public sur le réseau, ce n'est pas difficile pour les spammeurs de définir les paramètres du serveur pour la plupart des réseaux et d'envoyer des e-mails via le serveur de messagerie comme s'ils étaient l'utilisateur compromis.

Protection contre les spams

Des mots de passe forts et l'éducation ne peuvent assurer qu'une protection limitée. Une fois son exploit en place, le spammeur peut envoyer librement du spam par le réseau et, pire encore, il peut même envoyer des informations fausses ou trompeuses qui pourraient engager la responsabilité (ou du moins embarrasser) d'une organisation. Ce type d'attaque de répudiation est de plus en plus fréquent. Il n'est pas superficiel de vouloir limiter ce type d'attaque et il y a des choses que vous pouvez faire.

Exiger une authentification pour le serveur de courrier sortant

Assurez-vous que le serveur de courrier sortant nécessite une forme d'authentification. Si vous n'autorisez pas les utilisateurs à envoyer du courrier depuis l'extérieur de votre réseau, c'est simple. Vous pouvez permettre l'envoi depuis un sous-réseau spécifique, mais la plupart des organisations ne le font pas. Si le mot de passe du courrier sortant est différent de celui du courrier entrant, l'utilisateur de base criera au scandale, mais les spammeurs auront moins de chances d'atteindre leur objectif. Si vous exigez que les utilisateurs extérieurs se connectent via un VPN pour pouvoir envoyer des courriers électroniques, cela peut également être utile à condition que le VPN soit sécurisé.

Limiter les destinataires de courriers électroniques sortants

Vous devez limiter le nombre de destinataires pour tout courrier électronique sortant à un nombre raisonnable. Les spammeurs voudront envoyer des lots importants de courriels aussi rapidement que possible avant que la détection des spams ne bloque votre serveur de messagerie. Si un seul courriel peut être envoyé à 20 utilisateurs seulement à la fois, cela ralentira leur progression. Si possible, faites-le par utilisateur et faites-en encore plus tout en permettant aux listes de diffusion et aux services internes de fonctionner normalement.

Configurer les notifications pour les volumes de courrier électronique

Des notifications vers un administrateur doivent être déclenchées lorsqu'un volume inhabituel de courrier électronique est envoyé par un seul utilisateur. En général, lorsque les administrateurs examinent les journaux, ils peuvent dire, d'après les sujets des courriers électroniques, que le message est un spam. Si vous pouvez mettre en quarantaine les courriers électroniques volumineux jusqu'à ce qu'ils puissent être examinés, vous êtes mieux placé pour empêcher ce genre de choses.

Restreindre les serveurs de messagerie web

Lorsqu'un système « webmail » public est utilisé, vous devez restreindre son accès bien plus que pour serveur de courrier sortant normal, car ceux-ci sont les cibles préférées des spammeurs. En n'autorisant strictement l'envoi massif de courrier électronique que depuis un logiciel client de messagerie traditionnel plutôt que depuis un système de type webmail, vous pouvez supprimer une variable de l'équation.

Soyez attentif aux listes noires de courrier électronique

Vous devez surveiller attentivement les listes noires de courrier électronique et répondre immédiatement aux plaintes. Plus vite un compte frauduleux sera découvert et désactivé, mieux ce sera. Il existe des services de surveillance des listes noires qui peuvent réellement vous aider. Même s'il est trop tard pour empêcher la diffusion de spam et l'inscription sur liste noire qui s'ensuit au moment où les alertes sont émises, vous serez au moins mieux à même de traiter le problème.

De nombreux fournisseurs et administrateurs de courrier électronique ne vérifient pas ces listes, estimant qu'elles devraient être irréprochables. Les listes noires sont une activité essentiellement automatisée et ce qui n'est pas automatisé n'est pas particulièrement bien géré.

Les utilisateurs lassés des spams peuvent dénoncer le serveur de messagerie et certains systèmes peuvent déclencher une liste noire avec très peu de plaintes. Utilisez des services tels que mxtoolbox.com, blacklistmonitoring.com, debouncer.com, et d'autres pour vous aider à gérer les listes noires.

Autres exploits

Il existe de nombreux autres types d'attaques et les pirates informatiques s'emploient à en imaginer de nouvelles chaque jour. Certaines sont simplement malveillantes pour être malveillantes, et il n'y a pas de gain commercial réel pour l'attaquant, mais d'autres peuvent avoir des motifs commerciaux. Pour toute attaque, vous devez rechercher quel gain commercial possible pourrait être disponible, car cela peut ne pas être immédiatement évident.

Exploit TLS (Transport Layer Security)

Comme les communications chiffrées utilisant TLS deviennent la règle plutôt que l'exception, il n'est pas surprenant qu'un nombre croissant d'attaquants s'y intéressent. Une fois qu'une connexion sécurisée a été négociée et que les clés ont été échangées, il n'y a pas grand-chose qui puisse être exploité, c'est pourquoi ces attaques se concentrent sur cet échange de clés.

Souvent, les vulnérabilités sont liées à des faiblesses du navigateur et du serveur qui peuvent conduire à une connexion avec un chiffrement affaibli. Il a été nécessaire de corriger les bibliothèques SSL/TLS du navigateur client et du serveur après la découverte, début 2015, d'un bogue d'OpenSSL qui permettait à une attaque de type «man-in-the-middle» de faire passer les connexions d'un chiffrement RSA fort à du RSA 512 bits «export-grade» moins robuste.

Le chiffrement «export-grade» a été créé pour être correct tout en permettant à la NSA de déchiffrer les communications en dehors des États-Unis. L'agence a levé cette exigence à la fin des années 1990, mais ces suites de fonctions de chiffrement sont restées dans les bibliothèques de clients et de serveurs.

Exploit FREAK

Plus de 15 ans après qu'une vulnérabilité connue sous le nom de *FREAK* (Factoring attack on RSA-EXPORT Keys) ait été découverte, il est apparu clairement que cette fonctionnalité de qualité «export-grade» était toujours disponible dans de nombreux clients web, ainsi que dans *OpenSSL*. Cela a conduit à une ruée pour corriger le produit. Cela signifie qu'un attaquant devrait toujours «craquer» un chiffrement 512 bits, mais il est bien connu que cela peut être fait en quelques heures. Cependant, un chiffrement 1 024 bits prendrait un temps inacceptable, et aujourd'hui les services chiffrés utilisent souvent un chiffrement 2 048 bits, qui, pour l'instant en tout cas, semble impossible à craquer avec les technologies contemporaines.

Comme le défaut FREAK nécessitait un navigateur et un serveur sensibles, sa découverte a également mis en lumière un autre sujet de préoccupation lorsqu'on a découvert le nombre de navigateurs mobiles qui étaient sensibles. De nombreuses plateformes mobiles sont simplement et fréquemment mises à jour, ce qui a conduit Microsoft, Apple et Google à se démener et à proposer des solutions logicielles peu après la découverte du problème.

Cependant, tous les appareils ne disposent pas de mises à jour. Beaucoup d'anciens dispositifs n'ont jamais eu ou n'ont plus de possibilité de mise à jour des logiciels, de sorte que ces navigateurs restent vulnérables. On peut en dire autant des nombreux ordinateurs de bureau malheureusement trop anciens et utilisant des systèmes d'exploitation obsolètes, qui ne sont pas compatibles avec les navigateurs modernes. Il n'est pas si rare que les employés utilisent des appareils mobiles personnels ou des ordinateurs portables sur leurs réseaux de travail, et ces appareils pourraient créer un certain risque pour leur organisation.

Exploit Logjam

Un autre algorithme cryptographique populaire utilisé dans de nombreux protocoles Internet plutôt qu'un échange de clés RSA est l'échange de clés DHE (Diffie-Hellman). Une attaque *logjam* est similaire à l'attaque *FREAK* mais vise plutôt cet échange de clés « Diffie-Hellman », forçant la connexion à utiliser le chiffrement « DHE Export ». Cette attaque exploite l'algorithme « prime number sieve » (permettant de déterminer tous les nombres premiers jusqu'à une limite spécifiée) utilisé dans le processus de génération des clés, l'obligeant à utiliser un nombre premier de 512 bits. Comme pour *FREAK*, des correctifs ont été mis à disposition pour les navigateurs et les suites logicielles modernes, laissant les systèmes obsolètes vulnérables.

Exercices pratiques

Objectifs

- Créer une nouvelle stratégie de restriction logicielle.
- Décrire la différence entre liste blanche et liste noire.
- Créer une nouvelle règle de hachage

Ressources

- Système de bureau ou ordinateur portable
- Windows 10 Pro (pas l'édition Home)
- Un compte avec un accès administratif

Discussion

Les stratégies de restriction logicielle fournissent une autre couche de défense en limitant l'utilisation d'applications spécifiques. En utilisant les méthodes de la liste blanche ou noire, vous pouvez bloquer avec succès les tentatives faites par des virus, des chevaux de Troie et d'autres logiciels malveillants d'exécuter un programme à votre insu.

La liste blanche est la pratique qui consiste à donner accès à ceux qui sont légitimes et connus tout en refusant tout le reste, tandis que la liste noire consiste à autoriser l'accès à tout le monde sauf à ceux qui figurent sur la liste des « mauvais » connus. En ce qui concerne les applications, comme pour la plupart des options de ce type, la liste blanche est la méthode préférée et recommandée.

Procédures

Dans le cadre de cette procédure, vous étudierez les types de règles que vous pouvez créer pour faire appliquer les stratégies de restriction logicielle. Vous testerez la nouvelle stratégie et la nouvelle règle au niveau local, mais vous comprendrez que la même méthode peut être utilisée dans un environnement de type « domaine ».

Localisation des politiques de restriction des logiciels

1. Allumez votre machine.
2. Connectez-vous en utilisant un compte qui a un accès administratif.
3. Sur le bureau, sélectionnez la « barre de recherche ». Tapez **secpol.msc** puis appuyez sur la touche « Entrée ». La console *MMC* « stratégie de sécurité locale » sera lancée, comme le montre la Figure 24.11.

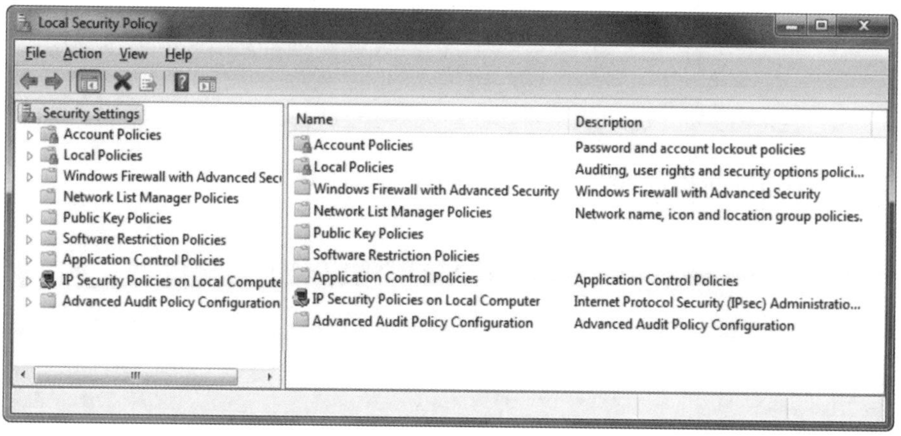

Figure 24.11 Stratégie de sécurité locale

NOTE Ces paramètres sont également accessibles sous l'éditeur local des politiques de groupe. Tapez **gpedit.msc** dans la « barre de recherche » et appuyez sur « Entrée » pour lancer la recherche.

NOTE La MMC, ou console de gestion Microsoft, fournit une interface permettant aux utilisateurs de configurer le système. La MMC héberge des outils et les affiche dans une console sous forme de *composants logiciels enfichables* (ou *snap-in*).

4. Cliquez sur « Stratégies de restriction logicielle » pour en voir le contenu. Le volet de droite doit afficher « Aucune stratégie de restriction logicielle n'a été définie », comme illustré dans la Figure 24.12.

5. Dans le volet de gauche, cliquez avec le bouton droit de la souris sur « Stratégies de restriction logicielle » et sélectionnez « Nouvelles stratégies de restriction logicielle ». Le contenu du dossier sera affiché dans le volet de droite, comme le montre la Figure 24.13.
6. Dans le volet de droite, les trois types d'objets du bas peuvent être paramétrés en double-cliquant sur chacun d'eux. Sans ajuster aucun paramètre, explorez la section « Contrôle obligatoire », comme le montre la Figure 24.14. Une fois terminé, cliquez sur « Annuler » puis explorez les options « Types de fichiers désignés » et « Editeurs approuvés ».

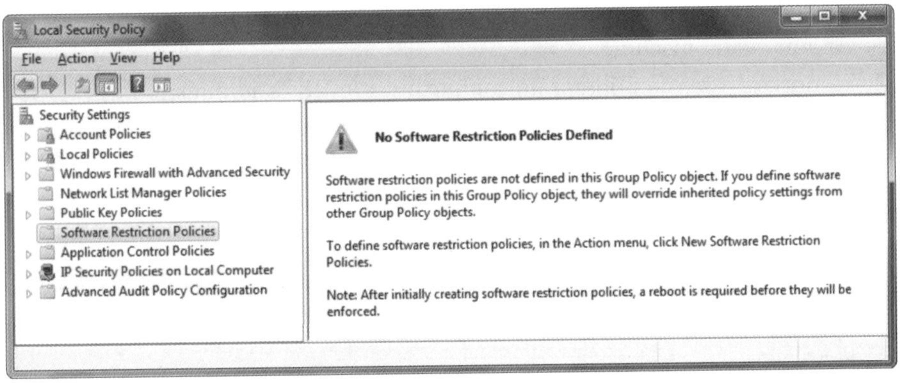

Figure 24.12 Aucune stratégie de restriction logicielle définie

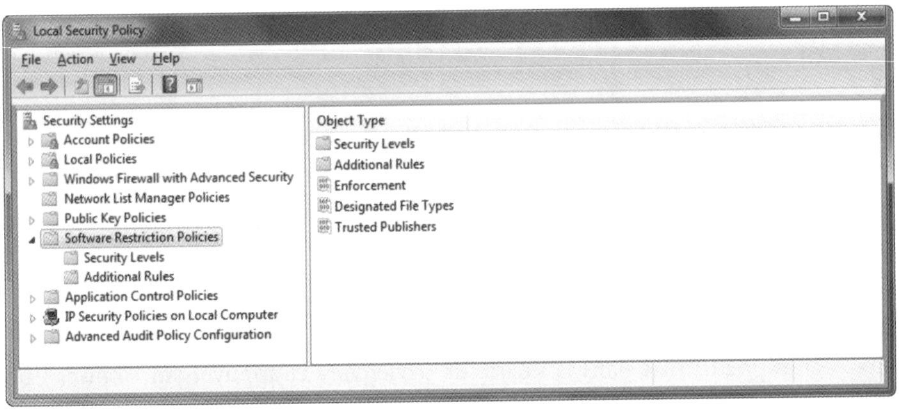

Figure 24.13 Stratégies de restriction logicielle avec contenu

7. Dans le volet de gauche, sélectionnez « Niveaux de sécurité » sous « Stratégies de restriction logicielle ». Il existe trois niveaux de sécurité, comme l'illustre la Figure 24.15.

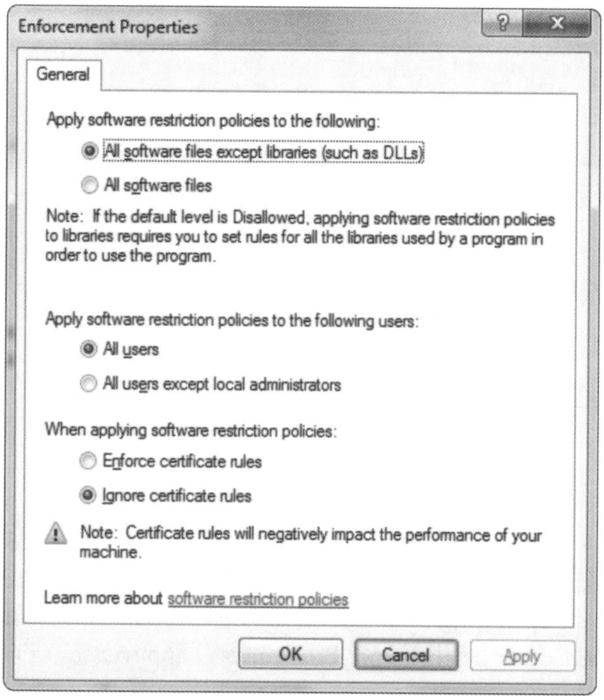

Figure 24.14 Contrôle obligatoire : propriétés

NOTE Le niveau de sécurité par défaut est « non retreint ».

8. Dans le volet de gauche, sélectionnez « Règles supplémentaires » sous « Stratégies de restriction logicielle » pour en visualiser le contenu, comme illustré à la Figure 24.16.

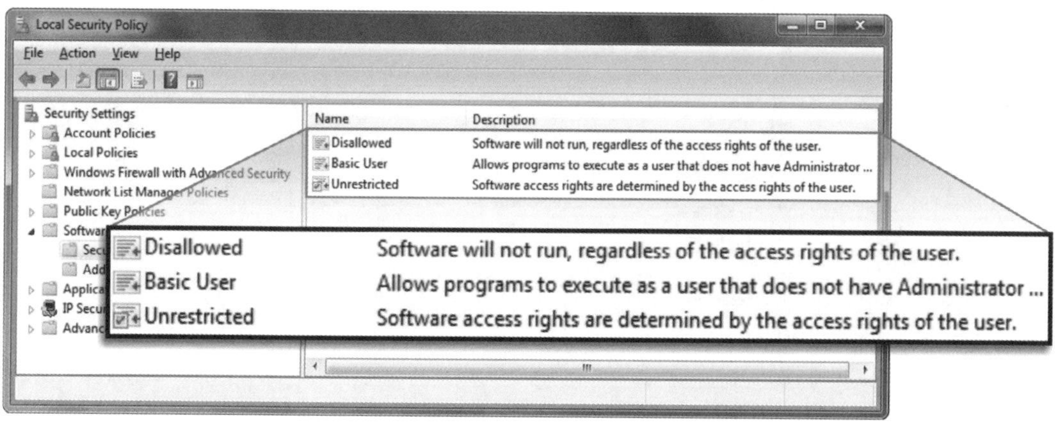

Figure 24.15 Niveaux de sécurité

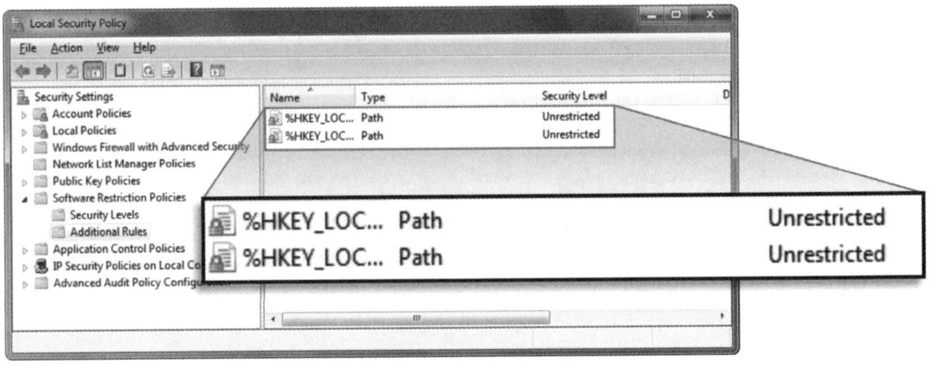

Figure 24.16 Règles supplémentaires

Créer et tester une nouvelle règle de chemin d'accès

Les stratégies de restriction logicielle consistent en un niveau de sécurité par défaut et les règles d'exception associées qui s'appliquent aux stratégies de groupe. La création d'une règle d'exception est nécessaire lors de l'établissement d'une liste blanche ou d'une liste noire.

1. Dans la barre de recherche, tapez **Bloc-notes** et appuyez sur « Entrée ». Notez que cela exécute le programme.
2. Fermez le bloc-notes sans le sauvegarder et retournez à la console MMC « stratégie de sécurité locale ».
3. Dans le volet gauche de la fenêtre « Stratégie de sécurité locale », cliquez avec le bouton droit de la souris sur « Règles supplémentaires ». Sélectionnez « Nouvelle règle de chemin d'accès » pour lancer la fenêtre du même nom, comme indiqué à la Figure 24.17.

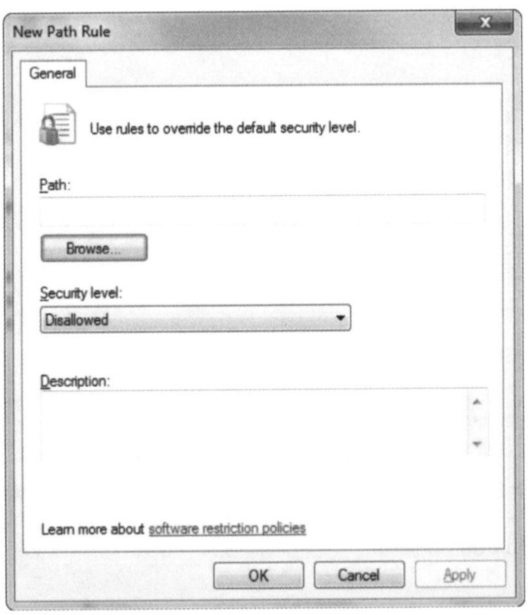

Figure 24.17 Nouvelle règle de chemin d'accès

Une telle règle identifiera un programme en fonction de l'emplacement des fichiers. Par exemple, vous pouvez utiliser ce type de règle pour empêcher les utilisateurs d'exécuter les pièces jointes d'un courriel, en spécifiant le dossier de pièces jointes du programme de messagerie.

4. Cliquez sur « Parcourir… » pour lancer la fenêtre de recherche de fichier ou de dossier. Localisez le « Bloc-notes » en naviguant vers « ce PC ➢Disque Local (C :) ➢Windows ➢ System32 ». Sélectionnez « notepad », comme illustré à la Figure 24.18. (vous devrez faire défiler l'affichage vers le bas).

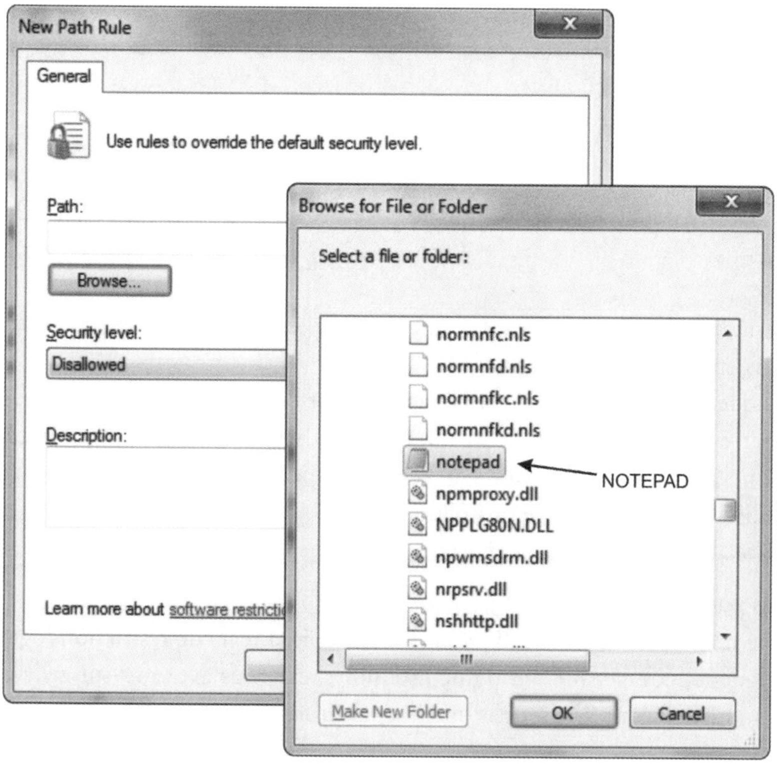

Figure 24.18 Notepad sélectionné dans la recherche d'un fichier ou d'un dossier

5. Cliquez sur « OK » pour sélectionner « notepad » et revenir à la fenêtre « Nouvelle règle de chemin d'accès ». Le chemin vers « notepad » est situé sous « Chemin d'accès : ».
6. Sélectionnez le menu déroulant « Niveau de sécurité » pour voir les choix. Choisissez « Non autorisé » et cliquez sur OK. La nouvelle règle doit être située dans le volet droit des règles supplémentaires avec un niveau de sécurité réglé sur « Non autorisé », comme illustré dans la Figure 24.19.

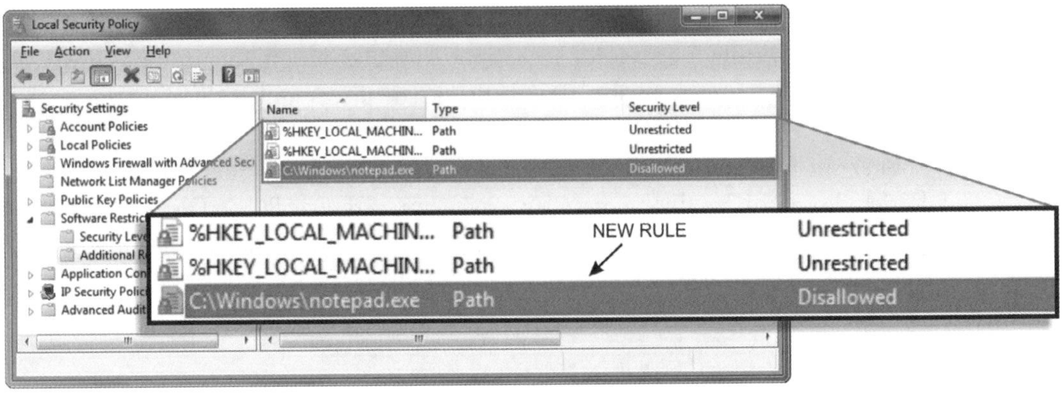

Figure 24.19 Nouvelle règle dans les règles supplémentaires

NOTE L'utilisateur doit se déconnecter et se reconnecter pour que les règles s'appliquent.

7. Fermez la console MMC « stratégie de sécurité locale » en cliquant sur « Fichier », puis en sélectionnant « Quitter ».
8. Cliquez avec le bouton droit de la souris sur l'icône « Windows/Démarrer » de la « barre des tâches ». Dans le menu, repérez et sélectionnez « Se déconnecter ».
9. Connectez-vous à nouveau avec les mêmes identifiants que ceux que vous avez utilisés au début de cette procédure.
10. Tapez **Bloc-notes** dans la « barre de recherche » et appuyez sur « Entrée ».

Avez-vous pu exécuter Notepad ? ____________________

Comme le montre la Figure 24.20, vous devriez voir la règle de restriction logicielle qui vous indique le blocage. Il s'agit d'une liste noire, car vous avez mis sur celle-ci le programme auquel vous ne vouliez pas que des personnes aient accès.

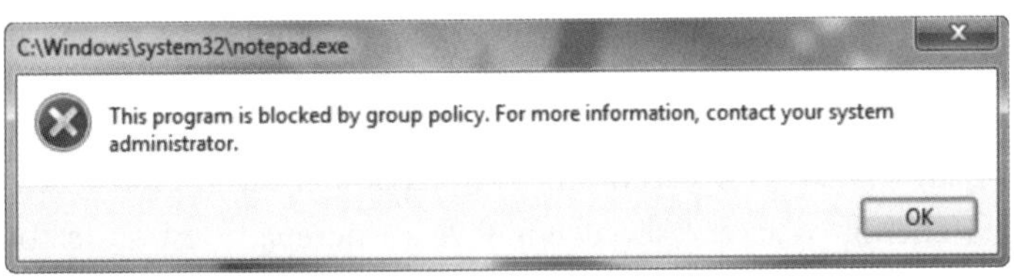

Figure 24.20 Bloc-notes bloqué

11. Cliquez sur « Fermer » pour continuer.
12. Retournez dans la MMC « stratégie de sécurité locale » en tapant **secpol.msc** dans la « barre de recherche » de votre « barre de tâches » et en appuyant sur la touche « Entrée ».
13. Naviguer vers « Stratégies de restriction logicielle ➢ Règles supplémentaires »

14. Repérez la règle de chemin d'accès que vous avez créée et cliquez dessus avec le bouton droit de la souris. Sélectionnez « Supprimer ». Lorsque vous y êtes invité, sélectionnez « Oui » pour supprimer définitivement la règle sélectionnée.

Explorer les types de règles

Les autres types de règles permettent d'obtenir le même résultat, mais de manière différente. Les quatre types de règles sont les suivants :

- Règle de chemin d'accès : identifie les logiciels par leur chemin d'accès aux fichiers.
- Règle de zone Internet : identifie les logiciels via une zone spécifique dans Internet Explorer.
- Règle de hachage : identifie les programmes sur base de leur sortie de hachage initiale.
- Règle de certificat : identifie les logiciels sur base de leur signature digitale.

Questions sur les laboratoires

1. Quelle est la différence entre liste blanche et liste noire ?
2. Énumérez les quatre types de règles associées aux stratégies de restriction logicielle.
3. Quels sont les trois niveaux de sécurité et quelle est la valeur par défaut ?

Réponses aux questions sur les laboratoires

1. Quelle est la différence entre liste blanche et liste noire ?

La liste blanche est la pratique qui consiste à donner accès aux « bons » notoires et à refuser tous les autres, tandis que la liste noire consiste à autoriser l'accès à tout le monde sauf à ceux qui figurent sur la liste des « mauvais » notoires.

2. Énumérez les quatre types de règles associées aux stratégies de restriction logicielle.

Règle de chemin d'accès, de zone Internet, de hachage et de certificat.

3. Quels sont les trois niveaux de sécurité et quelle est la valeur par défaut ?

Les trois niveaux de sécurité sont les suivants : non autorisé, utilisateur standard et non restreint. Le niveau de sécurité par défaut est « Non restreint ».

Chapitre 25

Périmètre de sécurité : Questions de révision et exercices pratiques

Passez en revue les points récapitulatifs suivants avant de passer aux sections « Questions de révision » et « Questions d'examen », à la fin de ce chapitre, pour vous assurer que vous êtes à l'aise avec chaque concept. Après avoir réalisé les révisions, répondez aux questions d'examen pour vérifier votre connaissance des éléments couverts dans ce chapitre.

Points de synthèse

- Il existe deux types de trafic sur IP (Internet Protocol) : TCP (Transmission Control Protocol) et UDP (User Datagram Protocol). Lorsqu'une connexion TCP est établie, les données peuvent être envoyées de manière bidirectionnelle. Cette connexion est très fiable et comporte un contrôle d'erreur, mais ajoute un certain volume à la transmission. UDP est un protocole beaucoup plus simple, sans connexion, dans lequel plusieurs messages sont envoyés sous forme de segments de blocs de données.
- La transmission *Unicast* est l'envoi de messages à une seule adresse de réseau. La transmission en *broadcast* fait référence à l'envoi de messages à toutes les destinations possibles. La transmission *multicast* consiste à envoyer des messages en utilisant des adresses spéciales attribuées à un groupe spécifique d'adresses.
- En plus de l'adresse réseau, de nombreux protocoles peuvent également spécifier un *port* ou un numéro de port. Un protocole ou une application peut répondre aux ports spécifiques de différentes manières.
- La compréhension des notions liées aux ports est essentielle pour gérer la sécurité des réseaux.

  Le moyen le plus simple de minimiser les scans non désirés ou de restreindre l'accès est d'utiliser des ports spécifiques et le *blocage de ports*.
- Le *routage* est simplement le processus de sélection du meilleur chemin pour la transmission de données sur un réseau ou entre réseaux.
- Les *routeurs* traitent principalement des adresses IP, mais ils peuvent également traiter des adresses MAC, ce qui peut être un autre moyen de restreindre l'accès.

- Un *domaine* est unique et attribué par un agent connu sous le nom de *bureau d'enregistrement* autorisé par l'ICANN (Internet Corporation for Assigned Names and Numbers).
- La plupart des entreprises et des particuliers s'abonnent à des services d'accès à l'Internet auprès d'un fournisseur d'accès internet (FAI). Ce service est généralement contracté pour un niveau de service spécifique ou une vitesse de transfert potentielle et au moins une adresse IP. Toutefois, le service peut également inclure le courrier électronique, l'hébergement web, certains services de sécurité, voire un bloc plus important d'adresses IP.
- De nombreux fournisseurs d'accès Internet utiliseront des serveurs *proxy* ou des dispositifs de mise en cache pour minimiser l'utilisation de la bande passante.
- Certains FAI bloqueront également certains ports dans une tentative malavisée de minimiser l'impact des logiciels malveillants, des virus et des vers.
- L'IETF (Internet Engineering Task Force) est le principal organisme de normalisation pour l'Internet.
- Un certain nombre d'organisations participent à la maintenance des ressources liées aux vulnérabilités réseau sensibles aux virus et aux logiciels malveillants. Diverses entités commerciales se sont développées pour répondre à ce besoin vital, mais il existe de nombreuses ressources et normes accessibles au public.
- Le véritable changement dans la prise de conscience au sujet de la sécurité s'est produit lorsque les premiers virus informatiques ont commencé à faire leur apparition. Avec ce changement, un seul utilisateur pouvait exécuter un code malveillant et avoir un impact sur tout le réseau d'une entreprise et même se rendre complice de la propagation de ce virus en le partageant sans le savoir avec chacun de ses contacts.
- Le matériel réseau est l'élément essentiel de l'accès à l'Internet et peut généralement servir un double objectif en assurant un certain niveau de sécurité.
- Les *passerelles* offrent souvent de bonnes capacités de sécurité et même sans configuration particulière, elles offrent généralement une sécurité « suffisamment bonne » pour l'utilisateur résidentiel moyen ou la petite entreprise.
- Chaque ordinateur autonome ou réseau local qui se connecte à l'Internet se connectera par un type de dispositif passerelle. Celui-ci est souvent un routeur, mais peut aussi être un commutateur doté d'une conversion de protocole (ou un adaptateur) pour permettre aux clients Ethernet ou sans fil d'accéder à la technologie fournie par le fournisseur d'accès Internet.
- Le routeur peut également prendre en charge une DMZ qui offre un accès relativement libre à partir de réseaux externes. Souvent, c'est là que se trouvent les serveurs web ou les serveurs de messagerie afin que les utilisateurs hors site puissent y avoir facilement accès, tout en pouvant contrôler le contenu et le matériel.
- Un serveur *proxy* permet à un client d'établir une connexion réseau indirecte. Le client se connecte au serveur proxy, avec ou sans authentification volontaire, et fait une demande de ressource présente sur autre serveur. Ensuite, le serveur proxy traite la demande soit en renvoyant la ressource demandée à partir d'une mémoire cache, soit en transmettant la demande à l'autre serveur.

- L'utilisation la plus courante de ce concept est probablement la mise en cache des *proxy web* où un serveur local met en cache des ressources web puis les supprime intelligemment.
- Les proxy web permettent de conserver la bande passante dédiée à Internet et d'accélérer les connexions, mais ils peuvent également être utilisés pour filtrer le contenu ou même le reformater.
- Un *proxy transparent* rend l'adresse IP originale disponible mais uniquement dans les en-têtes HTTP. L'utilisateur ne sait généralement pas qu'il utilise un proxy transparent.
- Des serveurs proxy malveillants ont été utilisés à diverses fins, notamment pour la diffusion de logiciels malveillants, l'injection de publicités et la simple collecte d'informations. Bien que le serveur mandataire ne transmette pas votre adresse IP, il la connaîtra et pourra l'utiliser d'une manière ou d'une autre.
- Il est courant de placer un groupe de serveurs web derrière un serveur proxy inverse qui traitera les demandes publiques de ressources web et les transmettra ensuite à un ou plusieurs serveurs. Pour le demandeur, ce processus ressemble à un accès direct à ces serveurs web.
- La première ligne de défense la plus courante dans un réseau connecté à Internet est un *firewall.*
- Un bon firewall fournira le filtrage des paquets en utilisant les règles définies pour rejeter ou accepter les paquets entrants et sortants. Les règles de pare-feu sont essentielles pour la sécurité de la plupart des réseaux.
- Le firewall est généralement le point de départ pour la mise en œuvre ou l'évaluation de la sécurité relative à Internet. La plupart des administrateurs configurent les fonctionnalités du pare-feu dont ils ont besoin et essaient ensuite de les sécuriser. Cependant, la sécurité doit vraiment être la considération première.
- De plus en plus, les routeurs et les commutateurs sont intégrés dans des commutateurs intelligents ou même couplés à un système d'exploitation traditionnel pour créer des appareils appelés *appareils réseau intelligents.*
- Les appareils de sécurité sont également connus sous le nom *UTM* (Unified Threat Management). Ceux-ci comprennent une passerelle, un antivirus, un firewall, la prévention et la détection des intrusions, et même plus encore dans un seul produit.
- La *sécurité des données* est déployée pour empêcher les détournements de données via le chiffrement ou la saisie en direct. Elle est également mise en œuvre pour empêcher le scan des paquets ou de fichiers entrants, ainsi que la surveillance et le scan des données une fois acceptées par un ordinateur.
- Le *chiffrement* est un moyen simple de s'assurer que les données ne sont pas interceptées par un tiers et utilisées de manière inappropriée. C'est rapidement devenu une étape quasi indispensable pour sécuriser tout réseau.
- La sécurité à tous les niveaux implique toujours un certain type de processus d'authentification.
- Les utilisateurs peuvent être authentifiés en leur demandant de fournir un nom d'utilisateur et un mot de passe, en examinant leur adresse MAC, ou par leur adresse réseau si une adresse IP statique leur est attribuée.

- Une fois qu'un utilisateur est authentifié, nous voulons généralement déterminer son autorisation, ce qui implique essentiellement les ressources auxquelles l'utilisateur authentifié est autorisé à accéder et les actions qu'il peut effectuer.
- La méthode d'authentification la plus connue est certainement l'authentification par mot de passe, qui est une *authentification à facteur unique* et représente le plus faible niveau de sécurité disponible.
- L'*authentification à deux facteurs* consiste à demander un autre élément d'authentification, idéalement un élément physique ou en possession de l'utilisateur.
- Des facteurs d'authentification supplémentaires peuvent être ajoutés à la séquence de connexion afin d'accroître la sécurité en rendant de moins en moins probable la réussite d'une attaque. Cependant, avec des séquences de connexion plus complexes, les utilisateurs deviendront insatisfaits et auront recours à des identifiants griffonnés sur des notes autocollantes et des calendriers de bureau ou n'utiliseront tout simplement pas le service.
- Le protocole *PAP* (*Password Authentication Protocol*) est un système standard de combinaison de nom d'utilisateur et de mot de passe avec ou sans mot de passe chiffré.
- *CHAP* (Challenge-Handshake Authentication Protocol) crée une chaîne aléatoire, une phrase de défi, ou un « secret ». Il le combine ensuite avec quelque chose d'autre – comme le nom d'utilisateur ou le nom d'hôte – et envoie cette information au système demandeur, qui à son tour hachera la chaîne et retournera le résultat.
- L'authentification *Kerberos* est basée sur un serveur « tiers de confiance » TGS (Ticket Granting Server) pour authentifier l'interaction client/serveur.
- *PAKE* (Password-Authenticated Key Agreement) est en substance, une authentification chiffrée utilisant des clés partagées. Les clés peuvent être partagées par plusieurs serveurs pour permettre à un utilisateur de visiter d'autres serveurs en utilisant la même authentification.
- Le protocole *LDAP* (Lightweight Directory Access Protocol) est un protocole d'entreprise populaire souvent utilisé pour l'authentification. Il offre un système de connexion unique qui peut donner accès à de nombreux services, et un LDAP sécurisé non standard est disponible offrant LDAP sur SSL.
- Le chiffrement n'est rien d'autre que la conversion de données électroniques en une forme appelée *cryptogramme* qui est créée en appliquant un chiffre ou un code secret aux données pour produire un message brouillé qui ne peut être compris sans le chiffre utilisé pour le créer.
- La *cryptographie* regroupe tout simplement les concepts et les méthodes de sécurisation de l'information. De nombreuses techniques cryptographiques impliquent l'utilisation de clés. Une clé est simplement une chaîne de données utilisée pour chiffrer ou déchiffrer des informations. La manière dont la clé est utilisée et la taille de la chaîne de caractères auront un impact sur la robustesse du chiffrement.
- La cryptographie à clé publique utilise des clés asymétriques comprenant une clé publique et une clé privée (ou clé secrète). La force de ce type de cryptographie est évidemment liée à l'impossibilité de faire de l'ingénierie inverse sur ce calcul.

- Les *certificats digitaux*, également connus sous le nom de certificats à clé publique, permettent simplement une vérification numérique que l'expéditeur d'un message chiffré est celui qu'il prétend être. Pour obtenir un certificat digital, vous devez en faire la demande auprès d'une autorité de certification de confiance (CA).
- Le protocole *SSL* (Secure Sockets Layer) est un protocole permettant de gérer à la fois l'authentification et la communication entre les clients et les serveurs en utilisant une clé publique et une clé privée.
- *TLS* (Transport Layer Security) est le successeur de SSL même si les deux sont souvent désignés de manière interchangeable ou même ensemble en tant que SSL/TLS. Ils ne sont toutefois pas interopérables. Le protocole *TLS Handshake* permet au client et au serveur d'échanger des clés et de convenir d'un algorithme de chiffrement avant tout échange de données
- Une *table de hachage* est simplement une table qui associe des clés à des valeurs à l'aide d'une fonction de hachage qui convertit les clés en hash. Plutôt que d'effectuer une recherche séquentielle dans une table de données à la recherche d'une valeur particulière, une fonction de hachage peut être exécutée sur la clé de recherche, qui renverra l'index à la valeur de hachage recherchée. Cela peut permettre de gagner un temps considérable dans la recherche de données.
- Les *super-cookies* sont une nuisance pour la vie privée. Ils sont simplement des cookies de tiers qui sont plus difficiles à supprimer que les autres types de cookies. Beaucoup d'entre eux n'utilisent pas la méthode traditionnelle de stockage des cookies, mais utilisent plutôt le stockage de la base de données HTML5 du navigateur local ou même le stockage des données Adobe Flash.
- L'ajout d'un *CAPTCHA* à un système d'authentification traditionnel peut potentiellement éliminer tout type d'attaque automatisée des mots de passe.
- La *segmentation des réseaux*, également appelée zonage, peut être un concept utile pour de multiples raisons. La segmentation du réseau est essentiellement la séparation du réseau en sous-réseaux, dont chacun devient un segment.
- L'accès à un segment de réseau est souvent assuré par une liste de contrôle d'accès, où seuls les utilisateurs répondant à certains critères ou à une authentification sont autorisés à accéder. C'est ce que l'on appelle une *liste blanche.*
- L'accès à un segment de réseau où seuls les utilisateurs répondant à certains critères ou à une authentification sont refusés est connu sous le nom de *liste noire.*
- Lorsque vous autorisez des utilisateurs extérieurs à entrer dans un réseau, employez toujours les principes du « moindre privilège » et du « besoin d'en connaitre ». Donnez à chaque utilisateur le moins d'accès possible et uniquement aux zones réseau dont il a besoin.
- La *virtualisation* des réseaux change la façon dont nous devons envisager la segmentation des réseaux. Le SDN (software-defined networking), concept relativement nouveau, émerge et analyse essentiellement la connexion entre deux nœuds quelconques et peut filtrer celle-ci sur la base d'une politique définie.
- Grâce à un logiciel, un seul élément matériel peut prendre en charge plusieurs *instances virtuelles* dont chacune a la capacité de fonctionner comme le matériel hôte

d'origine. Les instances virtuelles peuvent être activées selon les besoins pour gérer la demande et l'évolutivité, ou pour assurer une portabilité considérable.

- Un *VLAN* ou réseau local virtuel, est simplement un réseau configuré de façon logicielle dans lequel les hôtes se comporteront comme s'ils étaient tous connectés au même commutateur physique même s'ils ne le sont pas directement. Cela permet aussi de définir plusieurs réseaux ou domaines de diffusion de façon virtuelle.
- La *traduction d'adresse de réseau* (NAT) est simplement la translation d'une adresse IP utilisée dans un réseau vers une adresse IP connue dans un autre réseau. Elle est généralement utilisée pour mettre en relation une adresse IP interne avec une IP externe.
- Le NAT peut être effectué avec PBR (policy-based routing) où les décisions de correspondance sont déterminées par un nombre quelconque de règles, qui peuvent être basées sur de nombreux critères différents. Ces règles sont essentielles à la sécurité si l'on souhaite accéder à un réseau de l'extérieur.
- *PAT* (Port Address Translation) permet la mise en correspondance de plusieurs appareils ou IP internes (ou privés) avec une seule adresse IP externe (ou publique). Le routeur utilise un numéro de port qui est annexé à l'adresse IP, faisant de chaque adresse une valeur unique, même si elles partagent une adresse IP.
- Les pare-feu utilisent l'inspection *stateful* des paquets ou filtrage dynamique pour analyser les paquets plus en profondeur – en examinant les adresses IP, les numéros de port, etc. Ils suivent ces informations afin de pouvoir contrôler les ports, ce qui leur permet de les ouvrir uniquement lorsqu'une requête interne le demande.
- Les *réseaux privés virtuels* (VPN) permettent à un utilisateur distant de se connecter à un réseau privé via un réseau public, tel qu'Internet, puis de s'authentifier et d'effectuer des tâches sur le réseau privé comme s'il y était connecté directement.
- Le protocole le plus utilisé avec les VPN est *PPTP* (Point-to-Point Tunneling Protocol). Celui-ci ne fournit aucun chiffrement et utilise la simple authentification par mot de passe tirée du protocole *PPP* (Point-to-Point Protocol).
- Le protocole *L2TP* (Layer 2 Tunneling Protocol) utilise également PPP et est non chiffré mais peut passer un autre protocole de chiffrement dans le tunnel. Souvent, un protocole sous-jacent sera combiné avec L2TP, comme dans un arrangement L2TP/IPsec.
- *IPsec* (Internet Protocol Security) est une norme ouverte couramment utilisée dans les VPN qui utilise en réalité une suite de protocoles pour le chiffrement et l'authentification des communications IP.
- La caractéristique la plus importante du NAT/PAT est que, par défaut, rien n'est traduit ou « transmis » par l'appareil. Pour déplacer des paquets à travers le dispositif, une règle doit être explicitement créée sur le dispositif pour transférer (ou « mapper ») le port de protocole souhaité vers une adresse IP et un port privé dans le réseau local.
- Les outils de surveillance du réseau peuvent être utilisés pour s'assurer que les serveurs (ou même des services spécifiques sur ces serveurs) sont opérationnels ou qu'ils peuvent être utilisés pour simplement surveiller les flux de données.

- Les outils de surveillance des réseaux peuvent être divisés en deux types principaux : les utilitaires de surveillance du temps de fonctionnement et des performances et les analyseurs de paquets.
- Les termes vulnérabilité et attaque «*zero day*» font référence à une vulnérabilité inconnue du vendeur du produit et, par conséquent, aucun patch n'est encore disponible pour y remédier. Une fois que la vulnérabilité est rendue publique, le vendeur doit se dépêcher de publier un correctif.
- L'exploitation logicielle la plus courante (et aussi la plus évitable) est sans doute l'*injection SQL*. Les pirates informatiques peuvent tenter d'injecter des commandes SQL dans un formulaire public, tel qu'un formulaire de connexion, dans l'espoir d'obtenir l'accès aux informations stockées dans une base de données sous-jacente.
- Alors que certains exploits ne font rien d'autre qu'injecter de la publicité dans le navigateur, d'autres installent des logiciels de *rançon* sur des ordinateurs vulnérables. Une fois installé, il chiffrera toutes ou une partie des données de l'utilisateur et l'attaquant demandera de grosses sommes d'argent pour déchiffrer les fichiers.
- Les spécialistes de l'*ingénierie sociale* exploitent la nature humaine pour tromper leurs victimes et les amener à fournir des informations personnelles, sur leur entreprise ou leur ordinateur/réseau. Ils y parviennent en utilisant la ruse, la tromperie, le mensonge, les cadeaux ou des actes de gentillesse pour établir un niveau de confiance. Ils utilisent ensuite cette relation pour obtenir des informations.
- Le *phishing* est une tentative d'acquisition d'informations sensibles, généralement des identifiants de connexion ou des données de cartes de crédit, en se faisant passer pour une organisation digne de confiance.
- Le *harponnage* (spear phishing) cible un seul utilisateur particulier d'une organisation et semble provenir d'une autre personne de cette organisation demandant des informations sensibles. La meilleure façon de combattre ce type d'attaque est de créer une politique d'entreprise qui interdit l'envoi d'informations sensibles entre utilisateurs.
- Lorsque les trafics en broadcast ou en multicast submergent un réseau, on parle de *tempête de diffusion* (ou parfois de réseau). Comme le trafic de diffusion est rediffusé par chaque appareil du réseau, cela peut rapidement surcharger les commutateurs et les routeurs.
- Dans une session TCP, l'authentification ne se fait généralement qu'au démarrage de la session. Souvent, lors de la connexion à un site web, un cookie de session est remis à l'utilisateur pour l'identifier à l'avenir. Si un attaquant est capable d'analyser cette connexion et d'obtenir le cookie de session, il peut accéder à ce site. Ce type d'attaque est connu sous le nom de *détournement de session*.
- Une attaque de type *man-in-the-middle* (MITM) est un type de détournement de session qui consiste à intercepter ou analyser et à modifier la communication entre les utilisateurs.
- Une attaque de type «*clickjacking*» utilise des techniques de cadres trompeurs qui incitent l'utilisateur à cliquer sur leur contenu plutôt que sur le contenu prévu.

- Une *attaque par dictionnaire* est simplement une attaque systématique, par force brute, utilisant chaque mot d'un dictionnaire comme mot de passe. Ce type d'attaque est simple à éliminer en limitant le nombre de tentatives de connexion qui peuvent être effectuées dans une période donnée.
- L'attaque *teardrop* est une attaque par déni de service (DoS) dans laquelle des paquets fragmentés sont envoyés à un système cible. Les anciens systèmes d'exploitation présentaient des bogues dans leurs mécanismes de réassemblage TCP/IP provoquant une submersion de la capacité de l'appareil par les paquets fragmentés et le blocage de l'appareil.
- Une attaque *DDoS* (Distributed DoS) utilise de multiples systèmes compromis sur de nombreux réseaux différents (appelés botnets) pour réaliser l'attaque.
- Dans une attaque DRDoS (*Distributed Reflection and Amplification Denial of Service*), les attaquants sont capables d'utiliser un botnet relativement petit dans une attaque distribuée sur les serveurs de réflexion qui redirigent les requêtes qu'ils reçoivent, faisant croire qu'ils en sont la source réelle. Le serveur de réflexion est alors submergé par la combinaison des requêtes entrantes et des réponses qui en résultent.
- Les attaques *smurf* sont similaires aux attaques DoS en ce sens qu'elles emploient un « amplificateur » intermédiaire. L'attaquant enverra une grande quantité de trafic ICMP à l'adresse de diffusion du système intermédiaire en utilisant une IP source usurpée de la cible.
- *ICMP tunneling* peut également être utilisé pour livrer des paquets malveillants. La meilleure défense consiste ici à configurer les périphériques réseau de façon à ne pas répondre aux demandes d'écho ICMP. Une autre option consiste à bloquer simplement tous les trafics ICMP ainsi que le trafic de diffusion entrant.
- Une attaque *Fraggle* utilise des paquets UDP au lieu de l'ICMP mais est par ailleurs similaire à une attaque *Smurf* en termes de concept et d'atténuation.
- Les *attaques de la couche 7* (couche application) visent généralement des zones spécifiques d'un site web dans l'espoir d'épuiser ses ressources. Ce type d'attaque peut être difficile à reconnaître car elle apparaît comme du trafic réseau normal jusqu'à un certain point. L'attaquant trouve un formulaire ou une fonctionnalité du site web qui pourrait employer plus de ressources et cible cette fonctionnalité d'un botnet.
- Une solution possible aux attaques DoS est une technique connue sous le nom de *tarpitting*, également appelée « pot de miel collant ». Pour atténuer une attaque HTTP, le concept consiste ici à répondre initialement à une connexion comme si elle était normale, mais avec une fenêtre TCP de très petite taille.
- Les *spammeurs* sont généralement considérés comme appartenant à la « forme la plus basse » de piratage et effectuent souvent des attaques de type *DHA* (Directory Harvest Attacks), dans lesquelles ils devinent simplement les adresses électroniques d'un domaine et se connectent ensuite au serveur de messagerie de ce domaine.

Scénarios de défis en matière de sécurité

Scénario de sécurité 1 sur les réseaux

Identifier :____
Protéger :____
Détecter :____
Répondre :____
Récupérer :____

Scénario de sécurité 2 sur les réseaux

Identifier :____
Protéger :____
Détecter :____
Répondre :____
Récupérer :____

Feedback professionnel

Dans cette section, vous comparerez vos observations avec celles d'un spécialiste de la sécurité en activité pour améliorer votre compréhension du sujet.

À propos de Donald Short

Donald Short est le président de ***One World Telecommunications, Inc***, un fournisseur de services Internet à Kennewick, Washington, où il s'occupe des activités de l'entreprise ; des applications web et des bases de données.
Don est à la fois pharmacien et informaticien depuis plus de 35 ans. Il travaille dans de nombreux langages de programmation, sur diverses architectures réseau, et a développé de vastes et complexes systèmes de gestion de contenu et d'apprentissage en ligne.

Évaluation des risques 1

Identifier

Avec de nombreux actifs à protéger, le réseau aura besoin d'un bon firewall, et les utilisateurs ne seront autorisés à accéder au réseau de l'entreprise qu'en utilisant un VPN chiffré.
Avant d'aller plus loin, n'oublions pas la plus grande menace interne sur tout réseau : les utilisateurs eux-mêmes. Examinez toutes les politiques d'entreprise connexes pour déterminer comment nous devons procéder et dans quelle mesure de nouvelles politiques et procédures doivent être créées. Étudiez la disposition physique et l'accès à chaque actif du réseau.
Les principales menaces internes qui nous préoccupent sont la collecte de données par des visiteurs non autorisés et la possibilité pour des utilisateurs non autorisés (qu'il

s'agisse de visiteurs ou même de certains employés de l'entreprise) d'infecter intentionnellement ou par inadvertance un poste de travail, un serveur ou l'ensemble du réseau en accédant à ces biens.

Au sujet d'Internet, nous sommes préoccupés par les accès non autorisés, bien sûr, mais aussi par le risque d'attaques par déni de service (DoS) sur le réseau. Si le serveur principal doit être mis à la disposition du public et pas seulement des employés, nous avons un risque énorme à atténuer. Même si le courrier ou d'autres services doivent être disponibles, nous devons faire face à des risques significatifs.

Protéger

Au sein du réseau d'entreprise, la sécurité physique doit être assurée afin que les visiteurs n'aient pas facilement accès aux serveurs ou aux postes de travail et ne puissent pas se brancher sur un port USB. Bien que nous puissions mettre à jour les politiques et les procédures de sécurité, nous devrons probablement apporter quelques modifications afin que certains postes de travail ne soient pas facilement compromis ou accessibles aux visiteurs. À un moment donné, nous devrons peut-être envisager des points de contrôle de sécurité et des claviers d'accès, etc.

Avec un grand nombre d'utilisateurs internes dans différents services qui accèdent au réseau, nous devons nous assurer que le réseau est segmenté à l'aide de commutateurs pour faciliter la création de procédures de contrôle d'accès sur l'ensemble du réseau.

Il est clair qu'un routeur firewall sera nécessaire. Dans ce cas, nous interdirons tous les trafics IP depuis le WAN (Internet) et n'autoriserons que les services et les ports spécifiques dont nous pourrions avoir besoin.

Si un accès public à un serveur est nécessaire, nous devons créer un réseau périphérique ou DMZ et déplacer les fonctions nécessaires vers un serveur situé dans ce réseau. Si le pare-feu principal ne peut pas gérer une interface supplémentaire, alors un firewall plus simple est également une bonne idée pour le réseau périphérique, afin que nous puissions à la fois fournir un accès VPN au(x) serveur(s) public(s) mais aussi restreindre les services qui peuvent entrer dans la DMZ.

Tous les utilisateurs autorisés doivent utiliser un VPN chiffré pour accéder à la DMZ ou aux ressources du réseau interne. Une fois qu'un utilisateur a accès au VPN, les autres ressources doivent être protégées par un contrôle d'accès à l'aide d'identifiants ou de contrôles basés sur IP. Idéalement, votre VPN peut attribuer aux utilisateurs une adresse IP unique, ce qui vous permet de protéger et de surveiller le réseau par utilisateur en fonction de l'IP, et donc de n'avoir que rarement recours à des identifiants.

Pour le pare-feu ou l'interface DMZ, nous n'activerons que les ports nécessaires, tels que 80 et 443 pour un système basé sur le web et les ports liés aux services de courrier minimum que nous devons mettre à disposition. Dans l'idéal, le courrier n'est mis à disposition que par VPN, mais si un tel service est mis à disposition sur le serveur de la DMZ et que ce serveur est chargé d'accepter le courrier, les ports appropriés doivent alors être ouverts.

Toutes les informations sensibles stockées sur le serveur de la DMZ doivent être conservées sous forme chiffrée. Si une violation se produit, vous devez vous assurer que les données sont protégées par un bon chiffrement.

Pour le pare-feu ou l'interface réseau, nous pouvons interdire tous les services et n'autoriser que l'accès VPN. Nous créons alors des règles limitant l'accès aux différents segments du réseau en fonction de l'adresse IP VPN des utilisateurs. Désactivez également l'ICMP et les autres services inutiles sur le firewall. Même si nous avons restreint l'accès au réseau, il est toujours bon de verrouiller également tous les services du serveur.

Détecter

Notre routeur ou dispositif firewall va jouer un rôle important dans la protection, mais pas tellement dans la détection. Les actifs de la DMZ doivent être verrouillés le plus étroitement possible, mais généralement, si une intrusion se produit, l'intrus cherchera certains exploits PHP et essaiera à plusieurs reprises de se connecter avec de simples identifiants. Un logiciel de sécurité peut être configuré pour rechercher de tels évènements et bloquer l'accès tout en informant un administrateur.

La détection simple des pannes est une excellente idée pour les serveurs internes et les serveurs de la DMZ, car elle permet d'interroger les serveurs critiques et d'avertir un administrateur lorsqu'ils deviennent indisponibles ou même surchargés.

Je suggère d'utiliser un système de détection d'intrusion (IDS) open-source et même peut-être plus qu'un seul de façon à faciliter ce processus. Des produits tels que *Snort* et *Tripwire* peuvent aider à détecter les intrusions au bon moment afin qu'elles puissent être traitées en temps utile. Les paquets Linux tels que *Security Onion* peuvent fournir un arsenal d'outils qui peuvent compléter les capacités que vous pouvez avoir avec votre appareil de sécurité ou firewall.

Répondre

Lorsque vous créez des stratégies et des politiques, supposez que votre public n'est pas spécialiste et limitez le jargon au minimum. Il devra comprendre certains concepts tels que les VPN, mais il devra peut-être être informé en cours de route des raisons pour lesquelles certaines questions sont importantes. Votre réseau est plus sûr lorsque vos utilisateurs comprennent mieux la sécurité.

Le personnel informatique devra être sensibilisé à la notion de notification d'intrusion et recevoir des directives strictes sur la manière de procéder lorsqu'une notification est reçue. Si vous utilisez un service d'atténuation des attaques DDoS, les politiques relatives à la manière de procéder lors d'une attaque sont également importantes. Ce même personnel informatique doit également être formé pour fournir des conseils conviviaux aux utilisateurs du réseau, afin qu'ils comprennent comment traiter certaines attaques plus subtiles telles que le phishing.

L'éducation est très importante et vous devez donc créer du matériel pédagogique pour compléter les politiques et procédures du réseau. Vos utilisateurs doivent comprendre pourquoi de bons mots de passe sont importants et pourquoi ils doivent se méfier de tout ce qui pourrait être une attaque par hameçonnage et pourquoi ils ne doivent pas partager leurs identifiants avec qui que ce soit, etc.

Assurez-vous que vous disposez de procédures de sauvegarde solides, idéalement sur des serveurs qui ne sont pas disponibles sur le réseau en tant que tel. Les serveurs de sauvegarde peuvent accéder aux serveurs, mais pas l'inverse, afin de minimiser l'impact de toute intrusion. Un mécanisme de sauvegarde dans le nuage et hors site devrait idéalement compléter les sauvegardes sur site.

Récupérer

Si vous êtes victime d'une attaque DoS et que vous n'utilisez pas de service d'atténuation, vous devez alors déconnecter le réseau de l'Internet pendant que vous travaillez à identifier l'attaque. Si l'attaque est bien distribuée, il se peut que vous ne puissiez rien faire d'autre que d'attendre. Si vous avez beaucoup de chance, une attaque de moindre envergure peut être résolue par le blocage de quelques IP.

Si vous disposez d'un routeur plus puissant, vous pourrez peut-être effectuer une certaine partie du filtrage, et vous pourrez toujours déplacer l'accès au réseau vers différentes IP, etc.

Plus vos services accessibles au public sont critiques, plus vous devriez envisager un service d'atténuation des DDoS. Si vous maîtrisez les paramètres DNS, vous pouvez modifier les zones pour contourner les attaques, mais cela entraînera toujours des problèmes de disponibilité du réseau. Un service d'atténuation peut vous aider à minimiser ce problème.

La récupération après attaque ou intrusion consiste bien souvent à simplement restaurer à partir d'une sauvegarde. C'est là, en principe, que vous ne voulez pas avoir à vous fier à une sauvegarde dans le cloud, car la restauration prend généralement beaucoup de temps. Idéalement, vous disposez d'un lecteur auquel vous pouvez accéder localement et que vous pouvez utiliser pour restaurer vos données pendant que les services sont « offline ».

Si vous avez été victime d'une violation de données et que celles-ci ont été compromises, vous devez évaluer rapidement les dommages. Examinez vos journaux et déterminez lesquelles ont pu être consultées et supposez généralement le pire. Bien entendu, vous devrez probablement modifier les identifiants de votre réseau, mais vous devrez peut-être aussi en informer vos clients. Si toutes les données de ceux-ci étaient correctement chiffrées, vous devriez vous en sortir, car vous n'avez sans doute pas stocké la clé sur un support qui peut être piraté.

Évaluation des risques 2

Identifier

De nos jours, l'accès à distance est beaucoup plus simple, car il suffit de choisir un système VPN et de l'utiliser. Cela dépend vraiment du firewall ou de l'appareil que vous utilisez sur votre réseau. Quel que soit le système VPN, essayez d'attribuer la tâche de gestion des accréditations au personnel informatique afin de ne jamais avoir à vous soucier d'un utilisateur utilisant un mot de passe faible.

Vous devrez créer des politiques que votre organisation peut tolérer, donc travaillez avec la direction pour générer des politiques qui soient aussi strictes que possible pour votre réseau.

Certaines de celles-ci ne peuvent pas vraiment être appliquées, mais cela ne signifie pas que vous ne devriez pas les créer. Incitez vivement vos employés à suivre ces politiques et essayez de les sensibiliser aux raisons et à l'importance de ces politiques. Exiger de vos employés qu'ils n'accèdent pas à votre réseau par Wi-Fi public, par exemple, peut éliminer de nombreux risques de sécurité, mais c'est presque impossible à faire respecter. Mettre l'accent sur de bonnes références, être attentif aux attaques par phishing, et être toujours conscient de la sécurité en général pour vos utilisateurs sera payant.

Protéger

Utilisez une bonne suite de protocoles chiffrés comme IPSec, et créez les justificatifs d'identité pour chaque utilisateur en respectant strictement les concepts de bon mot de passe. Vos options peuvent être dictées par votre firewall ou votre dispositif, mais vous devriez pouvoir trouver un schéma que tous vos utilisateurs et leurs appareils peuvent prendre en charge.

Vos politiques devraient prévoir une certaine expiration des identifiants, généralement en mois et non en années. L'idéal serait d'attribuer des mots de passe complexes à chaque utilisateur, mais de nombreuses organisations ne le font pas, car les utilisateurs ne peuvent pas se souvenir de tels mots de passe et beaucoup n'utilisent pas de logiciel de gestion des mots de passe. Si vous devez utiliser des mots de passe moins complexes, utilisez un mélange de mots courants et d'un numéro court dont l'employé peut se souvenir, comme Jumpbranch92 ou mieux encore Jump$Branch92. J'ai tendance à mettre les majuscules au début ou à la fin pour faciliter la saisie.

Si un utilisateur a accès à de nombreux actifs et représente donc un risque de sécurité plus élevé, ces politiques devraient être plus strictes, avec des mots de passe complexes plus fréquemment modifiés. Si un utilisateur distant utilise toujours la même adresse IP fixe, il faut l'inclure dans son profil d'accès pour ajouter une autre couche de protection. Veillez à activer le plus possible la journalisation afin d'avoir accès à des rapports solides sur l'activité des utilisateurs.

Si les utilisateurs accèdent à distance aux fichiers partagés, essayez, si cela est possible, de trouver un moyen de limiter ou d'éliminer la possibilité pour l'utilisateur distant de supprimer des fichiers ou même d'écrire dans ceux-ci. L'accès en lecture seule est idéal. Si l'utilisateur distant doit accéder à des informations confidentielles stockées dans des bases de données internes, assurez-vous que le contenu de la base de données est chiffré. Cela dépend en grande partie du système d'exploitation du serveur et de la technologie de la base de données, mais recherchez ces solutions car elles vous permettront de minimiser vos risques.

Si la sécurité par l'obscurité est un concept faible en général, soyez malin lorsque vous créez des noms d'hôtes pour l'accès à distance des employés. vpn.votreentreprise.com est terriblement évident. Il pourrait également être intéressant d'enregistrer un domaine séparé pour ce genre de choses qui n'utilise pas le nom de l'entreprise.

Il est toujours judicieux de créer des schémas d'accès où l'utilisateur n'a accès qu'aux ressources dont il a besoin et non à l'ensemble du réseau. La meilleure façon de réduire les risques est de gérer les pires scénarios et de minimiser ce qui peut être accessible à distance. Si des informations sensibles doivent être accessibles, vous devez alors « gêner » un peu plus ces utilisateurs en leur imposant des mots de passe supplémentaires ou en les obligeant à y accéder à partir d'une adresse IP fixe.

Détecter

Avec de bons identifiants et un verrouillage aussi strict que possible sur un réseau entièrement sécurisé, votre principal risque se limite principalement à l'obtention d'identifiants légitimes par un utilisateur non autorisé via du phishing ou simplement d'une sécurité insuffisante de l'utilisateur. Même si vous avez fait ce que vous pouviez, cela peut toujours arriver. C'est pourquoi vous cherchez à minimiser ce que tout utilisateur peut faire après s'être connecté.

Sur de nombreux systèmes, vous pouvez forcer l'utilisateur à passer à un statut de super-utilisateur temporaire avec un autre mot de passe pour effectuer de nombreuses tâches (par exemple, *sudo* sur les systèmes Unix). Certains systèmes comportent des fonctions de sécurité qui permettent aux administrateurs d'être notifiés de tout accès à distance, mais ce n'est pas souvent pratique. D'autres envoient également un courrier électronique à l'utilisateur après la connexion ou la déconnexion pour lui signaler l'accès. Cela n'offre bien sûr aucune protection, mais si l'utilisateur se rend compte que son compte a été utilisé par quelqu'un d'autre, il peut au moins contacter l'administrateur du réseau et minimiser les dégâts. Sur les réseaux qui nécessitent une sécurité supplémentaire, les rapports des journaux peuvent être générés et mis à disposition en interne également.

Vous pouvez utiliser un logiciel de détection d'intrusion (IDS), mais il est plus adapté pour alerter les administrateurs des tentatives de piratage que des détournements de comptes, car il est vraiment difficile de gérer un grand volume d'alertes pour chaque accès accordé. Toutefois, ce type de surveillance peut n'être nécessaire que pour un petit groupe d'utilisateurs pour des raisons pratiques. Idéalement, vous pouvez configurer le système pour générer des alertes uniquement sur les anomalies plutôt que sur le simple accès.

Si vous utilisez un IDS, votre fournisseur peut vous aider à simplifier la configuration ; en effet, les capteurs IDS ont accaparés de nombreux membres du personnel informatique et beaucoup d'apprentissages ont été réalisés au fil des ans. L'objectif est de n'alerter le personnel informatique que sur les événements à haut risque.

Si vous utilisez un système de détection qui se contente d'analyser les journaux, il faudra le faire fréquemment. En fin de compte, cela ne fera que vous montrer ce qui s'est passé et ce qui est trop tard que pour être atténué, mais cela peut quand même être utile pour découvrir les faiblesses du réseau et les utilisateurs qui ont été compromis.

Répondre

Peu importe ce que vous avez fait pour protéger votre réseau, il y aura toujours une sorte d'événement de sécurité. Si vous soupçonnez qu'un compte d'utilisateur est compromis, vous devez immédiatement modifier ou au moins en verrouiller les identifiants. Prenez contact avec l'utilisateur et vérifiez s'il a accédé au réseau ou non.

Si vous n'êtes pas en mesure de déterminer l'étendue d'une violation ou de comprendre pleinement comment un accès non autorisé a été effectué, vous devez désactiver complètement l'accès à distance jusqu'à ce que cela puisse être déterminé.

Si non seulement votre réseau a été piraté, mais que des données confidentielles ont été consultées, vous devez déterminer lesquelles étaient concernées. Les journaux du serveur doivent indiquer exactement ce qui a été consulté. Si des informations confidentielles pour vous ou vos clients ont été consultées, vous devrez très probablement contacter votre service juridique après vous être assuré que l'accès à distance a été arrêté.

Récupérer

La récupération des données endommagées ou supprimées est une fonction technique que vous pouvez gérer assez facilement avec de bonnes sauvegardes. La modification des données d'identification et des règles d'accès est également facile à gérer.

Cependant, si l'on a accédé aux informations confidentielles, rien ne sera facile. Il faut toujours se concerter avec un conseiller juridique, mais en général, il vaut mieux être attentif au sujet de la violation des données et sur la possibilité que des informations confidentielles aient été consultées par du personnel non autorisé.

Malheureusement, ce n'est souvent qu'après une infraction que la direction s'oriente vers des politiques réseau plus strictes. Il est temps de s'attaquer aux politiques et aux procédures et de faire tout ce qui est possible pour prévenir ou au moins réduire au minimum les dommages causés par de futurs événements liés à la sécurité.

Questions de révision

Les questions suivantes permettent de tester vos connaissances sur la matière présentée dans ce chapitre.

1. Citez les deux types de trafic liés au protocole IP et décrivez les avantages et les inconvénients de chacun.

   Réponse : Il existe deux types de trafic lié à IP : TCP (Transmission Control Protocol) ou UPD (User Datagram Protocol). Lorsqu'une connexion TCP est établie, les données peuvent être envoyées de manière bidirectionnelle. Cette connexion est très fiable et comporte des fonctions de contrôle d'erreur, mais ajoute un certain volume à la transmission. UDP est un protocole beaucoup plus simple, sans connexion, dans lequel plusieurs messages sont envoyés sous forme de blocs de données. UDP est idéal pour les serveurs traitant des requêtes provenant d'un grand nombre de clients ou de jeux pour lesquels la vitesse est essentielle. Il n'y a pas de fonction de contrôle d'erreur avec UDP, donc il n'y a pas de garantie réelle que les données transmises arriveront effectivement à leur destination.

2. Quel est le principal organisme de normalisation pour Internet et comment procède-t-il pour établir les normes qui sont utilisées sur l'Internet ?

   Réponse : L'IETF (Internet Engineering Task Force), le principal organisme de normalisation pour l'Internet. Les RFC, ou *Request for Comments*, sont soumises par quiconque à l'IETF, et si cet organisme juge la note digne, la RFC se voit attribuer un numéro unique. Si cette RFC suscite suffisamment d'intérêt et qu'un consensus se dégage, elle peut évoluer en une norme Internet, mais de nombreuses RFC sont essentiellement des normes de facto pour la plupart des protocoles Internet.

3. Quelle catégorie de dispositifs de connectivité est concernée par chaque type de connexion à l'Internet et quels types de dispositifs physiques peuvent assumer ce rôle?

   Réponse : Chaque ordinateur autonome ou réseau local qui se connecte à l'Internet se connectera par l'intermédiaire d'un dispositif passerelle.

   Celui-ci est souvent un routeur, mais peut aussi être un commutateur doté d'une conversion de protocole ou d'un adaptateur. Le dispositif passerelle peut également être un modem, un point d'accès ou même un adaptateur de voix sur IP (VoIP).

4. Décrivez la fonction de sécurité assurée par un serveur proxy.

   Réponse : Un serveur proxy permet à un client d'établir une connexion réseau indirecte. Le client se connecte au serveur proxy, avec ou sans authentification volontaire, et fait une demande de ressource vers un autre serveur. Ensuite, le proxy traite la demande soit en renvoyant la ressource demandée à partir d'un cache, soit en transmettant la demande à l'autre serveur (après modification éventuelle de la demande).

5. Comment les pare-feu déterminent-ils les paquets à laisser passer et ceux à refuser?

   Réponse : Un bon firewall propose le filtrage de paquets en utilisant des règles définies pour rejeter ou accepter les paquets entrants et sortants. Cela peut être plus difficile à configurer mais ces règles sont vraiment essentielles pour la sécurité sur la plupart des réseaux.

6. Quel est l'objectif du chiffrement des données qui doivent être transmises par ou depuis Internet?

   Réponse : Le chiffrement est un moyen simple de s'assurer que si des données sont interceptées par un tiers, il sera très difficile de les déchiffrer. C'est en train de devenir une étape quasi indispensable pour sécuriser tout réseau.

7. Après qu'un utilisateur ait été authentifié, quelle activité est réalisée pour déterminer les ressources auxquelles il est autorisé à accéder et les actions qu'il peut effectuer sur ces ressources après y avoir accédé?

   Réponse : Autorisation. Une fois qu'un utilisateur est authentifié, nous voulons généralement déterminer son autorisation, ce qui implique essentiellement les ressources auxquelles l'utilisateur authentifié est autorisé à accéder et les actions qu'il peut effectuer.

8. Quel est l'inconvénient éventuel de l'utilisation de systèmes d'authentification multifacteur trop complexes?

   Réponse : Des facteurs d'authentification supplémentaires peuvent être ajoutés à la séquence de connexion afin d'accroître la sécurité en rendant de moins en moins probable la réussite d'une attaque. Cependant, avec des séquences plus complexes, les utilisateurs deviendront insatisfaits et auront recours à des identifiants griffonnés sur des notes autocollantes et des calendriers de bureau, ou n'utiliseront tout simplement pas le service. C'est un défi énorme pour tout ingénieur de site web pour qui la satisfaction de l'utilisateur est un défi.

9. Quels sont les deux principes administratifs qui doivent être appliqués chaque fois que des utilisateurs externes sont autorisés à accéder à un réseau ?

   Réponse : Lorsque vous autorisez des utilisateurs externes à entrer dans un réseau, utilisez toujours les principes du « moindre privilège » et du « besoin d'en connaitre ». Donnez à chaque utilisateur le moins d'accès possible et uniquement aux zones du réseau dont il doit disposer.

10. Comment l'ajout d'un CAPTCHA à un système de connexion augmente-t-il la sécurité ?

    Réponse : L'ajout d'un CAPTCHA à un système d'authentification traditionnel peut potentiellement éliminer tout type d'attaque automatisée des mots de passe. Bien que ces tests aient tendance à gêner les utilisateurs, ils sont généralement très efficaces.

    Cependant, ils constituent également un obstacle pour certains utilisateurs souffrant de certains handicaps, à moins que des mécanismes alternatifs ne soient prévus pour ceux-ci.

11. Quel est l'avantage de choisir un dispositif de pare-feu à filtrage « statique » de paquets pour une position donnée dans un réseau ?

    Réponse : Les pare-feu à filtrage « statique » des paquets ne permet pas de suivre l'état d'une connexion entre deux ordinateurs. Cela rend cette variété de pare-feu relativement plus rapide que les autres. Ils offrent également moins de fonctions de sécurité. De plus, un tel firewall est relativement peu coûteux et facile à entretenir.

12. Décrivez le processus d'une attaque par dictionnaire, ainsi que les mesures qui peuvent être prises pour vaincre une telle attaque.

    Réponse : Une attaque par dictionnaire est simplement une attaque systématique, par force brute, utilisant chaque mot d'un dictionnaire comme mot de passe. Ce type d'attaque est simple à éliminer en limitant le nombre de tentatives de connexion qui peuvent être effectuées dans une période de temps donnée. En outre, l'adresse IP de tout utilisateur dépassant un certain nombre de tentatives au cours de cette période pourrait être interdite jusqu'à ce qu'elle soit traitée par un administrateur.

13. Pourquoi est-il si difficile d'arrêter les attaques DDoS en bloquant les adresses IP attaquantes ?

    Réponse : En fin de compte, la bataille pour bloquer les adresses IP est rarement gagnée, car ces attaques proviennent généralement de milliers d'adresses IP en fonction de la taille du réseau de « zombies ». Si un système de blocage dynamique des adresses IP, tel que *fail2ban*, est en place, des progrès peuvent être réalisés. En revanche, si un grand réseau de zombies est utilisé, il l'emportera probablement. Le blocage d'IP est un concept d'atténuation fondamental, mais plus l'attaque est distribuée, moins ce processus a de chances d'être utile.

14. Si personne dans une organisation donnée n'a besoin d'accéder au réseau à partir d'Internet, quelle configuration de pare-feu peut être établie pour rendre le réseau plus sécurisé ?

Réponse : Si personne n'a besoin d'accéder au réseau à partir d'Internet, la configuration du firewall peut être renforcée pour interdire tout paquet provenant du monde extérieur. Si vous refusez l'ICMP et ne répondez sur aucun port, alors le firewall est mieux sécurisé.

15. Quelle technique de mise en réseau est généralement utilisée pour séparer les réseaux en segments plus petits pour des raisons de sécurité et de performance?
Réponse : La segmentation du réseau, ou zonage, est en substance, la séparation du réseau en sous-réseaux, dont chacun devient un segment. Du point de vue de la sécurité, la principale raison de déployer la segmentation du réseau est de limiter les capacités d'accès des intrus. Chaque segment bénéficiera également d'une congestion et d'un trafic broadcast réduits en plus de contenir les problèmes de réseau dans un seul segment.

Questions d'examen

1. Vous avez été chargé de présenter une stratégie de défense visant à protéger le réseau de l'organisation contre les menaces liées à Internet. Quel type de dispositif figure en tête de votre liste comme première ligne de défense du réseau?
A. Serveur mandataire
B. Pare-feu
C. Switch L2
D. Routeur

Réponse : B. La première ligne de défense la plus courante dans un réseau connecté à Internet est un pare-feu. Ces dispositifs consistent généralement en une combinaison de matérielle et de logicielle utilisée pour protéger un réseau privé contre tout accès non autorisé depuis Internet. Cela se fait en limitant les risques de sécurité, en appliquant la politique de sécurité de l'organisation et, parfois, en enregistrant ou en surveillant l'activité liée à Internet.

2. L'organisation souhaite établir une connexion sécurisée avec un fournisseur de confiance. Vous avez recommandé d'établir un réseau privé virtuel (VPN) entre les deux réseaux d'entreprise. Quels protocoles, parmi les suivants, sont généralement combinés pour atteindre cet objectif? (Sélectionnez-en deux.)
A. S/MIME
B. TACACS+
C. IPSec
D. L2TP

Réponse : C, D. Le protocole L2TP (Layer 2 Tunneling Protocol) utilise PPP et est non chiffré mais peut faire passer un autre protocole de chiffrement dans le tunnel. Souvent, le protocole sous-jacent sera combiné avec L2TP comme dans une combinaison L2TP/IPsec.

3. Telnet est utilisé pour la connexion à distance, mais il offre peu de sécurité. Quel protocole chiffré, parmi les suivants, devrait être utilisé à la place?
   A. SSH
   B. Secure Telnet
   C. SSL
   D. Secure Login

   Répondez : A. Il existe de nombreux types d'émulations Telnet disponibles via des logiciels clients personnalisés, mais la plupart ne disposent pas de chiffrement et il n'y a donc aucune garantie que votre communication ne sera pas interceptée pendant son transit. Certains anciens appareils réseau ne prennent en charge que Telnet, mais dans la mesure du possible, vous devriez utiliser SSH à la place.

4. Quels sont les principaux éléments du protocole d'authentification Kerberos?
   A. Ticket, authentification et chiffrement
   B. Clé, ticket et authentification
   C. Clé, ticket et chiffrement
   D. Clé, authentification et chiffrement

   Réponse : C. Kerberos fait appel à un serveur tiers de confiance d'octroi de tickets (TGS) pour authentifier l'interaction client/serveur. Le processus exact varie selon la mise en œuvre, mais essentiellement, le client échange des informations en texte clair avec le serveur d'authentification (AS), qui utilise ensuite des clés partagées avec le client pour chiffrer des messages qui comprennent des clés partagées entre l'AS et le TGS.

5. Parmi les types d'attaques suivants, lequel utilise des techniques de cadres trompeurs pour inciter l'utilisateur à cliquer sur leur contenu plutôt que sur le contenu prévu?
   A. MITM
   B. DDoS
   C. Clickjacking
   D. Attaque Fraggle

   Répondez : C. Une attaque de type «clickjacking» utilise des techniques de cadres trompeurs pour inciter l'utilisateur à cliquer sur leur contenu plutôt que sur le contenu prévu

6. Le protocole CHAP (Challenge-Handshake Authentication Protocol) est utilisé principalement pour quoi?
   A. Chiffrement de la couche réseau
   B. Accès à distance
   C. Configuration du serveur LAN
   D. Connexion RNIS (ISDN) WAN

   Réponse : B. En créant une chaîne aléatoire, une phrase de défi ou un secret. Il la combine ensuite avec quelque chose d'autre, comme le nom d'utilisateur ou le nom d'hôte, et envoie les informations combinées au système demandeur.

Le demandeur, à son tour, hachera la chaîne et retournera le résultat. Le serveur vérifie ensuite que le résultat du hachage est correct et authentifie ou refuse le demandeur.

7. Parmi les différents types de pare-feu disponibles pour une utilisation dans un réseau d'entreprise, lequel désassemble chaque paquet, l'évalue, puis le réassemble, ce qui rend ce type de connexion nettement plus lent que les autres types de pare-feu ?
   A. Pare-feu à filtrage *stateful*
   B. Pare-feu à filtrage statique des paquets
   C. Pare-feu proxy filtrant
   D. Pare-feu avec filtrage MAC

   Répondez : C. Les serveurs proxy, ou « proxy filtering firewalls », sont les serveurs configurés pour filtrer qui éliminent les paquets indésirables. C'est un processus beaucoup plus complexe que le filtrage de paquets. Au cours du processus, chaque paquet est désassemblé, évalué et réassemblé, ce qui rend ce type de connexion significativement plus lent qu'avec les autres types de firewall.

8. Quel protocole de la suite de protocoles IPSec est utile pour prévenir les attaques par rejeu ?
   A. AH
   B. ESP
   C. SA
   D. IKE

   Répondez : A. AH (Authentication Headers) assure l'intégrité des données et l'authentification de l'origine afin de se protéger contre les attaques par rejeu (attaques dans lesquelles une transmission enregistrée est rejouée par un attaquant pour obtenir l'accès).

9. Parmi les différents types de pare-feu disponibles pour une utilisation dans un réseau d'entreprise, quel type collecte les informations relatives aux connexions réseau et maintient des tableaux d'état dynamiques utilisés pour les connexions ultérieures, ce qui permet d'ouvrir et de fermer les ports selon les besoins ?
   A. Pare-feu à filtrage *stateful*
   B. Pare-feu à filtrage statique des paquets
   C. Pare-feu proxy filtrant
   D. Pare-feu avec filtrage MAC

   Répondez : A. Les pare-feu à filtrage *stateful* suivent l'état de la connexion entre les entités. Ces firewalls collectent des informations sur les connexions réseau et tiennent à jour des tables d'état dynamiques qui sont utilisées pour les connexions ultérieures. Cela permet d'ouvrir et de fermer des ports selon les besoins. Une fois qu'un client a terminé une session de communication, le pare-feu ferme le port spécifique utilisé jusqu'à ce qu'il soit à nouveau sollicité.

10. Même si les mots de passe peuvent être envoyés sous forme de valeurs hachées plutôt qu'en clair, il existe plusieurs outils de piratage qui peuvent être utilisés pour obtenir les mots de passe des utilisateurs. Quels types d'attaques ces outils pourraient-ils réaliser ? (En choisir deux.)

A. Bombe logique

B. Dictionnaire

C. Débordement de la mémoire tampon

D. Force brute

Répondez : B, D. Les attaques par dictionnaire et par force brute utilisent des outils pour deviner les mots de passe des utilisateurs.

Glossaire

3DES
Également connu sous le nom de Triple DES, 3DES est un algorithme de chiffrement par bloc qui utilise des clés symétriques. Il applique l'algorithme DES trois fois à chaque bloc.

A

accès à distance
Une caractéristique de conception qui fonctionne avec des systèmes de surveillance à distance pour observer, contrôler et superviser à distance les portes, les portails et les accès des véhicules.

accès hérité
Accès non explicite, généralement accordé en raison de l'appartenance à un groupe.

accès non autorisé
Une personne accède à un service, une application, un réseau ou un appareil sans posséder les justificatifs d'identité appropriés.

accusé de réception (ACK)
Une partie de la deuxième et de la troisième étape (finale) de la triple poignée de main du protocole TCP/IP. Cette partie du segment accuse réception de la demande de synchronisation.

actif immatériel
Tout bien non physique, défini comme ayant une utilisation supérieure à un an.

actif matériel
Tout actif physique.

Active Directory
Un service d'annuaire fourni par Microsoft qui gère les domaines, ce qui inclut : l'authentification, l'autorisation, la gestion des certificats, et plus encore.

ActiveX
Un utilitaire Microsoft qui permet aux applications web de créer des fonctionnalités étendues et interactives dans le navigateur. ActiveX se télécharge automatiquement sans impliquer l'utilisateur, ce qui crée une faille de sécurité potentielle qui peut être utilisée par les pirates pour intégrer des codes malveillants dans des sites web piratés.

adaptateur d'interface réseau
Également connu sous le nom de contrôleur (ou carte) d'interface réseau (NIC), il s'agit d'un matériel qui permet à un appareil de se connecter à un réseau.

administrateur de la sécurité
Dans les environnements en réseau, les administrateurs sont responsables de la mise en œuvre des politiques de sécurité de l'organisation. Ces politiques doivent être conçues pour refléter les trois objectifs associés au modèle classique de sécurité de l'information : confidentialité, intégrité et disponibilité (CIA).

administrateur du serveur
Une personne qui est responsable de la conception, de la mise en œuvre et de la maintenance du serveur.

administrateur réseau
Dans les environnements réseau, les administrateurs sont responsables de la mise en œuvre des politiques de sécurité de l'organisation. Ces politiques doivent être conçues pour refléter les trois objectifs associé au modèle classique de l'information : confidentialité, intégrité et disponibilité (CIA).

Adobe Reader
Le logiciel PDF d'Adobe. Les exploits peuvent conduire à l'exécution arbitraire de code, au contournement du « bac à sable » ou à un simple déni de service, généralement par corruption de la mémoire.

adresse de l'hôte
La partie de l'adresse IP qui définit l'identité d'un appareil.

adresse du réseau
Un identifiant qui définit le réseau pour un système donné.

adresse IP
Une chaîne de chiffres unique qui identifie chaque appareil communicant en utilisant le protocole Internet sur un réseau.

adresse MAC
Les adresses MAC (Media Access Control) sont des identifiants uniques pour chaque appareil connecté à un réseau. Ces adresses sont généralement attribuées aux appareils par leurs fabricants et stockées dans leur firmware.

adware
La publicité non désirée et non sollicitée, généralement affichée dans les navigateurs web.

AES (Advanced Encryption Standard)
Un algorithme de chiffrement par bloc qui utilise des clés symétriques. Annoncé par le NIST en 2001, il a été adopté par le gouvernement américain et remplace le DES.

AFHSS (Adaptive Frequency Hopping Spread Spectrum)
La spécification Bluetooth met en œuvre cette technologie dans la gamme sans licence de 2,4 GHz pour assurer la sécurité et éviter les plages de fréquences encombrées, en sautant entre des sous-fréquences précédemment divisées.

agent de menace
Indique un individu, un groupe ou un dispositif qui a la capacité et l'intention d'établir une attaque.

AH (Authentication Header)
Protocole utilisé par IPsec pour empêcher les changements de paquets durant le transport. Il assure l'intégrité et l'authentification.

algorithme
En ce qui concerne la sécurité informatique, un algorithme est un code utilisé pour modifier un message afin que les personnes non autorisées ne puissent pas le lire.

amplificateur Smurf
Un réseau informatique utilisé pour amplifier les effets d'une attaque *Smurf*.

analyse des anomalies
Ce système d'analyse applique des techniques d'analyse statistique au flux de données afin de déterminer s'il est « normal » ou « anormal » à un moment donné.

analyse des signatures
Les trafics entrants et sortants sont comparés à une base de données

contenant des modèles de code (signatures), qui ont été identifiés comme des menaces.

analyseur de paquets
Également connu sous le nom de « sniffer de paquets », il s'agit d'un programme informatique utilisé pour analyser le trafic réseau.

analyseur réseau
Aussi appelé « sniffer de paquets ». Les pentesters utilisent ces outils pour analyser le trafic réseau, à la recherche d'éléments tels que les mots de passe et les noms d'utilisateur envoyés en mode « texte clair », ou d'informations sensibles comme celles relatives aux cartes de crédit ou autres transactions financières.

Android
Un système d'exploitation qui a été développé pour être utilisé avec des tablettes et des téléphones intelligents.
Il utilise principalement les gestes sur l'écran tactile pour le fonctionnement et le contrôle. C'est actuellement le système d'exploitation mobile le plus utilisé.

annonciateur
Un dispositif de système d'alarme qui signale l'état de fonctionnement du système par un son, une lumière ou une autre indication.

antispyware
Programmes qui se défendent contre les logiciels espions en les détectant puis en les supprimant et/ou en les bloquant en premier lieu.

antivirus
Programmes qui se défendent contre les virus informatiques en les détectant puis en les supprimant et/ou en les bloquant en premier lieu.

appareils photo numériques
Ceux-ci convertissent les images qu'ils détectent directement en signaux numériques pouvant être facilement transmis et manipulés par des appareils informatiques.

Apple OS X
Le système d'exploitation Apple, qui est basé sur Unix.

applications
Celles-ci fonctionnent comme des extensions du système d'exploitation. Selon le type de système d'exploitation utilisé, une application peut contrôler directement certaines ressources du système, telles que les imprimantes et les interfaces réseau, tandis que le système d'exploitation apporte un soutien fondamental en arrière-plan. Dans les systèmes plus avancés, le système d'exploitation fournit des fonctions communes d'entrée, de sortie et de gestion de disque pour toutes les applications du système.

applications pour téléphones intelligents
Les applications qui fonctionnent spécifiquement sur des appareils mobiles, tels que les tablettes et les téléphones.

apprentissage et découverte MAC
Lorsque les dispositifs de connectivité interagissent avec d'autres dispositifs connectés à leurs ports physiques, ils lisent les en-têtes de message pour acquérir les adresses MAC des dispositifs d'envoi et de réception et les enregistrent dans la table CAM avec les informations relatives au port.

armoire rack
Mobilier spécialisé utilisé pour sécuriser les biens informatiques physiques.

aseptiser
Rendre les données d'un disque dur irrécupérables, soit en écrasant les données plusieurs fois et/ou en détruisant physiquement le disque pour qu'il ne puisse pas être réassemblé.

ASLR (Address Space Layout Randomization)
Il s'agit d'une technique utilisée pour prévenir ou réduire les impacts des attaques buffer overflow.

asset
Quelque chose de valeur, qui peut être tangible, par exemple un disque dur flash, ou intangible, comme les données sur ledit disque.

Associations de sécurité (AS)
L'établissement d'attributs partagés entre deux dispositifs réseau afin de soutenir une connexion sécurisée.

attaque clickjacking
Cette attaque utilise des techniques de cadres trompeurs pour inciter l'utilisateur à cliquer sur leur contenu plutôt que sur le contenu prévu.

attaque de l'inondation de « désauthentification »
Cela implique qu'un attaquant envoie un paquet de « désauthentification » à un point d'accès, qui à son tour supprime tous les dispositifs précédemment authentifiés qui y sont connectés.

attaque de mot de passe
Toute tentative d'entrer un mot de passe dans une invite pour s'authentifier avec succès sans connaître le mot de passe correct à l'origine.

attaque Fraggle
Une attaque par déni de service, un peu comme une attaque Smurf, où l'attaquant envoie des paquets UDP usurpés à une adresse de diffusion dans un réseau.

attaque logjam
Une faille de sécurité qui vise l'échange de clés Diffie-Hellman, forçant la connexion à utiliser le chiffrement « export » de DHE.

attaque masquée
Une attaque qui implique qu'un attaquant assume l'identité d'un autre système.

attaque par canal auxiliaire
Un attaquant sur une machine virtuelle obtient des informations relatives à une clé privée d'une autre machine virtuelle fonctionnant sur le même support physique.

attaque par débordement de la mémoire tampon
Cause un débordement de la mémoire tampon d'un système.

attaque par dictionnaire
Une attaque systématique, par force brute, utilisant chaque mot d'un dictionnaire comme mot de passe pour un nom d'utilisateur donné.

attaque par double encapsulation VLAN
Cette attaque se traduit par l'ajout de deux en-têtes (double marquage) à la trame originale. L'une des balises représente l'ID VLAN de la cible, tandis que l'autre est l'ID VLAN du commutateur de l'attaquant. Lorsque le paquet atteint le commutateur connecté à l'attaquant, la première balise est retirée mais la seconde balise reste avec le paquet. Le paquet est alors transmis au commutateur de la cible, qui lit la balise et transmet le paquet à l'hôte cible.

attaque par duplication d'adresse MAC
Dans une attaque de duplication ou de clonage MAC, l'attaquant met à jour sa propre adresse MAC avec l'adresse MAC de la cible. Cela provoque le transfert du trafic vers les deux endroits.

attaque par force brute
L'agresseur devine de façon systématique la clé en se basant sur une liste connue ou sur un schéma mathématique prédictif. Cela peut impliquer des centaines et des milliers de tentatives.

attaque par inondation ping
Une simple attaque par déni de service où un attaquant submerge une victime avec des paquets de demande d'écho (ping) ICMP.

attaque par redirection
Une attaque réseau qui tente de rediriger (rerouter) le trafic d'une destination valide vers une fausse destination.

attaque par rejeu
Une attaque réseau où une transmission enregistrée est rejouée ou retardée par un attaquant pour obtenir un accès.

attaque par rejeu de session
Cette attaque consiste pour l'attaquant à voler l'identifiant de session d'un utilisateur, puis à obtenir l'accès pour faire tout ce qu'un utilisateur autorisé serait en mesure de faire sur un site web donné.

attaque race condition
Une « race condition » existe lorsqu'un attaquant exploite le minutage d'événements consécutifs dans un environnement multiutilisateur/multitâche pour insérer un code malveillant dans le système entre les événements.

attaque Smurf
Une attaque DDoS qui inonde une victime avec des paquets de réponses ICMP. Cette attaque s'appuie sur l'attaque *ping flood* en ajoutant une action de réflexion. Cette dernière est créée en utilisant plus de participants, connus sous le nom d'*amplificateurs Smurf*.

attaque spanning-tree
Dans une topologie, si des paquets ne circulent qu'entre les commutateurs de la couche 2, leur champ Time-To-Live (TTL) n'est jamais décrémenté et il continent à boucler sur les liens redondants. Cela crée une tempête de diffusion qui inonde le réseau.

attaque teardrop
Un type d'attaque DoS où des paquets fragmentés sont envoyés à un système cible. Les anciens systèmes d'exploitation présentaient des bogues dans leurs mécanismes de réassemblage TCP/IP, provoquant un chevauchement des paquets fragmentés et entraînant le « plantage » l'hôte.

attaque UDP flood
Une attaque DoS, similaire à une attaque *ping flood*, qui utilise des segments de données UDP.

attaque zero day
Une attaque qui exploite une vulnérabilité nouvelle (jour zéro).

attaques ARP spoofing
Une attaque dans laquelle l'attaquant envoie de faux messages ARP (Address Resolution Protocol) pour associer son adresse MAC à l'adresse IP d'un autre utilisateur. Une fois l'association établie, les messages dirigés vers cette adresse seront détournés vers l'attaquant. Celui-ci peut alors utiliser les informations obtenues à partir des messages interceptés pour monter d'autres types d'attaques, telles que les attaques DoS ou man-in-the-middle.

attaques de la couche 7
Un type d'attaque DDoS qui se concentre sur la couche applicative et cible généralement des zones spécifiques d'un site web dans l'espoir d'épuiser les ressources.

attaques de l'homme du milieu (MITM)
Les attaques de type « Man-in-the-middle » consistent, pour un attaquant, à créer des liens avec deux victimes ou plus afin d'intercepter les messages circulant entre elles.

attaques de routeurs par inondation
Les routeurs sont vulnérables aux attaques par inondation conçues pour consommer la totalité ou une partie des ressources, les rendant ainsi non fonctionnels. Les ressources du routeur communément visées sont la mémoire embarquée, le fonctionnement du processeur et la bande passante du bus interne.

attaques du protocole Cisco CDP (Cisco Discovery Protocol)
Le protocole CDP permet aux appareils Cisco de communiquer avec d'autres appareils Cisco pour échanger des informations. Les attaquants peuvent utiliser ce protocole pour recueillir des informations sur les commutateurs et les autres dispositifs réseau qui exécutent CDP.

attaques par observation (sniffig) des paquets
Ces attaquants utilisent des logiciels d'analyse des paquets pour étudier le trafic réseau à la recherche d'éléments, tels que les mots de passe et les noms d'utilisateurs, envoyés sur le réseau en mode texte clair, ou d'informations sensibles comme les informations relatives aux cartes de crédit ou d'autres informations financières.

attaques par saut de VLAN
Ces attaques, également connues sous le nom de *Switch Spoofing Attacks*, impliquent qu'un attaquant envoie une demande DTP (dynamic trunking protocol) à un switch pour configurer le port de l'attaquant en tant que connexion trunk. Une fois configurée, cette connexion achemine tous les trafics VLAN vers l'attaquant.

attaques par usurpation d'identité
Ces attaques sont basées sur la modification de l'adresse MAC ou IP d'un appareil pour changer son identité apparente.

attaques PVLAN (Private VLAN)
Les attaques PVLAN impliquent qu'un attaquant envoie des paquets dans un PVLAN qui contiennent une adresse IP de destination d'un ordinateur ciblé et une adresse MAC du routeur PVLAN. Le commutateur voit l'adresse MAC de destination et transfère le paquet vers le port commutateur du routeur (un type de port « promiscuous » qui peut communiquer avec n'importe quel port). Le routeur, à son tour, dirige le paquet vers l'hôte ciblé.

attaques VTP
Ces attaques visent le protocole VLAN Trunking (VTP) de couche 2 de Cisco. Ce protocole permet d'automatiser le trafic ISL/802.1Q entre les commutateurs d'un réseau afin qu'ils puissent partager des paquets. La nature automatique de VTP permet d'accéder par défaut à tous les VLAN du réseau. Il peut être utilisé pour ajouter ou supprimer un VLAN du réseau. Cela rend les commutateurs ayant un port trunk vulnérables aux attaques.

atténuation
Une mesure de la perte d'un signal qui se produit lorsque l'information se déplace

sur un support de transport tel qu'un câble à fibre optique.

audit
Une forme de surveillance passant par une méthode de contrôle planifiée à l'avance afin d'évaluer ou déterminer si des problèmes existent dans une zone spécifique.

authentification
Le processus qui consiste à déterminer si une personne est bien celle qu'elle prétend être.

authentification à deux facteurs
Un processus qui exige deux facteurs différents pour accorder une autorisation, en fonction de ce que vous savez, de ce que vous possédez et de ce que vous êtes.

authentification basée sur l'hôte
Cette forme d'authentification repose sur des informations (telles que les adresses MAC et les noms d'hôtes) pour s'authentifier auprès d'un réseau, par opposition aux informations d'identification de l'utilisateur.

authentification multifacteur
Une méthode de contrôle d'accès qui requiert au moins deux des éléments suivants : la connaissance, la possession, une caractéristique physique.

authentification unique
Authentification qui ne nécessite la possession que d'une seule forme de vérification. Cela représente le plus bas niveau de sécurité disponible.

Authentification, autorisation et auditabilité (AAA)
Un cadre que les administrateurs réseau peuvent utiliser pour contrôler l'accès, appliquer les politiques de sécurité et suivre l'utilisation.

autorisation
Les ressources auxquelles un utilisateur est autorisé à accéder, et les actions qu'il peut effectuer.

autorisations
Privilèges définis et autorisations spécifiques sur des données et des biens

autorisations NTFS
Les autorisations du système de fichiers NTFS sont celles qui permettent de définir les paramètres des opérations que les utilisateurs peuvent effectuer sur un fichier ou un dossier désigné.

autorisé
Être reconnu comme une personne qui a le droit d'accéder à un bien.

autoritatif
Un serveur qui fournit une réponse définitive aux requêtes DNS plutôt qu'une produite à partir d'un cache ou en demandant ces informations à un autre serveur de noms.

Autorun
Une fonctionnalité qui exécute automatiquement les programmes exécutables détectés sur les périphériques de support amovible. Cette fonctionnalité constitue une menace très sérieuse pour la sécurité car les programmes malveillants situés sur le support s'exécuteront automatiquement et infecteront le périphérique hôte.

avertisseur sonore intérieur
Ils sont conçus pour fonctionner à des niveaux sonores maximums afin d'effrayer un intrus et l'obliger à sortir rapidement.

B

balayage des ports
Le processus de sondage ou de balayage d'un serveur, d'un client ou d'un hôte à la recherche de ports ouverts.

bande passante
Il s'agit de la capacité totale des médias à transporter des données sur un support défini.

barrière de contrôle d'accès
Une ouverture dans un mur ou une clôture qui sert de passage entre deux espaces ouverts (par opposition à une porte, qui permet d'accéder à des espaces fermés ou entre ceux-ci).

basé sur IP
Tout appareil possédant une adresse IP et dont la communication repose sur des communications sans fil ou sur un câblage réseau traditionnel.

BeEF (Browser Exploitation Framework)
Un remarquable outil de test de pénétration open-source qui se concentre sur les attaques web par le biais d'un navigateur web.

besoin d'en connaître
Semblable à une politique de séparation des tâches, elle limite les connaissances de l'employé sur l'ensemble du système réseau.

biométrie
Il s'agit de mécanismes de contrôle d'accès qui utilisent les caractéristiques physiques humaines pour vérifier les identités individuelles.

BIOS (Basic Input/Output System)
Le programme qui démarre l'ordinateur et contrôle les opérations d'entrée et de sortie.

BitLocker
Un utilitaire existant sur certaines versions récentes et haut de gamme du système d'exploitation Windows qui fournit un chiffrement complet au niveau du disque.

blocage IP
Une forme de sécurité qui empêche une IP spécifique, ou une série d'IP, d'établir une connexion.

Blowfish
Un algorithme de chiffrement par bloc qui utilise le chiffrement à clé symétrique.

Bluebugging
Un type d'attaque Bluetooth où un pirate peut obtenir le contrôle total de l'appareil s'il est configuré pour être découvert.

Bluejacking
Il s'agit de l'envoi de messages non sollicités à des appareils Bluetooth qui sont configurés pour être automatiquement découverts.

Bluesnarfing
Il s'agit d'exécuter un logiciel spécial sur un appareil Bluetooth proche qui demande des informations à l'appareil mobile.

Bluetooth
Une spécification pour les réseaux personnels (PAN) sans fil qui relient entre eux des appareils tels que des PDA, des téléphones portables, des appareils photo numériques, des PC, des ordinateurs portables et des imprimantes.

bombe logique
Une bombe logique est un code informatique qui, tout comme d'autres logiciels malveillants, est attaché à un programme légitime. Le code reste inactif jusqu'à ce qu'un événement logique spécifique soit atteint, après quoi un effet néfaste peut se produire.

bot herder (berger) ou botmaster
La personne non autorisée qui contrôle un réseau de zombies.

botnet
Une grande collection de zombies, ou bots, dirigés par le bot herder.

bots (ordinateurs zombies)
PC contrôlés par une personne non autorisée.

boucle de courant
La quantité de courant électrique circulant entre les deux points de connexion d'une zone.

brouillage
Flux de bruit arbitraire transmis intentionnellement sur la même fréquence que celle sur laquelle fonctionne un appareil ou un réseau.

Business-to-Business (B2B)
Canaux de réseau que les organisations utilisent pour effectuer des transactions sécurisées avec d'autres organisations de confiance.

Business-to-Customer (B2C)
Il s'agit d'une DMZ spécialisée qu'une organisation utilise pour communiquer avec ses clients.

BYOD (bring-your-own-device)
Autoriser l'utilisation de l'appareil personnel d'un employé au lieu de lui en fournir un, pour des activités liées à l'entreprise.

C

câblage en cuivre
L'un des principaux moyens de communication pour le transfert de données en réseau.

câblage en fibre optique
Câble en plastique ou en verre conçu pour transporter des données numériques sous forme d'impulsions lumineuses.

câble coaxial
Câble de transmission constitué de deux conducteurs isolés l'un de l'autre et enfermés dans une gaine en polyéthylène.

caméra analogique
Une caméra qui nécessite un câble coaxial séparé pour se connecter à un moniteur ou à l'appareil d'enregistrement. Les caméras analogiques sont susceptibles de dégrader la qualité des informations transmises.

caméras IP
Les appareils numériques IP (Internet Protocol) qui ont des adresses IP pouvant être connectées directement à un réseau, ou à l'Internet, plutôt que directement à un contrôleur ou à un ordinateur hôte.

Candela
Unité de mesure de l'intensité lumineuse.

Cantenna
Une antenne de fabrication artisanale qui peut amplifier les signaux Wi-Fi.

CAPTCHA (Completely Automated Public Turing test to tell Computers and Humans Apart)
Il s'agit généralement d'une demande de saisie d'un mot, d'une phrase, de caractères aléatoires et de chiffres, ou d'une simple demande d'effectuer un test simple qui ne peut pas être facilement automatisé.

capteurs de détection d'incendie
Dispositifs qui détectent la présence de feu en utilisant des capteurs de chaleur et/ou de fumée.

capture du mot de passe
Technique utilisée pour visualiser et enregistrer (capturer) un mot de passe lors de son transfert pour authentification.

carte à bande magnétique
Il s'agit d'un dispositif physique semblable à une carte de crédit qui contient des informations d'authentification sous la forme de points codés magnétiquement sur une bande magnétique. Le titulaire de la carte utilise les informations contenues sur la carte pour accéder à des espaces ou à des biens physiques en passant la bande de la carte dans un lecteur de carte magnétique.

carte à puce
Dispositif de carte qui ressemble souvent à une carte à bande magnétique. Ils contiennent généralement des informations sur leurs propriétaires, telles que leurs mots de passe, leurs numéros personnels d'identification (PIN), leurs clés réseau, leurs certificats digitaux et d'autres données personnelles pouvant être utilisées dans le processus d'authentification.

CCD (Charged Coupled Device)
Une technologie de caméra de surveillance qui se caractérise par une haute résolution, un faible besoin en lumière, une moindre dépendance à la température et une grande fiabilité.

CCTV (closed-circuit television)
Technologie de sécurité et de surveillance électronique qui permet souvent de surveiller en temps réel les zones résidentielles extérieures et intérieures. Les signaux produits par un système de vidéosurveillance ne sont pas diffusés publiquement.

certificats à clé publique
Vérifications digitales que l'expéditeur d'un message chiffré est celui qu'il prétend être.

certificats digitaux
Il s'agit de vérifications numériques que l'expéditeur d'un message chiffré est celui qu'il prétend être.

certificats EV
Les certificats à validation étendue (EV) requièrent une vérification d'un individu par une autorité de certification. Ils sont généralement utilisés avec les sites qui utilisent SLL/TLS.

chaîne de certificats
Une chaîne de certificats est la liste commençant par le certificat racine suivi de tous les autres certificats au travers desquels l'émetteur approuve le suivant dans un mécanisme en cascade ; le sujet d'un certificat devenant ainsi l'émetteur du prochain.

champ de vision
(Également connu sous le nom de « field of vision » ou « field of view ») La mesure de ce qu'une caméra de surveillance donnée peut voir.

CHAP (Challenge-Handshake Authentication Protocol)
Méthode d'authentification utilisant une triple poignée de main (syn syn-ack, ack) pour identifier les clients distants.

chiffre
En cryptographie, un chiffre est l'algorithme utilisé pour chiffrer les données.

chiffrement
Le chiffrement des données consiste à prendre les données (texte en clair) et à les traiter avec un code à clé (chiffrement)

et obtenir ainsi des données manipulées (texte chiffré).

chiffrement « export-grade »
Ce système a été créé pour être suffisamment bon, tout en permettant à la NSA de déchiffrer les communications en dehors des États-Unis. La NSA a levé cette exigence à la fin des années 1990, mais ces suites de chiffrement sont restées dans les bibliothèques de clients et de serveurs.

chiffrement au niveau de l'application
Une méthode d'application du chiffrement au niveau de l'application, offrant une norme de sécurité plus large.

chiffrement au niveau des fichiers et des dossiers
Chiffrement appliqué aux fichiers et aux dossiers individuels. Les outils de chiffrement au niveau des fichiers et des dossiers permettent aux utilisateurs de chiffrer les fichiers stockés sur leurs disques en utilisant des clés que seul l'utilisateur désigné (ou un agent de récupération autorisé) peut décoder.
Cela permet d'éviter le vol de données par ceux qui n'ont pas le mot de passe ou un outil de décodage.

chiffrement au niveau du disque
Il s'agit d'utiliser la technologie pour chiffrer toute la structure d'un disque. Cette technique présente l'avantage de protéger tout ce qui se trouve sur le disque contre les accès non autorisés, y compris les fichiers du système d'exploitation et sa structure.

chiffrement des mots de passe
Le processus consistant à prendre un mot de passe standard et à lui appliquer un algorithme de manière à le rendre insignifiant pour les logiciels d'analyse, les « craqueurs » ou autres espions.

chiffrement en continu
Un chiffrement à clé symétrique qui convertit un à un chaque caractère de texte.

chiffrement par bloc
Chiffrement qui applique un algorithme à un bloc de données, plutôt qu'à un seul bit à la fois.

Chroot
Une commande basée sur Linux qui ajuste l'emplacement du répertoire racine d'un processus en cours d'exécution. Peut également être utilisée pour créer et gérer plusieurs copies virtualisées d'un système d'exploitation.

cibles faciles
Les appareils qui sont vulnérables aux perturbations parce qu'ils ont peu ou pas de fonctions de sécurité intégrées et peu d'options pour en ajouter. S'ils sont accessibles directement ou virtuellement, ils peuvent être facilement manipulés.

CIFS (Common Internet File System)
Un protocole réseau développé pour fournir un accès partagé aux fichiers et aux appareils, ainsi qu'aux communications réseau.

clavier
Dispositifs de saisie qui sont généralement équipés d'un ensemble de boutons poussoirs numériques. Les claviers sont utilisés pour programmer, contrôler et faire fonctionner divers contrôles d'accès et dispositifs de gestion.

clé
Avoir la propriété d'une clé signifie que l'entité possède ou connaît les informations nécessaires pour accéder à un actif donné.

clé de chiffrement
La clé ou l'algorithme utilisé pour convertir le texte en clair en texte chiffré, et vice versa.

clé de déchiffrement
La clé utilisée pour déchiffrer un code secret.

clé privée
En cryptographie, il s'agit d'une clé de chiffrement/déchiffrement connue uniquement par son propriétaire.

clé publique
Une clé cryptographique qui peut être obtenue et utilisée par n'importe qui pour chiffrer des messages destinés à un utilisateur particulier.

clé symétrique
Un algorithme cryptographique utilisera la même clé pour effectuer à la fois le chiffrement et le déchiffrement.

Cleartext
Données stockées ou transmises qui n'ont pas été chiffrées.

clés
En ce qui concerne la cryptographie, les clés cryptographiques sont des chaînes de données utilisées pour chiffrer ou déchiffrer des informations. Les clés de chiffrement peuvent être basées sur une chaîne secrète connue uniquement du logiciel qui chiffre et déchiffre les données, ou peuvent être générées de manière aléatoire. Il peut également s'agir d'une combinaison de facteurs connus et aléatoires.

clés asymétriques
Utilisées dans les algorithmes de chiffrement, définies par deux clés; une clé est utilisée pour le chiffrement et une autre pour le déchiffrement.

client-serveur
Plusieurs utilisateurs emploient différents postes de travail et les données sont stockées sur un serveur.

codage des données
Le processus de conversion des données dans un format utilisé pour la transmission et le stockage.

codes d'accès
Séquence numérique, généralement composée de quatre chiffres qui identifie le(s) client(s) ou utilisateur(s) autorisé(s). Une fois correctement authentifiés, les codes d'accès permettent d'enclencher, de désenclencher ou d'accéder au système de sécurité pour d'autres fonctions.

commutateurs
Dispositifs de connectivité réseau qui fonctionnent à la couche 2 du modèle OSI. Ils sont conçus pour connecter des dispositifs réseau entre eux afin de former un réseau local, en transmettant des données en fonction des adresses de destination.

commutateurs gérés
Les appareils sont dotés de fonctions de gestion programmables qui permettent aux administrateurs de les configurer pour un environnement réseau spécifique.

commutateurs non gérés
Les appareils Plug and Play (PnP) qui ne comportent aucune option de configuration. Il s'agit en général d'appareils à bas prix, destinés à être utilisés dans des environnements résidentiels et dans de petites entreprises.

complexité
En ce qui concerne les mots de passe, c'est la combinaison de plusieurs caractéristiques d'une entrée (longueur, complexité, caractère aléatoire)

compte de groupe
Un ensemble collectif d'utilisateurs qui utilisent les mêmes critères d'autorisation. Utilisé pour faciliter la gestion.

comptes d'utilisateur et de groupe du domaine
Les comptes d'utilisateurs et de groupes qui sont définis avec un environnement de domaine.

comptes d'utilisateurs par défaut
Dans le cas de Microsoft, ces comptes sont fournis à chaque nouvelle installation du système d'exploitation Windows.

concentrateurs de données
Ceux-ci sont utilisés pour regrouper plusieurs compteurs intelligents et agréger leurs transmissions de données pour livraison aux serveurs de services publics du bureau central.

conditions d'ouverture et de fermeture
L'état, ou la condition, d'un capteur d'alarme signalé comme ouvert lorsqu'il est éteint et signalé comme fermé lorsqu'il est déclenché.

Conficker
Ce ver visait les clés USB et s'exécutait automatiquement dès qu'il était connecté à un port USB actif.

Confidentialité, intégrité et disponibilité (CIA)
C'est le modèle classique de la sécurité de l'information.

Connexion au bureau à distance (RDC)
Utilise le protocole RDP (Remote Desktop Protocol) pour fournir à un utilisateur une interface graphique lui permettant de se connecter à un autre ordinateur via un réseau.

contourner
Éteindre ou désactiver un capteur, un appareil ou une zone entière sans affecter le reste du système.

contrôle d'accès
Les précautions de sécurité qui garantissent que les ressources ne sont accordées qu'aux utilisateurs qui y ont droit.

contrôle d'accès à distance
Une caractéristique de conception qui exige l'authentification de l'identité d'un utilisateur qui tente d'accéder à une zone de sécurité ou à un système informatique à partir d'un emplacement distant.

contrôle d'accès automatisé
Une caractéristique de conception qui exige l'authentification de l'identité d'un utilisateur qui tente d'accéder à une zone de sécurité ou à un système informatique à partir d'un emplacement distant.

Contrôle d'accès basé sur les rôles (RBAC)
Une méthode de contrôle d'accès qui utilise les rôles de travail pour différencier les autorisations et les privilèges.

contrôle d'accès naturel
Utiliser des éléments de conception naturels, tels que des structures et des aménagements paysagers, pour guider les personnes lorsqu'elles entrent et sortent des espaces.

contrôle par deux hommes
Exige que deux utilisateurs examinent et approuvent le travail de l'autre afin de mener à bien un projet. Bien que cela puisse ne pas être pratique pour de nombreuses tâches, cela offre un niveau de sécurité élevé pour les tâches où cela est mis en œuvre.

contrôles passifs
Les contrôles qui sont en place, mais qui ne sont pas ajustés en fonction d'une action quelconque.

contrôleur
Le contrôleur est chargé de prendre les informations d'entrée, de comparer ces informations à une condition prédéterminée ou à une référence, de prendre des décisions sur les mesures à prendre, et finalement d'envoyer des signaux d'erreur correctifs à l'élément final, qui ajuste la variable manipulée.

contrôleur de domaine
Un serveur centralisé qui contrôle les objets, les règles et les procédures d'un domaine.

contrôleur d'entrées/sorties (E/S)
Partie d'un compteur intelligent chargée d'assurer la compatibilité de la connectivité physique entre les autres composants du système et le monde extérieur.

cookie de session
Stocké dans la mémoire temporaire, ce cookie est effacé lorsque le navigateur web est fermé.

cookie persistant
Également connu sous le nom de cookie permanent, un cookie qui restera sur le disque dur de l'ordinateur jusqu'à ce que la date d'expiration spécifiée soit atteinte.

Cookies
Il s'agit de petits fichiers que les serveurs web envoient aux navigateurs web lorsque leurs pages sont consultées.

cookies de suivi
Fichier texte non malveillant placé sur un ordinateur hôte, conçu pour suivre les habitudes de navigation d'un utilisateur sur le web.

correctifs de sécurité
Mises à jour publiées spécifiquement dans le but de corriger une faiblesse observée afin d'empêcher l'exploitation d'une vulnérabilité.

CPE (Common Platform Enumeration)
Il s'agit d'une méthode normalisée de description et d'identification des systèmes d'exploitation, des dispositifs matériels et des classes d'applications sur un réseau.

crackers
Ces personnes violent la sécurité informatique afin d'accéder à des logiciels sans les acheter.

cracking
Utiliser un logiciel qui teste en boucle des mots de passe jusqu'à ce que l'accès soit accordé.

CRAM-MD5
Système d'authentification du courrier électronique qui transfère les mots de passe sous forme hachée.

craquage de mots de passe
Processus consistant à tenter de récupérer des mots de passe à partir de données stockées ou en transit, en vue d'une utilisation ultérieure.

Critères communs pour l'évaluation de la sécurité des informations (Common Criteria ou CC)
Etablissent des niveaux qui peuvent être utilisés pour certifier la fiabilité des équipements ou assurer des niveaux de sécurité. Plus le besoin de sécurité de l'organisation est important, plus la valeur du niveau EAL (Evaluation Assurance Levels) devrait être élevée pour tout matériel ou logiciel de réseau donné.

Crypt
L'utilitaire de chiffrement d'origine inclus avec les anciennes versions d'Unix.

cryptographie
Les procédures, processus et techniques utilisés pour convertir les données en code secret.

cryptographie à clé publique
Également connue sous le nom de cryptographie asymétrique, elle intègre une clé publique et une clé privée (ou clé secrète) à des fins de chiffrement et de déchiffrement.

CryptoLocker
Il s'agit d'un cheval de Troie avec demande de rançon.

cryptologie
L'étude de la cryptographie.

CVE (Common Vulnerabilities and Exposures)
Il s'agit d'un système de référencement des vulnérabilités connues du public. Maintenu par MITRE Corporation et soutenu par le ministère américain de la sécurité intérieure.

CVSS (Common Vulnerability Scoring System)
Il s'agit d'un système de notation des vulnérabilités basé sur CVE, qui permet de mieux comprendre les risques associés.

Cyber Kill Chain®
C'est un processus qui a été développé par Lockheed Martin pour répondre aux attaques considérées comme des menaces avancées persistantes (APT).

cybercriminels
Ces personnes sont généralement motivées par la cupidité et cherchent à tirer un profit financier. Ce groupe de hackers est probablement le type le plus notable, car ils ont tendance à générer beaucoup d'attention.

cybersécurité
Il s'agit de sécuriser l'accès physique aux biens, aux systèmes et aux ports d'équipement tout en sécurisant les actifs immatériels, notamment l'accès électronique, optique et informationnel aux données et aux contrôles du système.

cyberterroristes
Ces personnes ne sont généralement pas motivées par l'argent, mais plutôt par la poursuite d'un programme politique ou d'une idéologie. L'objectif est de causer du tort et du chaos au grand public.

D

DAC (Discretionary Access Control)
Configurations où l'utilisateur a le pouvoir discrétionnaire de décider qui a accès à ses objets et dans quelle mesure.

DACL (discretionary access control list)
Liste des droits qu'un objet ou un utilisateur possède sur une ressource spécifique au sein d'un réseau.

daemon
Il s'agit d'un utilisateur/groupe standard par défaut qui a le privilège d'exécuter des programmes (processus en arrière-plan) s'exécutant sans instructions de l'utilisateur.

DAI (Dynamic ARP Inspection)
Une fonctionnalité de configuration qui est conçue pour contrecarrer les attaques MITM. DAI utilise la base de données

DHCP snooping pour vérifier et valider les demandes ARP afin de prévenir les attaques par ARP spoofing.

data diode
Un appareil qui crée une connexion unidirectionnelle entre des réseaux ou des segments de réseau possédant différentes classifications de sécurité.

DDoS (Distributed Denial of Service)
Il s'agit d'utiliser plusieurs systèmes à distance pour effectuer simultanément une attaque massive par déni de service sur la ressource ciblée.

deadband
Également appelée zone neutre ou zone morte, une «deadband» est une bande d'inactivité au-dessus et au-dessous du point de consigne de l'IPC.

débordement de la mémoire tampon
Une anomalie où un programme dépasse la limite de la mémoire tampon, ce qui entraîne un comportement erratique, des problèmes d'accès à la mémoire et/ou des plantages du système. Celui-ci est effectivement touché au point que l'utilisateur ne peut plus l'employer.

déchiffrement
Le processus de reconversion de données précédemment chiffrée dans leur forme originale.

déchiffrer
Utiliser la clé appropriée pour déverrouiller le texte codé en texte clair afin qu'il puisse être compris.

défense en profondeur
Une stratégie de défense qui comprend un certain nombre de mécanismes de sécurité différents qui se chevauchent, ce qui minimise potentiellement les effets d'un mécanisme unique surmonté par un attaquant.

délai de sortie
Un délai d'activation d'un système de sécurité pour donner à une personne le temps de quitter les lieux sans déclencher l'alarme.

délai d'entrée
Un délai configurable pour une zone de sécurité et qui donne à ceux qui entrent dans les locaux le temps d'accéder à un panneau de sécurité interne pour désactiver une alarme avant qu'elle ne se déclenche.

Déni de Service (DoS)
Attaques visant à abuser d'un hôte, d'un serveur ou d'une ressource de réseau au point qu'il cesse fonctionnellement de fournir ses services.

DEP (Data Execution Prevention)
Un système de «bac à sable» qui isole un programme donné d'une région de mémoire spécifique pour protéger le reste du système d'une attaque potentielle.

DES (Data Encryption Standard)
Un algorithme à clé symétrique utilisé pour le chiffrement des données.

détecteur de mouvement
Dispositif qui détecte les objets en mouvement, souvent intégré dans un système de sécurité des infrastructures.

détecteurs infrarouges passifs (PIR)
Ces détecteurs utilisent un mécanisme de lentille dans le boîtier du capteur pour repérer toute modification de l'énergie infrarouge dans les secteurs horizontaux couverts par ce capteur. Ce type de détecteur est insensible aux objets statiques mais réagit aux changements rapides qui se produisent latéralement dans le champ de vision.

détection des anomalies basée sur des règles
Cette méthode de détection analyse les enregistrements d'audit pour générer des règles basées sur les habitudes d'utilisation passées, et ce afin de créer un ensemble de règles. Le système surveille ensuite le trafic à la recherche de modèles qui ne correspondent pas aux règles produites.

détection des bris de glace
Un capteur qui détecte les bris de verre. Il en existe deux types. Le type à vibration est monté sur le verre ou sur un mur proche. Le type acoustique ou sonore détecte le bruit du verre qui se brise.

DHA (directory harvest attack)
Un spammeur devine simplement les adresses électroniques d'un domaine et se connecte ensuite au serveur de courrier électronique de ce domaine. Toute adresse qui n'est pas rejetée est considérée comme valide.

DHCP (Dynamic Host Configuration Protocol)
Ce système est couramment utilisé pour définir une série d'adresses IP qui peuvent être allouées dynamiquement au système externe requérant une adresse IP pour une durée préconfigurée.

DHCP snooping
Une technologie de sécurité intégrée dans un système d'exploitation pour filtrer et bloquer les messages entrants du serveur DHCP qui sont jugés inacceptables.

dispositif d'entrée
Dispositif utilisé pour introduire des informations dans des appareils électroniques.

dispositif de mise en cache
Un dispositif qui stocke certaines données pour répondre plus rapidement aux demandes futures.

dispositif numérique IP
Tout appareil numérique qui peut être identifié par une adresse IP et, par conséquent, peut être accessible par un réseau.

dispositif pare-feu matériel
Un appareil spécifique et conçu uniquement pour fonctionner comme un firewall.

dispositif passerelle
Un dispositif passerelle est souvent un routeur, mais peut aussi être un commutateur, un modem, un point d'accès, ou même un adaptateur de voix sur IP (VoIP).

dispositifs de connectivité
Dispositifs utilisés pour créer des connexions réseau, notamment les concentrateurs, les commutateurs et les routeurs.

distributions
Les versions du système Linux.

diversion
C'est une tactique destinée à détourner l'attention d'un individu de la surveillance de quelque chose. Généralement, les diversions sont créées de telle façon qu'un attaquant puisse soit consulter des informations sensibles sans être vu, soit entrer dans une zone sécurisée sans être interrogé.

DMZ à double pare-feu
Des pare-feu sont placés de chaque côté de la DMZ pour filtrer le trafic se déplaçant entre l'intranet et la DMZ ainsi qu'entre la DMZ et l'Internet. Ces pare-feu sont utilisés pour acheminer le

trafic publique vers la DMZ et le trafic du réseau interne vers l'intranet.

DMZ à pare-feu unique
Un réseau DMZ ayant un seul firewall associé.

DNS RRL (DNS Response Rate Limiting)
Un système d'atténuation qui limite la vitesse à laquelle les serveurs faisant autorité répondent lorsqu'ils sont sollicités par un grand nombre de requêtes.

documentation
Matériel officiel qui fournit un dossier ou une preuve.

domaine
Un environnement informatique dans lequel tous les membres du réseau partagent une base de données d'annuaire commune et sont organisés en différents niveaux. Le domaine est identifié sous un nom unique et est administré comme une seule unité ayant des règles et des procédures communes.

données en mouvement
Le processus de transmission de données par un réseau câblé ou sans fil.

données utilisées
Données en cours de création, de mise à jour, de récupération ou de suppression.

DOS (disk operating system)
Un ensemble de programmes qui agissent en arrière-plan et contrôlent le fonctionnement général de l'ordinateur.

DRDoS (Distributed Reflection and Amplification Denial of Service)
L'attaquant utilise un botnet relativement petit dans une attaque distribuée sur les serveurs de réflexion qui redirigent les requêtes qu'ils reçoivent, faisant croire que le serveur de réflexion est la source réelle.

droit
Un privilège légal ou une permission accordée à une personne ou à un groupe par une source d'autorité reconnue.

DS4P (Data Segmentation for Privacy)
Crée des contraintes aux normes pour une utilisation significative, conformément avec les politiques et réglementations fédérales et nationales en matière de vie privée. En d'autres termes, DS4P tente de clarifier la manière d'appliquer les normes d'une manière qui soit conforme à l'intention du règlement. Le DS4P prend en charge un échange secret de données de santé et d'annotations de confidentialité appliquées aux documents, messages, données atomiques et métadonnées.

durcissement
Processus consistant à rendre tout dispositif (matériel et logiciel) plus sécurisé. Il comporte souvent de nombreuses étapes et procédures, tout en tenant compte d'une facilité d'utilisation acceptable.

durcissement du réseau
Tous les processus et techniques impliqués dans la sécurisation d'un réseau.

DVR (Digital Video Recorder)
Le type de système d'enregistrement préféré (plutôt que les magnétoscopes) pour les caméras de surveillance. La technologie DVR pour la CCTV permet de transférer les images sur disque, ce qui réduit l'impact négatif des supports de stockage vidéo de mauvaise qualité.

E

eCryptfs
Un paquet intégré que les principaux systèmes d'exploitation Linux possèdent, qui fournit des services de chiffrement au niveau du système de fichiers. Ce niveau de chiffrement permet d'appliquer le service de chiffrement à un fichier individuel ou au répertoire sans surcharge de gestion de disque importante.

EFS (Encrypting File System)
Le service de chiffrement au niveau du dossier et du fichier de Windows.

empoisonnement des caches
Se produit lorsqu'un attaquant établit un serveur DNS malveillant et utilise ensuite ce serveur pour renvoyer de fausses informations au serveur DNS primaire, empoisonnant ainsi les ressources mises en cache de ce dernier.

empoisonnement des cookies
Un attaquant qui fabrique un cookie, le modifie, puis renvoie le cookie modifié comme vecteur d'attaque.

émulateurs de vulnérabilité
Simulateurs d'entraînement pour les tests de pénétration.

enregistrement d'audit
Un enregistrement de l'utilisation de l'ordinateur par un utilisateur.

enregistrement d'audit natifs
Enregistrements d'événements générés par une machine hôte dans la plupart des systèmes d'exploitation multiutilisateurs modernes.

enregistrements d'audit spécifiques à la détection
Documents générés pour fournir des informations spécifiques sur les actions ou les événements souhaités. Ces actions ou événements peuvent être basés sur des activités du système d'exploitation, des événements d'application ou de sécurité.

ensembles de règles
Utilisé pour contrôler quels types d'informations peuvent circuler entre les zones de sécurité. Ces règles sont normalement basées sur les informations de source et de destination des données, le type de données ou le contenu des données.

entrée
Le droit d'un individu à entrer dans une propriété.

entrées d'audit
Éléments ajoutés au journal de sécurité lorsqu'un événement vérifié se produit.

entrées de la zone périmétrique
Il s'agit notamment de capteurs situés à chaque ouverture du périmètre, y compris sur les portes, les fenêtres, les celles de garage et les entrées des vides sanitaires.

entropie
Tout manque de prévisibilité et d'ordre, laissant un certain degré d'incertitude.

énumérer
Etablir une carte de tout réseau ou déterminer quels appareils et hôtes peuvent y être trouvés.

eSATA
Les ports externes SATA (Serial AT Attachment), ou eSATA, sont des interfaces physiques qui relient les appareils compatibles eSATA au bus SATA interne du système.

escalade des privilèges
L'acte d'exploitation d'une vulnérabilité qui permet à un utilisateur non authentifié d'obtenir un accès administratif élevé.

escorter
Contrôler les mouvements d'un ou de plusieurs visiteurs.

ESP (Encapsulating Security Payloads)
Permet l'authentification de l'origine ainsi que le chiffrement. ESP chiffre et encapsule l'ensemble du datagramme TCP/UDP dans un en-tête ESP qui ne contient aucune information sur le port.

Ethernet
Il s'agit de la principale composante dans le monde des médias de transmission pour le matériel et l'interfaçage de signalisation électrique. Ethernet fournit également le contrôle d'accès au support.

étiquettes RFID actives
Ces balises auto-alimentées offrent une plus grande portée mais sont beaucoup plus coûteuses. Les étiquettes RFID transfèrent des informations d'identification grâce au champ électromagnétique.

étiquettes RFID passives
Les étiquettes qui sont alimentées par l'énergie électromagnétique transmise par le lecteur RFID et permettent l'authentification.

Ettercap
Un outil logiciel libre et gratuit utilisé pour effectuer un certain nombre d'analyses réseau et de sécurité.

exclusion
Il s'agit d'une méthode, d'un dispositif ou d'un système que les professionnels de la sécurité utilisent pour interdire, bloquer ou supprimer l'accès aux biens exclus.

eXecute Disable (XD) bit
Une fonction intégrée au matériel du microprocesseur pour protéger certaines zones de la mémoire qui contiennent des blocs spécifiques de code d'instruction, comme le noyau.

exFAT
Le système de fichiers Microsoft *extendend File Allocation Table* pour les dispositifs de mémoire flash.

exploitation des logiciels
Les cyber-attaques conçues pour tirer parti des vulnérabilités ou des faiblesses des logiciels, des systèmes d'exploitation et des applications.

exploits
Programmes ou outils logiciels conçus pour tirer parti de vulnérabilités particulières ou défauts dans un système informatique.

Ext#
Les systèmes de fichiers étendus de la série ext# sont les principaux systèmes de gestion des fichiers conçus pour le noyau Linux. Ext2 est également largement utilisé dans les cartes SD et autres dispositifs de stockage basés sur la technologie flash.

extensible
Signifie que quelque chose peut être développé sans limites. Dans le cas des logiciels, la croissance future est prise en considération, ce qui permet au système de fonctionner normalement.

extranet
Une structure intranet qui accorde un accès limité aux utilisateurs externes autorisés, tels que les partenaires commerciaux des entreprises. En d'autres termes, une structure réseau partiellement privée et partiellement publique.

F

F2FS
Le système de fichiers *Flash-Friendly File System* (version 2) de Samsung est un système de fichiers Linux open source pour les périphériques de stockage flash.

Fail-safe
Également appelée « fail-secure », c'est une méthode qui permet de répondre à certains types de défaillances de manière à causer un minimum de dommages au personnel ou aux appareils.

Fail-soft
Ce mode met fin à tout traitement non essentiel en cas de défaillance matérielle ou logicielle.

faux négatif
Il s'agit d'un rapport qui produit un rejet incorrect de la personne, l'empêchant ainsi d'accéder à une installation ou à une zone de sécurité à laquelle elle devrait avoir accès.

faux positif
Il s'agit d'un rapport qui authentifie incorrectement l'individu, ce qui pourrait conduire à donner accès à des équipements ou des données auxquels cette personne ne devrait pas avoir accès. Des deux types d'échec d'authentification, c'est le plus significatif en ce sens qu'il pourrait donner accès à des personnes malveillantes.

fichiers de démarrage
Ceux-ci prennent le contrôle du matériel du système à partir du BIOS de la ROM pendant le démarrage. Ils introduisent les fichiers du noyau du système d'exploitation dans la mémoire RAM afin qu'il puisse être utilisé pour contrôler le fonctionnement du système.

fichiers du noyau
Les fichiers logiques fondamentaux du système d'exploitation chargés d'interpréter les commandes obtenues à partir des logiciels de l'unité centrale.

fichiers journaux des événements d'audit
C'est là que sont stockées les entrées d'audit.

FileVault
Il s'agit du service de chiffrement des données au niveau du disque inclus dans les systèmes d'exploitation Apple OS X.

filtrage des adresses MAC
Une technique de filtrage qui nécessite l'entrée manuelle d'adresses MAC statiques dans le CAM ou l'entrée du nombre maximum de dispositifs autorisés sur un port.

filtrage des paquets
Processus consistant à transmettre ou à bloquer des paquets réseau en fonction de leurs adresses source/destination, de leurs ports logiques ou de leurs protocoles.

Fire brigade
Ces cyber-attaques sont un type de détournement de session qui consiste à intercepter ou observer et à modifier la communication entre les utilisateurs.

firewall réseau
Un firewall qui assure la sécurité de tout un réseau en accordant ou en refusant l'accès à des flux spécifiques de trafic entre les réseaux de confiance et ceux de moindre confiance.

FireWire
Semblable à un câble USB, le FireWire fournit une connexion sur laquelle jusqu'à

63 appareils peuvent être connectés en série. Cette norme d'interface a été déployée en premier avec les produits Apple.

firmware
Par opposition aux logiciels et au matériel, le firmware est un logiciel permanent qui a été programmé dans une mémoire morte.

Foot-candle
Une mesure de la luminance (ou de l'intensité lumineuse) utilisée par l'industrie de l'éclairage.

fournisseur de services applicatifs
L'ancêtre du « cloud computing » moderne. Une entreprise qui fournit des services basés sur des applications à des clients payants à travers un réseau.

G

GBDE (GEOM-Based Disk Encryption)
Un système matériel de chiffrement par bloc au niveau du disque.

gestionnaires de mots de passe
Applications logicielles qui stockent et organisent les mots de passe d'un utilisateur.

gestion des privilèges
Grâce à la politique de gestion des privilèges, un administrateur reçoit des directives sur la manière dont les privilèges de l'organisation doivent être mis en œuvre. Comme nous l'avons vu dans les chapitres précédents, les privilèges de contrôle d'accès peuvent être basés sur les rôles (RBAC), de façon discrétionnaire (DAC) ou obligatoire (MAC).

goulot d'étranglement
Un endroit où les personnes ou autres trafics doivent passer par un portail tel qu'un pont, une porte, un couloir ou une rue/route d'accès. Ceci peut mener à un seul point de défaillance.

Grayware
Les applications logicielles auxquelles aucun programme malveillant n'a été attribué, mais qui contiennent néanmoins des fonctions indésirables.

groupe propriétaire
Terme de permission Linux qui désigne un groupe d'utilisateurs ayant collectivement accès à des données.

guerre cyber
Un conflit virtuel qui implique des attaques à motivation politique sur les réseaux informatiques ou industriels d'un adversaire.

H

hacker
Une personne qui utilise ses compétences en informatique pour obtenir un accès non autorisé à des données et à des ressources.

hacker au chapeau noir
Une personne qui possède des compétences étendues en programmation et qui les utilise dans le but d'enfreindre ou de contourner les structures de sécurité du réseau à des fins malveillantes ou criminelles.

HAN (Home Area Network)
Un réseau local spécialisé composé de contrôleurs d'appareils électriques automatisés, généralement à l'intérieur ou à proximité d'un domicile.

harponnage (spear phishing)
Alors que les attaques de phishing sont envoyées à un large éventail de cibles apparemment au hasard, les attaques de ce type visent une organisation spécifique ou un individu au sein de cette organisation pour tenter d'obtenir un accès non autorisé aux données confidentielles. Les attaques par harponnage sont plus susceptibles d'être menées par des attaquants qui cherchent à obtenir des gains financiers importants, des secrets industriels ou des informations militaires.

HFS (Hierarchical File Systems)
Il s'agit de systèmes de fichiers propriétaires d'Apple développés en tant que système de fichiers principal pour leur gamme d'ordinateurs Macintosh utilisant MAC OS. Il est également utilisé dans la gamme d'appareils musicaux iPod d'Apple.

hors bande
Le dispositif de virtualisation est installé en dehors du chemin réel des données entre le réseau et le système de stockage.

hôte du bastion
Un hôte bastion est situé dans la DMZ et peut être un firewall, un routeur, un serveur, ou un groupe d'ordinateurs qui ne sont pas protégés derrière un autre firewall, mais qui ont un accès direct à Internet.

hyperviseur
L'hyperviseur est une plate-forme d'exploitation virtuelle (similaire à un système d'exploitation virtuel) qui héberge d'autres systèmes d'exploitation invités.

I

IANA Internet Assigned Numbers Authority)
L'organisme qui supervise l'attribution des adresses IP aux fournisseurs d'accès Internet

Icinga
Une application open source de surveillance réseau.

ICMP
Le protocole Internet Control Message Protocol est couramment utilisé pour tester la connectivité à un réseau à partir d'un appareil.

Identification par radiofréquence (RFID)
Les systèmes RFID utilisent des étiquettes auto-alimentées qui peuvent être utilisées comme balises pour suivre la localisation ou authentifier ce qui est à proximité.

IDS basé sur l'hôte (HBIDS)
Un système de détection d'intrusion qui est installé sur un seul système et le protège.

IDS/IDPS basé sur la signature
Ces systèmes fonctionnent en recherchant des modèles spécifiques dans le contenu, connus sous le nom de signatures. Si un modèle connu comme relatif à du code malicieux est détecté, les mesures appropriées peuvent être prises pour protéger l'hôte.

IDS/IDPS basé sur les anomalies
Systèmes de détection d'intrusion qui utilisent l'analyse des anomalies pour détecter et empêcher l'accès non autorisé à un réseau.

IEEE-1394
La spécification bus FireWire

IETF (Internet Engineering Task Force)
Le principal organisme de normalisation des protocoles Internet, tels que TCP/IP.

IKE (Internet Key Exchange)
Le protocole utilisé pour mettre en place une association de sécurité dans IPsec.

illégal
Contraire à la loi.

in-band
Ce schéma de virtualisation place l'appliance dans un chemin direct entre les serveurs de stockage et la batterie de disques. Cette configuration élimine le besoin d'installer un logiciel associé à l'appliance sur chaque serveur, comme l'exige une configuration hors bande.

informatique en nuage
Utilisation de serveurs distants, en réseau, pour les ressources. Celles-ci peuvent inclure le stockage des données, le traitement des données, et autres, réduisant ainsi les besoins en matériel d'une machine locale.

Infrastructure à clé publique (PKI)
Cette infrastructure soutient la distribution de clés publiques et de certificats pour permettre des connexions fiables et un échange de données sécurisé basé sur les informations de l'autorité de certification.

ingénierie psychologique
En utilisant la psychologie et les faiblesses humaines, les pirates informatiques peuvent élaborer de nombreuses attaques différentes qui trompent les gens en leur faisant croire ce qu'ils veulent et en leur faisant dévoiler des informations importantes qu'ils ne donneraient pas normalement.

ingénierie sociale
L'utilisation de la manipulation psychologique est une méthode non technique pour exploiter les interactions humaines dans l'espoir de contourner la sécurité normale.

injection SQL
Une technique que les utilisateurs malveillants utilisent pour manipuler les champs de saisie SQL sur les pages web. En particulier, le pirate informatique qui maîtrise le langage SQL saisit des commandes SQL valides dans les zones de saisie qui font que la base de données SQL révèle des informations autres que celles pour lesquelles l'entrée a été créée.

inondations MAC
Une technique utilisée pour compromettre la sécurité des commutateurs réseau. Un attaquant connecté à un port du commutateur inonde l'interface du switch avec un grand nombre de fausses adresses MAC, ce qui fait que le commutateur diffuse les trames.

inspection approfondie des paquets
L'examen des données réelles dans un paquet TCP/IP à la recherche de signes de virus, de spam et d'autres menaces définies pour déterminer si le paquet doit être transmis ou non.

interface downstream
L'interface qui permet au trafic d'entrer dans un réseau à partir d'Internet.

interface upstream
L'interface permettant au trafic de passer du client au serveur, ou du client à l'Internet.

interface utilisateur graphique (GUI)
Type d'interface qui permet à l'utilisateur d'interagir avec des icônes graphiques et

des interprétations visuelles, par opposition aux interfaces basées sur le texte.

Internet des objets (IoT)
Réseau composé de tout objet physique qui dispose d'une connectivité réseau et peut communiquer avec d'autres objets pour collecter et échanger des données.

interopérabilité
La capacité des dispositifs fabriqués par une entreprise à s'interfacer avec les dispositifs semblables d'une autre entreprise.

interrupteurs à contact magnétique
Constitué d'un interrupteur magnétique en deux parties, une pièce du capteur est un aimant tandis que l'autre est un mécanisme de commutation sensible à un champ magnétique. La partie interrupteur est montée sur la structure fixe (cadre) de la barrière. Les fils de l'interrupteur sont acheminés vers le panneau de contrôle du système de sécurité.

intervalle beacon
Détermine le temps entre les trames beacon.

Intranet
Un réseau local ou restreint dans le domaine d'une seule organisation.

intrus
Les personnes non autorisées qui accèdent à un bien sur lequel elles n'ont pas de droits d'accès.

Invité
Ce groupe par défaut a généralement un accès réduit au système, et tous ses membres partagent le même profil utilisateur. Le compte d'utilisateur *Invité* est automatiquement membre de ce groupe.

IOS
Il s'agit du système d'exploitation mobile d'Apple conçu pour prendre en charge la gamme d'iPhones et d'iPads d'Apple. Bien qu'iOS partage de nombreuses structures avec OS X, il n'est pas compatible avec les applications OS X.

IPsec
Une suite de protocoles permettant d'établir des communications sécurisées. IPsec utilise AH et ESP pour authentifier et chiffrer chaque paquet IP.

IPsec (Internet Protocol Security)
Norme ouverte couramment utilisée dans les réseaux privés virtuels (VPN) qui utilise en fait une suite de protocoles pour le chiffrement et l'authentification des communications IP.

IPv4
Les adresses IPv4 existent au format numérique XXX.YYY.ZZZ.AAA. Chaque adresse est constituée de quatre champs de 8 bits séparés par des points (.).

IPv6
IPv6 est le protocole d'adressage IP plus récent, développé pour faire face à la pénurie prévue d'adresses IPv4 disponibles à l'avenir. Sous IPv6, l'adresse IP a été étendue à 128 bits et a un format hexadécimal, séparé par des deux points (:).

ISO 15408
La norme internationale des Critères communs d'évaluation de la sécurité des technologies de l'information

ISO 2700xx
Un groupe de normes ISO sur les systèmes de gestion de la sécurité de l'information conçu pour fournir à la direction

un contrôle explicite de la sécurité de l'information.

isolement
Segmentation physique ou logique utilisée pour isoler ou séparer des parties d'un réseau.

J

JavaScript
Un langage de programmation orienté objet, souvent utilisé dans les navigateurs web pour créer des sites web interactifs.

jeton matériel
Également connu sous le nom de jeton de sécurité, un jeton matériel est un dispositif physique qui peut fournir une authentification.

JFFS2
Journal Flash File System (version 2) est le système de fichiers par défaut pour Android. Cette version FS a remplacé YAFFS2 (Yet Another Flash File System) utilisé dans les versions antérieures du noyau.

K

Kerberos
Un protocole d'authentification réseau qui implique un serveur tiers de confiance pour l'octroi de tickets (TGS) afin d'authentifier l'interaction client/serveur.

Keyfob
Un porte-clés sans fil qui peut être utilisé pour verrouiller, déverrouiller et armer un appareil de sécurité.

KillerBee
Cadre pour l'exploitation de ZigBee et d'autres réseaux 802.15.4. KillerBee propose le sniffing, le décodage et la manipulation de paquets, ainsi que des techniques d'injection.

L

LAN réseaux locaux
Les réseaux qui existent dans une zone géographique relativement confinée (par exemple, une pièce ou un bâtiment).

latence
Le retard d'un système entre l'entrée et la sortie souhaitée.

LDAP (Lightweight Directory Access Protocol)
Un protocole utilisé pour les requêtes et la modification d'éléments dans les services d'annuaire. LDAP offre un système de connexion unique qui peut donner accès à de nombreux services.

légal
Actions autorisées par la loi.

lentille à foyer progressif
Assemblages optiques contenant plusieurs éléments mobiles, permettant de modifier la longueur focale effective (EFL) d'une caméra de surveillance.
Contrairement à un zoom, un objectif à focale variable nécessite une mise au point à chaque changement. S'il s'agit d'un objectif « varifocal », la mise au point

peut se faire à plusieurs millimètres selon les préférences de l'utilisateur.

lentille à trou d'épingle
Une lentille qui est un très petit trou, pouvant être fait par une épingle, qui force la lumière en lignes parallèles pour créer une image claire.

Linux
Il s'agit d'un système d'exploitation librement distribué, à code source ouvert, basé sur Unix.

liste blanche
Le processus consistant à n'autoriser que les utilisateurs qui répondent à certains critères ou à une authentification.

liste de contrôle d'accès
Une liste qui contrôle l'accès à un segment réseau par le biais d'une liste blanche ou d'une liste noire.

liste noire
Lorsque l'accès est refusé uniquement aux utilisateurs répondant à des critères donnés.

listes blanches
Registres des utilisateurs qui sont censés avoir des privilèges, des services ou un accès à un bien spécifique.

listes noires
Listes des utilisateurs qui ne sont pas dignes de confiance.

logiciels malveillants
Terme utilisé pour décrire un certain nombre de logiciels intrusifs, conçus pour être malveillants par nature.

loi
Le système de règles qu'un pays ou une communauté reconnaît pour réglementer les membres associés.

Lux
Le lux est une mesure de la quantité de lumière qui tombe sur un objet. Un lux est approximativement la quantité de lumière tombant sur un mètre carré à partir d'une bougie située à un mètre de distance.

M

MAC (Mandatory Access Control)
Un type de contrôle d'accès qui utilise le système d'exploitation pour établir quels utilisateurs ou groupes peuvent accéder aux fichiers, aux dossiers et à d'autres ressources.

magnétoscopes
La vidéosurveillance a traditionnellement été enregistrée à l'aide de magnétoscopes ; ces systèmes ont tendance à être très exigeants en termes de main-d'œuvre.

manipulation de l'en-tête IP
Technique utilisée pour modifier les informations contenues dans la partie d'en-tête d'un paquet IP ou TCP afin de dissimuler son identité sur un réseau.

MDK3
Un outil de test de pénétration utilisé pour exploiter les faiblesses du protocole 802.11.

menace
La possibilité d'effectuer des actions, avec l'intention d'infliger douleur, blessure, dommage ou autre action hostile.

menace interne
Ce type de menace existe à l'intérieur du réseau, généralement il s'agit d'un employé de l'entreprise.

menaces persistantes avancées
Ces menaces visent des systèmes très spécifiques et très sécurisés sur une période de temps continue.

métadonnées
Ce sont des informations sur les données. Ce terme est utilisé pour décrire toutes les données qui pourraient être considérées comme secondaires par rapport à l'objectif de l'enregistrement. En général, les métadonnées sont considérées comme des données générées automatiquement, souvent intégrées, qui sont créées par le système d'information pour compléter ou même valider l'enregistrement.

Metasploit
L'un des frameworks open source de tests de pénétration parmi les plus populaires au monde. Il est couramment utilisé pour identifier et valider les vulnérabilités réseau, notamment en simulant des attaques visant des vulnérabilités humaines.

microcontrôleur
Un petit ordinateur situé sur un seul circuit intégré.

Microsoft Network Monitor
Un analyseur de paquets qui peut aider à visualiser les flux réseau et à résoudre les problèmes.

mise à jour
Un service pack, ou patch, qui améliore la fiabilité, la sécurité ou l'attractivité d'un système d'exploitation. La source la plus fiable pour les mises à jour du système d'exploitation est le fabricant de celui-ci. Certaines mises à jour peuvent rendre le système d'exploitation plus pratique, mais il n'est pas nécessairement plus sécurisé.

mise en cache des proxy web
Des serveurs locaux qui mettent en cache (stockent) les ressources web pour un accès plus rapide.

mise en réseau définie par logiciel (SDN)
Une approche de la mise en réseau des ordinateurs qui analyse la connexion entre deux nœuds quelconques et peut filtrer cette connexion sur base d'une politique définie.

mode de contournement
Un mode disponible pour de nombreux systèmes d'alarme conçu pour laisser passer quelqu'un dans la zone d'alarme sans déclencher celle-ci.

mode promiscuous (promiscuité)
Le fonctionnement d'un dispositif réseau capable d'écouter ou de capturer le trafic se déplaçant sur un support, mais qui ne provient pas de lui ou qui ne lui est pas destiné.

modèle OSI (open systems interconnection)
Le principal modèle de mise en réseau qui définit et caractérise les fonctions de communication dans un environnement réseau.

moindre privilège
Selon le principe du moindre privilège, les utilisateurs ne se voient accorder que les niveaux d'accès nécessaires à l'exercice de leurs fonctions spécifiques.

moniteurs
Systèmes d'affichage vidéo similaires à des écrans d'ordinateur ou des téléviseurs, utilisés pour observer ou enregistrer un processus.

mot de passe
Un mot secret ou une chaîne aléatoire utilisé comme outil d'authentification.

mot de passe superviseur
Utilisé pour établir un mot de passe qui peut être employé pour accéder à l'utilitaire de configuration CMOS.

mot de passe utilisateur
Cette option du BIOS permet aux administrateurs d'établir des mots de passe que les utilisateurs doivent saisir au cours du processus de démarrage pour terminer celui-ci et accéder au système d'exploitation.

moyens de communication
Le matériel, le firmware, et les logiciels utilisés pour stocker physiquement et/ou transporter les informations de données qui entrent et sortent des ordinateurs. Ces supports comprennent les disques magnétiques, optiques, les disquettes, les bandes et les lecteurs, internes ou amovibles.

N

Nagios
Un des outils de surveillance réseau les plus connus qui aide à garantir le fonctionnement des systèmes, des applications et des processus.

NAS (Network-Attached Storage)
Un système de stockage virtualisé qui fournit à la fois un stockage et une structure de type système de fichiers au sein d'un réseau.

navigateur web
Une application logicielle permettant de récupérer, de présenter et de parcourir des ressources sur l'Internet.

Nikto
Un scanner de serveur web open source qui peut identifier les problèmes sur un serveur web.

NIST (National Institute of Standards and Technology)
L'agence américaine des normes et de la technologie, responsable du développement des cadres de sécurité cyber, de la sécurité des dispositifs médicaux et des guides de sécurité des systèmes de contrôle industriel (ICS).

Nmap
Un outil de sécurité populaire qui découvre les périphériques réseau.

No eXecution (NX) bit
La technologie NX-bit est utilisée pour séparer les zones de mémoire en régions pour des usages distincts. Par exemple, une section de la mémoire peut être réservée exclusivement au stockage du code d'instruction du processeur, tandis qu'une autre section peut être marquée uniquement pour le stockage de données.

non autorisé
Tout utilisateur ou appareil qui n'a pas la permission d'accéder à un réseau ou à un bien.

non tagué
Un segment de données qui n'a pas d'ID VLAN inséré au niveau de l'en-tête.

notification basée sur IP
Notification d'une condition d'alarme à une station de surveillance via un réseau IP, tel qu'Internet.

O

OAuth
Un protocole d'authentification qui permet aux applications d'agir au nom d'un utilisateur sans partager les mots de passe.

objectif à longueur focale fixe
Les objectifs dont la longueur focale est fixe et qui ne peuvent pas être réglés comme les zooms ordinaires.

objectif fisheye
Un objectif ultra grand angle qui renonce à la perspective en ligne droite dans le but de visualiser une plus grande zone. Les images d'un objectif fisheye sont souvent déformées près des bords.

objectif grand angle
Un objectif qui permet de voir une image plus large dans les zones confinées, par opposition aux autres types d'objectifs standard.

obstacles
Celles-ci entravent la capacité d'un intrus à avancer du périmètre extérieur vers la région intérieure.

obtention d'identifiants
Toute méthode utilisée pour recueillir les informations d'authentification d'un autre utilisateur.

OCIL (Open Checklist Interactive Language)
Un cadre défini pour exprimer un ensemble de contrôles de sécurité non automatisables.

octet
Un groupe de huit, se référant généralement à huit bits de données.

OpenVAS
Open Vulnerability Assessment System est un cadre open source composé de plusieurs services et outils qui permettent d'analyser et de gérer les vulnérabilités.

opérateurs
Les personnes qui opèrent ou supervisent un processus.

ordinateur de bureau/utilisateur unique
Il s'agit d'un ordinateur unique, éventuellement partagé par un petit groupe d'utilisateurs.

outils administratifs
Ces outils comprennent des programmes conçus pour contrôler l'utilisation de la mémoire de l'ordinateur, administrer et optimiser l'utilisation du disque dur, configurer les services de l'OS fonctionnant sur l'ordinateur, contrôler le transfert matériel/OS lors du démarrage, et dépanner les problèmes du système d'exploitation.

outils de surveillance des réseaux
Tout outil qui peut être utilisé pour s'assurer que les serveurs ou autres dispositifs sont opérationnels et fonctionnent correctement.

OVAL (Open Vulnerability and Assessment Language)
Il s'agit d'une norme de la communauté de sécurité pour la communication d'informations de sécurité telles que les configurations, les vulnérabilités, les niveaux de correctifs, etc. OVAL est essentiellement un groupe de schémas XML qui décrivent un langage fournissant les détails nécessaires à l'évaluation d'une ressource réseau pour détecter les vulnérabilités de sécurité.

P

PAKE (Password-Authenticated Key Agreement)
Méthode interactive permettant à deux ou plusieurs entités d'établir des clés cryptographiques basées sur la connaissance d'un mot de passe par une entité.

PAN (personal area network)
Un type de réseau qui combine des appareils personnels tels que les PDA, les téléphones portables, les appareils photo numériques, les PC, les ordinateurs portables et les imprimantes.

panoramique
Orientation panoramique : qui franchit l'angle de vision de la caméra, de gauche à droite ou de haut en bas.

PAP (Password Authentication Protocol)
Utilisé avec le PPP, c'est un protocole d'authentification qui utilise des mots de passe.

paquet réseau
Une unité de données qui est acheminée sur un réseau.

paramètres de la politique de verrouillage
Ils permettent aux administrateurs d'adopter des politiques de mots de passe qui empêchent les attaquants d'essayer à plusieurs reprises d'accéder au système par des attaques de force brute.

paramètres de l'heure du jour
La plupart des systèmes automatisés de contrôle d'accès basent leurs décisions concernant les demandes d'entrée valides ou non valides, également appelées transactions, sur des paramètres préconfigurés de l'heure dans la journée.

pare-feu
Ces dispositifs consistent généralement en une combinaison matérielle et logicielle utilisée pour protéger un réseau privé contre l'accès non autorisé par le biais de l'Internet. Pour ce faire, on limite les risques de sécurité, on applique la politique de sécurité de l'organisation, les règles définies de filtrage et parfois on enregistre ou on surveille l'activité.

pare-feu avec filtrage de paquets
Pare-feu configuré avec des règles de filtrage des paquets pour autoriser ou refuser l'accès aux clients en fonction de facteurs tels que leur adresse source, leur adresse de destination ou leur numéro de port.

pare-feu local
Un firewall qui est conçu et mis en œuvre uniquement sur l'hôte.

pare-feu logiciel
Pare-feu qui sont installés sur un ordinateur hôte, comme toute autre application.

pare-feu proxy filtrant
Les serveurs configurés pour filtrer ou éliminer les paquets non désirés. Au cours de ce processus de filtrage, chaque paquet est désassemblé, évalué et réassemblé, ce qui rend ce type de connexion significativement plus lente que pour les autres types de firewall.

pare-feu stateful
Ces pare-feu collectent des informations sur les connexions réseau et maintiennent dynamiquement des tables qui sont utilisées pour les connexions ultérieures, permettant aux ports d'être ouverts et fermés en fonction des règles de filtrage de paquets.

pare-feu stateless
Agissant davantage comme une liste ACL, ils ne gardent pas trace de l'état d'une connexion entre deux ordinateurs ; cependant, ils comparent les paquets aux règles de filtrage.

passage
Un chemin fermé d'une pièce/zone à une autre ; c'est souvent un point d'étranglement.

passerelle
Dispositif qui permet d'interfacer un réseau avec un autre réseau.

passerelles de sécurité unidirectionnelles
Utilisées pour créer une connexion unidirectionnelle entre des réseaux, ou des segments de réseau, qui possèdent des niveaux de classification de sécurité différents.

passerelles Internet
Les routeurs sont utilisés pour connecter un réseau à des connexions Internet à large bande toujours actives.

patch
Améliorations générales apportées à un système d'exploitation ou à une application donnée qui a été mise en circulation. De nombreux correctifs et mises à jour sont des fonctionnalités complémentaires purement esthétiques et pratiques, tandis que d'autres sont des mises à niveau de sécurité critiques conçues en réponse à un virus particulier, une menace découverte ou une faiblesse.

patch du mardi
Le jour de la sortie initial du patch de Microsoft.

PathPing
Un utilitaire, présent sur de nombreux systèmes Windows, qui combine les outils de ligne de commande *ping* et *traceroute*.

PCI-DSS (Payment Card Industry Data Security Standard)
Cette norme exige l'utilisation de firewalls et d'autres concepts de sécurité, tels que la segmentation du réseau, afin de garantir que toutes les informations relatives aux cartes de crédit soient stockées en toute sécurité, tant physiquement qu'électroniquement.

périmètre extérieur
La première ligne de défense dans une zone ou une frontière donnée, qui peut être de nature physique ou logique.

périmètre intérieur
Ce périmètre implique généralement des barrières physiques telles que des murs, des portes et des fenêtres, soit à l'extérieur, soit à l'intérieur, selon le contexte du périmètre extérieur.

périmètre logique
Une frontière virtuelle établie qui implique des systèmes informatiques et de contrôle, des réseaux et l'Internet

pharming
Un type d'activité malveillante qui redirige un utilisateur peu méfiant vers un site web falsifié, dans l'espoir d'obtenir des informations personnelles.

phishing
Une technique d'ingénierie sociale qui tente d'acquérir des informations sensibles, généralement des données de connexion ou de carte de crédit, en se faisant passer pour une organisation digne de confiance. Ces attaques impliquent généralement des courriels qui dirigent l'utilisateur vers un faux site web qui semble légitime.

phrase de passe
Une séquence de mots ou de textes utilisée pour contrôler l'accès, un peu comme un mot de passe ; cependant, généralement plus long en nombre de caractères.

piconet
Jusqu'à huit appareils peuvent être regroupés pour former un piconet, un petit réseau Bluetooth.

PING
Un utilitaire réseau utilisé pour évaluer la capacité à atteindre un autre hôte IP. L'utilitaire PING envoie des paquets de demande ICMP (Internet Control Message Protocol) à l'hôte cible et attend une réponse tout en mesurant le temps du trajet et toute perte de paquets.

PKE (Public Key Encryption)
Cette technique de chiffrement utilise deux clés pour assurer la sécurité des données chiffrées : une clé publique et une clé privée. La clé publique (connue de tous) est, par exemple, utilisée pour chiffrer les données et la clé privée ou secrète (connue uniquement du destinataire spécifique) est utilisée pour le déchiffrement.

planification d'urgence
Planifier les catastrophes/urgences avant qu'elles ne se produisent.

Plug and Play universel (UPnP)
Une architecture réseau « sans configuration » qui apporte une certaine compatibilité entre les différentes marques et types de matériel d'un réseau. Bien qu'il soit principalement destiné à aider les utilisateurs de réseaux domestiques non qualifiés, l'UPnP est également soutenu par certains fabricants de matériel plus professionnels.

plugins
Ajout de nouvelles fonctionnalités aux applications logicielles existantes, telles que les moteurs de recherche et les fonctions antivirus, les plugins sont similaires aux contrôles ActiveX mais ne peuvent pas être exécutés en dehors d'un navigateur web.

PoE (Power over Ethernet)
L'alimentation est fournie par le câble réseau UTP, plutôt que par une alimentation électrique dédiée, pour chaque appareil intelligent.

point d'accès sans fil (WAP)
Dispositif de connectivité réseau qui permet aux clients sans fil de se connecter à un réseau câblé.

point de vente (POS)
Le matériel et les logiciels utilisés dans une transaction de vente au détail.

politique d'audit
Définit les types d'événements qui seront surveillés et ajoutés aux journaux de sécurité du système.

politique de contrôle d'accès
La méthode par laquelle une liste de contrôle d'accès est générée.

politique de cybersécurité
La politique de sécurité de l'entreprise explique les exigences globales nécessaires pour protéger les données réseau et les systèmes informatiques d'une organisation.

politique de gestion des mots de passe
Une politique mise en place pour gérer les mots de passe des utilisateurs dans un environnement réseau.

politique de sauvegarde
Une politique qui définit quoi sauvegarder, quand sauvegarder, et où stocker les

sauvegardes. Elle indique également qui est autorisé à effectuer des sauvegardes et comment celles-ci sont effectuées.

politique de sécurité
Documentation indiquant comment la sécurité doit être mise en œuvre à chaque niveau. Les entreprises et les organisations élaborent des politiques de sécurité complètes définissant qui est autorisé à accéder à différents biens et ce qu'il est permis de faire avec ces biens lorsqu'il y a accès.

politiques
Les règles et procédures adoptées par un individu ou une entreprise.

polyinstantiation
Dans cette solution de gestion de base de données, un serveur supplémentaire est configuré pour agir en tant que tiers entre les utilisateurs et le serveur de base de données. Le serveur de niveau intermédiaire agit comme un interprète et un gardien qui limite l'accès à la base de données aux seuls utilisateurs autorisés et uniquement aux fichiers demandés de la base de données.

pont réseau
Un périphérique matériel qui relie plusieurs segments de réseau.

port matériel
Une interface entre divers ordinateurs et appareils de réseau.

port promiscuous
Un port configuré pour pouvoir communiquer avec tout autre port, généralement dans un cas de VLAN.

portail
Une ouverture dans un mur ou une clôture. Fait généralement référence à un passage entre deux espaces ouverts (par opposition à une porte, qui donne accès à des espaces fermés ou entre ceux-ci). Comme les portes, les portails peuvent être utilisés pour contrôler l'accès en présentant une barrière à travers le passage du périmètre.

Poseidon POSIX (Portable Operating System Interface)
Il s'agit d'un ensemble de normes d'interopérabilité développées pour normaliser les variantes des systèmes d'exploitation Unix et de type Unix. Les systèmes compatibles POSIX (systèmes Unix, Linux et Apple OS X) prennent en charge un certain type d'ACL pour gérer les autorisations traditionnelles d'accès aux fichiers Unix.

pot de miel
Un pot de miel est un serveur leurre, un dispositif réseau ou un segment réseau conçu pour attirer les attaquants loin du réseau réel. Pour ce faire, il fournit aux attaquants un accès relativement facile aux systèmes leurres du réseau et dissimule les systèmes réellement critiques.

Pretty Good Privacy (PGP)
Un outil de chiffrement Unix largement utilisé. Cet outil effectue le chiffrement/déchiffrement à la fois des clés privées et publiques et offre une méthode très puissante pour sécuriser les données.

procédures
Souvent utilisées pour faire appliquer les politiques, les procédures sont une façon établie d'exécuter une action.

processus d'appariement
Processus consistant à connecter deux appareils Bluetooth ensemble.

propriétaire
Le possesseur légitime d'un bien.

protocole
Ensemble de règles qui régissent la manière dont les communications sont

effectuées sur un réseau. Pour que les appareils puissent communiquer entre eux sur le réseau, ils doivent tous utiliser les mêmes protocoles réseau.

protocole AAA
Authentification, Autorisation et Auditabilité, qui utilise différents protocoles de couche de liaison tel que PPP et s'authentifie à l'aide de PAP ou CHAP.

protocole de routage
Ensemble de règles utilisées par les routeurs pour déterminer les chemins appropriés dans lesquels les données doivent être transmises.

protocole de transfert hypertexte (HTTP)
Il s'agit du principal protocole d'application web.

provisionnement automatisé
Semblable au contrôle d'accès basé sur des règles, c'est une méthode où une règle est l'élément de base. La règle définie indique les opérations qui peuvent être effectuées.

proxy anonyme
Un serveur proxy qui assure l'anonymat du client en dissimulant l'adresse IP d'origine.

proxy déformant
Un serveur proxy qui cache ou modifie votre adresse IP et les informations qui s'y rapportent.

proxy transparent
Ce serveur proxy communique au nom d'une machine hôte, sans modifier les demandes, contrairement à la plupart des services proxy. L'utilisateur ne sait généralement pas qu'il utilise un tel proxy.

proxy web
Un ordinateur ou un serveur qui fonctionne pour le compte d'un hôte, ou d'un réseau d'hôtes, qui accèdent au web.

purge
Le processus de séparation et de suppression des enregistrements inactifs au sein d'une base de données.

Q

Qualité de service (QoS)
Permet la hiérarchisation et le traitement différencié du trafic réseau sur base de règles ou de politiques spéciales. Une utilisation commune de la QoS consiste à garantir qu'un système téléphonique VoIP disposera toujours d'une bande passante suffisante pour le service téléphonique, quel que soit le niveau d'occupation du réseau.

R

RADIUS (Remote Authentication Dial-In User Service)
Un protocole réseau qui fournit un protocole AAA (Authentification, Autorisation et Auditabilité) centralisé.

rainbow tables (tables arc-en-ciel)
Des tableaux prégénérés contenant des millions de mots de passe déjà hachés, utilisés pour faire des comparaisons dans le but de craquer les mots de passe.

reconnaissance vocale
Applications qui utilisent la voix et les modèles de parole d'un utilisateur pour effectuer une variété d'actions.

références informatives
Documents qui contiennent les normes spécifiques, les lignes directrices et les pratiques de divers intervenants en matière de sécurité organisationnelle pour atteindre les objectifs des fonctions, des catégories et des sous-catégories énumérées.

règle
Pour déplacer des paquets dans le dispositif, une règle doit être explicitement créée sur le dispositif pour transférer (ou mapper) le port de protocole souhaité vers une adresse IP privée et un port spécifique dans le réseau local.

règle de confidentialité
La règle de confidentialité vise, par exemple, à limiter les circonstances dans lesquelles les informations de santé protégées d'une personne peuvent être utilisées ou divulguées.

règles de pare-feu
Les règles selon lesquelles un firewall détermine quelle communication sera filtrée.

renforcement territorial
Utilisation de structures, de systèmes et de dispositifs pour empêcher l'entrée non autorisée et crée une différence claire entre ce qui est public et privé.

répétiteur
Un dispositif matériel réseau qui étend la portée et l'étendue d'un réseau.

requête DTP (dynamic trunking protocol)
Un attaquant envoie une requête à un commutateur du réseau pour configurer le port de l'attaquant en tant que connexion trunk.

ResearchKit
Un cadre logiciel open source réalisé par Apple, destiné spécialement à la recherche médicale. La facilité de création et d'utilisation de l'application offre aux chercheurs et aux développeurs la possibilité de révolutionner les études médicales.

Réseau
Un groupe de systèmes, de personnes et de dispositifs qui peuvent se connecter et fonctionner les uns avec les autres.

réseau client/serveur
Lorsque des postes de travail dépendants, appelés clients, fonctionnent en conjonction avec un ordinateur maître dédié appelé serveur.

réseau d'entreprise
Réseau informatique conçu pour permettre à un nombre moyen ou important d'utilisateurs de relier les activités et de partager les ressources d'une entreprise.

réseau local virtuel (VLAN)
Réseau configuré de façon logicielle au niveau de la couche *liaison de données*.

réseau maillé
Dans cette topologie décentralisée, chaque nœud relaie les données pour le réseau.

réseau peer-to-peer
C'est une organisation dans laquelle chaque ordinateur est relié au réseau en anneau ou en bus et est égal aux autres unités de ce réseau.

réseau privé virtuel (VPN)
Les utilisateurs distants peuvent se connecter à un réseau privé via un réseau public, tel qu'Internet, puis s'authentifier et effectuer des tâches sur le réseau privé comme s'ils y étaient connectés

directement. Il permet aux utilisateurs de communiquer avec un autre appareil via un réseau public, comme s'il s'agissait d'un réseau privé, garantissant ainsi la sécurité.

réseau téléphonique public commuté (RTPC)
Également appelés « Plain Old Telephone Service » (POTS), ces systèmes utilisent un câblage physique pour interconnecter et transmettre des signaux vocaux entre un émetteur et un récepteur.

réseaux de stockage (SAN)
Un système de stockage en réseau qui apparaît à la machine hôte comme une connexion locale.

réseaux étendus (WAN)
Des réseaux répartis sur une vaste zone géographique.

réseaux sans fil
Tout réseau qui est connecté, sans utiliser un schéma de câblage traditionnel. Il relie les nœuds informatiques entre eux à l'aide d'ondes radio à haute fréquence. L'organisation IEEE supervise un groupe de spécification pour les réseaux sans fil sous la bannière IEEE-802.xx

réseaux superposés
C'est le cas lorsqu'un réseau est construit sur un autre réseau, physique ou sous-jacent.

résolution
Le nombre de pixels affichés ou dans le capteur d'un appareil photo.

retour
En ce qui concerne la sécurité, le terme est utilisé pour décrire le droit légal de réintégrer une propriété.

RFC (Request for Comments)
Il s'agit de notes soumises par quiconque à l'Internet Engineering Task Force (IETF), le principal organisme de normalisation pour l'Internet.

risque
Défini comme la perte potentielle d'un objet de valeur. Elle peut également être exprimée comme une interaction intentionnelle avec l'incertitude. Le risque peut également être calculé comme une quantité qui peut être communiquée aux parties prenantes internes et externes de l'organisation.

Rootkit
Type de logiciel conçu pour prendre le contrôle administratif d'un système informatique sans être détecté. Normalement, le but est de permettre à des opérations malveillantes de se produire sur un ordinateur cible à l'insu de ses utilisateurs ou des administrateurs du système. Les rootkits peuvent se produire dans le matériel ou les logiciels en s'attaquant au BIOS, au chargeur de démarrage, au noyau du système d'exploitation et parfois aux applications ou aux bibliothèques.

routage
Le processus de sélection du meilleur chemin pour la transmission de données sur un réseau ou entre réseaux.

routeurs
Des dispositifs de connectivité réseau qui, contrairement aux commutateurs, peuvent transmettre des informations sur différents segments réseau. Cela permet aux routeurs de relier différents réseaux entre eux par un processus appelé routage.

S

salles de serveurs
Des salles sécurisées où les serveurs sont protégés.

scanner de port
Une application logicielle qui effectue l'analyse d'un dispositif de réseau pour trouver les ports ouverts.

scanner de vulnérabilité réseau
Utilisé pour analyser un réseau à la recherche de différents types de vulnérabilités communes.

scanners de vulnérabilité
Outils conçus pour rechercher des vulnérabilités connues sur des ordinateurs telles que les erreurs système, les erreurs de configuration et l'utilisation de mots de passe par défaut. Celles-ci sont identifiées et ajoutées à une base de données. Les scanners sont conçus pour évaluer les ordinateurs, les systèmes, les réseaux et les applications.

SCAP (Security Content Automation Protocol)
Une méthode d'utilisation de diverses normes ouvertes pour évaluer les vulnérabilités et mesurer l'impact potentiel de ces vulnérabilités.

script
Une liste de commandes pouvant être exécutées sans interaction avec l'utilisateur.

Secure Shell (SSH)
Un protocole de réseau chiffré pour des connexions client-serveur sécurisées. Conçu pour remplacer les protocoles « shell » non sécurisés tels que Telnet, SSH utilise une authentification cryptographique à clé publique.

sécurité
La science, la technique et l'art d'établir un système d'exclusion et d'inclusion des individus, des systèmes, des médias, des contenus et des objets.

sécurité des biens corporels
Classiquement connue sous le nom de sécurité physique, elle consiste à protéger les frontières physiques et les biens.

sécurité des biens incorporels
Cela implique de sécuriser les biens qui ne sont pas de nature physique, tels que les brevets et les marques.

sécurité des infrastructures
Les initiatives de sécurité physique s'appliquent à la sécurité des structures physiques et organisationnelles fondamentales nécessaires au fonctionnement d'une entreprise, d'une organisation ou d'une société.

sécurité intérieure
Il s'agit du niveau le plus interne de sécurité des infrastructures et implique la surveillance de la zone située à l'intérieur du périmètre intérieur.

sécurité physique
Tout processus ou dispositif visant à protéger les limites physiques et les biens.

segment TCP
Le protocole TCP (Transmission Control Protocol) accepte les données, les divise en sections, puis ajoute un en-tête TCP aux données, créant ainsi un segment TCP.

segmentation du réseau
Le processus de séparation ou de division d'un réseau en un ou plusieurs sous-réseaux, chacun étant son propre segment de réseau.

ségrégation
Dans un réseau, une séparation physique ou logique. Souvent utilisé pour séparer les individus, les données et les autres biens.

serrures à code
Serrures qui fonctionnent en déverrouillant les serrures magnétiques des portes lorsque le code programmé correct est entré par l'utilisateur sur le clavier de la serrure à code.

serrures électriques à pêne dormant
Serrures à commande électronique utilisées pour sécuriser une porte fermée.

serveur
Un ordinateur ou un programme informatique centralisé qui gère les ressources d'un réseau.

serveur d'applications
Serveur configuré pour assurer un rôle spécifique dans les activités de l'organisation et fourni aux utilisateurs internes de l'organisation.

serveur d'authentification (AS)
Un serveur dont la fonction est de fournir une authentification aux utilisateurs du réseau.

serveurs de fichiers et d'impression
Ceux-ci permettent aux employés d'accéder rapidement aux applications et dossiers partagés, à des fichiers spécifiques et aux imprimantes en réseau.

serveur DHCP (Dynamic Host Configuration Protocol)
Un serveur qui utilise le protocole réseau pour distribuer des paramètres réseau tels que les adresses IP.

serveur FTP
Un serveur centralisé, avec un logiciel spécialisé, qui gère le partage et le stockage de fichiers.
Nécessite l'utilisation du protocole de transfert de fichiers FTP.

serveur proxy
Un serveur qui agit comme une barrière, car il permet aux clients d'établir des connexions réseau indirectes qui sont acheminées par un proxy.

serveur proxy inverse
Un serveur qui traite les demandes publiques de ressources web et les transmet ensuite à un ou plusieurs serveurs.

serveur web
Les entreprises utilisent des serveurs web pour héberger des pages web qui font la publicité de leur organisation sur Internet. Il s'agit de serveurs frontaux qui traitent directement avec l'Internet.

serveurs de courrier électronique
Les serveurs de courrier électronique sont des serveurs d'application client/serveur utilisés pour recevoir et stocker des messages électroniques dans des boîtes aux lettres individuelles, même lorsque les utilisateurs ne sont pas réellement connectés directement au réseau.

serveurs de mise en cache
En utilisant des pages web mises en cache, un serveur proxy servira les pages web déjà consultées placées dans sa cache aux clients demandeurs, sans nécessiter d'accès extérieur à l'Internet.

serveurs de niveau intermédiaire
Les serveurs qui agissent entre le niveau « base de données » hautement sécurisé et la couche de présentation à l'utilisateur moins sécurisée. Les serveurs de ce niveau

sont chargés de contrôler les fonctionnalités des applications et de déplacer les données entre les deux autres niveaux.

serveurs de réflexion
Utilisés dans les attaques DDoS, de fausses demandes d'écho sont envoyées et les réponses d'écho sont dirigées vers la victime.

serveurs DNS (Domain Name System)
Ceux-ci contiennent des bases de données DNS (fichiers *.dns) qui sont utilisées pour « résoudre » les noms d'ordinateurs en adresses IP. Ces serveurs contiennent également des liens entre les noms de domaine pleinement qualifiés et les adresses IP qu'ils représentent.

serveurs proxy malveillants
Il s'agit de serveurs proxy utilisés à diverses fins, notamment pour la diffusion de logiciels malveillants, l'injection de publicité et la simple collecte d'informations. Bien que ces serveurs mandataires ne transmettent pas votre adresse IP, ils la connaissent et peuvent l'utiliser à d'autres fins.

serveurs réseau
Ordinateurs spécialisés conçus pour fonctionner efficacement dans un environnement multiutilisateurs, multiprocesseurs et multitâches. Ils utilisent généralement plusieurs processeurs et de grandes quantités de disques durs ; ils soutiennent le réseau dans ses opérations, son authentification et ses processus.

service pack
Les principales mises à jour de Windows et/ou des collections de nombreuses mises à jour individuelles de Windows.

services booter
Des services qui effectuent des attaques DoS contre paiement.

services de bureau à distance (RDS)
Officiellement connu sous le nom de Terminal Services, le RDS est un composant qui permet à un utilisateur de prendre le contrôle d'un ordinateur distant sur un réseau.

services en ligne
Le cloud est un ensemble des services hébergés utilisables avec un logiciel d'application client spécial qui étend le bureau, les fichiers mobiles ou le stockage des utilisateurs vers un service Internet.

SET (Social Engineering Toolkit)
Utilisé dans les tests de pénétration, ce logiciel Linux peut être utilisé pour effectuer des attaques avancées contre une cible.

signature électronique
Technique utilisée pour valider l'authenticité d'une personne, généralement jointe à un document électronique, indiquant l'intention ou l'accord de l'expéditeur.

Sirène
Un annonciateur audible, construit pour être très puissant.

SMB (Server Message Block)
Également connu sous le nom de Common Internet File System, ce protocole réseau a été développé pour fournir un accès partagé aux fichiers et aux appareils, ainsi qu'aux communications réseau.

Snort
Un système de détection d'intrusion multi-plateforme et open source qui fournit une analyse en temps réel du trafic, un enregistrement des paquets et une analyse des protocoles, ainsi qu'une détection active des vers, des scans de ports et des tentatives d'exploitation des vulnérabilités.

socket
Un point final d'une communication à double sens. Un socket est lié à un numéro de port.

socle de sécurité
Ce socle définit les exigences minimales de sécurité nécessaires pour protéger la confidentialité, l'intégrité et la disponibilité (CIA) des systèmes d'information de l'organisation, ainsi que les données traitées, stockées et transmises.

softphone
Un logiciel qui permet à un utilisateur de passer des appels téléphoniques sur Internet.

SolarWinds
Ce logiciel est un produit commercial de surveillance des performances des réseaux. Il peut être utilisé pour surveiller le temps de fonctionnement, les performances, les flux de trafic et l'utilisation des réseaux ; il offre une pléthore de rapports, de graphiques et d'options de notification.

solutions biométriques
Utilisent les caractéristiques physiques uniques d'une personne, empreintes digitales, vocales et/ou les scans rétiniens pour fournir l'identification et l'authentification.

sortir
Action de quitter un lieu, que ce soit physiquement ou logiquement.

sous-réseau
Un réseau séparé qui fait finalement partie d'un réseau plus large.

spoof
Toute forme de falsification d'une identité, permettant d'accéder à des biens.

spyware
Un logiciel qui surveille le fonctionnement du système et recueille des informations telles que les noms d'utilisateur, les mots de passe, les numéros de carte de crédit et autres données personnelles.

SRP (Secure Remote Password)
Un protocole qui est une forme améliorée de PAKE, conçu pour contourner les brevets existants.

SSL (Secure Sockets Layer)
Protocole permettant de gérer à la fois l'authentification et la communication entre clients et serveurs, en utilisant à la fois une clé publique et une clé privée. SSL utilise la méthode des sockets pour échanger des données entre le programme du client et celui du serveur, généralement sous la forme d'un site web et d'un navigateur.

stations d'accueil
Accessoires conçus pour être utilisés avec des appareils informatiques portables. La principale fonction de la station d'accueil est de permettre aux utilisateurs de voyager avec leurs appareils portables, tout en utilisant des périphériques et des dispositifs de connectivité de taille normale lorsqu'ils se trouvent au bureau.

stockage direct
Cette technique utilise des dispositifs de stockage sur disque supplémentaire qui sont directement connectés au DVR via des connexions USB ou eSATA.

STP (spanning-tree Protocol)
Ce protocole garantit des liaisons redondantes et sans boucle pour les réseaux de commutateurs à chemins multiples. Il y parvient en manipulant les ports des commutateurs pour qu'ils transmettent

ou bloquent le trafic selon le type de segment auquel ils sont connectés.

stratégie de déploiement des caméras
Déterminer où les caméras de sécurité seront placées.

super cookies
Les cookies tiers qui sont plus difficiles à supprimer que les autres types de cookies. Beaucoup d'entre eux n'utilisent pas la méthode traditionnelle de stockage des cookies, mais utilisent plutôt le stockage de la base de données HTML5 du navigateur local ou même le stockage des données Adobe Flash.

suPHP
Un outil permettant d'exécuter des scripts PHP avec les droits du propriétaire.

supports de sauvegarde
C'est sur ce support que les données sont sauvegardées, par exemple sur des DVD-R.

surface d'attaque
La somme des différentes possibilités de subir une attaque.

surveillance à distance
Surveillance des appareils à distance ou depuis une salle de contrôle.

surveillance de l'accès à distance
Systèmes utilisés pour informer le personnel de surveillance de la sécurité lorsqu'un événement ou un incident s'est produit.

surveillance de l'état de déverrouillage
Le système de surveillance des conditions peut enregistrer et signaler chaque fois qu'une porte ou un portail spécifique est déverrouillé (accordant l'accès), en indiquant et en enregistrant quel type d'accès a été accordé.

surveillance des conditions de verrouillage
La surveillance du verrouillage est une fonction qui permet au superviseur de la sécurité de confirmer qu'une porte est verrouillée. En plus de surveiller l'état de verrouillage d'une porte ou d'un portail, le système de surveillance des conditions peut également fournir des détails sur la durée et les périodes pendant lesquelles la porte ou le portail est resté verrouillé.

SYN flood
Une forme d'attaque par déni de service, où un attaquant profite de la poignée de main TCP qui utilise les messages SYN et ACK pour établir une connexion fiable entre deux hôtes.

système d'authentification
Un système réseau utilisé pour fournir une authentification.

les systèmes de détection d'anomalies basés sur des seuils
Ces systèmes IDS sont conçus pour suivre, au fil du temps, le nombre d'occurrences d'événements spécifiques, puis générer un avertissement d'intrusion si le nombre d'événements dépasse un nombre prédéterminé.

système de détection des intrusions (IDS)
Ces systèmes sont principalement conçus pour surveiller le système (ordinateur local ou environnement réseau), enregistrer les événements clés et les violations des politiques, et les signaler selon les instructions.

système de détection d'intrusion physique
Tout dispositif dont le but est de détecter et de signaler des intrusions, y compris les détecteurs de mouvement, les lecteurs de cartes, les caméras et les alarmes.

système de détection et de prévention des intrusions (IDPS)
Conçu pour surveiller le système (ordinateur local ou environnement réseau), enregistrer les événements clés, les violations des politiques, les signaler et les prévenir selon les instructions.

système de détection et de signalement des incendies
Un système d'alarme autonome pour le feu utilisé par les grandes organisations.

système de détection et de signalement des intrusions
Les composantes collectives d'un système commercial de base dans le domaine de la sécurité.

système de fichiers à journalisation
Un système de fichiers qui enregistre les changements dans un fichier journal circulaire appelé journal, avant de les réaliser dans le système de fichier.

système de fichiers réseau
Permet aux ordinateurs clients d'accéder aux fichiers via un réseau. Il est utilisé principalement dans les versions Unix OS, mais est également pris en charge dans les systèmes d'exploitation Microsoft Windows et MAC OS d'Apple.

système de fichiers Unix
La première structure de fichiers conçue pour le système d'exploitation Unix original, et elle est toujours utilisée avec Unix et ses dérivés. La structure de ce système de fichiers est une arborescence unifiée commençant au répertoire principal appelé la racine (/).

système de surveillance vidéo
Un élément important de la plupart des systèmes de sécurité commerciaux. Le système utilise des caméras pour la prévention et la récupération.

système d'exploitation (OS)
Les logiciels conçus pour contrôler et coordonner le fonctionnement du système informatique, y compris la planification des tâches, l'exécution des applications et le contrôle des périphériques.

systèmes de détection d'anomalies basés sur des profils
Les systèmes qui utilisent des algorithmes mathématiques pour surveiller les trafics de données normaux et développent un profil de règles qui décrit à quoi ressemble le trafic normal pour ce système. Le profil développé est le reflet des évaluations des comportements passés des utilisateurs et est configuré pour signaler quand les écarts par rapport à ces comportements atteignent un certain niveau (ou seuil).

systèmes de notification à distance
Lorsqu'une condition d'alarme existe, cet ensemble de systèmes coordonne et informe les parties concernées.

systèmes d'exploitation réseau (NOS)
Systèmes d'exploitation conçus pour fonctionner sur des ordinateurs serveurs spécialisés qui fonctionnent comme le centre d'un environnement réseau client/serveur.

systèmes IDS distribués
Les hôtes locaux connectés à un réseau ont leurs propres modules IDS installés. En outre, un module de gestion IDS est installé sur un serveur réseau et coordonne le flux d'informations en provenance et à destination des différents modules IDS locaux.

T

table de hachage
Également connue sous le nom de « hash map », c'est une table de recherche qui associe des clés à des valeurs à l'aide d'une fonction de hachage qui convertit les clés en valeurs de hachage.

table de routage
Une base de données dans laquelle les routeurs stockent et mettent à jour les informations de routage.

table des adresses MAC
Les commutateurs collectent des informations sur les adresses MAC pour garder une trace des appareils qui y sont attachés. Lorsqu'ils interagissent avec ces appareils, ils enregistrent leurs informations MAC dans une structure de mémoire embarquée appelée table d'adresses MAC.

tagué
Un segment de données qui a un ID VLAN inséré au niveau de l'en-tête, afin d'identifier le VLAN auquel les données appartiennent.

taille de la fenêtre TCP
La taille maximale des données reçues qui peuvent être mises en mémoire tampon en une seule fois du côté du récepteur d'une connexion TCP.

tapis de pression
Un type de capteur qui peut être placé sous les tapis, dans les couloirs ou sur les marches d'escalier. Ils réagissent et s'enclenchent sous l'effet de la pression exercée par les pas qui déclenchent l'alarme.

TCP/IP
Une suite de protocoles, principalement composées du protocole TCP (Transmission Control Protocol) et du protocole IP (Internet Protocol) qui constituent les protocoles de base et les plus importants du modèle Internet.

technologie EMV à puce et code PIN
Cette technologie ajoute des couches supplémentaires de protection aux cartes de paiement.

Technologies de l'information et des communications (TIC)
Terme général qui englobe tout dispositif ou application de communication.

téléavertisseurs (pagers)
Appareils RF mobiles qui reçoivent des messages et préviennent l'utilisateur.

téléobjectif
Un objectif avec une distance focale plus longue, offrant une vue agrandie.

Telnet
Un protocole client-serveur qui peut établir une connexion entre un ordinateur (ou un appareil) et n'importe quel serveur Telnet distant.

tempête de diffusion
Se produit lorsque le trafic broadcast est rediffusé par tous les appareils du réseau, ce qui finit par provoquer l'échec de la diffusion. Cela peut rapidement surcharger les commutateurs et les routeurs et submerger un réseau.

terminaux de point de vente
Terminaux intelligents et en réseau utilisés pour le moment et le lieu où une transaction de détail a lieu.

texte chiffré
Le texte de toute donnée après qu'elle ait été codée par une clé cryptographique.

Time Machine d'Apple
L'application logicielle de sauvegarde d'Apple.

TLD (Top Level Domain)
Le domaine de plus haut niveau, précédant le point (.) le plus à droite, comme définis dans le système DNS de l'Internet. Les TLD sont généralement répartis entre les domaines commerciaux et les domaines nationaux.

TLS (Transport Layer Security)
Successeur du protocole SSL, le TLS est un protocole utilisé pour garantir la confidentialité entre les applications communicantes.

TOCTOU (time of check to time of use)
Cette condition existe lorsqu'un système d'exploitation crée un fichier temporaire. Pendant la période entre laquelle le système d'exploitation vérifie l'existence d'un fichier et le moment où il écrit effectivement le fichier, l'attaquant exécute un programme pour sauvegarder un paquet de code malveillant en utilisant le nom du fichier temporaire.

top Secret
Généralement le niveau le plus élevé d'une habilitation de sécurité à trois niveaux.

topologie
Un définition physique et/ou logique d'une structure de connexion au réseau.

topologie bus
Les nœuds, ou stations, du réseau se connectent à un même lien de communication.

topologie en anneau
Topologie réseau qui relie les appareils de manière circulaire, dans laquelle chaque nœud est relié à exactement deux autres nœuds.

topologie en étoile
Cette disposition logique où tous les nœuds sont connectés en « branches » qui ramènent à une unité centrale. Les nœuds communiquent entre eux par l'intermédiaire de l'unité centrale.

topologie physique
L'emplacement des différents composants d'un réseau, y compris les câbles et les dispositifs réseau.

topologies des réseaux
Couche 1 : Stratégies de connexion physique (ou logique) qui relèvent de quatre configurations de base possibles : Étoile, bus, anneau et maille.

TOU (time of use)
Type de barème de facturation électrique qui attribue des coûts plus élevés à l'énergie consommée à certains moments de la journée et à certaines saisons de l'année.

TRACEROUTE
Cet utilitaire de mise en réseau affichera la route (chemin) des paquets qui voyagent d'une IP à l'autre.

traduction d'adresses de réseau (NAT)
La traduction (ou translation) d'une adresse IP utilisée dans un réseau en une adresse IP connue dans un autre réseau.

trafic de diffusion
Il s'agit d'envoyer des messages à toutes les destinations possibles sur un réseau.

trame
Une unité de transmission de données numériques qui contient des indicateurs informant du début et de la fin des blocs de données.

trames beacon
Ces dernières permettent aux clients proches de découvrir les réseaux ainsi diffusés.

traversée de répertoire
Dans le cadre d'une attaque, la traversée de répertoire exploite des applications logicielles mal sécurisées pour accéder à des fichiers qui ne devraient pas être accessibles. Cela se fait en traversant un dossier ou un répertoire de niveau supérieur.

trojans
Les logiciels malveillants qui semblent être des applications légitimes afin que les utilisateurs soient amenés à les utiliser par la ruse. Bien qu'ils fonctionnent et soient efficaces, ils comportent un code malveillant qui se déclenche au lancement de l'application.

TrouSerS
Un démon open-source qui contrôle toutes les communications avec le système TPM par le biais d'un seul module.

trunk
Une liaison de communication conçue pour gérer et combiner plusieurs signaux de trafic, souvent vers d'autres périphériques réseau, dans le but de consolider l'utilisation du port physique.

Trusted Platform Module (TPM)
De nombreuses cartes mères d'ordinateurs comprennent une micropuce intégrée appelée *Trusted Platform Module* (TPM) qui est utilisée pour stocker des informations cryptographiques, telles que la clé de chiffrement (également appelée clé de démarrage).

TrustedGrub
Ce module Linux est capable de détecter et de prendre en charge la fonctionnalité TPM dans les systèmes Linux. C'est une extension téléchargeable du bootloader Grub qui a été modifié à cet effet.

tunnel SSH
Crée une connexion sécurisée entre un hôte distant et un appareil ou un ordinateur local, grâce à laquelle du trafic peut être transféré en clair par un canal chiffré.

tunneling
Permet aux utilisateurs distants de se connecter en toute sécurité à des ressources internes après avoir établi une connexion Internet. Pour ce faire, les données en mouvement sont sécurisées grâce à un chiffrement des données.

U

UDF (Universal Disk Format)
Un système de fichiers ouvert et non commercial conçu pour le stockage de données sur une large gamme de supports.

unicast
Communication entre un seul émetteur et un seul récepteur.

unité de télémétrie à distance (RTU)
Petites unités de contrôle intelligentes déployées à des endroits précis au sein d'un processus ou d'un ensemble de processus, pour recueillir des données provenant de différents capteurs et délivrer des commandes pour contrôler les sorties des relais.

Unix
La gamme de systèmes d'exploitation Unix fournit un environnement modulaire, multitâche et multiutilisateur, développé à l'origine pour fonctionner sur un main frame et sur mini-ordinateurs.

Les versions propriétaires du système d'exploitation Unix comprennent plusieurs variantes BSD (Berkley Software Distribution), ainsi que les systèmes d'exploitation OSX et iOS d'Apple et le système d'exploitation Android de Google.

UPnP AV
Universal Plug and Play – Audio Visual. Cette version a été publiée pour prendre en charge les appareils média grand public tels que les téléviseurs, les systèmes audio domestiques, les appareils photo et autres appareils média numériques.

USB (Universal Serial Bus)
Le port matériel le plus populaire que l'on trouve dans les ordinateurs personnels modernes est le port USB (Universal Serial Bus). Cette interface série à haut débit a été développée pour fournir une méthode rapide, flexible, permettant de connecter jusqu'à 127 périphériques à l'ordinateur.

usurpation d'adresse IP
Processus consistant à utiliser une fausse adresse IP source pour créer des paquets IP dans le but de dissimuler une identité.

usurpation d'identité
Obtenir, par subterfuge, les différentes composantes de l'authentification d'une personne, généralement pour le gain financier.

usurpation d'identité MAC
Technique utilisée pour modifier l'adresse MAC attribuée en usine à un appareil sur un réseau.

utilisateur propriétaire
Terme de permission de Linux qui désigne une personne qui a le contrôle et l'accès aux données.

utilitaires
Les programmes qui permettent à l'utilisateur de gérer les ressources du système, de dépanner le système, et configurer le système.

UTM (unified threat management)
Des appareils de sécurité qui intègrent dans un même produit des services de passerelle, d'anti-virus, de pare-feu, de prévention et de détection des intrusions.

V

VACLs (virtual access control lists)
Listes de contrôle d'accès qui filtrent le trafic entrant dans les VLAN, ainsi que le trafic qui se déplace entre les membres des VLAN.

variable dynamique
Ce paramètre physique peut changer spontanément à partir d'influences externes ou internes.

VBScript
Un autre langage de script unique à Microsoft Windows Internet Explorer. Le VBScript est similaire au JavaScript, mais il n'est pas aussi largement utilisé sur les sites web en raison de sa compatibilité limitée avec d'autres navigateurs.

vecteur de menace
Terme de sécurité courant qui désigne une méthode qu'un attaquant peut utiliser pour atteindre une cible souhaitée.

vérification de l'identité
Le processus par lequel un individu particulier est associé, après vérification, à une identité existante.

verrou
Tout dispositif ou technique utilisé pour restreindre l'accès à un bien.

vers
Parfois appelés virus réseau, ces programmes malveillants circulent par le biais d'une connexion réseau. Les vers recherchent des vulnérabilités à exploiter dans une application, et une fois que le ver a tiré parti de la vulnérabilité, il cherche à se répliquer sur un autre ordinateur du réseau.

virtualisation asymétrique (hors bande)
Le dispositif de virtualisation est installé en dehors du chemin réel des données entre le réseau et le système de stockage.

virtualisation des réseaux
Le processus de création d'une entité administrative basée sur des logiciels, utilisant les ressources matérielles et logicielles du réseau, ainsi que les fonctionnalités du réseau.

virtualisation switch-based
Cela se fait par le biais des commutateurs gérés utilisés pour connecter les périphériques SAN entre eux. Ces dispositifs se situent également entre l'utilisateur et les réseaux de stockage, mais peuvent utiliser différentes techniques pour assurer des fonctions de gestion du stockage.

virus
Programmes malveillants conçus pour se répliquer et se propager dans un environnement informatique local. Cela se produit le plus souvent lorsque les utilisateurs téléchargent des programmes depuis Internet ou ouvrent des pièces jointes à des courriels.

VLAN par port
Une série de ports sur un commutateur Ethernet qui sont définis comme un segment réseau.

VMPS (VLAN Management Policy Server)
Le VMPS est utilisé pour attribuer dynamiquement un VLAN sur base de l'adresses MAC. Il est basé sur le protocole VQP de Cisco pour les échanges client/serveur et est vulnérable aux attaques car il s'agit d'un protocole non authentifié qui fonctionne sous UDP.

vol de cookies
Un attaquant qui acquiert un accès non autorisé à un site en obtenant un cookie.

vol de port
Technique utilisée pour modifier la direction du trafic d'un commutateur, provoquant l'envoi à un attaquant d'un message destiné à un autre destinataire.

VPN de confiance
Ces VPN n'utilisent pas de tunnel cryptographique mais font plutôt confiance au réseau sous-jacent pour gérer la sécurité au-delà de l'authentification.

vue d'ensemble
Cette vision caméra couvre généralement un large champ de vue, comme un parking ou un entrepôt.

vulnérabilité
Toute faiblesse qui pourrait permettre à un attaquant d'accéder aux ressources du réseau.

vulnérabilité du jour zéro
Une vulnérabilité inconnue du vendeur du produit et, pour laquelle, par conséquent, aucun patch n'est disponible pour en atténuer les effets.

W

WEP (Wired Equivalent Privacy)
Protocole de sécurité conçu pour assurer la sécurité d'un réseau local sans fil.

Wi-Fi
Le Wi-Fi (Wireless Fidelity) est une technologie de réseau sans fil qui permet aux appareils électroniques de se connecter à un réseau local.

WiGLE
Une base de données en ligne que les personnes utilisent et consultent pour suivre et enregistrer des informations sur les réseaux sans fil.

WiMAX
Le WiMAX (Worldwide Interoperability for Microwave Access) est une norme d'accès sans fil à large bande conçue pour fournir un accès à l'Internet sur de vastes zones géographiques, telles que les villes, les régions et, dans certains cas, les pays.

Wireshark
Un analyseur de protocole réseau mature, open-source et multiplateforme. C'est l'un des analyseurs de protocoles les plus connus, et il prend en charge presque tous les protocoles.

XSS (cross-site scripting)
Méthode d'attaque qui permet l'injection d'un script côté client dans une page web qui peut être utilisée par d'autres utilisateurs sans méfiance.

Z

Z-Force
Un outil d'interception et d'injection de paquets, utilisé pour compromettre et exploiter le chiffrement Z-Wave AES.

ZigBee
Cette norme est un protocole PAN sans fil, en réseau maillé, qui offre une portée de communication de 10 mètres avec un taux de transfert de données de 250 Kbps. La norme ZigBee a été adoptée par les communautés de la domotique et des contrôles industriels, ainsi que dans le domaine du *smart grid*.

ZigBee Alliance
Une association ouverte, sans but lucratif, qui travaille à l'élaboration de nouvelles normes ZigBee.

zombies
Ordinateurs infectés qui peuvent être placés sous le contrôle à distance d'un utilisateur malveillant.
Les zombies peuvent être utilisés pour créer des attaques par déni de service qui inondent les réseaux visés. Les ordinateurs sont souvent infectés et deviennent des zombies par le biais de virus, de vers et de chevaux de Troie.

zone applicative
Une zone définie par l'utilisation d'applications dans un environnement Intranet. La zone est créée par l'utilisation de firewalls, de routeurs et de commutateurs.

zone démilitarisée (DMZ)
La DMZ est un réseau périmétrique distinct qui isole l'intranet sécurisé du monde extérieur, tout en permettant l'accès du public à des ressources dédiées orientées vers l'extérieur.

zone Internet
Cette zone comprend tous les réseaux (y compris Internet) qui ne sont pas contrôlés par un individu ou une organisation. En tant que tel, le contenu peut être public, ou il peut s'agir de données confidentielles qui appartiennent à des partenaires ou des clients de confiance.

zone programmable
Une zone peut être programmée pour englober un seul point de protection, tel qu'un détecteur de mouvement, ou plusieurs points peuvent être combinés en une seule zone.

zoom
Fonction d'une lentille télescopique pour obtenir une vue rapprochée.

Z-Wave
Norme de communication sans fil créée pour soutenir la communication entre les appareils sur le marché de la domotique. Elle a été conçue pour une surveillance et un contrôle simples ainsi que pour la communication sans fil entre les appareils.

Acronymes

µC

Microcontroller

AAA

Authentication, Authorization, and Accounting

ACK

Acknowledge

ACL

Access Control List

AES

Advanced Encryption Standard

AFHSS

Adaptive Frequency Hopping Spread Spectrum

AH

Authentication Header

AIM

Apple/IBM/Motorola

ASLR

Address Space Layout Randomization

ASP

Application Service Provider

ARM

Acorn RISC Machine/Advanced RISC Machine

ARP

Address Resolution Protocol

B2B

Business-to-Business

B2C

Business-to-Customer

BAA

Business Associate Agreement

BeEF

Browser Exploitation Framework

BES

Bulk Electric System

BIOS

Basic Input/Output System

BPDU

Bridge Protocol Data Units

BSD

Berkley Software Distribution

BYOD

Bring-Your-Own-Device

CA

Certificate Authority

CAM

Content Addressable Memory

CANs

Campus Area Networks or Corporate Area Networks

CAPTCHA

Completely Automated Public Turing test to tell Computers and Humans Apart

CATV

Commercial Cable Television

CCD

Charged Coupled Device

CCTV

Closed-Circuit Television

CDFS

Compact Disc File System

CDP

Cisco Discovery Protocol

CHAP

Challenge-Handshake Authentication Protocol

CIA

Confidentiality, Integrity, and Availability

CIFS

Common Internet File System

CIP

Critical Infrastructure Protection

CISC

Complex Instruction Set Computing

CMS

Centers for Medicare and Medicaid Services

CPE

Common Platform Enumeration

CPTED

Crime Prevention Through Environmental Design

CRAM

Challenge Response Authentication Mechanism

CRL

Certificate Revocation List

CSMA/CD

Carrier Sense Multiple-Access with Collision Detection

CSP

Cloud Storage Provider

CSR

Certificate Signing Request

CVE

Common Vulnerabilities and Exposures

CVSS

Common Vulnerability Scoring System

DAC

Discretionary Access Control

DACL

Discretionary Access Control List

DAI

Dynamic ARP Inspection

DAS

Direct-Attached Storage

DCS

Distributed Control System

DDoS

Distributed Denial of Service

DEA

Drug Enforcement Administration

DEP

Data Execution Prevention

DES

Data Encryption Standard

DHA

Directory Harvest Attack

DHCP

Dynamic Host Configuration Protocol

DHE

Diffie-Hellman Key Exchange

DHT

Distributed Hash Table

DMZ

Demilitarized Zone

DNP3

Distributed Network Protocol

DNS

Domain Name Service

DOS

Denial of Service

DOS

Disk Operating System

DRDoS

Distributed Reflection and Amplification Denial of Service

DRP

Disaster Recovery Plan

DS4P

Data Segmentation for Privacy

DTP

Dynamic Trunking Protocol

DVR

Digital Video Recorder

EAP

Extensible Authentication Protocol

EAL

Evaluation Assurance Levels

EFL

Effective Focal Length

EFS

Encrypting File System

eSATA

External Serial AT Attachment

ESIGN

Electronic Signatures in Global and National Commerce Act

ESP

Encapsulating Security Payload

EV

Extended Validation

FAT

File Allocation Table

FIPS

Federal Information Processing Standard

FMS

File Management System

FREAK

Factoring attack on RSA-EXPORT Keys

FTA

Fault Tree Analysis

FTP

File Transfer Protocol

GBDE

GEOM-Based Disk Encryption

GPRS

General Packet Radio System

GUI

Graphical User Interface

HAN

Home Area Network

HBIDS

Host-Based IDS

HFS

Hierarchical File Systems

HTTP

Hypertext Transfer Protocol

IANA

Internet Assigned Numbers Authority

IC

Integrated Circuit

ICANN

Internet Corporation for Assigned Names and Numbers

ICCP

Inter-Control Center Communications Protocol

ICMP

Internet Control Message Protocol

ICT

Information Communication and Technology

ID

Identify

IDF

Intermediate Distribution Frame

IDPS

Intrusion Detection and Prevention System

IDS

Intrusion-Detection Systems

IED

Intelligent Electronic Device

IEEE

International Electrical and Electronic Association

IETF

Internet Engineering Task Force

IGD

Internet Gateway Device

IKE

Internet Key Exchange

IoT

Internet of Things

IP

Internet Protocol

IPsec

Internet Protocol Security

IRP

Incident Response Policy

ISP

Internet Service Provider

IT

Information Technology

IV

Initialization Vector

L2TP

Layer 2 Tunneling Protocol

LAN

Local Area Network

LDAP

Lightweight Directory Access Protocol

LOIC

Low Orbit Ion Cannon

LOPA

Layer of Protection Analysis

MAC

Mandatory Access Control

MAC

Media Access Control

MAN

Metropolitan Area Network

MDF

Main Distribution Frame

MIT

Massachusetts Institute of Technology

MITM

Man-in-the-Middle

NAN

Neighborhood Area Network

NAS

Network Attached Storage

NAT

Network Address Translation

NAT-T

Network Address Translation-Traversal

NBIDS

Network-Based IDS

NFC

Near Field Communication

NIST

National Institute of Standards and Technology

NOS

Network Operating System

NS

Name Servers

NVT

Network Vulnerability Tests

NX

No Execution

OCIL

Open Checklist Interactive Language

OCSP

Online Certificate Status Protocol

OPC

Open Platform Connectivity

OSI

Open Systems Interconnection

OS

Operating System

OTP

One-Time Passwords

OVAL

Open Vulnerability and Assessment Language

PAKE

Password-Authenticated Key Agreement

PAN

Personal Area Network

PAP

Password Authentication Protocol

PC

Personal Computer

PEFS

Private Encrypted File System

PF

Packet Filter

PGP

Pretty Good Privacy

PIN

Password or Personal Identification Number

PIR

Passive Infrared

PKE

Public Key Encryption

PKI

Public Key Infrastructure

PnP

Plug and Play

PoE

Power over Ethernet

POODLE

Padding Oracle on Downgraded Legacy Encryption

POS

Point-of-Sale

POSIX

Portable Operating System Interface

PR

Protect

PSTN

Public Switched Telephone Network

PTZ

Pan/Tilt/Zoom

PVLAN

Private VLAN

QoS

Quality of Service

RADIUS

Remote Authentication Dial-In User Service

RARP

Reverse ARP

RAT

Remote Access Trojan

RBAC

Role-Based Access Control

RC
Recover

RDC
Remote Desktop Connection

RF
Radio Frequency

RFC
Request for Comments

RFID
Radio Frequency Identification

RISC
Reduced Instruction Set Computing

RS
Respond

SA
Security Association

SAAS
Software as a Service

SAN
Storage Area Network

SATA
Serial AT Attachment

SBS
Small Business Server

SCP
Secure Copy Protocol

SDN
Software-Defined Networking

SDO
Standards Development Organization

SET
Social Engineering Toolkit

SFTP
SSH File Transfer Protocol

SiIQ
Silicon Intelligence

SLE
Single Loss Expectancy

SMBFS
Server Message Block File System

SMTP
Simple Mail Transfer Protocol

SNMP
Simple Network Management Protocol

SQLi
SQL injection

SRK
Storage Root Key

SRP
Secure Remote Password

SSH
Secure Shell

SSL
Secure Socket Layer

SSO
Single Sign-on

STA
Spanning-Tree Algorithm

STP
Shielded Twisted Pair

STP

Spanning-Tree Protocol

SYN

Synchronize

SYN/ACK

Synchronize/Acknowledge

TCP

Transmission Control Protocol

TCP/IP

Transmission Control Protocol/Internet Protocol

TGS

Ticket Granting Server

TKIP

Temporary Key Integrity Protocol

TLD

Top-Level Domain

TLS

Transport Layer Security

TO

Transmission Owner

TOCTOU

Time Of Check-Time Of Use

TOP

Transmission Operator

TOU

Time of Use

TPID

Tag Protocol Identifier

TPM

Trusted Platform Module

TTL

Time-To-Live

UDP

User Datagram Protocol

UETA

Uniform Electronic Transactions Act

UL

Underwriters Laboratories

UPnP

Universal Plug and Play

USB

Universal Serial Bus

UTM

Unified Threat Management

UTP

Unshielded Twisted Pair

VACL

Virtual Access Control List

VCR

Videocassette Recorder

VLAN

Virtual Local Area Network

VMD

Video Motion Detection

VMPS

VLAN Management Policy Server

VNA

Vendor Neutral Archive

VoIP

Voice over IP

VPLS

Virtual Private LAN Service

VQP

VLAN Query Protocol

VTP

VLAN Trunking Protocol

WAN

Wide Area Network

WAP

Wireless Access Point

WBAN

Wireless Body-Area Network

WEP

Wired Equivalent Privacy

Wi-Fi

Wireless Fidelity

WLAN

Wireless Local Area Network

WPA

Wi-Fi Protected Access

WSDL

Web Services Description Language

XD

eXecute Disable

XN

Execute Never

XSS

Cross-Site Scripting

Cadre de cybersécurité du NIST

La sécurité nationale et économique des États-Unis dépend du fonctionnement fiable des infrastructures critiques. Pour renforcer la résilience de ces infrastructures, le président Obama a publié le 12 février 2013 le décret 13636 (EO), *Improving Critical Infrastructure Cybersecurity*.

Ce décret prévoit l'élaboration d'un cadre pour la cybersécurité qui fournit une « approche prioritaire, flexible, reproductible et performante » pour aider les organisations responsables des services d'infrastructures critiques à gérer les risques liés à la cybersécurité.

Les infrastructures critiques sont définies dans le décret en tant que « systèmes et actifs, physiques ou virtuels, si vitaux pour les États-Unis que leur incapacité ou leur destruction aurait un impact majeur sur la sécurité, l'économie nationale, la santé ou la sureté, ou sur toute combinaison de ces thématiques ». En raison des pressions croissantes dues aux menaces extérieures, les organisations responsables des infrastructures critiques doivent adopter une approche cohérente et itérative pour identifier, évaluer et gérer les risques en matière de cybersécurité.

Le domaine des infrastructures critiques comprend les propriétaires et les exploitants publics et privés, ainsi que d'autres entités de soutien qui jouent un rôle dans la sécurisation des infrastructures du pays. Chaque secteur remplit des fonctions critiques qui sont soutenues par les technologies de l'information (IT), les systèmes de contrôle industriel (ICS) et, dans de nombreux cas, une combinaison des deux. Pour gérer les risques de cybersécurité, il est nécessaire de bien comprendre les défis et les considérations en matière de sécurité spécifiques à l'IT et aux ICS. Étant donné que le risque de chaque organisation est unique, tout comme son utilisation de l'IT et des ICS, la mise en œuvre du cadre variera.

Ce cadre, élaboré en collaboration avec l'industrie, fournit des orientations à une organisation sur la gestion des risques liés à la cybersécurité. L'un des principaux objectifs du cadre est d'encourager les organisations à considérer le risque de cybersécurité comme une priorité, à l'instar de la finance, de la sureté et du risque opérationnel, tout en tenant compte des risques systémiques plus importants inhérents aux infrastructures critiques.

Le cadre s'appuie sur les normes, les orientations et les meilleures pratiques existantes pour obtenir des résultats qui peuvent aider les organisations à gérer leurs risques en

matière de cybersécurité. En s'appuyant sur les pratiques développées, gérées et mises à jour par l'industrie, le cadre évoluera avec les progrès technologiques et les exigences commerciales. L'utilisation de normes permettra de réaliser des économies d'échelle pour stimuler l'innovation et le développement de produits et de services efficaces qui répondent aux besoins du marché identifié. La concurrence favorise également une diffusion plus rapide de ces technologies et la réalisation de nombreux bénéfices par les acteurs de ces secteurs.
(Voir la Figure C.1.)

IDENTIFIER

Catégorie	Méthodologie	Sous-catégorie
Gestion des actifs (ID.AM)	Les données, le personnel, les dispositifs, les systèmes et les installations qui permettent à l'organisation d'atteindre ses objectifs commerciaux sont identifiés et gérés conformément à leur importance relative par rapport aux objectifs commerciaux et à la stratégie de risque de l'organisation.	ID.AM-1 : Les dispositifs et systèmes physiques au sein de l'organisation sont inventoriés. ID.AM-2 : les plateformes et applications logicielles au sein de l'organisation sont inventoriées. ID.AM-3 : La communication organisationnelle et le flux de données sont cartographiés. ID.AM-4 : Les systèmes d'information externes sont catalogués, ID.AM-5 : Les ressources (par exemple, les dispositifs matériels, les données et les logiciels) sont classées par ordre de priorité en fonction de la classification, de la criticité et de la valeur commerciale. ID.AM-6 : Les rôles et responsabilités en matière de cybersécurité sont établis pour l'ensemble du personnel et les parties prenantes tierces (par exemple, les fournisseurs, les clients, les partenaires).
Environnement des entreprises (ID.BE)	La mission, les objectifs, les parties prenantes et les activités de l'organisation sont compris et hiérarchisés; ces informations sont utilisées pour informer les rôles, les responsabilités et les fonctions de gestion des risques en matière de cybersécurité.	ID.BE-1 : Le rôle de l'organisation dans la chaîne d'approvisionnement est identifié et communiqué. ID.BE-2 : La place de l'organisation dans les infrastructures critiques et son secteur industriel sont identifiés et communiqués. ID.BE-3 : La mission, les objectifs et les activités de l'organisation sont établis et communiqués. ID.BE-4 : Les dépendances et les fonctions critiques pour la fourniture de services essentiels sont établies. ID.BE-5 : Les exigences de résilience pour soutenir la fourniture de services essentiels sont établies.

Catégorie	Méthodologie	Sous-catégorie
Gouvernance (ID.GV)	Les politiques, les procédures et les processus de gestion et de suivi des exigences réglementaires, juridiques, environnementales et opérationnelles de l'organisation sont compris et éclairent la gestion du risque de cybersécurité.	ID.GV-1 : Une politique de sécurité des informations de l'organisation est établie, ID.GV-2 : Les rôles et responsabilités en matière de sécurité de l'information sont coordonnés et alignés avec les rôles internes et les partenaires externes. ID.GV-3 : Les exigences légales et réglementaires concernant la cybersécurité, y compris les obligations en matière de respect de la vie privée et des libertés civiles, sont comprises et gérées. ID.GV-4 : Les processus gouvernementaux et de gestion des risques abordent les risques de cybersécurité.

Catégorie	Méthodologie	Sous-catégorie
Évaluation des risques (ID.RA)	L'organisation comprend le risque de cybersécurité pour les opérations organisationnelles (y compris la mission, les fonctions, l'image ou la réputation), les actifs organisationnels et les personnes.	ID.RA-1 : Les vulnérabilités des biens sont identifiées et documentées. ID.RA-2 : Les informations sur les menaces et les vulnérabilités proviennent de forums et de sources de partage d'informations. ID.RA-3 : Les menaces, tant internes qu'externes, sont identifiées et documentées. ID.RA-4 : Les impacts potentiels sur les entreprises et les probabilités sont identifiés. ID.RA-5 : Les menaces, les vulnérabilités, les probabilités et les impacts sont utilisés pour déterminer le risque. ID.RA-6 : Les réponses aux risques sont identifiées et classées par ordre de priorité.
Stratégie de gestion des risques (ID.RM)	Les priorités, les contraintes, les tolérances au risque et les hypothèses de l'organisation sont établies et utilisées pour soutenir les décisions relatives au risque opérationnel.	ID.RM-1 : Les processus de gestion des risques sont établis, gérés et acceptés par les parties prenantes de l'organisation. ID.RM-2 : La tolérance au risque organisationnel est déterminée et clairement exprimée. ID.RM-3 : La détermination de la tolérance au risque de l'organisation est éclairée par son rôle dans l'analyse des risques liés aux infrastructures critiques et aux secteurs.

Contrôle d'accès (PR.AC)	L'accès aux biens et aux installations associées est limité aux utilisateurs, processus ou dispositifs autorisés, ainsi qu'aux activités et transactions autorisées.	PR.AC.1 : Les identités et les références sont gérées pour les dispositifs et les utilisateurs autorisés. PR.AC.2 : L'accès physique aux biens est géré et protégé. PR.AC.3 : L'accès à distance est géré. PR.AC.4 : Les autorisations d'accès sont gérées en intégrant les principes du moindre privilège et de la séparation des tâches. PR.AC.5 : L'intégrité du réseau est protégée, en incorporant la ségrégation du réseau le cas échéant.
Sensibilisation et formation (PR.AT)	Le personnel et les partenaires de l'organisation reçoivent une formation de sensibilisation à la cybersécurité et sont formés de manière adéquate pour s'acquitter de leurs tâches et responsabilités en matière de sécurité de l'information, conformément aux politiques, procédures et accords connexes.	PR.AT-1 : Tous les utilisateurs sont informés et formés. PR.AT-2 : Les utilisateurs privilégiés comprennent les rôles et les responsabilités. PR.AT-3 : Les parties prenantes tierces (par exemple, les fournisseurs, les clients, les partenaires) comprennent les rôles et les responsabilités. PR.AT-4 : Les cadres supérieurs comprennent les rôles et les responsabilités. PR.AT-5 : Le personnel chargé de la sécurité physique et de l'information comprend les rôles et les responsabilités.

PROTÉGER

Catégorie	Méthodologie	Sous-catégorie
Sécurité des données (PR. DS)	Les informations et les dossiers (données) sont gérés conformément à la stratégie de risque de l'organisation afin de protéger la confidentialité, l'intégrité et la disponibilité des informations.	PR.DS-1 : Les données en repos sont protégées. PR.AT-2 : Les données en transit sont protégées. PR.AT-3 : Les biens sont officiellement gérés tout au long du renvoi, des transferts et de la disposition. PR.AT-4 : Une capacité suffisante pour assurer la disponibilité est maintenue. PR.AT-5 : Des protections contre les fuites de données sont mises en place. PR.AT-6 : Les mécanismes de contrôle d'intégrité sont utilisés pour vérifier l'intégrité des logiciels, des microprogrammes et des informations. PR.AT-7 : Le ou les environnements de développement et d'essai sont séparés de l'environnement de production.

Catégorie	Méthodologie	Sous-catégorie
Processus et procédures de protection de l'information (PR.IP)	Les politiques de sécurité (qui portent sur l'objectif, la portée, les rôles, les responsabilités, l'engagement de la direction et la coordination entre les entités organisationnelles), les processus et les procédures sont maintenus et utilisés pour gérer la protection des systèmes et des actifs informatiques.	PR-IP-1 : Une configuration de base des systèmes de contrôle des technologies de l'information/industriels est créée et maintenue. PR-IP-2 : Un cycle de vie de développement des systèmes est mis en œuvre pour gérer les systèmes. PR-IP-3 : Les processus de contrôle des changements de configuration sont en place. PR-IP-4 : Des sauvegardes des informations sont effectuées, maintenues et testées périodiquement. PR-IP-5 : La politique et les règlements concernant l'environnement physique de fonctionnement des actifs organisationnels sont respectés. PR-IP-6 : Les données sont détruites conformément à la politique. PR-IP-7 : Les processus de protection sont améliorés en permanence. PR-IP-8 : L'efficacité des technologies de protection est partagée avec les parties concernées. PR-IP-9 : Les plans d'intervention (intervention en cas d'incident et continuité des activités) et les plans de rétablissement (rétablissement en cas d'incident et de catastrophe) sont en place et gérés. PR-IP-10 : Les plans d'intervention et de rétablissement sont testés. PR-IP-11 : La cybersécurité est incluse dans les pratiques de ressources humaines (par exemple, déprovisionnement, filtrage du personnel). PR-IP-12 : Un plan de gestion de la vulnérabilité est élaboré et mis en œuvre.
Maintenance (PR.MA)	La maintenance et les réparations des composants des systèmes de contrôle et d'information industriels sont effectuées conformément aux politiques et aux procédures.	PR-MA-1 : La maintenance et la réparation des actifs de l'organisation sont effectuées et enregistrées en temps utile, avec des outils approuvés et contrôlés. PR-MA-2 : La maintenance à distance des actifs de l'organisation est approuvée, enregistrée et effectuée de manière à empêcher tout accès non autorisé.

Catégorie	Méthodologie	Sous-catégorie
Protection Technologie (PR.PT)	Les solutions de sécurité technique sont gérées de manière à garantir la sécurité et la résilience des systèmes et des actifs, conformément aux politiques, procédures et accords connexes.	PR-PT-1 : Les dossiers d'audit/journal sont déterminés, documentés, mis en œuvre et examinés conformément à la politique. PR-PT-2 : Les supports amovibles sont protégés et leur utilisation est limitée conformément à la politique. PR-PT-3 : L'accès aux systèmes et aux biens est contrôlé, en intégrant le principe de la moindre fonctionnalité. PR-PT-4 : Les réseaux de communication et de contrôle sont protégés.

DETECTER

Catégorie	Méthodologie	Sous-catégorie
Anomalies et événements (DE.AE)	L'activité anormale est détectée en temps utile et l'impact potentiel des événements est compris.	DE-AE-1 : Une activité d'exploitation des réseaux et des flux de données attendus pour les utilisateurs et les systèmes est mise en place et gérée. DE-AE-2 : Les événements détectés sont analysés pour comprendre les cibles et les méthodes d'attaque. DE-AE-3 : Les données sur les événements sont agrégées et corrélées à partir de plusieurs sources et capteurs. DE-AE-4 : L'impact des événements est déterminé. DE-AE-5 : Les seuils d'alerte en cas d'incident sont établis.
Surveillance continue de la sécurité (DE. CM)	Le système d'information et les actifs sont contrôlés à intervalles discrets pour identifier les événements de cybersécurité et vérifier l'efficacité des mesures de protection.	DE-CM-1 : Le réseau est surveillé afin de détecter d'éventuels événements de cybersécurité. DE-CM-2 : L'environnement physique est surveillé afin de détecter d'éventuels événements de cybersécurité. DE-CM-3 : L'activité du personnel est surveillée afin de détecter d'éventuels événements de cybersécurité. DE-CM-4 : Un code malveillant est détecté. DE-CM-5 : Un code mobile non autorisé est détecté. DE-CM-6 : L'activité des prestataires de services externes est surveillée afin de détecter d'éventuels événements de cybersécurité. DE-CM-7 : La surveillance du personnel, des connexions, des dispositifs et des logiciels non autorisés est effectuée. DE-CM-8 : Des analyses de vulnérabilité sont effectuées.

RESPOND

Catégorie	Méthodologie	Sous-catégorie
Planification de l'intervention (RS.RP)	Les processus et procédures de réponse sont exécutés et maintenus, afin de garantir une réponse rapide aux événements de cybersécurité détectés.	RS-RP-1 : Le plan d'intervention est exécuté pendant ou après un événement.
Communications (RS.CO)	Les activités d'intervention sont coordonnées avec les parties prenantes internes et externes, le cas échéant, afin d'inclure le soutien externe des services répressifs.	RS-CO-1 : Le personnel connaît son rôle et l'ordre des opérations lorsqu'une intervention est nécessaire. RS-CO-2 : Les événements sont signalés conformément aux critères établis. RS-CO-3 : Les informations sont partagées conformément aux plans d'intervention. RS-CO-4 : La coordination avec les parties prenantes se fait conformément aux plans d'intervention. RS-CO-5 : Le partage volontaire d'informations se fait avec des parties prenantes externes afin d'obtenir une meilleure connaissance de la situation en matière de cybersécurité.
Analyse (RS.AN)	Une analyse est effectuée pour garantir une réponse adéquate et soutenir les activités de rétablissement.	RS-AN-1 : Les notifications des systèmes de détection font l'objet d'une enquête. RS-AN-2 : L'impact de l'incident est compris. RS-AN-3 : La police scientifique est effectuée. RS-AN-4 : Les incidents sont classés en fonction des plans d'intervention.
Atténuation (RS.MI)	Les activités sont menées pour prévenir l'expansion d'un événement, atténuer ses effets et éradiquer l'incident.	RS-MI-1 : Les incidents sont contenus. RS-MI-2 : Les incidents sont atténués. RS-MI-3 : Les vulnérabilités nouvellement identifiées sont atténuées ou documentées en tant que risques acceptés.
Améliorations (RS.IM)	Les activités de réponse organisationnelle sont améliorées en intégrant les enseignements tirés des activités de détection/réponse actuelles et précédentes.	RS-IM-1 : Les plans d'intervention intègrent les enseignements tirés. RS-IM-2 : Les stratégies de réponse sont mises à jour.

RECOUVRIR

Catégorie	Méthodologie	Sous-catégorie
Planification de la relance (RC.RP)	Les processus et les procédures de récupération sont exécutés et maintenus pour garantir la restauration rapide des systèmes ou des biens affectés par des événements de cybersécurité.	RC.RP-1 : Le plan de relance est exécuté pendant ou après un événement.
Améliorations (RC.IM)	La planification et les processus de rétablissement sont améliorés en intégrant les enseignements tirés aux activités futures.	RC.IM-1 : Les plans de relance intègrent les enseignements tirés. RC.IM-2 : Les stratégies de relance sont mises à jour.
Communications (RC.CO)	Les activités de restauration sont coordonnées avec des parties internes et externes, telles que les centres de coordination, les fournisseurs de services Internet, les propriétaires de systèmes d'attaque, les victimes, les autres CSIRT et les vendeurs.	RC.CO-1 : Les relations publiques sont gérées. RC.CO-2 : Réputation après réparation d'un événement. RC.CO-3 : Les activités de recouvrement sont communiquées aux parties prenantes internes et aux équipes de direction et d'encadrement.

Index

D

S

V

W

X

Z

Table des matières

Partie 2
Sécurité des hôtes locaux

Partie 3
Sécurité des réseaux locaux

PEFC PEFC/30-32-821

N° éditeur DBSSI20200170
Achevé d'imprimer en septembre 2021 par Wilco aux Pays-Bas
N°o d'impression : 355478